中国语言文学
一流学科建设文库

现代中国电影文学大系

1927—1930

周晓明　周易　主编

第二卷

华中师范大学出版社

新出图证(鄂)字 10 号

图书在版编目(CIP)数据

现代中国电影文学大系. 第二卷, 1927—1930 / 周晓明, 周易主编. —武汉: 华中师范大学出版社, 2020.12
ISBN 978-7-5622-8903-6

Ⅰ. ①现… Ⅱ. ①周… ②周… Ⅲ. ①电影文学剧本—作品集—中国—现代 Ⅳ. ①I235.1

中国版本图书馆 CIP 数据核字(2019)第 289402 号

现代中国电影文学大系
第二卷(1927—1930)
ⓒ主编 周晓明 周易

责任编辑：石亚培	责任校对：缪　玲
封面设计：叶　玉	
编辑室：学术出版中心	电话：027-67867792
出版发行：华中师范大学出版社	
社址：湖北省武汉市洪山区珞喻路 152 号	邮编：430079
电话：027-67863426(发行部)　027-67861321(邮购)	
传真：027-67863291	
网址：http://press.ccnu.edu.cn	电子信箱：press@mail.ccnu.edu.cn
印刷：湖北恒泰印务有限公司	督印：刘　敏
开本：787mm×1092mm　1/16	印张：38
版次：2020 年 12 月第 1 版	印次：2020 年 12 月第 1 次印刷
字数：833 千字	定价：152.00 元

欢迎上网查询、购书

敬告读者：欢迎举报盗版，请打举报电话 027-67867353

编选说明

"电影文学"这一术语，在中国有其特定的、多方面的涵义。它通常指那些"为电影的"和"来自电影的"的文学性文本、体裁，如电影文学剧本、电影分镜头剧本、电影字幕本、电影小说、电影故事、电影本事等。它也经常扩展其外延，于文本、体裁之外，指涉其他与电影创作和表现相关的文学性元素和文学性话语，如影片中的对话、旁白、解说、字幕、甚至歌词等等。不仅如此，在更宽泛的意义上，"电影文学"还甚至可以包括一切与电影相关的文字性文本或著述，如电影批评、电影理论、电影文献资料等。

至于本大系所谓的"现代中国电影文学"，主要指中华人民共和国成立前的文本、文体意义上的现代中国电影文学创作；同时也兼及一切与电影相关的文字性的材料，如现代中国电影批评、电影理论、电影文献资料等。

现代中国电影文学，作为现代中国文学史上一种新的文学门类和样式，是电影艺术和文学结合的产物，是随着电影艺术的发展而发展起来的。它萌生形成于20世纪20年代，于20世纪30年代初、中期获得较大发展，并确立其在电影和文学两大领域中的应有地位。现代中国电影文学的出现，虽然是在"五四"以后；它存在的历史，也较之于五四新文学其它文学样式为短。但是，同现代话剧和报告文学一样，它是"五四"以后产生的为数不多的文学新品种之一，并在三十年代前后发展成为一个崭新的、独立的文学门类。

但是，由于各种原因，建国前发表和保留下来的电影文学资料，较之于其它门类中国现代文学资料（如小说、诗歌、散文、戏剧等）更为杂乱、分散与碎片化，且一再受到人为或自然的毁损。故抢救现代中国电影文学、文图史料，为现代中国这一新兴文艺样式、文学体裁门类留下可寻之迹尤其是精粹之作，为中国电影文学史和艺术史的教学、研究提供较尽可能全面、客观、完整的文本资料，便成为研究者和出版者的当务之急。

编者自20世纪80年代起，就从事现代中国电影、现代中国文学的研究与教学，并在出版《中国现代电影文学史》（上下册）的同时，于1984年编选了《中国现代电影文学作品选集》（10卷本，夏衍作序；因故未能出版）。几十年来，编者利用各种渠道与资源，广泛补充收集了大量第一手资料，对先前未出版稿进行了大幅度地增补与修订，并将其更名为《现代中国电影文学大系》。

在编选宗旨、原则方面，本大系秉承尊重历史、尊重科学的立场，持守开放多元、兼收并蓄的现代中国文学史观、电影史观，力求尽可能广泛、深入地发掘搜集现代中国电影文学第一手资料，并依据历史性、文献性、规范性、可读性兼顾并重的原则，对现代中国电影文学原始资料予以整理、编辑和集成。

在编选范围、篇目方面，本大系主要包含下列电影文学作品：

（1）现代中国电影史上思想性、艺术性较强，影响较大，且具有文学审美价值的优秀电影文学剧作、电影脚本、电影字幕本、电影小说、电影故事、电影本事等。

（2）现代中国电影史上倾向、流派、风格、成就不一，但具有代表性，基本上值得肯定或具有史料价值的电影文学作品。

（3）1949年以前文艺书刊和报纸上出版发表，但尚未拍摄成片的重要电影文学作品；或先前并未出版，但已拍摄成片的剧作手稿、整理稿等。

（4）1949年以前各电影公司摄制上映的故事片本事、剧情说明等。

（5）1949年以后根据建国前拍摄影片记录、整理或改写的电影文学剧本、电影小说等。

在底本和校本选择方面，为了保存历史的本来面目，为读者尤其是研究者提供尽可能客观、可信、易用的资料，辑录入选的作品，尽可能以本人掌握的民国时期第一手材料尤其是原始版本为主。但少数篇目，亦参考了或选录于建国后出版的电影艺术家的选集、文集，以及有关学者或机构主编的电影文学作品集、电影资料集、相关期刊。

在编选顺序、方式方面，本大系力图将文字作品写作、发表或出版时间与影片摄竣、试映或公映时间结合起来排序[1]，大致依据时间先后编年编目成卷，并对每篇作品编创基本情况尤其是底本、版本及其原始出处予以简要说明。

在文本的校勘方面，因为多种原因，现代中国电影文学资料在文字、文本、标点、标注、字体、版式、版本诸方面，情形较为复杂。如有些底本在格式、形式、版式等方面差异较大；不少原文时见讹误、错漏、模糊、残破、缺失或更改之处。此外，还有大量原文为句读或非现代标点。编者遵循存真、求实、慎改、标注的专业校勘要求，尽量搜求同一文本的不同版本予以对比、校勘，并对选本与底本间的重要的格式、形式、版式变动予以简单注释；对原文中讹、夺、衍、倒等文字错讹予以勘误点校；并根据现代出版规范要求，对原文中的句读、非现代标点，乃至现代标点中的明显错误，进行了重新标点或校正。至于原文中专有名物的异体字、非常规用词用语、既有分段或分节方式等，为保持原作面貌或文字风格计，选本尽量予以保留。

必须强调的是，数十年来，本人在资料搜集和编选的过程中，得到了不少电影界前辈的鼓励、支持，以及相关单位或网络平台的帮助。

20世纪80年代，本人在编选《中国现代电影文学作品选集》过程中，夏衍先生曾于百忙之中为该选集撰写了序言[2]；陈荒煤先生，以及程季华、鲁勒、王白石等先生，都曾为选集的编选予以宝贵的指导和具体的帮助。

---

[1] 由于不少作品之文本发表与影片公映存在或先或后、甚至跨年的时间差，加上部分影片准确公映日期现已无从考证，因此，编者在作品排序时，以文本发表时间为主，同时兼顾影片摄竣、试映或公映时间。

[2] 夏衍《〈中国现代电影文学作品选集〉序言》，《当代电影》，1985年第1期。

此外，中国电影资料馆、中国电影家协会，北京、上海、南京、重庆、成都、广东、武汉等地的图书馆，以及上述地区各高等院校图书馆及有关工作人员，都为本书资料查阅、复制提供了方便。

近年来，随着我国各类网络化大型数据库建设的加速，国内一些著名的网络数据平台或专业网站，如《全国报刊索引数据库》（社科类）、《晚清民国报刊全文数据库》、《申报数据库》、《晚清民国大报库》等，以及本人所在的华中师范大学校园网、图书馆系统，也为本书的资料搜集、补充乃至整理提供了极大的便利。

最后须强调的是，本大系能最终付梓，也得益于华中师范大学有关方面，尤其是文学院（包括其双一流学科建设基金）和出版社的大力支持。在此，谨向上述有关方一并致以最诚挚的感谢！

当然，由于本人学识、能力所限，该大系的辑录、编选、尤其是校勘，一定有不少漏缺、粗疏乃至错误之处，在此敬请学界和社会各方批评教正。

周晓明
1984年5月初稿，2018年12月修改

目 录

1927 年 1

    实业大王 3
    海角诗人 13
    儿女英雄 19
    奇中奇（前后卷）... 21
    歌场奇缘 31
    为亲牺牲 33
    好儿子 40
    梅花落（前中后集）... 42
    天涯歌女 67
    卖油郎独占花魁女 72
    盘丝洞 74
    复活的玫瑰 76
    美人计（前后集）... 84
    挂名的夫妻 91
    二八佳人 99
    田七郎 110
    奇峰突出 120
    乱世英雄 122
    白芙蓉 123
    夜明珠 127
    女律师 132
    浪女穷途 136
    燕山侠隐 139
    真假千金 140
    血泪碑 147
    幕面盗 156
    同学 158
    山东响马（友联）... 189
    山东响马（华剧）... 191
    西厢记 196
    哪吒出世 203
    火焰山 204

花国大总统 …… 206
姜子牙火烧琵琶精 …… 214
新茶花 …… 223
湖边春梦 …… 225
卫女士的职业 …… 230
唐皇游地府 …… 238
铁扇公主 …… 240
狸猫换太子 …… 242
侠凤奇缘 …… 245
木兰从军（天一） …… 256
月老离婚 …… 258
大侠白毛腿 …… 260
红楼梦 …… 262
山东马永贞 …… 271
北京杨贵妃 …… 278
蒋红英老五 …… 286
宋江 …… 288
穆桂英 …… 290
西游记黄袍怪 …… 292
西游记乌鸡国 …… 299

1928年 …… 307

车迟国唐僧斗法 …… 309
美人关 …… 318
少奶奶的扇子 …… 323
蔡状元建造洛阳桥 …… 331
翠屏山石秀杀奸 …… 333
武松血溅鸳鸯楼 …… 340
黄天霸招亲 …… 347
孙行者大闹黑风山 …… 351
八宝公主招亲 …… 357
新少林寺 …… 363
续儿女英雄 …… 369
王氏四侠 …… 371
古宫魔影 …… 373
迷魂阵 …… 376
白云塔（前后集） …… 378
火烧红莲寺（第1集） …… 381

海外奇缘	384
五女复仇	387
双剑侠	389
就是我	391
再世姻缘	394
一脚踢出去	396
木兰从军（民新）	398
卢鬓花	401
金钱之王	403
江湖情侠	406
大侠复仇记（上下集）	408
泣荆花	411
二度梅	414
猛虎劫美记	416
战地情天	419
马振华	420
上海一舞女	422
飞行鞋	425
战血情花	427
黑衣女侠	430
火烧九曲楼（上下集）	432
万丈魔	436
爱国魂	438
航空大侠	441
洪宪之战	444
红蝴蝶（第2集）	446
火里英雄	448
热血鸳鸯	452
奋斗的婚姻	455
清宫秘史	457
侠女救夫人	459
火烧红莲寺（第2～3集）	462

1929 年 ... 467

骆驼王	469
金刚钻	470
荒村怪侠	472
热血男儿	474

半夜飞头记	476
珍珠冠	478
渔叉怪侠	480
奇侠救国记	482
女伶复仇	484
糖美人	486
尘海奇侠	489
忏悔	491
血泪黄花	493
富人的生活	495
仇情记	497
风流剑客	499
九花娘	501
关东大侠（第1～2集）	503
乾隆游江南（第1集）	505
火烧红莲寺（第4～5集）	507
儿女英雄（第3集）	511
侦探之妻	513
偷影摹形	515
虎口余生	517
梁上夫婿	518
红侠	519
隐痛	521
王氏三雄	523
妹妹我爱你	526
刀下美人	528
王氏四侠（续集）	530
聪明笨伯	532
续盘丝洞	534

1930 年 537

故都春梦	539
碎琴楼	551
中级徽章	553
野草闲花	558
桃花湖（前后集）	588
义雁情鸳	591
倡门贤母	596

1927 年

实 业 大 王

出品　同济影片公司，1927年
编剧　李慈航
导演　洪　济　周空空
摄影　陈永康
置景　魏大星
化装　刘半痴
演员　陈无我　李慈航　沈宝宝　傅悲秋　汤玛丽　乔鹤鸣　裘元元　黄月如　周空空　黄翁侠仙　甘小琳　刘半痴

《实业大王》电影取材雨果小说《悲惨世界》，由李慈航编剧。其电影本事为李慈航所作，字幕无署名，原载《同济特刊》实业大王号（1927年1月10日）。

本　　事[1]

李慈航

　　苦工玉章，因犯案逃狱，潦倒穷途。遇富翁常道昌，拯救归家，又窃常重价古玩而逃。常固仁慈，不之究，且以善言相勉励。后此十载，有常之世好青年志士任铁峰者，为运动政治改革，求助于常，常慨捐巨款，并留之宿。常女白华，夙钦铁峰，久思以终身相许。临别之夕，恋爱备至，近及于私。不料从此春风一度，腹中已暗结珠胎矣。白恐事泄，贻父母羞，遂托词游学金陵，遗书而遁。既抵宁，思访得铁峰，共图善后。又不料甫至党部，即见门首布告高张，铁峰以首要犯，宣布枪决矣。白华至是，欲以身殉，因不忍令爱人骨血，同归于尽，乃乘车，访同学某女士。女士已他迁，无已，勉假退伍军官罗良才家暂居，作分娩计。

　　铁峰固未死，惟于党部抄封时，略受枪伤耳。彼宣布枪决之任铁峰，乃另一党人冒名替死者。铁峰受创后，倒于路中，旋为常道医院院长冯治公之女救回诊治。常道医院，为实业大王胡石昌捐款所建。冯女名秀华，为华南医专高材生，秀外慧中，赋性慈爱，助其父长医务者。铁峰在院，赖以调护，及知铁峰为青年党人，益礼重之。铁峰创伤既愈，秀复商请乃父推荐于实业大王。铁以党事既偾，暂难复振，因遂改名程德夫，任大王秘书职。

　　白华生一子，已六岁矣。先以迫于生活，入模范工厂任管理职。因该厂离罗家远，寄养其爱子于良才，而月贴宿费十元焉。良才固久历戎行，多恶习，欺白华孤弱，不

---

[1] 原为句读。

但凌虐其爱子，复任意要挟白华。尽其所获以与之，犹不能填其欲壑，以致典质殆尽，而复见疑于同室之女工。一日，有好事者，窃启白华之箱箧，白之秘密，因以败露。于是举室工友，咸知白华尚有一私生子，寄养于外。某女工正欲夺其位置，乃径赴管处告密，白华竟以此被开除。

铁峰固多情，别白华将六载，自愧功业未成，迄不敢一通情愫。然回忆旧情，弥时不梦绕香闺。今已升任实业大王总秘书。白华虽入厂而已非原名，故天涯咫尺，彼此终不相知也。白既见逐，而罗索诈之信又至，谓其子病且危，非速医则不及治。一时苦无工作，嗣经工友咸串扬嫂嫂之姘夫劝令作模特儿照相，白以辱人太甚坚却不为；继因爱子心切终忍辱为之。然精神上之痛苦，已不可言喻矣。

一日，白华散步公园，为两恶少所嬲，并以模特儿照片百般戏辱之。白怒掴掌，恶少羞愤，鸣警逮解警署，诬白为私娼。白力辩不得直，愤极欲狂。突一长者至，力保白华。白不之德，反加诟骂。长者知其为神经错乱，不为怪，扶之至常道医院。少顷，白略醒，惟念子萦切。长者怜之，允为设法领取。长者谁何？盖即赫赫有名之胡石昌也。

白病至险恶，秀华亲来看护。未几，胡送白子至，自已晕绝矣。秀华出伊遗书示胡，则白之父母书也。胡见常道昌名，骇极，身如中电，力自镇抑，乃嘱秀华善视其母子，并嘱如白华果死请厚殓之，一面电促其父母速来。胡又自称有要事办理，匆卒径去。胡既去，秀华偶翻白华遗物，忽有铁峰小照一张，及其亲笔情书数封，赫然呈露于眼前，不禁愕然失色。秀固钟情于铁峰，今睹此，知白华为己之情敌也。秀华至是，莫知所措。始则冀白速死，俾遂己愿；继则哀白苦情，恻然悯之。最后良心战胜私欲，决计牺牲自己爱情，成全白华良缘，乃为竭力施救，白华遂死而复苏焉。

铁峰斯时，因公在外，得胡电促归。及返厂时则胡已赴沪，仅留一信一包，嘱送常道医院五号病室，面交常小姐者。铁峰不解所以，遵命送往。不料甫入室门，举室之人，群相惊呼。视之，冯氏父女外，常氏眷属亦尽集于此，且有一可爱之小儿，倚白华而立。乃彼此各述经过，惊喜交集。纷扰略息，忽忆实业大王函件，启缄诵读，方知此赫之有名实业大王，即十五年前道昌援救归家之苦工古玉章也。拆包视之，则大王财产之全部，愿公诸社会，托道昌、铁峰担任管理。大王自身则已赴沪，为十五年前之一要案，亲诣法庭自首矣。开庭审讯之日，大王慷慨自陈其十五年前犯罪之经过，由法官判决。玉章既为要案逃犯，又殴伤警兵，实藐视公法，禁锢五年。然玉章虽囚监中，仍逍遥自乐，著作实业救国政策，以普及全国，诚不愧为实业大王矣。

字　　幕

日暮途穷，无家可归之逃犯古玉章。　（陈无我）
绅士：你这穷鬼为什么拷门这样凶，你要抢人吗？
玉章：我快要饿死了，请你给我点残汤剩菜救救命吧。
绅士：打死你这王八蛋。

常道昌，南翔镇团总，富而好义。（李慈航）
其爱女白华。（幼时）（沈宝宝）
绅士：这个人的穷气太大了。
道昌：你先生的量也太小了。
道昌：为什么这样狼狈呢？
玉章：我是一个工人，因病歇了生意，想到南京去找朋友，又没有盘费。
常道昌的夫人。（傅悲秋）
常太太：来历不明的人，给点钱叫他走罢。
道昌：都像你们这种心理，社会上的穷人只有死路一条。
道昌：盘费我给你，今夜就住在这里，明天动身吧。
法律不容。
生活使然。
警察：这样早，从哪里来？这些东西是谁的？
警察：哎呀！这是常团总的东西呀！一定是偷来的。
玉章：这是……他，他送给我的。
常仆：哎呀！遭贼了。
常太太：这个强盗太没良心了。
警察：这个贼胆子真大，敢偷团总的东西。
玉章犹不改其倔强之态。
道昌：你的性子太急了……我送你的东西还有一只没有拿去。
道昌：你也不必难过，我决不怪你，你做此事亦是被环境所迫。
道昌：咦！你快去创你的前程吧！
玉章大受感动，良心难安。
道昌：这是你需要的东西，为什么不拿去？
感化之力较刑罚伟大，古玉章从此改过自新，向光明之路矣。
十年后。
驹光如驶，白华年已及笄。（汤玛丽）
党人任铁峰来向道昌募款，作改革政治运动，白华甚倾爱之。（乔鹤鸣）
白华：你看夕阳景色，是多么好看呀！
铁峰：夕阳无限好，只是近黄昏。
白华：你凡事抱悲观，未免辜负了青年。
铁峰：唉！你看我们中国……内受军阀的蹂躏，外遭列强压迫，哪里还有一片干净土，怎不令人痛心疾首呢？
白华：但愿此自由之花，长系君怀助君努力，祝君成功。
道昌付捐款汇函与铁峰，促其起程，进行党务。
爱情与性欲，俱是青年儿女之魔障。
良心难安。

铁峰与白华，一念之差，铸成终身大错。

可怕之夜。

翌晨。

铁峰：你觉有点悔吗？

铁峰：但是我爱你出自真诚，可以对你发誓……海枯石烂此情不渝。

白华：你不要恋着我罢！我以身许你就为的是你以身许国。

古玉章改名胡石昌，十年奋斗，已成为实业界之巨子矣。

石昌捐款设立之常道医院欢迎院长及看护长就职。

院长冯治公。（裘元元）

治公：胡石昌先生为拯济劳动贫苦同胞的疾病起见，独捐巨款，创设斯院，鄙人谬长院务，誓愿尽我所学，终为本院服务。

看护长，冯秀华，治公之女。（黄月如）

秀华：爱护弱者是我女子的天性，所以看护的职务，秀华是很欢喜担任的。

开会议。

铁峰：自由之花，是热血灌溉成的；真正的共和，是大好的头颅换得来的。我们要想得自由共和的幸福么？就请拿出我们的热血和头颅来。

道昌父女救一穷人来广仁医院诊病。

医生：你闭经有三个月么？

医生：她常常作呕么？

医生：她喜欢吃酸东西么？

医生：恭喜你，她不是病，是有了身孕了。

某太太：岂有此理！她还没出嫁呢！

长舌妇甲：你听呀！那个姑娘还没有出嫁就有身孕了。

妇乙：哦！她是我的邻居，她父亲是个很体面的人呀！

妇甲：她的父母不知道造了什么罪孽，才生出这样不要脸的女儿。

白华闻医生诊断及长舌妇人等之流言，暗自惊急，盖伊自与铁峰春风一度，即已珠胎暗结矣。

医生：这个妇人的女儿，未出嫁，就有了身孕，她反要骂我诊断不确。

白华深恐春光泄漏，设计欲谎其父母。

白华：爸爸！我想到南京去读书。

道昌：你发疯了么？怎么忽然说要到南京去读书呢？……

常太太：女儿，你没有哥哥弟弟，怎样好出门去求学呢。

道昌：我今天在医院里听见一个笑话……

道昌：这样丑事，万一出在我家，真要把我气死。

常太太：女儿也长大了，她的婚事你也应当注意啊！

可怜之白华，为其腹中秘密，弃其亲爱之父母。

白华拟赴南京访铁峰，商善后事。

1927 年

军官：你是任铁峰么？

饭司务：我少爷，被匪人打伤，求你快点去救他。

常太太：这都是你不好，你不骂她，她怎么会走？你不把她寻回来我要同你拼老命。

爸爸！妈妈！

　　我明知道女儿走了，爸爸妈妈一定要难过的。但是女儿若屈在家里，将来发生不安的事，一定比我偷走还要难受。总望爸爸妈妈，时时保重！只当女儿不成器死了一样。

女儿 白华留书

白华因铁峰殉国，亦欲以身殉之；惟念腹中有爱人之骨血，只得忍辱偷生。

白华有家归不得，来访其女同学又不遇。

任铁峰枪伤渐愈。看护长冯秀华已知其为青年党人，愈加敬重。

秀华：你养伤要紧，把烦恼事丢开，我来讲故事给你听罢！

秀华：你的病又发了，我去拿药来。

白华在南京乡间租一小房间预备分娩。

二房东罗良才，退伍军官，嗜酒如命。（周空空）

良才：你一个人不觉得孤单吗？我来陪你……

其妻。（黄翁侠仙）

良才：哙！欠我的房租怎样？

罗妻：酒鬼，你的面孔还要吗？拿面镜子照照看，你那鬼样子你还想做些什么？

良才：唉……房钱到底付不付？

罗妻：常小姐，我们罗先生靠不住的，家中的事他不能做主，房钱还是要付的。

罗妻：哎哟……你不要多心，我为的是怕我们罗先生把房钱骗去买酒喝啊。

白华：罗嫂嫂！这只戒指换了来付你房租。

铁峰创愈后，更名程德夫，由冯秀华父女介绍与胡石昌任秘书。

治公：这就是我介绍给你的程德夫先生！……这是胡石昌先生！

石昌：足下青年有为，敝人无任欢迎，只是奉屈了。

石昌：你为什么这个样子？

病女工：我生了病。

石昌：为什么不请假？

病女工：请病假，要扣工钱；扣一天工钱，我一家中就要饿一天，只好带病来做工。

石昌：工人这样的痛苦，为何不据实报告，你们办事太敷衍了。以后工人有病请假，不许扣除工资！

程德夫五年劳绩升任为总秘书。

石昌：这是我十年前发明的机器，也就是我一生事业的基础。

石昌偕德夫乘汽船参观其经营之工厂。

石昌：这是我的面粉厂。

石昌：这是我的纺纱厂。

石昌：这是我手创的最大铁厂。

石昌：我觉得实业救国比什么主义政策还要切实得多啊！

德夫：现在很相信，振兴实业，是中国起死回生的良方。

白华生一子已五岁，小字铮铮。（甘小琳）

罗妻：常奶奶！你要想一个长久主意，专靠做针线过日子，是不中用的。

白华：我已经在模范丝厂谋了一个位置，不过离此地有两三百里路，小孩子又怎样安顿呢？

良才：你去做工有多少钱一个月？

白华：十五块钱一个月。

罗妻：那末你每月寄钱来，小孩子我替你抚养好了。

良才：你马上去做工吧！只要寄钱来，小孩子你不必耽心。

常白华入丝厂后，不欲人识其庐山真面更名为常素心。

石昌：中华厂定造的新船，合同快要到期，你去看看工程怎样了。

总管：升任女管理员的常素心已经领到你的办公室来了。

德夫：我有要紧事马上要去，你领来见总理吧。

石昌：你拿这条子领她到第三分厂去接事。

船厂职员：已经有三分之二的工程了。

素心小姐：

　　令郎患痾甚剧，请汇洋二十圆以便就医，至盼至祷。

罗良才上言

素心：孙姐姐！请你借十块钱给我。

孙大姐：我只有五块钱。

白华血汗换来之工资，本为救其爱子，乃不知徒供良才一家之挥霍，而其爱子反被虐待。

裁缝为良才送新衣来。

罗妻：贱东西！你的脏手怎好去摸小姐的新衣。

罗妻：小鬼！小姐的银锁练哪里去了？

罗妻：打不死的小王八蛋！你为什么不好好的照应小姐？东西寻不回来，我要你的命！

良才：不要同小乌龟淘气，写信叫他妈赔好了。

良才索款之信又至，白华向同事告贷不得，乃典衣寄罗。

素心小姐：

　　令郎病危，速汇医药费四五十元，迟恐有变，则恕不负责矣。

罗良才上

女工甲：我想她一定有怎么秘密，不妨偷她信来看看。

女工甲：哎呀！没有嫁的姑娘，会养儿子，笑话笑话，我报告总管去。
总管：女总管员常素心，有人告发她有不名誉的事。
德夫：如果证察确实，你斟酌情形，秉公办理。
总管：工厂里不能容留你这样不名誉的女人，马上走吧。
铁峰：今天新船试水，冯院长又同秀华小姐都去参观，总理要去。
秀华：我有事要见总理请你报告一声。
茶房：总理刚才同程德夫秘书出去了。

常素心来哀求总理，适石昌偕德夫往观新船试水，常大失所望。

素心：我已被开除，本想去看看儿子，但是回家还是不能生活。
女工乙：你不要伤心，暂为到我亲戚家住着，另找工作。
罗妻：酒鬼，昨晚我头四圈赢五六块钱，你偏要去喝酒，把小孩子抱来纠缠我，后四圈弄得来倒输四块多钱。
良才：钱已经输了何必吵呢？再写信去叫小鬼的妈寄点钱来就是了。
罗妻：我不管！输的钱明天定要给人家。
良才：小鬼妈寄来的信，付两块钱酒钱，两块钱裁缝钱，两块利钱，只剩下几个了。
素心小姐：
　　　　令郎病虽渐愈，调理需款，望再汇二三十元俾竟全功。
　　　　　　　　　　　　　　　　　　　　　　　　　罗良才上
阿林：人倒标致只怕她不肯做。
杨嫂嫂：现在做模特儿的很多，差不多报纸上天天鼓吹，你想报纸上鼓吹的事，还有什么错么？
素心：这个事我不愿意做。
杨嫂嫂：管她模特儿不模特儿，不过照照像罢了！你的身体还是好的，这有什么要紧？
阿林：我先付你二十块钱定洋，快寄去救你儿子的命罢。

母之爱子，至于如此。

白华自做模特儿后，生趣更觉枯索，每于无聊时，辄来公园散步，借遣愁怀。

秀华因爱重铁峰，乘其公余时，偕至公园花间亭旁，互叙衷曲。

秀华：为什么从来不见你写过家信？
铁峰：我是无家的人，只有一个未婚妻，但是功业未成，没有脸写信给她。
拆白甲：唅！一个人来白相么？
拆白乙：我们到远西旅馆去开房间吧！
职员：我今天约总理来，看……
职员：两个都是我的亲眷，随便总理喜欢哪一个，我都可作伐……
石昌：哦！谢谢你，可惜我是一个苦命人，今生今世，我不要有家庭的。
拆白乙：你模特儿都能做还要摆怎么架子？走罢！

拆白乙：咦，什么东西？还敢打人么？警察！

拆白乙：这一个私娼，并且还是……

警察：好不要脸的妇人！走，到局里去。

警长：你为什么要做私娼。

素心：我是一个规矩人。

警长：胡说！这里有证据，你还要抵赖么？从轻办你，快去，补纳花捐。

素心：警长可怜我吧！做模特儿是为生计所迫，要我纳捐为娼，情愿死在这里。

石昌：慢慢！我可以作见证，她是一个好人。

石昌：我是胡石昌。

石昌：我在公园亲眼看见……

胡石昌仗义力保常素心。

警长注视石昌的面貌好像十五年前逃犯……

警长畏石昌势大准其保释素心。

素心：你今天既是来保我，为什么从前又要开除我，这不是故意侮弄我们女子么？

素心：是一个害人的魔王！……哈哈！你是救人的菩萨……

石昌：呀哎！她发疯了么？快送她到医院里去吧！

德夫：时候不早，我回工厂去了。

素心：儿呀！你来了吗？

治公：她的神经受了猛烈的刺激，再不医治一定要变成疯狂！

石昌：你儿子在哪里？告诉我，我亲自替你去接来，你好好养病。

素心：那就感激不尽了！我的儿子寄养在龙潭镇罗家村里罗良才那里。

胡石昌亲至罗良才家，赎领白华爱子。

石昌：我是受常姑娘的请托，来领他的儿子，欠的钱我可以马上付给你。

良才：不过他妈还欠我们四十几块钱，只要把账还清，人可以领去。

良才：她妈在这里时候，还欠我七十块钱。

良才：你我素不相识，钱暂为收下，小孩子非交给本人不可。

石昌：岂有此理，见了钱财就黑心，这不是活强盗么？你不讲道理我也只好不讲道理了。

良才：哎呀……我的妈呀。

罗妻：死人！快去追呀！

素心自知病将不起，托秀华代写遗书，致其父母。

石昌见素心遗书，大受感触。

爸爸妈妈：

  这是我向父母最后一次的说话了。总望饶恕女儿的罪过！铁峰已为国牺牲，也要原谅他！

女儿白华临危泣书

石昌：冯小姐！请你把这孩子照看两天，我马上打电去叫她的父母来。

南翔，常道昌君鉴：令爱在宁常道医院病危，速来，胡。

秀华检视白华行囊，忽睹铁峰小照，始知素心乃铁峰之未婚妻。秀华素爱铁峰，顿生妒意。

秀华继念素心与铁峰用情之专，遭遇之苦，决计牺牲个人爱情，救护素心。

常子：妈！

茶房：有一个警官要会总理。

石昌：警长辱临有何见？

警官：因为十五年前有个逃犯，面貌与阁下相同，我就冒昧的举发上去……

警官：上司批转来，说是逃犯已经被逮，数日内便要开审了。

上司虽批下来，逃犯已经被逮，然此犯恐实遭冤枉，乃真逃犯逍遥法外，恐怕他的良心发现，比假逃犯在监中，还要难过得多呢。

石昌：像你这样不畏势力，不徇情面的官吏，我倒很佩服的。

石昌闻警官之言大受感触。

人为己受苦，良心难安，决赴法庭自首。

果真自首则毁已盛名，忽生悔意。

人为己受苦，置之不理，人道有亏；若被警长证实，更觉惭愧，乃决心自首。

石昌到法庭自首，以其财产全部公诸社会，委托道昌、德夫负管理之责，彼则愿守法饱尝铁窗风味，自己养性修学。

石昌电召德夫返厂。

济南，远东旅馆程德夫：总厂发生急变，速返。胡，冬。

道昌：奇怪极了！这是梦想不到的事，我们马上就动身。

常太太：白华！你好好养病，一切的事，等你病好了再说。

道昌：这小孩子的父亲呢？

白华：他父亲已经为国牺牲了。

铁峰：我没有死，是一个同志替我死的，我是……

铁峰：胡石昌叫我送一个包裹和一封信，带交给你……

常道昌先生：

余即十五年前潦倒穷途，蒙先生拯救之苦工古玉章也，别后改易今名，从事实业。得有今日，实出先生所赐也。乃者因有不可告人之要事，即日赴沪，此中秘密不久当共传社会耳。兹奉余频年所积之财产总目一册，暨各种股票证券一包，请以半数公诸社会办理善举，而以半数赠与先生聊报大德。至于工厂事业委托程德夫先生维持，一切可也。

胡石昌即古玉章留言

实业界巨子胡石昌自首供词：

我就是十五年前的逃犯古玉章。那时我在大昌火柴厂当工头，为一时之愤，殴伤职员，被拘。想我如困居牢狱，家中生活，如何支持，不得已越狱逃跑，殴伤警士，自是昼伏夜行。在南翔镇遇常道昌先生拯救，乃改名胡石昌，潜心实业，十年之劳苦，而有今日。所供不讳,这个人实被冤,请堂上开释,并请法官把我依法处罪。经法官会商之下,将伪犯开释,胡石昌暂押候审云。

道昌:原来胡石昌就是我十五年前救过的古玉章,想不到他竟做出这样伟大事业。

道昌:我们快点到上海去援救他。

法庭以古玉章越狱拒捕,藐视公法,禁锢五年。 玉章虽身囚监中,终日犹以"实业救国"主义,作为消遣自乐,令人可敬可佩! 诚不愧为实业大王。

1927年

海角诗人

出品　民新影片公司，1927年

总监　李应生　黎民伟

编导　侯　曜

副导　邢少梅

摄影　梁林光

布景　鲁少飞

配光　李乾初

说明　侯　曜（中文）　朱维基（西文）

绘题　潘思同　范竹云　董翰一

洗印　吴国敬

照相　李锡金

演员　李旦旦　侯　曜　林楚楚　辛　夷　黄冠群　邢半梅　邢少梅　王谢燕　何　能　易荫峤　糜　中　方艳生　戴不平　张其琛　区锡璋　费一庭

《海角诗人》电影由侯曜编剧。其电影本事为张其琛撰写，字幕为侯曜所作，原载《民新特刊》第4期（海角诗人号，1927年1月28日）。

本　　事

张其琛

　　熊熊的赤日，徐徐沉落西方；点点白鸥，在灰绿色的海面上低徊翱翔；这时候，荒岛的一角，有一位孤僻的诗人赤着足，散着发，举着螺壳的酒杯痛饮而狂歌道："我离开堕落的文明，回向自然的怀抱；恢复内心的自由，抛却一切的俗务！"诗人，海鸥，浪花融合而为一；歌声，水声，风声起了和谐的共鸣。

　　青年诗人孟一萍生性孤傲，幼丧父母，他受不了社会上乌烟瘴气的薰炙，谄谀虚伪的无谓周旋，因此不得不独自来到这荒岛地方去欣赏大自然的美。在这里，仅有邻伴老者丁本很诚挚的关心他的一切举止，常是劝他抛却这荒凉所在，回到纷縻繁华之场去；而诗人视城市为摧残人性的囚笼，他认为苍茫浩荡的大海，才是他唯一的知音，所以他愿意独居海角，他所作的诗也大半抛在海中，随它任澎湃的波涛去飘流。

　　荫森的秋林中，有位娇艳的樵女柳翠影在砍柴。满山红叶，笼罩着她的倩影，越发妩媚动人。

　　翠影的父亲早已去世，母亲杨氏带着她的弟弟柳勇以耕作谋生。她经过长时间的认识，很了解一萍的为人，她以他爱她的热忱同样的去爱他。于是在这幽清孤寂的天涯海角，而有这对烂漫天真，淡泊胸怀的恋人。

一萍的姑母，巴望一萍能做她的快婿。而伊女美珍是国会议员尹希富的千金，奢华成性，她理想中的配偶，是要貌、名、财、势四者兼备而能飞黄腾达的阔人。像这样疯狂似的，不识世故的一萍，实不值他们父女之一盼。一萍之所以飘泊海滨，瞧不起美珍，这也未始不是一个原因。

在翠影所住的黄叶村地方，土豪张天霸颇垂涎她的姣冶的容颜，很嫉妒她和一萍的相得，因此商同匪徒钱二分两个步骤去施行毒伎。先是买通党伙乘翠影不备，在山中图劫，天霸出而救回；一面又叫钱二备珍贵礼物去贿赂柳母，并从中间离一萍、翠影间的感情；但是这些阴谋，都成泡影。天霸在途中夺取翠影赠给一萍的花篮，又被翠影坚拒。他想：恩与钱都不能煽惑她们，最后只有实行强迫手段了！

一萍自从得了一个同心、同意、同情、同志的翠影后，他所作的诗也就珍藏起来，慢慢成了一本他们爱之生活结晶品《樵女》诗集。这诗集被小说家秦云拿去出版，公世后，即引起文坛上空前的巨潮。遐迩吟诵，奉为新近文艺界绝无仅有的佳作。势利的美珍，择婿多不满意，这时为虚誉所惑，竟不惜远远的来到茫茫的大海寻找落魄的一萍。

旭日初升，放出万道红光，映射在平静的海面上。金波荡漾，青山隐约，一萍和翠影并肩坐着，殷殷地喁喁情话。二人在沙滩上各自画了一个心形，心心相印。美珍觅踪而至，佯谓伊母病剧，促一萍速回。一萍不忍暂别翠影；美珍强之再三，才怅然登舟。那时的翠影，呆若木鸡，一切都感着空虚，在妒恨恐怖的空气中战栗着！

一日，翠影、柳勇同在山中砍柴，天霸带领党伙实行他第二计策，将伊抢走，柳勇乘隙逃脱。

一萍抵美珍家，极受优遇，知己受骗，便愤愤的又回到海滨来。后悉翠影被劫的惊耗，即和翠影的舅父杨义去追寻翠影。

翠影得天霸妻的援助，坠楼潜逃。天霸得讯，越山赶到。一萍、杨义也先后接踵追来。翠影力竭声嘶，跟跄奔命。及逃至一悬崖处，寒冽荫深，下即苍茫浩海，生路阻绝。天霸强行非礼，翠影呼救。天霸恨极，即将伊自千仞削壁推入海中。杨义追击天霸，天霸跌死山下。一萍俯视海面，泣不成声，椎心顿足，昏倒崖上。

自翠影遭劫后，柳母背灯哭泣，夜不成寐；富于情感的一萍，在暮色苍茫中，凄寂深夜里，常自举杯痛哭狂饮。怎知道"举杯消愁愁更愁"，"酒入愁肠化作相思泪"。从此他的双目渐渐失明，孤凄凄的一人，在冷清清的海角过落寞的生活。他悲哀到极点的时候，就摸索行到危岩的顶端，临海凭吊他的爱人。他幻想：他的爱人在星光闪闪的月宫中，他便登天去找寻；她在鬼影重重的地狱里，他就冒险去挽救。但是啊！"上穷碧绿下黄泉，两处茫茫皆不见。"他的幻想终是幻想，他的希望终成绝望。他在这痛苦绝望的时候，美珍又来海角找他，见了他，那种情形不禁大失所望怅然归去。

其夜，他的耳中忽起幻觉：觉得翠影在孤屿上呼唤他的名字。他跟跄的摸索行至海滨，登舟循声觅迹。船抵中流，波涛乍起，小舟倾覆海中，他坐在海心的石上任风吹打，哀哀的哭泣同时开始悲切的唱起他最后的挽歌！

海岸的一角，有一座孤峙的灯塔。灯塔老人很和蔼的举首向望，向望那灯塔上两个丽人。原来翠影和一萍都先后的得着这老人的搭救。一萍有了翠影，失明的眼，渐复光明。在苍茫的烟水中，灯塔一隐一现的闪烁着，那充满了诗意的灯塔上，这时立着一对幢幢爱人的倩影。

字　　幕[1]

侯曜

诗人孟一萍。（侯曜）

　　离却了凡尘浊世，任逍遥海北天西。看飞鸿倩影双双，美海鸥波面翱翔，富贵似浮云，世事如儿戏。怎似得，听狂涛，观旭日，趁扁舟海天无际！

　　丁本——一萍的邻居。（糜中）

丁本：你以心血做成的诗，为什么任它飘流在大海里？

一萍：世上难遇知音，知我者只有苍茫浩荡的海水。

满山红叶女郎樵。

柳翠影。（李旦旦）

柳勇——翠影之弟。（朱树涛）

丁本：我劝你还是离开荒凉的海岛，回到热闹的城市去。

一萍：我愿去住在荒凉的海岛，不愿回到镶金的坟墓，摧残人性的城市监牢。

一萍：我离开堕落的文明，回向自然的怀抱，恢复内心的自由，抛却一切的俗务。

张天霸。（辛夷）

钱二——天霸的党羽。（邢少梅）

钱二：我认得她，她是我们村里已死的教书先生柳春风的女儿。

　　湾湾刀儿轻轻举，纤纤手握离离草。草儿树儿能采尽，只有情花砍不倒。刈得爱苗莫当薪，相思火焰煎人老。

翠影：我在海滩拾着一首诗，不知是谁做的？

一萍：你这样欢喜我的诗，我以后做了完全献给你。

杨氏——翠影之母。（邢半梅）

杨氏：钱大哥！你见我的翠儿吗？

钱二：她正和一个书呆子谈天呢，大嫂！我劝你留心你的女儿，不要给白脸书生骗了去。

国会议员尹希富——孟一萍的姑丈。（易荫峤）

其妻孟氏——一萍的姑母。（王谢燕）

孟氏：我的意思，把美珍配一萍是很好的。我不知道你为什么不愿意？

---

〔1〕原说明字幕前均有■标记，对话者有括号。每条字幕均有数字序号，但颇多错乱。现统一略去，将说明以不同字体区别之，对话者后加冒号，并对演员姓名加上括号。

希富：一萍这书呆子只会做诗，人情世故一概不懂，既无财又无势，哪配做我的女婿！

尹美珍——希富之女。（林楚楚）

美珍：这些衣裳都穿过一天的，我统统不要，把新的拿来！

孟氏：你爹爹不欢喜一萍，为什么你也不欢喜他？

美珍：他一天到晚做诗，做得出功名富贵来吗？他能拿诗养活我吗？

日出而作——作诗。

日出而作——做工。

日出而作——做梦。

日出而作——作恶。

出日出作——作弊。

钱二：我有两条妙计，你按步做去，包你弄她到手。

何氏——天霸妻。（何能）

政客：大帅叫我交五十万元给你，请你设法运动你们的同事，举大帅做总统。

天霸：现在来试一试你的第一条妙计。

钱二：辛苦了，事成之后，再重重的谢你们。

渔人杨义——翠影的舅父。（黄冠群）

柳男：孟先生！你这几天为什么不到我家里去呢？

杨义：我很感谢你救了我的外甥女的性命。

天霸：明天不要叫令爱去砍柴了，免得再遇危险。以后我天天叫佣人送柴来。

天霸：强盗虽然没有把你的女儿抢去，但是那个白脸书生比强盗还要利害，你要防备他把你的女儿骗去。

翠影：我险些儿不能见你。

石绍裘——督军少爷。（戴不平）

金大有——银行经理少爷。（区锡璋）

文愉园——新闻记者。（张其琛）

郭永年——洋行买办。（费爱庐）

美珍：这些人没有一个是我欢喜的，有钱有势的而无貌，有貌有钱的而无名，有名有貌的而无钱。

　　小词　管道升

　　你侬我侬，忒煞情多，情多处热似火，把一块泥，捻一个你，塑一个我，将他来一齐打破，用水调和，再捻一个你，再塑一个我；我泥中有你，你泥中有我，和你生同一个衾，死同一个椁。

一萍之友。（方艳生）

秦云：一萍！你住在这样的环境里，所以有这样的好诗，我替你拿去出版罢。

柳勇：今天是孟先生的生日，姊姊你拿什么礼物送他？我只有送他几个大山芋。

天霸：你这个花篮好看得很，送给我罢。

一萍：不要生气，我已经心领了。
一月后。
杨氏：承少爷救了小女的命没有道谢，反要少爷时常送东西来，实在不敢当。
　　文学家孟一萍之荣誉
　　昨全国文学监定会审查结果本年度文学作品以孟一萍之《樵女》诗集为第一应得荣誉奖金二万元并闻总统府拟聘之为秘书云
希富：一萍现在有资格做我的女婿了。
美珍：爹爹自从他和你生了意见，离开了我们之后，不知他现在在哪里？
希富：我们留心打听他的住址，找他回来罢！
钱二：我今天来是替张少爷和令爱做媒的，他不好意思，所以先走了。
钱二：张少爷虽已有妻子，可是他是兼祧子，想娶令爱做两头大，聘礼多少由你说。
柳勇：不要多说，我的姊姊不嫁姓张的，要嫁姓孟的。你送来的东西，都替我拿回去，以后不许上我家里来。
杨氏：我们配不上张家，只好辜负你的好意。
天霸：你不爱我吗？你要记得，你没有我，早被强盗抢去了。
翠影：是的，我很感你的恩，但是你不能因此要我爱你。
钱二：用恩惠买不动她的心，我们用第二条计罢。
美珍：表哥！我的母亲病重想见见你，我打听了好久，才知你住在这里，请你同我回去。
五点钟后。
一萍：姑母的病好了吗？
孟氏：你来了，我的病就好了。
孟氏：你去告诉厨子，少爷回来了，叫他多备几样菜。
希富：一萍！你以后不要再回到海角里去了，我把美珍嫁给你，你就和我同住。
一萍：多谢姑丈的好意，我是过不惯城市生活的人，姑母既然没有病，我就要回到海角去。
第二天。
天霸：今天来实行你的第二条妙计。
脱离利锁名缰，仍归自然怀抱。
柳勇：姊姊……被张……张天霸抢了去了……
杨氏：快去请舅舅来！
钱二：恭喜少爷今年今天成双，……明年今天生一个小官官！
一萍：我们去找张天霸！
天霸：我若是找她不回来，你不要想活命！
何氏：你们来找柳姑娘的吗？我已经放她逃走了，你们快向东追去，天霸已经追她去了，我怕天霸回来害我的性命，我要逃回娘家去了。

何氏：我的丈夫向南山追赶翠影去了，请你去劝劝他，作恶的人，不得好死的。

翠影：舅舅救我！

一萍：翠影！翠影！

是夜。

酒入愁肠，化作相思泪。

数日后。

盈盈秋水，都化相思泪，泪尽眼枯，伊人何处？

孟氏：你既然欢喜一萍，再想法子骗他回来就是了。

青女素娥俱耐冷，月中霜里斗婵娟。

嫦娥：这里没有柳翠影！

魔鬼：这里没有樵女走过。

一萍：上穷碧落下黄泉，两处茫茫皆不见！

丁本：他近来为了一个樵女，连眼睛也哭瞎了。小姐！你快快带他到城里去医罢……

夜深人静。

翠影：一萍！一萍！

一萍：爱人啊！我的翠影！你在哪里？

在沉寂的深渊？在茫茫的海底？我的泪眼早枯，我的情焰早熄，没有了你，这青青的山绿绿的水，一切都无意义。你带我到另一世界去！

翠影：一萍我在这里。

一萍：我的眼睛因失你而盲，现在我觉得渐渐的复明了。

一萍：你为什么会在这里？

儿女英雄

出品　友联影片公司，1927年
总监　陈铿然
编剧　徐碧波
导演　文逸民
说明　徐碧波
摄影　洪伟烈
布景　陈梅甾
剪接　叶仁甫
暗房　张克澜
书幕　沈剑豪
演员　范雪朋　文逸民　毛翊垣　顾如珍　叶仁甫　时觉非　尚冠武　张庆升　尚肖

《儿女英雄》电影取材文康章回小说《儿女英雄传》（又名《金玉缘》），1927年至1931年间，共摄5集。此为第1集（又名《十三妹大破能仁寺》），由徐碧波编剧。其电影本事为徐碧波所作，原载《友联特刊》第3期（儿女英雄特刊，1927年2月16日）。

本　　事[1]

碧波

何玉凤为一英爽之女郎，娴武事，性纯孝。父杞，棣年大将军麾下为中军。时方病，女出购药，邂逅年二公子次武，偕扈从葛某于途。公子涎女色，追随不舍。因欺其孤单，近狎之。女怒，掌公子颊，遂逸。

葛某稔女为何杞女，遂踵门兴问罪之师。杞哀乞宽宥，葛要其以女媵公子。翁以次武佻佚，非所愿，勉应之。葛乃偕公子去，而杞竟因之焦急死。

何翁既殁，女哭之恸，且誓于墓前：后必手刃次武，以报杀父之仇。乃另赁茆屋潜居。女日事习武艺，处心积虑，冀雪凤仇。一日，女往祝其父执名镖师邓九公寿，时有地痞周三者，向九公勒索。正在被迫之际，女入击之退，九公围遂解。欢然询女何自来，女具道所以，且陈复仇意。九公嘉其孝，好言抚慰之。

时有安学海者，在宦途被奸佞陷其亏负国帑，须重金方可赎罪。公子骥，谨愿人也，奉母命摒挡银钱，偕老仆华忠，策二骞星夜上道。骥虑资或不足，另怀一家珍之

---

[1] 原为句读。

砚去，备急需。讵甫首途，老仆忽病，恐误老主人事，遂恳骥携银先行。惟虑骥少不更事，乃另附一函，嘱至悦来店后，即饬驴夫致送红柳村，其妹丈褚一官收，当能伴公子前往。骥诺而去。

玉凤自九公处出，至中途不期与安骥之骑相撞。女见安之呆气可笑，因目送之。安骥既至悦来店，遇张乐世老人，携其妻及女金凤俱。拟赴某乡探亲去，因之互谈至投契。

一日女怀刃往报父仇，将行别母。母问何之，女恐母阻，乃曰："女去去即来。母如必欲知，可问邓翁。"言已自去。女单骑行山中，闻二驴夫，将设计谋杀其寓于悦来店之主人于黑风岗，而袭其银。女见即为前日相撞之二驴卒，遂亟奔至旅店，警告少年，且约以稍俟当伴至目的地而去。骥彷徨无策，问计于张老。张谓女装束类匪人，必不可信其言，且劝其速行，遂亦自去。

何母正在灵前，祷告何公，冥佑其女。门开，女已捧仇家之心而归。急易装至悦来店，而少年已行。女知少年此去必无幸，遂纵骑追之。

张老携其妻女，行至一大丛林，名能仁寺，遂入内进香。寺中多恶僧，且转折皆机关地窟等造恶之所。移时女忽陷入地穴，张老则罩在钟内，张妇则驱入厨下。

骥与二驴夫遄程至三岔路口，驴卒遂施毒手，推公子，讵误及驴身。驴一惊狂奔，骥于此时，坠其帽于黑风岗下。二驴夫计失败，只得随之行。止于能仁寺，时已薄暮。入寺求宿，僧见安有重金，留之，且将二驴卒杀之以灭口。

僧等既袭安银，复以索缚悬于梁下，陈油锅，以处其死。正在千钧一发之际，玉凤忽至，一弹创僧目，而援之下。初女追至岔道口，忽忆黑风岗之语，遂直奔其处，又于中途获少年帽，乃踪迹至此。是时受创之恶僧，潜揿机关，女亦陷入地窟。则方见又一恶僧，正在按住一女子行强（即金凤）。女与斗，僧不敌，遁入另一机关。女遍搜窟中，得一淫娃，因勒作向导，得出地穴。寻逢一小沙弥竟诱玉凤入秘室中，误触机关，玉凤几殒命。幸安骥转辗脱险，遂奋身持叉救女出险，偕金凤觅得其父母。遂纵火焚其寺，俾绝祸源。

骥觅身畔，忽失砚。女因以弓畀之，谓汝此去，只须持此弓，当无阻。遂身入火窟，得砚而出。女母寻亦逝，女益哀毁。幸九公常往存问焉。

三年后，安公子与金玉二凤，同时结婚。邓安张三老，及忠仆华忠，均掀髯大笑，而庆骥之成此美满因缘焉。

1927 年

奇中奇（前后卷）

出品　开心影片公司，1927 年
编导　徐卓呆
摄影　东方熹　孙镜海
置景　顾　怜　姚吉光
制片　汪均康
书幕　董翰一　倪古莲
演员　周凤文　杨善华　赵金钟　沈秋雁　黄女士　张雪敏　朱庸儿　王少梅
关镜若　郑超凡　徐半梅　顾梦虚　汪优游　叶凤仙　陆幼兰　萧珊珊　朱荣奎
沈冰血　程得之　章拥翠　张铎声　张利声　邵乃琨　谢琳兰　李更生　陆笑兰

《奇中奇》（又名《剑侠奇中奇》，前后卷）电影取材清代小说《奇中奇全传》（又名《争春园》、《奇中奇》等），由徐卓呆编剧。其电影本事、字幕均为徐卓呆所作，原载《开心特刊》奇中奇号（1927 年）。

本　事[1]

卓呆

前　卷

义士郝鸾，好交游，人称小孟尝，家产因之倾尽。一夕，梦仙人授以三剑，曰："此剑具大神通，汝取其一，余择人而赠之。"鸾醒后，一试剑之魔力，则苟有所命，无不如愿：指卧床而曰动，则床自能行动；甚至年逾六旬之老仆，亦因剑之力而可翻筋斗，如江湖卖技者流。鸾知剑之神力伟大，乃出门访友。

纨绔子米玉与其门客鲍存仁石谈，游于争春园，见富绅凤竹，携其家属，亦在园中。米乃召其家奴至，劫夺凤竹之女栖霞，且欲击凤竹及其未婚夫孙佩。郝鸾适亦在是园，乃用剑指米玉等，使之失其自由，且夺回凤栖霞，送之回家。孙佩感郝鸾之德，邀之同归。不意米之门客鲍石二人，率其家奴，又来袭击。鸾更施神剑，驱逐恶党。米玉屡遭失败，乃报告官厅，谓孙佩家藏妖人，于是孙佩捉将官里去矣。

呆汉鲍刚，遗钱袋于地，为鸾拾得。鲍返原处寻觅，与鸾相遇。鸾见鲍，知为曾

---

[1] 原为句读。

于梦中相见之人，乃赠以一剑。凤竹因米玉屡与为难，即欲携眷投奔其兄凤林，不意事为米玉侦得，遂假扮船夫，载凤竹等而去。船至江心，即强欲与栖霞成亲。及船抵岸，米等即挟栖霞而去。适为鲍刚所见，以剑薄惩米等。而栖霞独自遁入古庙中，受无赖莫上天之绐，与其友人张三李四，卖之入妓院中。侠客马俊，见盗劫行人，即攘臂相助。为郝鸾所见，知亦曾于梦中相会，乃亦赠以一剑。凤栖霞入妓院后，矢不服从。莫上天等乃献计，欲以美少年动其心，遂往街头物色。适遇马俊，即诱之入院，乘其醉后，舁入栖霞房中。及醒，二人始悟为人所愚。马乃暂归，拟取宝剑也。不意二人谈话时，为小婢窃听，以泄于鸨母。鸨母惧，急以栖霞卖与麻公馆。及马至，已不见栖霞。急追之，遇梦中之仙人，谓马曰："小姐前途，自有人助，尔可归矣。"

后　　卷

凤栖霞入麻府后，麻夫人见其不类小家碧玉，诘之。栖霞以实告，夫人乃嘱家人麻寿，送栖霞赴襄阳，投奔其伯父凤林。

孙佩入狱后，郝鸾欲救之。第闻孙佩病于狱中，且其病綦重，非名医罗辉庵莫能治，然狱中焉能延医哉？郝鸾乃诣罗医处，阴以剑指其桌上之坛，坛忽变为人头，于是室内病人大哗。罗医遭此嫌疑，亦即入狱。夜深后，郝入狱中，告罗医以孙佩求治事。罗知受绐，亦不敢违其意，乃诊其病而下药焉。孙佩服药后，病即霍然。郝鸾乃救孙佩出并及罗医。凤竹之兄凤林，赴杭远游。其后妻阮氏，忽与绅士曹若建之仆曹成有染。若建另有一仆曰曹代，向与曹成之妻通。一日，曹代过凤氏门，见阮氏送曹成出，代乃归告主人。主人即遣曹成远赴江南，购办绸缎。俟其去后，嘱曹代引往阮氏处，若建遂夺其仆人之所爱为己有矣。

及曹成归自江南，抵门，见其妻正与曹代密语，成大愤。适为马俊所见，马乃允为之助。是夜，曹代与曹成之妻饮于室中，马俊忽出现，施以剑术，则男女变其衣服而绑于一处矣。

凤林归家，即发见阮氏之奸情。途遇马俊，亦允为臂助。曹成于夜半归，见曹代与其妻已捆于室中，成大骂而退，以为我自有意中人，不妨弃此妻也，即赴凤家。不竟见阮氏与曹若建，已受马俊之剑术。头颅均嵌入屏风之中，行动不能自由矣，曹成亦骂之。马俊知曹成亦非善类，乃将曹成之头，嵌入壁中。马俊引凤林出，半途遇司马傲，于是司马傲率凤林去矣。

凤栖霞途中备尝辛苦，抵襄阳后，因问路而又为曹若建与曹代诳入府中，欲饮以酒而图奸，为鲍刚所救。嗣复以栖霞与麻寿各锁密室，司马傲助鲍刚救出二人。

司马傲引栖霞归山中，与凤竹夫妇及孙佩凤林相见，合家乃团圆矣。司马傲亦介绍郝鸾鲍刚马俊等三人而升天复命，三剑亦同时收回。

1927年

字　　幕[1]

卓呆

前　　卷

吕洞宾以三剑授其弟子司马傲。
人称小孟尝之郝鸾。（周凤文）
郝鸾之老仆。（杨善华）
郝鸾仗义疏财，家产尽倾，今已家徒四壁，除杯中物外，无知己矣。
郝鸾入梦。
"此剑神通广大，汝取其一；其余二柄，择人转赠。"
"叫我去赠给谁呢？"
翌晨。
"哎哟奇了！"
"你可知这剑是哪里来的？"
郝鸾告以梦中得剑事。
初试神剑。
"动。"
再以老仆为试验品。
"翻。"
"上去。"
"我将携剑访友，出门远去。"
三日后。
富绅凤竹与其未婚婿孙佩。（赵金钟、沈秋雁）
凤竹与婿游园。
"夫人小姐到。"
凤竹之夫人与其女公子栖霞。（黄女士、张雪敏）
"你领她们到那边楼上去玩罢。"
纨绔子米玉与其门客鲍存仁、石谈。（朱庸儿、王少梅、关镜若）
郝鸾亦游于园中。
侠客陈雷。（郑超凡）
恶徒议劫凤小姐。
石谈归召余党。
"请他们各跌一交。"

---

[1]　原说明字幕前有■标记。现统一略去，将说明以不同字体区别之。

郝鸾借观棋为由，与凤竹谈话。
"那边楼上是否宝眷？"
"前面的人，先生可认得？"
"他们去召余党，恐不利于先生。"
"此人姓米，尝求婚我女，被我拒绝，因此怀恨，故图报复。"
"我来保护你们。"
"一半人去劫女子，一半人去抵敌那二个汉子。"
郝鸾试用宝剑。
"打一百记巴掌。"
"自己人打罢。"
"不好了，小姐被人抢去了？"
"老先生，你去照顾夫人，我们去追回小姐。这些东西，且让他们在此玩一会把戏罢。"
以宝剑吸逃者。
"退。"
"这位是否凤小姐？"
"做畜生去罢。"
"都亏二位先生搭救。"
"请到寒舍一谈。"
"他们抢了小姐到哪里去了？"
"我们半路上遇见一个人拿着宝剑，把我们弄得七颠八倒，小姐也不见了。"
"我们何不赶到孙佩家中，将他弄死，这亲事岂非仍有希望。"
一堆饭桶。
"你们敢如此无礼，我要剥你们的皮，抽你们的筋！"
"捆起来！"
"饶了我们狗命，下次不敢了。"
"此间不可久留，你早些避往他处去罢。"
凤竹与夫人小姐，商量避往其兄凤林处去。
饱食终日无所用心之鲍刚。（徐半梅）
忘却一物。
"这是谁失落的？他必定会来寻觅，待我在此守候。"
"一共吃了念三碗面。"
发现失落钱袋。
"好像在哪里见过的啊！"
"可曾看见我的钱袋？"
"此剑有不可思议之力，乃仙人所授，嘱我赠与你的。你拿去须助善罚恶，不可轻视。"

1927 年

"我们就说孙佩家藏妖人,叫官厅去捉他。"
"听说凤氏全家不日就要动身逃走了。"
"我们可串通船主,假扮船夫,暗伏船上,等船至江心,便强逼她成亲。"
"孙少爷被官厅捉去了。"
"想必又是米家的诡计,我们不能迟延,赶紧动身罢。"
"这位便是我们的公子,前天所谈的事,今天要实行了。"
鲍刚试剑。
"酒!"
"鸡!"
"活的不能吃,我要油鸡。"
"喂!我米玉有什么不好,你不肯把女儿给我,如今落在我手中了。"
"快快上岸,寻一个地方去成亲。"
"喂!船家,快些靠岸。"
"待我来一试宝剑罢。"
"立定!"
"三个不要脸的东西。"
"送你们三只高帽子。"
"滚蛋!"
"二位随我来。"
"几乎耽误我一顿白食。"
无赖莫上天。 (顾梦虚)
莫上天上吊。
"我到襄阳去投奔伯父,途中遇了歹人,所以逃避在此。"
莫上天答应送小姐赴襄阳。
见义勇为之马俊。 (汪优游)
"好像在哪里见过的啊!"
"此剑神通广大,乃仙人叫我转赠与你的。你拿了去须行善锄恶,才不辜负此剑。"
张三之父。 (叶凤仙)
莫上天之友人张三李四。 (陆幼兰、萧珊瑚)
"有财可发了,我已将那女子骗来,你们可有出路。"
"乐春院老鸨与我相熟,去卖与她罢。"
"这位朋友熟悉襄阳路径,我特地请来的。"
凤小姐以饰物为盘费。
老鸨。 (萧姗姗)
"这是我的姨母,小姐今夜可在她家借宿,明日动身罢。"
四人论价。
马俊试剑。

"这是什么地方？"

"老实说罢，这是妓院，你已卖在此地了。"

"此人十分倔强，我须等她接客后，方可付身价银与你们。"

"我们去觅一个小白脸来，不怕她不欢喜。"

觅得一目的物。

"何不到舍间去谈谈。"

"这里是他的姊姊家中，可以入内稍坐。"

"这位是他的令姊。"

"快些摆酒。"

劝小姐服从。

"你须好好服侍。"

"我与你无仇，你为何要来辱我？"

"我怎么来到此地的？"

凤小姐自述身世。

"我能救你，但此刻无法可施，待我回去拿了宝剑来，就能够处置他们了。"

"我回去拿银子，立刻就来的。"

婢女泄漏秘密。

"麻公馆中要纳妾，你领她去卖给他家罢。"

"如此，我一来可以不蚀本，二来那姓马的赶来也不怕他了。"

"马相公打发人来接你了，你跟她去罢。"

商量酬神。

李四做装肚痛。

二人商量，以捶打死李四。

李四欲毒毙莫张二人。

张三忽然计上心来。

马俊向老鸨要人。

"火！"

"水！"

老鸨吐实。

活埋莫上天。

同归于尽。

向宝剑问路。

"你不必追赶，凤小姐前途，自有人助，你可放心去罢。"

欲知将来如何，且看后卷开映。

后　　　卷

地仙司马傲。　（朱荣奎）

凤栖霞为人卖入麻府为妾。（张雪敏）
"你不像穷苦人家之女，何以要卖身呢？"
"奴本良家女，因随父母赴襄阳投亲，不幸中途被奸人所骗，因流落至此。"
"你且在此暂住，我去托人送你到襄阳去。"
凤栖霞之未婚夫孙佩，病于狱中，虽在缧绁之中，非其罪也。（沈秋雁）
侠客郝鸾探听孙佩消息。（周凤文）
"孙佩病危，若有名医罗辉庵来，或能有救。"
郝鸾设法救孙佩。
名医罗辉庵。（沈冰血）
郝鸾小试神剑。
"你敢杀人么？"
"照病用药，不敢杀人。"
"你把血淋淋的人头留在家中，还说没有杀人！"
"他是杀人犯！"
凤林，凤竹之兄，时正欲赴杭办货。（程得之）
阮氏，凤林之继室。（章拥翠）
名医居然被郝鸾延入狱中矣，比诚特别"出诊"也。
曹若建，纨绔子也。（张铎声）
曹代，曹若建之仆。（张利声）
曹成，亦若建之仆。（邵乃琨）
"今天我要独自出门游玩，你们不必跟随。"
王氏，曹成之妻。（谢琳兰）
"今天主人独自出门，我回去取些银子，出城访友。"
饱暖思淫欲。
淫人之妻者，人亦淫其妻。
"我特来救你。"
"久仰先生，妙手回春，孙君病症，务请劳神，挂号诊金，加倍奉呈。"
两对野鸳鸯。
曹代发现曹成之秘密。
曹代向主人告密。
若建亦涎女美，问计于代。
"遣他出门远去，公子就可占据这美人了。"
"命你到江南去办绸缎，今日就要动身。"
"我们今夜就去。"
夫妻话别。
药石之效果验。

仆冠主戴。

"你们是什么人，胆敢黉夜擅入人家。"

"你不要装腔，曹成已出门远去。这位是他的主人，今夜特来署理丈夫职权。"

凤栖霞忆念父母及未婚夫。

"我特来救你们出去。"

"我有家室在本地，怎能逃得了？"

"不妨，我自有道理。"

证据变成玩具。

"我带孙公子去见他的岳父，你送罗先生回去罢。"

曹成归自江南。

侠客马俊。（汪优游）

奸情暴露。

"朋友，你为何独自在此发闷气？"

"妻有外遇，怎么不气？"

"我愿助你出气，你且暂避，今夜三更时来听消息。"

朋友妻，居然戏。

"要做长久夫妻，必须先除去你的丈夫。"

"咳！好一对不要脸的东西！"

新法更衣。

是亦爱情之结合也。

凤林自杭州归。

发见秘密。

马俊问凤林心事。

"中冓之言，不可道也。"

"你且暂避，由我来办理。"

"你既爱他，我也不要你了。"

"我们不如趁早卷逃。"

"你们二人，做得好事。"

合欢枷。

曹成失恋于其妻，欲求补偿于情人。

"咦！原来你们也是无耻的东西。"

"你来做什么？"

"实不相瞒，这个妇人本来是很爱我的，不料被我主人占去了。"

"哈哈！原来你也不是好人。"

闲来常闻木樨香。

"我已无家可归，愿随先生同去。"

"凤先生随我去见令弟罢。"

"现有便人赴襄阳,可以送你去见伯父了。"
老仆麻寿。(李更生)
"明天动身罢。"
侠客鲍刚。(徐半梅)
"为了那两个妇人,我们大受其辱,真是倒霉。"
"还是去另访两个绝色佳人罢。"
无赖赵阿虎。(陆笑兰)
勇士陈雷。(郑超凡)
强迫凤栖霞。
送君远去。
"久违了!"
"此地不可久留,快些去罢。"
合家团圆,仅少一人。
"请问这里是否凤府?"
"是的,是的。"
"怎么不见我伯父呢?"
"你不必寻伯父了,你可认识我就是你的丈夫呀!"
"今夜将她灌醉就行。"
入麻醉药于壶中。
调虎离山。
移花接木。
主人醉矣。
"有男女二人,藏在何处?"
"一个在东,一个在西。"
"你若开口一唤,拘魂使者立刻就到。"
"有我在此,你去好了。"
"门内有人么?"
"快快救我!"
"还有一个女子和你在一起么?"
"她在对面门内。"
"门上锁着,待我停一回来开锁。"
"门内有人么?"
"快来救我!"
"我去取开锁的东西来救你。"
"你是何人?"
"我是你救出来的啊!"
"奇了!"

"你是何人?"

"我是你救出来的啊!"

"奇了!"

"我带小姐去见她的父母,你回去罢。"

"我要拆坍你们的房屋了!"

"我遇见了种种危难,幸亏这位仙人搭救。"

"你看,搭救令爱令兄的人来了。"

仙剑仍归故主。（完）

1927 年

歌场奇缘

出品　国光影片公司，1927 年

编剧　赵君豪　曹元恺

导演　汪福庆

摄影　张非凡　石兆丰

剧务　贺志刚

置景　洪警铃

绘图　万超尘

演员　汪福庆　蒋耐芳　曹元恺　秦哈哈　李丽娜　严工上　洪警铃　包桂荣　蒋耐芳　邱爱莲

《歌场奇缘》电影由赵君豪、曹元恺编剧。其电影本事为曹元恺所作，原载《国光特刊》（歌场奇缘号，1927 年）。

本　事[1]

曹元恺

　　女伶经绿湘艺貌双全，献艺于上海大剧场，倾倒者甚众。有男伶潘小莲者，为人忠笃刚直，于绿湘爱护甚周，凡有以污言辱及绿湘者，则必为之护，故时招人之忤。而绿湘复不知其情，时反挫折之，小莲绝无怨色焉。

　　有前外交总长冷寿彭之公子翠微者，恒为座上客，归必为文以扬之。翠微有兄曰国华，为银行行长，声势俱赫，亦恒观绿湘剧。且由后台主任之介，得识绿湘，惑其色艺，至无虚夕。先是，国华曾与徐碧仙订有白发盟，过从甚密。自识绿湘后，日形冷淡。碧仙见其态度骤变，复好言慰劝，国华疏碧仙尤甚。

　　一夕，绿湘设宴于中江饭店，宴请各界，国华翠微均在被邀之例。席间国华见绿湘颇与翠微亲近，嫉之甚。归后又见翠微作《绿湘宴客纪》，益愤，痛责翠微曰："尔虽钟情于绿湘，奈无财力何？穷酸能与此女伶终耶！"并撕其稿，翠微则垂头无语。

　　翠微与绿湘也，性既相投，情自契合，遂成莫逆。暇则或游山玩水，或对坐清谈，俨如兄妹。一日，偕游名园，当于绿荫深处，娓娓情话之际，正国华要挟伊父大年允绿湘婚彼之时也。盖大年曾以仇杀陆鹏飞，时其子小飞与冷氏昆仲均在旁。以国华长于小飞，故鹏飞于弥留时遗字国华，以将来佐小飞复仇为托，字据则存于国华处也。今国华借此要挟大年，并限三日为期。大年无奈，佯允之，以待另筹他计。时小莲适

---

[1] 原为句读。

过访，故知之颇详。翌日，绿湘举告翠微，翠微慰之曰："余当为卿筹之，卿其勿忧。"

时已夜半，国华之睡兴方浓，有一蒙面者在黑暗中启其银箱，搜其文件。国华惊醒，与之格斗，不能敌，蒙面者越窗而遁。国华检点各物，一无所失，所失者惟陆鹏飞之字据耳。既而发见蒙面者所遗之电石灯于椅，绝类翠微者，甚疑之。过视翠微，则不在。乃亟往经家，时正翠微授字据于大年，国华见而夺之，并击翠微，又恫吓大年曰："尔欲赖乎，观我之手段也可。"国华去，小莲亦至。绿湘俱以告，小莲愤恨膺胸，慰之曰："绿湘勿忧，余当为尔助也。"碧仙几遭国华之弃置，芳心纷裂，如中狂易，乘人不备，举枪自击，竟抛其鸡皮鹤发之慈母而逝矣。

翌晨，小莲过访绿湘。比及门，仆持条出，小莲索而阅之，盖致翠微者，略谓为避去国华之要挟，已乘某时之车往金陵，寓于某所云云。小莲阅毕，愤不可遏，亟赶至车站，车轮正启，已不可及。无奈，乃待次班。翠微得条后，正欲驰赴车站，忽为乃兄所禁，盖国华衔翠微入骨，乃诬以窃取银行重要文件之罪。会字据又为国华所得，亟赶至车站，乘揿车追之。事前以电话告其父，伪托因公往金陵。翠微得耗，乃越窗而出，奔往站去。

国华追抵金陵，又要挟绿湘。小莲翠微继续赶至，一阵恶斗。翠微误小莲为恶类，举枪击之，误中国华，伤要害。警士闻警赶至，拘翠微去。绿湘拽翠微衣，一恸几绝。小莲见之，甚感动，挺身谓警士曰："杀人者我也。"警士信之，亦不详诘，拘小莲去。

华灯照耀，雅乐铮钹，经绿湘又出演于上海大剧场矣。观众万千，声誉更高。翠微则仍操其笔墨生涯。尝铁窗风味之潘小莲，则安然自慰，绝无忧恧焉。

1927年

为亲牺牲

出品　明星影片公司，1927年

编剧　殷民遗

导演　张石川

说明　郑正秋

摄影　董克毅

置景　董天涯

题绘　马徐维邦　董翰一

演员　谭志远　周履安　汤　杰　王吉亭　龚稼农　黄君甫　张织云　朱　飞　李时苑　王梦石　王谢燕　王献斋　朱秀英

《为亲牺牲》电影由殷民遗编剧。其电影本事为宋痴萍撰写，字幕为郑正秋所作，原载《明星特刊》第21期（为亲牺牲号，1927年2月18日）。

本　　事[1]

痴萍

　　雷筱峰挟其智术，以投机起家，积资数百万。财力既厚，操纵益易。一般经纪人，咸欲得而甘心。筱峰明知之，然溺于利，弗能改也。妻蔡氏，生一女朝云。女赋性贤孝，年甫及笄，颇不善其父之孳孳为利，尝乘机几谏，筱峰漫应之。朝云业师华子实，馆于雷氏有年。其子文正，亦随父共女读，两小无猜，雅有情愫。一日，子实以多病请去，筱峰允之。文正朝云则依依有别离之感，共话于园中。为筱峰所见，呼女戒弗近文正，谓将缔姻豪族，寒儒之子，非汝匹也。斯言殊忤朝云意，然仍诺诺不敢出异辞。比晚，以父言述之文正，文正挥涕曰："如尊甫言，我二人无复相见之缘矣。"朝云亟慰之，令归后仍可时来，弗以父言气沮。越数日，文正来访朝云，情话喁喁，复为筱峰所见，大怒逐文正去。

　　筱峰征逐花丛，日必过其素识妓花寓之居。花利其金多，事之甚谨。而别有客冯姓者，交尤密。冯年少绌于资，恃花为河润。一日雷冯相值，筱峰怒斥冯。冯不服，院中人多袒雷，于是冯受辱而去。其时筱峰于交易所中，独操胜算，当者披靡，经纪人皆惧且恨，群聚而谋对付之方。会花以电话速筱峰，筱峰方逐文正。睹女不欢，诘其故，朝云不语。筱峰故爱女，乃多方以悦之，令送己于门次，然后登车行。

　　是夕，筱峰设宴于花寓之居，而先应其友人之约，酒半辞去。时冯在花所，花逆

---

[1] 原为句读。

知雷将至，促冯避之。冯无奈，怏怏而出。花徐整晚妆而待，忽闻雷被狙击，伤重且死。花将送之医院，妓佣阴止之，遂未往。筱峰异入医院，及朝云母女驰至，已气息仅属。惟称遗产悉归其女，而女必为之复仇，无他语也。

朝云痛父死非命，悬巨赏缉凶，久之无所得。尝严诘汽车夫，始知当日逐冯事；然无佐证，不能控之于理也。朝云又以文正曾受其父之辱，稍稍致疑，爰就谈话中探之，亦无所得。乃变妆为贫女，乞于花寓之门，请为婢，花怜而收之。一夕冯来，朝云缘壁窃听。花果以雷死询冯，冯不答。朝云方凝神续听，肘触壁间庋阁，砉然而堕。众闻声皆起，朝云疾避得免。

文正微知朝云疑己，甚不自安。会朝云归，变计令文正挟资往花所狎游，借探真相，其母阻之无效。文正年少多资，花倾心甚，遂疏冯。文正乘机探之，花曰："他非所知，闻生前结怨经纪人过甚，祸或此辈肇之也。"文正以其言以告朝云，朝云复变妆为荡女，将往交易所俱乐部侦之，其母苦阻之仍无效。文正虽心非之，亦不敢阻也。

交易所俱乐部者，经纪人业余饮博之所也。雷死，自为若辈快心之事。见报端缉凶巨赏，尤加以深切之注意。顾凶手何人，若辈亦无由知。忽女捐客介一粲者至，欣喜若狂，争思染指。朝云貌为妖冶，曲意周旋，久之而消息之不明如故。一般经纪人，则以争欲得朝云而大哄。朝云不堪其扰，舍之而归。蔡氏自女之出，深以为忧，忧思所积，日以眼泪洗面而已。文正亦以朝云或蹈不测为虑。子实忽出一纸授之曰："汝非吾子，实十五年前自育婴堂领得者。若父戈克先，以罪被判监禁二十年，计期当出。此纸是汝出身之明证，今以授汝，使知身所自来也。"文正大惊，然不忍离子实，但许届期往迎生父耳。一日，文正在蔡氏许，共念朝云，相对黯然。朝云适归，因饱受侮辱而父仇仍杳，不觉拊膺大恸。文正劝以弗悲，朝云大恚曰："若堂堂男子，而不能助我报父仇，弗复近我矣。"竟逐文正出室。文正逡巡退，室中哭声大纵。

蔡氏爱怜其女，焚香告天，愿杀其女之悲，弗使因此戕生。文正方立僻处闻之，亦频频为之雪涕。是时忽有幂面怪人，自天外飞来，将以力挟蔡氏去，且自承为刺雷凶手。文正大呼刺客，疾出格之，二人遂恶斗。逾时，文正渐不支，幸家众来集，怪人势孤被执。朝云亦闻声奔视，怪人侃侃自陈其所以杀人状。朝云不得已，自愿牺牲其报仇之志。至于怪人之果为何人？其杀人之故又奚若？姑俟之银幕，将有以释观众之疑也。

字　　幕[1]

郑正秋

此各国所流行之投机市场也。
雷筱峰，为市场中之操纵健将，历年所得家财已数百万。　（谭志远）
蒋荣升，为雷筱峰部下之经纪人，操纵能手也。　（周履安）

---

〔1〕原说明字幕前均有■标记，对话者有括号。现统一略去，将说明以不同字体区别之，对话者后加冒号。

若辈经纪人，乃常为筱峰所战败者。

经纪人金选青。（汤杰）

经纪人黄纪瑞。（王吉亭）

经纪人夏志恢。（龚稼农）

经纪人曹孟养。（黄君甫）

雷朝云，为筱峰独养女，故爱之若掌珠，富情感而性至孝。（张织云）

华文正，雷氏家塾教师之子也，自幼附读于雷府，故与朝云同学，两小无猜，亲爱逾恒。（朱飞）

雷蔡氏，朝云之母，为世故所激，遂静默而多愁。（李时苑）

筱峰：今天运气也不坏，一刻儿工夫，又赚了十万多银子。

朝云：爸爸！你常常几万几万的赚，总有人亏的，不知道那亏的人心里怎么样哩！

筱峰：那我还管他吗？

华子实，朝云之师也，因多病特来辞馆。（王梦石）

子实：鄙人近来多病，所以另外租了住处。好在令嫒的书，已经读得很好，府上的馆，只好告辞了。

朝云：先生！请您以后常常到舍间来，使得学生可以多多领教。

朝云：今天我爸爸又赚了十万多银子哩！

文正：方才我爸爸在令尊前辞馆，我们就要搬出去了。

筱峰：华老头的儿子，你不要再同他亲近；因为你年纪已经不小了，爸爸要替你配一家很好的人家哩。

蔡氏：华家这孩子，不过穷一点罢了，人倒还不错，你要替女儿配何等样的人家呢？

筱峰：我要替女儿配的人家，至少比我还要强才好。

投机家公余消闲之俱乐部。

甲：雷筱峰常常操纵，我们终归吃他的亏，实在气不过，最好想一个法子对付他。

乙：钱是人家多，气不过有什么用呢？

朝云：爸爸，您天天有六七处应酬，难道不会厌的吗？

筱峰：这种应酬也是还债呀。

皎皎明月下，喁喁说衷肠。

文正：我们搬出去之后，本来就不能同你见面了……

朝云：爸爸虽然这样说，我总不辜负你的；你只管常常来好了。

花寓，在花界中资格甚老，因赖筱峰挥霍，故表面上与之备极恩爱；筱峰亦来无虚日，风雨不阻也。（王谢燕）

冯老七，虽无钱而年少，故花寓与之反有真爱焉。（王献斋）

老七：老二！昨天输的钱，答应今天送还的，你无论如何，要借二百块钱给我咧。

花寓：阿唷！我哪里来这些现钱，今天付会钱都凑出去了。

筱峰：你这个小王八蛋到这里来做什么？你知道这间房是谁出钱装的？

老七：我管他是谁出的钱，妓院里谁都可以走得。

筱峰：放你妈的屁，你不走，送你到巡捕房去。

花寓：我们妓院里又不能回掉客人的，我接待他，也是没有法子。

花寓：你能够早些娶我回去，我就免得多受罪了。

丙：我们又上雷胖子的当了，他上盘买进，下盘又拼命的放出哩。

丁：以后请你们叫他雷老头子，不要叫他胖子，好吗？

筱峰：你怎么一点不懂规矩，为什么在年轻姑娘跟前，常常来缠扰不清呢。

筱峰：你替我滚出去，下次再来，我要对你不起了。

花寓：雷老！您今天请客，我替你预备了很好的添菜哩，请早些来。

筱峰：今天请的客，都是迟的，我等别处应酬过了再来。

筱峰：云儿，你为什么掬着嘴的生气呀，可是为白天我赶走了小华的缘故吗？

筱峰：好孩子！你不要会错意思，我怕你给那穷小子引诱，要耽误你的终身呀。

朝云：我……并没有生气。

筱峰：好！你既然没有生气，你对爸爸笑一笑。

筱峰：好咯！你快活了，爸爸才放心得下。我要出去了，你送我到门口好吗？

筱峰：我今天自己也在花寓家请客，特地先到这里来的。

筱峰：你先去关照摆台面，我等一下就来。

子实：文正！你这几天，心神不定，我看你有什么心事吧？

文正：没有什么心事……想出去一趟，看一个朋友。

花寓：雷老请客，可有人来过吗？

娘姨：雷老的客，倒一个没有来过，你……

花寓：啊呀！今天又是他请的客，马上就要来了，你还是去吧。

老七：这个老王八不死，我变得不能自由了。

相帮：大小姐，马路上打死一个人，有人说是雷老，不晓得对不对。

雷筱峰方下汽车，即遭枪击，但凶手已经脱逃。

巡捕：赶快把他送到医院里去。

花寓：我也要到医院里去看看他。

娘姨：大小姐，你不要去，他又不死在我们家里，去做什么？人命关天，连累了是不得了的。

筱峰：我只有你一个女儿，我的全部家产都归你所有，你总要想法子，把凶手捉到替爸爸报仇。

朝云：你是一天到晚替老爷开车的，你晓得老爷平时有什么仇人吗？

汽车夫：没有的，只有前几天老爷在妓院里打过一个拆白党。

朝云决心报仇，故遇有可疑之处，即竭全力以侦察之。

朝云：我爸爸死了，你心里觉得怎么样？

文正：你爸爸在，我不能见你；你爸爸死了，我可以时常同你见面，这是我心里所快活的。

朝云：什么！你快活吗！我爸爸死了，你真快活吗？

文正：并不是为你爸爸死我快活，实在为可以同你常见面的快活。

朝云：哦！你说可以常见面就快活了。但是爸爸之仇不报，就是常见面，我也不能快活的。

朝云就其探询所得，逆料父仇或者在此。

娘姨：这个小姑娘，说是逃难来的，家里都死光了，只要有人肯给她饭吃，她不论做什么都肯的。大小姐，你收留了她吧。

花寓：怪可怜的，脸儿长得倒不坏。

花寓：你可是家里的人都死光了？

花寓：你可是只要吃点饭，随便做什么都肯的吗？

花寓：我看你可怜，收留你进来。你在这里，随便什么事做做，饭总给你吃饱，衣裳总给你穿暖的。

朝云：难中遇救，感激不尽，来生犬马，当报深恩。

花寓：阿唷！她倒文绉绉的很懂道理咧。

老七：哦！一个人是要打扮的，这样一装饰，就不像刚来时候难民的神气。

花寓：这就叫做佛要金装，人要衣装咧。

花寓：晓霞！你出去吧！把门关上了。

朝云牺牲其高贵之身份，耗费其数日之心血，至此方得一侦查之时机。

花寓：雷老死了，此地少了一个用钱的人，而且外边谣言说我有嫌疑，真是晦气，到底不晓得是谁打死的。

老七：这叫作恶人自有恶报，他不死死谁？

老婆子：我正在做梦，梦里像是一座房子坍下来了。

朝云因坍架后，不能续听，时机顿失，不能再有所得，回家另图侦查。

朝云：我现在给你钱，要你到花寓那里去嫖。

文正：这个……你不要弄错，我生平不会做这种无耻之事的。

朝云：你不要急，我叫你去嫖，内中自有作用哩。

蔡氏：云儿，你要报仇，果然是你的孝心；不过要这样的牺牲，我实在放心不下。

朝云：妈！不入虎穴，焉得虎子，不牺牲，哪里会得成功呢。

丙：喂！雷胖子家里又加了赏格了。

乙：哼！有什么用啊！就是拿胖子全部家财都做赏格，也不会给他捉到的。

丁：谁嘴里再叫胖子，谁就是凶手。

年少如文正，益以挥金如筱峰，花寓焉得不入彀。

娘姨：七少，大小姐说来了个北边客人，走不开，请你明天来吧。

文正：我看见很大的赏格，有人说姓雷的同你很有关系，到底怎样？

花寓：是哟！我为这件事受了不少的嫌疑。其实他不过是我们的客人，哪里有什么关系呢。

文正：唉！到底是哪一种人打死他的，可有些知道吗？

花寓：他大半的朋友，都说他平时在交易所里，操纵的手段太厉害了，结的冤家实在不少，我想也许是这一种人打的。

此特别侦探得花寓揣测之辞，自矜已有线索，匆匆来报告于情人矣。

韩老大，为秘密卖淫中之仲卖人，良家妇女为其诱惑而堕落者不少，实女界中之魔鬼也。（朱秀英）

韩：前天对你们说的那个人，我可以叫得到，你们赞成吗？

甲乙丙丁：赞成！赞成！赞成！赞成！赞成！

子实：文正，我一向要对你说，总不便开口，现在告诉你，你……实在不是我的儿子。

子实：你是我十五年前在古州育婴堂里领来的。据他们说，你是一个罪犯戈克先的儿子，他定了二十年的长监，就没有人来赡养你了，所以你落在院中的。

子实：算起来，明年这时候他可以出狱了，你应当那时亲自去接他。这一张就是我领你时候得到你自己的履历。

子实：并不是我忍心说破，肯给你离开。我想一个人已经坐了二十年的长监，到了能够出狱的一天，那末他亲生的儿子，凭良心说，应该让他团圆的。

文正：爸爸，您很讲究良心，所以告诉我。我的生父固然应当去接，不过你老人家这里，我总不肯离开的。

朝云为亲牺牲，利用美人计以侦查杀父仇，至俱乐部部众皆为之颠倒。

朝云：听说你们所里有个姓雷的，被人暗杀了，究竟是好人呢是坏人呀？

甲：呵！这个老头儿真是十恶不赦，坏透了。

朝云：哦！坏人啊！坏人是应该死的，那打死他的人，倒有点本事哩。到底是谁打的，你有点晓得吗？

甲：谁打的，我可不知道了。

文正：云妹一心报仇，整日整夜在外面冒险打听，我实在有点不放心。

蔡氏：我为这件事，也担忧得很，但是没有法子止住她不去。

朝云：您知道那个姓雷的到底是什么人打死的。

乙：咦！你为什么要问这种事情呢？你要知道，你去问问曹胖子，大概会晓得的。

丁：我怎么会知道呢，我要知道，我早可以去领那十多万的大赏格了。

朝云负此绝大牺牲，仍不得要领以归，因不胜其愤恨。

蔡氏：你去好好的劝劝她吧，叫她不要这样伤心。

文正：您这样的尽孝，你父亲在地下一定知道的。不过探听不到，也是没法的事，你自己千万不要急坏身体。

朝云：你倒会说这种现成话，你做了一个男子汉，不能帮我替父报仇，还来做这种儿女态吗？

朝云：我一天不能报父仇，你一天不必来见我的面，你替我走。

蔡氏因无术以慰朝云之痛，莫可如何，唯有求神默佑。

蔡氏：天呀！保佑我女儿不要冒险去牺牲吧。

戈：你还认识我吗？

1927年

蔡氏：你是……怎么会到这里来的？

戈：哼！我来报仇的，我候你好久，总没有候着，今天可找到你了。

蔡氏：啊呀！照你这么说，此地的老爷是你打死的吗？

戈：当然是我打死的。

蔡氏：呀！你……怎么还不逃走哩，你可知道这里出了很大的赏格要捉你呐。

戈：我当然知道的，我来是要你跟我一同走咧。

文正：捉刺客。

文正：这就是凶手，他亲口承认说你父亲是他打死的。

朝云：快替我绑起来，送到官里去。

戈：慢！我还有话要说哩。

戈：我打死你的老子，是来报仇的，因为他在二十年前强占我结发妻子，就是你现在的娘。

戈：当时他怕我同他为难，所以冤枉我是江洋大盗，害我坐了二十年的牢监，你娘就做了他的妻子……

戈：当时我还有个一岁的儿子，被你娘带去的，现在我只要她交还我这个亲生的儿子。

朝云：妈！他所说的话可是真的吗？

蔡氏：是真的。

戈：你可以把我亲生儿子交还我，你们就拿我去抵命也情愿的。

朝云：妈！她儿子究竟在哪里呢？

蔡氏：那孩子，当时因为你爸爸一定不要他，我只好把他送在古州育婴堂里，现在不晓得还在吗？

文正：你的名字可是叫戈克先？

戈：不错，我就是戈克先，你怎么会知道的？

文正：那末你就是我生身的父亲啊，不过我知道你刑期还有一年，怎么就出来咧。

戈：我在监安分做工，所以减轻了一年。

朝云：咦！你们到底是怎么一回事，弄得我莫名其妙了。

文正：妈！这可是您送我到育婴堂去的一张纸吗？

父已得子，子已得父，所最难堪者，其唯蔡氏；回想当年，负疚实深。

朝云：妈！请您替女儿想想，我现在只有你一个娘……是嫡亲的了，您死，叫我不是更加孤苦了吗？

文正：妹妹！现在才知道我同你却是同胞。求求你，饶恕了我的爸爸吧。

朝云：唉！只要我娘答应不死，我随便什么都愿意牺牲了。

朝云以父遗财产之半，悉充地方公益之需。

子实：古州育婴堂，养了你哥哥五年，应该多捐一点。

戈：好小姐！我所晓得的监狱里的犯人，生活实在可怜，请你也捐一点给他们，让他们去改良改良生活吧。

好 儿 子

出品　神州影片公司，1927年

编剧　郑剑秋

导演　李萍倩　顾肯夫

摄影　洪仲山

演员　严工上　严月娴　孙　敏

《好儿子》电影由郑剑秋编剧。其电影本事无署名，原录于秋柳《评〈好儿子〉》（《国闻周报》第4卷第6期，1927年2月20日）。

本　事[1]

杨翁月汉，一酒徒也，终日沉湎醉乡，不事家人生产。无资买醉，则私贩鸦片售于同僚。吞云吐雾之辈，竞趋若鹜；邻里乡党，均不齿焉。其子俊人，为当地救火会会员，直率诚勇，热心社会服务。睹父所行，颇致不满。然积威之下，无法进言。与母邵氏恒思规父于正，终日踌躇，究一筹莫展也。

金作祟者，富豪子，阴狠险嫉，素垂涎其表妹陆秀珍。陆本天真活泼之女郎，对金不过以戚谊关系，相与周旋，无所谓爱情于其门也。一日，金与数友骋马郊野，意气扬扬。值河畔有小儿二人，编柳为戏。蹄尘飞扬，一儿被触，坠溺河中。金大惊，急转辔头，加鞭而逸。渠忽促间，盖不审此儿即其表弟也。会俊人救火会操毕，亦便道经此，见儿溺河中，即奋身跃入救起。询得其家，送之返回。儿祖李翁，感谢不置。次晚，为酬谢俊人，设宴款客。金作祟及秀珍父女等均与焉。金始恍然于肇祸者，实即为己。然力持镇定，幸不为人知。席间，见众人推崇俊人，心殊不怿，而尤嫉秀珍与俊人之亲密焉。

某日陆宅失慎，救火会会众齐集。俊人奋不顾身，得出秀珍父女于险。俊人亦以是伤其目。秀珍感其救命之恩，又忧其受创之巨，时至医院省视。两情相恰，情爱遂生。俊人不久即痊愈出院，二人往来益密。作祟妒之，亦莫如之何，惟暗中破坏而已。

作祟遇秀珍俊人于公园，心殊恨恨，出警笛狂吹。俊人闻声，以为火警，即撇其爱人，狂奔至会，始悉为人所弄。无意中忽闻包探将查抄其家，急奔返，谋诸母，举家中禁物，而尽毁之。甫竟，父适醉归，大怒，杖俊人，逐之出。余怒未息，探捕已

---

[1]　原为句读。

至，遍索无获，废然而去。杨翁至是，始悟前非，不作狱中囚者，皆子之力也，遂出寻人。

　　俊人既被逐，往访秀珍，时遇作祟挟持秀珍强吻之。俊人见状，大愤，击之。作祟不敌而遁。二人且谈且走，时值俊人父亲来寻使归，并向其子申忏悔之意。情场胜利，骨肉团圆，好儿子努力之成功也。

梅花落（前中后集）

出品　明星影片公司，1927年
编剧　包天笑
导演　郑正秋　张石川
说明　郑正秋
摄影　董克毅
置景　董天涯
演员　严仲英　龚稼农　张织云　高梨痕　王吉亭　张慧冲　谭志远　萧英
朱飞　黄君甫　宣景琳　袁金花　梅正芳　王献斋　马徐维邦　汤杰　王梦石

《梅花落》电影取材包天笑同名日本小说译作，分前中后三集，由包天笑编剧。其电影本事为宋痴萍撰写，字幕为郑正秋所作，原载《明星特刊》第22期（梅花落号，1927年3月15日初版，1927年11月20日再版）。

本　事[1]

痴萍

前　集

李敦拥海舶二，与其友岳尔生分领之。经商海外，薄有所获。期相见于茶肆，李准期至而岳未来。询之肆主，得一函，知因事须稍缓乃达。李将行，忽睹一妙龄女郎，从老曲师趁座鬻歌，衣履不完而神光照眼，不禁洒然异之。女郎就邻座一莽男子，柔声致辞，谓师傅病，别父先归矣。李察其不似父女，潜询之他客，客曰："女郎名圆珠，其父葛兰荪，是否父女，孰从而知之。"李终不信凶暴如葛而有是女，怜其身世飘零，意殊恋之。自是时就茶肆探岳行踪，且以见女为幸也。

异日，李以肆主之介识葛。葛固积匪，肆主其党，涎李多资，邀之同博于葛家。李乐与女近，欣然偕行。抵葛所，女稔葛往行，见客大惊，密告葛曰："与客何仇，愿父弗复萌害客之意。"葛大怒，驱女入室，键之。女微闻轰饮纵博，继以斗杀，知凶剧成矣。次日，女引老曲师背葛潜遁，而岳舟适至。

岳入肆访李，肆主伪为不相识，猝遭座客道破，因支吾其辞以对。岳闻鬻歌女郎事，决留待女来，徐询踪迹。竟日不见女，遂以翌晨往索。不意葛于女遁之后，虑事泄，亦已引避。岳至，仅余空屋。归途经警署前，有围观检验尸身者。趋视之，赫然

---

[1] 原为句读。

李也,伤痕斑斑,决为被害。岳抚尸而哭,走报其季父李大卓。大卓素爱侄,闻耗大恸。重岳之义,举李二舟为赠。岳尝受李惠,谢弗受,愿售船缉凶,为李复仇。岳以为李之死,必与鬻歌女郎有关。而是时之圆珠,则颠顿道路,因老曲师一病不起,方束手无策也。

大卓性梗直,不近权贵,独与常勃德者善。常先世有大功于国家,及身未替。尝娶某氏安,未几赋悼亡,常怀念甚切。韶光荏苒,年届知非,无复鹍弦重续想。一侄克朔,入居邸中,俨然未来之嗣子。一日,常察克朔有败行,怒逐之。适大卓来述其侄凶耗,相对欷歔,伤老境之皆非矣。故家女冰娘,有声于交际社会,年逾花信,未谐姻好,羡常之华贵,于晋接间时露攀援之意。常殊落落,冰娘大失望,则转盼及于克朔。是日来常邸,闻克朔被逐,益怏怏。归告其兄,颇致惋惜。克朔离邸,往访其友柯灵森呼援。柯阴贼险狠人也,漫应曰:"老人不续娶,产终属汝,但须一内线乃济。"遂决访常之近侍常臧。

常自逐侄后,思以旅行自遣。一夕宿旅店,闻歌声甚婉妙,推窗凝望,见一女瑟缩风雪中,摇摇欲仆。启户拯女归,招店主妇理其食宿。晨起详询家世,女即圆珠也。常怜其无告,决资遣入校,使专攻音乐。因畀店主妇金,嘱为圆珠备衣履,而身先归邸,为物色相当求学之所。

克朔偶访冰娘,竟遭白眼,谓今日之克朔,何足为我冰娘重,克朔大惭而去。时常居邸中,日盼圆珠之至。一日,店主妇伴之来,常觉其德性醇厚,益致敬爱,亲送之梅夫人主持之学校。梅夫人以常故,视圆珠有加礼。

柯偕克朔访常臧,动以甘言。常臧受惑,举圆珠事告柯。柯要以续有所得,直言毋隐,常臧亦允之。自是常时以珍物遗圆珠。常臧见而走告于柯,且指此为克朔谋产之梗。柯泰然自若曰:"如予意行之,无弗济。"克朔不敢违,唯唯而已。

常勃德与圆珠订婚之消息,宣诸报端矣。克朔见而大惧,奔柯所,柯方就化验室戴假面具制炼毒药。克朔揭其隐,柯曰:"吾侪潜心化学者,何者非毒?汝诚少见多怪哉。"比悉其来意,嘱驰书往贺,且告悔之,得报果许入邸。及相见,常告之曰:"予之家产,处分已定,然及予之世,犹可变更。汝能悔过,予必资汝毋吝。"异日,常携妻及侄同游别墅,柯预知之,就山水佳胜处作画。常望见,喜其高雅,克朔乘机为介。柯逞其如簧之舌,常惑焉,邀之至家,礼为上宾。

常婚后宴客,宾从甚盛,李大卓冰娘咸在数中。大卓闻众中有讥老夫少妻非偶者,有议新妇出身卑贱者,意大忤。会常向大卓索祝词,大卓曰:"如子之颠顶,吾不知所祝?"常请其故,大卓述客言。常引新妇面大卓,大卓亦赏其温婉。俟新妇去,亟自引咎。柯善鼓琴,得圆珠欢,复为常所重,尤顾盼自豪,私诣克朔曰:"汝所谋,予能了之;然权利义务,必得其平。"言次,出债券两纸,逼克朔署名。克朔惊其数巨,然不能抗,卒予之。冰娘则指柯与圆珠为素识,以诋常勃德,辞锋犀利。常虽强笑,不禁疑云陡起,注意于二人之行动。

柯蓄意败圆珠名。常既生疑,因以柯之为人是否向日如是询克朔,克朔曰否。柯生平不近妇人,今乃大异。常闻言愕然,视圆珠有异态。圆珠以为常悔娶鬻歌之女,自嗟命薄，卒不敢声。

梅花时节，常氏例有盛会。是年李大卓以病未与。常弃其夫妇同乘之马车不御，而乘骑先行，将以窘圆珠也。冰娘视车容四人，引其游侣，更招柯同登。常遥望益愤，抵会所，得一匿名信于童子之手。信中促常返邸，谓可以得夫人不贞之证。常不暇致详，飞骑而返。柯以常坠马致伤为辞，诳圆珠往视。轩然大波，从此起矣。

中　　集

柯灵森诳圆珠入古塔，羁之经宿，曰："汝明日归，名誉扫地矣。"圆珠知堕陷阱，不屈如故。柯亦敬惮之，相向默然。万籁俱寂，不图伺其后者，固尚有葛兰荪其人在也。翌晨，常勃德独坐室中，状如痫发。圆珠忽翩然而至，欲述其一宵之经过。常不之信，且禁其发言。圆珠悲愤，直陈克朔谋产柯为运筹事不少讳。常中先入之言，仍漠然无动。圆珠大哭曰："此身清白，可质天日，既不见容，于义当去。"遂返私室，留书于常，屏除华饰，易梅夫人所赠之衣，孑身往别大卓。大卓阻其行，愿以调人自任。圆珠谢其盛意，仍悄然离邸而去。

常得圆珠之书，屏弗即观，置之衣囊，匆匆携遗嘱出，将易克朔之名。克朔大喜过望，踯躅至门外，遇一老商人，既审为柯之变妆。柯出前券索酬，会有婢经其地，柯影遂杳。常改遗嘱讫，命延书记来作证人。书记未至，常因事离室。柯跃入，窃观遗嘱，闻人声复杳。常宵来闷坐，取圆珠书摩挲少顷，仍置囊中，倦而假寐。柯又跃入，出毒药倾常水壶中而遁。常感异梦，见圆珠以刃摘其心去，醒而大疑。大卓忽叩门入，将有所白，以喉干倾水饮之。不意误服毒剂，骤觉四肢麻木，不能发声，惟目光稍得流动。医至，讶毒剂之猛烈，决携余沥返院化验。宾从窃议，咸指新夫人为下药毒夫，大卓不幸当其冲。其时柯灵森已归旅店，此旅店之主人，即当日虐遇圆珠之葛兰荪也。辗转得圆珠嫁常消息，因设旅店于此，交结臧获，乘间图逞。且阴伺柯后，尽得其隐。大卓中毒之翌晨，葛探得实讯，径叩柯室诳之曰："常勃德死矣。"并揭柯阴事，备极揶揄，挟之助己，谓叛必无幸。柯不意为恶之证，悉操葛手，力不能抗，容忍而已。俟葛去，仍乔妆趋常氏，遇克朔于门次，始知中毒者为大卓。因举葛事告克朔曰："斯人不去，尔我之患未已也。"

岳尔生蓄志复仇，投身为私家侦探。圆珠欲缉柯明冤，适至岳所。岳询其名，知为圆珠，陡忆李敦被害事，方穷诘间，接大卓未中毒前相招之信，密告书记曰："此女有杀人嫌疑，汝当暗尾其行，弗令兔脱。"复与圆珠订五日后再见之约。圆珠辞出，怅怅无所之。卒至梅夫人许，书记志其地而返。

医言大卓之疾，不致遽死，但欲回复旧状，殊不易言。或受意外震恐，骤然发声，则间有之。常甚以为忧，适岳来见大卓，惊问何以至此？常不得已具告之，岳亦指下毒者为圆珠。常急欲报仇，以慰老友，举其事委诸岳。岳亦以李案告常，慨然引为己责。

柯畏葛，潜易旅店。葛测其意，先往伺之。柯入餐堂，猝与葛遇，惊避不得，饱受讥讪。入夜，葛复入柯室，备致胁迫。柯屡图乘机戕之，卒惮其凶恶，不敢动。次日见克朔,克朔以岳言告之,知圆珠即葛兰荪女,大喜,以为足以制葛也。葛突出其后,自承不讳曰:"汝发予覆,汝亦同尽,何利哉!"柯闻语,为之气沮。

岳亟欲为李敦复仇,又受常勃德重托,至警署遣侦探按址捕圆珠。庭讯之日,猝闻李案外,更被指为谋夫主犯,大惊而晕,神智顿失常度。医验其有孕,请于堂上,留俟免身后就鞫。从此沉沉黑狱,无辜之圆珠,不得不于此中度其凄清之日月焉。

后　集

常勃德伴李大卓远游以遣闷怀,柯灵森潜尾之。抵某埠,适冰娘亦旅居其地,方处窘乡。柯伪为周急,助以重金,令昵近常。且授以液体药一器,谓是足以增长爱情,日进一滴于常,姻事不难遂也。冰娘初不肯受,既为所惑,竟取其药,药即前次大卓所饮者。柯意在假冰娘之手,以慢性杀常。然而冰娘不之知,日趋常所,曲尽媚惑,时为手调饮食,常亦亲之。数日,常渐憔悴,就医诊视,久之益不支。医疑冰娘之故,令常弗近。常嘱冰娘先往某地,约一星期后再相见,便议姻事。冰娘去,常疾稍瘥,始恍然于致病之由。往访冰娘,直诘其故。冰娘大惊,自饮瓶中余药以明非毒。饮既逾量,毒发至速,冰娘遂为柯所愚,而香消玉殒矣。

葛闻柯蹑常李之后,知事势已急,贿狱卒入探圆珠。索年费五万金,愿自首以证圆珠之无罪,并举探得之证据告之,曰:"汝归常氏,何吝此区区者?"圆珠不可。葛曰:"然则不为腹中儿地乎!"圆珠仍不可。葛曰:"汝固吾之养女,欲知生身之父姓氏者,则速允予请。"圆珠曰:"常氏义不可返。然汝告我,我将以鬻歌所得,除育儿外,悉以畀汝。"葛犹坚持,狱吏将至,遂惊走。

常知法庭以圆珠证据不足,复其自由,亦稍稍怜其无罪,决往探之。时圆珠方居医院,产一女明玉。体力既复,辞院而行。常至稍迟,乃大失望。圆珠出院,沿途怀女鬻歌,勉继饘粥。忆葛言其父以舟遍索女踪,故历走港口探之。风雪中抵一港,闻有船方出口,船主穆姓。圆珠初不知己之真姓,顾自幼脑中时存一穆字,因以为姓,故闻此大震而晕。有老牧师怜而收之。既而别牧师携女北去,入某剧院幂面鬻歌,声誉大著。常适伴大卓游踪亦至,入院听歌,决为圆珠,就院主访其住址。院主谓有约不能告,乃嘱岳探得之。常子身往见,相持痛哭。圆珠不肯即归,常不得已听之。是夕圆珠赴剧院后,葛私入其新居,劫明玉去。比归,贼踪已杳。常来闻耗,商之岳,期必得明玉乃已。

葛挟明玉去之海滨,寄养一渔人家,地近圆珠生父穆淡庵之别墅。穆已归,偶闲步见明玉,酷似当年所失之女,抱而问之。闻穆姓,益惊异。渔人谓寄孩者方往邮局候信,穆往侦之,识为叛奴,尝劫圆珠于幼时者。葛见穆图遁,岳追执之,于是明玉始入穆手,且知为己之外孙女也。

父女与母女,两代重逢,悲喜交集。而翁婿相见,穆殊不满于常之中谗。幸常深自引咎,始无间言。是时大卓卧树荫,见亭中敷设饮具已备而人咸未至。忽柯灵森跃入,遍注毒剧,审即当日己所误服者,柯既杳。圆珠侍父与夫俱至,各擎杯将饮。大卓惧极大呼,猛然出声,痼疾顿失。三人相庆幸免,柯与克朔卒为岳所捕获,全案皆破。常与圆珠夫妇之间，亦以爱女之故，和好如初。

字　　幕[1]

正秋

前　　集

此茶肆因在海滨，故外来客与当地人，常茶会于其间。

肆主申子云。（严仲英）

第一利贞船之船主李敦，重义轻财，惟好色耳。（龚稼农）

李：有一个岳尔生，可曾来过？

申：没有——那就一定没有来了。

李：怎么还没有来呢？我就是李敦，他约我在这里相会的。

申：李敦吗？好像有封信呐！

申：那末您泡碗茶等等他吧！

圆珠有美色，无幸运；好音乐，善歌曲，一富贵不能移之有德女。（张织云）

穷途落魄之老曲师。（高梨痕）

葛兰荪，阴狠贪财，为一睚眦必报之小人。（王吉亭）

圆珠：爸爸！师傅有病，我们先回去了。

葛：怎么？这样早就回去吗？老头儿这样不中用，滚！

李：那卖歌的女郎，是他的什么人呀？

客：他们自己是父女称呼，我们看来，实在不像亲爸亲女儿。她叫圆珠，一向……

李敦自见圆珠，即甚赏识，日临茶肆，以候岳来。葛知其意，更知其多金，乃与肆主设法，引其来家赌博。

葛：你站在这里做什么？快进去！

圆珠：爸爸！这船长是好人，您不要像害去年那个人一样的害他！

葛：呸！去年那人，他自己喝醉酒，跌下水的，关我什么事？

圆珠：这是您当时骗侦探同警察的话，不能瞒我呀！

葛：你再说这种话，我就打死你！

圆珠：爸爸！我还是要求您，不要弄死他！

葛：你这个老不死的，真讨厌！我有贵客在家，你要有一点声响，我就对不起你！

二小时后之景况。

葛：她睡着了，今晚的事，可是人不知，鬼不觉咧！

---

[1] 原版三集说明字幕前均有■标记，对话者有括号。现统一略去，将说明以不同字体区别之，对话者后加冒号。

次日岳尔生船方进港，即来会李敦。
岳尔生，第二利贞船之船长也，为李敦伙，亦为李敦之盟弟。（张慧冲）
岳：有个姓李的，到这里来过吗？
申：这里人多得很，不知道哪一个是张三，哪一个是李四？
岳：我同他约好的，前天还有信托这里转交的咧！
申：没有的，哪里有什么信呢？
客：老板！你的记性，怎么这样坏？姓李的，就是天天来喝茶，很赏识圆珠的那个船长呀！
申：哦！李敦。他……前几天来过，现在不知道了。
岳：足下想必遇见过李敦的，可知道他住在哪里？
客：他天天来的，很注意这里一个歌女叫圆珠，听说要到她家里去的。你要寻他，去问问圆珠一定知道。
岳：这里可是姓葛的圆珠家里吗？
邻：是的，圆珠已经逃走了。她老子葛兰荪，气得也走掉了。
岳：啊呀！他是李敦船长，怎么会死在此地的？
警：这尸首是在早上发现的，他是你的什么人？
岳：他是我的东家，你们慢慢的收殓，我们自己会来料理的。
李大卓，为李敦之叔，闻其侄惨死，不胜悲痛。（谭志远）
大卓：他这样惨死，真是梦想不到的。他的两只船，只好都托付你去管了。
岳：两只船还是请老伯收回了罢！我不愿再做船长，决意去侦探仇人了。
圆珠不愿再在葛家，乃与患病之老曲师同逃。
常勃德，先世有功，曾封男爵，故人皆以爵爷称之。早年丧妻，迄未续娶，富有资财，李大卓之老友也。（萧英）
常克朔，即勃德之侄。虽有袭爵之份，独惜行殊荒荡，故逢叔之怒也。（朱飞）
常臧，为爵府之老家人，性忠厚，易受人愚。（黄君甫）
勃德：我早听得说，你在外面种种的不肖，现在居然有证据来了。你还能做常府的子孙吗？快滚出去！
克朔：这是她自己寻的短见，又不是我叫她死的。
勃德：常臧！从今后不准他再上常家的门。每年给他一千块钱，让他自己去过日子。
大卓：唉！我们两个老头儿，真是同病相怜了！我的侄子会惨死，你的侄子偏又这样的不肖。
冰娘，年逾花信，犹未字人。有意常氏，未能如愿。好修饰，爱阔绰，而家无余资，一外强中干之交际花也。（宣景琳）
冰娘：你们收帐，怎么约好了一同来的呢？
冰娘：你们不要急！不久我就要一齐付清给你们了。
娘姨：小姐！您怎么不去嫁给爵爷呢？嫁了他，就可以不要这样急了。

呜呼！老曲师死矣。

落花有意，流水无情。

冰娘：侄子同儿子，究竟两样的。我还是希望您快些结婚，早生贵子！

勃德：我实在气闷得很，你替我预备车马，我要出去旅行哩！

常勃德旅行过此，寄住旅馆。

勃德：喂！这样冷的天气，你怎么倒在这里？岂不要冻僵吗？

圆珠：哪……哪一处可以安身？我自己还不知道，要冻死，也无法。

勃德：小姑娘！你没有家吗？

圆珠：家吗？哼！人家有这个名目，我向来不知道有这名目，哪里还有什么家呢？

勃德：你既没有家，此刻从哪里来？夜深了，往哪里去？难道就露宿在这里吗？

圆珠：本想走到没有关着门的人家去借宿一夜的。不料唱了一天，难得一饱，饿得走不动，竟跌倒在这里了。

勃德：你一向这样孤苦，一向靠唱度日吗？

圆珠：从小卖唱，算来有六七年了。一向在茶坊酒肆走动，现在是各村各镇，到处都走。

勃德：可怜可怜！

圆珠：先生要听唱吗？不听，我要走了。

勃德：你可是天天到这里来的？

圆珠：飘泊无家的卖唱人，只望热闹场所赶去，今天东，明天西，哪有一定呢？

勃德：姑娘没有到各乡村之前，在哪里呢？

圆珠：先生与我萍水相逢，怎么盘问起我的身世来了？

勃德：这一些钱，你拿去找个地方安息了再说吧？不要在此冻坏了身体。

圆珠：谢谢！请你收起来罢！像我这样的人，身上哪配有钞票，岂不叫人起疑心呢？

勃德：既然这样，不如就到旅馆里去住一夜吧！我叫旅馆的女主人，替你预备一个地方好了。

沈孟氏，为旅馆中之主妇。招待宾客，强似须眉。（袁金花）

沈：常老爷！这样夜深，还出去吗？

勃德：这位小姑娘，冻僵在路上，可怜得很……

勃德：你赶快拿点东西给她吃，找一个房间给她住。有话，我明天再问她吧！

圆珠：多谢老先生。

沈：快去开一客上等饭菜来！

沈：姑娘！你还算好福气，遇到了这样的好人……今夜晚居然会住着这样的好房间呐！

第二天早晨。

勃德：姑娘小小年纪，这样飘零，你的父母可知道吗？

圆珠：我母亲从我出世后就死了。

勃德：父亲呢？

圆珠：父亲……也没有了。

勃德：姑娘身世，想必很苦，不妨略说一二，让我也好帮助帮助你。

圆珠：昨夜救我之恩，已经感激不尽；但是薄命人，当不起人家帮助的。

勃德：姑娘不要误会，我并没有半点歹意，虽然陌路相逢，很想替你分忧哩。

圆珠：不是我不受抬举，只为我所遇都是恶人，从罪恶的圈子里逃出来，只怕也染有恶人的气息，所以情愿单身飘流，不敢带累好人。

勃德：我万不敢追究姑娘身世，不过略问几句罢了。

圆珠：我叫穆圆珠，今年十七岁，从前在母舅地方，也曾受过一点教育。

勃德：姑娘于音乐一道，很精吧！

圆珠：生平所好而已，不能算精。

勃德：我想帮助姑娘，到艺术学校去，受一点高等音乐教育。

圆珠：这个却是求之不得，但是无故受恩，将来怎样报答呢？

勃德：帮助学费，是我们应尽的责任。我今天就回省城去，替你预备好进学堂的手续。

勃德：姑娘有什么亲属，要去关照一声吗？

圆珠：我是世界上无家无室无亲无友的一个单身人。

勃德：这五百块钱，你拿去替姑娘制四季的衣裳，一个礼拜都要做好的。做好了，你领姑娘到省里来见我！

冰娘：今天是什么风，把你吹得来的。

克朔：我现在很规矩了，无论哪里不去走，特来看看你老朋友。

冰娘：从前你是爵府里的贵公子，用八个人抬你来，你也不来；现在不是小爵爷了，你倒请过来了吗？

冰娘：好好的公子不做，你不怕难为情，我倒有点不好意思见你呐！

旅馆中主妇已为圆珠办齐服装，送伊至爵府来矣。

常勃德躬送圆珠入校。

校长梅夫人。（梅正芳）

勃德：这就是我前几天同你说好的一个学生。

柯灵森，精医药，工心计，富思想，善交际，惜用之不得其正也。（王献斋）

克朔：你向来很有机谋的，有什么法子，赶快替我想一想。

灵森：你放心，包你不久，就能重回爵府。只要你叔父不再娶夫人，总有法想的，否则就有些难保了。

柯灵森为克朔事来访常臧。

灵森：爵爷赶出他，也是一时之气。你是从小看他长大的，应该帮帮他的忙，况且爵爷也并没有一男半女哩。

臧：爵爷救了一个卖唱女子，送在学堂里，爵爷天天要去看她的。

圆珠：这一套衣裳是校长送给我的。

梅：爵爷待你真好，常常送东西来给你，你也该知道他的好意。

数日后常臧果来访克朔，报告所有事情。

臧：老爷对于那个讨饭女子，天天买东西去给她，恐怕一定要娶她了。

克朔：我听得急死了，你怎么反而还在笑呀！

灵森：哈哈！我就赞成他娶，他娶了，你就可以回进爵府了。

灵森：你何必急哩？我自有道理。

常勃德初救圆珠，除恻隐之外，无所存心。久之由恩生爱，由爱生情，今乃进而谈终身事矣。

勃德：姑娘非富贵所能动，我也不是美色所能移的；但是姑娘的性情品格，竟使我自忘年老，不知道姑娘于我也有一点……爱根吗？

圆珠：我的爱，早已非我所有，为爵爷所有的了。

勃德：姑娘的爱情，在姑娘心里，怎么说为我所有呢？

圆珠：从来恩爱两字，本是贯串一气的；爵爷于我有恩，我怎么不酬爵爷以爱呢？

克朔：呀！你在这里制造毒药吗？为什么带这个铁面具？灵森我知道你的来意，可是你叔父要实行结婚了吗？

克朔：是呀！这件事你看怎么办？我正在这里着急呢！

灵森：不要急！我已经替你打算好了。

灵森：你叔父在新婚之后，一定比平常好说话。只要你写封信去，自己忏悔，又替他老人家道喜，包你可以回家。

常勃德果不出柯灵森妙算，在新婚之际，得克朔认过之书而入其彀中，已准克朔回家矣。

勃德：你能够悔过，我当然准你回来。只要你从此好好的做人，我也可以原谅你以前的过处的。

克朔：叔父教训，侄儿一定遵守，从此改过自新，决不敢有一点荒荡。

勃德：还有一件事，应该给你知道。我的遗嘱，在新婚之后，已经立好了，把家产三分之二归你新婶母。三分之一归亲族，你也是亲族一份子，当然有份的。

勃德：不过为人在世，不该依赖上人的家当，应该以自立为贵。

勃德以克朔已改过，故每偕新夫人于游览爵府领地上之各处风景时，必率克朔随行，习以为常也。

勃德：这种风雅地方，应当有这种风雅的人，来做这种风雅事的。

灵森：哦！克朔兄！久不见了！你怎么在这里呢？

勃德：咦！他倒认识这个人的。

克朔：请您见见我家叔父叔母！

克朔：这位柯灵森先生，是有名的美术家，他是我的好朋友。

灵森：久慕老伯大名，可惜没有机会识荆。今天到宝地上来画一点优美的风景，未曾预先禀告，抱歉之至！

勃德：能得风雅之士，惠然肯来，敝处不胜荣幸，足下何必过谦呢！

克朔：柯先生不但是个美术家，而且还很精音乐咧！

圆珠：呵！柯先生很精音乐吗？我倒也有同好，可以讨教讨教了！

勃德：足下寓在哪里？

灵森：住得很远，离此十多里地一个舍亲的家里。

勃德：呀！那是来去很不便利的。舍间就在这里，就请光临敝舍，我也好稍尽地主之谊。

灵森：多谢多谢！但是萍水相逢，怎好叨扰呢？

克朔：老哥不用客气，家叔素来好客，不妨就过去叙叙！

自是柯灵森乃入为常府之上宾，而运用其清客之手段焉。

冰娘：哼！常老头儿倒奇怪呀！他一向说抱独身主义，怎么倒又结婚了；我倒要去看看那个新娘娘是怎样的一个天仙美女。

圆珠：柯先生的音乐，真是得心应手，丝丝入扣，神妙到极点了。

常勃德结婚后第一次之大宴会，适值五十寿诞，故兴高采烈，留诸亲友于家中，而尽数日夜之欢乐焉。

男客：唉！勃老五十岁的年纪，还娶这十七八岁小姑娘，未免配非其偶了，恐怕终没有好结果的！

女宾：这事真希奇，非但年纪不相配，而且身份也不相合，听说新夫人还是沿途卖唱的出身咧！

男客：哦！恭喜恭喜！您娶得这样一位似花如玉的新夫人，真是一对天生佳偶。

背后之非议，当面之阿谀，转变若天渊之别也如此，宜乎李大卓闻而却走也。

勃德：老大哥！人家都替我道喜，你怎么倒一声不响呢？

大卓：你自以为喜，我却不以为喜哩！

大卓：你这么大的年纪，何苦再娶这样年轻的一个姑娘！人家纷纷议论，说你将来总没有好结果的。

勃德：夫妻只求恩爱，于年纪有什么关系呢？

大卓：只怕是你老年人一厢情愿吧！少年女子不为虚名，就为家财，未必对你真有恩爱哩！

圆珠：我给他们围住了，闹得头晕脑胀，真不舒服！

赵小姐：哦唷！新夫人相貌的确美得很！

冰娘：哼！美虽美，不过终带几分乡气。

圆珠：我想拜见你老人家已久了，因为是他常常提起的。今天得见，非常荣幸！

圆珠：您老人家德隆望重，请你只管把我当作小辈看待，多多的赐教！我也好像待长辈一样的服侍您老人家。

大卓：恭喜老弟！贺喜老弟！夫人有德有貌，却不是寻常女子可比。

此时也，柯灵森与常克朔，亦在进行其所计焉。

灵森：我替你打算的，已经有眉目了，现在我们俩应当办一种手续。

克朔：你替我办事，我当然感激，决不会忘记你的。

灵森：话是这样说，手续不能不办，这里有张笔据，你签个字吧！

灵森：这个人我们大可以利用她。

圆珠倩柯灵森奏乐，躬自歌曲，以娱来宾。

冰娘：啊呀！夫人在那边大出风头，您为什么一个人坐在这里？

冰娘：您应当也去学一点音乐，可以替你夫人做联手。

勃德：我这么大年纪，哪里还好学呢？

冰娘：嗳！我听说那个姓柯的，同新夫人本来是表姊妹呀。

勃德：哪里来这种话呢？

冰娘：有许多人都很知道，说他们从小就在一起的。

勃德：我想决没有这种事吧！

冰娘：哦！只怕是他们弄错了。抱歉得很！

常勃德口虽分辩，心已怀疑。

勃德：我想你唱得很辛苦，可以歇息了！

圆珠：我倒并不辛苦，柯先生不知道辛苦吗？

灵森：替新夫人奏乐，格外快乐。就是一夜拉到天亮，也不会辛苦的。

勃德：你虽然不辛苦，我想起来你还是不要唱吧！

圆珠：我已经答应大家，再唱一曲的，怎么好不唱呢？

柯灵森知常勃德已中计，仍故布疑阵，进行不已，独怜圆珠犹懵懵也。

李大卓偶病，圆珠每亲来侍疾。

圆珠：您今天好些吗？人们侍候您，可有不周到的地方？

勃德：你的朋友柯灵森，平常在女人分上，他的行为好不好？

克朔：他一向在女人分上，行为很好。现在他常常夸赞新夫人的好处，说是他替新夫人做一辈子的奴隶，都情愿的。

常勃德入第二重疑阵矣。

大卓：老弟！我看你们夫妻俩，好像有点隔膜吧！

勃德：唉！一言难尽，我觉得你从前所说年纪不相当的话，真不错呐！

大卓：你不要误会，我从前，没有见过她，我所以那么说。现在见了她，我觉得她却是一个有德的女子，你切不可听旁人的话，冤枉好人！

勃德：明天是我们预定游园会的日子，你可能够去吗？

大卓：医生关照我，暂时还不能出门，明天恕不奉陪了！

常府离城市数十里，有别墅在焉，每年必举行游园会一次，约亲友偕往其地以尽兴。

勃德：你们坐车的只管坐车，我骑马的同骑马的一同去了！

冰娘：啊呀！爵爷怎么今天不同您坐马车去呢？

灵森：车都坐满了，我想不去了。

冰娘：这里有坐位，你一同去吧！

常勃德已入第三重疑阵矣。

圆珠：你这许多路，骑马来，吃力吗？

勃德：我同你还是老年人同老年人一同走吧！现在的时势是人老珠黄不值钱了！

巧计安排定，准备入彀来。

灵森：我听说爵爷一个人骑着马出去，在半路上跌伤了，现在暂在一个古塔里。

圆珠：啊呀！那怎么办呢？我要看他去！

灵森：这是要去的，我可以陪你去。

圆珠：那末我关照他们一声。

灵森：这个不对的，你们都是主人，爵爷已经先走了，你再要先走，岂不是得罪宾客吗？

圆珠：依你怎么样？

灵森：园后有马车，我们不必惊动人，快快坐了去，最要紧是见着爵爷！

要知此去如何

且待中集表现

中　集

圆珠因假父葛兰荪谋杀李敦船长，愤而逃出葛家，一路卖唱，至于僵卧道旁。幸常勃德男爵怜而救之，送伊入学。久之由恩生爱，卖唱女竟为爵夫人矣。不料常侄克朔，争产密谋，引狼入室。使柯灵森得从中渔利，离间新夫妇之爱情，乘游园会之间隙，用调虎离山计，先骗走勃德，又骗走圆珠。

女宾：咦！怎么男女主人都不见了，只有我们几个客人在这里呢！

冰娘：主人是不会来的，我们还是自己回去吧！

勃德：可有什么人回来？家里有什么事吗？

臧：一点都没有。

圆珠：爵爷不知道现在怎么样？还有多少时候好到古塔呢？

灵森：再走过前面的树林，就快到了。

灵森：此地马车不能再进去，我们就走过去吧！

灵森：啊呀！这里的管塔人哪里去了？你等在这里别走开，让我去寻他来。

臧：游园会去的男女客都回来了，请爵爷出去。

勃德：何必要我出去，有新夫人在外面哩！

臧：新夫人还没有回来。

柯灵森知抽起吊桥，有一定之时间，乃故作回旋，以俟适当时间，诱圆珠入塔，免伊不见丈夫，即欲退出也。

灵森：哦！我已经问着了，爵爷是在里面，我们快进去吧！

圆珠：啊呀！爵爷呢？怎么不在此地呀！

灵森：哼！爵爷吗！他老早回他的爵府里去了！

圆珠：咦！他回去了吗？那末！你为什么要叫我到这里来呢？

灵森：你不要急，我来讲给你听，我叫你到这里来，是有用意的。

圆珠：照你这么说，爵爷并没有跌伤吗？

灵森：当然咯！好好的人，怎么会跌伤呢！

圆珠：那好了，爵爷没有跌伤，谢天谢地。

圆珠：爵爷既然没有跌伤，我也给你骗过了，你现在应该送我回去呀！

灵森：哼！那不能。我好容易骗了你来，怎么肯轻轻的放你回去呢？

圆珠：你不送我回去，我自己也会回去的。

灵森：慢慢，你先望望那下面这条桥看。

灵森：我们一进塔，这条桥就吊起来了，要到明天早上才可以放下来哩！今夜你休想回去。

圆珠：我同你无怨无仇，又没有待亏你，你要把我关在这里，究竟是什么意思呢？

灵森：这个里头有极大的关系哩，我也是受人之托，总而言之，为你们爵府里的财产啊！

圆珠：啊呀！我生平又不注重什么财产的，你们谋财产，于我什么相干？

灵森：但是有你在，就不利于我们，所以要关你在这里一夜，第一就是要破坏你的名誉。

灵森：像你这样高贵的爵夫人，今晚一夜不归，明天就是掏尽西江水，也洗不清你的声名了。

圆珠：照这样看起来，你们比最恶毒的毒蛇还要凶哩！

灵森：哼哼！并不是我们太凶，实在是金钱太厉害，叫我们凶呀！

冰娘：新夫人是我亲眼看见她同柯灵森两个人，坐了自拉缰的马车，比我们早先走了。

克朔：叔父！是的！我也看见他们俩是出后园门一同去的。

勃德：你快叫他们分开五路到各处去寻。

圆珠至此，反持之以镇定，不屑再与奸人争。己则窃思受此磨难，或即葛兰荪作恶之报耳。

至次晨，管塔人照例来放吊桥。

灵森：桥已放下，夫人要回请回吧！

圆珠：你可是管塔人，昨晚的桥是你吊起来的吗？

管塔人：呵唷！太太！是我吊起的，我不知道您在里头；我当作里头没有人的了，况且吊起的时侯，并没有提早呀！

圆珠：我并不是怪你！

管塔人：哦！太太真运气，昨夜没有碰到叫化子在里头过夜，不然你的东西都要给他抢去了。

圆珠：我要问你，这里到常勃德爵府有多少路？

管塔人：哦！远得很，有二十多里路呐！至少你要走五里路，方能够坐得着车子哩！

常勃德偕仆人各处寻觅，均无踪影。圆珠一夜不归，己亦一夜不眠，懊丧之至。

勃德：你倒回来了，你还有什么脸回来呀！

圆珠：您慢慢生气，让我来讲给你听。

勃德：这样没廉耻的事，你还有什么讲头？我常勃德家几世英名，都给你糟塌尽了。

圆珠：唉！果然中了他们恶计。您要知道，他们关我一夜，皆为要谋夺你的产业呀！

勃德：哼！你还要这种花言巧语来骗我吗？会场里难道有许多人来抢你去的吗？还不是你自己情愿跟着人坐着自拉缰的马车走的！

圆珠：您总要让我有一点辩白冤枉的余地呀！

勃德：你还有什么脸再辩呢？我一刻都不愿再看见你的人，你赶快替我走吧。

圆珠：爵爷请想想，我要是真不存好心，今天我还要回来做什么？

勃德：哼！何必要我想呢？回来的原故，无非是舍不得那边的爱情，又舍不得这里的财产罢了！

勃德：你去是不得不去，不过你所有的东西，你只管拿去好了。

圆珠：我这样苦命，还要拿什么东西，我一样也不要。

勃德：柯灵森这个坏蛋，是你介绍来的，你是有意要他来捣乱吗？

克朔：那……是我一点都没有这个意思的。现在这种行为，我已经心里时时刻刻的不安了！

勃德：我料想你也不至于此。

圆珠：这一封信，你等一回亲自交给爵爷。

圆珠不能再留，乃忍痛辞别大卓，并告以受害之经过，奈大卓苦留之而无效耳。

大卓：你赶紧拿纸笔来，我要写封信。

勃德：我这大年纪，还遇到这种事情，真是不幸。只要你好好的做人，我早晚就把遗嘱改过，拿她的名份改给你。

灵森：常先生，恭喜你！现在是千妥万当的小爵爷了，怎么就不认得我老朋友了呢？

克朔：你是……

灵森：你不必多看了，这是我柯灵森一点换容术同变声法而已。

灵森：昨天做了那件事，今天万不能再来，现在化成这个形状才能再来。

克朔：你的手段太刻毒了，我倒有些害怕哩！

灵森：我手段刻毒，不是为我一个人，也是为要你得家当呀！

克朔：家当末！将来等叔父归天之后，总是我的。到那时候，总不忘记你就是了。

灵森：你倒现在享福了，我却不成功哩；除非你照从前你写给我的笔据，把钱付给我。

克朔：等叔父归天后，我得了家当，自然会付给你的。

灵森：你叔父再活几十年，你也等到几十年吗？你要是命短一点，只怕还要死在他前头呢！

克朔：照这么说！难道要逼死我叔父吗？我为了家当，就要叔父早死，那是不能够的。

灵森：哼！你倒会过桥拆桥吗？好，我就同你到你叔父跟前去说明白，是你要得家当，叫我害新夫人的。

克朔：你……不要这样决裂，我叔父也不见得一定再活几十年的。我如果得到家当，总不忘记你的大恩就是了。

灵森：好！你管你走，我管我做，我也不怕你驴子变了狗。

勃德：你去把书记同帐房请来。

勃德：这张遗嘱我改过了，请你们签个字做一个证人。

大卓：老弟，快开门，你何苦一个人闷坐着呢？我来同你谈谈。

大卓：你不应该呀！怎么把一位很好的新夫人，把她逼走呢？

大卓：这都是你的误会啊！她的事情都在我的肚子里，让我来告诉你。

大卓：我刚吃了药，嘴里很苦，让我喝一点水再说。

大卓：唉！她的脾气也很高傲，许多话又不肯直接对你说。

大卓：她临走的时候，很伤心的来对我说，眼泪流了许多。我苦苦的留她，可怜终留她不住。

大卓：啊呀，喉咙怎么越来越燥了。

大卓：毒……毒……水里有毒。

大卓：老弟！我做了你的替身，这是害……圆珠……

勃德：喝了一口水就中毒了，赶快去请医生来。

第二天早晨。

灵森：老板！你有什么贵干？

葛：我因为闲着没有什么事，特地来看看这里的老商人。

葛：你可知道，昨晚这里大名鼎鼎的常勃德，忽然的就死了。

灵森：呵！常勃德死了吗？这倒想不到。老板！你是几时知道的？

葛：昨晚在你刚刚洗掉脸上化装时候，我已经知道了。

灵森：老板，你在偷看人家的私事吗？太岂有此理，我不过化个装玩玩的，倒被你偷看了去，你太厉害了。

葛：你说我太厉害，我说你太利口。我知道那个老商人，就是在常府里出进的柯灵森呐！

灵森：老板！你说的话，我一点也不懂。

葛：哈哈！你的手段太辣了，常府里几千万的家产，竟被你当作了孤注的一掷。

灵森：笑话！我哪里会干预常府的家产呢？

葛：非但是家产，他们新夫人都被你弄到古塔里苦了一夜哩。

灵森：老板，你很留心这种事，将来倒可以弄点钱呢！

葛：哼哼！虽然靠山吃山，靠水吃水，不过我们的山水，另外有一路，同你的两样。

葛：我想你今天一定要忙了，我们再会罢！

医生穆惠民。 （马徐维邦）

医：这是一种最新发明的毒药，幸亏他吃得少，不然他一定吃死了。

医：现在死虽不死，但是不能动，不能开口，成为一种全身麻木的人了。

医：这个药，我要拿回去仔细的验一验，因为我也不知道，到底是几种毒质配成的。

女客：这个一定是新夫人要毒死爵爷的，刚刚遇到这位李老先生来做了替身哩！

灵森：恭喜恭喜，这一遭是完全给你达到目的了。

克朔：哼！你当作我叔父死了吗？叔父倒没有死，却害了李大卓，弄得个不死不活了。

圆珠：我有一件事要奉托您，不知道有工夫吗？

岳：做的是侦探，怎么好说没有工夫呢，只要有公费就是了。

圆珠：我听说您同别的侦探不同，有时不受公费也替人侦探的。

岳：这事未尝没有，不过要看是何等样事的。您要我办的是什么事呢？

圆珠：我要您办一个恶人，他害一个清白女人成了个恶名。这女子要复仇，恢复她自己的名誉，还要查得他为什么要害她的证据。

岳：这事我可以尽一点力，如今先要请教您的大名。

圆珠：我是叫……圆珠。

岳：哦！圆珠么？

岳尔生牺牲船长而作侦探者，惟欲得圆珠其人，以为李敦报仇耳。久访不得，无可如何，今圆珠忽自行登门，殊出意外。

岳：你向来做些什么事？

圆珠：并没有什么事，我不过教教音乐，唱唱歌。

书记：邮局里送来一封挂号信，还是昨天的日子。

岳：我接到一封信，有非常重要的事，立刻要去一趟。外面那个女子，千万不能放过她，无论她到哪里，你终要跟住她。

岳：现在我没有工夫同你谈，你过三天再来。

勃德：他的病，可是一直下去老是这样不会好了么？

医生：暂时一定难好，日子久了，遇到特别的快乐，同特别的惊恐，或者会好，也未可知。

勃德：老大哥，您替我受这样的罪，我真不安得很。

勃德：我这时候，哪有心思见客，你回绝他好了。

臧：我也回报过他了，他说是李老爷叫他来的。

勃德：他在昨天夜里起，忽然病了。

岳：老伯！您昨天还写信叫我来，怎么就已经病了呢？

岳：啊呀！怎么连口都不能开呢？

岳：您就是常爵爷吗？李老伯得的究竟是什么病呢？

勃德：据医生说，神经里起了一种剧烈的变化才这样的。

岳：病起得很奇怪，内中可有什么缘故吗？

勃德：我与你初次相见，不愿意同你讲家事。

岳：你放心，我是侦探。您说了，我一定可以守秘密。况且我同李老伯，是很有关系的。

大卓饮毒后说至圆珠，即不能开口。勃德乃误以为圆珠欲毒死亲夫，故痛恨之。

勃德：她放毒药在水里是要来谋死我的。不料李大哥拿来吃下，就变成这个样子了。

岳：呀！这位夫人会下这种毒手，她究竟是何等样人呢？

勃德：唉！出身来得很下贱。因为我看她可怜，才救她来的，名字叫圆珠。

岳：哦！是圆珠啊！怪不得这样狠毒，她从前本来是杀过人的。

岳：我包在三天之内，一定可以捉到她。

圆珠自离常府，茫茫身世，无所适从。继思尝蒙校长雅爱，唯有投奔梅夫人耳。

梅：啊呀！你今天怎么会来的呀？

圆珠：我现在已经脱离常府了。

梅：姑娘！你何必如此呢？夫妻反目是常事，不久总就要好的。

圆珠：我……我不怨什么人，只怨我自己命苦。

老板：客人！这里很清静。您先在饭堂里坐一坐，我替您预备房间。

葛：啊！老朋友，你来了吗？我等候多时了。

老板：原来你们是相熟的，那很好。

柯：我住不住这里，恐怕还没有一定。

柯：这里很好，比那里好得多了。

柯：你为什么老是盯着我？

葛：我早知道你要来了，老实告诉你，以后你一举一动，我总会知道的。

梅：咦！侦探为什么要看我？

侦探金通久。（汤杰）

侦探：有一位圆珠夫人，听说住在这里，我要见见她。

梅：哦！你是常府派来接她回去吗？

梅：可是吗？我说不久就会要好，现在爵爷果然派人来接你了。

圆珠：您且等一等，让我自己出来去见他吧。

圆珠：啊呀！我又不犯法，为什么要捉我去？

侦探：犯法不犯法，对我说没有用，你自己到那里再说。

梅：姑娘！你这次去了，几时再来呢？

可怜圆珠连番因人受过，至为狱里罪人矣。

岳：不错，就是她。

圆珠：啊呀！您是岳尔生先生。您不是叫我三天之后，再到你地方去的吗？

岳：现在你不必同我说这种话了。

葛：怎么你又想换地方了吗？

葛：我想你很讨厌我吧？可是没有法子，我总归是要找着你的。

葛：我看这里倒很高，你能够把我推下去，只说是我自己跌死的，多好呢！

葛：你有刀吗？拿出来，把我刺死了，倒也干净。

葛：哈哈，你倒有胆量，但是我不要弄死你。

葛：起来！自己朋友，坐了谈吧！

柯：你这样找着我，到底要多少代价，才可以放我过去。

葛：我晓得你也没有多少钱，你不必拿钱来对付我。

柯：那么你要我怎么样哩？

葛：我要你三天之内，就离开这个地方，到别的码头去，不许再预开这里的事！

柯：你对我这样狠，到底拿什么把柄来挟制我呢？

葛：上回你在家里制造毒药，有一天失去了一瓶，四处找寻不到，那就是我拿的。

柯：啊！是你偷的，你就是一个贼，好！送你到局里去办！

葛：好！我是贼，大不了坐六个月的牢。你造毒药杀人，该当何罪，好！走！

柯：慢！慢！好商量！好商量！

柯：我是个医生，制药是分内的事，有什么要紧？你总归是偷东西的贼，走！走！

葛：哼！害李大卓的毒药，就同这个一样。你是一个凶手，走好了，走！

柯：还是慢慢的商量商量。

柯：一样的药很多，究竟不能算作凭据。

葛：还有呀，你把圆珠关在古塔里，所讲的话，我句句都听见。

柯：那是你满口乱说了。

葛：乱说吗？第二天早晨，你们走的时候，不是有个叫化子吗？那就是我。

葛：你还是照我的办法，限你三天，离开此地，不走我就要对你不起了！

岳：圆珠已经给我捉到，监禁起来了。

勃德：呀！她已经监禁起来了吗？

岳：但等开庭一审，一定就水落石出，可以明正其罪了。

克朔：咦！怎么你又换了一种样子呢？

柯：里面怎么样！可有什么动静吗？

克朔：现在已经请了一个侦探研究下来，都说是圆珠下的毒药，把她捉到监里去了。

柯：那再好没有，他们都推在圆珠身上，我们就可以逍遥事外了。

克朔：听说圆珠还有个老子葛兰荪，从前的确同她老子杀过人的。

柯：圆珠的老子……葛兰荪……哦……一定是这个东西……那我不怕他了。

葛：呵呵！你今天是很得意了，你可是要找我吗？

葛：我就是圆珠的老子。人家做事要鬼头鬼脑，改了花样；我可爽爽快快欢喜自己老实说的。

柯：你既然承认是圆珠的老子，你从前杀过人的，我现在要捉你去。

葛：好小子！你倒有机变。哼哼！我杀人，你拿到什么凭据？你谋死人，倒有凭据的。好！走吧！

葛：你要是知趣的，还是听我的命令，赶快离开此地，不然，你莫怪我下辣手。

官：你说谋杀李敦船长，是你的假父葛兰荪，不是你，你又提不出证据，又不能叫葛兰荪到庭，凭你空口说说，有什么用呢？

官：不但是这件命案，你逃不了嫌疑，而且下毒药谋死常勃德男爵，你还两罪并发哩！

圆珠：啊呀！爵爷给人家毒死了吗……

警：晕过去了。

官：赶快去招呼官医，替她看一看！

医：老先生这几天内部里反而好得多，不过麻木终还不能治好呐。

勃德：我想同他到各处去游历，不知道他可以出门去吗？

医：出门换换新空气，倒很有利于病人的。但是你先要替他制好一只轻便的坐椅，可以自由推动的才好。

官医验罢圆珠，特来报告。

官医生：她神经受了刺激，还不至于有性命之忧。但是这案子，非等六七月后不能审。

法官：这是什么理由。

医生：因为她身怀有孕，现在已经四五个月了，照例只好延期的。

要知圆珠安危

且看下集表现

后　　集

圆珠被柯灵森骗至古塔，软禁一夜。常勃德疑其私奔，非但见圆珠归而不纳，且取遗嘱，将已给圆珠者改给克朔。柯灵森欲早得巨产，复下毒谋死勃德。不幸李大卓来为圆珠明冤，取水止渴，乃至中毒。适欲为李敦复仇而作侦探之岳尔生应召来，见状，疑下毒者即当年谋杀李敦之葛圆珠，立即报官，捕圆珠于音乐学校。及开审，圆珠始知除李案外，尚有毒死男爵嫌疑。误为勃德已死，惊痛晕去，遂被送入医院留治。

冰娘乃想作爵夫人而失望者，今知圆珠离异，爵爷旅行，故死灰复燃，竟亦接踵而至焉。

冰：咦！你怎么也动身到此地来了？

柯：我跟来替你道喜，你现在有候补爵夫人的希望了。

冰：唉！真不能成为事实呐！老头儿心绪很不好，哪里还会对我发生爱情呢？

柯：你要他对你发生爱情吗？那我倒有一个很好法子呐。

柯：我有一种新发明的药，叫作情天不老液。你给他吃了，要他爱你到什么程度，就会到什么程度。

冰：不对！你这个人靠不住。你是专门会弄毒药的，我倒有点怕你咧。

柯：呀！我一片好心你倒当作恶意吗？好！不相信，我吃给你看！

冰：不！我同你闹着玩的，真真是灵药，你就给我拿去试试看！

柯：不行了！你既然怕，我又何必害你呢？

冰：嗳！老朋友何必这样呢？老实说，我做了爵夫人，也可以帮助帮助你呐。

常勃德旅行在外，本不免有孤独之感。今有冰娘其人，朝夕殷勤献媚，岂有不为之动者。

冰：啊！李老先生！您到此地觉得舒服吗？这几天身体可好些？

勃德：老大哥！您讨厌这个人吗？讨厌这人，我下次不叫他来亲近你就是！

圆珠病愈，仍还监狱，欲早知有罪无罪，故求禁卒，转请提早开审。

英雄难逃美人关，况常勃德乎？

葛伙：柯灵森这个东西，已经同冰娘联络好，要去算计常老头子了。

葛：现在没有别的法子，只好到监牢去看圆珠。

葛伙：监牢里怎么能够去呢？

葛：有钱使得鬼推磨，到监牢里看人，并不是难事。

葛兰荪居然入狱来探圆珠矣。

葛：你不要怕！我是你老子葛兰荪。

圆珠：啊呀！你来做什么？

葛：不要高声！我来救你的。

圆珠：你是来救我的！不过我却光明正大，从来不肯犯法的。

葛：我同你总有些父女之情，我做的事，倒累你受罪。想想还是自己出首，救你出牢的好，不过你也得要有相当的酬报给我才是。

圆珠：天良发现，就是你自然的酬报。难道还要我讲明多少，才肯自首吗？况且我是代你受罪哩！

葛：不！你还有谋杀亲夫的嫌疑呐！要辩明你的贞节，解释你的嫌疑，世界上只有我一个。

葛兰荪将在昔古塔中所见所闻，及偷毒药瓶留作证据事，告知圆珠。

圆珠：照这样说，只有你可以救我一生的命运。只要我力量来得，要怎样报酬总好商量。

葛：你出狱之后，指望你每年送我五万洋钱。一位爵夫人，一年拿出五万，也不算多。

圆珠：咳！你道我还能做爵夫人吗？一年五万，我哪来这大的款子？

葛：爵爷容易起疑，容易解疑。冤枉能明白，爱情一定会回复。你只管签个字在这张凭据上吧！

圆珠：就算我能够再进爵府，我也不能拿丈夫的钱私下同你订约，情愿老死在牢里，不能对不起男爵。

葛：我听得说你肚里已经有了孩子，可是吗？

葛：咳！你不替自己打算，也该替肚里的孩子想想。孩子有什么罪，却要生在牢里，留一世的话柄呢？

圆珠：我要答应你，实在于心不安。等我出狱以后，靠音乐歌唱做职业，养活孩子之外，有多少酬报你多少吧！

葛：还是这样固执，放着现成的夫人不做，要做卖唱的生活，真是呆子！

葛：还有一件事，说出来更加值钱了。

圆珠：什么事？快请你告诉我罢！

警卒：时候太多了，查监的一来，就不得了。

葛：老实告诉你，我不是你的老子，你是我从小抢来的。

葛：我是你父亲的佣人，因为用亏空了钱，你父亲把我赶走的。

葛：我后来要报你父亲赶出我的仇，所以把你抢走的。

葛：后来我看见你很聪明，所以我请先生来叫你唱曲子。

圆珠：那末，我的亲父母呢？

葛：你的妈早死了，你的老子还在。他为四处找你找不到，恨起来自己买了一条海船，四处飘流，探听你的踪迹。那条船，不久还经过此地哩！

圆珠：请你把我爸爸的姓名同船名，赶快告诉我。

葛：你签了字，我马上就告诉你。要是就出牢监，父女还可以相会哩！

警卒：哎唷！我的妈呀！你把我的饭碗都要打破了，快走快走！你的钱我情愿不要了。

臧：爵爷！您这两天，气色很不好啊！

臧：好在穆医生也在这里游历，您还是去请他看看吧！

常勃德闻常臧之言，故即访穆医生而就诊焉。

医生：你的身体，好像有点中毒呀！

勃德：我哪里会中毒呢？

医生：这个毒，力量还不很猛烈，好像是从天天的饮食里受进去的。

勃德：不过我的饮食，一向很留意的。

医生：从今以后，还要格外留意才好。

常勃德因医士嘱其慎饮食，故专任冰娘侍奉，凡物非经冰娘手，不入口。

越数日，又来检验身体。

医生：啊呀！你的毒并没有减退，只有加重呀！而且很像李大卓一样的毒，不过你受得轻一点罢了。

勃德：我这几天只有我最亲近的一个女人，亲自管我的饮食，哪里还会有毒呢？

医生：你要知道，世界上往往越是亲近的女人，越是会起变故。

勃德：我想这个女人，却不至于此。

医生：我是从学理上推想得如此，信不信由您，还是请你注意一点的好。

常勃德经穆医生警告后，乃不能无疑于冰娘矣。

冰娘：我去做一杯热的咖啡来给您吃。

勃德：我今天不吃咖啡。

1927 年

冰娘：啊呀！你今天怎么有点不快活呢？
勃德：我想在两星期之后，我们就结了婚吧！
冰娘：这是我日夜所巴望的一个心愿呐！
勃德：我不愿意在这里结婚，恐怕李大卓不欢喜。你最好先到庐山去等我，我一定下星期来。
冰娘：那末，我们何不一同去呢？
勃德：我在这里也要把李大卓安顿好，你先去也可以一切预备好，我一到就可以成礼了。

冰娘走后一星期，常勃德又来就医。
医生：呀！好极了！你的毒已经退去了！
医生：照这一星期看，你的饮食就对了。

常勃德今乃知冰娘心存不良，决意至庐山，将有以处之。
冰娘：哦！我好几天没有见您，好像隔了好几年咧！

冰娘疑勃德之冷淡，为多日未进情液之故。
冰娘：我买到一种好咖啡，我去做给你吃。
勃德：做好了吗？
勃德：好狠心的女子，为什么要毒死我？
冰娘：啊呀，你冤枉我了，我怎么会毒死你呢？我是爱你！才给你吃的。
勃德：岂有此理！毒死我还说是爱我吗？你说没有毒，到医生地方去验！
冰娘：去验吗？要闹笑话了，这个药是增加爱……情的，叫做情……
冰娘：叫做情天不老液，给你吃了，你好爱我呀。
勃德：谁相信你花言巧语？
冰娘：你不相信，我当面吃给你看。
冰娘：可是吗？不过我吃了这个药，对你的爱情要更加大……啊呀！
勃德：唉！可怜不知道你又上了谁的当了！
勃德：赶快去叫旅馆老板来！

常勃德自庐山归，将所遭事告之大卓。
书记：圆珠夫人已经释放了，我特地来报告。
书记：庭上几次审下来，终没有确实证据，所以认为无罪，判决开释了。
勃德：我也已经明白，害我的并不是她啊！现在她到哪里去了？
书记：现在在公立医院里，听说生了个女孩子，苦得不得了咧！
勃德：我马上就要动身，回去看她！
官医：你没有钱，只管住在这里，不要紧。你身体还没有健全，怎么好出去呢？
圆珠：先生这样厚待，实在感激得很。只为要去寻我的生身之父，不得不去，再迟，只怕要父女不能相会了。
官医：你还是听我的话，在院里多住几天，自己身体也要紧的。
勃德：有一位女子叫圆珠，听说在此地，不知道在哪一间病房里？

官医：本来是在这里，不过在两天前已经出院去了。

勃德：出院了吗？啊呀！她到哪里去呢？

官医：听说是去寻她从小失散的生身之父的。

官医：到什么地方去找，只怕连她自己也不知道。

圆珠怀其襁褓之儿，出寻亲父，但茫茫天壤，不知当往何处寻访，以至形同乞丐矣。幸一路尚有仁人，犹得勉强糊口。

常勃德海角天涯访寻圆珠，迄无音讯，徒呼负负，不禁伤心。

圆珠闻葛兰荪言，谓伊父乘船访女，故专在水滨寻觅，今竟冻僵于海边矣。

益道院中之老牧师。（龚稼农）

牧师：这样冷的地方，你怎么会睡在此地呢？

圆珠：我要到海关里去问一只船，走到此地走不动了，所以睡倒在这里。

牧师：海关好在已经不远，我来帮你去问吧？

圆珠：这几天，可有私家的船出口吗？

关员：这两天没有，前三天有一只私家的船出口的。

圆珠：呀！三天前已经出口了吗？

牧师：你不要这样急，也许不是这条船，且到我家住下了再来打听，访寻得到，也说不定的。

光阴如飞箭，相隔已三年。此三年中，常勃德与李大卓未尝一日忘圆珠，惜始终未遇，故今又游历至京矣。

勃德：报纸上说，此地新到一个幂面的音乐家，哄动一时的红极了。你高兴一同去听听吗？

勃德：这个人声音同样子，完全是圆珠呀！怎么会在这里唱的呢？

圆珠自依老牧师后，仍未访到父亲，差幸牧师为伊教授音乐，得以抚养稚女。今其女已三岁，名明玉。因欲为女多谋学费，乃别老牧师而往各埠卖唱；又欲全常氏颜面，故每出必幂面。

次日，常勃德来访剧院经理，探问圆珠究竟。

勃德：贵院里那位幂面女音乐家，叫什么名字？可以告诉我吗？

经理：那是做不到的一件事。

经理：来订约的时候，就约定要严守秘密的。我要一告诉你，她就决不肯再上台了。

勃德：那末你能告诉我她的住处吗？

经理：不！告诉出她的住处，就同告诉出她的名字一样。事出无奈，请您原谅。

勃德：假使她毁约，你的损失，我来赔偿好了。

经理：这不是金钱的问题。实在对于我戏院里的信用，很有关系咧！

勃德因院主严守秘密，终无由发幂面之覆。幸电招岳尔生来，居然探得圆珠住处。

勃德：你的主妇，约我来的，你只管领我进去。

勃德：啊呀！我寻得你好苦啊！你倒在此地。

勃德：当初我一时之错，害你受了许多的苦，现在懊悔不及，请你格外原谅我吧！

勃德：哦！这就是我们的孩子吗？

勃德：这也难怪，因为我并不曾尽过一点做父亲的责任咧！

勃德：现在样样明白了，请你不念旧恨，跟我回去吧！

圆珠：你再要这样逼我，那是我只好逃走，连此地都不能安身了。

奸人不得逞其奸计，然终不肯放松，故又跟踪来矣。

圆珠：你早些睡，我到院子里去了回来给东西你吃！

勃德：我已经看见圆珠了，但是她恨伤了心，终不肯理我。

圆珠：我只有这一个心肝儿，你们都顾不周全，怎么对得起我啊？

常勃德闻明玉被劫，于惊痛之余，前来安慰圆珠。

勃德：你不要伤心！我一定派人去寻回来。

柯：哦！你倒来了，现在事机很紧急，圆珠同你叔父又要好了。

克朔：唉！就让他们要好吧！我想最好省点事，不必再害人了。

柯：你想省事不害人，可惜他们不放你过门呐！拿到了我们的凭据，就要捉我们去吃官司咧！

克朔：这又不好，那又不好，唉！悔不该当初起坏心的！

勃德：今天早上，我得到一封信，明玉已经有下落了。

岳：我想这件事，一定是葛兰荪做的，你交给我好了。

勃德：你上回办圆珠的事办错了，这一次你要办得妥当，才可以抵过从前的过处。

穆淡庵为圆珠亲父，乘船觅女，卒未如。今乃开驶来京，漫行于乡村间。　（王梦石）

淡庵自失女至今，虽隔廿载，但见人家小儿女，辄就之抚弄。今见明玉，依稀圆珠当年，不禁大为注意。

穆：这孩子全不像乡下儿女，究竟是什么人家的？

乡人：这是一个朋友托给我，寄在此地庙里的。

穆：这个朋友叫什么名字？现在到哪里去了？

乡人：我只听得他叫葛先生，他此刻到邮政局里去等信了。

勃德：你一天到晚的哭，东西也不吃，照这样把身体要弄坏了。你肯允许我接李大卓来陪陪你吗？

穆：吓！你是葛兰荪，我寻你廿年了，今天可找到你了。

穆：这是恶人葛兰荪，廿年前抢我女儿圆珠去的，不要放走他。

岳：啊！你就是圆珠夫人的老太爷，那好极！我受夫人委托，来找寻她的女儿，明玉也是他抢走的。

穆：哦！是了！那孩子就是我女儿的孩子，怪不得很像。我已经看见了，在那边土地庙里。

岳：逃不了，我追他去！老先生！你赶紧到警察局去报告，把小孩子先领来要紧。

穆淡庵已将明玉领回。

岳：我到局里，知道你已经把孩子领来了。现在恶人已经捉到，关在局里了。

合浦珠还。

岳：寻到令爱的功劳，不是我的，是另外有一位。

岳：穆老先生！这就是你要走遍天涯找寻的令爱圆珠夫人。

圆珠：爸爸！女儿想不到今生今世，还能够见得到你老人家一面咧！

数日后。

柯：呵呵！也是该我要成功，偏偏只有你一个活死人在这里，看见同不看见一样。

大卓：有……毒。

大卓：壶里……有毒——柯灵森……下的毒。

穆：啊呀！他怎么忽然的会开口了。

勃德：哦！从前医生说过，遇到非常之惊恐，也许会开口的。

勃德：老大哥！你为我吃了这么大的苦，结果还能救了我们一家人的命咧！

岳尔生受常勃德委托，专任捉拿奸人。

重返故乡。

岳：柯灵森已经送官了，他末我带来交给你发落吧！

勃德：这个还有什么分别，应该一样的送官治罪。

大卓：他究竟是常府的子孙，也许年幼无知，受人利用。可以饶恕，就饶恕一点吧！

勃：既然各位说情，倒便宜了他，就把他赶出去，永远不准进常家的门！

作奸犯科，难逃法网，聪明误用，终为狱囚。

破镜重圆。

天涯歌女

出品　民新影片公司，1927年

总监　李应生　黎民伟

编导　欧阳予倩

副导　周淑芬

剧务　邢少梅

美术　鲁少飞

摄影　东方熹

写真　褚保衡

绘题　秋草

装饰　雪　鸪　思　周

演员　李旦旦　欧阳予倩　吴嘉馨　王谢燕　周五宝　高百岁　葛次江　芳　信　欧阳山尊　陈嘉祥　邢半梅　易荫峤

《天涯歌女》电影由欧阳予倩编剧。其电影本事、字幕无署名，原载《民新特刊》第5期（天涯歌女号，1927年4月10日）。

本　　事[1]

歌女凌霄，其家世莫由详。假父李奎禄，抚之成长，因姓李氏。凌霄擅歌舞，解文字，志行高洁，不与俗群。而奎禄则欲假之以媚权贵，权贵亦多欲得金屋而藏之，凌霄勿承也。

一日凌霄偶游某展览会，见画家陆沉余之作品，爱之，遂倩陆为画像。开幕之日，礼意甚隆。陆落拓半生，忽得美人青眼，为幸如何，不觉感爱之心发诸肺腑。然深恐中年之爱，足以妨其修养，乃整装远引，不稍流连。陆有弟子高姓，名绍游，勇侠少年也。陆知其心爱凌霄，复念以凌霄之操，易遭时忌，宜有人能隐助之者——而艺事商量，尤赖朋友——因于临行时，荐绍游于凌霄，凌霄颇优接之。绍游乃为编剧，曰：神仙眷属，大意谓"天女下凡，慰人间之烦闷，而不知人心之是否已死，乃幻大火自焚，无有能救之者。遇勇侠少年，从火中负之而出，则火场忽化花田，乃歌舞相携，身生彩翼，飞上天去"。

是剧富绅张嗣武见而恶之。张故土豪，多资，每市惠于凌霄，而凌霄不以利动；胁迫其父母，而凌霄不以威屈。及见绍游，与凌霄亲媟，大怒，以为"神仙眷属"一

---

[1]　原名《天涯歌女事略》。

剧，绍游有意编制，以挑凌霄者也。乃假军人之力，迫舞台经理停演，逐去绍游。绍游走晤凌霄，适值张在室中，恃酒狂肆，见绍游怒骂。绍游反诋之，几于用武。张出枪拟绍游，凌霄乃翼被绍游，送之出门而去。绍游知祸且作，乃走告其挚友葛锐夫，为言："万一不幸，嘱葛为护凌霄。"继而张果嗾恶党劫绍游于路，绍游受伤几殆。幸葛趋救之，匿之于其寓。张以为绍游已死，乃强致凌霄，张盛筵出之，以见宾客，示为己有。凌霄含痛晕绝，遂卧病不起。而奎禄夫妇逼之理妆，意将遣嫁于张。其姊吴侬意，知凌霄终不屈，设计使之宵遁。而偕之者，葛锐夫也。

未几，战事发生，张所结之军阀战死，张避乱他徙，不暇深究凌霄事，凌霄乃得从容脱险。不意，葛锐夫护送凌霄，失足堕崖下死，于是凌霄踽踽独行，孤身无着矣。绍游不得锐夫踪耗，焦灼异常，不及俟伤愈，急起踪迹之。无意中，与其师陆沉余相遇。其时——凌霄沦落天涯，鬻歌糊口，而畏人客子，常自隐藏。然为饥驱，虽雨雪载途，不能稍息。又防侦者，住徙无常。一日，大雪，冻踣于道，适陆沉余写生行过，拯起之，因得与高生相见。开眸睇视，悲不成声，气息亦仅属矣。

字　　幕[1]

心田千万顷，血泪润枯苗，弹剩一根弦，难道说都断了；便断了，还有我心弦的颤摇！

歌女李凌霄。

画师陆沉余。

沉余：这还是在创作展览会的出品。

凌霄：画上的蛇是什么意思？

沉余：越美越多人妒忌，越妒忌尽管越美。

歌女吴侬意。

侬意：张老爷请等一等，让我看看她穿好衣服没有。

凌霄：厌物来了，赶快把画收拾起来，我不愿意给他看。

李凌霄之母。

富绅张武嗣。

凌霄：今天不许看，改天再看。

凌霄母：你看这画好不好？

嗣武：我看还不如香烟牌子画得有劲。

凌霄：下礼拜三是我的生日，一并请客看画，务必请先生要到。

嗣武：你为什么请他画像？他是个有名的疯子。

凌霄：世界上的人都是疯子，便以为他也是疯子。

---

[1] 原版中，说明字幕前有■标记，对话者有括号。现统一略去，将说明以不同字体区别，对话者后加冒号。

画像开幕。
凌霄父：客来得很多了。
司令何豪。
嗣武：今天是凌霄的生日，应当我做主人招待司令。等到依意生日，司令再招待我吧。
凌霄的父亲李奎禄。
世界报记者蔡予信。
依意：画师跟蔡先生都等久了。
嗣武：我知道不是我亲来接你，你是不肯出房的。
凌霄母：我女儿从来不跟人开玩笑的，她待你真是特别。
嗣武：我近来也学会了几步跳舞，你今天非陪我舞一舞不可。
画师陆沉余之弟子高绍游。
沉余：你可愿意再演戏？
绍游：可惜没有机会。
沉余：我有意荐你去帮助李凌霄好么？
绍游：今天早晨的雾很大。
沉余：我最欢喜是雾，好似一个大问题给我们探索的机会。
绍游：老师为什么匆匆离开此地，要到哪里去？
沉余：现在没有定，你可以寄信由哈尔滨报社转交。
婢：姑娘今天不见客。
绍游：陆先生离开此地了，有封信要面交凌霄女士。
凌霄：既承先生的美意，以后请多多的帮助我们。
高绍游初试编剧。
凌霄：剧本编好了没有？
依意：谁跟谁作神仙眷属？

　　神仙眷属本事　天女下凡安慰沉闷的世人，却要先试试人心是否已死，她便化出一座楼居，自居其上，忽然楼中大火，无人能救；有一勇侠少年从火中救出天女，一霎那间，火场变作了花田，天女挽少年歌舞，二人身生双翼，飞上天去。他们的歌声却永存在人间！

　　神仙自有神仙眷，在天上莫忘了人间！漫说是情意太缠绵，为什么花儿娇艳，月儿团圆？孕灵根宇宙成花县！孕灵根宇宙成花县！
舞台经理程古凡。
嗣武：神仙眷属那出戏，真是岂有此理！
古凡：生意倒还不错。
嗣武：只要李凌霄上台，什么戏都能卖钱，何必要唱那伤风败俗的戏呢！官厅要禁止那出戏，你赶快把那编戏的拆白党辞了吧。
古凡：总求您多多的维持。

嗣武：因为维持你才对你说，要等司令封你的门就迟了。

凌霄父：高先生，这回的事老板也很难过，实在是有大绅士要跟你为难，以后你还是少亲近凌霄的好。我听说有人要陷害你，所以……

凌霄：这时候犯不着拼命，还是看重些自己。

邵游：凌霄，我就算跟你毫无关系，我也不忍让你受那些劣绅土豪的糟蹋。

凌霄父：我知道你在这里。快去快去，张老爷等着请你宵夜。

绍游：你不应拿你女儿看得太轻，你真不会做父亲！

凌霄父：岂敢岂敢，你也不要癞虾蟆想吃天鹅肉！

凌霄母：凌霄就要回来的，等一等吧！

凌霄母：张大爷在我们这里化的钱也不少了，你总要稍微给他些面子，我们总是靠人的。

凌霄：我靠自己的本事。

凌父：靠本事有几个人不挨饿。

凌母：侬意，你去预备宵夜去。

绍游：你以为有几个臭钱就可以欺负良家妇女吗？

嗣武：戏子敢对我这样说话吗？

凌霄：你放心我也不是个柔弱的女子，只要你平安我就……

高绍游之挚友葛锐夫。

锐夫：这种东西应该是这样对付，只是你样么样呢？

绍游：我与他势不两立。倘若我得了意外之祸，请你多多的照看些凌霄。

凌母：张家今天作寿，叫车子接我们来了。

凌父：小高的事你还不明白吗？你今天不去，小高必有性命之忧。

嗣武：我替你预备了一间房子，待我来领你去看看。

嗣武：你们自问哪个比得上凌霄。

嗣武：你们既知趣，好，一个人赏你们一万块钱，去吧！从今以后凌霄归我了。

司令：你瞧我的人儿多好！你的人儿呢？

嗣武：她太不受抬举。

司令：你为什么非要她不可？

嗣武：她要不是红角儿就再长得好些我亦不要。

司令：她要摆架子，让我来收拾她。

侬意：二位别生气，让我去慢慢儿的劝劝她。

侬意：好妹妹你不要太固执了。眼前不忍，必受大辱；况且高先生还在他们掌握之中呢。

侬意：我一劝她就依了，你再去看看。

嗣武：适在侬意说你回心转意了，你到底怎么样？

嗣武：这不过是试试你的心，谁真叫你拾珍珠，你起来吧。

嗣武：宴会的时候早到了，我们一同去吧。

嗣武：这里没有你的座位，外头还有好几桌呢。
张妾：同是一个女人，为什么李凌霄这样享福！
司令：要是我能够变作凌霄，我连皇帝都不要作。可是我想请凌霄唱一个，让我们大家听听，以后恐怕不容易听见的了。
嗣武：请司令点戏。
予信：我看回头还有堂会，就不必请李女士当筵唱曲了。
依意：我替凌霄妹妹唱一支吧。
嗣武：司令的命令非唱不可了。
依意：如今张家的身价银子已经交了，就要接人了。
锐夫：我想凌霄除逃走没有别计。绍游兄请放心，我自有办法。
凌父：好孩子，听我的话，爹爹总是为你好，你总要孝顺些才是。
凌霄：张家我是死也不去的！
凌母：身价银子怎么好退呢？
凌父：你真是个不识抬举没志气的孩子！
凌霄：我只能卖艺不卖身。
凌父：老实说，你本是我买来的，只能随便由我卖。
依意：妹妹，可怜的妹妹，如今的世界是不让我们干净的！
凌霄：我不愿看轻自己去将就那些贱骨头，我只有死！
依意：只要你拿得定主意，你不如逃走了罢。
凌霄：都是我们的命苦！
凌霄：我走了，你呢？
依意：你不要问，我只好混到哪里是哪里！
锐夫：我看风声很紧，不能到我家里去见绍游，只好先到乡下躲避些时再说。
凌父：我的女儿也不知是哪个混账东西勾引着她逃走了。
凌父：可怜我……拜托你替我找回来吧。
予信：像你那样待你女儿，也怪不得她要逃走。
锐夫弟：锐夫去了全无消息，恐怕不免有危险。
锐夫母：倘若我的儿子有个长短，怎样呢？
绍游：我马上去找他。倘若他有了意外我愿孝顺你一辈子。
侦探：先生近来在报上很攻击张嗣武先生，请你要稍为留些面子才好。
战事发生。
嗣武：既是风声不好，我们到别处去避避。
绍游：你追的什么女子？
浪子：晚上在外头瞎跑的女人还有好的吗！
踏破铁鞋无觅处，相逢无意感人多。（完）

卖油郎独占花魁女

出品　神州影片公司，1927年
总监　汪煦昌　周　克
编导　万籁天
顾问　郑应时
摄影　洪仲山　周　克
布景　王玉书
书幕　叶心佛
演员　陆美玲　黄筠贞　周空空　郑　君　孙　敏　杨爱贞　许静珍　万籁天

《卖油郎独占花魁女》电影取材冯梦龙《醒世恒言》，由万籁天编剧。其电影本事为万籁天所作，原载《神州特刊》第6期（卖油郎独占花魁女号，1927年4月）。

本　　事[1]

万籁天

宋时金兵内犯，举国骚然。兵临之处，糜烂不堪。居民各自逃生，老幼不能相顾。卖儿鬻女者，随地皆是。兵燹之惨，古今一辙。本片所描写者，其中苦儿弱女之一段佳话，流传迄今。脍炙人口之《卖油郎独占花魁女》，即此剧之所本也。

难女瑶琴，辗转被鬻于青楼，改名玉美（即花魁女）。素性清高，不甘堕溷。夙耽丹青之嗜好，不甘歌舞之生涯。鸨母王九妈教之习舞，女梗不从。九妈有干姊妹刘四妈者，能说多谋，赖其劝解，始得其勉强应承。愁舞悲歌，令人悱恻。

秦重（即卖油郎）被卖于油坊主人朱十老为义子，遂从朱姓。十老多病，重侍奉殷勤，一如生父。只以十老病瞆，听信侍婢馋言，卒不能谅其诚而逐之。

一年后，玉美歌舞娴熟，书画精进，名乃大噪，花魁之冕，于以归之。有金二员外慕花魁名，宴客九妈家。花魁歌舞兼优，众宾赞赏不置。金二员外，尤为倾倒。时已酒阑客散，员外嘱九妈前，喁语久之。九妈有难色，金出金锭数枚，诒九妈。九妈乃商之花魁，花魁坚拒。九妈无奈，暗请四妈至，劝女再侍金员外酒。示无留髡意，彼此对酌，女已醺然。四妈九妈乘其醉，相将扶之入房，金亦随之，面欣然有喜色。可怜弱女，至此乃不得不供人蹂躏矣。翌日金去，花魁自悲身世，汍澜不已，揽镜自看，泣不可仰。四妈在旁劝慰，哭益甚。适吴八公子命人持招券至，九妈见字，奉命惟谨，以哭泣方殷，知不可强，乃嘱四妈携之外出游玩，而暗以持券递四妈。花魁执

---

[1] 原为句读。

不愿出，九妈大怒。四妈再从中调解，乃登轿而去。

朱重既被逐，遂复其秦姓，赁屋于众安桥下。日担油过市，辄罄篓，以其价廉物美，复诚实不欺，故人皆乐就之。一日，昭庆寺前，悬灯结彩，举行水陆道场。朱重知寺中需油必多，乃担油赶市。及昭庆寺，适花魁轿过，秦让担避之。轿既去，秦直趋寺前，众僧咸来购油，纷纷不绝。自午及申，油售罄，坐地休息，计其赢余，约银七分。俄见倾间过去之轿，又匆匆返。径望轿中人，盖容华绝代之丽者也。轿行渐近，望之益真，卖油郎乃不觉神魂颠倒，遂担篓随行，如铁屑之受吸于磁石然。轿止于九妈家，乃知固青楼落溷人也，怅立者久之。忽闻路人闲谈，因得知欲见花魁，非十金莫办。窃思一日赢余不过七分，何来十两之巨金，供己作秦楼之一掷耶。然渴慕美人，未能或已，遂按月储蓄，竟得此数。一日，造美人妆阁，至时，会花魁往俞太尉家侍酒。九妈见朱，以其为送油来售者，秦窘甚，遽以直告。九妈嗤之，不之理也。秦出金以献，恳求玉成，乃导之入，以待花魁。秦久坐无聊，请入睹花魁之室为快，九许之。秦见室中金碧辉耀，惊喜欲狂，自饮自酌，不觉夜午。忽数婢扶花魁入，秦局促不安，不敢平视。诸婢置花魁于床而去，秦渐就床侧窥视，惊其艳绝。中心深恐其酒后受寒，乃殷勤覆以锦被，饮以沸茶，唯勤唯谨，为执侍婢之役焉。朱碌碌终宵，竭诚奉侍，而花魁则渺不知也。及旦，花魁宿酒初醒，见有客倚床头假寐，因忆夜来事，推之醒而问之。秦遽起曰："得毋思饮乎？"即于怀中探茶壶出。花魁至是，感其意且爱其诚，微启樱口，承壶饮。秦捧壶谨侍，目不敢瞻。花魁细审之，忽晤其为卖油郎也，惊而询之，果然。则怨之曰："业贩油竞蝇头利，奈何竟来此销金窟耶？"赠以金，嘱之去。一缕深情，实未尝不萦回方寸也。花魁自遇秦后，居恒双眉紧蹙，终日寡欢，以此开罪于客。狎客吴八公子，素自骄横，嫌其接待不周，一日使气，强令游湖。花魁语侵公子，公子怒，弃之湖畔。时正雪花飞舞，寒气砭骨，花魁冷愤交并，晕倒雪中，奄奄待毙。

秦重自知微贱，不敢作藏娇妄想，唯寸衷萦绕，不获自已于情。会十老病危，店伙与使婢均不耐侍疾之苦，挟财而遁。于是悔逐秦之非，乃托及金中人往寻秦重。秦亦念十老，欣然而往，遂为父子如初。十老且出财产以遗秦，俾清理营业。是日秦收账渡湖，遥闻前舟之嚣嚣者，绝似花魁。又见众弃之于雪地，即奋舟往救，审之果然。至岸已仅存一息，急解衣披之，抱置舟中。既渡，雇轿送之归。时九妈四妈，正不知所措，见花魁返，惊喜交集，并感秦德。花魁遽欲嫁之，九不愿。顾以时势所迫，进退两难，卒允花魁之请。而此一对伤心人，竟得遂向平之愿终成眷属焉。

盘 丝 洞

出品　上海影戏公司，1927年
编剧　管际安
导演　但杜宇
副导　陈宝琦
摄影　但淦亭
制景　夏维贤
绘题　方雪鸪
翻译　徐维翰
演员　殷明珠　周鸿泉　徐剑云　吴文超　凌　云　周亭亭　贺蓉珠　詹嘉利　陈宝琦　薛启世　蒋梅康　夏佩珍　方玲艳　周珍珍　古丹顿　夏文梅　但二春　陈脱尘

《盘丝洞》电影取材古典小说《西游记》，由管际安编剧。其电影本事为姚赓夔（苏凤）撰写，原载《上海》第4期（《西游记》第一集盘丝洞号，1927年4月）。

本　事[1]

赓夔

　　唐僧玄奘，奉皇命西行，往大雷音寺求经，途中艰困备尝。幸其徒孙悟空猪悟能沙悟净等善为扶护，得以无事。时抵一处，境绝幽复。玄奘欲自往乞斋，悟空尼止之，卒不听，下马前行。有六女子方蹴鞠山前，婀娜多姿，艳绝尘寰。玄奘亟往问讯。六女子者，盖为山中盘丝洞之蜘蛛精，常幻为美女子出以猎人。玄奘适至，众咸大喜，邀归洞中，见其洞主，且具斋相飨。唐僧视之，则断胫盛锅中，腥膻之气中人。起欲辞去，众不许。时悟空等待玄奘不至，登山远眺，见妖氛自林际上腾，知玄奘又遇魔难，急谋往援。适众女出就濯垢泉浴，悟空遇之，化身为蝶，尾众女行。闻众女方谋为洞主与玄奘婚，因知玄奘所在。众女迤逦入濯垢泉，解衣入浴。悟空化为飞鹰，窃衣而去。以见悟能等，告以所遇。悟能亦往，化为鲇鱼入池，与众女戏。众女方痛骂飞鹰，又见扰于悟能，亟起遁归洞中，并以蜘网幂浴池。悟能挣扎始得脱，归见悟空，悟空责之。悟能愤，愿往寻玄奘，因独行。

　　抵盘丝洞，举钉钯叩洞门，蜘蛛精诱入缚之。悟空见悟能久不至，追往救悟能出，与众女战，几不能敌。复夜入盘丝洞，欲救玄奘，亦不成。出憩道旁，相顾泪下。观

---

[1] 原为句读。

1927 年

世音至，授以降魔之术。时盘丝洞中，方张灯结彩，备洞主与玄奘之婚。各洞魔王，纷至沓来，黄花观妖道亦携其小道童至。而龟精火奴等跳踉奔走其间，尤极殷阗之致。爆竹声中，交拜礼成。唐僧正无法可施，而行者化身自酒杯中出，与众大战。复拔身上毫毛，化作猴子兵迎敌。黄花观妖道腋下发强光，行者几为所困，幸观世音尝授以三昧真火降魔之术，得以败之。妖道遁，遇昴日星君于山巅，遂为慑服。时悟能亦入，与螳螂怪等大战，歼之几尽。七女子出，亦败于悟空之火，原形毕显，则七大蜘蛛也。魔障既除，玄奘之难始解，重策马上道，相偕西行。回顾盘丝洞，则一片焦土矣。

复活的玫瑰

出品　民新影片公司，1927年
总监　李应生
监制兼导演　黎民伟
编剧兼导演　侯　曜
摄影　梁林光
布景　鲁少飞
剧务　邢少梅
说明　侯　曜
翻译　施少明
绘题　邵维岳　范竹云　徐造时
配光　李乾初
洗印　欧云轩　吴国敬　梁伯慈
照相　李锡金
演员　黎民伟　林楚楚　何　能　徐　徐　王谢燕　邢少梅　区锡璋　邢半梅　许青青　朱耀庭　方艳生　汪龙溪　陈佩莲　易荫峤　朱树涛　张庆升

《复活的玫瑰》电影由侯曜编剧。其电影本事为张其琛撰写，字幕为侯曜所作，原载《民新特刊》第6期（复活的玫瑰号，1927年5月4日）。

本　事

张其琛

余晓星，美专之高材生也。善画，与林天健相交甚得，林固晓星之多年窗友也。林有妹曰秀云，秀外慧中，幽娴贞静，与晓星时相过从，心心相印，情爱甚笃。二人方欣庆其幸福如芬芳之玫瑰，瑰丽滋长；讵知红愁绿惨，妒花风雨，相迫而至耶！

一日，晓星偕天健写生于公园，秀云姗姗来，愁思满面。晓星以所绘《复活的玫瑰》赠之，秀云俯首不语，若不胜其哀者。晓星惊问其故，秀云凄然曰："花复活矣，人将憔悴矣！君曷另绘一幅《断肠花》赠我。"语毕，泪涔涔下。晓星益不解，无计慰之。秀云痛哭，偕天健怅然归去。

李若愚为晓星之姑父，劣绅也。其子心灵，有隐疾，鲁钝殆不辨菽麦。若愚以年近花甲，急欲为子筹备授室，此固心灵所深冀者也。

婚期既至，彩舆迎娶，佳宾满座，无不兴高彩烈；心灵更手舞足蹈，喜逾望外。

晓星奉母命,亦与其父好古来贺。心灵强之闹房,欣然掀去新娘之珠琉曰:"如此丽人,可不一睹耶!"噫!敦知此所谓新娘者,即晓星相依为命之意中人林秀云乎!晓星五内崩裂,昏倒地上。盖秀云之父在世,即与若愚约,指腹为婚;及死,家道中落,若愚即露悔婚意,林母亦以门阀不相匹,淡然置之;及心灵成年,无与议婚者,若愚乃向林家坚持旧约,而娶秀云。此中黑幕,晓星所未知也。

晓星悲愤交集,撕毁秀云信,并题字于其照片云:"早知今日,何必当初!"为好古所见,痛斥之;并申言在心灵佳期筵席间,已商请老学究鲁师孔作伐,择定若愚之女凤仪为媳。晓星不愿,侃侃力争,遂被逐;负病漂泊于香港。

秀云自悲命薄,于夜深烛残之际,频视怀中晓星相,潸然泪下,出利剪叹曰:"不自由,毋宁死!"遂自戕。心灵闻声至,剪已及喉,鲜血沥沥,幸未死。后经天健向李家力争,始解婚约,赴医院就医。伤愈,掌教于郑姓,居停惑于谣诼,辞去之。秀云返里,亲戚故旧,又从而嘲笑之;街坊邻里,又从而欺压之,秀云栖身益难,乃只身远走香港。

晓星抵香港,移居友人王云鹤家,颇蒙优渥。云鹤有妹曰柔云,颇倾心晓星。晓星则矢情不二,日夕惟思恋秀云。云鹤虽屡欲为其妹玉成,终不可得。

秀云抵香港,适寓于晓星前所寓之大东旅馆,由壁上题字,得悉消息,惊喜交集,立登报召之。旬日不至,时值岁暮,风雨霏霏,倍觉凄楚,欠旅馆债,无以为偿,因被逐。彷徨道中,不知所归,会晓星柔云驾汽车观剧,车行甚速,呼之未应。秀云正神思恍惚间,忽为云鹤车所撞,受微伤。云鹤载之归,知为秀云,乃往召晓星。秀云见晓星枕畔,置有柔云小影,疑晓星别有所恋,欲成全之,乃逃海滨,自高崖蹈入大海。及晓星返寓,睹遗书大骇,急与柔云云鹤驱车驰救,而秀云已沉海中。晓星情急,立跳海拯救。久之,竟扶秀云登岸,紧相偎抱曰:"云妹!祈毋误会,我始终为汝所有也。"乃紧握《复活的玫瑰》相视无语,沸腾之热血,殆与澎湃之波涛,相低昂矣。

字　　幕[1]

侯曜

美术专门学校学生余晓星。

林天健——晓星的好友。

晓星:我这幅画是写被和暖的春风吹拂着,被温柔的小鸟唤醒了的玫瑰花魂;所以定名《复活的玫瑰》。

林秀云——天健之妹,晓星的爱人。

天健:妹妹!你为什么这样不高兴?

秀云:唉!花复活了,人将憔悴了!晓星!你另画一幅《断肠花》送给我罢!

---

〔1〕原说明字幕前均有■标记,对话者有括号。现统一略去,将说明以不同字体区别之,对话者后加冒号。

晓星：云妹！你究竟为什么这样不高兴？

秀云：唉！专横的父母！吃人的礼教！害我了……

李心灵。

秀云：晓星！我就要……唉！我不说了，何苦令你伤心……

心灵：表哥！我快要娶老婆了！哈哈哈，我欢喜极了！

心灵：娶老婆就是娶老婆，谁有闲心管她姓什么名什么？

佳期。

李若愚——心灵之父。

李太太——心灵之母。

李太：娶媳妇是娶来服侍你和我们两老的，如果她不听话，你可以骂她打她。

心灵：哦！做老公的可以骂老婆打老婆的吗？为什么爹爹时常被妈妈打骂，连屁也不敢放一个呢？

李太：贱骨头！胡说！今天你欢喜到发昏了吗？

李凤仪——心灵之妹。

余李氏——晓星之母。

余太：今天你的病好了，应当到舅父处贺喜，不然，舅父会见怪的。

余好古——晓星之父。

好古：晓星！快起来和我到李家去！我不愿你因一点小毛病给人家说你失礼。

心灵：花轿来了没有？

心灵：花轿为什么还不来？

心灵：表哥！我领你去看看我的漂亮的新房，你将来也可以照办。

心灵：表哥！你看我今晚睡在床的里面好呢？还是外面好？睡在外面罢，我怕鬼；睡在里面罢，夜里起来不便当。

晓星：这种仪式简直是玩把戏！

洞房花烛夜。

丫头：老爷说请各位太太小姐回避一下，老爷们要进来看新娘。

鲁师孔——前清的举人。

师孔：吾尝闻之"二五构精，万物化生"，"关关雎鸠，君子好逑"，此周公之所以作礼，而吾夫子之所谓："君子之道造端乎夫妇也"，吾将有以贺先生矣。

心灵：你为什么不闹一闹新娘？

心灵：晓星哥！你看我的妻子多么漂亮！

心灵：怎么你害羞起来？

好古：小儿今天本是带着病来贺喜的，有什么失礼的地方，请各位亲友原谅！

周望贤。

望贤：令郎身体不好，恐怕是平日用功过度的缘故。

若愚：素闻晓星好学，我很爱他，我有意思想……

望贤：想招他做女婿吧？

师孔：吾想此执斧伐柯之劳，非老夫莫属矣。
若愚：我们就亲上加亲，一言为定罢。
心灵：喜事！喜事！今天爹爹把凤妹许配给晓星表哥！
心灵：妹妹！你刚才恭喜我，我现在恭喜你！
喜娘：小姐！我劝你不要再想娘家了！俗语说："男大当婚，女大当嫁。"快不要哭罢！给姑爷看见要生气的。
医生：我看少爷的病是心病。
心灵：《朱砂痣》借灯光，暗地里，观看娇娘……
秀云：不自由，毋宁死！
秀云：晓星！我……我……我们来生再……再……再会罢！
心灵：救命啊！救……救……救命啊！！！

翌晨。
好古：哼！这是谁家女子的相？你已经定亲了，不许再胡思乱想！
晓星：我誓不承认这个婚约！因为我和表妹没有爱情，不根据爱情的婚姻是不道德的。
好古：这些都是无理取闹的话！天下无不是底父母，我替你做的事会错吗？
晓星：婚姻是儿女的终身大事，望爹爹不要凭一己的私见，断送儿女一生的幸福！
好古：你难道要和我闹家庭革命不成？你有本事自己出去谋生，不然就要听父母之命。
心灵：我在她的身边还搜出这样一张东西。
李太：我屡次劝你不要娶这种人做媳妇，你总不听我的话。现在果然做出这种丑事来，我们的脸都丢尽了！
若愚：我何尝不想听你的话？谁叫你生的儿子不长进？有钱有势的人家不肯和我们结亲。寒酸之家，我们又不要。我以为与林家既有婚约，当初他们也是官宦之家，不想会弄出这件丑事来！
李太：去通知她的娘家！
天健：晓星！请你不要怪我的妹妹！这门亲事，我们兄妹是一向不知道的，那天回家才晓得这件旧公案。

林老太——天健秀云之母。
林太：你们父亲在世的时候，曾经将你妹妹指腹为婚，许配给李家。后来我们家业衰落了，李家就有悔婚之意。我因为高攀不上他们，只好听他；也就不向你们提这件事。今天李家忽然派媒人来重提旧事，所以我就答应了。
秀云：妈！这种儿戏的婚姻，我是不承认的。
天健：妈！我看这门亲事，不是妹妹的幸福，我主张和李家退婚。
林太：你们不要胡说，我已经答应了。
林太：好！好！！好！！！让我死了你们爱怎样就怎样！
天健：家母贪慕李家的金钱权势，以死来要挟。妹妹是一个很孝顺的人，不忍伤母亲的心，只得忍痛顺从。

晓星：唉！我不明白父母的心为什么这样的残忍？有些以死来要挟儿女的婚姻，有些以经济和礼教强迫儿女的婚姻。唉……

天健：她临嫁的时候，叫我对你说请你不要伤心，望你此后把爱她的心爱社会，怜她的心怜人类。

男仆：少爷！不好了！李家派人来说小姐自杀了！太太叫你即刻回去！

晓星：唉！不自由的婚姻杀死了她！

余太：这是送到李家去替你定亲的礼物，你看好不好？

余太：难道像你表妹这样有钱有势的人你还不满意吗？

若愚：你替我滚出去！我不要你这种不听父母之命的逆子！

林太：我的儿啊！你嫁到这种人家来，别人是求之不得的，有什么委曲也只好忍受些儿。

天健：我的妹妹为什么自杀？请你们把当时的情形告诉我！

若愚：我正要问你！你不知你妹妹做得好事，敢来问我？

天健：哦！原来为这件事情自杀；但是我以为是被你们用礼教、金钱掠夺她的自由逼迫她去死的。

若愚：什么话！我们这种人家还怕娶不到媳妇，要拿金钱权势来强迫你们穷家女？我因为守信义，惜旧怜贫才肯娶你的妹妹过来。

天健：哼！请你少戴着假面具讲没良心的话吧！你因为你的儿子有隐疾成了废人，娶不到媳妇，所以才派人向我们重提旧事，你以为我不晓得吗？

　　　　父亲大人膝下敬禀者男万死不愿与表妹结婚谨从严命出外谋自立前途谅托庇多吉请勿为念即叩金安

男晓星拜上　九月一号

小弟：哥哥你到哪里去？

晓星：我也不知到哪里去，走到哪里就是哪里！

天健：我妹妹自杀虽不成，但是日后不如意的生活比自杀还要痛苦，我为她的幸福起见，向你们提出离婚！

李太：阿弥陀佛！你们赶快把那贱东西领回去，不要在这儿败坏我们的家风。

若愚：你们还配和我们离婚？我们简直把那贱东西赶出去；古有七出之条，那是名正言顺的。

林太：亲家！他年少不懂事，冲撞了你，请看先夫情面，饶恕我们罢。我暂时把小女带回去医治，医好了再送她回来。

若愚：你要我们签字离婚是不行的，我们宁可把婚书毁灭。

若愚：贱东西！哭什么？天下多美妇人，老子替你再娶一个好的。

师孔：这是余家送来的聘礼。

若愚：谁说我把女儿配给晓星那个坏东西！请你替我把礼物送回去！

一星期后。

1927年

　　云鹤兄鉴弟已抵香港见字祈速至大东旅馆一谈草此即颂
大安。　　　　　　　　　　　　　　　　　　　弟晓星　十月十五日
秀云痊愈出医院。
秀云的朋友。
女友：秀云的名誉很坏，我们和她做朋友，会被人说坏话的。
林太：亲戚们见你都讨厌了，我看你将来怎样做人！
天健：妹妹！你刚病好，不能生气的，我们到公园去散散闷罢！
邻人：那个人不守妇道，住在这里有伤风化，我主张我们联名叫他们搬走。
天健：这是晓星给我的信，以前因你在病中，所以没有给你看。
　　天健：我走了，我的心已跟着秀云死了。这不死的形骸，又难安居在水深火热的家庭中，因此向天涯海角，销磨这忧患余生去了。后会无期，请自珍重！
　　　　　　　　　　　　　　　　　　　　　　晓星　九月一日
秀云：我和晓星的幸福，起先好像一株鲜的玫瑰，现在却被风雨摧残尽了。
天健：妹妹！你要知道爱情的代价，就是痛苦；想享爱情的幸福，须能忍受痛苦。
　　谁伴明窗独坐，我和影儿两个，灯尽欲瞑时，影也把人抛躲，无那无那，好个凄惶的我。
　　　　　　　　　　　　　　右录向镐《如梦令》遣怀　晓星
为谁和泪倚栏杆。
天健：妹妹！今天郑崇德对我说，要请一位家庭教师，不知你愿不愿去？
举杯浇愁愁更愁。
秀云：唉！花复活了，人憔悴了！
妓女：先生！你一个人不怕寂寞吗？我唱戏给你听好不好？
妓女：你不要听戏，我就陪你谈一夜好不好？
王云鹤——晓星的旧友。
王柔云——云鹤之妹。
晓星：去！去！我没有闲心听你唱戏！
云鹤：晓星！你为什么会来到这里？
云鹤：晓星！我劝你不要过于伤心，人生除爱情之外，还有事业。你暂时到我家里去住，以后再图发展。
第二天。
郑崇德。
云鹤：人死不能复生，伤心也无用，我们到宋王台去散散步罢。
　　敬启者：林秀云蔑视礼教，不守妇道，同人等不愿与之为邻，请先生着其三日内迁居他处，否则同人等决不纳租。
　　此致
　　麒麟街房东
　　朱鸿裕先生台照
　　　　　　　　　　　　　　　　　　　　麒麟街住户同人谨启

林太：请先生宽限几天，我搬就是了。

天健：自由恋爱就是有伤风化吗？反抗盲婚就是蔑视礼教吗？

云鹤：这里是宋王台。宋末的时候，宋帝昺曾蒙尘到此。他和他的臣子陆秀夫在这里哭了许久，后来陆秀夫负帝蹈海而死。

秀云：郑家不要我，怕我教坏了他们的儿女。

师孔：彼为李家七出之妇，胡为乎使之掌教？君何不思之甚也？

林太：你到处受人讨厌，我看你还有什么脸做人？

房东：众怒难犯，你们不搬走，他们就要动手替你们搬家。

天健：凡事都要讲理！怎能用野蛮手段强迫我搬家！

秀云：哥哥！社会是黑暗的，群众是盲目的，不要和他们多讲，我走就是了。

柔云：晓星哥！我愿你将新愁旧恨，都寄托在这张相片上，尽付东流。

无限伤心事诉与墓中人。

秀云：爹爹啊！亲戚说我不守礼教都不理我……朋友说我……不守妇道都鄙弃我。社会上的人，不是嘲笑我，就是攻击我。爹爹啊！你当初若是慎重女儿的婚姻……现在何至……

天健：秀云！

失恋的人常与忧愁疾病相亲。

晓星：云妹！你来望我的病吗？

人海茫茫何处寻踪迹。

晓星：云妹！云妹！！

晓星：云妹！云妹！！

柔云：什么事？我在这里！

云鹤：你做什么梦？为什么叫我妹妹的名字？

云鹤：那个云妹已经死了，这个云妹也是很可爱的。

秀云：请你把旅客簿拿来，我要查访一个人。

茶房：这个姓余的客人，离开这里已经有好几天了。是一个男子和一个女子来接了他去的。

云鹤：因失恋而破碎的心，只有爱情才能修补，你与其钟情于一个死的云妹，不如移爱于一个活的云妹。

　　晓星君鉴：秀云现已抵港，见字驾临大东旅馆一叙。

　　　　　　　　　　　　　　　　　　　　　　　　　　十月廿七日

茶房：登封面广告是很贵的，每行要三元。

秀云：你替我拿这个东西去当罢。

凄凉孤馆伴寒灯。

寂寞愁怀听夜雨。

柔云：你爱死黛玉，还是爱活宝钗？

晓星：云妹！我很感激你待我的厚意，但是我已碎的心，不愿再补……

晓星：你已经死了，我另行恋爱是很应当的。
第二天。
柔云：晓星哥！我们看戏去罢！
云鹤：你们先去，我随后就来。汽车用过了，叫他回来接我。
帐房：你欠了这许多房钱，我不能再让你住在这里了。
秀云：晓星！晓星！
云鹤：哦！原来你就是林秀云，请问你认识余晓星吗？
云鹤：他在我家里，我此刻就带你去见他。
女仆：余先生和小姐看戏去了！
云鹤：请你坐一坐，我去找晓星回来。
女仆：我们小姐和余先生很要好，余先生病的时候，她天天服侍他。

　　晓星：你一向当我死了的，愿你始终当我死了罢。假使我的死是有益于你，我死也瞑目了。

秀云

晓星：云妹！你不要误会我！我的心是始终属于你的！（终）

美人计（前后集）

出品　大中华百合影片公司，1927年

编剧　朱瘦菊

导演　陆　洁　朱瘦菊　王元龙　史东山

摄影　周诗穆　余省三

演员　黎明晖　王元龙　王乃东　王英之　许维翰　史东山　谢云卿　王征信　周文妹　杨静我　汤天绣

《美人计》电影取材《三国志》、《三国演义》，由朱瘦菊编剧。其电影本事有二种版本：一无署名，原载《大中华百合特刊》美人计号（1927年5月25日），以及《民国日报》（1927年9月18～23日）；一署名文宪，载《中国电影杂志》第1卷第6期（1927年6月1日）。为保存史料计，将两种版本一并收录之。

本　事　1 [1]

三国时，刘备与孙权有约：倘刘琦死，即以荆州归孙。刘琦既殁，孙命鲁肃以吊丧为名，索取荆州。诸葛亮用话拒绝，鲁不得已，署券而回。道经柴桑，往见都督周瑜，告知一切，且出文书令看。瑜顿足曰："此诸葛亮之计也，名为借地，实同混赖，倘主公见罪奈何。你姑且小住数日，别作区处。"数日后，探报刘备甘夫人身亡。瑜笑谓肃曰："吾计成矣。刘备丧妻，必谋续娶。主公有一妹，极其刚勇，侍婢数百，居常带刀，房中军器，摆列遍满，虽男子不及。我今上书主公，使人赴荆州为媒，说备来入赘。赚到南徐，幽囚狱中，使人去讨荆州，易如反掌。"肃闻言称善。瑜修书授肃，回南徐见孙权复命。先以荆州文书示权，权果大怒。肃又出周瑜书，权阅之点首暗喜，即召吕范至，谓曰："近闻玄德丧妇。吾有一妹，欲招彼为婿，永结姻好，同心破曹，以扶汉室。望即往荆州为媒。"范领命，即日启程赴荆州。时刘玄德新赋悼亡，昼夜烦恼。一日正与孔明闲叙，人报东吴吕范求见，孔明笑曰："此周瑜之计，必为荆州而来。亮在屏后潜听，但有甚言，主公都可应承，别作商议。"玄德遂请吕范入，问子衡远来，必有所谕。范曰："近闻皇叔失偶，现有一门好亲，特来作媒，未知尊意如何？"玄德曰："中年丧偶，大不幸也！骨肉未寒，安忍议亲！"范曰："人若无妻，如屋无梁，岂可中道而废人伦。吾主有一妹美而贤，堪奉箕帚。若两家结秦晋之好，则曹贼不敢正视东南矣。此事国家两便，望皇叔无疑。但我国太甚爱幼女，不肯远嫁，必求到东吴就婚。"玄德曰："此事吴侯知否！"范曰："不先禀吴侯，如何敢造次来说。"玄德曰："我年已半百，吴侯之妹，正在妙龄，恐非配偶。"范曰："吴侯之妹，身虽女

---

[1] 原为句读。

子,志胜男儿,常云非天下英雄不事。今皇叔名闻四海,正是淑女配君子,岂以年齿相嫌乎?"玄德曰:"公且少留,明日回报。"是日设宴相待,留于馆舍。至晚与孔明商议,孔明曰:"亮已知来意,适间卜得一大吉大利之兆,主公便可应允。教孙乾与吕范先见吴侯,面许已定,择日便去就亲。"玄德曰:"周瑜设计害我,岂可轻入险地。"孔明笑曰:"瑜虽能用计,岂能出亮之料。略施小谋,使彼半筹不展。吴侯之妹,又属主公,荆州万无一失。"玄德怀疑未决,孔明竟使孙乾往江南说合。乾乃与范同到江南见孙权,权曰:"吾愿将小妹招赘玄德,并无异心。"乾拜谢回荆州见玄德,言吴侯专等主公去结亲。玄德不敢往,孔明曰:"吾已定下三条妙计,非子龙不可行。"遂唤赵云近前,密与三个锦囊,令依次而行。时建安十四年冬十月,玄德与赵云孙乾,乘快船十只,随行五百人。孔明亲送至岸而别,玄德心甚不安。船到南徐傍岸,赵云依军师吩咐,先开第一锦囊。看毕,密令五百军士如此这般,又教玄德先往见乔国老。乔国老为二乔之父,居于南徐。玄德牵羊担酒,先去拜见,告以吕范为媒,娶夫人之事。随行军士,皆披红挂彩,入南郡置备物件。传说玄德入赘,城中人尽知其事。孙权知玄德已到,命吕范相待,且就馆舍安歇。乔国老既见玄德,便入见吴国太贺喜。国太问故,乔曰:"令媛已许刘备为夫人,何故相瞒?"国太惊曰:"老身不知此事!"便使人请吴侯来问。其时侍从亦有得此新闻,来见国太者,国太大惊。少顷权入后堂见母,国太捶胸大哭。权问母亲何故烦恼,国太责权既招刘玄德为妹婿,不应不事前禀命。国老亦谓老夫特来贺喜。权曰:"此是周瑜之计,因欲取荆州,故以此为名,赚刘备来此拘囚,非实意也。"国太大怒,谓若用此计,便得荆州,亦为天下人耻笑。孙权默然。国老曰:"事已如此,刘皇叔乃汉室宗亲,不如真招他为婿,免得出丑。"权以年纪恐不相当为言,国老曰:"刘皇叔乃当世豪杰,若招为女婿,也不辱令妹。"国太言:"我不识刘备,明日约在甘露寺相见。如不中我意,任你们行事;若中意,我自将女儿嫁他。"权不敢违母命,随即应承。出外命吕范来日甘露寺方丈设宴,国太要见刘备。范言何不令贾华领三百刀斧手,伏于两廊。若国太不喜时,即将其拿下,权亦以为然。时乔国老辞归,使人密报玄德,令来日留意。玄德与孙乾赵云商议,云曰:"此会凶多吉少,云引五百军保护。"次日吕范来请玄德至甘露寺先见孙权,权见玄德仪表非凡,心有畏惧之意。二人同入方丈见国太,国太大喜,谓乔国老曰:"真吾婿也。"玄德拜谢,共宴于方丈之中。少顷子龙入,立于玄德之侧。国太问:"此是何人?"玄德答曰:"常山赵子龙也。"国太曰:"莫非当阳抱阿斗者乎?"玄德曰然。国太曰:"真将军也。"遂赐以酒。云请玄德曰:"却才某见廊下有刀斧手埋伏,可告知国太。"玄德乃跪于国太前泣告曰:"欲杀刘备,就此请诛。"国太曰:"何出此言?"玄德曰:"两廊暗伏刀斧手,非杀备而何?"国太大怒,责骂孙权。权推不知,唤吕范问之,范推贾华。国太唤华责骂,喝令斩之。玄德告曰:"若斩大将,于亲不利,备难居膝下矣。"国太乃叱退贾华,斥去刀斧手。玄德更衣出殿,见庭中有一石,乃拔从者所背之剑,仰天祝曰:"若备得回荆州,成王霸之业,一剑挥石为两段。如死于此,剁石不开。"言讫,手起剑落,砍石为二。孙权在后见之,问玄德公何恨此石?玄德曰:"备年近五旬,不能为国家剿除贼党,心常自恨。今蒙国太招为女婿,此平生际遇也。恰才问天买卜,如能破曹兴汉,砍断此石,今果然如此。"权知备托辞,亦掣剑谓玄德曰:"吾亦问天买卦,若破得曹操,亦断此石。"却暗祝曰:"若取回荆州,兴旺东吴,砍石为两半。"手起剑落,巨石亦开。二人弃剑相携入席,又饮数巡。玄德以不胜酒力与辞,权亲送出寺,二人并立观江山之景。玄德曰:"此乃天下第一江山也!"又见江风浩荡,洪波滚雪,白浪掀天,一小舟行江面如行平地,叹曰:"南人驾舟,北人乘马,信有之也。"权闻言暗思,刘备此言,戏我不惯乘马耳?乃令左右牵马,一跃而上,驰下山坡,复加鞭上岭。备见之,亦取马乘之,奔驰一匝,二人并辔而回。南徐之民,无不称贺。玄德自回馆驿,与孙乾商议,乾曰:"主公须哀求乔国老,早早毕姻,免生别事。"次日玄德复至国老宅,告曰:"江左之人,多有欲害备者,恐不能久居。"国老曰:"玄德宽心,吾为公告国太,令作护符。"玄德拜谢自回。国老人见国太,言玄德恐被人害,急急要回。国太大怒曰:"吾女婿谁敢害之?"即命搬入书院暂住,择日完姻。玄德自告国太,言赵云在外不便,军士无人约束。国太命尽搬入府中,免得生事,玄德暗喜。数日之后,大排筵席,孙夫人与玄德结亲。至晚两行红炬,接引入房。玄德见孙夫人房中,刀枪林立,侍婢皆佩剑,不觉失色。管家婆进曰:"贵人休惧,夫人自幼好观武事,居常令侍婢击剑为乐,故而如此。"玄德曰:"此时非夫人观武之时,可命暂去。"管家婆禀复孙夫人曰:"房中摆列兵器,娇客不安,今可去之。"夫人笑曰:"厮杀半生,尚惧兵器乎?"令尽撤去,侍婢解剑服侍。当夜与孙夫人成亲,两情欢洽。玄德又将金帛散给侍婢,以买其心。先命孙乾回荆州报喜,自此连日饮酒,国太十分爱敬。时柴桑周瑜,已得鲁肃密书,其辞曰:"公瑾都督,刘备来徐,未及依计行事,已为国太所知,弄假成真,面许亲事,主公亦无能为力。吉期甚迫,此书到日,当已洞房花烛矣!为之奈何?鲁肃顿首。"瑜见书大惊,行坐不安,乃想一密计,修书付来人持回密呈孙权。权拆书视之,书曰:"瑜谋之事,不料反复如此。刘备以枭雄之资,必非久屈人下者。莫如盛筑宫室以衰其心志,多送美色以娱其耳目,软禁之于吴中。再以兵取荆州,易如反掌。如或纵之,恐蛟龙得云雨,终非池中物也。愿明公思之。"孙权看罢,以示张昭。昭曰:"公瑾之谋,正合愚意。刘备起身微末,奔走天下未尝享富贵。若以华堂大厦,女子金帛,令彼享用,自然流连忘返,荆州可图也。"权大喜,即日修整东府,广栽花木,盛设器用,请玄德与妹居住。又增女乐数十人,并金玉锦绮玩好之物。国太亦以权为好意,喜不自胜。玄德果被声色所迷,全不思回荆州。而赵云与五百军士终日无事,只去城外射箭走马。渐近年终,云猛忆孔明吩咐:住至年终,开第二锦囊,内有妙计,可保主公回转。此时岁已将终,主公贪恋女色,并不见面,何不开看锦囊,遂拆视之,即日到府中求见玄德,侍婢入告子龙有紧急事来报,玄德出问,云佯作失惊之状曰:"主公深居画堂,不思荆州耶?"玄德问有甚事如此惊惶,云曰:"今早孔明使人来报,言曹操欲报赤壁之恨,起精兵五十万,杀奔荆州,甚是危急,请主公便回。"玄德曰:"必须与夫人商议。"云曰:"若告夫人,必然不肯,不如休说。今晚便可起程,迟则误事。"玄德无计,令云暂待,自入后堂,欲言不敢,暗暗垂泪。夫人见之,问丈夫何故烦恼,玄德曰:"念备一身飘荡异乡,生不能侍奉双亲,又不能祭祀祖宗,乃大逆不孝也。今岁旦在迩,使备怏怏不已。"夫人冷笑曰:"尔休瞒我,我已听见赵子龙报说荆州危急,尔欲还乡,故推此意。"玄德语塞,夫人命唤赵云入见,佯怒曰:"尔好大胆,敢勾引吾夫逃走!汝畏曹操兵多,独不知我东吴将广乎?明日吾告兄长,令周瑜尽出六郡八十一州之师,取荆州易如反掌耳。"备与云信以为真,相顾失色,服地谢罪。夫人忽失笑曰:"尔辈男子,何无丈夫气!妾戏言耳。身已从君,自当相随。来日元旦拜贺,妾与君可推称江边祭祖,不告而行,当不致有所阻挡。"玄德喜谢,议定命赵云元旦日先引军士出城,于官道等候,云领命出。元旦日,吴侯大会群臣于堂上,玄德孙夫人拜贺国太,夫人曰:"夫主想父母祖宗坟墓,俱在涿郡,伤感不已。今日欲往江边,望北遥祭,须告母亲。"国太曰:"此孝道也,岂有不从!汝虽不识舅姑,可同去拜祭,亦是为妇之道。"夫人与玄德拜谢而出。此事瞒过孙权,夫人乘车止带随身细软,玄德上马引数骑跟随出城,与子龙相会。五百军士前后拥护,匆匆就道。是日孙权大醉,左右扶入后堂,文武皆散。比及得知玄德逃遁,天色已晚,欲报孙权,权已醉卧。次日权闻知此事,急召文武商议。张昭曰:"今走却此人,早晚必生祸乱,可急追之。"权令陈武潘璋,引五百精兵,不分昼夜,务要赶回。二将去后,权深恨玄德,将案上玉砚,摔为粉碎。程普曰:"主公空有冲天之怒,某料陈武潘璋,必擒此人不得。"权曰:"焉敢违我命?"普曰:"郡主自幼好武,严毅刚正,诸将皆惧。既肯随刘备,必同心而去。所追之将,若见郡主,岂敢下手?"权大怒,掣所佩之剑,唤蒋钦周泰曰:"汝二人将这剑去取吾妹并刘备头来!违令者斩。"蒋钦周泰领命,随后引一千兵赶去。其时玄德不分昼夜,加鞭赶程,将到柴桑界口,望见后面尘头大起,知追兵已近,忙问赵云:"追兵已至,如之奈何?"云曰:"主公先行,某愿当后。"转过山脚,遥见前面军帜飘扬,知有埋伏,慌忙勒马问子龙曰:"前有阻截,后有追赶,如之奈何?"云曰:"军师有三条妙计,已拆两个,并皆应验。今主公休慌,尚有第三个在此,吩咐遇危急之时,方可开拆。今日危急,当拆视之。"便将锦囊献于玄德。玄德阅之暗喜,即来车前泣告孙夫人曰:"备有心腹之言,至此尽当实告。"夫人曰:"丈夫有何言语,实对我说。"玄德曰:"昔吴侯与周瑜同谋,将夫人招嫁刘备,实非为夫人计,吴欲幽囚备而夺荆州耳。夺了荆州,必杀备,是以夫人为香饵钓备也。备不惧万死而来,盖知夫人有男子人胸襟,必能怜备。昨闻吴侯将欲加害,故托荆州有难,以图归计。幸得夫人不弃,一同至此。今吴侯令人追赶在后,前面又有伏兵截住去路,非夫人莫解此祸。如夫人不允,备请死于车前,以报夫人之德。"夫人怒曰:"吾兄既不以我为骨肉,我有何面目重相见乎!今日之厄,我自当解。"此时伏兵已近,旗帜分明,盖徐盛丁奉也。夫人卷起车帘,令推车直出,亲喝徐丁曰:"你二人欲造反耶!"二将慌忙打拱,连称不敢:"末将等奉周都督将令,屯兵在此,专候刘备。"夫人大怒曰:"玄德乃大汉皇叔,是吾丈夫。我已对母兄说知,回荆州去。尔二人引兵拦截,欲劫我夫妇财物耶?"二将同声不敢:"请夫人息怒,非我等之事,乃周都督将令。"夫人大骂周瑜,叱令推车前进,徐丁二将只得喝军士放路让其过去。未几陈武潘璋赶到,徐丁备言其事,陈潘曰:"尔等差矣,吾二人奉主公旨意,特来捉他回去。"于是四人合兵一处,趱程赶来。玄德正行间,忽闻后面喊声大起,又告夫人曰:"后面赶兵又至,奈何?"夫人曰:"丈夫先行,我与子龙当后。"玄德先引三百军望江岸去,子龙勒马于车傍,将士卒排开等候。四将见了夫人,只得拱手为礼。夫人曰:"陈武潘璋来此何干?"二将答曰:"奉主公之命,请夫人玄德回去。"夫人叱曰:"都是你这伙匹夫，离间我骨肉。我已嫁人，今日归去，不是与人私奔。我奉母亲慈旨，令吾夫妇回荆州。便是兄长亲来，也须依礼而行。尔二人倚仗兵威，欲杀害我耶？"四人面面相觑，寻思彼等究是兄妹，更兼国太作主。吴侯乃大孝之人，怎敢违逆母言？明日翻过脸来，又是我等不是，不如做个人情。军中又不见玄德，但见子龙怒目横眉，立待厮杀，因此喏喏而退。夫人令推车前行，四将回兵，预备见周瑜请示，忽见一军如旋风而来，视之乃蒋钦周泰二将，问曰："汝等曾见玄德否？"四将曰："去之已过半日矣。"蒋钦曰："何不拿下？"四将各言孙夫人之事。钦曰："便是吴侯怕道如此，封一口剑在此，教先杀他妹，后斩刘备。"四将曰："去之已远，奈何？"蒋钦曰："无论如何，终须追上。徐丁二将军可飞报都督，教水军掉快船追赶。吾四人在岸上追赶，无分水陆，追上便杀，休要听他言语。"于是徐丁二人飞报周瑜，蒋钦等四人沿江赶来。其时玄德一行人马，沿江觅渡，一望江水弥漫，并无船只。子龙催马望前，探视船只，忽见后面尘土，冲天而起。玄德登高望之，但见军马盖地而来，叹曰："人困马乏，追兵又到，死无地矣！"正慌急时，子龙回报："江边岔口，有小船多只，可以掉到对岸，再作区处。"玄德与夫人便奔上船，子龙引五百兵亦上船。只见船头有一艄公，低头打盹，子龙推之，大笑而起曰："主公且喜，诸葛亮在此等候多时。"玄德大喜。不移时四将赶到，孔明笑指岸上言曰："我已算定多时，汝等回去，传示周郎，休教再使美人计。"岸上乱箭射来，船已开远。蒋钦等四人，只得呆看。玄德与孔明正行间，忽然江声大震，回头视之，战船无数，帅字旗下，周瑜自领惯战水兵，左有黄盖，右有韩当，势如飞马，疾似流星。看看赶上，孔明教掉船投江北岸，弃船上岸，车马登程。周瑜赶至江北，亦皆上岸追袭。周瑜当先，黄盖韩当紧随。望见玄德车马不远，瑜并力追袭。正赶之间，一声鼓响，山谷内拥出一员大将，乃关云长也。瑜举止失措，拨马便走。云长赶来，瑜纵马逃命。正奔走间，左边黄忠，右边魏延，两军杀出，吴兵大败，瑜急上船[1]。时岸上军士，齐声大叫曰："周郎妙计安天下，赔了夫人又折兵。"瑜怒曰："可再上岸，决一死战。"黄盖韩当竭力劝阻，瑜自思曰："吾计不成，有何面目去见吴侯。"举首又见刘备夫妇，正与诸葛亮在山头饮酒观战，不觉大叫一声，昏倒船上。刘备回至荆州，大宴文武，自与夫人推窗望月。刘曰："备今日得见荆州月色，乃夫人所赐也。"夫人笑曰："此君两滴眼泪之功耳，妾安敢当之！"相与大笑。

本　事　2[2]

文宪

自从孔明计借荆州后，刘备适赋悼亡。周瑜知之，乃上书孙权，献议用美人计取

---

〔1〕　原为"下船"，小说《三国演义》亦为"周瑜急急下得船时"——可作"下到船里"解，但毕竟不如"上船"无歧义，故改之。

〔2〕　原题名《代拟美人计本事》——系作者不满《美人计本事》"原文来的太长，且有多少和三国志说部相同的地方"而作。（见文宪同期文章《谈谈本事作法》）

回荆州。阳借招赘为名，阴行劫杀为实。书成，命鲁肃投递。孙权得书窃喜。立召吕范至，令为其妹作伐，即日赴东吴说亲。吕范领命去。比至，向刘备具道来意。刘备不能自决，因以此事言于孔明。孔明乃将计就计，不待刘备允诺，径使孙乾偕吕范返江南复命，愿缔秦晋之好。孙权以为得计，务于最短时间请刘备来迎亲。孙乾归报刘备。刘备几番考虑，仍不敢往。卒由孔明敦促，并密授赵云以三个锦囊，嘱其保护刘备前往，成其好事。孙乾亦与之偕。

刘备固信任孔明者，不得已，乃成行。孔明亲送至江干，多方慰藉。迨舟次江南，赵云开第一个锦囊，教刘备首先往见乔国老，说明婚事。乔国老不知就里，径向吴国太道贺。原来孙权事前并未征求国太同意，故国太对于此事，如在五里雾中，未免要责备孙权。孙权至是始将美人计实情说出。但国太绝不赞成，反谓此举功不补过，实为门户之玷。孙权无言可答。后由乔国老从中调处，主张打破奸计，将错就错，实行二姓联婚。

国太以择婿情殷，未便遽然承认，遂决定约刘备在甘露寺作初度之会晤以判从违，由孙权具柬邀请。届时，孙权密派刀斧手多人，埋伏两廊下，预备将刘备杀却。幸国太一见刘备，连称佳婿不已。又得赵云认真保护，时刻提防。加以刘备临机应变，措置有方，始由国太传命，立将刀斧手撤退。孙权碍于母亲情面，只得与刘备作形式上之应酬，貌为亲善。刘备又得孙乾教计，向国太请命搬入府中安歇，连赵云等一并招待，适馆授餐。国太一一答允。于是温存娇婿，拘束亲娘，居然水乳交融矣。

数日后，举行结婚礼式，花烛洞房，写不尽画眉之乐。刘备乃使孙乾回荆州报喜。事为周瑜所知，又上书孙权，请设计笼络刘备使受软禁。孙权得书，以示张昭。张昭极端赞成。孙权遂别辟一金屋，为刘备藏娇之所，重以子女金帛，多多馈赠，使刘备日沉迷于声色之中。如是者二阅月，刘备果然中计。时值岁暮，赵云遵孔明之嘱，开第二锦囊，即向刘备报告消息，佯言曹操起兵来犯，荆州危在旦夕，须速言旋等语。刘备不敢将情直告新夫人，只有暗中滴下两点泪。嗣以夫人苦苦追问，乃托词新岁将届，须回乡行祭先之典。夫人始而冷笑，继且娇嗔，终则表明心迹，一唯丈夫之命是听。翌日元旦，一双新夫妇，齐向国太贺年。夫人首先禀命，愿随丈夫往江滨省墓。国太不独不加阻止，反谓妇道应该如此。刘备于是瞒过孙权，偕同夫人及赵云等匆匆就道，赶程归去。

是晚孙权大宴群臣，酒至数巡，不觉大醉。次日，始悉刘备偕其妹出走，先遣陈式潘璋等发兵往追；后又以所佩之剑授蒋钦周泰二人，命将刘备夫妻杀却，不得有误。蒋周领命，带兵赶程进发。时刘备将抵柴桑境界，见后面追兵已近，急问计于赵云。赵云知事机危逼，遂开第三个锦囊，交与刘备依照行事。刘备遂将美人计黑幕向夫人细诉一遍，少不免又要吊下几点泪来。夫人以兄长儿戏婚姻，不惜将己身作牺牲品，当下大怒，挺身斥退追兵。迨蒋周二将到时，刘备偕夫人去之已远矣。

先是徐盛丁奉等奉孙权命屯兵在柴桑口外，截断刘备归路，但均被夫人喝止。徐丁不知底蕴，只得放行。陈武潘璋亦取同一态度。直至蒋周二人赶至，彼等始知上当。于是六人计议，分水陆两路穷追。无何，刘备人马已抵江头。赵云遥见有无数小舟，傍于岔口，乃招之渡过对岸。中有一老者，坐在舟中，似睡非睡。赵云推之，原来非他人，乃孔明也。移时，蒋周等已至，放乱箭射之，无一命中。周瑜亦由水而陆，追逐不已。忽遇关云长带兵从山谷中拥出，彼此互有厮杀，结果周瑜大败而遁。刘备既返荆州，夺得美人归来，一时播为美谈，千秋传为佳话。

挂名的夫妻

出品　明星影片公司，1927年
编剧　郑正秋
说明　郑正秋
导演　卜万苍
摄影　董克毅
置影　董天涯
演员　阮玲玉　王梦石　王谢燕　龚稼农　黄君甫　王才德　郑二秋　高梨痕
萧　英　汤　杰　赵静霞　李丽娜　潘正芳　吴侠影　马徐维邦　王献斋

《挂名的夫妻》电影系郑正秋根据包天笑小说《一缕麻》改编。其电影本事为宋痴萍撰写，字幕为郑正秋所作，原载《明星特刊》第23期（《挂名的夫妻》、《二八佳人》合刊，1927年）。

本　　事[1]

　　史女妙文，美而慧。毕业光明女校，常出席游艺会，观众咸惊其才色。女之中表王生，游学方归，亦在座中，尤醉心于女。比知其已订婚，则怅然如有所失。
　　方翁崇德，一子伯琏早死，遗孤少琏，及冠而愚呆类孩提。翁之犹子叔滋，阴险而贪，觊觎翁之财产，谋以己子小滋为伯琏后。少琏之寡母闻之大愤，谓叔滋曰："叔言过矣，吾子已聘，何遽不能生子耶！"叔滋语塞，既退，谋诸其妻，使小滋盗少琏像片，寄匿名书于史氏，冀史氏毁婚，以遂其奸谋。盖少琏之未婚妻非他，即才色闻于一时之史氏女妙文也。
　　女之父母得书大戚，相弗令女知，女适至，夺书欲观，女父不得已诳之曰："书为若婿手笔，妮子顾知不羞耶。"女果中计，弃书而遁。女父遂焚其书，徐图善后之策。未几，女母病危，于弥留中，执女手流涕曰："方氏之婚，慎弗毁也。"
　　少琏奉家长命，至史氏吊唁，跪拜应对，多不中礼。婢仆辈窃视而笑，颇多蜚语。女闻之，潸然泪下，隐有毁婚意。会王生至，女平时从不假以辞色，至是忽谓之曰："兄屡言旧制婚姻非良，及今始信。兄之爱我，心识之矣。"王生闻言，如奉纶綍，益致其爱慕之忱。女乘间作书，请于父，愿毁方氏婚。书就，忽忆母氏遗言，复挥泪碎其书弗上。一日，女随父参观某校游艺会，会场有《残废之夫》短剧。剧中一女子嫁夫有残疾，饱受傍人讥讪，女子殊坦然不以为意。女父微点其首，取以讽女，女恚曰：

---

〔1〕　原为句读。

"彼之残废者，形耳，其心固无恙也。"女父默然，归后即遣媒诣方氏催娶。时叔滋方蛊惑方翁，力图小滋入嗣，翁有允意。而媒适至，翁大喜，命少琏之母即为择日迎娶，叔滋复大失望。

女父以嫁期告女，女不允；告以母氏遗言，仍不允。女父凄然曰："苦吾儿矣，虽然，此婚于义不当毁。当日两家同陷盗窟，少琏之父，孑身拒盗而死，吾与汝母及少琏之母始得脱。汝二人既生，因遵少琏之父遗言，结为婚姻。负恩不祥，儿宜三思。"女知父意不可转，泣曰："然而儿入火坑矣。"

新婚之夕，女幽怨填膺，不以正眼视少琏。少琏自惭形秽，谓女曰："婚事家长主之，余不任咎。然余自知非匹，决不相犯，幸宽心也。"言已，襆被就床下宿。母窥其隐，次日，密告女曰："吾子诚辱妇，然吾家恶叔谋产心急，妇能阳善吾子，弗令奸人快意。妇怜老身，老身感且不朽。"女闻语懔然，流涕报可。

叔滋之妻，逆料女之不礼其夫，率众人新房察之。女逆知其意，复忆姑嘱，易欢容为少琏栉发易衣，殷勤备至。叔滋之妻愕然，漫声曰："巧妇伴拙夫，诚人世不平事。"女曰："不然，吾夫虽拙，固忠实无害人之心也。"

一日，女将归宁，忽撄腥红热症。方翁大惊，戒少琏勿近，且催女即行。女已惫甚，少琏亦不欲其去，遣史氏迎女之使，而自侍其疾。史氏之使归，王生亟延医与女父偕至，识为凶症，逡巡而去。少琏亲侍女疾，跬步不离，虽母唤之终不出。女昏沉中，少琏竟遭传染。女渐转机，而少琏一瞑不视。方翁及少琏之母谓女命宫刑克，致戕其夫，纵病而不死，且令大归。然女于少琏之死，固未之知也。

女神识稍复，于髻际得麻缕，穷诘得实，大哭而起曰："吾负郎矣。"疾出灵前，哀动四壁，方翁与少琏之母，皆被感动，许为立孤。自是女朝夕灵侧，哭祭如礼。一日，王生闻女病愈，以书抵女。女不复启视，投诸炉火中，挥使者曰："未亡人心如古井，传语汝主，今生弗相见矣！"噫，女娲不补，精卫难填。欲偿此痴儿怨女之至情者，其在梦魂缥缈中乎。"

字　　幕[1]

正秋

已经定亲之史家小姐。

她的未婚夫方家少爷。

曾终指腹为婚的史家小姐，已经在光明女校毕业了。

这位饰皇后的史家小姐，聪明绝顶，学名妙文，品学兼优，倾倒群人。　　（阮玲玉）

史本义，史席氏，妙文的双亲。　（王梦石、王谢燕）

王定章，妙文的表兄；新近游学归来，一见表妹多才，不胜拜倒之至。　　（龚稼农）

---

[1] 原版中，说明字幕前有■标记，对话者有括号。现统一略去，将说明改为仿宋粗体，对话者后加冒号。

客：扮皇后的，真是个天仙美女！

又一客：脸虽然长得真好，可惜她亲定得太早，你来不及了。

方家少爷也长大了，名叫少琏，还在私塾苦读。（黄君甫）

方少滋、方小滋，是少琏远房的堂弟；聪明程度，超过大哥多多。 （王才德、郑二秋）

姚宗孟，方家的教读。 （高梨痕）

姚：莫闹！莫闹！少琏！快拿书来背。

少琏：忘了，打吧！

少琏：小便。

小滋：我同你玩，不要给我爹娘知道；知道了要打我的。

章：我几次听得人说，你从小已经订过婚了，这话实在吗？

妙：我订过婚，你为什么不快活。

章：像你这样一个好女子，老早就糊里糊涂订婚了，旧式婚姻真野蛮，太岂有此理！

方崇德，少琏的祖父。 （萧英）

方叔滋，是崇德的堂侄，手里无钱，倒有两个儿子。 伯父前，有好心，伯父后，未必。 （汤杰）

秦氏，叔滋妻；少滋、小滋的亲娘。 （赵静霞）

秦：小滋在屋里，时时刻刻想念您公公。

姚：少琏又笨又顽皮，我只能在东翁跟前辞馆了。

琏：你走，再好没有！

陶氏，少琏的寡母。 一生无所牵挂，只担心自己的儿子。 （李丽娜）

叔：少琏这样痴呆，害您老人家生气，真是个不孝的孩子！

陶：好孩子，你怎么好得罪祖父呢？听娘的话，快去叩头赔罪！

叔：琏哥哥要是留下一个像小滋这样的儿子，就好了！照少琏这样，怎么巴望他传宗接代呢？

陶：叔叔！少琏从小就定过亲的，你怎么知道他不能传宗接代呢？

叔滋想达到小滋承继目的，正在煞费苦心。

叔：只要有法子，叫伯伯知道，呆子一定娶不到老婆，老头儿一定抱不到孙子，那么把我们小滋承继过去，就有望了。

秦：最要紧，要使得女家知道少琏是个大呆子。

叔：我们去骗一张呆子的照片，写封信寄去；那边小姐是个新派人，婚姻一定就破坏了。

秦：就叫小滋去吧！

小滋：我不去，您从前，不是关照我不准同他玩的吗？

小滋：我爸爸打我，为的是同你玩。我情愿挨打，来还是要来的。

小滋：大哥！倘使你同我要好，你送我一样东西！

小滋：不要不要！这个弥陀的脸，倒像你的脸一样。

席：怎么这孩子的痴病还没好？倒愈长大愈厉害了！

史：这封信，幸亏没有给女儿接到。他这样痴，给女儿知道，要气死了；还是瞒到底的好。

史：你这孩子好不害羞，这是你未婚夫来的信。

王定章为婚姻绝望，没奈何，只好在家里大发其牢骚。

章：快到里头去！是小姐，都请她们来！

章：你们这般青年女子，万万不能迁就旧式的婚姻！万万不能放弃自主的权利！

可怜的呆子，连家人奴仆都看他不起。

少琏：妈！今天让我门口去玩玩！

陶：去玩一下快就进来，不要闯祸！

小滋：告诉他妈去，说他同下等人打架。

少琏：妈！您说过，好男不同女斗，好鸡不同狗斗。他打女人，不是好男，我请他吃两个拳头。

席氏病到临死，还是瞒着她女儿。

席：好女儿！我有一句话到今天还是不能告诉你。

席：你的婚姻，总要始终保守。万一嫁得不如意，你只管回来，家里不少你一碗饭的。

席：女儿你总要好好看待！

崇：少琏的岳母开丧，未过门的女婿不能不去祭奠；请您教教他礼节，免得闹笑话。

叔：倘使叫小滋试试，一定灵的。

史家领帖的一天。

丫头：姑少爷来了。

小婢：姑爷来了，您要去看吗？

痴婿人前多出丑，惹得仆婢议纷纷。

甲婢：姑爷胖得像个牛，怎么配得上我家小姐。

甲婢：喂！你不要去告诉小姐啊！

娘姨：好小姐嫁个痴姑爷，真是一朵鲜花插在牛粪上！

少琏行礼失礼，自己哪里得知呢。

某人李太太。（藩正芳）

史：你做媒把我女儿配个痴子，太对不起我了。

媒：你说笑话了，做媒的时候，两个小孩都还在肚里，怎么知道呢？况且我，还是你请出来的媒人呀！

妙文自从得知她丈夫是个痴子，朝朝暮暮，郁郁不乐。

妙：你从前骂旧式婚姻野蛮，我现在相信了。

妙：我已经定的野蛮婚姻，是不成问题的。

妙：我即刻就去设法退婚，从今以后我爱你了。

史：妙文！不必忧闷，到游艺会去散散心吧！

史：这个戏一定没有什么意思，我们还是回去吧！

杨丽影，忙着欢迎她的未婚夫。（吴侠影）

宾：你的未婚夫还不来，我们等得很心焦。

丽影的未婚夫莫铭新。（马徐维邦）

宾：唉！这一对怎么相配呢？

妙：红颜薄命……

妙：爸爸回去吧！不要看了。

莫：我又残废，又难看，娶了你，太辜负你了。

丽：只要良心好就好，外貌不好，有什么关系呢？难道外貌好的都有良心吗？

史：像这种女子，不以貌取人，婚姻始终不变，很有道理。

妙：是！他人虽残废，心没有残废，所以对于爱情是有感觉的；不比痴子是心病，还配讲什么情爱呢？

妙文终日不满于婚姻，乃父很为担忧。

史：妙文为婚事日夜忧愁，你快到男家去说，叫他们快选个日子，早些成婚，免生枝节！

媒：啊呀！令爱要是不肯结婚，岂不更加难煞媒人吗？

史：你只管去，我来好好的劝她。

叔滋以为史家一定毁婚，所以在伯父前中伤少琏。

叔：史家的亲事总归要退的，可怜琏哥哥这一房，只怕要绝代了！

叔：我看伯父就做主，把小滋过继给琏哥哥吧！

媒：史府上叫我来说，两家孩子都长大了，请府上赶快送个日子，早些结婚吧！

陶：放乖些！就要替你娶亲了。

崇：这孩子倒还有人肯嫁他，我也放心了。

史：叫你来就为你的婚姻，你要看在父亲份上，应当保守这门亲事！

妙：这种野蛮的婚姻，女儿死不承认。

史：你母亲临终的时候，还嘱咐你保守这门亲事，你忘记了。

史：我一定要你保守这亲事，其中是有道理的。

十七年前少琏的父母。

伯琏：史兄！今晚我们的性命，只怕难保了！

伯琏：你们不要怕，我们想法子逃走。强盗来，我一个人抵挡，你们只管逃命好了！

史：这不可以，我们要死死在一起。

伯琏：我死一条命，保全三个人，很值得。但愿两家肚里将来生的是一男一女，就配成夫妻，接我的后代，我死也甘心了！

史：因为这个缘故，所以我要你保守这段婚姻。

妙：爸爸！这也是您的苦衷，不过女儿便下火坑了。

婚礼。

新娘。

新郎。

媒人。

婆婆。

太公。

叔公。

宾：呆人倒有呆福，会娶到这样好看的一个女人。

宾乙：恐怕将来不见得能够要好吧！

洞房花烛夜。

少琏：小姐！别哭！亲是妈叫做的，你不肯，请回去！做的亲不算数好了。

少琏：我是呆子，不配娶小姐。

呵呵，新房受包围了。

叔：这一对不过是挂名的夫妻罢了。小滋承继，还是很有希望呐！

喜帖一张，气煞定章。

新婚之木木如何？

少琏：小姐可要喝茶？

少琏：妈！她茶也不喝。

陶：新小姐！请你到我房里去坐坐，我有话同你说。

陶：我有几句话，想说了好几天，没有机会，今天只好同你说了。

陶：我们这一房，就是少琏这一个遗腹子。叔滋夫妻又不存好心，拼命的欺负我们孤儿寡妇。

陶：儿子呆，本来配不上小姐，如今只恳求你看我们苦命的母子可怜，表面上同他亲昵一点，不要给他们笑到底！哪怕心里不爱他，我也感激不尽了！

秦：我们的少琏，娶了一位新娘娘，两个人一句话都不讲，同一对木头人一样！

秦：我领你们，到新房里去看看笑话，好吗？

妙：你要吃茶吗？

秦：像新少奶这样美貌，嫁给我们这位大呆子的侄儿，未免太可惜了！

妙：人虽呆一点，良心并不坏，比阴险的漂亮人要好万倍呢！

少琏：我不是说诳，有好几个人在房里看见的。

时疫大盛，喉症流行。

妙文回门的一天。

少琏：小姐，你回去，请快点回来！

少琏：小姐病了！快去请医生！

章：你请小姐快些回来，叫车夫跑快些！

医：新少奶是喉症，很容易传染，非常之危险的。

少琏：有了您医生，还要紧不要紧？
崇：这种病很讨厌，假使被她传染，怎么好？
崇：好在今天是她回门的日子，就叫她回娘家去养病吧！
崇：你们去请小姐，赶快预备回门吧！
少琏：求祖父！让她在这里养病！
丫头：请新小姐快些预备回门。
崇：你不准进房，她这病要传染的。
少琏：你们怕，我不怕！
少琏：打死我，也不出去！
少琏：小姐不回去了。
妙：你回去吧！我不回去！千万不要告诉老爷说我病重！
王定章知道妙文有病，荐一个医生。
章：这一位是有名的医生，介绍过来，去看看表妹是什么病。
陶：你岳父带医生来看病了。
又一医：令爱害的是猩红热，病势很重，不能救了，而且一定要传染的。
少琏：请先生开个方子吧！
少琏：您帮帮忙，请先生开方子，救救命！
可恶的病魔，又从新娘身上，蔓延到多情的新郎身上来了。
崇：你怎么还放他在房里，要是一个传染一个，真要叫我断宗绝代吗？
崇：你去立刻叫他出来！
陶：祖父生气了，不许再在房里，好儿子！你就出来吧！
少琏：我们的命值钱，人家的命就不值钱吗？
妙：少爷……你去吧！我不要人服侍的。
少琏：我死也不去，我走，你没有人服侍了。
开始生病的未曾死，被传染的倒快死了。
少琏：妈！我死了，你好好的看待她！
叔：伯伯请保重！少琏死，有小滋可以承继过来的。
秦：新娘子的八字一定是克夫命。
崇：她死了便罢，不死非叫她回娘家不可。
妙文的病，竟死里逃生，渐有起色。
婢：我已经来服侍您好几天了。
婢：姑少爷！受了传染，已经死了。
妙：啊呀！我负他！我负他！
妙：姑少爷的灵柩在哪里？
妙：我对不起少爷，请婆婆饶恕我！
方婢：新小姐的病好了，现在到灵前去了。
崇：这克夫命的病好，我立刻叫她回去！

叔：我们也跟去看看笑话。

妙：少爷！少爷！我害你！你为我死，我只有一世侍奉太公同婆婆，替你行孝，赎我的罪了！

崇：你将我的孙子害死了，谁要你侍奉！

妙：做小辈的是不好，慢说当受您老人家责备，就是死也应该的。

妙：您老人家不要听坏人的话，我同婆婆两代寡妇，总死心塌地，孝顺你老人家的！

叔：这老头，主意这样拿不定，我们总不能白费心思呀！要想得家当，只有连他一齐动手。

崇：你们在这里讲些什么？

陶：叔叔！你常在公公跟前，中伤我们母子也够了，现在还要欺侮公公，只怕恩将仇报，太阴险了吧！

崇：你快替我滚，我自然有法子对待你。

崇：我明白了，你也不要伤心，以后听凭你替少琏选立嗣子就是了。

妙：少爷，你生前我没有诚心诚意的服侍你，现在敬你一杯茶，你还能够喝吗？

妙：少爷！这是我敬你的饭，可怜你也不能吃了！

章：你快些请小姐出来，说我来了，这封信给她看看。

婢：王少爷来了，要见小姐，这封信请你先看看。

妙：你去同他说，未亡人心如古井，活一天守一天；叫他今生今世，不要再来见我。

章：那末，我给她的信呢？

婢：变成灰了。

昔日洞房花烛夜，今朝双泪落灵前。

妙：少爷！我睡在灵前陪你一千夜，也抵不到你睡在床前陪我的一片真情哩！

二八佳人

出品　明星影片公司，1927年
编导　郑正秋
说明　郑正秋
副导　高梨痕　朱　飞
摄影　石仲衡
置景　董天民
演员　王梦石　沈宝宝　严仙仙　王献斋　汤　杰　林爱文　萧　英　黄君甫
　　　丁子明　袁金花　傅悲秋　龚稼农　朱　飞　李丽娜　丁　华　郑逸生　高梨痕
　　　陶静葇　董湘苹　叶良德　高汉英　傅桂凤　严仲英　王谢燕　王意文　王意兰

《二八佳人》电影由郑正秋编导。其电影本事、字幕均为郑正秋所作，原载《明星特刊》第23期（《挂名的夫妻》、《二八佳人》合刊，1927年5月）。

本　事[1]

郑正秋

　　火光熊熊，泪珠点点，许则仁富翁，正在烧去十六年前小婢莲香的卖身契。烧罢后，又托他老表唐佑道，访寻他相离十六年的爱婢，拿出一只绿宝戒指作为记认。事有凑巧，马家庄上有个姑娘马来宝，年正二八。她父亲马老祥替她做生日，给她一个绿宝戒指，忽然说破来宝是十六年前，在马家桥下，有个女子，叫莲香，托给他的，并不是他的真女儿，这戒指也是莲香的。邻人王二嫂听得很注意。

　　月近娘亲远，来宝倍心酸，所以月夜骑驴，赶到马家桥哭娘。孝思未了，忽又遇着一个少年包维良，跌坏在前，她就救他回家。老祥也是好心人，请医来替他治好。少年病中曾经胡说情话，来宝听了大难为情。少年病好，得知说话唐突，勉力起床，寻来宝道歉。从此来宝由孝成义，由义生爱，两小都有了一点情苗。

　　王二嫂在许府做娘姨，无意中说出来宝的事来。许家小姑太太，立刻派人下乡去接。维良先在替来宝描容，老祥拿封信来，是包父的回信，不准儿子同乡姑订婚，逼他立刻回去。维良无法，只好同来宝生生的分离。维良去不久，二嫂等来接了。养来宝十六年的老祥，自以为是乡下土老，跟爱女去享福，未尝不可。只怕因此带累来宝，要被人看不起，所以假装笑脸，送女上船。维良归家后，要紧写信给来宝，包父看见气起来，把信撕得粉碎。

---

[1] 原为句读。

许翁正在病榻上盼望,来宝果真来了,拿出戒指一对,真是又喜又悲。许家的舅老爷得到风声,说则仁把莲香的女儿从乡下寻回来做小姐了,带着太太小姐们去,假称探病,看看动静。舅太太要求见见新小姐,哪知道来宝一片天真,不愿意粉装玉琢,大费时光的多打扮。后来被逼不过,穿了时髦衣服出来,闹出种种笑话:误听鞠躬做叔公,而且自称有两个爸爸;看见舅太太点心吃得慢,又说她胃口同生病人一样。一句话触怒了长辈,小姑太太就大发脾气,骂她没有规矩。她在乡下从来没有吃过这种亏,现在觉得处处不合式,恨极了,也到房里大发其脾气。姑太太不满意来宝,然而唐佑道却在想来宝做媳妇。哪知儿子已经同雪鸿订过婚了,不肯为贪图许家钱财,牺牲自己爱情。佑道目的没有达到,许翁病已危急,把来宝改名叫忆莲,托孤给佑道和小姑太太两个人。又告诉来宝说:"十六年前有个丫头莲香,正是二八佳人,同你现在一样。我害她有了孕,被太太硬打出去,莲香就是你的娘。"说罢父女俩流泪眼观流泪眼,断肠人对断肠人,也都伤心。

许翁死后不久,来宝有一天私出后门散散心,看见一个乞丐可怜,给了一只金手镯。不料姑太太因此大发雷霆,把几个丫头打得要命,逼着来宝到灵前长跪,责备她不该身带重孝出门,不该不识轻重去拉人。

老祥正在梦想来宝,不料来宝正为做小姐做得一肚子的冤枉,逃回来了。二人一见,都欢喜得几乎发狂。后来老祥问她家里待你好不好,她就哭了,不愿意再做发财人家小姐,情愿一辈子在乡下同爸爸过人的生活。老祥也情愿留她在乡下一辈子。

维良单相思,画一幅情丝牵引图。其父来看见,觉得真爱情不便再反对,居然翻过来答应他婚事了。维良得意,要求许他明天下乡订婚。第二天维良赶到马家庄,老祥家已经上锁。原来老祥又被二嫂等来欺骗,亲自送来宝回许家了。维良问不出下落,只好郁郁回去。老祥既到许府,被小姑太太下了逐客令,他一气就走了。来宝已被看住,父不能见女,女不能见父,两下都抱着一肚子的冤苦。

唐佑道趁此说亲事,小姑太太主张招女婿。佑道借托孤为由,自愿命笑瑜来入赘。议定后,待儿子要钱用时,逼他承认。笑瑜终为金钱所动,居然答应。雪鸿得信,约他出来责问。笑瑜一味搪塞,骗她绝无其事。

许家和包家有旧,所以也邮寄喜贴去的。立人怕儿子忧郁成病,故此劝维良去吃喜酒散散心,维良答应动身。二月初八喜日到了,笑瑜正做新郎,在新房里得意。情人顾雪鸿忽然赶来,拿尖刻的话讽刺新娘。新郎怕闹事,同她到外房后背小间里秘密谈判。新娘闷极要呕,不准人闹她,一人到后间养息,听到隔壁笑瑜对雪鸿说:"我娶她是娶她的钱,不是娶她的人。爱情只有你好专利,决不给她通商。"又张见二人恩爱情形,气得几乎发晕。恰恰外边维良赶到,道过喜,到新房来看新娘。丫头把来宝扶出,两下一见,却惊呆了好半天。雪鸿乘机拉笑瑜来看,笑瑜上前干涉,把维良赶走了。雪鸿更说恶话,糟蹋新娘有姘头。来宝更加气倒。晚上新郎进房,又大责新娘不规矩。她忍无可忍,跳窗逃走。新郎看见,大叫佣仆,慌忙追赶。新娘逃到乡下,先溜进了马大妈家。唐许两家人追到,在老祥家搜不到新娘,反而把包维良拖了出来。笑瑜起疑,动手就打。老祥恨极,敲起锣来,惊动众邻居,大家把来人轰走。来宝回家,父女相会,爱人重逢,转悲为喜。包维良问明一切之后,以为根本解决,还须同到许家,揭破唐氏阴谋,离婚手续,非办不可。后来小姑太太居然被维良一场演说所感动,许来宝同维良成亲。维良又要求解放众丫头,烧去卖身契。维良从火光熊熊中,恍惚见来宝同众丫头正在体操唱歌呐。真实到底战胜了虚伪,愿天下弱女子一齐解放。

字　　幕[1]

郑正秋

许则仁,怕老婆的过来人,有百万家财,无一男半女。上半年老妻死,今在病相思。　(王梦石)

左小桃,右小蔷,两个小梅香。太太虽已归天,她俩还未解放。　(沈宝宝、严仙仙)

唐佑道,许家的老表,看他的外貌,居然是阔老;论他内容,常常出借票。　(王献斋)

许:未曾寻出你的借票,倒先看见莲香的卖身契,还是烧了干净。

老林,许府的家丁,两眼儿看人,高低太分明。　(汤杰)

唐:莲香不就是十六年前走失的丫头吗?

许:是!我的病就为她生的,托你访访看,不知道我还能见她一面吗?

唐:有什么记号?

许:她走的一天,我给过她一个绿宝戒指。你能寻她回来,我情愿把你的借票也烧去。

贾:小姑太太到。

小姑太太,一味官派。虽则有财有势,难买丈夫不死。　(林爱文)

马老祥,虽无大家财,却有一千金,可惜美中不足,千金不是千金。　(萧英)

章百成,是个乡下能人,做了教书先生,又带做看病医生。　(黄君甫)

来宝,人虽小,很行孝,乡邻男女都要好,真金不怕火来烧。　(丁子明)

章:令爱青春二八,乡邻济济一堂,乐哉乐哉!岂不快乐煞哉!

祥:也是您先生的面子。

小柳、小牛、小妞,都是来宝的小朋友。　(二秋、又秋、三秋)

来宝:先生先,屁股尖,骑在马上颠老颠,要吃豆腐自家煎。

章:骑马山歌多多,何不唱"康铃康铃马来哉"耶?

来宝:爸爸,您吃饱了吗?

祥:唉!来宝!有句话不能再瞒你了,我……不是你的爸爸。

祥:这绿宝戒指是你娘的,现在还你。

---

[1] 原说明字幕前有■标记,对话者有括号。现统一略去,将说明以不同字体区别之,对话者后加冒号。

祥：刚才在里头拜托过各位了。我百年之后，穷做穷，千万别让你做人家的丫头。

祥：十六年前，我在马家桥……

莲香：我叫莲香，这孩子是我主人的亲骨血。要是将来养得大，千万别让她做丫头，像我一样苦命！

祥：十六年前叉袋里的小孩，就是今天十六岁的你。

来宝：爸爸！我……妈呢？

祥：等带人再去救，听说善堂里已经把她尸首收去了，埋在哪里都不知道。

王二嫂子，好说好吃，好管闲事。（袁金花）

马大妈，会推拿，小儿惊风，都要请她：是来宝小时的奶妈。（傅悲秋）

马大，有时糊涂，有时不糊涂（龚稼农）

唐笑瑜，佑道子，欢喜时髦，考究社交多不问老子，债欠多少。（朱飞）

顾雪鸿，专心自由恋爱，读书不过带带。（李丽娜）

呵呵！老子来听儿子的情话了！

唐：哼！一心只想女人，为什么不想想钱呢？

汪氏，夫想做阔老，子要做阔少；自己想尝尝，阔太太味道。（丁华）

唐：莲香那丫头，访来访去访不着。瑜儿也该帮着访访，访到之后，大可以得一笔钱哩！

来宝：妈！妈！我在叫你，你听见吗？

包维良，是个好青年。好学好画好丝弦，又好情丝一线牵。（郑逸生）

包：我来调查乡村教育的，赶不上火车，回来寻住处。想问你个讯，就跌……

祥：大妈！你一向推惊，服侍小孩子惯的；托你照顾照顾他吧！

马大：哈哈！把他这个小伙子当做小宝宝了。

马大：来宝妹妹！你怎么弄他回来的？

二嫂：我在许家做娘姨，告假回来的。去迟了怕东家要怪，只好走了！

章：读啊！

来宝：家里有个白观音似的白脸人，请您去看病！

章：读啊！

包：令爱有救人的好心，又有救人的力气。大人家千金，万万及不到，我敬服得很！

章：是娘娘耶？姑娘耶？

马大：呵呵！小宝宝又变做小姑娘了！

章：来宝说他，白面之白，犹如观音之白，观音岂非女耶？小女子以先生为戏，休矣休矣！

祥：来宝！来宝！

来宝：爸爸！

祥：年纪十六岁了，还只会顽皮。先生在骂你常常赖学哩！

来宝：我见他教书，像见阎王一样的怕！

祥：你的书，不跟他读读通，将来怎么好配一个上等人呢？

来宝：不好配，就不要配好了。

祥：唉！做女人，总要配一个爱你一辈子的，才好一生一世跟他不分开哩！

来宝：那我配的人，已经有了。

祥：唉！现今的小姑娘，面皮真老。已经有人了吗？谁呀？

来宝：就是您。

祥：啐！笑话！笑话！

来宝：您不爱我一辈子吗？我不是一生一世跟您不分开的吗？

祥：呆子！配人就是配夫妻，姑娘家听了，要怕难为情才好。这样乱说，要笑死人的。

贾：调她到房里来侍候好吗？

大妈：头上烧得厉害，我去弄水，你陪陪他！

包：来宝！我爱你！一辈子！

包：来宝！我爱你！

包：宝！来！我的爱人！爸爸……

大妈：咦！你怎么不在里面陪他呢？

包：来宝！我爱你！一生一世不分开。

大妈：哦！你原来是怕难为情。

小姑：他越看照，病越难好。

唐：除非偷掉它。

二嫂：咦！

贾：医生到。

包：你出去寄信，看见来宝，请她来！

马大：来宝啊！爱你啊！一辈子啊！一生一世不分开啊！哈哈！

大妈：这是你病中说的，她听得难为情，不来了。不过她对你的病，每天总要问我一回的。

包：宝妹！我病中瞎说，冒犯你，请原谅！

二嫂：天天请好几个医生，还是不见功。

陆妈：这个相思病，除非莲香来才得好。

二嫂：莲香吗？就是老爷常看的那张照上，站在旁边的一个人吗？她是我邻居……

二嫂：怕年纪不对，只有十六岁呢！

二嫂：有个绿宝戒指，说是她娘临死交下来的。

小姑：那也许是莲香的女儿。哥哥！别急！我来办！

小姑：拿五百块钱，跟她下乡去切实打听。倘若真是老爷的亲骨肉，接了回来有重赏！

来宝：你天天教我的字，我越读越有味；同阎王教的大两样。

包：所以只能说乡下的教育方法不好，不能说乡下人天生程度不够的。

包：我……很爱你！你……

来宝：你也很好！

祥：有人送封信来。

来宝：快快讲给我听，让我在信上多识几个字！

良儿入目，病愈至慰。乡姑不配作我家妇，见信速归，毋恋私情而误公！父复。一五·一·六

包：爸爸逼我立刻回去。

见时容易别时难。

来宝：我们几时才得再见面？

马大：我在丈人家吃了酒回来，怕她走痛脚，所以背背她。

马大：我们俩，爱一辈子，一生一世不分开，你们俩也……

二嫂：哦！马家伯伯！财运来了。我们托马家桥保正，打听出好多话，晓得来宝确实是我们东家的小姐，现在来接了。

祥：来宝！恭喜你！发财了！你是许家财主的小姐，他们来接你了。

来宝：我发财，就是爸爸发财。好！我们一同去！

祥：我不能去的。

来宝：你不去，我也不去。

来宝：不能看见爸爸的发财小姐，我不要做。

祥：我去要害你给人家看不起的。财主小姐的背后，怎么好跟一个乡下土老的爸爸呢？

来宝：财主爸爸是人，乡下爸爸也是人呀！这样不公平，我更加不去了。

祥：你不去，你妈死在地下，口眼都不闭的。好姑娘！去！不要叫我白白巴望你十六年！

来宝：爸爸！不要哭！我……我去……

来宝：爸爸！你快做几件城里衣裳穿了，就来看我！

来宝：爸爸！我先去，你要来的啊！

包立人是维良父，赞成自由，赞成平等；要他从自己做起，他就有点不大赞成。

（高梨痕）

维良之晚娘。（陶静蓀）

立人：叫你写信问问则老的病，你不写，倒写给她。自由平等，时期还早，你休想！

晚娘：呆子！再写一封，我替你叫人寄去，急些什么？

小桃：小姐来了！

丫头：小姐！

来宝：姐姐！妹妹！

来宝：哥哥！

1927 年

梁三,要吃饭,作奴才。 (董湘苹)

小刘,当差队里,后起之秀。 (叶良德)

小翠、小红,一切丫头等众,签了卖身契,半世受苦痛。同是一样人,只为爹娘穷。(高汉英、傅桂凤)

小姑:来,替你爹磕头!

许:好!好!好极了!想不到,我还能看见你亲骨血一面!

许:我是——你的亲爹,你——生得,同你娘一样。唉!你的娘……真苦啊!

许:心肝,我扶你起来!

许:昨夜差一点断气,累她一夜没有睡。她真孝顺。我现在替她改名叫忆莲。

唐:恭喜您!孝女临门,吉人天相,病一定就好!

许:带累你今天也来陪夜,很过意不去!

唐:彼此亲戚,何必客气?

瑜:从今后,我的爱情永远归你一个人专利了。

顾:彼此彼此,一样一样。

顾:我的心还在卜卜的跳哩!

瑜:彼此彼此,一样一样。

瑜:跳虽跳,快活是快活的。

顾:今天是二月八日,你写在石头上,留个快活的纪念。

　　二月八日,订婚于此。　瑜·鸿

来宝:我为什么要给你巴掌两面打?

来宝:乡下只有粉刷墙壁,没有粉刷面皮的。

翠:舅太太快来了,不打扮,她要笑你的。快再画眉点胭脂!

来宝:还要黑漆眉毛,红漆嘴唇吗?

来宝:小翠梳妆我好半天,这些糟蹋的时候,在乡下好做不少的事咧!

翁作民,大舅子。表面上算来探望姐夫,内骨子来替姐姐吃死醋。(严仲英)

翁祝氏,作民妻。问她来意,也带三分酸气。(王谢燕)

翁家两小姐,听说新到一个乡姑,跟来看看,粗蠢如何。(王意文、王意兰)

翁:姐夫这样好睡,还没有醒哩!

祝:不必惊动他吧!

丫头:老爷!他们都走了。

祝:听说把莲丫头的女儿,收回做小姐了。这……怕对不起他已死的姐姐吧!

小姑:这是哥哥的事,我们无法干涉的。

祝:请这位小姐来见见!

小姑:打个电话上楼,请小姐快来!

来宝:嗡哝嗡哝听不出。

来宝:叫我快下楼。

翠:铃响过,摇断了。

· 105 ·

来宝：好玩！好玩！再来，再来。

来宝：怪我寻开心。

来宝：穿外国高底鞋，像在乡下出会踏高跷。

小姑：来！鞠鞠躬！

来宝：叔……叔公！

来宝：乡下爸爸来看见，要不认得我了。

翁：你有两个老子吗？

来宝：你们吃东西，都像生病人一样，太慢了，看我的！

翁：什么？我们上门来讨骂的吗？

小姑：好不识抬举，滚！

祝：到底是丫头的种，下贱相；小姐的骨头还没生哩！

翠：你这样，我要请小姑太太来了！

来宝：天太太来地太太来都不怕。

小姑：小姐家吃东西，要像数珍珠；怎么好像饿死鬼投胎的惹人笑呢？

来宝：在乡下这样吃惯的，要我装腔装不来。

小姑：逢人只说三分话，怎么好说有两个老子？

来宝：在乡下说惯老实话，一向不会说假话的。

小姑：怪不得人家骂你是丫头生的，贱骨头。下次再这样，决不轻饶你！

来宝：丫头就不是人吗？

来宝：爸爸！

唐：只问钱不钱，不管贱不贱，娶她做媳妇，一世不愁穷了。

汪：儿子来了，你用硬工，我来用软工！

唐：你该去看看表伯伯！他若肯把乡下来的小姐给你，你就好大发其妻财了。

瑜：我已经同雪鸿订过婚了。

唐：雪鸿有什么好？不长进的东西，赶快把婚约取消！

汪：孩子！私定的终身，好不算数的呀！

瑜：我不能为金钱，卖恋爱，卖自由。

许：我只怕也要丢下你了！你的来历，我告诉你。从前我爱过一个莲香，正是二八佳人，像你现在一样，后来……

翁氏：好不要脸！同贱丫头怀着鬼胎，太亵渎自己身份了！

许：要是太太去年不死，只怕今天还不许我寻你回来呐！

许：小妹！表弟！趁我还有气，托孤于你二位，最好快替我招赘一个好女婿……

许：忆莲！表叔同姑母都答应了，过去叩头！

马大：宝妹妹有信来吗？

来宝：姑母！我想带上祭祭我娘！

来宝：爹答应接爸爸来的，我想就下乡去接。

小姑：带孝，万不能出门口一步，改日再说吧！

有一天早上，大家还在高卧的时候。

丐：老娘病在家里，自己又没有生意，小姐做做好事吧！

来宝：喂！你晓得到马家庄去，怎么走法？

丐：让我去打听到了，再来告诉您。

小姑：你们都是死人吗？你们都是瞎子吗？我们是何等样的人家，好放身戴重孝的小姐出去吗？

家长的权威，何等厉害！打过丫头，又逼她穿了孝衣，罚在灵前长跪。

来宝：哦！想到了，你们好逃走的呀！

翠：小姐！丫头都有卖身契，逃不了的。你少闯闯祸，不来带累我们就够了。

来宝：这样苦法，你们受得下去，我倒看不下去了。

丐：到马家庄去的路，我问明白了。这只手镯我妈叫我拿来还你。

来宝：爸爸，您身体好吗？

祥：许小姐，你不能叫我爸爸了！

祥：怎么！他们待你好不好？

来宝：在大人家真难做人，我只像去坐了不少日子的牢监。

来宝：那边不比乡下，动不动要我摆架子。长辈是肚里做功夫的，说的话比打我还要厉害。

来宝：爸爸！我情愿饿死在乡下，一辈子不离开您老人家！装腔做势的假人，我做不来的！

祥：好！别哭！宝！我穷虽穷，也养过你十六年了。你放心！我情愿养你一辈子！

立人：我也明白了，你既然心心念念在她身上，我也不再干涉你了，放你自由罢！

包：爹爹！那末我明天就动身，可以吗？

二嫂：哈哈！果然在这里。

祥：你一大篇的理，讲得也不错。小姑太太既是好意，那末只能怪她年轻不懂事，明天我送她回去就是了。

小姑：扶她到房里去，好好的看住她！

虐：她逃到乡下，他为什么敢留到今天才送回来？叫他走，下次不准再来。

来宝：让我去看爸爸。

马大：亲眷家接去了，才走。

包：亲眷家地方在哪里？

马大：听说远得很，什么地名，老伯伯自己也不晓得，我更加不晓得了。

马大：天快下雨了，回去吧！

唐：我早些替她配人，我们好轻一点责任。

小姑：哪里去寻一个现成的招女婿呢？

唐：受了表哥托孤之事，顾不得面子了，还是叫小儿来入赘吧！

小姑：是你的少爷，那我再放心没有了。一满服就做喜事吧！

唐：你瞧我债欠九万多，怎么得了？倘然你肯去招女婿，那我的债就容易一笔勾消了。

汪：好少爷！你一进许家门，要汽车有汽车，要洋房有洋房，这种妻财是难得的啊！

瑜：她人品生得怎么样？

唐：真是二八佳人，有财有貌。

瑜：看在您的份上，只好横横心，瞒着雪鸿，去做了再说吧！

顾：你！又订婚了吗？

瑜：这个……笑话笑话！

顾：有人说喜日都定了。

瑜：不相信你去看，我家里有没有做喜事的举动。

顾：皆为没有举动，才没有揩去这几个字，不然还要留什么伤心的纪念呢？

立人：大丈夫何患无妻？儿！何必自苦？

包：好女子难得人间，爹！哪能不思。

立人：去年许老伯丧事，你有病没有去吊；这回的事，你就去吃吃喜酒，解解愁吧！

立人：我只有你一个儿子，老躲在家里，忧忧郁郁，不要急坏我吗？

包：爹！我去，您别急！

翠：有位小姐，说是新姑爷的同学，自己走进来了。

顾：恭喜恭喜！今天是二月初十，真是好日。而且去年二月八日，也是好日，您记得吗？

顾：哦！新娘娘真好福气，新郎一生的爱情，从此归你专利了。

顾：来来！摸摸新娘的心看，跳不跳？

顾：我心虽跳，快活是快活的！

来宝：我难过得要命，让我一个人在这里歇歇，不许人进来。

瑜：何必呐？我是娶她的钱，又不是娶她的人。这种无知无识的乡姑娘，哪配同我做夫妻。

瑜：我同你，才是精神上的夫妻。只要靠她身上，替父亲还去了九万块钱债，自然就把她丢在一边了。

瑜：不相信，我赌个咒给你听，假使我对她确真情，对你变良心，叫我明天就触电死。

客：喂！这里是新房，不是吊膀子的地方呀！

顾：摆明的是老姘头，看不出这个乡下姑娘，枪花倒大得很！

祥：王二哥在乡下说的，来宝今天好日，我养了她十六年，不能来看看她吗？

章：父不能见女，女不能见父。真所谓秀才遇见兵，有理说不清矣。

马大：你们这般当差老爷，一个个狗眼看人低！

包：我这才知道，你都不能见她一面。这里没有理讲，我跟你回乡下再说。

夜阑客散，新郎进房来。

来宝：我不认得你，走出去！

瑜：不准动，你现在是我的人了，敢作一点怪，我就要你的命！

瑜：刚才那个人，一定是你的姘头，快快招出来！

来宝：不要你在房间里，滚出去！

瑜：哼！叫我滚出去吗？你替我滚过来！

瑜：啊呀！快来！新娘娘逃走了！

追者：摇过来！摇过来！

渡夫：不要吵！好马不吃回头草，好船不摇回头橹。等过去了再来！

瑜：哦！你在这里，一定是指使她逃走的，打……

包：呆子！拉什么？

马大：不要打了，来宝在我们家里。

祥：诸位！上回赶走我的就是他。现在把来宝不知道逼到哪里去了，倒反来抄我的家。乡下人好欺负的吗？

邻：打打打打打打打！

章：势利势利，一对老面皮，小人之尤矣！

唐：老伯伯，救命救命！下次决不敢再来了，请您大慈大悲，救苦救难，放我父子俩的生吧！

祥：唉！倒是来宝不知道哪里去了。我倒怕她寻死咧！

祥：好孩子！这回好了，他们不敢再来了。

包：他们不再来，我们倒不能不去。来宝说，小鬼娶她是为钱，他而且是有情人的；明天去说说清楚，一定叫他离婚。

第二天包维良同来宝到许家，揭破唐氏阴谋，还演说妇女解放的新潮流。

小姑：要钱好说，何苦有了一个女人，再害一个女人呢？如今看在亲戚份上，只要你签了离婚据，我借九万块钱给你。

小姑：你的学问真好，一番演说，把我也开通了。

祥：小姑太太！他们俩在乡下，早就有情有义了。

瑜：我们离婚，你们订婚吧！

来宝：姑母！把她们的卖身契，都还她们吧！

小姑：好！拿火盆来，都烧了吧！

唐：想起来了，索性连我那张借票也都烧了吧！当初表哥是说过的。

田 七 郎

出品　明星影片公司，1927年

编剧　殷民遗

字幕　郑正秋

导演　张石川

摄影　董克毅

置景　董天涯

演员　萧英　张慧冲　王毓清　李丽娜　王梦石　汤杰　朱飞　萧养素　赵静霞　李时苑　王献斋

《田七郎》电影由殷民遗编剧。其电影本事为宋痴萍撰写，字幕为郑正秋所作，原载《明星特刊》第24期（田七郎号，1927年6月1日）。

本　事[1]

痴萍

　　田七郎，乡间猎户也，事母至孝，行多侠义。其母思饮鹿乳，七郎猎鹿皮为衣，入鹿群求之。一日，为武绅承休所见，钦其孝，愿与为友。翌日过其居，顾田母不欲其子纳交于贵人，隐诏七郎拒之。武怏怏去，商诸门客，设盛筵招七郎。新邑宰登门，武以意在七郎，应对殊疏，然七郎终以母命不至。越宿，武复访七郎，诡称腹馁，必欲七郎饭己。乃援报酬之谊，坚约造其家，七郎不得已许之。

　　武与同邑王绅世仇，械斗经年，相持不决。邑宰曾分谒两家，劝令和息，皆不听。武有女宝贞，将展其亡母之墓。武以既约七郎，令女自去。及七郎来，阍人见其布衣芒屦，轻之。一仆识为田，急报主人。武倒屣而出，迎之入座，七郎落落如故也。宴毕，奉以金，不受。武曰："非以为赠，将托觅虎皮耳。"七郎始怀金而去。女抵墓所，适王绅之子子建，率群仆经其地，争道大嚷。子建本不直其父之寻仇，复见女丽质天生，娇弱可念，亟从傍喝止；而人多不奉命，女且受窘。幸七郎归途经此，挺身格阻，遂罢斗。子建归，其父大怒，谓武氏吾仇，护其女，非吾肖子。子建默然而已，然念女之心，久而不释，题诗风筝，故使之落武氏园中。女之侍婢得之，以献于女。女读诗，亦倾心焉。会子建独至武氏索风筝，为武仆所辱。婢入报女，女取风筝题和诗，自窗口掷还之，子建大喜而去。

　　七郎自武氏归，未几，其妻染疾而卒。武闻讯来唁，且致厚赙。七郎感其意，告

---

[1] 原为句读。

以前金为丧事所耗,容徐觅虎皮以偿。武曰:"有则予我,迟之何害!"时子建恋恋武女,私请于母,愿弃宿怨而寻姻好。母以子意告其夫,王必不可。子建遂为书寄女,致倾慕之忱。女得书,反复观之。欲拈笔作答,而不知所以措辞,因置之。

七郎行猎得虎,以其皮献于武。武留之饮,俟其醉卧,为易新衣。次日七郎归,母责其多受人惠,令易旧衣返。七郎至武氏,武大笑曰:"幸毋介介,旧衣已与贫人,不可返矣。"一日,七郎猎獐而获,遇王仆挟猎户来,前夺獐。七郎怒与之斗,毙其一,归而向母啜泣。王氏已控之官,役至,系七郎去。武闻耗集门客议救援之策,邑令惧武势,即释七郎。于是田母训七郎曰:"武绅拯汝于死,汝身属之矣。此去弗言谢,小恩可谢,大恩不可谢也。"是夕,七郎宿武氏,中夜佩刀大鸣。七郎曰:"此刀佩之三世,鸣必杀人,岂公家有祸事耶?"武耸然称异。次日,逐家奴之不顺者四人。七郎亦以刀鸣事告其母,母曰:"但求武绅无事,无须乎报,则儿之福也。"

武仆林儿,素以小智博主人欢,故未被逐,其人固一狼子野心者也。一日于园中遇女,欲行非礼。武人园见之,怒责林儿。林儿乘间遁去,入王氏,自承与武女有私。王大喜,留林儿于家,令往窃证物,将暴武之丑以快己意。子建闻之大恚,然不敢遽信也。林儿夜入武氏,窃闺中物呈王,以实己言。武闻之,诣王索叛奴。王故有备,唤林儿出,当众辱武。武回家痛责女,逼令自裁。七郎在座,亦为之扼腕不置。女遭父责,留绝命书,投河图尽,为七郎所救,仍送之归。

林儿道经武氏,武仆擒献于武,痛挞之,幽之密室。王率众来索,武不许,两家大哄。武势不支,由门客出而调停,以林儿与王,始呼啸去。武大愤而病,招七郎谋报复。七郎不即赴,人讥其负义。未几武死,七郎闻之而悲,以母在不敢遽许友以死也。

武死后,奴仆星散,多有投奔王氏者。王意得甚,设筵宴客,演剧庆功。突有人出优人后,攫刀飞刺座中。王不及避,中刃竟死。众视之,则七郎也。子建闻变奋出,亦为七郎所仆,且谓之:"予杀汝父,当抵。然林儿实祸首,汝自问之。"林儿惧,吐实,子建始知武女遭诬罔。七郎见事白,请子建娶武女,以释两家之怨,子建许之。七郎遂杀林儿,且自刭焉。探其家,则田母死数日矣。于是邑令出为主婚,盖遵七郎之遗言也。

字　　幕[1]

郑正秋

中国南部有一村落,乡民大都以打猎为生。民气刚强,动辄相搏。
武承休,为村中最有势力之大乡绅。　(萧英)
武:那边有几只鹿,我们可以打呀!

---

[1] 原说明字幕前均有■标记,对话者有括号。现统一略去,将说明以不同字体区别之,对话者后加冒号。

田七郎，村间一猎户也。亦孝子，亦义士。　（张慧冲）
武：你为什么扮一只鹿，要自招性命之忧呢？
田：因为我妈，要吃生鹿的奶，不过很不容易得到，只好扮了鹿来取的。
武：哦！这样说来，你真是个孝子，请教贵姓？
武承休本在搜罗人才，另有作用。既见七郎，特来登门拜访。
田母早寡，因是书香之后，故能教子有方。　（王毓清）
田妻，亦有贤德。　（李丽娜）
武：我们一见如故，很想结为知交。今天没有什么事，请到市上去叙叙。
田：多承美意，十分感谢，待我禀告一声老母。
母：我们贫寒之家，不配高攀贵客，应当安分守己，你去谢绝他。
田：家母有事，未便走开，不能从命，请您原谅！
武承休因不能纳交七郎，乃集门客以议之。
甲：七郎不过一乡人而已。东翁亲自登门，反而使他受宠若惊，不敢前来。其实只须本府去一请帖，管教他见帖就到。
武仆：老爷！县太爷来拜会。
赵知事，因新上任，专来拜访当地巨绅。　（王梦石）
赵：晚生初到贵地，一切都仰仗指教！
母：请你回报主人，七郎无功无能，当不起贵人相请的。
王协，亦为当地富绅，与武承休有深仇夙怨，两姓素不相下，两雄势不并立。　（汤杰）
王子建，其子也，聪明多情，性与乃翁各别。　（朱飞）
王仆：老爷！县太爷来拜会。
赵：有句话冒昧奉告，听说府上同武家有不解之仇，晚生想出为调人，不知道肯赏薄面吗？
王：我们两家的仇恨，慢说是阁下，就是大总统来也解不开的。
武承休因七郎不往，越日，亲来就之，托言腹饥而索饮食。
武：今日承令郎赐我大嚼，不胜欢喜。改日要请令郎到舍一叙，聊以报答。
母：既然武老先生这样厚意，你只好恭敬不如从命了。
武宝贞，承休女也。既无兄弟，亦无姊妹。　（萧养素）
爱珠，自幼即为武家婢。唯宝贞待之如姊妹，并不以婢女视之。　（赵静霞）
武：今天去上你娘的坟，我因为请客，不能同去。你带了爱珠他们一同去吧！
武仆：老爷！客已经来了。
武：我们既然要好，就该不分彼此，看你家计很困难，替你预备一点钱，请你收了吧！
田：家母常常教训，无功不能受禄，只好心领盛情，实在不敢收受。
武：朋友有通财之义，这有什么要紧呢？
田：那是我万万不敢受的。

武：这么办吧，把钱替我买了虎皮吧！现在只管存在你处，等你有了虎皮卖给我好了。

王仆：哪一家不识高低的，把轿子拦在当路，叫人家怎么走呢？

武仆：你们别条路不好走，定要走这条路吗？

两家本是切齿之仇，狭路相逢，有触即发。

建：小姐不要害怕，我决不放他们惊动你的。

贞：多谢你的美意，请你就喝住他们，不要再打了。

建：为了些些小事，闹些什么？不准再打了！

田：你们为什么事要这样的打？打死人要偿命的啊！

王仆：乡下人管什么闲事，你走你的路，不与你相干！

田：哪一个再敢动手，这棵树就是哪一个的榜样。

王：你知道我们同武家是世仇，为什么你在路上，要保护他的女儿呢？

建：爸爸！我只听说上代同他家有仇，不过现在她同我并没有什么仇恨呀！

王：混帐！你这话，不像是我们王家子孙讲的。

此数日中，七郎妻忽病，致不能出猎，在家侍老母与病妻。

子建自见宝贞，无日不念兹在兹。虽格于世仇，碍于父命，仍欲借风筝之力，以通消息也。

珠：小姐！不知谁家一个风筝，落在我们园里，上面还有字呢。

贞：呵呀！这风筝就是那天在坟前保护我们的那个人的。

珠：那末，他上面写的是什么话呢？

王仆：少爷！您到哪里去？

建：我一个风筝落在武家花园里去了，我要去拿回来。

王仆：啊！您去不得的啊！您去一定要给他们打的啊！

建：不要紧，我一定要拿回这风筝，他们要打我，我也顾不得了。

王仆：那末我们陪你去。

建：不要你们陪，我自己去。

又：我有一个风筝，落在你们花园里了，可以让我拿回去吗？

武仆：哼！好大的脸子，怎么你的风筝会到我们家里来呢？

武仆乙：风筝不是从大门里来的，风筝从哪里来，你就往哪里去拿。

武仆丙：不要噜嗦，快替我滚！

珠：小姐！一点不错，就是那个人，现在到门口来讨风筝了。

又：这个人脾气真好，许多人骂他，他一点不生气。

不幸七郎之妻死矣。

武承休闻七郎丧妻，特来吊唁，更赠之以多金。

田：我怎么再能受此厚礼，上次买虎皮的钱已经给我用作丧费了，虎皮还没有去打来还你呐！

武：这个何必在心呢？你少钱用，只管问我拿，我也不是急急要虎皮呀！

叶氏，王协之妻，子建之母也。（李时苑）
　　叶：为什么许多人家替你做媒，你总不要呢？
　　建：妈！我还是要请您同爸爸说那桩事咧！
　　叶：啊呀！这恐怕是一桩做不到的事呀！
　　叶：子建求了好几次，一定要武家的小姐，您看可以成全他吗？
　　王：岂有此理！这样不知大义，亏他说得出，也亏你做娘的来讲得出。
　　建：爸爸！到底武家同我们有什么冤仇？您可以说一说，给我知道吗？
　　王：到底什么冤仇，我也说不出。你要知道，去问祖宗去。
　　七郎连日伏处山中，猎取虎皮，以报武氏，今果得之矣。
　　珠：小姐！坟上看见的那个人，在后门口，交给我一封信，叫我交给你的。
　　田：我已经得到两张虎皮了，请你先收下。其余等得到了再送来。
　　武：我看你衣裳太旧了，现在做好一套新衣裳，送给你穿。
　　田：这个不敢当，我们打猎的人，穿得破旧一点不要紧，用不着穿新衣服的。
　　武：今天时候不早，你不必回去了，吃了饭，就住在此地吧！
　　七郎醉矣，武承休乘机，饬价为之易服。
　　次早七郎回家，老母见子已衣新服，颇不以为然。
　　母：你受武家的恩惠，已经多了，怎么再好受领他的新衣，赶快去换回旧衣服来吧！
　　王氏又召集门客，议推倒武氏势力之法。
　　王：此人不倒，我总不能称雄一时。
　　客：以东翁之才，虽周郎再生，亦当退避三舍，何愁不能称雄当世乎？
　　兵：诚然诚然！以武敌王，可比以卵击石，将来破武氏必矣。
　　建：天下拍马之流，其为君子也耶？其为小人也耶？
　　客：拍马也者，为今世所不能免者也，唯君子拍君子，小人拍小人。
　　兵：诚然诚然！有君子，有小人，未可一概而论之也。
　　武：哈哈！令堂也太固执了，你的旧衣服，我刚才送给一个叫化子了。
　　越数日。
　　王仆：这个家伙，上回在坟前很凶，我们把他打着的，去抢过来。
　　猎户：这是我们打下的，你要偷去吗？
　　田：这是我自己打的，怎么说是你们的呢？
　　猎户：我们要定了，你放本事过来拿！
　　王仆：嘿！还当了得，他打死人应该偿命，我们报官去。
　　七郎突遭人命，不胜惊恐，回告老母，大受申斥。
　　差甲：你是田七郎吗？
　　差乙：你犯了人命，马上要你到衙门里去。
　　母：求求二位公差，让我做娘的替他去抵命吧！
　　差甲：什么人做事什么人当，哪里可以代替呢？

武承休知七郎犯罪入狱，力设法以营救之。

门客：东翁！县令前，只须东翁一声请托，事无不成之理。

田：啊呀！妈！

赵：据说死者同王氏沾亲，所以王氏也曾来请托过，要我严办凶手。

武：他们聚众围殴，难怪七郎拼命，他反要严办，这是有意替我为难了。我面子攸关，非救不可。

赵：是是！我总照承老意思去办就是了！

可见武承休势力不小，七郎居然被救出狱。

母：啊呀！你怎么倒能够回来了。

田：都是武老先生的力量，救我出罪的。

母：七郎！生尔者父母，活尔者武老先生。此恩此德，永世不能忘记的了！

田：我应当就去拜谢他救命之恩。

母：去应当去，谢可不要谢！小恩可谢，大恩不可谢！

武：哦！你出来了，我怕你受惊，很替你担忧哩！

门客：此人很不知礼，救命之恩，何等重大，一声不谢，岂有此理？

武：老实人不会假客气，正是他的好处。

是夜七郎留其家，畅谈久之，即与承休同榻。

武：啊呀！这把刀怎么响起来了？

田：我想此地必有歹人。

又：我这把刀，是上代的传家之宝，每次刀响，总要杀人的。

武承休自闻刀鸣，心有所不安。次日择平时所不悦之家人，即遣之去。

田：妈！昨晚睡在他家，刀忽然响了，只怕他定要出事哩！

母：但愿他家不出事，就是你的福气。

林儿本一无赖子，唯素性狡狯，善奉承主意，故承休引为家人中之心腹。（王献斋）

林：哦！小姐！您一个人在这里，很冷静的，我来陪陪你！

贞：呀！你说什么话？

林：好小姐！我想你好久了……

贞：爱珠！快来！

又：爸爸！这个混帐的东西，敢大胆的调戏我起来了。

武：把这无法无天的王八蛋拖出去！

当夜林儿乃私逃矣。

林儿为狡狯之徒，故特投奔武之仇家。反诬称武家小姐，乃向与之私通者。

林：小姐本来一心一意要嫁给我，只为武老头儿势利得很，嫌我穷，非但不答应，还拿我毒打一顿。

王：哦！这老头儿一向自称清白，原来他女儿是私通家奴的。这一遭，把柄给我拿到了，就此宣布他的丑名，看他还有什么颜面，站在地方上见人呢？

客：此人也而出此丑也，此人也而出此丑也，其东翁成功之机乎？
宾：诚然诚然！女也言之丑矣，父也颜之厚矣，是天助我东翁成功也，岂不可喜乎哉？
建：喂！你说的话，还是真有其事呢，还是故意造谣，作为进身之计呢？
王：当然是真的，怎么会假呢？用不着你年轻人多管闲事！
又：你来很好，我一定可以庇护你的，你能够拿得出武家女儿同你私通的证据最好。

武承休已知林儿投奔王家，怒不可遏，决意登门索回。
门客：东家为一个小小家奴，何必亲自出马？
客乙：不然！不入虎穴，焉得虎子，还是东翁大驾亲征的好。
王协料定承休必来，早已布置停当。
武：我家的家奴林儿，逃到府上来了，请你给我带回去！
王：咦！怎么说是你的家奴？他是你的令婿呀！
武：哪里有这种话呢！
王：你何必相瞒呢？林儿同令爱早已同心合意，你不过嫌他穷一点，所以赖婚，这事大家都知道的。
武：岂有此理？哪里有这种事呢？
王：这种事我们岂敢瞎说呢？好在令婿在此，不妨叫来当面对质。
王：来！快把武老爷家的姑爷请出来！
武：该死的奴才，你做得好事……
林：岳父大人不要生气，小婿也是万不得已，才到这里来的。还要求你成全，不要赖婚才好！
武：放屁！你满口含血喷人，还有一点天理吗？
林：并不是我含血喷人，或者你老人家不很知道详细。实不相瞒，令爱确实同我私定终身的，不相信，有人情表记可以为证。
王：这么一来，证据确实，总不是假的了吧！
又：照兄弟意思，足下还是把令爱配给他的好。像足下这样的身价，要受赖婚的名声，恐怕面子上很不好看吧！
武：你把这个人让我带回去，我再去问他。
王：要马上带回去，是做不到的。除非你把女儿嫁给他，他自然会来谒岳的。
又：你进去吧！
王：送客。

武承休受辱于王协，受侮于林儿，疑女不贞，回家不与其女干休。
武：贱人！你做得好事？
又：你快替我去死！
贞：爸爸！我并没有做什么事呀！
武：还说没有做什么事，我一生的清名，都给你断送了，赶快替我去死！

田：您为什么这样生气？
武：家门不幸，生下这个不肖的女儿，脸给她丢尽了，我叫她去死。
宝贞蒙不白之冤，已存决死之心。
贞：妈！要是你活在世上，女儿不至于这样苦了！
又：妈！女儿不能再活，只好相从您于地下了！
田：啊呀！武小姐！您何苦来自寻短见呢？
珠：啊呀！小姐！您一个人到这里来做什么？我寻得你好苦啊！
田：你小姐在这里投河！我把她拉住了，你赶快陪她回去吧！
贞：我受这样大的羞辱，还能活在世上吗？我一定不要做人了！
田：听你老爷说，他们拿到有小姐的凭据，到底是怎么一回事？
珠：冤枉冤枉！小姐哪里会送东西给那个下流坯，这一定是林儿偷出去的。
田：既然是冤枉的，那是小姐一死，反而叫人家疑心了。您千万不能死，还是快快回去的好！

王子建病矣。
医：他的病，一定是为有件心事不能如愿而起的。
叶：他就是想的那一件事，你看可以答应他吗？
王：你又要胡说八道了。

武小姐亦病矣。

林儿自丧尽天良，诬辱主人后，王协深宠之。竟由当差而跃升门客之列矣。
仆甲：啊呀！这是林儿呀！怎么穿得这样漂亮？
仆乙：他是特来摆架子给我们看的，我们把他拖进去，交给老爷。
武：拿根绳子把他捆起来。
武：你这该死的奴才，今天还逃到哪里去！

王协知林儿被捕，特召集门客商议，预备打手，欲去夺回林儿。
王婢：听说老爷叫了一班打手，要到武家去打上门了。
王：你不该把我家林儿关起来的，赶快放出来！不然决不同你干休！
武：林儿本是我家的人，上回逃到你家，我上门讨还你不肯，现在怎么倒叫我还你呢？
王：管不了许多。现在只要你交出人来。不交，我可就要对不起你了！
武：我一定不交，看你怎么样？
王：来！他不交人，就把他捉得去！
武门客：且慢且慢！有理好讲。
又：东翁不必过争闲气，还是放出林儿，免得大伤和气。
王门客：早知现在，何必刚才？愚哉！愚哉！
又：诚然！诚然！前倨而后恭，岂不可笑乎哉！
珠：刚才武家带了许多人来，把林儿抢了回去，现在老爷气昏了。
贞：让我起来去看看他。

珠：医生关照你要避避风的，您还是不要去吧！

武承休伤人请田七郎来谋报复，而七郎恐祸累老母，卒不果行。

田：回去告明你主人，说我家里有事，不能来。

武仆回报七郎不来，门客皆为之嘲笑。

门客：东翁待七郎不薄，当此急难之际，竟然裹足不前，未免太无天良！

武：谁要你来看我，我看见你就生气，快替我出去！

母：这几天你为什么心神不定，有什么心事？

王：武老头儿被我一气，听说现在病得很重，这一遭可被我制胜了。

叶：儿子的病刚好一点，你又要来讲这种话了。

王：笑话！为父的得胜，儿子自然也欢喜的，于病有什么关系呢？

武承休病，日深一日，至此乃不能不命亲女来前，听其临终之遗嘱矣。

武：我悔不该记上代的仇，弄到如此。早些解了无谓的怨仇，何止于自寻烦恼到此地步呢？

七郎已知武承休死矣，心中不胜悲痛，唯不欲重伤母心，故不敢禀白。而其母则已从旁看破。

人在人情在，人去人情去，武家门客纷纷星散矣。

武氏死，当地权势乃由王协独霸。而武家门客，联翩投至。论功行赏，林儿居首。将开庆功之宴，以示宠幸。

王子建仍未忘情于武家宝贞。

王协自欣胜利，在家特设庆功宴。当地官绅，咸来道贺。

门客甲：昔日曾言，功在必成。今朝果然，如此如此。岂不可喜？岂不可喜？

门客乙：诚然诚然！而今而后，东翁一帆风顺，可以高枕无忧矣。

武门客：啊呀！这是田七郎呀！

赵：快把这刺客抓住。

仆：啊呀！不好了！老爷被人杀死了！

建：你——杀我父亲，我——同你拼命！

田：你用不着拼命，我也决不来伤你，我有话，你听我说。

旺：你父亲害人不浅，本来有可死之道，杀他并不为过。

田：武王两家有仇，你父亲不光明正大的对付，反用小人暗算，坏人家小姐的名节，杀人不见血，比强盗还凶。

田：这一遭的祸事，都是你父亲同他做的，你们一定还没有明白，我如今要他自己说出来。

林：天地良心，我并没有做什么事。

田：你老实说出来，武小姐同你到底怎样？说了饶你一死，因为我也知道是人家叫你做的，不是你自己的主意。你要是有半句虚言，马上把你的脑袋砍下来！

林：你真不杀我，我就老实说。

林：武小姐实在是很规矩，我同她的事，都是冤枉的，做证据的东西，也是王老爷叫我去偷出来的。我已经告诉你了,请你饶了我吧!

　　田:你们大家听见吗?他们用这样狠的鬼计害人,武小姐曾经气得去投河,不是我搭救,她早已死了。

　　田:我田七郎,受过武氏的恩,应该替他报仇。不过杀人偿命,我也情愿一死,在未死之前,有几句话要告诉你!

　　田:你要是有一点人心,就不该再学你父亲的样,记什么前仇!两家的怨仇从这一遭就此完结,地方上也可以就此安宁!

　　田:武小姐现在被害得孤苦伶仃很可怜,我巴望你同她结成姻亲,从此解开两家的冤结。

　　叶:这是再好没有了,因为他想武家小姐是想得长久了。请你不要难为我儿子,他总可以答应的。

　　田:既然答应,我虽死也瞑目了。今天县太爷也在这里,自然可以证明的。

　　门客甲:快哉快哉!如田七郎者,真可谓天下之快人矣!

　　门客乙:诚然诚然!快人快语,变冤家而为亲家,岂不大快人心乎哉?

　　七郎,孝子也,何以愿弃母而死。访诸其邻,方知其母早于数日前死矣。

　　乡人:七郎在他娘死后,替娘做了坟,一去到现在没有回来。

　　县令居然如七郎约,出为媒介,使王武联姻。从此两家世仇,消于一旦,地方因以安宁。

　　门客:来来来!一对新人,快来对此慨任大媒的大公祖,大拜而特拜!

奇峰突出

出品　华剧影片公司，1927年

编剧　周鹃红

导演　徐文荣

摄影　汤剑庭

演员　张惠民　徐素贞　盛小天

《奇峰突出》电影由周鹃红编剧。其电影本事为周鹃红所作，原载《华剧特镌》第1期（1927年6月10日）。

本　　事

周鹃红

　　有姚醉仙者，酷好杯中物，而阮囊羞涩，无以偿其所欲，遂以其亡妻生前最心爱之金鸡心，典之长生库而作为买醉之需。讵为其女绣英窥见，竭力劝阻。奈醉仙昏昏，强欲典之。会邻人程锦英者，文采风流，卓尔不群，系绣英之腻友，过从甚密。其时适妨彼妹，询知个中原委，旋即解囊。醉仙得钱，即匆匆赴酒肆，不问其外事焉。醉仙去后，锦英与绣英倚窗并肩而坐，娓娓清谭。当时适有一纨绔子郑大有路过见之。大有与锦英友善，且颇属意于绣英，今目睹彼俩卿卿我我，情意缠绵，不觉妒火中炽，一转念间，而恶心生矣。

　　某日，大有邀请锦英至大北洋菜馆，席间并为之介绍一荡妇名小香水者，浓妆艳抹，穷极奢侈，而翦水双眸，直可迷阳城而惑下蔡！对于锦英，尤曲尽献媚之能事。锦英年少识浅，情窦初开，其魂魄，不期然而被荡妇摄去矣。大有冷眼旁观，知计将成熟，遂施行其第二步之手续。乘隙至绣英处，历暴锦英之短，而绣英不信，大有末如之何！惟有徒呼负负耳。

　　程锦英与小香水结不解缘之事实，已喧腾于众口。绣英不忍见其堕落迷途，故特造访锦英，以忠告进。锦英聆之，大为感动，憬然觉悟。

　　郑大有父母已亡，遗产丰厚，涎绣英貌美，故尝以极上选之衣料馈赠彼妹。又深知乃父好杯中物，并以美酒贻之。以是醉仙每见大有莅止，辄曲意奉承，延为上宾。而孤芳自赏之锦英则淡漠视之，无动于中，盖其别有怀抱也。后复听大有言，迁居于其所有之房屋。姚家迁居后，锦英尝一度造访，醉仙对之，极形冷淡，询之亦不作答，而以冷笑报之。锦英忿忿出，讵甫及门，即见大有偕绣英入，故益气愤交加不可遏矣。

　　一日，锦英作书质问绣英背情，书方半忽仆人以大有与绣英结婚之喜柬入，锦英自蒙此大刺激后，竟恹恹成病矣。郑姚结婚之日，锦英犹病在床褥，惟其强欲起身，一观彼辈之婚礼，虽经其母百般劝阻，而卒归无效。

是夜万籁俱寂，更深人静，锦英伏案疾草二函，一致乃兄妹锦棠，冰心；一致其老母。书成，将一函安置其母枕畔，一函则自投信箱。在此夜色沉沉，大地如死中行矣。

锦棠冰心获书后，亟束装返里，抵家之翌日即出外探访乃弟。既而邂逅大有，诘问其弟之所在，讵大有出言不让，锦棠义愤膺胸，迎面痛击，大有立即倒地。惟为巡士瞥见，于是锦棠捉将官里去饱尝铁窗风味矣。

数日后，大有领率其之羽党，声势汹汹，至锦棠家，拟立迫迁居，盖锦棠住屋，为大有所有也。惟入门时，忽睹见其之胞妹冰心，悦之。大有心怀叵测，目无法纪，命其羽党，架之秘窟。一夕，突有黑夜人自窗口跃入，与恶徒剧战，挟冰心自十余丈高之水落缘下。至中途，水落折断，坠，幸未重伤，乃驾驶汽车遁去。

程锦英懊丧出门，行至半途，讵料被大有之恶徒架去，禁闭秘窟。未几，有黑衣人于屋顶上先以绳索一掷，将一恶徒吊上，已即随绳索飘然而下。顷刻间，将众恶徒尽行击倒，援锦英出险匆匆驾机器脚踏车远去矣。

姚绣英迫于父命，嫁郑大有后，旦夕以泪洗面，一无生气！大有频频乞欢，而其则誓死不从。大有愤不可遏，遂命其门下之爪牙，禁之于天香洞，并绝其食。一日，来去无踪神出鬼没之黑衣人，突出洞口，先将其羽党击毙，然后援绣英出。

惟喜渔色之大有，缘口中之肉姚绣英，费心劳力，结果仍未达到目的，心殊不甘。于是偕其羽党，乘车至天香洞，欲强之。不谓车行未多时，突见前有黑衣人挟绣英疾驰。大有情急，即急急追随。其间黑衣人经历种种危险，卒将其妹救出，而恶少大有亦被捕获。及曳至一幽僻之屋中，而屋中沈氏、锦英、冰心、醉仙等在焉。若曹正议论纷纷时，忽姚绣英与黑衣人曳大有入，众人诧异万分。只见黑衣人将蒙面揭去，众不觉惊喜交集，黑衣人非他，盖即锦棠之所化装者也。锦棠自入狱后不久即行释出，而以黑衣蒙面，以避人耳目。而得破获恶徒，家人团聚，非锦棠机警，无以致之也。

乱 世 英 雄

出品　华剧影片公司，1927年
编剧　郑吻仌
导演　张惠民
摄影　汤剑庭
演员　吴素馨　张惠民　丁锡庆　陈素娟　黄月如　周空空

《乱世英雄》电影由郑吻仌编剧。其电影本事为郑吻仌所作，原载《华剧特刊》第1期（1927年6月10日）。

本　事

郑吻仌

张伟文，胸怀大志，见义勇之英俊男儿也。奔走于枪林弹雨之中，靡寒暑，亦靡朝夕。一日，驰马赴燹地，救济患难，途经柳村，造访其未婚妻胡素心家。

素心，一娴静温淑之女郎也，幼失怙恃，与其妹随祖父寄住乡里。时祖父病剧，二女敬侍恭勤。素心方在煎药，忽闻伟文至，忧喜交集，千语难诉。瞬间，流弹震屋，胡翁骤惊长逝，全室顿呈凄凉景象。伟文遵胡翁遗命，携素心姊妹他往。适值战事紧逼，误上军用汽船，行驶洋中，被逼落水。潜游至岸疾走，中遇渔夫丁士清，偕往探素心等踪迹，跃入围墙，救素心姊妹出，乔装投至素心之姨母袁氏家。

袁氏孀居海滨，其犹子李奇，浮荡者流。初见素心，丑若古时之无盐。既而更衣梳洗，姗姗而出，竟羡为西施再世，于是怀意属之。待伟文出行，贿商袁氏，强迫素心。素心安忍受此奇羞大辱？无奈何，抵得是夜私奔。

伟文跋陟长途，过酒肆，闻杳下马，登楼进膳。正在酣饮间，忽见歌女含泪卖唱，一曲怨声，呜咽凄凉！询得被逼情由，即申不平之气，攘臂与狡徒战，跃下高楼，解囊济歌女去。不料士清中计被擒，囚于岩窟。伟文依迹赴救，误蹈陷阱，堕黑暗冷森之深潭。士清惊悉，断铁窗，跃危楼，破巢救之，跃马而奔。更深过灾境，空山号角，吹人肠断，野哭千家，惨弦悠悠，伟文沿途救助之。

逾月余，绕道归旋，至袁氏门前。素鹃见之，抱伟文膝号啕大哭。伟文莫知所措，抚慰询情，悉素心失踪，愤激刺心。飞步入室质问情由，而袁氏侮蔑素心，掩饰己罪，特设宴款待，意图毒害。既而李奇至，事被伟文察觉，逼前怒诘。奇见势不佳，夺马而奔，伟文追逐上山互斗危崖削壁之上。天网恢恢，奸人坠崖毙。伟文途返，巧遇素心，破镜仍得重圆。

1927 年

白 芙 蓉

出品　华剧影片公司，1927 年
总监　张晴浦
编剧　张惠民
导演　陈　天
分幕　陈　天
摄影　汤剑庭
化装　吴素馨
布景　黄霖衍
美术　何　肯
绘图　张云鹏
说明　黄志刚（中文）　丁锡庆（英文）
冲洗　高宝纶　汤雄辉
剪接　陆华彰
演员　吴素馨　张惠民　阮圣铎　韩凤山　康佩珍　蔡泽民　吴素素　何秋圃　张云鹏　陆华彰　夏燧卿　张玲君　汤　青　高宝纶

《白芙蓉》电影由黄志刚编剧。其电影本事、字幕均为黄志刚所作，原载《华剧特镌》第 1 期（1927 年 6 月 10 日）。

本　事[1]

黄志刚

　　"醉翁之意不在酒"这句话可以代表长安酒店的主顾们的意思，因为长安酒店店主的女儿"白芙蓉"生得非常的美貌，虽没有"沉鱼""落雁""闭月""羞花"的好，但是她那双秋波似的眼，实在可以令人心动。而且她很和气地亲自招待，因此那班不会吃酒也来吃酒的人，都要天天跑去照顾一次。虽然不能得到她的垂爱，也总得到她的玉手斟杯酒，和见见她的美容。
　　胡山陆义鸿也是长安酒店的主顾里的两位，他俩也可以算是竞争讨好白芙蓉的敌手。胡山恃他有钱有势力，陆义鸿恃他一片忠恳热诚。末了还是义鸿战胜。胡山失败，因羞成怒，和义鸿在酒店里打得好似"落花流水"。
　　有一天胡山碰着白芙蓉和陆义鸿游湖，真是怒气冲天，暗暗地潜入水里，几将船

---

〔1〕　原文有引号，但一逗到底，仅段末为句号。

弄翻。陆义鸿和白芙蓉正谈得"卿卿我我"的时光，不提防胡山的暗箭，扑冬跌落水里。仇人相见，又在水里大打特打，一场水战，结果也是胡山战败。

胡山屡次失败，忍无可忍，与庞虎庞凤等设计，将白芙蓉骗走，藏在麻布袋里。又被陆义鸿用"偷龙掉凤"的手段，擒住胡山，将白芙蓉换出。庞虎庞凤将袋抬回秘密室，只谓大功告成，打开一看，谁知被捆袋中的乃是胡山，正所谓一场辛苦一场空了。

陆义鸿虽然得胜，惟臂膊上亦受微伤，白芙蓉将她自己颈上挂的珠练，除了下来，研成细末，替义鸿敷伤。不料被义鸿的父亲碰见，误会儿子做那"桑间""濮上"的勾当。细查情由方才明白，即请智禅和尚代他严束儿子，自己亲送白芙蓉回去。

白芙蓉的母亲正在嚎啼痛哭，忽见陆翁将女儿亲送回来，那感真激到万分了，当即订妥婚约，迁到陆翁的梅园里，以免再受他人蹂躏。

陆义鸿自受父亲训诫之后，在寺里埋头用功。忽闻仆人跑来报告说是"白氏的婚约已成功"，又说"白芙蓉已经搬到梅园"，陆义鸿听见这种好消息，立刻写信先去安慰白芙蓉，并约定本晚亲到梅园谈叙。不料这封信落在胡山手里，一方面着庞虎庞凤埋伏要道，用绳将陆义鸿绊落马下，一方面自己乔装老人将白芙蓉骗走。

陆义鸿跑到梅园的时候，白芙蓉已经中计，马上跟踪寻找，追到危崖山坑的险处，揉绳过去。胡山见陆义鸿追来，也就不慌不忙，等到陆义鸿揉到山坑的当中即将绳缆割断，复将白芙蓉捆往海边的秘密窟实行强逼手段。谁知陆义鸿跌落山坑，复由别条山路寻到，白芙蓉因保持清洁，投海自尽。陆义鸿赶到的时候，已经来不及了。陆义鸿只得赴水找寻，无奈茫茫大海渺无踪迹，乃沿岸嗟叹自恨无能。

白芙蓉投入海中，被一渔夫救起，留在船里。忽闻陆义鸿嗟叹的声音，出来一看，彼此相见，正所谓"有情人终成眷属"。陆义鸿与白芙蓉返棹回来的时候，夕阳在西山上面，现出鲜艳的红光，似祝他俩的幸福。

字　　幕

黄志刚

　　一醉千愁解，三杯万事休。
　　白芙蓉乃是长安酒店店主之女。
　　妈！你看这班酒鬼。
　　送给你的女儿买脂粉。
　　这是胡公子送给你的。
　　妈！我不……
　　算作酒钱吧。
　　几杯酒，亦要不得这许多钱。
　　他就是陆义鸿少爷。
　　义鸿到你那边去研究文学好吗？

舍弟年少无知，敬烦大师认真指导。
愿作鸳鸯不羡仙。
胡山又有钱，又有貌，你为什么不……
真的爱，不在乎钱，也不在乎貌；全凭一颗真的心，你说对吗？
珍珠末敷伤是很有效力的。
白芙蓉不在店中之营业状况。
我今天起码吃两瓶。你呢？
我要吃两瓶半。
白芙蓉呢？
去游湖，还没转来。
我们等一回再来吧。
我今天一点再也不能吃了。
你不在家，生意清淡了许多！
你正所谓"醉翁之意不在酒"。
庞虎庞凤都是无恶不为之徒也。
你两位想到计策没有？
求学时代，不可有杂念在心。
不用忙。
前天很对不住，请您饶恕我。
笑话，我有意合你们开玩笑的。
胡公子或者先跑回家，我们将白芙蓉抬回去再说。
你为我受伤，叫我怎……
为爱情，死也甘心。
他方才还在里边念书。
若不严厉点管束他，是很容易走入歧途的。
我只望你研究文学，原来你在研究爱情。
老先生，他因为救我，请你责备我吧。
你好好地去念书，我送白姑娘转去。
我的命全仗陆公子救的。
我送白姑娘转去，义鸿拜托你严厉点管束。
让我先与白芙蓉接接吻好吗？
怎样报答大恩呢？
恐怕高攀不起！
他们俩早已同意，我当是赞成的。
请搬到梅园去住，免得被人侵害。你愿意吗？
一个在……勤修功课。
一个在……密议诡谋。

媳妇，把你的衣服送两件给白姑娘好吗？
白姑娘生长得很不错。
妈，你来看。
她是二少爷的老婆。
二少爷晓得吗？
二少爷，恭喜恭喜。
老爷已将白小姐接到梅园，听说是你的老婆。
蠢猪！"二少奶奶"都不会称呼。
那是陆义鸿的仆人。你们去随机打听下。

（信）芙蓉吾爱鉴：项据报告，各情领悉；慰甚！本拟立即驰回，一舒积悃；奈因智禅和尚管束甚严，怅极！兹准定今晚十时，趋前晤谈；特此并祝安好。

义鸿 十六，三，一

我们和你开玩笑，你何必这样惊怕呢。
我们赶快去预备。
陆公子今晚要到这里来。
陆义鸿可谓"归心似箭"。
少陪，我们要去吃喜酒了。
陆公子来了，快去开门啦。
你是谁？
陆公子在外边，请你去。
白姑娘呢。
你方才有来吗？
我们跑过对山，你在这里引诱义鸿上去。
此刻还怕你飞上天吗？
我情愿死也不受你的侮辱。
哼！讲得太容易了。
唉！白姑娘，我陆义鸿不能救护你，真是枉为男子了。
我被胡山强逼，跳落水去。
唉！我在茫茫的大海里寻找你……
请你送我们转去，可以吗？

夜 明 珠

出品　华剧影片公司，1927年
编剧　张惠民
导演　陈　天
分幕　黄志刚
摄影　汤剑庭
说明　何　肯
美术　张云鹏
置景　黄霖衍
化装　吴素馨
剪接　陆华影
演员　张惠民　阮圣铎　陆华彰　张云鹏　吴素馨　梁赛珍　汤剑庭　吴素素

《夜明珠》电影由张惠民编剧。其电影本事为何肯撰写，字幕为黄志刚所作，原载《华剧特刊》第1期（1927年6月10日）。

本　事

何肯

　　苍海茫茫，伊人何处？芝英自其夫章雄采珠行后，偕小姑爱真而眄天际归帆者，不计时日矣。迨望穿秋水，方见其舟悠然而来，快慰之情，何可言状！章雄此行，得珠虽微，然有夜明珠二颗，实为希品，故未尝因微而减其乐趣。

　　章雄返，赏伙外，亟以明珠分赠其妻与妹，适为穆姜陆等见之。初章雄之行也，邀穆等俱。穆等利其易富而从之。及归，赏不能如其愿，乃垂涎明珠。明珠不可得，由是仇怨生矣。是夜穆潜入其室，欲盗之，被觉，幸以机警得免。

　　一日，章雄与芝英出游，其妹爱真在家。二人去有顷，忽穆匆忙而来，诳其"兄嫂发生不测，宜急救之"！爱真信，随之行。及章雄芝英返，已无及矣，乃分道迹之。爱真已被骗，跨山越岭而行。章雄追至，中奸计而被擒。芝英在山巅见之，往救，不及，惟见穆等扬帆而去，对此浩然苍海，莫如之何！惟有徐图后策耳。

　　舟次一小岛，穆等缚章雄而弃之岛上，挟其妹去。抵岸，弃舟登陆，乘轻便车入山中之秘室，欲逼爱真……

　　当穆等弃章雄于小岛扬帆而去也，芝英固见之，奈无舟可渡，乃泅水而往救。已回，更迹穆踪入山中秘室，至适穆等强逼爱真时也。力救之出，越山而逃，为穆等追甚急。适一大石直立山巅，度其势，可推而下之，乃尽毕生之力推石下。穆等几被压，方罢手而回，然其心犹未死也！

章雄好猎，尝与其妻及妹入山捕鸟兽。一日卒遇穆等，被击，几堕马遭擒，得芝英爱真力宰免。章雄等已回，虑奸人重来盗珠，备之。是夜穆果来，得珠甚喜，欲私之。孰知章雄以假乱真，而入穆以计乎？穆得假珠恨甚，然无如之何！乃恳杨长青设法。长青恶徒也，受穆托，允之。珠得，章雄追其后，长青令穆引之入深谷，即引绳去。深谷壁立，无可攀缘，阴风习习，侵人肌骨，章雄至此而不形消壑底几希矣！其犹不至于死者，幸得其妻与妹之力耳！

爱真芝英侦知章雄被困于山谷，急携绳往救。章雄出，见穆等挟珠而逃，力追之，不舍。穆等引彼入一屋，锁之，屋虚无人，穆等纵火焚屋而去。章雄从火焰中冲出，伤甚重，狼狈而回，只得在家休养。

明珠已落长青手，长青即占为己有。穆不服，与斗，遭擒。长青有女曰小婵，素悦穆貌，私释之，盗其父之珠而同逃，孰知穆利其珠耳！故珠入穆手即弃之而去矣。小婵羞忿之余，投海自尽，适芝英爱真道此，救之。还家，小婵向其父认罪，兼规之以大义，长青乃翻然从善，出门访珠……

穆等得珠因分配不匀，互相争斗，而长青来夺珠去。由是此希奇珍贵之夜明珠，物归原主；而此剧亦告一段落矣！

字　　幕

黄志刚

1（总）濒海之滨，常产珠宝，片帆三五，游弋其间者，皆是采珠之人。

2（总）一帆风顺送归来之章雄，亦是采珠中之一人。　（张惠民）

3（总）穆铎，陆乐，他俩是章雄的助手。　（阮圣铎）（陆华彰）

4（总）姜腾，也是章雄的伙计。　（张云鹏）

5（穆铎）请你把那两颗夜明珠给我们看看。

6（章雄）我们回去再说吧。

7（总）余芝英，乃章雄已同居而来行正式婚礼之妻也。　（吴素馨）

8（总）章爱真，章雄之妹也。　（梁赛珍）

9（爱真）你的秋水望穿，伊人何处？

10（总）利之所在，是谁也要动心。兄弟阋墙，朋友绝交之不幸事情，大都总是为一个"利"字。

11（章雄）我也愿意公平分派。不过两颗珠分几个人，这是很难办的事啊！

12（穆铎）我不要，你分把他们罢。

13（章雄）老兄的确量广，可敬，可敬。

14（同上）这两颗珠，我很中意，我到时别样宝物酬劳你们好吗？

15（陆乐）你中意，我们也很中意。

16（章雄）这是无限价的宝珠，你们要谨慎安放才好。

17（总）当晚。
18（穆铎）半夜三更，你这样慌张跑出来干什么？
19（章雄）我去追贼。
20（穆铎）贼去远了，你向哪里追去？回去休息罢！
21（章雄）惊动了他来帮助。
22（芝英）好朋友，应该要彼此照顾的。
23（穆铎）明天见。
24（穆铎）你的宝珠，可以给我看看吗？
25（爱真）对不住，我哥哥说过不能给人看的。
26（爱真）无论怎么样，我是不能从命。
27（章雄）你真是无赖之徒。
28（芝英）你那颗珠，有被他骗去没有？
29（爱真）没有。
30（穆铎）我们总有报仇雪恨的一天。
31（章雄）这两颗珠，是在千年老蚌的壳里得来的，他夜里能发光，暑天也能生凉，这就是有钱也买不来的"夜明珠"。
32（穆铎）你的哥哥至外边忽然得了急症，你快些去看看他。
33（爱真）嘎！在哪里？请你带我去吧！
34（章雄）你去约妹妹一同去。
35（章仆）穆先生说你生病，引了姑娘去看你的，怎么你又会先回来？
36（总）这是他们第一个埋伏。
37（陆乐）这是你自作孽。
38（总）若非为利欲所冲动的心，决无这般狠毒。
39（总）这是他们第二个埋伏。
40（穆铎）到了这里，还想抵抗吗？
41（穆铎）你答应嫁我，我就……
42（爱真）呸！我们是为什么的。
43（穆铎）你还不拿来，潮水一涨，你哥哥就淹死了。
44（爱真）珠子给你们，快点去放我哥哥吧。
45（穆铎）还缺一颗。
46（芝英）我们到前面小屋子探探。
47（芝英）慢点。
48（爱真）被他们骗去了。
49（章雄）你还追来，我就要送你们回老家去了。
50（章雄）他们跑得比狗还要快些。
51（总）杨长青，是奸狡百出之大盗，虽退隐山林，然野心犹未泯也。（汤剑庭）
52（穆铎）我们丢丑，老师也失面子的。

53　（总）长青之女小蝉。（吴素素）

54　（长青）你们真是没有用，这点小事也干不来。

55　（长青）你们先回去吧。

56　（穆铎）老师真是神通广大。

57　（长青）慢点欢喜，章雄失掉珠子，一定会到这里来打听。

58　（章雄）日前误会请老弟原谅。

59　（穆铎）君子不记旧仇，有话请吩咐。

60　（章雄）我的珠子，昨晚被人偷去，请你代我打听打听。

61　（穆铎）我稍微知道一点，我带你去看看吧。

62　（穆铎）你看是不是。

63　（穆铎）这条绳子可以当扶梯用。

64　（总）芝英因恐章雄有失，化装与爱真寻访。

65　（穆铎）绳子已经拉了上去。

66　（穆铎）请你把珠子给我们。

67　（长青）别忙！把事情弄好了再说吧。

68　（穆铎）他在那坑里头，插翼也飞不出来，不久便要饿死了。

69　（穆铎）你看这个奇怪装束的女人。

70　（长青）这种人妖，理他做甚？

71　（穆铎）他们看是自投罗网了。

72　（穆铎）我们可以安枕无忧了。

73　（陆乐）快到杨老师那边处取珠吧。

74　（总）章雄受伤在家休养。

75　（章雄）你们前去探听，须要小心些才好啊！

76　（穆铎）请将那两颗珠赏还我们好吗？

77　（长青）什么话！我取来的送给你们，世界上有这便宜的事吗？

78　（穆铎）妹妹救救我吧。

79　（小蝉）救你是可以的，不过要你答应我一句话。

80　（穆铎）她真不知自量的向我求婚。

81　（姜腾）你将计就计……

82　（小蝉）你到底怎样？

83　（穆铎）你能够将那两颗珠子给我，就可以答应。

84　（穆铎）你和我一同去吧。

85　（穆铎）你把珠子给我看看！

86　（小蝉）我俩到什么地方结婚？

87　（穆铎）我和你讲笑话的，你当真的吗？

88　（小蝉）你既然不答应我，快些将珠还我。

89　（穆铎）真不知自量，你这种人配得上我吗？

90（芝英）我的脚也走痛了。
91（爱真）我俩总要有点头绪才好呀。
92（芝英）你为什么寻短见呢？
93（小蝉）唉！我被人骗了两颗夜明珠，实在无面目再见回家了。
94（芝英）我们送你回去再想法子罢。
95（小蝉）我一时不慎，受他们所骗，若不是这两位姐姐相救，就……
96（芝英）请先生想点法子，把两颗珠寻回来吧。
97（穆铎）总共只有两颗，你要一颗，他也要一颗，我呢？
98（长青）这两颗珠，交还你们。
99（芝英）承蒙厚意，我们怎样报答呢？
100（长青）不必客气，小女若非你两位相救，骨肉也难团圆了。
101（章雄）你俩怎能将珠寻找回来？
102（章雄）你俩的本领，的确不错！

女 律 师

出品　天一影片公司，1927年

总监　邵醉翁

编剧　邵邨人

导演　裘芑香　李萍倩

说明　顾肯夫

摄影　郑崇兰

置景　周念衷

演员　胡　蝶　倪妙玉　萧天呆　魏鹏飞　金玉如　张颠颠　李萍倩　张铎声

《女律师》电影由邵邨人编剧。其电影本事为顾肯夫撰写，原载《天一青年特刊》女律师号（1927年）。

本　事[1]

顾肯夫

　　薛禄克者，鄙吝人也。以母金权子于贫民，子常倍蓰于母，以是积巨业。又操殊术，擅索债。他人债时苦勿偿，独薛禄克能子母无缺。人以是恨之，相率吐弃子。然一旦需钱亟，则又强笑以迎之矣。其仇人曰安东义，富人也，常以资周贫乏，辄免其息，于是人争趣之。薛禄克以为败其业也，衔之次骨。而安之贱视薛，亦甚于他人，每唾其面曰："尔惟利是图，妄知礼义狗耳！"薛以为虽被毒骂，而无损于其资，则亦受之而勿较。然心中则恨恨曰："若逢机遇，誓必报之！"

　　白珊毅者，初亦富人子。父曾为显宦，以挥霍罄其资，而高堂巨厦如故。盖白深知世人多势利，一旦迁居，将立失其身份也。不继，则时就商于安东义。安与为好友，故慨予未尝有吝色。其情人鲍绮霞者，新丧父，无兄弟，拥遗产绝巨，而艳名噪一国。诸少年之拜倒石榴裙者，实繁有徒，而独与白珊毅有情愫。其仆曰葛兰田，尝随主人往鲍许，因与鲍之侍女曰聂梨雪者相悦。主与仆盖俨然二伉俪焉。惟白珊毅欲结好鲍，费用乃益大，出其簿，累累皆欠安之款也。今又不给，乃殊艰于为辞，然舍生亦无他法，则仍往焉。及以语告安东义，安谓之曰："我资尽交海舶中为贸易，舶未归，安所得资。无已，其商诸薛禄克乎？"白闻言呼曰："薛禄克耶，我侪常唾面以辱之，今向假金，是与虎谋皮也。"曰："被薛禄克知子金耳，丰其利，薛禄克且欣然笑矣。"因相当诣薛。白珊毅与安东义既以来意告薛，薛禄克张口大笑曰："海舶未归，来通有无，

---

[1] 原为句读。

人之常情耳。二君尤素识，何用息为？然必立契约，此借贷之通例也。又必安先生署名，设届期勿还者，我亦不再求偿主，安先生当以心头肉一斤为抵。"白珊毅闻言失声而呼曰："借债讵有挖肉事？守财奴居心叵测也。"薛微笑曰："白先生幸勿疑有他，聊以是相戏耳。守财奴之称，我亦甘之。然守财奴安肯以三千金易一斤肉哉？"安亦笑曰："薛君言是也。彼何甘于我之肉乎？况我海舶，航行外洋，年必数次，未尝后期。"遂欢然署约。白既得资，于是复往访鲍。得鲍绮霞于园中，相见欢然。鲍绮霞于是脱其手上约指，授白珊毅曰："国中慕吾者众，然非慕我财，即慕我色，惟君乃有真爱。妾以蒲柳之姿，得侍箕帚，于愿足矣！愿君御此，以志不忘，见约指如见妾也。"聂梨雪见其主人款款情深，因亦以约指授葛兰田曰："愿君待我，一如尔主人之待我主妇。"

一日，白方与鲍欢语，侍者呈书一函，拆而读之忽失声呼曰："嗟夫，我死我友矣！"鲍问所以，白曰："我尝假我友安东义资。安以舶海未归，无所得资，因代假自薛禄克。约如勿偿，当割肉一斤。今海舶忽以触礁沉，薛禄克已起诉矣，我当速驰往求之。"鲍绮霞曰："安东义人，自须往救。然婚期近矣，君当于婚后，急即驰往可耳？"及既婚，鲍乃启其奁，出一囊，授之曰："趣携金往，惟薛之所欲。虽尽倾我资勿惜，必不死君友。"白既去，鲍乃匆匆赴其族叔贝乃良，欲其出法庭为安东义辩护。贝乃良适有疾，不可以风，乃以书付鲍绮霞，面授以机宜，命自往之。主仆乃匆匆易男子装，伪为律师及书记，直赴法庭。

公庭上，薛禄克与安东义方对簿，忽报律师至。鲍绮霞携聂梨雪岸然直上，呈贝良书，就律师座。庭上下以及观者，咸集其目光于二人，窃窃相讶曰："此少年律师及其书记，何貌之都丽也！"鲍绮霞举目四瞩，见薛禄克意气嚣张，若欲择人而噬。安东义神态潇然，若自知其死于义而乐之者。惟白珊毅垂首至臆，惨沮之色盎于面。鲍绮霞对之，意良勿忍，乃问薛禄克曰："汝知安东义不能偿汝金耶？"白珊毅闻言，则捧金立趋案前曰："金在是，金在是，利亦在是。惟薛禄克之所欲，利虽多不辞，惟法外之恩是求。"鲍绮霞佯怒曰："国法庄严，岂容假借，何谓法外之恩？"薛禄克大呼曰："贵律师深明法理，真拨云见日矣。"鲍绮霞曰："然则请予约一观。"薛禄克立以约呈案。鲍绮霞读竟谓薛曰："在法，安东义当挖肉；然为人以计，取金为得，曷从我言曰而毁其约乎？"薛禄克：「法庭惟知法，不知所谓人道，请如约。"鲍绮霞乃掉头顾安东义曰："速袒汝胸，任受刃割。"于是薛禄克出白刃长尺许，熠熠生寒光。鲍绮霞复问安东义曰："若有何言乎？"安曰："死耳，无所言也。"白珊毅闻言，泫然执其手而泣曰："为我故，累君丧生，恨不能以身代君耳。"安东义怛然曰："别矣！何号泣类小儿女为。"鲍绮霞闻言，中心殊酸辛，强自镇定，问薛禄克曰："若携秤称来耶？俾符一斤之数。"薛立出天秤一架，扬手中曰然。然："则以医生来耶？俾其人或不至于丧生。"曰："于约无此，何与我事？"鲍绮霞乃曰："于法于约，安东义心头肉一斤当归汝，约书之法准之矣。"薛禄克欢呼曰："贵律师深明法理，真拨云见日矣！"于是复扬其刃及，闪闪作可怖之光，庭上下观者咸屏息不敢声。薛禄克则狞笑谓安东义曰："来！刃且下矣。"鲍绮霞呼曰："止，我言尚未毕也。约上但书一斤肉，并未言血。故汝取肉可，不得出血。于约无此，汝宜志之。汝如违约，没汝家矣。"于是庭上下欢然而呼曰："贵律师深明法理，真拨云见日矣！"薛禄克于是战栗而言曰："然则我愿得金。"白珊毅捧金立趋曰："金在是，金在是。"薛禄克于是趋前取金。鲍绮霞曰："止。薛禄克，汝必如约，不能取金。刃下而见一滴血，是汝违约；刃下而肉逾一斤或不及一斤，亦汝违约。汝违约之罚，或没汝家，或丧汝命，当听庭长之判。"薛禄克于是伏地哀恳，求庭长之赦。庭长于是判曰："念尔苦求，姑贷尔死。尔产半与安东义偿尔违约之非，半没入官，以当罚则。"于是退庭。

　　庭上宣退庭，庭下议论斯起矣，纷纷相告，咸一致推崇此少年律师。安东义及白珊毅亦杂人潮中，挨挤而出。见少年律师廊下，二人乃趋而前，白珊毅尤感极而涕，执律师手而呜咽曰："微君，我友齑粉矣。我友果为我而死，则我无以生。我固爱我妻，然我视我友之命，尤重于我妻之爱也。"鲍微笑曰："夫人何人？"曰："鲍绮霞。"曰："设君夫人闻君言，不将恼怒耶？"白握其手益坚，笑曰："我妻虽怒我，我亦甘之。惟不知何以谢先生耳！"曰："据法理而拯人于厄，我侪之天职也，何以谢为！"言已，目光移及其手，曰："君之约指，何光华之闪闪也。君倾言欲谢我，我不欲之，愿索此以为纪念可乎？"白珊毅面乃立赪，嗫嚅不能答。安东义异之，白低声告曰："此我妻所赠也，曾谆谆以永保守为属。若以赠之，无以对我妻矣。"安咄之曰："律师拯我之命，恩德莫大焉！而乃靳于一约指，即夫人知之，我当为君证其事，讵不能谅君。"白珊毅尚犹豫，安东义自其指将与之。律师曰："君既不愿取之，何为请辞？"白珊毅于是鞠躬曰："非吝约指，实有难言之隐耳。然先生恩人，不敢不从命，幸哂纳之。"鲍绮霞加约指于指曰："美哉约指乎！"因复一一握手道再见。书记亦前，一一与握手。及葛兰田，讶曰："君之约指，何烨烨一类君主人之约指也！"葛兰田惶恐不知所对。书记曰："若主人既以其约指赠我律师，则君亦何妨以此赠我！"葛兰田不俟其言毕，屦言曰："实告君，亦我妻所赠也。"曰："惟此，乃愈足显君之诚，而我欲得之心亦愈坚。"白珊毅曰："我既赠之，汝奈何勿与？"于是书记亦取约指去。

　　鲍绮霞与聂梨雪疾驰归家，脱去律师服，忽闻扣关声，则白珊毅等归矣。鲍绮霞雀跃而前曰："安君无恙耶？"曰："彼守财奴誓必如约割我肉，幸一少年律师，谓约未言血而胜诉。"鲍绮霞乃极力慰藉之。忽焉，诟谇之声起自户外，鲍绮霞于是呼曰："聂梨雪何事与人抗争者？速来，不许复声。"则聂梨雪拽葛兰田走奔而入曰："主人，葛兰田无良，我赠以约指，嘱弗捐弃，弃约指如弃我。今在园中我向索观约指，谓已赠律师之书记。"葛兰田曰："夫人，律师救安先生命，故以赠之。"聂梨雪曰："夫人，弗信之，彼举我物以赠荡妇耳！何处荡妇？我誓向索还之。"鲍绮霞乃责葛兰田曰："小子，尔奈何弗审爱情之可贵，聂梨雪既以约指赠尔，约指即聂梨雪爱婿之所系，奈何以赠人？即我，亦以约指赠尔主人矣。然我知虽有以白刃胁尔主人者，尔主人决不以约指赠人也。白君试以约指示之，以证我言之非妄。"白珊毅闻言，目视安东义曰："汝试为我言之。"安亦嗫嚅。鲍睹状曰："趣出以示之，趣出以示之！奈何久久弗出约指？"白珊毅曰："余亦既以约指赠律师矣，愿夫人谅之。"鲍于是佯怒曰："我以君温文,必审爱情,乃愚蠢一如其仆。有其仆必有其主,岂君亦有外妇耶?不返约指,誓与君更言语。"于是白珊毅复趣安东义为证人。安东义曰:"夫人,我友非诳也。"鲍冷笑曰:"一邱之貉耳。"于是四人反复争辩,久而弗决。安东义亦一筹莫展,惟代其友哀恳耳。鲍绮霞于是谓白珊毅曰:"恕君矣!后此慎弗以我之约指更赠他人,我当再与君以约指。"言已出约指于怀,掉头曰:"聂梨雪勿多争论,更与以约指,俾知我妇人之大度可矣!"二人接约指,审视即久,知即前赠约指,讶甚。鲍绮霞乃悉以前事告,相与大噱。

浪女穷途

出品　长城画片公司，1927年
造意　董翰一
分幕　梅雪俦
导演　梅雪俦　刘兆明
摄影　李文光　程沛霖
布景　万古蟾
字幕　杨伯侯（英文）
绘题　张体仁
洗印　程泽霖
照相　叶振权
演员　雷夏电　刘汉钧　杨爱立　刘继群　甘时雨　易荫峤　黄月如　王亚冷　夏佩珍　陈脱尘　黄翁侠仙　蔡毓飞

《浪女穷途》电影由董翰一造意。其电影本事为孙师毅撰写，原载《长城特刊》第9期（浪女穷途号，1927年6月）。

本　事

孙师毅

青年李慕桃，幼失怙恃，寄养于父执朱观水家。朱无子，视之如己出，与其爱女碧云，各遣使就学于校。既卒业而归矣，学行成绩，均各斐然可观。翁顾而乐之，以为此一对璧人，诚天生隽侣，爰于远行前，宴邻里乡党而为之订永好，且庆得佳婿焉。慕与碧，获遂良缘，得符素愿，其私衷庆幸，又可知矣。

梁翁亿生者，乡之巨富。有女蜀璘，已字傅氏。美貌天成，风华绝世，好交际，擅舞蹈，家庭之掌珠，社会之花蕊也。慕桃尝一遇之，惊其艳丽，诧为天人。坐是形神恍惚，不觉生厌旧喜新之念。慕桃有表妹，曰殷微瑜，与蜀为旧日同窗，且过从殊密，因倩其于蜀璘处，致倾慕，通款曲焉。

无何，梁翁诞日，寿筵宏开，亲友佥临，舞侣杂沓。蜀璘未婚夫婿傅问天，表兄胡维，均以称觞莅止。慕桃碧云亦以被邀列席。时慕与蜀，业已两心款洽，各不以前情为念矣。形态恣肆，目无他人。席半，蜀璘趋慕桃前，邀与共舞，适问天坐席，位慕桃前。蜀张手来时，问天以为必向己也，遽起迎之；不料蜀如未见，擦肩而过。问天返顾，则已径趋慕前，相将拥舞。问天睹状，愤而离席，书一柬留白其岳，遂不别而行。柬授婢呈翁，婢为蜀璘宠侍，阅柬，知不利于蜀，不敢以进，即撕碎而掷弃之。

在婢固以为计出万全,而熟知事出人意表者,此撕去一角之碎柬,竟不期而入于碧云之手提饰盒中。后日无数风波,便多伏机于此。

蜀璘以事,将作沪游,密以函抵慕桃,约与偕往。慕桃得书,喜不自胜。即检点行装,匆匆就道;而于朱氏家人,则竟秘不之告。碧婢阻询,问何往,曰:"不干你事!"挥之径出。碧云自梁宅归来,知慕桃已违初衷,别眷富女,追忆旧情,只有自伤薄命。今复闻慕桃又不别而行,则是对伊已毫无顾惜,芳心摧折,泪与愁并。碧云姊氏,得婢告,谓慕桃不告而行,来问碧所以,碧无辞对。忽于碧处见一字柬,但无下款。文大意曰:岳父尊前,令爱放荡过甚,婿实不堪,幸恕不告而别等语。碧婶睹此,遽责碧曰:"非汝有不是处,慕桃奈何竟至出此?尔父行时,曾以汝与慕桃托我照顾,今若此,尔父归时,我将何以卸责。彼今何往,汝必知之,系铃还待解铃人,幸速往觅使回也。"碧婶意中,盖以此柬,必系慕桃书以留别其岳者,然而误矣。

蜀璘图占慕桃,因与其表兄胡维合作。胡固艳碧云者,故亦乐为之助,以冀得碧云爱。乔装侦探,得悉碧云已来沪,寻访慕桃,寓中华旅馆,乃与蜀设就圈套,即慕桃亦不使知。于是二人往晤碧云,蜀且对碧云,深致慊意;复谓慕桃住处,我固知者,余明日将约之来,并当促彼伴汝归去也。碧不察其诡,反感其诚。翌日,蜀、维、慕三人偕来,蜀发起驾车出游,碧勉从之。车至中途,忽遇盗劫,胡挟碧,慕挟蜀,各分道奔。胡维且击退追盗,护碧出险。彼方慕与蜀,亦狂奔得脱。此一场恶剧,在慕与碧眼中,固不识其为圈套也。慕桃脱险后,郁郁寡欢,间亦尝念及碧云曾出险未。以之询蜀,蜀怡然对之,不置答也。胡维借对碧云有救命恩,且逆料碧经此巨创,其对慕桃之热情,必将完全冷却。为蜀璘,固计之甚得者;而己对碧云,亦可俟间而逞焉。于是往挟碧云,拟求有遂;不料冰容峻语,殊使其无隙可乘。谚前谓"欲从心上起,恶向胆边生"者,胡维即欲以暴力施以非礼。当千钧一发,危急万分,正挣持最力之际,忽飞将军从天而降。

吾今当回述蜀璘之未婚夫婿傅问天之行止矣:傅自由梁宅负气出外,曾遇火山爆发,身压石下,已将垂死。适朱翁观水,行经该处,拯之送归。傅归后往谒梁翁,询及前柬,始知婢匿未呈。翁闻其女近状,大为震怒,急电其所属银行,停止蜀璘支款。并嘱傅设法,促之使返。傅再往朱家申谢,复稔碧慕近情,遂星夜来沪,适巧值盗众分赃,得窃听一切,不禁为碧云危殆。乃追踪至中华旅馆,胡维强迫碧云之一幕,遂完全入于问天之眼帘。问天破窗而入,与胡维格斗,卒置之死地。仆役警士闻声齐集,问天乘间逸;碧云则以主要人犯被拘,解送法庭。

中华旅馆之命案,一经报纸喧传,遐迩皆为注目。问天见此新闻,自知倘己不出而辩白,则碧云必无幸,盗众且终逃法网。乃出向法庭自首,得律师依理辩护,释其罪,并命任捕盗职。时蜀璘以对盗众应付无方,已被挟入窟为质,慕桃亦与焉。问天自任缉盗后,几经挫折,犹坚诚自矢,奋志直前。善必有报,事在人为,终为此案伸正义焉。

案雪,蜀璘以偕盗奔逃,被缉队穷追,葬身于海。一世繁华,只赢得烟波浩渺;白浪滔滔,只便是终身归宿。慕桃强被救出,然亦已奄奄一息,垂死病床,临终频发其忏悔之言。一念之差，铸成大错，徒博得几声悼惜已耳。

数月后，一美丽之花园中，花枝下，树梢前，偎倚着一对新婚的佳侣。女出碎柬一纸示男曰："郎侦探本领，的是不凡；惟此一纸碎书，曾出弥天大祸，郎亦可侦知其来历乎？"惟时只见愉快之笑容，泛漾于男子之面，怡声谓女曰："此柬乎，自我作之，巧入卿手。我俩姻缘，实由此始。"

燕山侠隐

出品　北京光华影片公司，1927年
编剧　崔理筠
导演　徐光华
摄影　张玉亭
演员　徐光华　雍柳絮　伍梨林

《燕山侠隐》电影由崔理筠编剧。其电影本事无署名，原收录于一息《看了〈燕山侠隐〉以后》(《国闻周报》第4卷第28期，1927年7月24日)。

本　　事[1]

  有马醒非者，早孤，辍学归，与恶人杨七等伍，横行乡里。母妹虽知之，苦无如之何。一日，其妹慕英，试马郊原，腹痛落马。一奇装者抱之归，遂常过从。奇装者即所谓侠也。又一日，醒非尾随数少女于万寿山。内有余爱华者，清道台余景廉女也，工技击，见而恶之，乃促同行姊妹先归，意欲诱马至空处创之。不意杨等适至，方虞不敌，而侠复至，乃得救。醒非既逃，仍未忘情于女。杨乃为设计，囊金入城，贿其表侄女刘顾影，嘱函招余爱华至京图之。刘利其金，慨为作书，而适为刘男友张自成窥见，疑之。余来，刘又百计使不与张言，张乃愈疑。一晚，刘促张出，醉余而审马至。缚而欲行非礼，为张窥知，逾垣追至。刘时亦生悔，顾二人均为马败。正危急间，忽玻窗暴碎，盖冯妹暗中来探，以此警之也。马惊而出视，此际侠又出现，乃携余刘张逾垣逃。于途中见马妹，侠乃舍余等与俱去。余等未行，醒非踵至，杨等复助之，刘张悉被擒。余乘隙走，马尾追之，又遇奇装者来，欲刃马。余求之，乃提以与杨，换回刘张。相与偕行，忽又见奇装者，乃知前侠为赝。追视之，马妹慕英所乔妆也。张刘既来余家，暇则散步村头，忽侠又现，余乃以计赚之下马。二人正喁喁情话，杨七潜至，盗其马遁。侠怒追之，余亦尾随。至山谷，醒非及杨党悉出，余不能敌，落荒走。马追至山颠，侠又逼至。马扼其吭，侠已危殆，赖余至始解围，乃偕追马。马正逃，又遇其妹仿侠之装束迎面来，乃被擒。刘张亦擒杨至，乃同到余家。景廉夫妇大喜，醒非亦谢罪。侠忽自投，言渠即景廉十二年前被逐之子镜吾也。侠乃追叙被逐后遇师习武，及当日溺赌窃银往事，知彼时亦受杨七之害也。并申论此种罪恶，皆国家教育不普及之故。劝马创设平民学校，补过于将来。一月后，学校开成立会毕，侠仍辞众入山，慕英踵随之，并隐于燕山深处。

---

[1]　原为句读。

真 假 千 金

出品　明星影片公司，1927 年
编剧　殷民遗
导演　张石川
说明　郑正秋
摄影　董克毅
置景　董天涯
演员　宣景琳　郑小秋　黄君甫　王献斋　赵静霞　朱　飞　王吉亭

《真假千金》电影由殷民遗编剧。其电影本事为宋痴萍撰写，字幕为郑正秋所作，原载《明星特刊》第 25 期（《血泪碑》、《真假千金》合刊，1927 年）。

本　　事[1]

痴萍

　　常旭斋一邑之富人也，壮岁赋悼亡，遗子女各一。旭斋孳孳为利，惟日不足，积资巨万，于子女教育殊漠然。女曼英差长，娇憨任性，颇染浮华之习。子国英犹未冠，跳踉自喜，长于运动。人世险诈，非姊弟所能知也。比旭斋卒，遗嘱以财产三之二与子，其女则得三之一为奁资。产丰而遗孤皆幼，于是进而谋染指者，乃蜂屯而蚁集。族中有恶叔松斋，戚党有劣舅胡元芳，尤狡黠嗜利，日事朘削。外此则青年男女，平时出入交际社会者，一一夤缘与曼英为友。歆其富，不惜卑躬以图沾润。曼英少经世故，焉得不堕玄中？肆应偶乖，嫌隙斯起。

　　曼英识一闺友李爱娟。爱娟故与孔生朴庵昵。孔有友顾少如，儇薄子也，皆介爱娟而识曼英。曼英从孔习舞，日久渐生情爱。顾抱大欲于曼英，窥伺独审。念爱娟不利曼英之近孔，以其情告之，使间孔弗得逞。然情焰之炽，非人力所能消灭。积久顾之不理于曼英者如故，而爱娟操纵之力大衰。孔竟日就曼英，无所顾忌，于是爱娟大恚。

　　孔情丝自缚，甘伺妆台。爱娟索之不得，则走曼英家面折之，辱及曼英。曼英不能堪，幸国英出而排解，挥爱娟去，自是结怨愈深。爱娟与顾，遂协谋贿匪人道劫孔，索曼英携资亲往取赎，将甘心焉。曼英得耗，己之现资，又挥霍垂尽，亟商之国英。国英慨然以己资相假，但虑蹈险，请姊弟易装而往。

　　国英少年气盛，多力善斗，挺身入匪窟，识破顾与爱娟之狡计，掖孔与曼英冲围

---

〔1〕 原为句读。

而遁。使曼英而无此天真未漓之弟，其结果尚可问耶？是知以财产遗子女者，不如遗以知识之为愈也。松斋元芳，当曼英备钞币携往匪窟预印暗记时，各潜取若干纸。一旦持以适市，为官中捕去，疑为匪党。曼英姊弟往拯之出，弄人者遂成自弄矣。

字　　幕[1]

郑正秋

　　富翁常旭斋，故世已经两年，子女正在除孝。可惜他未曾遗传下好教育，不过遗传下巨万家财而已！

　　其女常曼英，是个富千金。父母虽都去世，家财倒是现成，一切时髦习气，越是有钱，越会上身！（宣景琳）

　　其子常国英，总算少年有幸，从小只爱体育，处处不失天真。（郑小秋）

　　旭斋堂弟常松斋，越穷日子越难过，要想借此机会，前来寻寻生路。（黄君甫）

　　旭斋内弟胡元芳，也为穷来寻生路。他同松斋两个，倒是一对宝货。（王献斋）

　　李爱娟，向同曼英要好，欢喜在交际场跑跑，今天也来看看热闹。（赵静霞）

　　男宾：你两个外甥，年纪小，家产大，总要有个人管理才好。

　　胡：这个自然，我做母舅的，总不能不替他们管理呀！

　　松：笑话！姓常的家产要姓胡的管，难道姓常的没有人了吗？

　　胡：哼！像你这个远房的姓常的，当然不如我至亲的舅呀！

　　老太太：好了，你们姊弟俩，快把孝服去换了吧！

　　松：总而言之，你姓胡的要管家产，总先要轮到我姓常的哩！

　　胡：哼！像你这个末等的姓常的，总轮你不到了！

　　松：我倒要请教你们，你们可认我是叔叔吗？

　　曼：当然认你的。

　　松：对呀！既然承认，我就应该管理常氏的家产了。

　　胡：我也要请教，你们可承认我是母舅？

　　又：这怎么会不认呢！

　　胡：那末你们就该知道，至亲莫如母舅，家产应该归母舅管呀！

　　岛：唉！你们二位老人家不要争，家产我自己会管，二位不必费心吧！

　　松：那末遗嘱上，你只能得三分之一，还有你弟弟的三分之二，应该我替他管咯。

　　胡：那末也先要轮到我母舅哩！

　　国：我同姊姊并不分，我的就是她的，她的就是我的，我的都要叫姊姊管的。

　　胡：都是你争坏的，争得我们两个人，一个管不着。

　　国英爱体育，无时无刻不练习。

---

　　[1] 原说明字幕前均有■标记，对话者有括号。现统一略去，将说明以不同字体区别之，对话者后加冒号。

曼：大清早，又在闹了。
曼：你不要睡，人家还要睡呐。
国：哈哈！谁叫你夜夜不早些睡呢。
曼英应李爱娟请，也到交际场来学时髦了。
爱娟情人孔朴庵。（朱飞）
爱娟之友顾少如。（王吉亭）
爱：顾君是跳舞专家，我已经说过，请他教你哩！
曼：这里怎么有这许多人呢？
爱：是，都是这里的会员，我都替你介绍一下。
顾：常小姐！你要学跳舞，便当得很，我来教你好了。
曼：阿唷！我没有跳过，只怕跳不来的嘘！
国：让我先来跳。
顾：你让李小姐来教。
曼：你同爱姐姐跳得真好，我觉得这个玩艺儿很不容易呐！
孔：这是你没有跳惯的缘故，像你这样聪明，将来一定比她还要跳得好哩！
又：这里跳的人少，看的人多，愈加觉得难为情。几时请你到跳舞场去跳，混在许多人里，就不觉得难了。
松：这个人几时来的，他见过你主人吗？
胡：这个人可是常常来的，他来这里做什么？
胡：外甥少爷！舅舅这两天实在过不下，要想来借一点钱。
松：该死该死！我还没有开口借，偏偏你会先开口了。
国：借钱的事，我不管的，我去叫姊姊来。
胡：舅舅这几天急等钱用，这件祖传的古董，想押三百块钱，买起来要值一千块呐！
松：笑话奇谈！这种东西，旧货摊上买起来，只值三只洋，怎么好押三百块钱呢？
胡：有眼不识泰山，你这种人配识什么古董呢？
曼：叔叔，你来有什么事？
松：我！这一张借票，值钱八百千，只要问你抵四百千，将来本利都归你收吧！
胡：咦！徐老增人都死久了，还有日子收还吗？这种废纸，不值半文钱哩！
松：放屁，你狗嘴里落不出象牙！人死借票没有死呀！
曼：你们不要吵，我也不要抵押品，都借一点钱给你们就是了！
又：你去关照帐房里，每人付一百块钱给他们！
不久曼英也成为交际之花了。
孔：你真可爱，现在你的跳舞，比什么人都好了！
曼：这都是你的功劳呀！
爱：你今天一回也没有替我跳舞过，倒跑到这里来谈天了，我要你跟我跳舞去。
顾：常小姐！朴庵给她一叫就走，太无道理，还是我同你去跳舞吧！

曼：谁要跳什么短命舞？

国英不愿过他姊姊一样的生活，仍旧过他做惯的生活。

国：我知道你们，每人每顿要吃六碗饭，吃的饭都到哪里去了？

头脑不清的少年女子，在交际场中何等的危险？像曼英这种人居然也会走到倾家荡产的路上来了。

爱：哦！你说同学请你去开会，原来你在此地开会啊！

朴庵本是好子弟，原可以与曼英相爱，只为先前交际不慎，现在不能安逸。

侍者：你们是常公馆，我要替孔朴庵先生说话。

爱：哦！果然你在她家里，赶快到会里来，等着你哩。

孔：嘎嘎！我马上就来。

曼：可是爱娟叫你去吗？不准走。

孔：我还有一点事，不能来。

爱：你说什么？

孔：我不能来。

曼：这只戒指套在你的手上，要你记得，以后不要再爱别的女人！

爱：你一刻说来，一刻说不来，到底忙些什么？

又：你有汽车坐，就跟人家走，太没有价值了！

曼：哼！人家不肯去，兜来兜去来拉人，倒有价值吗？

越是冤家，越会聚头。

国：晓得了，你们两位老人家来，总是要借钱，我去叫姊姊来。

曼：他们常常来借钱，这怎么可以呢？我们只能救急，不能救穷呀！你去回报他们吧！

岛：弟弟！这只戒指你戴了吧！

国：戴了这种东西，就像女人腔了，我不要！

又：今天不成功，因为你们常常来借，她不肯下来了。

松：这可不得了，今天不借，我房子要封门了！

胡：无论如何，请你再去想想法子，叫她下来一趟！

国：做不到的，你们不要噜苏，我有事情去呐！

又：你们怎么吃饱了饭，只会借钱，不做事？现在有个法子，你们俩比一比，谁力气大，我就替谁去说。

胡：这个不行，他块头这样大，我怎么拉得过他呢？

国：块头大不是一定力气大的，你不敢同他比，我只好替他去说了。

胡：这个不成功，我倒要替他拼一拼呐！

曼：弟弟！你怎么开他们的玩笑呢？

国：他们俩在这里要钱不要命。

爱：你几次三番对不起我，我忍无可忍了。你也在交际场中走走的，做这种事，实在不应该！

又：你们再这样下去，我要登报丢你们的脸了！
松：我与你无冤无仇，为什么来坏我的事？你来，我的钱借不成了。
曼：可是你有意约她来丢我脸的？
孔：天地良心，我哪里会做这种卑鄙的事呢？
国：姊姊！你为什么哭？有什么事只管替她闹好了，不要怕她！
曼：你应当赶她出去，我不要这种人在我家里，下次不准她进来！
孔：总是我不好，请你不要伤心！
胡：我们比得这样辛苦，总可以借一点钱了！
国：今天终归不行了，刚才我上去，她还在哭呐！
松：那末你身上可有零钱借些给我？
国：刚才到底谁的力气大？
仆：一个半斤，一个八两，一点没有两样。
国：总算你们还有点小运气，这一点钱，你们俩分了吧。
又：还有五块钱，给谁呢？
胡：那总是舅舅的！
松：还有我叔叔呐！
胡：不要动蛮，一人一半。
松：你一张比我大。

朴庵与曼英，假使在家安分守己，何至又遇事变？这都是青年贪玩，志意薄弱的过处！

曼：再替我添五千筹码来！
顾：常小姐！今天风头不灵呀！
爱：哼！有这种白虎养在家里，怎么会灵呢！
曼：你嘴里干净些！钱由得我输，与你什么相干？
爱：笑话！你有了几个钱，难道人家不许开口吗？
孔：我们不要再赌，回去罢！
曼：做什么，我怕她吗？今天要赌一夜呐，再替我添五千筹码来。

先将恶计商量好。
做就圈套等人来。

曼英：今天孔少爷怎么还没有来？你去打个电话问问看！
佣：你猜猜看是谁？
曼：这还有什么猜头呢？人家刚打电话寻你呐！
国：哦！你打电话寻我啊！
又：我知道你，上当就上在这只戒指上。
顾：叫她写信给常小姐，要她拿二万块钱现钞票，亲自送来赎他出去。
又：等她送钱来，就叫她来得去不得，我同你一人一个。

曼英得到勒赎的信，急得要命。

国：马上报官，去捉这般狗强盗。
曼：只怕我们没有捉到他们，他们倒先丧了他的性命哩！
女佣：阿呀！小姐！这是要去赎的，不去赎，听说他们要撕票的呀！
曼：弟弟！我自己的钱都用完了，可能够把你名下的钱借二万给我？
国：钱算什么？我的就是你的，你要只管去拿好了！
又：我还有个法子，拿去的钞票上，每张打一个图章，做个暗记；将来可以捉这般强盗。
曼：信上写的，还要我自己送去呐！
国：这件事我不赞成，钱可以给，你自己去太危险了。
又：这么办吧！让我扮了你，替你去，我是不怕他们的！
曼：你们看看，少爷可扮得像我吗？
孔：呀！你怎么会到这里来的？
爱：我听见你给他们捉得来，我冒了许多的险到这里来救你，你看我待你的良心好不好？
孔：咦！我已经写信给曼英了，不知道她可曾接到？
爱：哼！曼英到这种地步，她还睬你吗？我昨天还看见她同一个人在跳舞哩！
孔：你既然来救我，你就快快带我出去吧！
爱：带你出去，我有个条件，要你从此以后，永远同曼英断绝关系的！
孔：哦！原来你仍旧是一种私心，那是我做不到。
顾：你们不要性急呀！钱还没有来呐；等钱来了，你们爱怎么办就怎么办。
曼：我们两个人改扮过了，你们看得出吗？
胡：可惜啊可惜！这许多钞票，都要送给强盗去用了！
松：要是给我们两个人用了，多少好呢。
胡：这许多数目拿得去，他们会细细的点吗？
松：强盗拿到钱，抢都来不及，还会点吗？
胡：我们何不拿一点，做做打印子的工钱呢？
松：那是再好没有，我早就有这个意思了！
匪：财神菩萨来了，钞票一大包！
顾：可是常小姐自己来的？
匪：是的！长得很漂亮！
又：你钱交给我好了，我去叫孔朴庵出来。
国：不行，我要先见过孔朴庵，再给钱的。
顾：不要抢，大家平均分好了。
匪：慢慢！平均分不成功，出力有大小，分也要有大小股，你们俩应该少拿些，因为你们是各有目的的。
顾：对的！此地有两万块钱，十四个人；我们各拿一千，余下你们大小股分好了！
爱：曼英回来了，不肯出钱赎你，他们要弄死你，你还是跟我逃走吧！

顾：常小姐！你怎么会到这里来的？

爱：啊呀！他们马上就要来了，你还不就跟我来吗？

国：瞎了你的狗眼！你认认看！我是谁？

又：原来就是这个坏蛋在弄鬼！

曼：弟弟呢？怎么进去了还没有出来？

孔：我并没有看见弟弟呀！

曼：她怎么会在此地的？

孔：她前两天就来了，就是来救我的。

爱：是呀！我是来救他的！

又：哦！你的弟弟在里面，你们一同进去好了！

孔：你一刻儿叫我逃，一刻儿叫我进去，到底存的什么心？

爱：你们快来，人都逃走了！

又：赶快来！

昔日肯下运动工夫，今朝得此意外成功。

国英等逃回家后，当时就报官捉拿坏党。好得票上有暗记，包探已在各处进行。

堂倌：老板！这张钞票，有点像吗？

又：是那边角上，一个胖的一个瘦的两个人用的。

探：快到外边叫两个警察来！

又：你这钞票哪里来的？

票上暗记的法子，大见灵效。所有坏党，已经由此一网打尽了！

曼：怎么你们俩也会弄在强盗一起呢？

松：都是他叫我……

警官：你们到那边去具一个结出去吧！

这一对老糊涂，还在那里推来推去，自己总不肯认一点错哩！

1927 年

血 泪 碑

出品　明星影片公司，1927 年
编导　郑正秋
说明　郑正秋
副导　高梨痕　龚稼农
摄影　石仲衡
置景　董天民
演员　丁子明　阮玲玉　郑逸生　王献斋　叶良德　龚稼农　刘半痴　岑雪琴　王梦石　黄君甫　傅继秋　骆梦鹤　周爱雪　萧英　李丽娜　马润滋　严仙仙　袁金花　傅悲秋　俞慈　高梨痕

《血泪碑》电影由郑正秋编剧。其电影本事、字幕均为郑正秋所作，原载《明星特刊》第 25 期（《血泪碑》、《真假千金》合刊，1927 年）。

本　事[1]

郑正秋

梁家有二女，大女似宝，小女似珍。似宝守旧，似珍维新。两姊妹，两条心。她俩的爸爸爱似珍，她俩的妈妈爱似宝，两父母也不一条心。

似珍很爱少年石如玉。石父为差使来苏，得与梁府同居。可恨早有个浪子陆文卿，一见似珍，就想吃天鹅肉，男扮女装，混进了梁府。先被似宝看破，文卿不等发作，软硬工一齐来，把一位只晓得守旧不晓得世故的大小姐，由忍痛屈服，变为两下私通。梁似宝自从给陆文卿引坏之后，反而大着胆子，勾引起石如玉来了。

好花堪折直须折，莫待无花空折枝，这是梁似宝所希望于石公子的。公子如何？却是落花有意随流水，流水无情恋落花。

有一夜，小贼崔虎进府偷窃，石公子出来捉贼，反被崔虎一棒打闷。陆文卿趁此进谗，骗石母说是似珍有两个汉子，这一棒定是争风吃醋的奸情案。恰巧石母也是个旧头脑，同梁母一样，早就看不起似珍这样的新女子了，当然非常之相信。再加石父正同梁父先一日动身出洋公干了，上下男女，都是旧脑筋的人，谁替他辩白呢！于是乎（珍）（玉）良缘，就发生了大障碍，而且几乎要变成（宝）（玉）姻缘哩。似宝当然得意，格外亲近如玉。似珍错会意思，竟同如玉大吵。不料隔墙有耳，反教老人起疑，小人得志。

---

[1] 原为句读。

似宝夜来还要去看石公子,陆文卿大发醋劲来干涉。似宝恨不可解,揭破他的原形。石公子走出来看,文卿恼羞成怒,狠命把石公子打死。到天亮翻过来冤枉似珍,说她"因为怕石公子揭发他的奸情,所以出而谋杀的"。法官问到似宝同石母,都是如此说法。问到她生身之母,母也不敢说她小女儿可靠。唉!一个过渡时代的可怜女,处到这样不幸的环境,自以为生不如死,只求及早相从如玉于地下,也不愿自辩了。

南无阿弥陀佛,南无阿弥陀佛,一堂和尚正在念得兴高采烈的时候,死人忽然复活;不过脑病复发,记忆力完全丧失。似宝疑心生暗鬼,恐怖得要遁入空门。文卿怕出事,威逼她卷逃。逃到乡下小客栈,以为可以掩人耳目。不想螳螂捕蝉,黄雀在后,崔虎眼快,进去做扒手,连带把文卿的一条生命也扒去了。似宝天良发现,对着死文卿,连呼报应报应,也就拔刀自杀。聪明反被聪明误,浮荡少年快回头,莫学文卿寻死路。

梁石二老头,匆匆回家来。幸亏如玉已经有知觉,听得似珍上法场,力疾飞奔去救她。伤心啊!一个求解放而不得的新女子,终于从绞场上解放下来,倒在如玉怀里。一口鲜血,两行热泪,解放下这冷酷的世界了。

一碑双冢,两家二老,悲哀的空气太浓厚了。忽然来了一班好同学,撑起鲜明的旗帜,写着十三个大字道:"以死者之血泪,浇开人间自由花。"

字　　幕[1]

正秋

崇仁学校二周纪念游艺会。

石如玉是个官家子,有才有貌又有志,倒教好几位密斯,个个特别注意之。　(郑逸生)

又长又大陆文卿,还是个初等小学生,有才不归正,游戏算一等。　(王献斋)

瞎胡调小鲍,有戏必演,无会不到。只为开会筹款的太多了,才产生出这类的现世宝!　(叶良德)

小鲍:叫一声,我的妻!快快化装!等他们,演说好,我们新戏上场。

主席俞彬,请梁似珍女士演说。　(周爱雪)

梁似珍是个新派女学生,处着不良的环境,逃不了恋爱的牺牲。　(丁子明)

似珍父亲梁子青,当地一个大缙绅,一半儿守旧,一半儿维新。　(萧英)

如玉的同学王致中。　(龚稼农)

似珍的同学,又是致中的未婚妻余宝章。　(李丽娜)

文卿:为什么,拍巴掌,如同雷响?我与你,走过去,张他一张。

文卿:这样开通的女学生,同他谈谈爱情,一定括括叫!

---

[1] 原说明字幕前均有■标记,对话者有括号。现统一略去,将说明以不同字体区别之,对话者后加冒号。

小鲍：她是梁家二小姐，这块天鹅肉，你一辈子吃不着的！
文卿：哼！凭小区区这张照会，再加用点儿手段，哪怕她不上我的手？
小鲍：这个人你若吊得上手，我情愿同你赌两百块钱东道。
似珍：听说新票友的新戏，没有什么看头，请三位到我们家里去谈谈吧！
　　似珍姊，梁似宝，却有无才是德的旧头脑。所以不同妹妹上学校，宝贵光阴空费在梳头打扮学时髦。（阮玲玉）
　　这位梁太太，完全老古派。当爱而不爱，不当爱而爱，却教青年儿女受她害！（马润滋）
梁太太：宝儿的针线，越做越好了！你只知道天天外边跑，不知道学学姊姊，守守女子的本分！
似珍：做手工我该学学姊姊；讲求新知识，姊姊应当学学我！
　　家人梁兴，来报石公子来了。（刘半痴）
子青：花园里月季花都开了，珍儿你领石公子去看看！
梁太太：你做父亲，越做越糊涂了！不教女儿男女有别，倒叫她男女混杂，不怕人家笑话吗？
子青：你们妇道人家，哪里懂得我的心事？
　　小婢小棠。（严仙仙）
　　娘姨蒋妈。（岑雪琴）
娘姨：太太！曹媒婆说，蔡公馆把这里大小姐的八字算对了。
梁太太：我们打听过了，像姓蔡的这种人家，还够不上娶我们家的大小姐嘞！
又：说句真心话，大小姐比二小姐贴心得多，我真舍不得把她就嫁人！
似珍：那边三幢房子，是借给金所长住的。
如玉：梁女士！有张报您看看，我们的照像同演说词，都在上面。
似珍：我也有一张，同你的一式一样。
如玉：我越读越佩服，真教我五体投地！
似珍：您的话，就是我要对你说的话！
又：听说你的算学很好，我想多多的叨教叨教！
如玉：研究则可，叨教就不敢。您的图画很出名，我也想请你指教指教！
如玉：肉麻！肉麻！汗毛都竖起来了！
如玉：同女学生通信，万不能这样乱写！无形中去造成女子的心病，却是自己的罪恶！
致中：哈哈！你说我写情书，你自己也有情书来了！
又：您快去请假，预备动身！我去告诉一声密斯余。
　　曹媒婆答应文卿做媒。（袁金花）
　　八十三岁老太公，更是一位老古董。（王梦石）
　　六十一岁老小姐，眼泪只往肚里咽！（傅悲秋）
老太公：啊！珍儿！老没见你，你这样长成了，来扶老太公进去！

媒婆：太太！有位才貌双全的陆公子，要请这里二小姐的八字……

似珍：你把青年男女的终身，当生意买卖做。做来做去，做到我头上来了吗？混帐！

致中：我们要去送如玉动身，顺路来约你一同去。

似宝：妹妹为石公子一封信去的，发脾气是她的脱身之计罢了。

老太公：珍儿一变至此，都是学堂之过。女子无才便是德，古训究竟不错。

老太公：那个剪发女子，僧不僧，尼不尼，中不中，西不西，三分人样，倒有七分是妖气！

老太公：万幸万幸！大姑娘未曾瞎维新，将来总可以像我老小姐一样！

老小姐：大姑娘！你妈老不替你对亲，我爸爸又巴望你将来同我一样，我替你急死了！

似宝：太姑母！我也知道老小姐老吃娘家饭，日子是难过的！要是爱惜我，就请您去替我妈说说！

老小姐：哎呀！做了老小姐，来劝人家嫁人，要给人家起疑心说坏话的！

似宝：您不能说，我更不能说了，就听天由命吧！

崔虎气虎虎，没钱没奈何；缸修修，鬶补补，生意难做，得钱不多，苦！ 苦！（黄君甫）

媒婆：这个犯法的事情，好做的吗？我不敢领你去，你另请高明罢！

文卿：只要你带我进去一趟就出来，我赢了东道，再重重的谢你！

如玉母，石太太，思想旧，心不坏。 （俞慈）

家人石安（傅继秋）如玉父亲石友仁，总算是一个极普通的开通人。 （高梨痕）

友仁：你不要迷信！送终不送终，没有什么关系的。

媒婆：她叫王小心，要到张公馆去做大姐，路过这里，顺便进来请请安！

陆：哦！好一位阿弥陀佛的好太太，前世敲破了多少木鱼，才修到这样的福相！

梁太太：你说话倒很伶俐！好在还没有帮定人家，就在这里侍候侍候大小姐吧！

陆：好！好！连二姐一起侍候也愿意的！

媒婆：其实另外荐一个来的好，既是太太一定留住她不肯放，我只好去回报张公馆了。

写就几行书，寄与意中人。

陆：二小姐！只怕是哪一个公子写给您的情书吗？

陆：这怕什么难为情？现在的时髦小姐，男朋友越多越体面！

陆：寻一样东西。

宝：什么东西？

陆：耳，耳，耳环子。

宝：咦！你……怎么没有耳朵眼的呀？

陆：这个……小时候出天花，烂耳朵烂满的。

有一天晚上。

友仁：少庵的医道真高明！我好多了，想起来走走呐！

陆：大小姐！我睡在你房里好几天了，响出来，只怕你的名誉也难保吧！

陆：男扮女装，的确有罪；不过我为来为去却是为的你呀！

陆：不记得媒婆来做过媒吗？你妈不答应，我只好来冒险了，为了你，杀头也愿意！

似宝：谁信你花言巧语，你几时看见过我呢？

陆：咦！元妙观烧香，你忘了吗？

似宝：元妙观烧香，我年年去的，你说的哪一年？

陆：好小姐！我去年见你起，想到今年了，你不当我是待月西厢的张解元，也得当我是卖身投靠的文必正呀！

友仁：你在苏州读书，刚巧我的差使也会在苏州，再好没有了！

安：老爷高升，小人跟老爷道喜！

如玉：什么小人不小人，什么高升不高升，以后不必来这一套！

要想保全虚名，大小姐一夜之错，造成终身之污了。

梁太太：你又写信给男子汉了吗？下次不准再写！

梁太太：叫你学学姊姊总不听，她多少规矩，看见男人就躲避，人家哪一个不称赞她好！

似宝：我一生名节都断送在你身上了！害得我一见人面就心虚，一听人说话就惶恐，像做过贼的一样。

陆：好人！你放心！天知地知，怕什么？

似宝：你们男人家的嘴，到底要说出去的。

陆：我将来要是告诉人，过江过海一定做浮尸。

丫头：小姐！去用早饭。

似宝：身体不舒服，不吃了。

梁太太：啊呀！宝儿！你病了！

梁太太：这样脸红，一定是火。

梁太太：手又抖得这样利害，这怕还是寒包火呐！

子青：金所长刚搬走，友翁宝眷，何不就搬来一住呢？

友仁：多蒙不弃，一准搬来，房租一定照付。

石家来寓梁府之后，似宝变成一个招蜂引蝶的人了；但是她的变，其罪在文卿不在如玉。

如玉：我们既住在一处，又同令妹是很好的文字交，您不必见外！

似宝：这一大一小两朵花，我觉得大的好看得多，正在要采采不着，却遇见了您……

似珍：不要采！

似珍：姊姊您今天也开通起来了，倒很难得的呀！

似珍：我看是一朵小的花好！

如玉：我看大小花儿朵朵好！

似珍不过好花给人一采就坏了，我很反对你采花。

如玉：我们不必采花，还是书房里去画花吧！

石友仁忽奉命出洋，梁子青跟去游历。

多年不换的老厨子。（骆梦鹤）

小鲍：像她这个人，男子汉一养两个在家里，倒是想不到的了。

崔虎：话倒不冤枉，刚才那个小白脸，是明的，还有一个是暗的。

厨子：二位老爷有公事出洋，少爷同小姐送行去了，追上去还来得及。

厨子：太太！不是小人们多嘴，外面的话太难听了，说二小姐养两个汉子在家里。

厨子：我怕他们再要到门口来瞎说，假意拿片子送他们到衙门里去办，他们都吓跑了！

梁太太：宝儿！你总是她的姊姊，你也要帮着我管管她才好！

致中：想起来了，刚才门口有两个人说你。

宝章：女子自由一点，社会就要说坏。这种老顽固们造成的旧思想，可恶极了！

致中：老有老的好，新有新的好，您别见怪！

梁太太：小姐！请你替梁氏门中留点体面吧！我要做了你，听得人说养汉子的话，只好去寻死了！

珍：只要自己问心无愧，什么偷汉子，养婆子，由人家去说好了！

梁太太：你不要脸，我们要脸呐！前世造什么孽，才生出你这样没有廉耻的东西。

如玉：咦！今天怎么时时刻刻要走……

似珍：刚才妈……

如玉：唉！吃人的礼教真可怕！你这冤枉，一半是我害你的！

如玉：珍妹！我想索性把我们的婚姻解决了吧！

如玉：你这样痛苦，要伤身体的，教我怎么放心得下？

小棠：二小姐！太太叫你去！

陆：看呀！石如玉有花头，快去捉奸！

崔：我做贼，是见你给曹媒婆许多钱的时候才起意的！

陆：瞎说！认得曹媒婆的是我哥哥，不是我，你男女都看不出了吗？

如玉：捉贼……

石如玉经过医治之后。

石太太：险啊！差一点，你那痛到连人都不认得的头风病，又要发了！

陆：二小姐！太太叫你去！

陆：石太太，昨天有人说，二小姐偷汉不止偷一个；今天又有人说，打石公子的不是贼，一定是二小姐的姘头！

石太太：东西一样不偷，只打我家少爷，的确有点可疑！

如玉：妈！我想就同似珍订婚了。

石太太：玉！不对的，有人说，二小姐不止一个汉子，打你的就是她的姘头。

石太太：要定亲还是大小姐好，大小姐倒是个个称赞，人人说好的！

如玉：大小姐讲究旧道德，我也很敬重她！不过二小姐新得多，人家就格外的说坏她了！

娘姨：太太！石公子想要我们的小姐呐！

梁太太：提起二小姐我就恨，她要自由，我偏不许她自由，她哪里有大小姐好？

娘姨：是说的大小姐呀！石太太欢喜大小姐，石公子也称赞大小姐有旧道……理，又说很敬重她哩！

梁太太：一个人到底规矩的好，等老爷回来再说吧！

似宝：玉哥肯指教，我天天要来打扰呐！

如玉：你是似珍的姊姊，就同我姊姊一样，只管来问好了！

陆：啊唷唷！难为情！难为情！两个人要好得分不开了！

陆：何必气呢？小白脸不是只有他一个。他变了心，你也尽可以换换新鲜，气气他的咯！

似宝：咦！怎么一脸的吃巴掌神气？

似宝：只怕是你色迷迷，受了我妹妹的赏赐吧？

陆：我问你，你为什么同石公子头并头那么要好？

似宝：人家同我好，你吃什么醋呀？

似珍：如玉！你是个有希望的人物，请你格外自爱，不要为欺骗女子，堕落了人格！

如玉：你的话，不是无风起浪，就是神经过敏。

似珍：石先生！你太使我失望了！刚才你同我姊姊……

如玉：哼！你这样妒忌，思想太龌龊了！

如玉：人家说你养两个汉子，你不注意，倒反而注意起你的姊姊来了，笑话笑话！

似珍：别人说我这个话，你也……

陆：人家都睡了，你又来偷看些什么？

似宝：你管我！

似宝：你忘记你自己的原形了吗？

如玉：呀！畜生！敢……

陆：事已如此，只有推在……

第二天早上。

小棠：石公子死……死了。

厨子：要去报官吗？

梁太太：打电报叫两个老的回来吧！

验尸之后。

官：尸验下来，委系被人谋害死的，你们知道凶手是谁？

陆：我良心上说不过去，只好说出来了，是二小姐！

陆：昨天听见石公子骂二小姐不该养两个汉子，现在石公子头颈里又是二小姐的围巾，不是她是谁？

陆：上回把石公子打晕，有人说是二小姐的姘头；而且昨天骂二小姐的话，大小姐也听见的。

似宝：不错！我也听见的。

官：你是她亲娘吗？她平素为人怎么样？

梁太太：事到如今我也包庇不下了，他平素是没有大姑娘守本分。

官：连你的亲娘，同你的姊姊都是这样说，又有信又有围巾，罪无可逃了，走吧！

似珍：妈！石公子死，我活着反而多痛苦，还辩什么呢？不过爸爸……

似珍：姊姊！我不怪你！只求你等爸爸回来；有一分解除爸爸伤心的力量，你就用一分，我死也放心了！

似珍：姊姊我去了，安慰两老的责任，在你一个人身上了！

似珍：让我再去看一看石公子！

似珍：求求您，让我早一点寻死了吧！

石太太被人劝进去休息了，迷信的老太公还借着和尚的一本经，正在看得出神哩！

陆：啊呀！不得了！石如玉活过来了！

似珍：还我命来！

如玉：还我命来！

似宝：我怕极了，还是让我去做尼姑吧！

陆：该死该死！你要害人了！

陆：先下手为强，后下手招殃，与其给人看破，不如带你逃走！

陆：这是什么所在，前后左右都是人，敢哭吗？

似宝：首饰给你，你放我去死吧！

陆：你死要害我吃官司了，你害我，我只好带累你老子娘！

陆：哼！好大胆子，你敢偷东西吗？

崔：哼！好大胆子，你敢偷人吗？

崔：把柄在我手里，凶一凶就对你不起！

陆：似宝！想不到害人害了自己，杀人反而自杀，懊悔也来不及了！

陆：我丢下你……你……怎么好？

似宝：唉！报应！报应！

石如玉得医生救治，才能回复他的知觉。

如玉：记起来了！大小姐房里的长脚大姐呢？

梁子青：她逃走了，玉啊！医生叫你百事不要想！养养吧！

如玉：梁老伯！似珍妹妹呢？

石太太：她学堂里去了。

梁子青：你们太糊涂了，人已经活了过来，为什么不就去救二小姐出来呢？

梁太太：她自己招过口供了呀！

梁子青：唉！你天天说宝儿好，现在报上登得她死有余臭哩！两个女儿都是你害的！

梁子青：蒋妈！你快到牢里去安慰她一声，说我马上请律师替她翻案！

蒋妈：那个长脚大姐是男人扮的，大小姐跟他逃走到乡下，给人杀死在小客栈里！

蒋妈：二小姐！石公子已经清醒了，老爷刚回来，已经去请律师马上要救你出去！

狱吏：你请求早死，现在命令已经下来，给你巴望到了！

蒋妈：啊呀！不好了！二小姐要上法场了！

似珍：让我父亲来过之后再走吧！

石友仁：他们说你是二小姐谋杀的，所以……

如玉：啊呀！我！去救！

石友仁：让他去的好，他不去只怕救不下来的！

如玉：似珍！妹妹！我来……救你了！

似珍：玉哥我真欢喜！想不到今生还会见面的！

似珍：不良的环境，把我们姊妹两个杀了！

似珍：玉哥！你抱住我不要放，我的魂灵要永远在你的怀里！

似珍：爸爸！我要您的手！我还能见您，快活极了！

梁子青：既然知道今天哭死不会再活来，何必当初压制得她太利害？

石友仁：既然知道今天哭死不会再活来，何必当初冤枉得她太利害？

生：诸君！不自由的社会，夺了我们有希望的人物去了！杀我们新社会里新人才的凶手是谁？我们不能不明白！

余：说也伤心！杀二位的，就是二位的亲娘！假使他们早解决了自由婚姻，何至双死在法场上呢？

幕 面 盗

出品　未　摄
作者　顾明道
时间　1927年

《幕面盗》武侠短篇系顾明道为友联影片公司而作，原载《友联特刊》第5期（山东响马号，1927年8月18日）。

武 侠 短 篇[1]

顾明道

　　碧波社兄：近以书来，为友联影片公司新片《山东响马》特刊征稿。方当溽暑，懒于思索，姑草武侠短篇贻之。

　　胜清光绪初年，鲁省兖曹诸地，忽轰传有幕面盗者，常夜出劫人。虽重门复户，戒备严密，一瞥即逝，莫能免者。据闻盗善飞剑，数百里往来，刹那间事，古空空儿之流亚也。鲁省民风强悍，而曹州故多盗。惟幕面盗之出也，以青色布幕蒙面，人莫识其真相。并无羽翼，独去独来，类所谓独脚大盗者。惟所劫之家，多为富不仁之徒，及里中土豪劣绅，有时为道之家亦被劫，以故人人欲得而甘心。有卖菜佣为债主殴伤，惫不能兴，卧于道旁。夜间，忽遇幕面客赠以百金，而其债主即于是夜被割一耳，亦幕面客示警也。官中虽勒令严捕，而无人知其踪迹，且皆非其敌焉。忽有某太守来握邑政，守贪吏也，积得不少造孽钱，滥用三木，夙有灭门令尹之号。知是地有幕面盗，不畏强御，常劫官杀吏，不免心惴惴然。乃特延拳师张大刚任烈为镖师，走马上任。越数日，幕面盗乃杳无声息。守大喜，遂设宴请当地士绅。座有秦吐凤公子者，少年英俊也，门下食客甚多，以小孟尝拟之。守自负曰："某未来时，耳闻幕面盗之名；今奉命来守是邦，幕面盗乃销声匿迹，亦徒有虚声耳。"言已狂笑，状殊自得。某绅亦起言曰："幕面盗为害吾邑久矣，今幸获贤太守，盗乃望风而避，非以太守威名足以震慑之耶。曹人今得贤父母，可以高枕无虞矣。群闻言皆晋觞称贺，秦公子独冷然曰："以某观之，未必尽然。幕面盗有绝技，不畏强暴。太守纵英明，彼岂甘早自避去者？或有他故耳，且少待当可知也。"太守闻言，颇不悦，然无如之何。又数日，忽有人见幕面盗于酒楼，踞座肆饮，幕面未去，向座人大言曰："我即是幕面盗，寄语某太守来捕我，勿失机会，彼伧夫将以我为法者耶。"有人密报太守，守大怒曰："狂奴焉敢无

---

[1] 原为句读。

礼！"即请镖师任烈偕捕役隶胥数十人前往酒楼。任烈命众围守于下，自同数健者上楼。幕面盗已饮至半醉，狂笑曰："汝曹奉狗官之令而来耶，如有击伤，莫怪乃公无情。"任烈即拔刀奔前，幕面盗一跃而起。任刀方猛斫，幕面盗疾以两指轻点其腕，任觉痛彻心腑，刀坠于地。数健者杆械来助，幕面客夺去一人手中之铁尺，左右横扫，众皆受伤而退。幕面盗笑曰："汝曹亦太不济事，可告某太守，稍缓数日，乃公当来投谒也。"遂奋身一跃，不知所往。众懊丧而归，守闻之，戒备益严。一夜守尚披阅公牍未睡，任烈侍侧窗外，巡逻者往来如织。忽觉有风吹烛几熄，即见桌上有一小束，急视之，上写"幕面客特来拜访，并借取库银五千两，已携去，请代还。"守大惊曰："盗敢如此猖獗，左右速捕。"任烈取双刀出室，吹觱篥数声，群众闻警咸集。闻屋上笑声殊冷峭，见一少年全身黑衣，面蒙青幕，兀立屋上。任烈一跃上屋，幕面盗亦出利剑以迎。时张大刚亦闻声至，大刚素骁勇，挥剑径刺幕面盗。三人战于屋上，但见剑光霍霍，往来刺击。众在下张灯呐喊，以壮声势。顷之，闻吃喝一声，任烈已自屋上跌下。众前救之，见额上已受剑伤，血流不已，扶之去。大刚虽勇，见任烈已伤，而幕面盗剑术精妙，渐不能敌。而幕面盗忽一跃丈外而走，大刚追之，见有物疾飞至，避之不及，中其肩，负痛而还。灯下察之，则一铁牌也，兼方不及两寸，深陷肉中，遂箝之出，敷以伤药。守见盗已逸，往视库藏，果少五千两，跌足大骂不已，至夜深方睡。明晨醒来觉鼻上冰冷有物，扪之则一小匕首也，锐利无匹。门户皆闭，不知何来，谅亦幕面盗所为。守自思吾命悬于盗手，不速捕之，必无幸。商于任烈，烈曰："盗殊多能，吾侪愧非其敌。公如欲捕灭，不如往请吾师银髯翁。"守大喜，即促任烈以重金往延其师。半月后，银髯翁来，长髯过腹，雪白如银，貌甚寝，若无能者。守信任烈言，待以上宾之礼。翁细询幕面盗踪迹，沉思久之，乃曰："盗而幕面，可见其人必此地人民所常见；且出没皆在乡近，可知其人必居于此。待老朽徐徐察访，再定捕获计划。"自此银髯翁常出入茶坊酒肆间，越数日，里中有淫妇，亦为幕面客所杀，裸其尸。翁往视形迹已，又适访当地有名人物。一日谓守曰："可矣。但盗之能不弱于余，当暗伤之。今夜小徒任烈可随余往，余则留，且俟好音，盖人多反足偾事也。"是夜，翁偕任烈至一处，烈见为秦公子旅邸。其对面有老柳一株，翁与任烈猱升树颠，分坐枝上。烈不知其师何意，亦不敢问。漏三下，翁曰："当戒备矣。"运其如电之目，四下巡视，忽睹有一黑影，翩然如燕，自秦公子邸中围墙内跃出，一掠而过。翁陡呼曰："着！"即闻有声嗤然，黑影遽坠。翁急一跃而下，烈随之，则见地上横卧一人，全身黑衣，面上幕青布，血流被面；右肩又被翁猛刺一刀，已无能抵抗，二人即缚之。异归署中，报于太守，守急升堂鞫审，则丰姿俊逸，即秦吐凤公子也。众皆大骇。秦自知无幸，一鞫而服。次日即置之法，重赏银髯翁。盖翁已觉察秦之嫌疑，因秦不事生产业，而奢侈淫佚，挥金如土，则财源何从而来？且秦本非土著，不知出处，尤有可疑。察其人，则勇武者，故狙伏以伺。翁善连珠弹，即以此伤之也。然幕面盗虽伏诛，而一般小民皆深为痛惜云。

同　　学

出品　未摄，1927年
编剧　程小青

《同学》电影剧本为程小青所作，原载《学生杂志》第14卷第8、9、11期（1927年8月～11月）。

电 影 剧 本

程小青

人物表
赵有成（友仁）
徐源禄
杨家芳
张才基
沈慕西
李吉生（张才基之同舍生）
巡夜人
徐源禄之祖母、父
其他

开端语："友直，友谅，友多闻，益矣；友便辟，友善柔，友便佞，损矣。"——孔子

第　一　本

一、说明　家庭是习惯的制造厂。徐源禄的家庭便是一个例证。

景一
特写　渐现　先显一张飞脸形之纸面具，次又续现数面，皆甚丑怪。诸面平列一行，但见面部，不见身体，然皆微微转动，眼孔中也灼灼不已。（渐隐）

景二　徐宅前之广场
渐现　旷场上有儿童七八人，各戴纸面具，作种种游戏。各儿手中皆有玩具，或长枪，或关刀，或锤不一。少停，一张飞脸执关刀之儿，去其假面，随弃于地，自硕大之衣袋中出糖果食之，又发声令余童各去面具。有应命者，持关刀之儿即授以糖果。有数儿仍不去面具，执关刀者怒趋批击之，强去其面具，加以申斥。众似皆畏之，不

敢较。执关刀者又出糖果，分食如前。
二、说明　骄纵的徐源禄。

景三
特写　徐源禄执关刀于手，方嚼一梨，面有威容，若为众儿之领袖。

景四　广场
徐源禄食梨，过半即掷于地，又趋至一执双锤之儿旁，以己刀易其双锤。执锤者不肯，源禄强夺之，儿亦不敢抗。于是诸儿作操演状如前。顷之，另一儿手持一金鱼之玻璃瓶，瓶络以绳，儿提之入广场。近诸儿前，诸儿驻足围观。（放大）徐源禄见鱼，张口而笑，即以手中之锤与易。儿不肯，源禄闭口似怒，已即伸手夺鱼瓶，瓶坠于地，立碎。（加圈）鱼在地跳动。（加圈）儿哭。（加圈）徐源禄奔逃。

景五　徐宅之门前
源禄逃入巨宅，未几，即有一妇人领被夺之儿，亦入巨宅。

景六　徐宅内之大厅
徐源禄之父，为一旧式之士人，缓步自内出。忽见源禄奔入，惊问何故。源禄摇头作惊惧状。时妇人已引儿入，妇一手承金鱼两尾，一手指源禄而申诉其罪。源禄之父频点头，慰某儿勿哭，又向妇人作揖赔罪。妇引儿出。源禄之父即力斥源禄，且自厢房中取一竹棒出，似欲责打，时忽有一老妇自厅后出。
三、说明　溺爱的祖母。

景七　同前
源禄之祖母伛偻至厅中，见其子手持竹棒，又回头视源禄，源禄亟奔避于祖母之身旁。老妇即向源禄之父曰：
四、口语　"你做什么？不是又想难为这孩子么？"

景八　同前
源禄之父足恭诉说。老妇听毕，续续摇首曰：
五、口语"胡说！这孩子不会闯祸的。谁敢伤他一根汗毛！你要打他，等我死了再动手罢。"

景九　同前
特写　徐源禄在祖母身后，弩唇攒眼，作涎皮得意状。

景十　同前
放大　源禄之父掷竹棒于地，负手摇首而长叹。老妇亦携源禄入后厅。（渐隐）

六、说明 "大包袱包不到底!"徐源禄的祖母已故世了。不幸他的父亲也相继逝世。但还有偌大的房产够源禄挥霍。

景十一 振华大学之前门
有学生多人陆续出入。
七、说明 光阴迅速,徐源禄已是振华大学的四年级生了。

景十二 四四号寄宿舍(在楼上)
放大渐现 源禄方据一圆桌而坐。(加圈)桌上满堆水果食品,源禄取果食作分散状。(加圈)桌左右有同学三四人,得食,各作和调谄媚状,谈笑甚乐。(渐隐)
八、说明 工读学生赵有成。

景十三
特写 赵有成,仪表挺秀而衣饰朴素。

景十四 舍外之走廊(即南向之阳台)
赵有成行至四十四号宿舍之前,向门旁之窗中略窥,即推四十四号之室门而入。

景十五 四十四号宿舍
徐源禄等仍恣食狂乐,见赵有成入,源禄即招令共食。有成笑谢之,源禄不可,取桌上一果物起立,强授有成。有成勉受之,但不即食,置果于己之书桌。时圆桌上之食物已垂尽,源禄即起谓众曰:
九、口语 "我们拍球去。"

景十六 同前
源禄偕余众出,但留有成一人。室中椅桌欹斜,食物之皮壳狼藉满地。有成见状似不安,即起扫地,整椅桌。

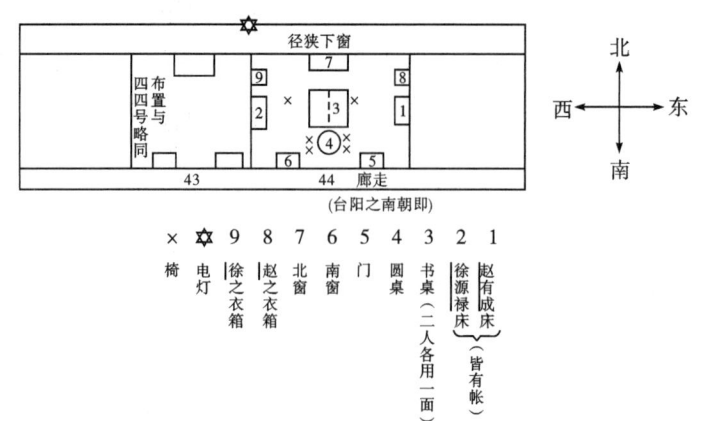

景十七 有成之书桌

放大 有成坐书桌前，整理，取书桌抽屉中之旧信，一一投之字簏。忽见一封信。（加圈）尚完整无损。（去圈）有成似喜，即取小刀轻剖其缝，反其面，复以胶水黏之。（加圈）即又成一洁白之信封。（去圈）有成喜，即将此信封另置一屉。已而又自床上褥子下出黑袜一双，检视袜跟，各有一破孔，因出针线补袜。补时不娴熟，斜刺其指，微绉眉，以唇吮指血，仍继续补缀。（渐隐）

一〇、说明 友谊的馈赠。

景十八 同前

赵有成坐书桌前，徐源禄持一书趋其前，谓之曰：

一一、口语 "你不是缺少这一本课本么？我送给你罢。"

景十九 同前

赵有成起立，摇手不受。徐源禄强置书桌上。有成欲取回，源禄按手止之。又曰：

一二、口语 "何必如此？这本书是我去年读过的，已没有用。我听说你打算自己抄下来读，那岂不费事？你如果客气，读过后仍不妨还给我。"

景二〇 同前

有成始勉受，面露感激状。源禄亦拍肩笑乐。（渐隐）

景二一

特写 徐源禄读报，状甚急切。（化入）

一三、说明 "运动消息：振华，文德，自强三大学第二十届联合运动，将于明日星期六正式举行。会场假振华大学操场，已布置一切。去年此项联合锦标，为振华所得，今届则各校皆有充分之准备，正未知鹿死谁手也！"（化入）

景二二 振华学校操场（观客座）

场上搭棚座数处，有工匠及职员多人，方忙碌于划地围栏。

景二三 运动场周围（即赛跑圈）

学生数人或练习赛跑及跳高栏，或徘徊闲行。徐源禄手持报一束，偕甲乙丙三生行至圈侧，伫立互谈。（放大）谈时皆击掌弩目。源禄作坚决状曰：

一四、口语 "我们一定要得锦标的！"

景二四 同前

三生皆点首赞同。甲生答曰：

一五、口语 "二千密达和一千密达赛跑，赵有成一定都拿得稳的。其他撑竿和跳远,我和他也应当拼一拼死力。"

景二五 同前
甲生言时,以目视乙生。徐源禄点头,且举两手拍甲乙二人之肩,二生亦表示必各尽力。(渐隐)

第 二 本

景二六 四四号宿舍
放大 有成独于室中理其运动衣,面欣欣有喜色。未几,自床底出运动鞋一双细察之,又以鞋跟向光亮处照视,复以指探鞋跟,则跟已洞穿,露一小孔。取视其他一鞋,鞋跟之钉亦折其二,则以目注地,面露忧容。

景二七 宿舍之走廊
徐源禄匆匆入廊,至四四号室前,向窗中略窥,微现惊呆状,即推门入。

景二八 四四号舍
赵有成坐于床前,执鞋呆想,见徐源禄入,即丢鞋于地,强笑点头。源禄趋前,见床上之运动衣,即曰:
一六、口语"你已准备了么?很好,大家都希望你得两个第一呢!"

景二九 同前
放大 赵有成微摇首。徐曰:
一七、口语"我却没有把握。"

景三〇 同前
有成说时,垂目视其皮鞋。徐源禄惊问何故。赵有成仍垂目答曰:
一八、口语"我总当尽我的力。"

景三一 同前
徐源禄益奇讶,即依有成目光下视,则见地板上之运动鞋。(加圈)一鞋横眠于地,断折之鞋钉尽现。(去圈)源禄点首会意,张吻欲言,以目视有成复止。忽抚颏凝思,微笑,似得计,即出室。

景三二 振华大学之前
徐源禄匆匆自校门出。

景三三 马路之街市
徐源禄且行且仰视店铺之招牌,至一皮鞋肆前即入。

1927 年

景三四 皮鞋肆之店堂
源禄向店伙索运动鞋，检视一双，以己鞋之底试大小，点首示可。论值既定，即自皮夹中出钱付之，乃出。

景三五 四四号宿舍
赵有成方以硬纸块垫补鞋底之孔洞，忽见源禄自外入，腋下挟一纸匣。源禄遽前，自有成手中夺破鞋，出匣中之新鞋比对，大小相同，甚喜。即谓有成曰：
一九、口语 "你且穿穿看，可合你的脚么？"

景三六 同前
有成似不解，直立不动。源禄强推之就坐，且为脱其足上之鞋，以新鞋加之，大小恰合。源禄甚得意。有成究问缘由，源禄曰：
二○、口语 "这是我送给你的。"

景三七 同前
有成自脱足上之鞋，交还源禄，摇首示不受。源禄强纳之。且曰：
二一、口语 "你须知明天的成败，不但关系你个人，还关系学校的荣誉。你希望得标，怎能不穿一双适足的鞋子？"

景三八 同前
有成闻言，垂首凝思，少停答曰：
二二、口语 "但我怎样报谢你呢？"

景三九 同前
源禄庄容曰：
二三、口语 "你说什么话？我们交朋友，不是做买卖啊！"

景四○ 同前
有成点首赞同，源禄亦喜。（渐隐）
二四、说明 运动会。

景四一 运动场之全景（即振华大学之操场）
运动场上观众，男女数千。

景四二 运动场之一角
放大 军乐队方奏乐。（加圈）教员努力拍节。（加圈）吹 Bass（即盘于身上之大喇

· 163 ·

叭）者鼓颐弩目；（加圈）打大鼓者一手持钹，一手持鼓锤，口目皆张视教员，状皆甚可笑。

景四三 运动场中央之东部
放大 有运动员多人，掷铁饼铁弹。

景四四 运动场之正中央
放大 一人立高椅上，以传音巨筒转周向观众报告。（化入）
二五、说明　一千密达赛跑。

景四五 赛跑圈
有运动员多人并立圈中，胸前及背上各有一号目。（放大）（加圈）赵有成为九号，立中间，面露笑容，且频向圈外人点首。（去圈）一发令员举手枪发令，众乃照例排列先后，各屈一足伏地。枪发，众乃起立飞奔。

景四六 赛跑圈之终点
放大 九号之赵有成与另一人竞争，有成终得第一，众皆拍手欢呼。源禄趋前扶之尤觉得意。

景四七 运动场中央之南部
有运动员十余人跳远，前与徐源禄谈话之乙生亦在内。
有运动员多人作撑杆跳，前与徐源禄谈话之甲生亦在内。

景四九 运动场之正中央
高椅上之人又举筒传报。（化入）
二六、说明　二千密达赛跑（须绕场五圈）。

景五〇 赛跑圈
赵有成与其他运动员多人已伏地待发，发令员之枪一放，皆开步出发。
二七、说明　第三圈。

景五一 同前
诸运动员络绎前进，既近，（放大）见九号之赵有成列第四，有一人半途退出。
二八、说明　第四圈。

景五二 同前
与赛者又减少二人，赵有成第三。

二九、说明 第五圈。

景五三 同前
赵有成自第三位努力前奔,追过一人,成第二。

景五四 观客座
放大 观众皆挥手狂呼;(加圈)有数人口目大张;(加圈)有数女子则以巾掩口,若忍制其呼吸;(加圈)有一女子装饰特华丽,貌亦甚美,咬指爪作切状,似甚关心。

景五五 赛跑圈之终点
放大 徐源禄手挟一花毡毯,张目伸颈,努力向将近之运动员三人挥手。时赵有成已与第一人并肩,转瞬间已冲突而过,乃得第一。源禄大喜跳跃,急奔扶有成,且以毡毯披于有成之身。

景五六 观客座
观众皆拍手欢笑。(放大)彼丽装之女子,亦笑作喜悦状,且急排众人而出。
三〇、说明 给奖。

景五七 礼堂门口
男女学生接踵入礼堂有运动员多人,亦随众而入。(放大)彼华服之女亦姗姗入。后更有多人,始见源禄与有成联臂而进。

景五八 礼堂内
众人已就座。有成与源禄自外进;时华装之女座近门,立起,拍手欢迎,座众亦皆拍手。
三一、说明 时髦女子杨家芳。

景五九 同前
特写 女妙目斜盼,面含笑容,轻拍纤手。

景六〇 同前
特写 赵有成略一视女,即鞠躬答礼。

景六一 同前
特写 徐源禄见女,目灼灼似甚赞美;及见有成答礼,亦依样与女鞠躬。

景六二 同前
特写 女见其憨状,以一笑报之。

景六三 礼堂中央(评判人座)
评判人演说数语,即呼名给奖,一一以桌上之银杯银盾及绣旗等物,分赠各运动员。而最大之之银杯,则为赵有成所得。座众皆拍手称贺。评判人末又向众报告曰:(化入)
三二、口语"振华第一!"

景六四 礼堂内部
座众皆起立,挥巾或挥帽而贺。

第 三 本

三三、说明 一月后。
景六五 公园之前门(门上有第三公园字样)
赵有成彳亍入公园后,其另有儿童数人跳跃入。

景六六 公园内
赵有成循径缓步,每经花前,辄徘徊小立。又经一石桥,复凭桥视池中游鱼。

景六七
特写 池中游鱼,自水草中往来梭穿。(渐隐)
三四、说明 绿荫深处。

景六八 大树下
树下有少年男女二人,并坐情话,状甚昵。枝叶垂挂,覆蔽二人,远望几不可见。

景六九 大树对向
赵有成自一丛树夹道之曲径中走来,将至出口处,抬头一望,突然停步。

景七〇 大树下(较远)
赵有成见树下之男女,略一凝视,即停目寻思:(化入)

景七一
闪景 礼堂中一女子起立,含笑拍手欢迎。(同景五九)(化入)

景七二 大树对向
有成微点头,即反身退回,似不愿惊扰二人。渐走渐远,至于不见。(渐隐)

景七三 大树下
放大 树下之少年男女：女即昔日拍手欢迎之杨家芳，衣饰虽已更易，仍甚华丽；男衣西装，持手杖，装饰亦甚丽都。
三五、说明 杨家芳男友之一，沈慕西。

景七四
特写 西装少年手弄其杖，目注女面，含笑而谈。
三六、说明 游河之约。

景七五 船埠
一少年徘徊于河埠之次，河中泊小汽艇一。（放大）少年即徐源禄，频视其手表，又跂足向马路瞭望，无所见，则皱眉作不耐状。

景七六 大树下
杨家芳与西装之沈慕西情话久之，慕西以手按女手，女无意中见慕西腕上之表，微震，似陡忆一事。慕西睹状，惊问何故。女略低首视地，答曰：
三七、口语"请你原谅，我要回去了。家里有事呢。"

景七七 同前
女起立作别，沈慕西仍依依不舍。

景七八 船埠
徐源禄仍徘徊埠次，时方衔纸烟于口，未及半，即掷烟于地，似益焦急不耐。已而伸颈瞭望，忽见一车停于近埠之路旁，大喜，急奔迎之。

景七九 马路旁
下车者即杨家芳。（放大）源禄大喜，急探囊出银币一，背面授车夫。（加圈）车夫喜，且牵唇霎眼作鬼脸。（去圈）源禄旋挟女回身向船埠，且谈且行。

景八〇 小汽艇
徐源禄扶女登汽艇，女故作娇态，以手挽禄颈。既登，并坐中舱，汽艇乃向河心驶去。

景八一 河面
渐现 辽阔之河面，清波沧涟，帆船三五，一汽艇掠波而至。

景八二

特写 源禄与女坐汽艇中，携手互话，女以首枕源禄肩，状甚亲昵。源禄乐不可支。

景八三 小汽艇

小艇向烟波深处，渺渺而逝。（渐隐）

三八、说明 甜蜜的回想。

景八四 四四号宿舍

源禄独坐于书桌前，取一照片把玩。见室中无人，偷与片中人接吻，既又执片凝思，面呈笑容。

景八五 四四号宿舍

赵有成忽自外入。源禄正痴想出神，吃惊起立。回首见有成，急以手中之照片置于背后。有成笑问何物，源禄笑而摇首，拒不出示。有成强索之，则一女子照片。

景八六

特写 照中之杨家芳，装饰奇丽，貌亦甚美。

景八七 四四号宿舍

有成持片凝思，问是伊谁。源禄作得意状，指己胸答曰：

三九、口语 "这是我新交的朋友。你可认识么？"

景八八 同前

有成低首不答，脑中忽回想前状：（化入）

景八九

闪景 大树下一男一女情话。（同景六八）（化入）

九〇 四四号宿舍

有成凝想有顷，源禄又曰：

四〇、口语 "此女名杨家芳，就是那天给奖会里拍手欢迎你的。"

景九一 同前

有成回首视之面，张吻若欲有言，已忽忍制，但强笑点首。旋又停目作疑想状。（渐隐）

四一、说明 第二次撞见。

景九二 马路
路上车马往来不绝,赵有成在马路旁之侧径上步行。行至叉路之口,停步,待一汽车驶过。车中一男一女,并坐笑谈。(放大)女即杨家芳,男即公园中情话之西装少年沈慕西。

景九三
特写 赵有成初作惊骇状,既而目送逝车,摇首叹息。(渐隐)

景九四 四四号宿舍
徐源禄方解一巨包,自包中出精美之化装品无数,置于桌上,罗列几满。又出女照片视之,回想前状。(化入)

景九五
闪景 源禄与杨家芳坐小艇中,女首枕源禄之肩。(同景八二)(化入)

景九六 四四号宿舍
源禄愈想愈乐,面露笑容,复取照片吻之。

景九七 振华大学之前门
赵有成匆匆入校门。

景九八 四四号宿舍
源禄正自评赏桌上之物,赵有成突然入室,面容甚庄。源禄招手令视桌上物,且问曰:
四二、口语 "你想我把这些礼物送给伊,伊可乐意收受么?"

景九九 同前
放大 赵有成摇首不答,又张口欲言,忽又顿住。源禄见状,亦敛其笑容,询问何故。有成抬头,平视源禄之面,答曰:
四三、口语 "我劝你不要再和这女子往来!"

景一○○ 同前
放大 源禄似惊,且微怒,问曰:
四四、口语 "为什么?"

景一〇一 同前

赵有成庄容曰：

四五、口语 "我觉这女子和你交往，与你没有益处！"

景一〇二 同前

特写 源禄斜目睨有成，微作猜疑状，已而笑曰：

四六 口语 "对不起，有益无益，我自己总知道的，不必你替我担忧。"

景一〇三 四四号宿舍

源禄且言且整理桌上诸物，有成知不可劝，低首微叹。（渐隐）

第 四 本

四七、说明 有形的产业，原不可恃的。徐源禄偌大的房产，忽在数小时内，都已被祝融收拾干净！

景一〇四 操场之一角

一大树之铁椅上，徐源禄执信笺于手，低首作忧容。赵有成并坐于旁，向之劝慰。源禄以手中之信笺示有成，有成取阅之：（化入）

四八、说明 "……如此灾祸，实出意料！因时值夜半，扑救不易；直至东方微白，方始熄火。但先主人遗传之广厦，因此一炬，悉成灰烬，言之可痛！特先飞禀，余容后呈。

仆人徐福谨禀"

景一〇五 同前

有成阅毕，亦露忧色，已而又向源禄劝慰曰：

四九、口语 "男儿当谋自立！况且你将要毕业了，真不必以此为忧。不过有一件事，你必须注意才是。"

景一〇六 同前

徐源禄徐仰首视有成，问注意何事。有成曰：

五〇、口语 "就是那个女友杨家芳，你不可再和伊往来！"

景一〇七 同前

徐源禄微怒，向有成注视有顷，作简语问故。有成亦庄容答曰：

五一、口语 "论你眼前的处境，这女子更无益于你。"

景一〇八 同前
放大 源禄斜目睨有成,以齿咬唇;又将手中之信笺,坚捏成团,离椅起立。已而冷笑曰:
五二、口语"无益于我,大概总有益于你罢!"

景一〇九 同前
源禄悻悻去。(放大)有成俯首怅惘,已而仰面凝思,忽似得计,微点其首。寻思曰:(化入)
五三、口语"我不如从根本上设法。"

景一一〇 大学之前门
有成出校门。

景一一一 杨家门前
有成一路行来,且行且仰视门牌,至一巨屋之前,见上标"杨第"之铜牌,略一踌躇,即登阶叩门。一小婢出应,有成略询数语,即出刺令通报。未几,婢复出,引有成入。

景一一二 杨家会客室
室中布置绝华丽。杨家芳坐于沙发中,翻阅一百货公司之商品样本,见赵有成入,起立含笑欢迎。有成鞠躬答礼,面容甚庄。家芳笑曰:
五四、口语"难得你光降!"

景一一三 同前
家芳延有成同坐于沙发,有成却之,另坐一椅。已即向女陈说来意。(渐隐)

景一一四 振华大学之前门
徐源禄匆匆出校门。

景一一五 杨家之会客室
放大 赵有成向杨家芳口讲指划,状甚恳挚。家芳敛神倾听,脸上笑容已敛。有成末曰:
五五、口语"总而言之,源禄一切所有,此刻已完全丧失!"

景一一六 同前
家芳有厌憎色,问有成曰:
五六、口语"你向我说这一番话,有什意思?"

景一一七 同前

赵有成作恳求状答曰：

五七、口语"我要请求你一件事。从今以后，愿你不要再和他交往！"

景一一八 同前

家芳大怒，自沙发中起立，诘问何权干涉。

景一一九 杨家门前

徐源禄已行至杨家门前，引手叩门，小婢出而复入。

景一二〇 杨家会客室

有成亦离椅起立，杨家芳怒目视有成，引手指室门令出。有成亦怒，仍力辩不止。忽见小婢推门入通报，有成似惊骇，方欲出室，徐源禄已昂然入。见有成在室中，即怒目相视。时杨家芳至源禄身旁，以手挽源禄之臂。有成乃乘间退出，源禄怒目握拳送之。

景一二一 杨家门前

赵有成踉跄出，向西行。未几，沈慕西自东而至，轻叩杨家之门。一小婢出应，见沈微迟疑，即摇手作阻止状，曰：

五八、口语"小姐不在家！太太在里面！"

景一二二 同前

沈慕西见婢急急关门，似怀疑，略踌躇，悻悻下阶。忽止步，回首望屋，目向一窗行去。

景一二三 杨家会客室

徐源禄引女置胸前，作抚慰状，且问情由。答曰：

五九、口语"他一定不许我和你来往。又说你已变做一个穷汉！"

景一二四 同前

源禄怒容满面，作切齿状。略凝思，问女曰：

六〇、口语"那你究竟是否爱他？"

景一二五 同前

杨家芳以首抵源禄之胸，答曰：

六一、口语"我只爱你一人！"

景一二六 同前
源禄闻言，似乐，围臂抱之。时窗外露一怒目狞狰之人面，即沈慕西也。（渐隐）

景一二七 有成之书桌
放大 有成坐书前，状甚懊丧，偶移目至桌上。（加圈）有银杯一，即运动会场中之奖品，（去圈）已而又摇首叹息。

景一二八 四四号宿舍
源禄入室，有成略仰视，掉头不顾。源禄状甚汹汹，入室，略伫立，即至书桌前，厉声斥有成。有成起立，庄容辩曰：
六二、口语"我所以一再忠告你，完全是出于友谊的好意。"

景一二九 同前
徐源禄作鄙夷状，讥讽曰：
六三、口语"真好意！真好朋友！"

景一三〇 同前
有成亦怒，即曰：
六四、口语"老实告诉你罢，这女子行止太自由，所爱的不止你一人！"

景一三一 同前
特写 源禄咬唇斜睨，额上青筋尽露，一手握拳绝坚。答曰：
六五、口语"不要脸的！你想伊爱你么？"

景一三二 同前
放大 有成闻言大怒，亦紧握其拳，张口答辩。源禄忽举拳直扑，有成初但招架，及源禄第二拳至，即亦回击，于是扭成一团。
六六、说明 排解人张才基。

景一三三
特写 一华服之富家儿，貌不甚佳，方伏案阅书。

景一三四 四三号宿舍
张才基与一同年事较幼之李吉生对坐阅书，闻隔室中惊动声，即各掩书惊起。

景一三五 宿舍外走廊
张才基与李吉生自四三号宿出，亟推四四号宿舍之门而入。

景一三六 四四号宿舍

张才基与李吉生入室,见二人尚扭殴不释,即上前分解之。二人各气息咻咻。才基向二人究问情由,二人但怒目相视,各无一言。时更有他宿舍之二生,亦为争斗声引入。才基向有成源禄二人凝视有顷,即笑曰:

六七、口语"好了,好聚不如好散。我们快要分别了,大家忍耐些罢。"

景一三七 同前

张才基言时,以两手拍有成与源禄之肩,作调解状。

景一三八 同前

特写 源禄仍闭口怒目,犹不释然。

景一三九 同前

特写 有成以目视地,若甚懊丧。

一四〇 同前

张才基之两手,仍按于二人之肩,一则懊丧,一仍倔强如故。(渐隐)

六八、说明 毕业之前一日。

景一四一 公园中之小亭

渐现 小亭中一男一女并坐谈话,男即徐源禄,女即杨家芳。(渐隐)

景一四二 小亭后

放大 沈慕西伏亭后窃听,面目狞厉。

景一四三 小亭

徐源禄探怀出一信,示家芳,家芳展视之:(化入)

六九、说明"源禄贤甥:闻汝将届业,甚慰,甚喜。汝父有知,亦必含笑泉下。余今为汝谋一出路,已于光华银行中得一位置,此系汝父临终时之嘱托,度汝必愿承受,特先通知。汝一俟毕业,即来我处,俾接洽一切。愚舅省三启。"

景一四四 同前

放大 杨家芳读信似喜,徐源禄亦甚得意。因谓女曰:

七〇、口语"我们明天下午行毕业礼,你一定要来观礼的。"

景一四五 同前

杨家芳似允非允，笑曰：

七一、口语"我这样打扮来观礼，不失你的面子么？"

景一四六 同前

徐源禄闻言，略呆，已而面有惭色，强笑曰：

七二、口语"像你这样的丰姿，即不打扮，也像天仙化人一般！"

景一四七 小亭后

沈慕西出短刀一，握刀，作势欲趋亭前。方举步，又摇首似觉不妥，迟疑不前。

景一四八 小亭

源禄旋携女出，沈慕西遥尾于后。（渐隐）

景一四九 公园门外

源禄偕家芳出园，约女必至，叮咛数语，始别。家芳目送源禄去远，正回身欲行，猛闻呼声。回首视之，则见沈慕西立于园门之内。家芳大惊欲逃，慕西喝止之，庄容至其前，力斥之。家芳低首羞惭。慕西作坚决语曰：

七三、口语"你明天若往观礼，休要怪我！"

景一五〇 同前

杨家芳掩面无语，匆匆反身行。（渐隐）

第 五 本

景一五一 四三号宿舍

放大 张才基取毕业礼服试穿，又加方帽于顶，引镜自照，作得意状。已而匆匆去衣，取一纸包解之，内为一长形之绒匣，启匣。（加圈）则见一精美之女子手表。

景一五二 宿舍外之走廊

徐源禄步入走廊中，经过四十三号室前时，向窗中略窥，即至四四号室前，推门而入。

七四、说明"好友变成仇敌。"

景一五三 四四号宿舍

有成独坐自修，徐源禄入，略一相视，即各掉头不顾，脸容皆甚冷淡。（放大）源禄取毕业礼服检视，既而默坐无事，横目视有成，又现怒容。时似甚无聊，即出室。

景一五四 宿舍外走廊
源禄自四十四号出，入隔室四十三号。

景一五五 四三号宿舍
徐源禄入室时，张才基犹赏玩手表不释。源禄趋视之，亦颇赞赏，且询何用。才基曰：
七五、口语 "这是送给我的未婚妻的。我准备明天早晨送去，以便伊戴着来瞧我们行礼。"

景一五六 同前
源禄忽作呆想，忆及：（化入）

景一五七 公园中小亭
内景 小亭中杨家芳似允非允，笑曰：（同景一四五）
七六、口语 "我这样打扮来观礼，不失你的面子么？"（同口语六九）（化入）

景一五八 四三号宿舍
源禄凝思有顷，强作笑容，叹问价值。才基示以二指，答曰：
七七、口语 "二百元。你想不贵么？"

景一五九 同前
放大 源禄闻言，又低头作寻思状，无意中以手自抚其囊。

景一六〇
特写 一悬空之铜钟，钟舌震动不已。
七八、说明 晚膳。

景一六一 四四号宿舍
赵有成忽闻钟声，掩书而起，出室。

景一六二 宿舍外走廊
有成自四十四号出，经过四十三号窗口时，略停向玻璃上窥视。

景一六三 四三号宿舍
张才基与徐源禄二人正评论手表之优劣，忽闻晚膳铃声，皆觉。才基因将表匣盖合，复用纸包好，放入靠近床前之书桌抽屉中。时赵有成正在窗外窥视，才基仰首见之，向之微笑。既合抽屉，即偕徐源禄同出。

景一六四　宿舍外走廊
张才基与徐源禄自四十三号出时，赵有成已出廊下楼，有其他生陆续过廊，二人亦随之同行。

景一六五　膳堂
一广大之膳堂中，列桌二三十，桌上菜饭俱备。诸生陆续进膳堂，就其位而坐。未几，赵有成入，趋一桌，已先有甲乙丙丁四人就座，丁生年甚幼。又久之，徐源禄亦入，趋有成所坐之一桌，共成六人。既坐定，彼此始各举箸。（放大）源禄之面，悒悒不欢，见赵有成，则怒目以视。有成仍不置意，其他三生皆下箸甚疾。

景一六六　同前
放大　甲生口不停嚼，目光灼灼，则视桌上之菜碗；乙丙二生亦然；惟年幼之丁生咽嚼甚迟。丁生见碗中之菜，转瞬便尽，则以目视狼吞虎咽之甲乙丙三生，三生仍不顾，争攫如故。幼生因以箸箝肉一块，置己之羹匙中，始起身添饭。（加圈）丁生匙中之肉忽被另一人箸去。（去圈）丁生添饭归座，不见肉，大惊怒，以目视并坐之甲生。（加圈）甲生佯若不觉，但暗作鬼脸。

景一六七　同前
徐源禄食不下咽，先离座起立，怏怏出膳堂。
七九、说明　试诱。

景一六八　宿舍外走廊
徐源禄独缓行入廊，经四十三号室前，略停，向窗中内窥。疑滞有顷，乃微摇其首，入四十四号室。

景一六九　四四号宿舍
放大　源禄入室，坐于床前，面有忧容，又定目作疑想状。（化入）

景一七〇　花园中
幻景　杨家芳坐于假山石上，徐源禄立于其旁，含笑自衣袋中出一绒匣，匣启，则见一节环之手表。女见表惊喜，源禄乃取表亲为加于女腕。女作娇昵状，附源禄之耳曰：
八〇、口语"你这样给我装饰，无非给你自己争光辉啊！"（化入）

景一七一　四四号宿舍
放大　徐源禄仍定目注视地板，面露微笑，正凝想出神。已而微怔，笑容立敛，则出袋中之皮夹，检视钞票，仅两三纸，乃摇首默叹。旋又闭口定目作寻思状。（渐隐）

景一七二 宿舍外走廊
赵有成入廊,进四十四号室。张才基与同舍之李吉生,先后入四十三号。

景一七三 四三号宿舍
张才基既入,急开抽屉,取表视之,欣赏作得意状,仍置表于屉。
八一、说明 那晚上。

景一七四 四四号宿舍
熄灯铃既摇,徐源禄与赵有成乃各就寝。北窗外有电灯之光透入,室中故不甚暗。
八二、说明 无形之战。

景一七五 徐源禄之帐内
特写 虽登床下帐,然双眉紧蹙,忽仰忽卧,转侧难眠,似心中正作无形之战。

景一七六 四三号宿舍
张才基与李吉生同登床睡,然才基于下帐之前,复开抽屉,取表置耳上听之,微现笑容,始仍还置屉中,乃睡。
八三、说明 巡夜人。

景一七七 宿舍之北窗外
放大 窗下有一狭径,下皆草地。对窗有电灯两三。宿舍凡两层,两层之中间,有墙边突出三四寸。但见无数之窗口,上下排列。

景一七八 窗下之狭径
一躯干高伟之大汉,手执一凸光灯,背荷一汽枪,在狭径中自东而西。
八四、说明 半夜。

景一七九
特写 淡云疏星,斜月一钩。

景一八○ 徐源禄之帐内
特写 源禄张目仰卧,忽仰其身,伸手掀帐,探首外视,已又摇首重卧。

景一八一 四三号宿舍
张才基醒来,忽掀帐开抽屉,取表听之,微笑,置表原处,复卧。

1927 年

景一八二 四四号宿舍

徐源禄疾掀其帐坐起,作坚决状;先引耳倾听,旋即下床跋鞋,蹑足至赵有成之床前窃听,似觉熟睡,即披一衣于身,悄行至室门,投钥轻启之。

景一八三 舍外走廊

徐源禄旋自四十四号出,微偻其身,至四十三号门前,旋之不开,则投钥入锁孔。久之,似不能入,摇首失望。略一寻思,似得计,复入四十四号室。

景一八四 四四号宿舍(北窗)

徐源禄入室,反身轻合门,蹑足趋北窗,轻启之,探首外望。

景一八五 北窗外

四三号宿舍之北窗,东向一扇洞开,徐源禄望见之,似喜。又俯窗口下之墙。(加圈)有三四寸之阔边(俗呼台口)凸出,可以容足。(加圈)又见隔窗窗下之窗轧。

景一八六 四四号宿舍(北窗)

源禄自窗口退入,摇首寻思。已而似有所悟,即至床下觅得一绳,以一端成一环,复取绳出窗口。

景一八七 北窗外

放大 徐源禄取绳环遥掷之,意欲套入隔窗之窗轧。

景一八八 同前

特写 环套窗轧时,屡套不进,已乃套入。复拉绳使紧,环即收束,牢系于铁轧。

景一八九 同前

徐源禄大乐。即另系绳之一端于四四号之窗轧,以便攀绳而至隔窗。正欲跨出,忽见狭径之西端,有光一道,缓缓而至,亟缩入窗内。未几,即见巡夜人行经窗下,但并不仰视,毫无所疑。徐源禄又探头出窗,见巡夜人已杳。乃放胆跨一足出窗,以足踏墙边,两手则攀于绳上。(放大)源禄扶绳前进,为状绝险,至隔窗之口,先跨一足入。

第 六 本

景一九〇 四三号宿舍

放大 源禄刚入窗口,猛见李吉生之床帐震动,大骇伏地。少停,无异,始偻行至张才基之床前,方伸手欲开抽屉,忽见才基之帐门略动。源禄又惊伏于地。但久仍无异,源禄始复起。(加圈)伸手开抽屉,自屉中摸得一绒匣。(去圈)即纳入囊中,已而亟回身趋窗而出。

景一九一 北窗外
徐源禄出自四十三号，仍攀绳回至四十四号。

景一九二 四四号宿舍
徐源禄进窗口时，偶急促不慎，以足触窗上玻璃，作声，惊伏于窗口不动。

景一九三 赵有成之帐内
特写 赵有成闻声，自睡梦中惊觉，即张目凝神倾听。

景一九四 四四号宿舍
徐源禄向有成之床略望，见无动静，即复将他足跨入。

景一九五 赵有成帐内
特写 有成似已闻声，仰身坐起。

景一九六 四四号宿舍
徐源禄既入窗，亟反身合之。（加圈）斯时赵有成之帐门微启，露一目窥视。（去圈）及源禄关窗回身，赵有成之帐门复下。源禄先行至有成帐门外，引身窃听。

景一九七 有成帐内
特写 有成知源禄方立于帐外，则静坐向帐外怒视。

景一九八 四四号宿舍
徐源禄以为有成仍熟睡，点首得意。即取袋中之匣启视，置耳际听之，甚乐。旋启其衣箱，藏表匣于箱中。时则有成伏于帐中，露眼偷窥，见源禄重锁其箱，纳钥于抽屉，即登床睡。

景一九九 北窗外
（加圈）二窗间之绳，仍系于两面之窗轧上。（去圈）巡夜人自东而西，经窗下时略仰视，然仍无所见，冉冉去。
八五、说明 赵有成之好奇心。

景二〇〇 四四号宿舍
有成掀帐探首出，似觉源禄睡，即起。先至源禄床倾听，微点首；又至北窗前，启窗外视，见墙上之绳，现诧异状；又回首视源禄之衣箱，略踌躇，即至源禄之书桌前,启屉,取钥匙;开箱,得表匣。(放大)启匣,见表大惊骇。

景二〇一 同前
有成执表匣,至源禄床前,面容甚庄,伸手欲揭帐,忽回首见(加圈)已桌上之银杯,又摇首而止。

景二〇二 同前
特写 赵有成愁眉哭脸,似心中至难堪。以目视表匣,摇首无计。已而忽有所悟,咬唇轩眉,作坚决状,寻思曰:(化入)
八六、口语"他失足了,我不能不设法救他一救!"

景二〇三 同前
赵有成启己之衣箱,取黑色之短衣及睡帽各一,穿之。藏表匣于袋中,出北窗。

景二〇四 北窗外
赵有成出自四十四号之北窗,即攀绳沿凸出之墙边而行。将至四十三号之窗口,狭径之西,即见有灯光一道,向东行来。然赵有成初未之见,续向前进;至窗口,即探首入窗。

景二〇五 狭径之西端
巡夜人忽仰首,见一人伏于窗口,大惊;亟置灯于地,取背上之枪,作瞄击势。

景二〇六 四三号之北窗外
特写 赵有成正欲举足跨入,他足之腿上,忽中一汽枪之弹,受痛大震,即自窗口下堕于地。

景二〇七 窗下之狭径
放大 赵有成既堕地,绉眉似痛绝,已而以帽蔽面,自地力撑起。

景二〇八 狭径之西端
巡夜人见窗口之人中枪堕地,大喜,亟持灯趋前;然至相距两三码时,赵有成已挣扎起立,负痛向前力奔。巡夜人追之,追至转折处,逃者追者皆不可见。

景二〇九 源禄之帐内
特写 源禄闭目入睡,面露笑容,似正作好梦。略一转侧,仍安睡如故。

景二一〇 四三号宿舍

张才基自床中起，先至床后小遗，复回床中。忽又忆及抽屉中之表，因启屉摸索，不得，颇惊异；复下床燃烛，向他屉中遍觅，亦不见，大惊骇；因至李吉生床前，揭其帐，力推之，李吉生正熟睡，推之不醒，翻身向床内睡。才基不耐，则附李吉生之耳大声而呼，季吉生惊觉，直跳起。

景二一一 徐源禄之帐内
特写 源禄自睡梦中闻声，惊醒，即敛神倾听，似觉声出隔室，惊骇坐起。

景二一二 四三号宿舍
才基与李吉生二人方就室中察验，李吉生至北窗口，向外一望，已见墙上之绳，即退入，招才基同视，且以手指隔室，似已决定窃表之贼来自四四号。才基欲奔往隔室，李吉生止之曰：
八七、口语"且慢！我们先应当报告舍监。"

景二一三 同前
张才基点首赞可，遂至门次，手旋留于锁孔中之钥匙，轻启室门，同出。

景二一四 四四号宿舍
徐源禄揭帐而起，状甚惶恐，以目视对面之床，似欲就商于有成。已又摇首不可，且引耳窃听，似已无声，略安，复归床睡。

景二一五 舍监室外
张才基与李吉生叩舍监室之门。舍监启门，二人告以故，舍监即退入，加衣执灯出，随二人同行。

景二一六 宿舍外走廊
舍监与张才基李吉生等三人，行至四十四号宿舍前，即叩门，张才基向窗内窥视。

景二一七 四四号宿舍
徐源禄自床中跃起，向门略望，作恐骇状。已而紧闭其唇，似力自镇定，乃擦火燃烛，趋启门。三人入室，即皆目注其面。舍监向源禄问话，源禄但摇首。才基趋北窗口，李吉生则立于赵有成之床侧，运目四瞧。舍监言曰：
八八、口语"我要搜一搜！"

景二一八 同前
舍监趋源禄之衣箱。（放大）源禄张目大骇。舍监回头索钥匙，源禄益急。正于此时，李吉生忽注视有成之床前。（加圈）床帐虽下，然不见鞋子。（去圈）李吉生疑讶，揭帐，则床上空空，因惊呼。余三人皆回头视床，各露惊异色，源禄尤甚。

第 七 本

景二一九 同前
舍监指床问源禄，源禄曰：
八九、口语"我亲见他上床睡的。"

景二二〇 同前
众正惊疑无措间，室门忽启，巡夜人执一人之臂而入。其人黑衣黑帽，即赵有成也。见有成，皆大愕。有成低首无语。巡夜人乃口讲指画，讲述前情。（化入）

景二二一 曲径及短墙（校中）

幻景 巡夜人努力追有成，几经曲折，不能得。已而追至一短墙，有成作势上跃，手攀墙巅，墙砖忽松动，有成遂坠于地，始为巡夜人所获。巡夜人又搜有成之身，自袋中得一表匣。（化入）

景二二二 四四号宿舍
巡夜人述已，即自己之衣袋中出表匣，交于舍监。

景二二三 同前
徐源禄见表，张口欲惊喊。

景二二四 同前
特写 赵有成徐仰其首，以手去其头上之睡帽，目视徐源禄，微微摇首。

景二二五 同前
徐源禄见有成摇首状，则以手自掩其口。舍监即厉声向有成诘问，有成毅然答曰：
九〇、口语"你不必多问，我来告诉你。当晚膳以前，我在窗中瞧见才基把这手表放在他的抽屉里，我觉这表很好顽，我自己又没钱购买，一时便起了盗念。我本从那绳上过去的，不料取了手表出来，刚出窗口，被这巡夜的打了一枪。以后的事，你们都已明白了。"

景二二六 同前
舍监待赵有成言毕，即点头曰：
九一、口语"唉，你是一个工读学生，不料你如此不争气！既然如此，这里再不能容你。你明天准备出校罢！"

九二、说明 觉悟后。

景二二七 四四号宿舍
渐现 赵有成与徐源禄并立谈话。源禄作哭丧状，赵有成甚沉静，喃喃讲述末曰：
九三、口语 "我是一个孤零的人。你却明天就要毕业，前程远大。愿好自为之！"

景二二八 同前
源禄以手按有成之肩，凄然曰：
九四、口语 "我怎样报答你？"

景二二九 同前
赵有成微笑曰：
九五、口语 "朋友贵能相济，何必说这样的话。你果念我，今后但须力改前非，我的牺牲也便不算落空。"

景二三〇 同前
徐源禄握拳自叩其颅，太息曰：
九六、口语 "我的迷梦，此刻才被你唤醒！"

景二三一 同前
徐源禄取信笺信封各一，伏案作数字，取一照片，一并纳入信封，以示有成，有成取阅信面：（化入）
九七、说明 "杨家芳女士收。"（化入）

景二三二 同前
有成又取视信笺：（化入）
九八、说明 "尊照奉璧。请从此绝！"

景二三三 同前
有成更取视其照。（化入）

景二三四
特写 杨家芳之照。（化入）（同景八六）
九九、说明 曙光。

景二三五 四四号宿舍
赵有成以信还源禄，且点首赞可。源禄作悔恨状，张臂紧抱有成，有成回抱之。时窗外渐渐泛白，盖已天晓矣。（渐隐）

一〇〇、说明 七年以后，源禄已在光华银行中得了高位。

景二三六 银行办公室
徐源禄在写字桌前，容色已略见苍老，时方忙于工作。一侍者持刺入，源禄取视之：（化入）

景二三七 名刺
特写 中署"赵友仁"三字；右边有职衔一行，为"南洋联华学校体育主任。"（化入）

景二三八 银行办公室
徐源禄视刺，作疑惑状，似不相识。未几，客入，西装，面略上黑，上唇有微须。徐源禄初犹不识，来客趋前，笑曰：
一〇一、口语"老友，七年相别，竟便不相识了么？"

景二三九 同前
徐源禄作认识状，狂喜，紧握其手。曰：
一〇二、口语"是你么？我几疑做梦！"

景二四〇 同前
源禄又移椅延坐，已即絮絮问话。友仁曰：
一〇三、口语"我自那年离校以后，便只身往南洋去。几年来幸而遭遇不恶，便到了现在的地位。"（化入）

景二四一 南洋之屋宇
幻景 一西式屋前，植热带之树无数，树下与一妇人同携一三岁之小儿，徜徉闲步。（化入）

景二四二 银行办公室
友仁讲述毕，又曰：
一〇四、口语"今番我因著例假，特地回国来瞧瞧我的老友。你的景况又怎么样？可也结婚了么？"

景二四三 同前
源禄摇首，又微笑自衣袋中出一照片，言曰：
一〇五、口语"这是我新近订约的。你瞧瞧如何？"

景二四四

特写 一女子像片，衣饰淡雅，貌亦贞静。

景二四五 银行办公室

友仁视照微笑，点头示赞成，即回照于源禄。源禄仍纳照于袋中，又曰：

一〇六、口语"有成，你今番回来，必须多盘桓一回，并须过了我的婚期才能回去。"

景二四六 同前

友仁点头应可，且微笑。源禄曰：

一〇七、口语"还有一事，我们振华的老校长也很挂念你，你应得去瞧瞧他。"

景二四七 同前

放大 友仁骤闻此语，笑容立敛。引目视源禄，旋又俯首视地，徐徐摇首。源禄点头作醒悟状曰：

一〇八、口语"唉，不错，你还不明白哩。原来自从那件事发生以后，你虽为友牺牲，我却良心上总觉不安，故而在两年以前，我已把这事的真相完全和校长说明白了。"

景二四八 同前

放大 友仁乍闻似诧异，张目视源禄，源禄含笑点首，以示非虚。友仁乃现惊喜状，起立与源禄握手。源禄亦起立，张臂抱之，二人乃交抱不释。（化入）

一〇九、说明 好朋友。

室外景

1 徐宅前广场 24
2 徐宅门前 5
3 振华大学前门 11，32，97，110，114
4 宿舍外走廊 14，27，135，152，54，162，168，172，183，216
5 振华大学操场"观客座"22，41，54，56
6 赛跑圈 23，24，25，50，51，52，53
7 赛跑圈之终点 46，55
8 运动场之一角 42
9 运动场之中央 44，49
10 运动场之东部 43
11 运动场之南部 47
12 运动场之西部 48

13 运动场之一角 104，105，106，107，108，109

14 礼堂门口 57

15 公园门口 65，149，150

16 公园内 66

17 大树下 68，70，73，76，77，89

18 大树对向 69，72

19 公园中小亭 141，143，144，145，146，148，157

20 小亭后 142，147

21 船埠 75，78

22 马路旁 79

23 小汽艇 80，83

24 河面 81

25 宿舍之北窗外 177，185，187，189，191，199，204

26 窗下狭径 178，207

27 狭径西端 205，208

28 曲径 221

29 舍监室外 215

30 花园中 170

31 杨家门前 111，119，121，122

32 马路街市 33，92

33 南洋屋宇 241

室内景

1 徐宅内大厅 6，7，8，10

2 四四号宿舍 12，15，16，26，28，29，30，31，35，36，37，38，39，40，84，85，87，88，90，91，94，96，98，99，100，101，103，128，129，130，132，136，137，140，153，161，169，171，174，182，184，186，192，194，196，198，200，201，203，214，217，218，219，220，222，225，226，227，228，229，230，231，232，233，235

3 四三号宿舍 134，151，155，156，158，159，163，173，176，181，190，210，212，213

4 赵有成之书桌 17，18，19，20，127

5 皮鞋铺内 34

6 礼堂内 58，64

7 礼堂中评判人座 63

8 膳堂 165，166，167

9 杨家会客室 112，113，115，116，117，118，120，123，124，125，126

10 银行办公室 236，238，239，240，242，243，245，246，247，248

11 特写 1，3，9，13，21，59，60，61，62，67，71，74，82，86，93，95，102，131，133，138，139，160，175，179，180，188，193，195，197，202，206，209，211，223，224，234，237，244

1927 年

山东响马（友联）

出品　友联影片公司，1927 年

总监　陈铿然

编剧分幕　徐碧波

导演　钱雪帆　叶仁甫

摄影　刘亮禅　洪伟烈　张克澜

说明　徐碧波　徐维翰

武术导演　任雨田

布景　杨济生

剪接　叶剑雄

书幕　沈剑豪

演员　郑超凡　叶仁甫　徐琴芳　时觉飞　王楚琴　梦梦生

《山东响马》（"友联"版，一名《侠盗单雨云》）电影取材同名粤剧，由徐碧波编剧。其电影本事为徐碧波所作，原载《友联特刊》第 5 期（山东响马号，1927 年 8 月 18 日）。

本　　事[1]

徐碧波

　　人之初，性本善。世之为盗为贼者，原非生秉此志。或被饥寒所迫，或为环境驱使，遂致趋入岐途，悍然不顾。剧中之侠盗单雨云即其一也。

　　单雨云鲁籍，早孤，奉母以居。家贫，借负贩博蝇头利以供菽水。会母病剧乏资，延医称贷无处，情急，在途中攫得一钱囊，归而治亲病。顾不移时，云已因窃案发，而捉将官里去矣。

　　一月后，云被释出狱，急驰返叩家门。户启，乃非其慈祥之母，而别为一悍妇。因己衣衫之蔽，大遭斥辱。云退而讯其邻，方知母已仙逝，大痛哀毁，至不能自已。自是云流浪江湖，几成饿殍。一日彳亍市中，饥极晕仆于黄宅门首。

　　黄宅主人皆女性，有少女名桂兰，婉妙贤淑，而秉性纯孝。是日方偕其祖母及母，自某庵进香归，及门见云卧地。祖母为慈祥人，大为悯怜，因命佣奴往询之。云答饥而如此。黄太夫人命入饭之，亲问其流落之因。云以详告黄太夫人，因出银二百番，令治生产。云挟金出，突被宵小攫夺去。云至是哀怆已极，私念举世滔滔，为善人终

---

〔1〕 原为句读。

无以自存，遂愤而为盗。

有广东先生陈兆伦者，在鲁经商，颇有积蓄。会动乡思，携重金策一骏骑，款段上道。伙某甲警告之曰："途中须慎防劫富济贫之响马大盗单雨云。"先生悟，乃将金化成箔，密裹于鞍间。

黄太夫人除理佛外，长日惟唏嘘悲叹。孙女桂兰异而叩诸母，母泫然曰："十余年前汝父因不务正业，被祖母申饬，而父竟负气以出，至今消息沉沉。今太太之悲戚，职是故也。"女即于次日，易装携婢，潜出天涯，访觅其亲。

长明寺为鲁省之大丛林，实则匪窟也，劫掠淫杀，无所不为。寺中机关繁复，入者恒不能出。僧众又常乔装官员，在河干船上引诱贵客，施以杀人越货之暴行。

桂兰乔饰为男子，行经一凉亭，以预缮之告白张干壁。适广东先生亦休憩于此，见而自语曰："此人昔曾与之共事！闻刻方在京师也。"桂兰闻讯，乃舍陆登舟，沿运河而上。一日船泊河畔，适比长明寺盗舟。僧因与二徒密谋，计赚桂兰至。寻察为女，劫其资，而将淫其人，乃携之入寺。为一妒妇见，恐夺其宠，因迫令为婢，不许近僧，而女之白圭转得葆持。

广东先生赶程未几，已被单雨云追及，大惶急，百计求兔脱不获。入暮，见一寺乃入止宿，云亦尾至。夜半，云启镝入袭，得先生物。正欲出，忽门窗间机关遽下，锢二人如于铁笼之中。云大骇，乃醒先生，共谋方略。俄灯油尽，壁间声又起，入七僧，均被云格。旋始得地穴途径，乃下，忽见一女子正在料量汤药，觉似曾相识，寻忆得为恩人孙女。亟前问故，女略道所遭，共谋歼魁之策。魁伏诛后，乃搜诸窟，得妇女数十辈，散广东先生金，而遣之去。

云挟女与广东先生方出，盗众自外饱掠归，见状返奔穷追。寻至登舟角逐，云垂被获时，忽水中突出官兵数十，击盗众退。

云殊讶兵之何来，答系黄大人船巡到此，遥见格斗，特派吾等泗水来援云。广东先生遂与云同往官舟伸谢。以桂兰在后，大声呼其前。官闻名殊疑，细讯之果为己女，大欣喜。官兵遂复登岸，杜绝长明寺僧众而归。旋广东先生自任月老，将雨云桂兰牵以红丝焉。

1927 年

山东响马（华剧）

出品　华剧影片公司，1927 年

总监　张晴浦

编剧　张惠民

导演　陈　天

分幕　黄志刚　陈　天

摄影　汤剑庭

译述　张　桓

题绘　阮　修

置景　黄霖衍

化妆　吴素馨

剪接　陆华影

冲洗　汤雄辉

演员　张惠民　周空空　吴素馨　吴素素　梁赛珍　沈友梅　陈秋影　汤剑庭　唐大培　石　瑛　郑桂青　蔡泽民　闵德张　高观好　韩凤山　李会亭　张剑雄　李红红　许在东　陈　天　阮圣铎

《山东响马》（"华剧"版）电影取材同名粤剧，由张惠民编剧。其电影本事为何肯撰写，字幕无署名，原载《华剧特镌》第 2 期（1927 年 9 月 10 日）。

本　　事

何肯

　　单雨云家穷亲故，无以为葬，而人情冷暖，哭告无门，惟有仰天搥胸而泣血耳！犹幸天不绝人，以此呜咽之哀音入于黄桂兰之耳，而触动其哀伤之念，慷慨解囊，惠及死者，桂兰诚有心人哉！

　　黄桂兰者，聪慧娴淑之女子也，嗜音乐。然以其父久出未归，鱼沉雁渺，每一念至，辄郁郁寡欢，而动万里寻亲之志。于是乃与其侍女秋金，托家务于仆，易装而行，前途茫茫，盖将踏遍天下而走访也。

　　歌女莲青，声色超群，卖艺于西湖之万花楼，极得顾客热烈之欢迎。适桂兰行经其地，偶作顾曲之周郎，一见倾心，惺惺相惜，设非假凤虚鸾者，定多一段之风流韵事矣。

　　单雨云，既得桂兰之资助，营葬其亡母后，郁处家园。其世叔甘英才，劝之学武。艺成，而谋生艰苦，沦为响马。——是盗凶猛，闻者咋舌！又焉知于此单群盗中，亦有义侠之行，传于妇孺之口中者乎？事因有广东先生者，经商山东，稍有所蓄，数年离思，欲赋归来。海运未通，陆行多险，又久慑响马之威，无可如何，乃以其全数资财铸作一鞍，以避人耳目。仅留少数以作旅费，动身而行，中途偏遇响马单雨云。

单雨云，一日在山中游弋。适遇广东先生，见其马行甚艰，知有重负，于是迹之行。傍晚，投宿旅店，雨云亦茌止。入夜雨云私检其行囊，则仅见蔽衣外十数金耳。不得解？翌晨，广东先生又动身趱程，雨云见状，疑益甚，复追随之。广东先生觉，惧极不能自主，落荒而行，小路崎岖，步履为艰，不觉已夕阳在山，人影散乱矣。雨云仍追随不息，复前行，见一寺院于林中隐现，乃将相投宿焉。寺僧迎之入，住二人于一室。广东先生虽惧雨云，亦不敢显露，提心吊胆，坐卧不安，孰知其所处之境，更有甚如此者乎！

寺僧静元、元坤等，皆为匪人，常以奸淫劫夺为事。是日见二人投宿，乃共住之于铜墙铁壁室中。佛殿凛森，一灯如豆，除二人血脉颤动外，万籁寂寥！危机四伏，前途不可预测。广东先生至是，乃转以其惧雨云之心，而乞援于雨云之前。患难相共，顿成知己，灯灭人亡，生死系之矣。二人知事急，乃守于附有机关之香炉侧，无何，全屋顿黑，机门移动有声，二人益备……

是役也，死恶僧十数人，乃沿地窟而下，忽遇女子二人，手持一碗，是何人斯？己美且艳，而沦于此乎！

初，桂兰偶遇莲青，邂逅相逢，成为天涯知己。一日徜徉湖上，载醉载歌，时静元元坤二恶徒于邻舟见之，羡莲青而疑桂兰，于是淫心顿炽，思所图之。乃邀之来舟中相见，假意殷勤，乘机醉桂兰莲青，载之回寺。逼之，时静元之方丈病剧，即以此二人暂且奉事病者，而此二人亦得以此而脱难关，亦云幸矣。

方丈力敌万人，虽在病中，而外人亦无由得近其身。单雨云已与二女值，惊喜交集。叩以窟内情形，女具言之，乃依女计，得歼方丈。众僧因行劫未回，故四人得而脱险。将出，广东先生力挟其笨重之马鞍而行，雨云笑质之。广东先生，具告以故。雨云叹曰："思诚巧哉！余亦为你所蒙矣！"广东先生曰："非君命且不保，此身外物留之何用？谨以此奉赠，幸无见却。"雨云坚不受。夫雨云长途跋涉，而此日又不之取者，义动之也。为义所动，见财而不取，雨云岂群盗所能及乎！

四人既脱险，亟鸣之于官，官长何人，正桂兰踏破铁鞋所访之父也。

父女已团聚，即出兵执恶僧，绳之以法。桂兰素慕雨云，其父亦感雨云之侠义，故家人之欢聚声中，正雨云与桂兰订婚时也。

字　　幕[1]

黄志刚

1（总）单雨云，穷孝子也。　（张惠民饰）

---

[1] 原字幕序号及对话者均有括号。现一并去除，并在对话者后加冒号。

1927 年

2（总）黄桂兰，大家闺秀也。（吴素馨饰）
3 桂兰：秋金，你去问问他。（吴素素饰秋金）
4 秋金：你这个人，到底干什么？
5 雨云：唉！家贫亲死，无钱埋葬。
6 桂兰：无钱埋葬，为什么不向亲友们借贷呢？
7 雨云：小姐，你哪里知道啊！钱多，亲戚朋友也多；没有钱，亲戚朋友也没有了！
8 秋金：这是我小姐给你回去买棺材的。
9 桂兰：爸爸十一个月没有信回了。
10 定邦：归期难定。
11 桂兰：秋金，我想到上海寻爸爸去，顺便到西湖游玩一趟，你说好不好？
12 桂兰：决不妨事，我扮作公子，她装作书僮，谁知道我们是女子呢。
13（总）单雨云将母安葬后，随其世叔英才练习武艺。
14（总）老拳师甘英才。（李会亭饰）
15 英才：想做英雄，须要专心用功。
16（总）静元和尚，乃佛面蛇心之徒也。（闵德张饰）
17 静元：元坤，你去替我预备。
18 静元：我想到西湖去逛逛，好吗？
19（总）琴师。（汤剑庭、唐培森饰）
20（总）喇叭花。（沈友梅饰）
21（总）侍場。（陈秋影饰）
22 喇叭花：姐在呀，房中呀，打……
23 喇叭花：八十岁，老头子，来呀……
24 秋金：掩着耳听曲子，到底是什么一回事？
25 桂兰：这种曲子，真不配入本少爷的耳。
26（总）歌女莲青。（梁赛珍饰）
27 莲青：片片蝶衣轻，点点猩红小，这是天工不惜花，百种千般巧。
28 桂兰：的确好。
29 莲青：朝见树头繁，暮见枝头少，道是天公果惜花，雨洗风吹了。
30 秋金：都是女子家，吊什么子呢？
31 莲青：红罗帐，绣鸳鸯，一双双，一对对，一双一对……
32 桂兰：你去等候她下台的时候，说我约她去游湖。
33 静元：良辰美景，只少一位美人。
34 莲青：荷花儿开，香风吹来，姐儿心醉，倒在郎的怀。
35 元坤：请公子莫怪冒昧，赏光一谈。
36 桂兰：我俩一同过去吧。
37 静元：酒逢知己千杯少。

38 莲青：恨，恨天不把眼来开，……把奴来磨折……

39 静元：得了，开船吧！

40（总）将相本无种，男儿当自强。昔日懦弱不振之单雨云，今一跃为勇健男儿矣。

41 英才：不论怎样，总莫忘侠义两个字。

42 桂兰：我们怎会到这儿来的。

43 莲青：中了他们的诡计了！

44 静元：鱼进网，鸟入笼，还想逃得走吗？

45 莲青：请姐姐暂为忍耐，再想别的计策吧。

46 元坤：当家喊你去。

47 方丈：将那两个女子交来服侍我。

48 元坤：欢喜我吗？

49 元坤：不用争了，每人一个，让你先拣，好吗？

50 静元：老当家叫你两人去。

51 方丈：你两人就在这里服侍我吧。

52 桂兰：若是强迫，只有一死……

53 方丈：等我病好了，送你们转去，好吗？

54 方丈：不准你们调戏她俩。

55（总）广东先生陈兆伦，自作聪明之商人也。（周空空饰）

56 兆伦：我的妙计使得吗？

57 店友：先生妙计安天下，只怕丢了黄金又丢马。

58 兆伦：这叫做拍马屁。

59 兆伦：马儿，我的家财，完全放在你身上。若是遇着响马追来，你要跑快些啊。

60 兆伦：店里事情拜托老哥照料。

61（总）荒村客店。

62（总）店主婆。（李红红饰）

63 店主婆：噫，你真奇怪极了，马儿也牵进屋里来。

64 兆伦：有房间吗？

65 兆伦：跑开些，我的马儿会咬人的。

66 雨云：方才有位广东客商落店吗？

67（总）第二天早晨。

68 兆伦：你有所不知，我的马鞍完全是黄金铸成的。

69 雨云：好聪明，居然将我瞒过。

70 兆伦：方才没有你，我也活不成了，我情愿将这个黄金马鞍马送给你。

71 雨云：黄金……我险些儿为他把命丢掉，还是你带回家吧。

72 桂兰：何必客气呢，还不快些跑。

73（总）剿匪司令黄桂兰之父也。（陈天饰）

74 定邦：你为什么不劝阻她呢？

75 秋金：小姐说，四海皆朋友。结识个把是不要紧的。

76 秋金：我醒来他们的船，已经开了去。

77（总）参谋长。（阮圣铎饰）

78 参谋：外面有男女四人候见。

80 兆伦：商民因赶路程，错过客店，幸得这位壮士相救。

81 兆伦：那两位女子，亦是这个壮士救的。

82 桂兰：我叫黄桂兰，她是莲青。

83 定邦：你为什么跑进长明寺里去？

84 桂兰：我因为找寻爸爸，在西湖被他们所骗。

85 兆伦：请司令迅速将该匪等剿灭，以利行旅，实为德便。

86 定邦：你去传令本军，去剿灭长明寺。

87 桂兰：你怎会到这来？

88 秋金：我打听剿匪司令黄定邦，就是我们老爷，因此……

89（总）长明寺之匪，乃乌合之众，焉能抗有主义之军队？单雨云陈兆伦之凯旋，实意中事耳。

90 参谋：静元等原本江湖大盗，逐去长明寺众僧，冒充和尚，抢劫行旅。幸赖我司令及人民幸福，业将该贼等全数击毙。

91 兆伦：你们真是人民的军队。

92 参谋：此役单雨云壮士功劳不少。

93 定邦：你能弃邪归正，效力党国吗？

94 雨云：承司令汲引，小子誓效犬马微劳。

95 定邦：小女蒙你救出虎穴，如不见弃，我……

96 雨云：草野村夫，怎敢高攀。

97 兆伦：现在世界分什么阶级，请你不必客气吧。

98 定邦：秋金！你愿意吗？

99 定邦：莲青，你呢？

100 莲青：我仍旧去研究艺术。

西厢记

出品　民新影片公司，1927 年
监制　李应生　黎民伟
分幕　濮舜卿
导演　侯　曜
摄影　梁林光
说明　濮舜卿
布景　美术大家十余位担任
演员　林楚楚　李旦旦　葛次江　理化民　朱耀庭　李荫兰　何敏莊　胡炽昌

《西厢记》电影改编于王实甫同名古典戏剧，由濮舜卿分幕。其电影本事、字幕均为濮舜卿所作，原载《民新特刊》第 7 期（1927 年 9 月 1 日）。该片本事亦刊载于《民国日报》（1927 年 9 月 25 日）。

本　事

濮舜卿

　　唐时，有崔氏女小字莺莺者，父为丞相，以病薨。莺莺与孀母郑氏，弱弟欢郎，扶柩归葬，路出蒲郡，止于普救寺。时方春暮，天气困人，崔老夫人因令侍女红娘伴莺莺至前院闲步。噫！孰知以一念禽犊之恩，遂至逗漏无边春色而撞见五百年前风流孽冤哉。时有张生，名珙者，入京应试，游于普救寺，见莺莺艳之，惊为天人。而莺莺临去秋波那一转，更使张生魂销魄荡也。张生遂于翌日商诸普救寺长老法本，赁寺之西厢而居焉。得间见红娘出，乃迎揖之，道其衷曲。红娘愠然而去，归为莺莺言之。莺莺每夜于后花园焚香，园与张生所居西厢，仅一墙之隔。一夜，月色横空，花阴满庭，张生于墙角偷窥之，见香凡三上，最后一香，莺莺默不语，红娘代祝曰："愿俺姐姐早嫁如意郎君。"莺莺拜罢，如有所感，乃倚栏长叹。张生闻之，因高吟一绝曰："月色溶溶夜，花阴寂寂春，如何临皓魄，不见月中人。"莺莺闻之亦和一绝云："兰闺深寂寞，无计度芳春，料得高吟者，应怜长叹人。"二人隔墙酬和，已是惺惺惜惺惺矣。莺莺为追荐亡父，于普救寺大作佛事；张生亦以钱五千，带斋一份，是为崔张二次相见。张生自见莺莺后，寝食难忘，而莺莺一寸芳心，亦念念于张生也。会有贼人孙飞虎者，闻莺莺美而艳，乃以五千兵围普救寺，欲劫之为压寨夫人。崔氏母子闻警束手无策，莺莺欲自尽，以保清白。老夫人皇急，允有退得贼兵者，以莺莺妻之。张生乃献策，为修书致其故人白马将军杜确，且以言激寺僧惠朋赍书前往。白马驰救，其围遂解。贼兵扫净，老夫人乃设宴以谢张生，令莺莺把盏。筵间老夫人告张生，莺莺已字其内侄郑恒，愿多以金帛酬张生，嘱其另娶。张生大失望，愤不欲生。红娘怜之，允为划策。是夜，张生从红娘计，待莺莺拜月时，弹琴代语，诉其衷曲。莺莺闻之，芳心大动。红娘乃乘机告以张生将去，莺命留之。于是两人两地一样害相思矣。一日，莺莺遣红娘至西厢视张生疾，张生因乞红娘传书。莺莺见书，始而怒，终则作诗报之。诗曰："待月西厢下，迎风户半开，拂墙花影动，疑是玉人来。"张生得简，喻其旨，知是"人约黄昏后"，则惊喜欲狂。是夕，张生果逾墙而往，莺莺见而怒责其非礼。张生自失者久之，复逾垣而出。绝望之余，而病转重。莺莺亦自悔绝之太甚，心大怜之。会红娘因老夫人遣往西厢问汤药，乃书一绝寄之。张生得诗，知翌宵莺莺来，大喜过望，其病若失。于是往来月余，为老夫人所觉，拷红娘而得其情。不得已以莺莺许张生，且嘱其入京应试，得官方准迎娶。于是骊歌一曲，劳燕分飞，两地里再细尝相思滋味矣。"四围山色中，一鞭残照里"，张生携一琴一剑，抵草桥逆旅，下榻其间。中夜见莺莺来，方与欢叙，孙飞虎突至，劫莺莺去。张生怀笔追之，歼孙而救莺莺，抱之于怀而抚慰之。喜极而醒，方所知遇，为南柯一梦；怀中之莺莺即小厮琴童也。

字　　幕[1]

濮舜卿女士

崔莺莺

红娘——莺莺侍女

崔夫人——莺莺之母

欢郎——莺莺之弟

夫人：前边庭院无人，和小姐闲散心去！

张珙

张生：小二哥！这里有什么闲散心处？

张生：琴童！你随店小二哥先去安顿行李，我到普救寺去游玩一面。

法聪

蓦然见五百年风流孽冤。

张生：和尚！恰怎么观音出现了？

翌日

法本和尚

张生：小生因恶旅邸繁冗，欲暂借一室，温习经史。房金按月，任凭多少。

红娘：夫人使我来问，几时可与老相公做好事？

---

[1]　原说明字幕前有■标记，对话者有括号。现统一略去，将说明以不同字体区别之，对话者后加冒号。

法本：先生稍坐，这是崔相国小姐孝心追荐亡过父亲，特遣贴身侍女红娘来问日期，待老僧同小娘子佛殿一看便来。

张生：和尚慈悲，小生亦备钱五千，怎生带得一分儿斋，追荐父母，以尽人子之心？

法本：西厢有空房一间，甚是萧洒。随先生早晚来。

张生：那小姐必来么？

张生：小生姓张名珙字君瑞本贯西洛人氏，年方二十三岁，正月十七日子时建生，并不曾娶妻。

红娘：谁问你来？我又不是算命先生，要你生年月日何用？

白日里凄凉枉耽病，今夜把相思再整。

怨不能，恨不成，坐不安，睡不宁。

莺莺：此一炷香愿亡过父亲早生天界。

莺莺：此一炷香愿中堂老母百年一寿。

莺莺：此一炷香……

红娘：红娘替小姐祷长告：此一炷香愿俺小姐早嫁个才貌双全的姐夫。

诗（张生）月色溶溶夜，花阴寂寂春，如何临皓魄，不见月中人。

红娘：这声音就是那个二十三岁不曾娶妻的傻子。

莺莺：好清新之诗！红娘，我依韵和一首："兰闺深寂寞，无计度芳春，料得高吟者，应怜长叹人。"

孙飞虎

头孙飞虎：本寨兵精粮足。以后望列位目同心扶助，共图大事。

小兵：启禀大王，探得崔相国灵柩出京，有夫人小姐伴送，现寓普救寺，带有箱笼无数。小姐莺莺有倾国倾城之貌。

孙飞虎：快点五千儿郎，到普救寺抢莺莺小姐做压寨夫人！

法本：这是敝亲上京秀才，父母亡后，无可相报，央老僧带一份斋；老僧一时允了，望夫人勿责。

风流客，蕴藉人，相你脸儿清秀身儿韵，一定性温儿克情儿定，不由人不口儿作念心儿印。

红娘：小姐，自从见了那生，便觉心事不宁。却是为何？

孙飞虎：献出莺莺做压寨夫人，不然打破山门，玉石俱焚！

法聪：贼！……贼！……贼！

夫人：孩儿！孙飞虎统领半万贼兵，围着寺门，要掳你做压寨夫人，怎生了也？

莺莺：孩儿别无他主，除是将我献与贼人，庶可免一家性命。

夫人：孩儿已许下了老身之侄郑恒为妻，怎舍得把你献与贼人？却不辱没了俺家谱吗？

法本：咱且到法堂上与两廊下僧俗商议个长策。

烧火和尚惠明

法聪：阿弥陀佛！大王慈悲饶命！

莺莺：待从贼，怕辱没了家门。我不如白练套颈，寻个自尽。

张生：小生有退兵之策。

夫人：我本舍不得你，现在出于无奈；倘有能退得贼兵的，把你送与他为妻；虽不门当户对，强如陷于贼人。

夫人：但有退得贼兵的，我将孩儿与他为妻。

张生：小生有计，须用着长老。

法本：老僧不会厮杀，请先生别换一个！

张生：不要你厮杀，你出去与贼说，夫人钧命"小姐孝服在身，将军要做女婿，可按甲束兵，退一箭之地；待三日功德圆满，拜别相国灵柩，改换礼服，然后方好送与将军。若便送来，一来孝服在身，二来于将军不利"，你去说来！

张生：小生有一故友，姓杜名确，号为白马将军，现统十万大军，镇守蒲关，小生与他修书，必来救我。

笔尖儿横扫五千人！

法本：请孙大王答话。

孙飞虎：三日以后，不把莺莺送出，俺把你这庙宇踏为平地！

法本：俺厨房下有一个徒弟唤做惠明，若叫他去，他必不肯；若把言语激他，他偏会去。

张生：我有书送与白马将军，只除厨房下惠明不许去；其余僧众谁敢去得？

惠明：惠明定要去？定要去！

惠明：我把五千人做一顿馒头馅！

翌宵

白马将军杜确

　　珙顿首再拜奉书

　　君实大元帅麾下自违国表寒暄屡隔风雨之夕念不能忘辞家赴京便道河中即拟觐谒以叙间阔奈路途疲顿忽遘采薪未能如愿弟现僦居普救寺中不意孙飞虎领兵半万欲劫故臣崔相国女现围本寺将军倘念旧交兴一旅之师上以报国下以救民故相国虽在九泉亦不泯宏德矣

　　造次干渎不胜惭愧伏乞

　　台照不宣 二月十六日书

杜确：传令点齐五千人马。星夜向普救寺进发。

孙飞虎：限期已到，快送出莺莺。

法本：先生怎好？白马将军怎不来也？

夫人：孩儿怎好？白马将军怎不来也？

张生：多承虎威扫除贼兵。不胜感激！请到寺中一叙。

杜确：军事在身，不便久留。小弟收拾军队即回蒲关。

贼兵扫净，崔老夫人设宴以谢张生。

张生：小生客中无点点财礼。却怎好去见夫人？

红娘：聘礼断不争，婚姻事立成。凭着你灭寇功，举将能。两般儿功效如红定。

夫人：孩儿近前来！拜见哥哥！

张生：小生量窄。

夫人：孩儿！你必把哥哥一盏者。

张生：小生有一言敢告夫人。前者贼寇相迫，夫人言能退者，以莺莺妻之。是曾有此语否？

夫人：先生实有活命之恩。奈先相国在日小女已许下老身侄儿郑恒，前日曾发书唤他，此子若至，将如之何？如今情愿多以金帛奉酬，愿先生别拣豪门之女。各谐秦晋，实为两便。

张生：原来夫人如此，只不知杜将军不来，孙飞虎公然无礼时，夫人又有何说？小生何用金帛，今日便索告别。

张生：红娘姐！小生自从瞥见小姐，忘餐废寝，直到如今，受无限苦楚。不可告诉他人，须不敢瞒你。前日小生一封书何足道，只是夫人堂堂一品太君，许以婚姻之约，如今忽然变卦，使小生心尽计穷，更无出路，不如就在小娘子跟前寻个自尽罢。

红娘：先生休慌，妾将为君谋之。

张生从红娘计，待莺莺拜月时弹琴代语，诉其衷曲。

红娘：张生着我对小姐说：他要回去也。

莺莺：红娘！你与他说，再住两三日儿！两下里一样害相思。

张生：夜来多谢红娘姐指教，小生铭心不忘。不知小姐可曾有什么话？

张生：小姐既有见怜之心，小生有一简敢烦小娘子达知肺腑。

红娘：只怕她反了面皮，责备我胡乱行事。

张生：小姐决不如此，只是红娘姐不肯送去，小生多以金帛，拜酬红娘姐。

　　张珙百拜，奉书双文小姐妆次：

　　昨尊慈以怨报德，小生虽生犹死。筵散之后，不复成寐，曾托橘桐自鸣怀抱。亦见自今以后人琴俱亡矣。因红娘来，又奉数字，意者宋玉东邻之墙，尚有庄周西江之水，人命至重，或蒙矜恤。珙不胜悚仄待命之至。

莺莺：谁将这简帖儿来戏弄我。我几曾看惯这样东西？告过夫人，打你这小贱人！

红娘：小姐使我去，他着我取来，我不识字，知他写着什么？我将这简帖儿夫人前出首去。

莺莺：我逗你耍来！

莺莺：红娘！你将去对他说：小姐遭看先生乃兄妹之礼，非有他意。再一遭儿是这般呵，必告夫人知道。

红娘：小姐你又来，这帖儿我不将去？

红娘：请先生早寻个酒阑人散罢！

张生：红娘姐！红娘姐！你必做个道理，救小生一命。

诗：待月西厢下，迎风户半开，拂墙花影动，疑是玉人来。

1927年

张生：红娘姐！今日有这场喜事。小姐约我今日夜花园里去相会。
月上柳梢头，人约黄昏后。
莺莺：我觉得冷，你替我去拿件衣裳来。
张生：小姐！
莺莺：张生！你是何等之人？我在这里烧香，你无故至此。若夫人闻知，有何理说？
莺莺：红娘！有贼！
莺莺：先生虽有活命之恩，恩则当报。既为兄妹何生此心。万一夫人知之，先生何以自安？自今以后再勿为此。
异乡最有离愁病，妙药难医肠断人。
假莺莺：是你母女两翻变计亏负张生，如今害得他病了，你如怜爱他，就应设法救他。
红娘：夫人着我去看哥哥，要什么汤药。小姐可有话说？
诗：休因闲事苦萦怀，取次摧残天赋才。不意当时完妾行，岂防今日作君灾？仰酬厚意难从礼，谨奉新诗可当媒。寄语高唐休咏赋，明宵端的雨云来。
莺莺：此药方你将去送与他。
红娘：小姐，你什么时候学的医道？
红娘：先生见了药方，病便好也！
张生：小姐来也！小姐明宵必来！
人间良夜静复静，天上美人来不来。
红娘：你睡了，如何发付那人？
红娘：小姐，你又来！送了人性命不是耍！你若又翻悔，我出首与夫人说"小姐着我将简帖儿约下张生……"。
一月之后
夫人：你姐姐这几日语言恍惚，颜面比往日不同。你知道她做下什么事来？
欢郎：有一夜我见姊姊和红娘偷开了园门向西厢去。
红娘：这事非红娘之罪亦非张生小姐之罪，乃夫人之过！
红娘：当日兵围普救寺，夫人许退得贼兵者以女妻之，张生非慕小姐颜色，何故建策？夫人兵退身安，乃悔却前言。既不允其亲事，便当酬以金帛，令其远去。不合留于书院，相近咫尺，使怨女旷夫，各相窥伺。有此一端，夫人若不遮盖此事，一来辱没相国家谱，二来张生施恩于人反受其辱，三来告到官司，夫人先有治家不严之罪。红娘愚见，莫若恕其小过，完其大事，实为两便。
夫人：倒也说得是，我不合养了这个不肖女儿。经官呵，其实辱没家门，罢！罢！俺家无犯法之男，再婚之女，便与这禽兽罢！红娘！先与我唤那贱人来！
夫人：好秀才！岂不闻"非先王之德行不敢行"？我待送你到官府去，只辱没了我家门。我没奈何，把莺莺与你为妻，只是俺家三辈不招白衣女婿；你明日便上朝取应去！俺与你养着媳妇儿，得官呵，来见我；剥落呵，休来见我！

伯劳东去燕西飞,未登程先问归期。

夫人:此行努力挣揣一个状元回来,休得辜负了俺孩儿!

倩疏林你与我挂住斜晖。

四围山色中,一鞭残照里,人生最苦是别离。

愁恨重叠,破题儿第一夜。

想思魂欲断,空有梦相随。

小姐醒来!

1927年

哪 吒 出 世

出品　长城画片公司,1927年
编剧　孙师毅
导演　李泽源
摄影　李文光
布景　万古蟾　朱容生
字幕　张汇元
演员　张哲德　雷夏电　刘汉钧　刘继群　杨爱立　黄月如　黄美如　陈脱尘

《哪吒出世》电影取材中国古代神话及相关古典小说,由孙师毅编剧。其电影本事无署名,原载《长城特刊》第11期(《哪吒》、《火焰山》合刊,1927年9月)。

本　　事

商纣无道,民不聊生,天下骚然。时李靖方镇守陈塘关,夫人殷氏怀孕三年六月,产一肉球。李靖以剑劈之,红光满室,一婴儿手持金圈,腰围红绫,自球中跃出,夫妇颇惊异。及三朝有金光洞太乙真人者来见,乞小儿为弟子,并代取名为哪吒,李靖许之。

光阴迅速,倏忽七载,哪吒已长成。一日与家将游于关外,以故击杀东海龙王三太子敖丙及海中夜叉。东海龙王敖光与李靖有旧,知状大怒,往诘李靖,扬言将奏于玉帝,李靖惧。哪吒复至天宫阻敖光上奏,碎其衣揭其鳞,迫使化为小蛇,袖之返陈塘关。敖光益怒,愤言将联合四海龙王共奏玉帝而去。李靖益惧,严词责哪吒。哪吒谓儿为天遣下凡,苟有事儿师必能承当。李靖无奈姑信之。

时已深暑,哪吒又与家将避暑于关头,见轩辕留镇陈塘关之震天弓乾坤箭,哪吒戏取射之。箭飞去中骷髅山白骨洞石矶娘娘弟子璧云童子。石矶娘娘见箭知为陈塘关物,大怒,往诘李靖。李靖知而使哪吒往自首。及至,哪吒又杀石矶娘娘弟子彩云童子。石矶益怒,哪吒与斗败走,石矶乃释李靖往追哪吒。哪吒至金光洞乞太乙真人相助,擒石矶,别师返关。时四海龙王方秉玉帝旨来擒李靖,哪吒乃断臂剖腹,还骨肉于父母,诸神始释李靖而去。

哪吒既死,托梦于母,乞为建行宫于翠屏山,俾受香火复现人身,夫人许之。为李靖所知,又往毁像焚庙。哪吒以情白其师太乙真人,真人折莲叶以法使哪吒复成人形,授以风火轮火尖枪。哪吒乃往觅李靖报毁像焚庙之恨。李靖与斗败走,哪吒在后追击。途遇灵鹫山元觉洞燃灯道人,以玲珑宝塔击哪吒,迫使认父。哪吒不能当,乃服。道人复以宝塔赠李靖,于是父子复合,同乘云而去。

· 203 ·

火 焰 山

出品　长城画片公司,1927 年

编导　杨小仲

摄影　李文光

布景　雷天籁　朱容生

字幕　张汇元

演员　洪警铃　杨爱立　朱云波　王桂林　黄月如　张连升　蔡毓飞

《火焰山》电影取材古典小说《西游记》,由杨小仲编剧。其电影本事无署名,原载《长城特刊》第 11 期(《哪吒》、《火焰山》合刊,1927 年 9 月)。

本　事

　　话说唐僧行者八戒沙僧一行四众,往西方取经,一路上历经了许多艰苦,这一日来到火焰山地界。那时虽已三秋天气,兀是炎热蒸人。四人投到一座庄院内,闻得那火焰山团围八百里,寸草不生,火焰烘烘,阻住去西方的路径;要是求得翠云山芭蕉洞一位铁扇公主的仙扇来,扇熄火焰方可通过。行者打听得仔细,叫八戒沙僧保住唐僧在庄内住下,自去翠云山借取扇子。

　　且说翠云山芭蕉洞铁扇公主又名罗刹女,原是大力王牛魔之妻,圣婴大王红孩儿之母。这日正在洞中恨着行者害子之仇,忽闻守门女童来报外面有行者前来借取芭蕉扇,不觉大怒,连忙披挂仗剑出门。见了行者,戟指大骂,行者一味陪笑。罗刹女欲报害子之仇,举剑乱砍;行者以棒相迎。二人一场好战,相持到晚,罗刹力怯,取出扇子对行者一扇;行者觉得身不自主,随风滚去。只到天明,落在一座山上。行者认得是小弥山,离火焰山有五万八千里。正在焦急,幸得遇见灵吉菩萨,送他定风丹一粒。含在口在,仍是一个筋斗云回到翠云山芭蕉洞口,上去打门。罗刹女闻得行者又上门来,不觉大惊,自思道:"我这扇扇人至少飘去八万四千里,怎的行者回来得快?等我多扇他几下就够了。"她出门见了行者,二人又斗起来。公主取出扇来向行者扇了三四扇,行者兀立不动。公主见扇不动行者,大惊,连忙逃进洞内,把洞门紧紧闭上。这里行者变了一个蟭蟟虫儿由石门缝中飞了进去。

　　公主回洞只嚷口渴,女童取来茶壶,斟了一碗茶,冲起许多茶末。行者嘤的飞了进去,罗刹女也不细察,举起碗一口饮尽。行者到得罗刹女腹中,乱顶乱跳,只痛得罗刹女满地乱滚。行者只叫拿出扇子来,罗刹女连忙叫女童拿了一柄芭蕉扇来。行者由罗刹女口中飞出,现了原身,接过芭蕉扇就走。

　　行者欢天喜地拿了芭蕉扇,回到庄院,与长老等,拜别了庄家,往火焰山而去。四人到得火焰山下，行者拿了芭蕉扇对山尽力一扇。谁知不扇犹可，一扇火焰更高，连行者腿上毫毛都烧着了。大圣连忙叫师父上马逃走，四人一直奔了四十里远近才止住，各人呆呆相对，无法可施。忽有火焰山土地送来羹饭一盂，劝长者进斋。对行者说此扇是假的，要求真扇须得往雷积山摩云洞玉面公主那里去寻牛魔王。行者闻言，踪祥云飞去，片刻来至积雷山，向牛魔王借取芭蕉扇。牛王正恨行者不顾从前七人结拜兄弟之情，害了红孩儿，一见行者，即以兵器相见，二人在山中斗了半日。牛王要去赴朋友宴会，喊住行者，回洞换了衣服，骑了金睛兽向西北方向而去。行者见了，连忙化阵清风在后相随。到了乱石山碧波潭，牛王下水去，行者亦钻入。到了水底，只见牛王同龙王等作乐，金睛兽拴在宫外。行者变了一只老蟹闯进龙宫，被老龙王看见，叫龙子龙孙把他逐出。他来到了外面看见金睛兽，心生一计，骑上金睛兽，变成牛魔王模样，一直向芭蕉洞而来。罗刹女接入，叙阔别之情，置酒相迎。酒酣，罗刹女色情微动，和大圣挨挨擦擦。大圣见她如此，有意问她讨取扇子，罗刹女含笑取出。大圣得了真扇，把脸一抹，现了原形，直羞得罗刹女跌倒尘埃。大圣不管，自去了。

且说牛王在龙宫宴罢，欲待回家，见走失了金睛兽，心中明白，连忙回芭蕉洞。闻知行者变形骗去芭蕉扇，大怒仗剑出门追赶行者。追至半山，只见行者笑嘻嘻肩扇前行。牛王变成八戒模样，行者一时不察，将扇交与八戒。假八戒得扇现出本相，行者气得暴躁如雷。二人在半山中大战起来。

再说长老正在等得焦烦，见行者久不回来，叫八戒随土地去助悟空。八戒同土地驾风前往，只见行者同牛王狠命相斗。八戒上前举耙乱筑，三人且战且行，直到积雷山中。牛王抵敌不住，败阵而走，有土地帅领阴兵拦住。那时玉面公主在摩云洞内闻得外面喧嚷，忙教大小头目率众小妖出洞相助。行者八戒见人众，连忙退后。

牛王同众小妖进了洞，紧闭洞门。八戒上前将石洞门用耙筑得粉碎。牛王只得出来又战，到底对敌不住，变了一只天鹅飞去。行者教八戒去扫清摩云洞，自己变了一只海东青飞去追牛王。八戒带领众阴兵，杀进洞中，一耙筑死玉面公主，原来是一只狐狸。杀死众小妖，放火烧了洞。这里牛王现了原形，一只大白牛，和行者死命相拼。两人在半山大战，惊动过往诸神，金头揭谛六丁六甲十八位护教伽蓝直上来围困牛王。牛王见不是头，仍变了人身，向芭蕉洞逃去。行者八戒领了众神在后相追，到了芭蕉洞，围困得水泄不通。牛王把扇子交还罗刹女，仍出来抵敌。这时四大金刚托塔李天王哪吒都带神兵神将，奉玉帝同如来玉旨，前来相助。牛王被擒，同到芭蕉洞，向罗刹女要了芭蕉扇，扇熄了火焰山。将扇子还与罗刹女，众神带了老牛各回宝界缴旨。这里唐僧四众仍向西方而去。

花国大总统

出品　中华第一影片公司，1927年
编剧　谷剑尘
导演　张伟涛
说明　张舍我
摄影　董天铎
助理　夏连良
绘题　黄一峰
书幕　马恨情
剧务　陈礼冠
照相　笪子春
场记　马鹏飞
演员　费柏清　杨耐梅　朱秀英　汪曼丽　周空空　马欣荣　易荫娇　陶雅瑛　陆福曜　张颠颠　翁侠仙　王谢燕　谷剑尘　林优优　秦哈哈

《花国大总统》电影由谷剑尘编剧。其电影本事为谷剑尘所作，字幕为张舍我撰写，原载《中华第一影片公司特刊》(1927年)。

本　　事[1]

谷剑尘

　　吴江赵子云，本富家子，有盘龙癖而爱樗蒲戏，视黄金如粪土，遂以是倾其家。妻周氏，闺字妙英，贤淑有礼貌，相夫治家，邻里交颂。赵既不事生业，浸至饔飧不继，巧妇无米，罗掘且空。女则焚膏继晷，治针黹以易衣食。虽夫焉不谅，时加压迫，而女于井臼躬操之余，独怡然自处，一若往昔，未尝稍出怨言。某夕，赵博负，漏夜返家，嘱女筹资，偿宿逋，不则斥逐随之。女闻讯，惊悸不知所措，呼庚无门，点金乏术，徒饮泣耳。幸得邻妇资助，得免遣责。然区区数十金，果不足赵之孤注一掷也。亡何，赵又因债主之要挟，而以售妻闻矣。讵事不密，为女侦知。女思如是家庭，留恋非福，遂决去家。
　　女既离家，借佣工自给。主人王空，新丧偶，中郎有女，名阿莲，敏慧善体人意，妙英视之如己女也。空好杯中物，某日，归自酒家，意微醉，及门，见阿莲投女怀饮泣，询之，知阿莲因女爱之深而追思已死之母，不禁悲从中来耳。空亦为之感动，谓女曰："我果愿视若母者视汝也。"女以其戏言，深致不悦。空又要面戏之，女不从，羞惭之余，怒击空于地，

---

[1] 原为句读。

疾奔出门去。以无地容身,遂重返故乡。至则门庭犹是,人已非昔,探问之下,知其夫已于月前居他所矣。初,邻妇助女以金,并告海上寓所。妇为青楼中人,鸨也。女无奈,往依之。女貌本昳丽,久为妇所垂涎,既以远道来归,遂视若钱树子。女则以愤妒世俗,亦慨然承诺。

赵自失女后,犹未深自敛迹,缘是益困顿无聊,衣衫褴褛,鸠形鹄面,流为街头乞丐。友某,归自海上,见而告女踪迹,赵乃丐资赴沪。轮中,犯劫案,堕河死。

女自悬榜以小月红应征,竟一跃而为红倌人,枇杷门巷,车马常盈。有杨翁者,富拟石崇,家类齐人,征逐于勾栏中,尤眷恋女。会沪上有花选之举,一时附庸风雅者,多乐为之助。杨乃措万金,购选票,举女为花国大总统。女以此中生活,本非素愿;第以环境移人,习俗诱掖,日诸月居,久而同化。京伶白艳芳,工花衫,袅娜多姿。荡妇淫娃,与之眉目传情,深冀白之顾盼为荣者,实繁有徒。小月红其一也,乃设计贿重金于其从人林大,得践佳会。顾自识白后,无复置意觩政,时忤客意。个中秘密,且为杨翁窥破,于是马樱花下,问津渐稀。鸨虑之,剀切劝导,卒不能动其意。一节将届,亏负累累。先是,有蓬莱康军长,于役歇浦,亟赏小月红,欲以重金作量珠聘,藏之金屋。而杨翁亦自恃选举有功,欲为小月红撤榜。时小月红方得林大媒介之力,与白正缱绻情深,竟拒也。康军长之参谋石某,苦难复命,其怀恨白艳芳与杨翁同。石乃约便衣卫士,奔小月红私宅,以武力辱白。会杨亦偕数流氓至,事出误会,互相殴击,杨翁伤焉。后白北行,小月红求随往,白婉词绝之。小月红遇白厚,万金缠头,取之于彼者,多失之于此。至是,小月红之生计,乃渐掣肘。疑鸨逼交饰物,惧起轩然大波。且鸨暗中监视较严,然卒为渠设计脱身。

字　　幕

张舍我

以赌倾家之赵子云。　(费柏清饰)

赌徒乙:子云,你硬借了我们的钱,我们都为你触了霉头。你借的钱怎么样?

子云:有话好说,何必这样穷凶极恶呢?

老板怕多事,便上前解劝。

子云:是的,钱是我借的,不过我现在没有钱,请老板再做个担保,等我回家去想法子。

赵妻周妙英,本富家女。　(杨耐梅饰)

妙英:你回来了。

妙英:你每天这样迟才回来,与你身体很不宜的。

妙英:时已半夜了,你早些睡罢。

子云:别说半夜,就是全夜也不与你相干!

子云:你见着我总是一副哭脸,你想哭煞我吗?

子云:快点起来,别再装腔作势!

子云:明天不给我办五十块钱,休想再登在此地!

翌晨。

邻妇丁氏，向在上海做时髦生意。现方购小菜返家。（朱秀英饰）

丁氏：嫂嫂，你昨晚一夜没有睡，今天倒起来得早。

妙英：我绣好了几个枕头，想去换几个钱。

丁氏：我出你四十块钱好吗？

妙英：嫂嫂你出得太多了，我是决不敢受的。

丁氏：多年邻居何必客气呢？……可惜我不能久住乡下常常帮助啊！

丁氏：嫂嫂，你不知道，他虽是老上海，其实比笨牛还不如呢。后天我回上海去一定要停他的生意。

妙英：嫂嫂，你就要回上海去吗？

丁氏：是呀，你有空，也可以同赵先生到上海去白相相。

刘三：你借我的款子，屡次约我，今天我一定要的。

刘三：我借给你的钱是你丈夫养病用的，和别的款子不同的呀！

妙英：我现在实在没有钱，子云又没有生意，请你……

刘三：你就是赵先生吗？我是向你嫂嫂来讨债的。

子云：嘿！你干得好事，竟敢瞒了我私借外债！

赌徒甲：小赵，他是你的老婆吗？倒长得不差。

赌徒甲：你这人真糊涂，家里该了这么一个活宝，为什么不想想法子，弄几个钱写意写意呢？

子云：我报告你一个好消息，我母亲已答应我们的婚姻了，并且不愿意你住在那非亲非眷的地方。

妙英：我们的素愿已经达到了，我父母在九泉之下也是很高兴的。

子云：老兄，卖老婆是人干的吗？

子云：我现在愿意卖老婆了，但请你想个法子。

赌徒甲：老兄，卖老婆是人干的吗？

是夜。

周妙英离家两月，已为王空家之佣妇。

周妙英之小主人王阿莲。（汪曼丽饰）

妙英：莲姑娘，周妈很欢喜你呢！

妙英：阿莲我喜欢你，你也喜欢我吗？

阿莲之父王空，鳏夫也。相家谓其命硬克妻，不幸言中，已三丧其妻矣！（周空空饰）

阿莲：为因你喜欢我，我想起了我母亲。

妙英：莲姑娘想起此地的太太，不觉哭起来了。

王空：可怜阿莲没有了母亲，我就没有了老婆。你既很喜欢她，就委曲你做了她的娘吧。

周妙英仍回夫家。

房客：不差，从前是姓赵住的，他已搬走有一个多月了。

怜卿本是薄命人，夫妻相逢不相见。

周妙英无家可归，乃来海上访邻妇丁氏。

数星期后，赵子云益困顿无聊，流为街头乞丐。

赵友：小赵，你为什么弄成这个样子？

赵友：你的老婆在上海，有一次我在四马路看见……

子云：我想到上海去找伊，可惜没有盘川。

赵子云得友人之饮助，乃乘轮赴沪。

船夫：客人们！船快到码头了。

船中伙计。（马欣荣饰）

女客：我的包袱不见了！我的包袱不见了！

败子之结局。

周妙英自来沪后，不得已乃从鸨之请，以小月红悬榜应征。

今则已被选为花国大总统矣。

杨宽夫，富翁也。对朋友则一钱如命。对妓女则挥金如土。（易荫峤饰）

梅花，吴姓，为小月红小姊妹中之最心腹者。（陶雅瑛饰）

杨宽夫自小月红被选总统后，热心报效，几无虚夕。

梅花：四小姐，我们可以去了。

小月红：我去看一位小姊妹，因为伊明天就要动身出门去了。

宽夫：这是你应该去的，那末你快去快来罢。

小月红：我们到中华第一剧场去听出戏，一刻儿就要回来的。

梅花：请问，白老板来了吗？

伶人：快来啦。

梅花：来了，来了。

名伶白艳芳。（陆福曜饰）

白艳芳之跟包林大。（张颠颠饰）

梅花：四小姐，我看白老板今天比在台上更漂亮了，你看是吗？

小月红：林大不肯跟我们讲话，我给他点钱就行了。

鸨丁氏：哼！难道你只管狗不管客人吗？

宽夫：呀！你倒很欢喜这只狗吗？

小月红：是的，我很欢喜这只狗，可是我也很欢喜……你……

杨翁年老有钱，但不能齐其家。

杨妻胡氏。（翁侠仙饰）

杨妾。（王谢燕饰）

杨妻：你这贱货！亏你还说得出长得标致，他很欢喜你呢？自你进门后，他反而深夜不回来了。

杨妾：你会凶，管我，你为什不管他呢？

宽夫：今天相钱一共七百多块，已经如数交给阿姨了。

小月红：这些钱又不是我到手的。告诉我有什么用呢？

宽夫：这是五百块钱，请你收了。现在先施公司大减价，你可以买点喜欢的东西。

穷书生，为杨宽夫之友。十五年前曾与共同患难者。（谷剑尘饰）

穷书生：宽夫兄，宽夫兄，我跟你说句话……

穷书生：宽夫先生！宽夫先生！杨先生！

穷书生：我们十多年不见了，难道你竟不认识我了吗？

宽夫：谁同你是老朋友？

穷书生：你忘记了吗？十五年前你家里没有饭米，向我借钱。现在你狗眼看人低，竟看不起我了吗？

杨妻：你讨了这只白虎来害我吗？

杨妻：我这样难过日子不如让我去死的干净！

小月红自剧场识白艳芳后，即无意觥政，拟以重金贿林大，托为先容。

小月红：我约林大二点钟到这里的，现在我到门口去等他。

小月红：林老板，这件事我一定要请你帮忙的。

林大：四小姐，他是很看重名誉的，这件事怕很难办罢。

小月红：这里是五百块钱，请你收了。现在先施公司大减价，你可以买点喜欢的东西。

林大：四小姐，你太客气了！

林大：四小姐，你太客气了！

林大：这件事保在我身上，定叫你十分满意。

一星期后。

杨妻：这礼拜内你用掉了一万多块钱，怎样用掉的呢？

宽夫：难道做生意永远有进出的吗？

杨妻：既然做生意要亏本，我不许你做生意，也不许你出去。

梅花复至剧场，探问消息。

林大：白老板今晚一定来的。

拜倒大总统前五体投地之杨翁，又来报效矣。

嫖客甲：小王，我身边只有五元大洋十角小洋，七个铜元，你能换给我一块钱吗？

嫖客乙：不瞒你说，我这次买票的六块钱，还是想极法子弄来的。

嫖客甲：我不过向你商量两角小洋，你何必如此呢？

嫖客丙：小马，借两只洋好吗？

宽夫：老四，今天的场面不小呀！

宽夫：这次又不失你面子，你可以答应我到你那……

宽夫：老四，时候已经不早，我们可以走了。

小月红：杨老，我们还有几个远堂差，请你等一等。

小月红：这几位客人不像你杨老好说话，我们一定要去的。

1927 年

杨友：宽翁，你急急的回去，可是怕尊夫人的家令森严吗？
宽夫：笑话！笑话！我杨宽夫岂是怕老婆的呢！
康军长。 （林优优饰）
石参谋。 （秦哈哈饰）
军长：你们有一个花总统小月红姑娘吗？
鸨：伊出堂差去的，我马上打电话叫伊回来。
娘姨：有几个兵老爷来打茶围了，大少们不要害怕！
鸨：你可是梅花？快叫四小姐听电话。
梅花：是的，你是阿姨吗？你要同四小姐讲话吗？等一等。
梅花：阿姨，四小姐说，你有什么要紧事情？
鸨：不要噜嗦，你快些叫伊听电话。
鸨：康军长来了，我们都没有法子敷衍他，你快来，帮帮我们的忙。
小月红：我……来……了。
鸨：康大人，小月红，就来了，请等一等。
小月红：等一回白老板来，你无论如何要留住他，千万别让他走开。
小月红：等一回白老板来，你无论如何要留住他，千万别让他走开。
梅花：嘎唷！我晓得了，你放心去好了。
白伶：你叫什么名字？你来了几时了？
梅花：有一天，我在戏馆里看见你做霸王别姬舞剑的样子，真是写意极了！
杨友：你走后，康军长带了许多卫兵来打茶围，此后你要当心点呢！
宽夫：什么康军长来了？小月红怎样呢？
白伶：我不愿意再等伊，我要走了。
梅花：四小姐一片诚心，请你到这里来，实在是生意上有事，被阿姨叫去了……请你原谅，再等一等。
梅花：白老板时候不早了，外边车子也没有了，你回去是很不方便的。
军长：我今天不回去了，你把两千块钱给老鸨。
参谋：是！军长！我也不回去了。
小月红未能忘情于白艳芳，因此复乞助于林大。
林大：这一次白老板的事，你不能怪我，你应该怨你们自己。
梅花：这件事你不能怪我们四小姐，那天失约，实在是为了生意上发生特别事情。你想四小姐怎愿得罪白老板呢？
梅花：这件事依旧要烦你在白老板面前帮忙，做一件圆满的功德。
小月红：这里是一只盒子，请你带去送给白老板好吗？
林大：白老板来都不肯，哪里肯受你的东西呢？
林大：这件事保在我身上，定叫你十分满意。
杨宽夫受小月红之愚弄，日思与白伶寻仇。
宽夫：我化了不少钱，倒给姓白的姓康的便宜。你们是我的好朋友，应该给我想个法儿。

杨友甲：但是康军长是有势力的人，不好惹的。

杨友乙：那个姓白的，倒可以给他吃点小苦。

宽夫：我对姓康的倒没有什么难过，惟有姓白的，我实在恨他不过。

杨友甲：我倒有条好计策。

娘姨：是我，有一位少爷来看四小姐。

梅花：哪一位少爷？

娘姨：就是那天我们在戏馆里，看见在台上穿了红衣裳，手上戴着铐，头颈里戴鱼麟枷，有一个差人押着的……少爷呀！

白伶：前天送给我的东西，我实在不敢领受。这张照相，我收了作个纪念。

康军长丞赏小月红，欲以重金作量珠聘，藏之金屋。

参谋：军长现在肯出四万五千块钱，难道这样还是办不到吗？

鸨：石老爷别冤枉我，这件事实在是伊不肯，并不是我不愿呀！

参谋：那末，叫我怎样去回答康军长呢？

鸨：那我就去叫伊来，同你当面谈吧。

鸨：这样迟了，还不到生意上去呀？

鸨：现在石老爷等在生意上，说康大人情愿出四万五千块钱讨你，你的意思怎样呢？

小月红：阿姨，你要我嫁人，我情愿死！

鸨：我是没有脸再好对石老爷说，你自己到生意上对他说罢。

参谋：四小姐，这段好姻缘，你别错过，别人还求之不得呢！

杨宽夫派人守候小月红之私宅。参谋不能以佳音报军长，受军长之痛斥，乃思泄愤之道，谋殴辱白伶。

参谋：今晚你们再派人去等呀！

杨友乙：你叫我招集的那班人，我现在已经约定了。

梅花：那个地方，我已过去，他说就要来了。

宽夫：老四，你好，今天还有什么话说？

宽夫：快打电话叫白艳芳来！

小月红：你……是……梅花吗……你去叫……白……少……白艳芳……少爷……来……来。

小月红：我叫娘姨去叫好吗？

宽夫：嘿！娘姨已经被我捆绑起来了。

白艳芳正往小房子去，在路上汽车出了毛病，因不致受杨宽夫石参谋的毒手，他的运气真好呀。

白伶合同期满，征车北指。多情多义之名妓小月红，乃前来送行。

小月红：你就此离开我了，居然有此良心吗？

白伶：我有许多不便，实在无法带你同去。

梅花:他虽然不肯带你去,总不见得就会丢掉你的。

小月红与白伶:保重!保重!

杨宽夫爱小月红;康军长爱小月红;小月红偏爱白艳芳,以致觞政久疏,从此枇杷门巷车马稀矣。

鸨:现在欠账共有四万多块钱,你看如何了结?

鸨:那最好不过的户头杨老,为了你成了残废。假使我不去苦苦求他,你还要吃官司呢。

小阿媛:都是你同伊串通了白相的不好!

鸨:康军长肯出四五万身价银子,你又不高兴去敷衍,究竟你存的是什么心肝呀?

鸨:这都是你喜欢姓白害我的,你何不去找姓白的来救救我呢?

阿姐:阿姨常常提起白艳芳,伊是很难受的。

小月红:阿姨,你不要翻转面皮不认人,你受过我的好处也不少呢!

鸨:你欠了一身的债,就是巴巴结结的去做,怕也没有翻身的日子,怎么你还可以写写意意在这里打磕睡呢!

嫖客:老四,你看这张牌拉得怎样?

小月红:喔!四大人吗?……你刚从广东回来,我真纪念得很,连写了几十封信,为什么没有回音?大东三百三十一号……叫我……

鸨:谁打来的电话?

小月红:好,我马上就来,决不撒澜污。

小月红:这就是正月里连做三百多个花头的田大人呀……

鸨:喔!田大人吗?你快点去,叫他帮帮我们的忙。

姜子牙火烧琵琶精

出品　大中国影片公司，1927年

监制　顾无为

编剧　吴翰仪

导演　夏赤凤

摄影　徐绍宇

置景　沈唉天

演员　吴翰仪　沈唉天　卢翠兰　顾梦痴

《姜子牙火烧琵琶精》电影取材古典小说《封神演义》（《封神榜》），由吴翰仪编剧。其电影本事为李元龙撰写，字幕为董天厄撰写，原载《大中国影片公司特刊》（1927年）。

本　　事[1]

李元龙

（注）《封神榜》为吾国神怪小说之巨著，与《西游记》可称双绝。惟原书所载，引用事物多与时代不合。改之则失原书精神，反致令人不明。所幸书属神怪，当为识者所鉴谅也。

楔　　子

上古轩辕黄帝时，蚩尤作乱，帝征平之，得玉石琵琶及其他宝物无算。帝崩，以玉石琵琶殉葬。年深世远，吸山川之灵气，受日月之精华，已能幻为人形，与同穴妖精九尾狐、雌雉相依为命，时出扰人。至纣王无道，此三妖遂奉女娲氏命，迷惑纣王，扰乱江山。本剧所述九尾狐已冒充苏妲己入宫为后，而琵琶精拟继续进行遭劫之一段也。

姜子牙，朝歌人，一心学道。卅二岁上昆仑山，拜元始天尊为师。至年七十有二，奉命下山兴周灭纣，乃至朝歌南门外三十五里宋家庄盟兄宋异人处暂住。异人待如手足，后世之鲍管亦不过如是而已。异人以子牙已老，尚未成家，将为之谋娶。子牙以年老为辞。异人不顾，与马洪之长女径为论婚。马氏有女五人，年过半百俱未配亲。其长女六十八岁，与子牙可称良偶。迨成亲后恩爱异常，其情有胜于少年者。久之，马氏以子牙无业寄食他人终非善策，遂劝营商自活，编售竹器。敦知年交歹运，无人

---

[1] 原为句读。

顾问，亦徒唤奈何耳。

九尾狐自冒充苏妲己入宫后，迷惑纣王，害死姜皇后，忠臣之死者无算。一日宫内歌舞方浓，而忽有数宫女私自哭泣。问之，知为姜皇后之心腹，为念旧主触景生情。纣王怒欲斩之，妲己以刑法太轻，计造虿盆，以宫女喂蛇。乃下令国中每家献蛇四条，纣王从之。妲己又诳言，将为天子召请仙女，纣王信之。

妲己乃潜回轩辕坟，嘱琵琶精伪充仙女。迎仙之夜，半空居然现一美貌仙姬，自称嫦娥仙子，纣王乐极。琵琶精乃诈言，欲求仙女常来，须建鹿台一座，高四十九丈。一声旨下，而民不聊生矣。

子牙自卖竹器失败后，异人竭力慰之。又卖食盐，而盐竟生虫。再卖灰面，又被野马撞翻，空箩而归。马氏大怒，夺食不与。时运弄人，竟致夫妻反目，可悲也夫。

家无贤妻，人生之大不幸也。子牙屡受刺激，不复作营业想，闷坐河边。见一老鸟振翅不能高飞，子牙悲甚，遂作诗曰："南山有鸟，不能高飞。壮士穷途，无家可归。"其心中牢骚之气，可以概见矣。

宋异人恐子牙不乐，遂另思一法，劝之贩卖牛羊。子牙感激异常，驱羊就道。而时值大旱，官家禁屠，抵城被阻，牛羊尽被充公。子牙愧无面目回见异人，幸异人急足追来，力劝之返。而马氏憎恶子牙之心，日益深矣。

有土棍刘乾者，卖柴经此，问卜于姜。子牙断曰："一直往南走，柳荫一老叟，青蚨一百二十文，四个点心两碗酒。"刘不信，果遇一老叟于柳荫之下。以柴售之，故低其价，只取值一百文。而此老叟适家有喜事，复与喜钱二十文，四点二酒，不爽毫厘，刘亦佩服无已。而姜子牙时来运转，活神仙之号，传遍都城。会琵琶精自宫中驾云回穴，闻人声扰攘，知为姜子牙卖卜。思有以试之，化身为寡妇，挤入人群。子牙神目，察为妖精，力握其腕。旁观众人责子牙不当无礼，不服而哄，子牙虽辩无益。适比干丞相乘马而过，知其情，率之同见纣王。妲己虽见琵琶精来，然亦无法可救，遂为子牙用三昧真火焚烧，真形显现，无从掩饰。纣王以子牙除妖有功，封为下大夫。

子牙回家之际，正马氏愤怒之时，力逼子牙离婚，异人婉劝无效。立笔据时，宫诰颁到，马氏始知子牙已赐禄为官，回嗔作喜，乃赋团圆。而子牙亦大度包涵，遂仍为夫妇。可见人生骨肉之间，亦非富贵功名不足以维持情爱也。

字　幕

董天厄

轩辕坟内之三妖。
千年玉石琵琶精。
九尾狐狸精妲己。
琵琶精：姐姐你在宫中享福，今天亦得闲来望望我们吗？

妲己：我为你的事来的，你反而埋怨我吗？
琵琶精：姜皇后已死，你现在是皇后了。
妲己：不要取笑！我有事与你商议。
妲己：这是一座楼台的图样，高四十九丈，名曰鹿台。
妲己：天子命我召请神仙，所以我画此图，以备召仙之用。
琵琶精：鹿台造成之后，你须将我们二人带进宫去。
妲己：你二人可以时时进宫来看看我。
妲己：我回宫去了。
琵琶精：你看她做了皇后，走路都格外好看了。
雉精：你不要笑，我们亦要学学做皇后的架子，免得将来笑话。
姜子牙自昆仑下山，暂寄寓于盟兄宋异人家。
未得志时之姜子牙。
其盟兄宋异人，重义轻财，不可多得之朋友。
宋异人：我们分手四十年了，今日相逢真是意外。
姜子牙：我自上昆仑修道，数十年一事无成，又到凡间，真觉惭愧。
宋异人：相隔许久，我忘了你今年多少岁了。
子牙：今年七十二岁。
异人：你还是壮年，正可以做一番事业。但不知娶过亲没有？
子牙：不曾。
异人：巧极，前日马公说他的大女儿才貌双全，尚未配人。
异人：待明日我替你做媒。
子牙：年纪相差太远，不可误了人家终身。
异人：不瞒你说，马家的女儿，今年只有六十八岁，正与你年貌相当。
马家的两个丫头。
丫头：他是替我们大小姐来做媒的。
马洪：即请选定良辰吉日，送亲过府。
丫头：我们赶快告诉大小姐去。
一班待字闺中之马氏诸女。
马家五小姐。
马家四小姐。
三小姐。
二小姐。
丫头：恭喜大小姐，方才姓宋的来替你做媒，主人已经答应了。
这位年高有德的大小姐，正是姜子牙的未婚妻。
大小姐马氏：诸位小姐在此，你们说话要稳重些。
二小姐：恭喜姐姐。
三小姐：大姐姐你不要怕羞，只要有丈夫，七十岁嫁人，亦不算迟呀。

新郎七十二岁。

新娘六十八岁。

蜜月中。

子牙：你这支画眉的笔，放在哪里？

马氏：放在镜箱里。

白头夫妇，其恩爱殊不减于少年。

马氏：你不要收拾这些物件，我有要紧话和你说。

马氏：你我现下住在宋家，依傍他人，终非善策。

马氏：我劝你做些买卖，以图将来自己成家立业。

子牙：你的话是正理，但是我自从卅二岁上昆仑学道，生意买卖一概不懂，我只会做箩筐。

马氏：大小都是生意，明天就编些箩筐去卖亦好。

可怜姜子牙，文弱之人，又加年老，时运不佳，只好编箩卖篦。

编成出卖。

从早晨到晌午，一文未卖。

子牙：老兄你何妨买一个箩筐。

乡人：我看你有些疯气，世界上哪有强买强卖的。

子牙：我挑了一天，一文未卖，肚中又饿，请你发个利市罢。

送公文人：我是送公文的，要买箩筐何用？

买箩人：卖筐箩的这里来。

子牙：请你买两只。

买箩人：我已经买了。

纣王，他心目中，唯一的爱物就是女色。

皇后，妲己。

妲己：今日君王十分欢乐，我来舞剑，以助雅兴。

宫女：从前我们姜皇后，被她害死了，现在她倒会快乐。

妲己宫女：方才有几个宫女，在那边偷哭，并且议论皇后不好。

妲己：这几个宫女，是哪一宫的？

妲己宫女：她们是从前姜皇后的宫女。

纣王：把她们捆绑起来。

纣王：一齐推下去斩首。

妲己：这般宫女全是不怕死的，将她斩首，反而便宜她了。

妲己：我有妙计，造一个深坑，内放大蛇数万条，将她们丢在坑内，喂那毒蛇，使众人知道利害。

纣王：前闻你说有仙女下凡，不知何日可以招来？

妲己：今夜三更，待我焚香查问之后，便知分晓。

轩辕坟下月夜之群妖。

群妖：妲己姐姐来了。

妲己：天子命我召仙女下凡，所以我来奉请妹妹，今夜前去。

妲己：君王诚心祷告，自有仙女下凡。

冒充的仙女来了。

妖：吾乃月里嫦娥是也。

妲己：快些叩头。

亡国，必定有亡国之表现，大概这亦是表现之一种。

妖：吾感天子诚心，下凡相见。

妲己：可速造一座仙台，须高四十九丈。工成之日，吾当召集九天仙女，与天子同游也。

妲己：君王宜速造此台，以顺天意。

子牙：难道这盐里生了虫，亦怪我吗？

异人：你的运气实在太坏。

马氏：这真是笑话，天下没有见过盐里会生出虫来的。

马氏：这分明是你不愿去卖，有意捉些虫放在里面。

子牙：他要生虫，我能够止住他不生吗！

异人：弟妇不必生气，我仓里有许多麦子，不如磨些灰面去卖。

马氏：你今天生意很好，太阳没有偏西，灰面已卖完了。

捉蛇人：你不知道吗，现在天子有旨，每一户要交四条蛇，亦不知作什么用处？

乡人：苦来苦去，总是苦了我们小百姓。

乡人：倒运鬼又来了。

乡人：他是朝歌城里出名的倒运鬼。

乡人：早晨我起来，已经看见他挑着灰面去卖，到此刻还是满满的一担。

卖箩人：今天真倒运，你的蛇跑了，我的脸跌破了，箩筐亦压坏了。

乡人：姜子牙真倒运，他走过的地方，连草都不会生。

子牙：第一次卖竹箩失败，第二次盐里生虫，这回卖灰面居然有些希望了。

买面人：买灰面，此地买灰面。

姜子牙虽然做了几次生意，今番却是第一次开张发利市。

买面人：买一文钱的灰面。

马氏：到底灰面生意好，居然卖完了。

马氏：呵唷，难得做了一次好买卖，就要拿出丈夫的架子来了。

子牙：一文亦不曾卖，怎么会有钱？

马氏：既是不曾卖，一担灰面哪里去了？

子牙：被马冲翻了面担，一阵大风，都吹得干干净净。

马氏：你这个无用的东西，还有脸面回来见我么？

子牙：人不逢时，受了多少肮脏气。就是家庭骨肉之间，亦要借重富贵功名，才能够维持情爱呢。

异人：怎么你们又争吵起来了？

异人：子牙且先到我家坐坐，我来劝劝她。

子牙：南山有鸟，不能高飞。壮士穷途，无家可归。

宋仆：我们主人真是呆子，姜子牙这种倒运鬼，亦不知害了主人多少钱。

宋仆：这回主人又叫他去贩卖牛羊，包管一场瘟病，这些牛死得干干净净。

异人：你方才说的什么？

异人：一个人在运气不好的时候，最怕看别人的冷眼，而且最怕听的是伤心话。

异人：宁可得罪富贵王侯，万不可冷淡了贫穷的亲友。

异人：以后不许再说这种势利话。

异人：我想你小生意做不来，因此买了十几条牛羊，你可贩卖。

子牙：我运气不好，枉费了你屡次的好心。

子牙：这回再要折了本钱，更对不住兄长，我看还是不必去罢。

异人：贤弟，要做大事业的人，不能因为小不如意，就此灰心。

异人：英雄豪杰，决不肯做一帆风顺的事情。

异人：不经磨折，不是英雄。不上高山，不知马力。

异人：子牙你放心去做罢。

异人：牲口多了，你照顾不来，我叫个人帮助你。

子牙：宋大哥，我将来怎样报答你？

子牙：良友多情，令人下泪。

异人：你路上好好照应，万一生意不好，折了本，你一定劝他回来。

异人：恐怕他一时拙性，寻了短见，你须处处留心。

明知子牙运气不好，却想出种种法子来安慰他，使他精神上不感受痛苦。像宋异人这样朋友，可惜世上太不多了。

朝歌南门。

往城中贩卖去的。

门军：你这人胆子不小！现在天子求雨，禁止屠宰牛羊，你反而赶来贩卖。

门军：违禁犯法，将牛羊一齐拿下充公。

宋仆：快逃走罢，不走还要坐监牢呢。

子牙：你先走罢，我不回去了。

子牙：你不要管我。

异人：我不放心，特地赶来看你。

异人：这是我的错，你来的时候，我却忘了禁屠的事。既然牛羊充了公，亦就随他去了。

异人：其过在我，与你无干，千万不要短了志气。

琵琶精：这几日我神魂不定，难道有什么祸事吗？

恐怕大祸不久就到了。

琵琶精：或者妲己姐姐有什么祸事，我要去看看她。

雉精：既是你心中不安，我劝你不要去罢。

子牙又从宋异人之劝，以算命占课为生。

刘乾：你这老头子，口出大言，可有真实本领？

刘乾：你与我占一课，如若不灵验，吃我几掌，不准在此卖课。

子牙：你……你……你先取一张卦来看看。

子牙：我有四句歌，你须依我，方得灵验。

刘乾：我有些不相信，难道卖柴，还有酒吃吗？

子牙：你现在不用说，少刻便知。

刘乾：好……如若不准，回来我再打你。

看卦人：这刘乾是个痞棍，你的卦要是不准，他回来定不饶你。

子牙：多谢好意，但是此课决不致于不准。

乡人：你这一担柴，要卖多少钱？

刘乾：只卖一百钱。

乡人：价钱真便宜，你可跟我到家取钱。

刘乾：他写着一百二十文，我现在只卖一百文，这课总不灵了。

乡人：你这人真好。

乡人：今天小儿完姻，难得遇着你这样好人，我请你喝酒。

乡人：这包是一百文柴钱。

乡人：今天我家喜事，另外送你二十文喜钱，买杯水酒喝。

琵琶精：姐姐我回去了。

妲己：妹妹放心，过几天我再来看你。

子牙：他又来了。

刘乾：姜先生真是神仙，这卦十分灵验。

琵琶精：我亦去试试他，看他可能知道我的来历。

琵琶精：请诸位让开，我亦来占一课。

子牙：娘子请坐，我要先看脉息。

子牙运用火眼金睛防备琵琶精脱逃。

琵琶精：先生不算命，为什么尽对我细看？

看卦人：姜子牙，你这大年纪，太不知礼了。

子牙：诸位不知，这女子乃是一个妖怪。

琵琶精：诸位，我是一个寡妇，他想调戏我，反而冤枉我是妖怪。

琵琶精：望诸位救救我这可怜的女子。

众人：姜子牙你还不放手吗？

众人：你调戏妇女，反而要打死她，你不知王法吗？

众人：拖他去见官府。

马氏：你这种混帐人，为什么拉住她的手？

子牙：你是女流，不要管我的事。

马氏：你这穷鬼呀！你惹了大祸！你害了我的终身呀！
比干丞相，路过此间。
子牙：这女子是妖怪变的，我所以为国除妖。
比干：你为什么不放手呢？
子牙：现在妖怪被我镇住，如若放手，她就跑了。
琵琶精：我是一个清清白白的妇女，求丞相做主，不要听他说谎呵。
比干：此事难于分解，你们随我上朝。见过天子，再作道理。
子牙：君王如若不信，请命人烧起柴火，将此女放在火中烧过，便知真假。
琵琶精：姜子牙！我与你无仇无恨，你今天用火烧我，将来必报此仇。
子牙：大家不要害怕，我要放掌心雷了。
比干：姜子牙，你且下殿候旨。
变起家庭。
马氏：这个倒运鬼，本不安分，好好的算命度日，又要捉什么妖怪！现在闯下祸来了。
丫头：这样的穷鬼，将来不害了你一世吗？
马氏：是呵！一个女人，还怕嫁不着丈夫吗？
马氏：我何必跟他受这样的穷苦，我一定要同他分离了。
丫头：穷鬼回来了，你赶快逼他写张离婚字罢。
子牙：我并没有得罪你，你为什么又动气呢？
马氏：你不必假意殷勤。
马氏：你亦没有养活妻子的本领，我亦不要你这种无用的丈夫。
马氏：我是为了穿衣吃饭，所以才嫁丈夫。
子牙：这是我害了你，你亦不必生气。
本来真正同甘苦的夫妻，世上能有几个。
马氏：等我问问他，究竟有什么意思。
马氏：我决不能再受苦，叫他写一张休书，让我回马家去。
异人：子牙，你心中怎么办法呢？
子牙：既然她有此意思，我亦何必勉强相留呢，随她去罢。
马氏：你快些来写罢。
子牙：你一定要我写休书吗？
马氏：闲话少说，快写罢。
马氏：你们找谁的？
公差：我们是比干丞相府，派来找姜子牙的。
马氏：你又闯了什么祸事？丞相府派人来捉你了。
马氏：你惹的祸，不要害我，快些出去承当罢。
公差：因为姜子牙除妖有功，比干丞相保奏，天子封他为下大夫。
异人：恭喜子牙，天子因你除妖有功，封你为下大夫，现在你是命官。

丫头：他现在做官了，你快去说几句好话。
公差：这是丞相的公文，命你上朝谢恩。
马氏：你饿了吗？我去烧饭给你吃。
子牙：你现可以不分离吗？
马氏：你做了官，我终身有了依靠，难道我还去么！

新 茶 花

出品　天一影片公司，1927 年
总监　邵醉翁
编剧　邵邨人
导演　裘芑香　汪福庆
分幕　李萍倩
说明　刘豁公
摄影　王士珍
置景　周念衷　魏鹏飞
演员　胡　蝶　汪福庆　王无恐　魏鹏飞　金玉如　张振铎　倪红雁　谭威宇　张倍克　倪妙玉

《新茶花》电影取材此前流行同名新剧（脱胎于小仲马长篇小说《茶花女》），由邵邨人编剧。其电影本事为刘豁公撰写，原载《民国日报》（1927 年 10 月 4 日）。

本　事[1]

刘豁公

　　辛耐冬，贫家女，早失怙恃，展转入勾栏，易名为新茶花。枇杷门巷，车马常盈，有狄军长者嬺之。一日，随狄乘汽车郊游，途次误触塌车，几倾覆。军长大怒。塌车夫趋前谢罪，军长痛挞之。此车夫曰辛卓然，茶花之怀弟也，以暌隔久不相识。第怜其无辜，遂劝军长舍之去。时塌车夫首领某甲，方在侧，熟识若无睹也。适又一汽车，车缘微触其衣角。甲视车中一弱女子，遂伪为受伤状，仆而复起，攀车不听去。女惭且骇，急启钱囊，出纸币贿之。甲见囊中币尚伙，恃力夺之。卓然激于义愤，夺囊还女。不意为甲所殴，受伤仆地上，惫不能兴。甲遂率众车夫推车去。女以卓然为己被创，窃感之，因以己车载之至医院，代付相当之医费而归。

　　此女曰陈莲贞，富绅陈仁美之掌珠也。是日外出，为访女友薛灵芸。以甲败兴未果，归而诉诸父。乃兄少美闻之，因任保护之责，偕妹更往。时灵芸之未婚夫，马参谋已先在，少美与谈甚恰，马因荐陈为华军长参谋。

　　少美固为新茶花稔客，既任军职，茶花益敬爱之。狄军长意不能平，以势劫新茶花使绝陈。茶花不听，立奔少美，少美赁屋处之。事为华军长闻，免少美职。仁美引为大辱，瞰少美他往，以计逐新茶花。更以诡词愚少美，谓新茶花为卷逃，少美不之

---

[1] 原为句读。

信也。他日游公园,见狄与茶花并坐笑谈,为状甚媟,怒极而无如何,遂视茶花为荡妇,不复置念。茶花无以自白,懊丧至难言状。适值华军与狄军宣战,念果得狄军秘密,授之少美,则前嫌不攻自破矣。缘是伪与狄昵,乘间窃其重要之军书,命人持诣少美。少美掷书叱令出。忽辛卓然戎装至。盖彼卧病医院时,仁美父子,恒往探之。知彼亦士人子,不幸沦为舆台,犹能仗义为人御强暴,心綦爱之,因俟其病愈,保入陆军学校肄业。今已卒业,在华军任团附矣。既入,见少美掷书叱使,急劝慰之。拾书授少美,坚请一阅。少美不忍峻却,拆而视之,则赫然敌军之密报也,急与卓然往献华军长。军长大喜,立命复职。自是敌军计划,了若指掌,战必胜而攻必克。陈辛与马团长均有功焉。

少美以己之复职立功,均由茶花窃得敌军之密报所致,感激至不可言状,遂往迎,归为夫妇如初。一日,少美与辛卓然马团长等在厅事闲话,新茶花偶经屏后,闻马呼辛卓然名,骇而却步。念辛卓然为吾髫龄失散之怀弟,安得在此?急视应者,为一少年军官,貌果与己肖。密令侍婢延入,细询身世。知确为怀弟,悲喜交集,相抱而泣。前此所以失之交臂者,以当时无人呼卓然名;且彼方为贱役,形容憔悴,绝非本来面目也。会少美入,见状愤且妒。茶花告以本末,少美乃喜。

莲贞之于卓然,表面虽复落落,心际实深爱之;卓然于莲贞亦然。自与少美认亲后,对方接近之时机渐多,感情亦日益密,遂订百年之约。灵芸与马团长,固已订婚久矣。少美与新茶花,虽已同居,尚未正式成婚。仁美夫妇以为此等佳偶,均出天成,因命三对小夫妇,同日同时,同在本宅花园内结婚以作纪念。

湖边春梦

出品　明星影片公司，1927年

编剧　田汉

说明　田汉

导演　卜万苍

摄影　董克毅　石世磐

置景　董天涯

演员　龚稼农　杨耐梅　萧英　汤杰　毛剑佩　林祝三　黄君甫　王梦石　王献斋　高梨痕　董湘苹

《湖边春梦》电影由田汉编剧。其电影本事为宋痴萍撰写，字幕为田汉所作，原载《明星特刊》第26期（《湖边春梦》、《卫女士的职业》合刊，1927年10月）。

本　　事[1]

痴萍

少年孙辟疆，坐沪杭下行车中，意态颓丧，若重有忧者。倏睹对座一美妇人，神采曼妙；傍坐伟丈夫，则须髯如戟，雅不称妇也夫者。少年怦然为美妇惜，情思入魔，陡牵旧恨，重重影事，都上心头，少年诚不善自遣哉！美妇人黎氏，小字绮波。伟丈夫，其夫彭飞熊也。

少年尝钟情女伶费翠仙，制剧曲，撰歌诗，张之惟恐不力。翠仙感少年将护之意，亦依依如小鸟。会少年呕心成一剧本，奉翠仙为主角，日往其寓亲为排练。比登场，观众震于翠仙之美，欢迎恐后。而少年以其表演失原意，大不怿。其友劝更编新剧，俾翠仙演之，谓翠仙故美材，或可收桑榆之效也。少年情丝未断，更贾余勇。不意翠仙骤得名，萦情外物，无复经心剧事。少年愈失望，渐成心疾。二次往访翠仙，已从伧父入游宴之场。于是少年怒，撕其新著之剧本，示与翠仙绝。友窥其隐，劝赴西湖养疴习静。车中偶念往事，大呼女子可畏，为绮波所闻，笑向其女友设辞讽之。少年大窘，然于绮波之言笑，则注视甚审。

少年息于逆旅，悠然而出，道经一角红楼，忽睹临窗倩影，其人固绮波也。举手相招，梨涡微晕。少年逡巡间，绮已下楼启户而出。少年中情忐忑，思趋前一握手。绮疾避，跨马而驰。少年亟乘骑追之，瞬息已临险境。绮控御无力，势且堕。少年前援之，并马相偎，良久始下。绮言独居患盗，要少年护己。少年溺于温柔，坦然随之

---

[1] 原为句读。

归。绮授以手枪，少年慨然．曰："有我在，盗至，虽万死不辞。"绮忽曰："君诚爱侬耶，侬欲鞭君，能忍受乎？"少年以为戏，漫应之。绮以巨索缚少年，举鞭力扑。少年不能耐，止弗扑。绮娇呻曰："一扑且不耐，则万死不辞之说非诚矣。"少年大愧曰："恣扑之，无虑。"鞭骤落，四体俱伤。绮复松其缚，抚其创，而慰藉之良殷。少年大乐，竟忘奇痛。绮更约日必一度鞭，谓非此不足见真爱，少年颔首曰可。异日方被缚受鞭，盗众忽至，其盗首即彭飞熊，云将劫绮。绮呼救，少年遮道不听劫。盗首猛推之，携绮而逸。少年自脱其缚，擎枪策马逐之。既及，击盗首踣，盗众四散，绮始脱险，倚少年怀中，为拭额汗。盗首忽苏，拾枪射少年，少年被创，盗首竟逸去。少年微声呼痛，绮软语慰之，少年更乐。比睁目，则一医立榻前曰："君热病甚剧，幸而醒。"

少年哑然而笑，趋湖畔寻梦迹，果有红楼如顷所见者。踵门而呼，临窗陡现一老妇人面。疑其非是，踯躅而归，携行囊附车回沪。

甫入车厢，猝见绮波，亟至其前询之曰："若非乘骑遇险耶？无我则殆矣？"绮茫然。少年又曰："若曰必以鞭扑我，忘之乎？"绮渐怒。少年复摹绘被鞭及绮为吻伤状。绮益怒曰："弗谰言，吾夫且至。"少年曰："若自言独居患盗，何云夫也？"因解衣曰："欲鞭则鞭耳，何怒为？"时绮之夫彭飞熊至，绮道少年相侮事。少年识为梦中盗首，怒斥之曰："奈何以枪射我？"彭殊不怒，徐引其手，谓绮曰："神经病！"少年觉彭雍容不似盗首之狞恶，不得已舍之却坐，唯仰首看窗外之白云相逐。

字　　幕[1]

田汉

孙辟疆，一个害了热病的脚本家。（龚稼农）
黎绮波，她把她的过去都随时做烟吐去了，所以没有什么郁结。（杨耐梅）
彭飞熊，她的丈夫，但人家都希望她和他不过这么一回事。（萧英）
他虽知道蔷薇可爱，但他尤其知道蔷薇是有刺的。
这是他几个月前的事。
后台经理。
"我们现在决定演这本戏。"
"我们准定下星期三约好大家在后台说戏好吗？"
女主角费翠仙，她本是一朵艺术之花，若不是为社会所误的时候……（毛剑佩）
导演黄君。（林祝三）
名小丑（黄君甫）
"我要请你担任女角。"
他觉得他的艺术，至少有了一个知己了。

---

〔1〕 原说明字幕前有■标记，现统一略去，并以不同字体区别之。

美人的红泪,足以充分引起诗人的灵感。
"你对于艺术能这样的努力,有望得很。"
"我虽不甚懂得诗,但是我是最爱重诗与诗人的。"
"你从此不爱我了吗?"
"你的心未免太狠了吧。"
"你做得很不坏,希望保持这样的研究心。"
"做得不好的地方,总请多多指导我。"
"像你这样的聪明努力,不难成为中国的杜翠。"
"那么先生便做中国的达龙遒。我一生演先生的脚本。"
"这是你第一次演我的脚本,切记不可把你的那角演成淫荡之妇。"
辟疆的好朋友马维夏,所谓好朋友自然是就性情上说,不是指艺术上说。 (王梦石)
"她的脸儿真漂亮。"
"这女角儿真不坏,脸子又长得俊,嗓子又好,做工也淫荡得很。"
"她所演的全然不是这回事。"
"我看她也还演得不错。"
"我至少希望她把最后一幕演得忠实一点。"
世间最难堪的是不入耳之言,不入眼的戏。
"你的脚本成功极了,第一难得有这样漂亮的女角。"
"你这位女角儿风骚极了。"
"翠仙!你怎么把我对你说的话全都忘了?"
"先生对于剧中人性格,全然没有理解,怎么好导演人家的脚本呢!"
"孙先生,你别生气,能卖钱的便是好戏。像观客这样的欢迎,也不好算是失败了。"
"你的脾气太大了,成功不是一蹴而阶的,社会使我们失望,得慢慢地去改造他;人才使我们失望,得慢慢地去训练他;翠仙也是难得的人才,你何妨使她再试呢?"
"中国报纸的戏评,不知道何时才能弄清楚演剧的得失,与演员姿首的美丑的区别。"
"今天报上关于我的批评很多,你很高兴罢?"
"唔!很高兴!很高兴!"
"现在我又在为你写一脚本了,你可不要再使我失望。"
"这许多人我都不认识,怎么办呢?"
"人家请你是你的面子,怎好不去,并且要交际宽,才能享大名。"
附庸风雅的捧角家。 (王献斋)
"我请女士上大菜馆。"
"我想请女士上跳舞场去。"
"我同哪一位去好呢?好,哪一位抢得着我的帕子,便同那一位去。"

"我今天特来同你研究脚本。"

"翠仙!"

"今天实在没有工夫,明天午后两点钟再请先生来罢。"

"时候不早了,我们就去罢。"

"我现在不能去,两点钟还有人来看我。"

"世间上使人失望的事多着呢,何必颓丧至此。"

"酒别喝了,你的病又厉害了呢。"

"我看你还是到杭州去养息养息,我可以写信介绍一家熟识的旅馆。"

"弱者啊,你的名字是女子!"

"这人说女是弱者,难道我们都是弱者吗?"

弱者的征服力大于弱者。

薄雾中的西湖,绝似薄纱中的西子:使人非一探其究竟不可。

"您不是说女子是弱者的那位先生吗?"

"您府上就住在此地吗?"

"我这两天身体很不好。"

"难得您这样的勇敢。您真是我的英雄。"

"女士为何独自一人出来呢?"

"一个人住在家里很闷,所以出来散散步;不料遇了这样的危险,而且我还怕我有真正的危险来呢。"

"我一个人住在旅馆里也是闷得慌,而且我又害了病。"

"那么,您何不住在我家里去呢?近来时常有强盗写信来恐吓我,你来我也有人保护。"

"这有什么要紧呢?"

"这就是托你保护我的利器了。"

"我有一种要求,就恐怕你不肯答应我。"

"我久想把生命献给一个值得我敬爱的女性,可是老使我失望;现在我找着了。你有什么要求,你快说罢。"

"我要打你。"

"你还说把生命交给我哩,打你几下都不愿意!"

"好!打,打,打。"

"我每天要打你一次,你愿意吗?"

"越重越好。"

"女人是欺压善良男性的东西,我们非替天行道地征服她们不可。"

"你这样为我牺牲,我真对不起你。"

"我的生命已交给你了,这算什么。"

"刚才那个样子,就像被人打着一样,可是不知道为什么又是一副很甜蜜的样子。"

"你的热度很高,不是我这两针,不知道什么时候才能醒呢。你现在觉得清楚了一点么?"

"我已经清楚许多了,我想出去走走。"

"我原想到杭州养病,但反把脑子弄昏乱了。我想还是回上海的好。"

"你那天真吓坏了。"

"你可记得……"

"谁认识你,你休要在此胡说,我家先生就要来的。"

"你这强盗。"

"神经病!"

卫女士的职业

出品　明星影片公司，1927 年

编剧　洪　深

说明　洪　深

导演　张石川　洪　深

副导　叶良德

摄影　董克毅

置景　董天民

题绘　陆若岩　沈延哲　董绮梦

演员　田爱菱　王毓清　丁子明　龚稼农　洪　深　赵静霞　王梦石　郑逸生　李时苑　王福珍　董湘苹　汤　杰　陈百男　萧　英　王献斋　叶良德　张敏吾　黄君甫

《卫女士的职业》(一名《女书记》)电影由洪深编剧。其电影本事为宋痴萍撰写，字幕为洪深所作，原载《明星特刊》第 26 期(《湖边春梦》、《卫女士的职业》合刊，1927 年 10 月)。

本　　事[1]

痴萍

　　卫女淑真早失怙，家惟母妹，相依为命，就商号记室之职，以赡其家。其恋人尝促其弃职行婚礼，恐母妹失所，不忍遽允也。

　　孙立群娶东华银行行长沈俊人之女伟英为室，因得为副行长。伟英骄纵，奴视其夫，而尤不满其男女社交。顾立群性傲，则时复具对抗之意，夫妇间日夕闻勃豀声。适卫女入东华任副行长记室，立群正苦狮威难近，激而亲卫女。以为副行长之尊，下交记室，事无有难遂者。卫女以职业故，虚与委蛇，冀其自悟。伟英窥其隐，遂蹈隙以窘立群。

　　立群日近卫女，女不能堪。惟抗之且失职，无以慰母妹，亦姑忍之。一日立群邀女共饭，汨汨自陈其悃款，谓将离其妻以图永好。女绝裾遁，狼狈归家，郁愤成疾几殆。自恃稍有储蓄，决弃职另谋。不意母氏溺爱，移储蓄之资为次女淑芬所耗，于是卫女辞职之念，不复能坚。困于疾，乃有淑芬暂往代职之事。

　　卫女之恋人，以女态度冷静，疑其别有会心，渐移其爱于淑芬，女竟无以自明。

---

〔1〕原为句读。

会淑芬将从立群游仲夏节跳舞会,女虑其被惑,力止之不可,则自请偕行,欲阴为之相。会场中遇伟英,风波大起。女非特不为伟英所谅,即淑芬亦疑其与立群有特殊关系也。

立群伟英互诉于行长之前,必欲取消婚约。行长饱经世故人也,徐察三方真意,毅然曰:"取消孙沈婚约而另结孙卫婚约可也,唯解除副行长之职则不可。"语出,伟英指为不公;立群内自不安,亦怛悱曰不公。行长知事垂解矣,乃擢卫女为女子储蓄部部长,而任伟英充立群记室,待之如雇员。孙沈婚约,赖此未至破裂。然卫女之恋人,则径娶其妹淑芬。

噫,女子职业之声,洋洋盈耳矣。然社会之对于职业女子,仍含有轻视与戏侮之心。此方自诩为爱情深挚者,彼方则引为莫大之痛苦。故卫女伶仃弱质,爱好天然;而其一生之名誉爱情,几为职业牺牲尽净。女子之所贵,舍名誉与爱情外,尚何者足以自慰?世之谋实现男女平等者,其先注全力于心理之改造哉。

字　　幕[1]

洪深

卫家已无男子了。　母女三人,全恃长女执业商店,月薪所得,以维持生计。

卫氏次女淑芬。　(演员田爱菱)

卫母。　(演员王毓清)

你姊姊吃辛吃苦,积聚得这几十块钱,原为防防饥荒。如今给你随便用……

卫氏长女淑真。　(演员丁子明)

她的恋人,也是一个贫苦而高傲的人。　(演员龚稼农)

我等了你好几年了,你只是不肯放弃职业——我们几时才能结婚呢!

母亲同妹妹,教她们怎么能过活,怎样得了——你何以忽然又不原谅我了!

一个不十分和睦的家庭——原因:丈夫是东华银行的副行长;但是夫人的老子,乃是东华银行的行长。

孙立群,是一个桀骜不羁的男子。　(演员洪深)

沈伟英,是一个骄纵任性的女子。　(演员赵静霞)

你今天又独自一个出去交际——又是看中了银行里哪一位女士?

我最得用的一位书记,已经被你吃醋挤跑了——况且从前不是说好,在相当的范围内,你我都可以交际自由的么!

我还要忠告你,请你不要把社会上有职业的女子,当做个个是存心不正当的,是引诱男子的——我要去了,再会。

社会对于有职业的女子,因为她们是女子的原故,总不免有轻视和戏侮的心理——此是卫女士第一日到银行。

---

〔1〕　原说明字幕前均有■标记,现统一略去,将说明以不同字体区别之。

计开：第一双眼睛。（演员王梦石）

第二双眼睛。（演员郑逸生）

第三双眼睛。（演员李时苑）

第四双眼睛。（演员王福珍）

第五双眼睛。（演员董湘苹）

第六双眼睛。（演员汤杰）

东华银行的行长沈俊人。（演员陈百男）

卫淑真，江苏吴江人，商业专门学校毕业。

派任营业部书记，月薪五十元。

我昨天才复了贵校校长的信——请女士就过来帮忙。

这位是新来的同事，你暂且替她找张空桌子坐下——把名条交给副行长办理。

营业部内，视线的集中！

这位新来的同事——你看她好一副秀丽的面孔！

这位新来的同事——你看她好一副土气面孔！

幸而她头发还没有剪去——你看她多么文雅的装束！

可怜她头发还没有剪去——你看她多么腐败的装束！

累你代理了好几天，辛苦了——现在一位卫女士来，你去唤她进来罢。

广寒宫——一个郊外旅馆——有酒店，有舞场。但是离城市甚远，来往都是乘汽车的客人。

夫人的男朋友。（演员萧英）

沪江保险公司的李先生。（演员王献斋）

行里新来的卫女士，好得很——非常漂亮非常能干。

刚才同你讲话的女人——是不是银行里的职员？

伟英——你——不要只顾压迫我——压迫——总有一天——

近来我每次邀你出外，总是热气换你的冷气！

我每天做了七八个钟头工作，人也倦了——而且明天仍旧要起早。

我陪你去看影戏好不好？

这又不知道问哪个借的！千万当心，不要遗失了。

副行长室里，爱情的集中——卫女士到银行，也有两个多月了。

卫女士，你允许我做你顶知己的朋友么？

卫女士，今天晚上我想请你吃个便饭。

卫女士——这是我一点点小意思，不要见笑。

卫女士，我向你求婚，你肯应允我么？

今天晚上，有很大的音乐会，我已经买了票子——我同你两个人去。

社会一般人，或者尚未觉得，尚未注意，这种不欢迎的爱情，最是职业女子的痛苦。

我不去——我不过是做书记，为什么定要陪着他玩！

但是你在他手下做事,怎好得罪他呢?

你今天又独自一个出去交际——想又是看中了行里的卫女士!

你研究做什么——这是朋友托买的东西。

明天我向银行辞职——不做了。

何必因为不愿交际,连职业都不做——你的许多女同事,三天两晚,出外跳舞,难道都是情愿的么!

爹爹再不辞退卫女士,我同立群决不能恢复感情的了。

我一向知道!卫女士人很端正,何必瞎疑心——我留心调查就是。

孙立群看得这种事很平常,不放在心上;但他的夫人,竭力侦查——次日早晨。

你这样欺骗女性,侮辱女性——我立刻要同你离婚。

你不要忘了——你的副行长哪里来的!

我明白警告你——我愿意同谁结婚,谁就做得副行长。

你以为我做副行长,是沾你的光么?——你问问你父亲,是不是我自己的才能——工作——血汗换来的。

你要离婚,离婚就是了——我情愿寻一个职业女子做伴侣,不愿受娇生惯养的千金,这样侮辱,这样压迫。

我的代表律师,自然会写信给你。

欢迎之至——哪怕你请三位律师,写三封信来。

昨天晚上的音乐会——好听么!

职业女子,本来是崇拜地位同金钱的——卫女士,我现在明白你的宗旨了。

卫女士——不要见笑……

女士既然现在另有目标——我送你的手表,请你还了我罢。

我明白警告你——我愿意同谁结婚,谁就做得副行长。

我有几句很重要的话——今天晚上,我们同去一处吃晚饭——我可以私人对你说。

副行长夫人来了,在行长室里。

我要走了,省得在行里同她争吵——有紧要公事和电话,请你代我照常办理。

卫女士,你如果对于我的人格,还有些微信用,请你此次应允了我——下次再也不勉强你了。

请律师办离婚,我不能允许。辞退副行长,更谈不到——立群不过交际几个女友,也不算十分胡闹。

立群很能尽职,卫女士也很能尽职——银行里不能因为你发脾气,常常更动职员。

卫女士,我要警告你——

倘如你以后再敢侵占立群对我的爱情,不要怪我用积极手段对付你。

卫女士,你如果对于我的人格,还有些微信用,请你此次应允了我——下次再也不勉强你了。

孙立群误会了自己——他还以为他是真爱卫女士——所以当天晚上在广寒宫——善于鉴貌辨色的侍者。（演员叶良德）
此地怕会下雨，里面十二号房间，已经预备好了。
外面落雨了——你身上冷不冷？
不冷！
我的夫人，现在她不爱我了。
因为我在她父亲行里办事，她就处处看不起我，侮辱我——我也并非是坏人，我平时有点浪漫——过分——的举动，也是她压迫出来的。
像她这样骄生惯养的女子，于社会人群，有什么益处——卫女士，我爱你……
我爱你的原故，因为你是真正职业女子——我虽然同你合作不久，我晓得，我同你可以永远合作的。
我同你并非不能辛苦——不能工作——做工是世上最快乐的事了——卫女士，我求你做我一世的伴侣了。
立群的感情，起了甚大的震动；所喝的酒，都拥上来了。
卫女士，你为什么不相信我？——我爱你——我爱你——我爱你……
我把借来的金别针遗失了，所以不能不赔还人家四十块钱——这也好说是浪费么！
这是你用钱的细帐，积蓄的钱，被你陆续用去了——万一你姊姊失了业，没有进款，那时怎么得了！
卫女士在雨中走了大半夜，方始到家——心里又惭又恨——神经已改常度。
这封辞职信，赶快送去——男子都不是人——银行里的职业，我不做了，我不做了。
卫女士病了，许多天不到银行——副行长室，因此奄奄无有生气。
这种事件，乃是副行长一部的事，为什么又来问我？
副行长这一向走得很早——卫女士也好久不来了。
写封信给卫女士，问她为什么不来。
淑真终不肯放弃了职业结婚——我实在等得她太久，心都等冷了。
伟英如果晓得广寒宫的事，或起更大的风波——现今她同立群绝交；一室中，彼此不说话。
卫女士病体略痊——又接银行来信，质问她何故多时旷职。
我在银行，虽只做了两个多月！想要辞职，倒也有了两个多月了——如今还怀疑么？
幸而我们还有点积蓄，就使我闲空一两个月，还不要紧。
你的积蓄，淑芬用去些，家里也亏空，所存不多了。
积蓄都已用完，还欠了许多债——淑真——是我做娘的累你了。
你们可晓得？我若回银行，要忍受多少侮辱，多少……
姊姊，你安心养病，我去代替你做几天。

淑芬果然去代工——不多几天，将浪漫的生活，全学会了。
你近来为什么总是不大高兴？
这个化装跳舞会，我一定要来的——你请我么？
你明天又要回银行了。
不愿做，但又不能不做——这样复工，真是难堪，真是耻辱。
学徒。（演员张敏吾）
副行长不久要同他的夫人离婚，就要同你结婚了，真的么？
不是我说的——我听得银行里许多人这样讲——你不要动气……
上次——我——误会了，副行长——请原谅。
你安心办事——过去的事，忘了完了——下次我决不会再来勉强你。
卫女士第二次的不幸事件，乃是淑芬引起的。
我再三同你说，副行长不是个好相识——明晚化装跳舞会，决计不要去罢。
姊姊自己时常同副行长出去交际的——我难得出去跳舞一次，姊姊就干涉我，禁止我。
你一向跳舞交际，并没有损害了你！或者还不至于就害了淑芬。她要去，让她去一次罢。
你为什么还不同你丈夫离婚？
你不要催我——我没有拿着卫女士的把柄，父亲怎肯允许我离婚呢！
令爱的脾气，我同她并非不能相爱——但实在难于共处。
卫女士与副行长，各自有宗旨。
今晚化装跳舞会，我也可以去么？
我晓得你，总有一天能了解我的心的。
是晚九时左右。
仲夏节化装跳舞大会。
外面人太杂，只留两桌。里面十二号，已经预备好了。
此地不大好——你的夫人，就在对面，也定了一张桌子。
你为什么放淑芬去跳舞，她现在不知被哪一个男子搂抱在怀中了！
十二点多钟了——淑真如果自愿堕落，为什么要拉她的妹子，同去堕落呢！
广寒宫经理。（演员黄君甫）
现在化装游行，就要开始了——请诸位走过审判员面前，稍为立定。
你放心，总有一天，我要同你结婚的。
何必尽管催我离婚结婚，你也不妨稍为留点人格——说话不要太浑蛋。
伟英如此给我难堪，你再不安慰我，我心都碎了。
卫女士太可恶了，我总有一天报得此仇。
夜半三更——鬼亦舞。
你这不要脸的东西——为什么侵占我丈夫的爱情？
诸位请照常跳舞——诸位好照常跳舞了。

在座如果有新闻记者，请不要把这件事登载——吃醋寻闹，很普通的事——敝处时常发生，每月至少两三次，算不得新闻。

你要恭维副行长，你自己陪着他玩罢了，为什么把淑芬献出去。

原说你同她去，不过游玩片刻——这样晚才回来，我们等了你大半夜了。

我哪里晓得：姊姊同副行长内中有这许多曲折。

想来女子所最宝贵的，不过爱情同名誉——卫女士做了一回职业，把两事做得精光。

淑芬是我的恋人——孙先生下次不要同她出去了。

今天你受损害，我抱歉极了。

何必何必！副行长对于职业女子，送礼——交际——爱情！这是副行长平日待我的好处，使得我丧失一切的——抱歉何必呢！

淑真，我爱你，总有一天，我要同你结婚的。

社会这种现状，本来是悲剧的好材料；但是我们年轻的人，是有希望的，是乐观的，所以编成了一部喜剧——次晨。

全跳舞场的人，都做得见证——爹爹你还不驱逐卫女士么？

她倒会取巧，想辞职一走，就算完了，我偏教她出丑。

淑真——不久我就可以同你结婚了。

你还要护着卫女士——你们这一对共产党！

我现在就对行长辞职，我宁愿不做了。

你们是上海商业银行么？我是副行长——我不做了！

行长爱惜立群是人才，再三劝他的女儿。

就使爹爹要他做副行长，我也决不要他做丈夫了。

你岂非得他自由，可以同卫女士结婚么？

以深晓世务聪明过人的行长，至此竟无法解决纠纷。

我不能不冒昧问你——你爱立群的程度如何，愿意同他结婚么？

我并不想结婚了享受安乐——只希望社会给我做职业的权利——允许一个女子，平安无事的做职业就是了。

行长最后的手段。

我已经决定了办法——第一你们可以离婚。

第二，立群仍旧做副行长。

第三，立群不妨同卫女士结婚。

爹爹，你太不公道了——怎么反去帮着外人，叫自己的女儿吃亏呢！

伟英的话，我也同意，这样办法，似乎不公平的。

你们时而反目，时而同意！时而要离婚，时而又和好。以后你们的事，不要来对我说，我一概不管。

银行里要办一个女子储蓄部，要请你担任部长了。

爹爹以后对于立群，有什么担保呢？

绝对没有担保——只好你自己一天到晚看着她！

你也是高等学校毕业的，为什么你自己不做书记？我每月照给你五十元薪金就是了。

过了几时。

这是卫女士的妹子来储蓄了，我们应当庆贺她的新婚。

这笔款子，本来预备蜜月旅行用的，淑芬要储蓄起来，说可以甜蜜一世。

唐皇游地府

出品　元元影片公司，1927年（天一青年影片公司代理发行）
编剧　陈越樵
导演　余清泉
说明　包隐乐
摄影　周诗穆
置景　戚志勤
演员　萧正中　倪红雁　谭威宇　张振铎　周念衷　傅桂凤

《唐皇游地府》电影由陈越樵编剧。其电影本事为刘豁公撰写，原载《天一青年特刊》第21期（1927年10月）。

本　　事[1]

刘豁公

　　长安有高士二：一曰张梢，隐于渔；一曰李定，隐于樵。二人啸竹眠花枕流漱石宴如也。偶自城中扶醉归，互询近状，张谓近日多得鱼，杖头钱伙不愁沽。李定奇之，张谓此非吾能，西门有卖卜者至灵验。吾日占一课，借知鱼类所在，按图索骥，百不失一。巡水夜叉闻之，急以告龙王。龙王大怒，谓果如此，吾水族无噍类矣！即欲往杀卜者。鲥军师谏之，龙乃化形为文士前往。买卜询何事，龙王以雨泽对，卜者献繇曰："云迷山顶雾罩林梢，若占雨泽定在明朝。"龙询时刻及雨之多寡，卜者一一告之。龙云："君言果验，愿赠兼金；倘有错误，当代君卸牌匾也。"言已归去。忽接玉帝旨，命于翌晨行雨，时刻雨点一一如卜者言。龙王愕然，鲥军师密献减雨易时之计，龙王从之，随兴问罪之师往责卜者。卜者色然曰："君将死矣！减雨易时，显违玉敕。恐剐龙台正为君设也。"龙王大骇，乞援救。卜者云："此实无法，惟知玉帝将命人曹官魏征斩君，君趣往求今上为缓颊，或能幸免。"龙王含泪辞去，夜入皇宫，示梦于太宗求救，太宗梦中许之。明日设朝，百官齐集，独不见魏征。传旨召之，时魏征适奉斩龙之玉敕，遵旨入朝。太宗留与共弈一局，未终魏征忽忽睡去。俄有一龙头自云端落，盖魏征已于梦中斩之矣。是夜龙魂向太宗索命，观音喝退之。龙复向阴曹控之。自是太宗时见鬼物，因命秦琼尉迟恭分守前后宫门。鬼虽不见，而帝躬日益支离，未几大渐。魏征忽忆阴司崔判官与己有旧，急作手书交太宗面致崔判官，乞放太宗还阳。太宗受书，含笑而逝。至阴曹适值崔判，急以魏书与之。崔判阅书，竟即以太宗还阳事

---

[1] 原为句读。

自任，太宗大喜。比入森罗殿，十王俱优礼之，略询龙魂索命之故，即命崔判查太宗阳寿。崔判取簿阅之，见有太宗在位一十三年字样，急于一上增二划，然后呈览。冥王见为三十三年，谓太宗尚有廿年阳寿，遂命崔判送帝还阳。帝问宫中大小安否？冥王谓皆无恙，惟御妹寿不永耳。又问阴间缺少何物？冥王对以南瓜。帝谓还阳后即当专人送来。冥王称谢。帝遂偕崔行，便道游览地府阴山，六道轮回，十八层地狱及奈河桥枉死城等处，俄见鬼影幢幢，断胫折臂者不一而足，相率狂呼索命。帝骇且惧，不知所措。崔判谓帝曰："此皆陛下创业时殄灭之贼寇也，是宜大沛恩施，俾免穷饿。"帝谓来时实未将得。崔曰无伤，豫民有相良者，积有金银十三库在此，今可贷其一分给此辈孤魂，还阳后偿还相良可也。帝急从之。还阳后即为群臣述阴间状况，大小臣工皆咋舌。于是大赦天下，又命钦使押解金银一库还相良，同时并发皇榜，招人至阴司献瓜。有刘全者以细故与妻李翠莲口角，妻愤自缢。全亦愤不欲生，遂揭榜文应募，帝深喜之。全服毒死，赍瓜至阴司。冥王甚喜，问何以舍命进瓜？全具诉之。王查生死簿，知全夫妇有登仙之分，急命还阳。而翠莲尸身已腐，适太宗妹玉英公主命合死，遂命鬼卒扑之，俾翠莲借尸还魂。帝后均喜，以为御妹复生。继闻翠莲述身世，始知为刘全妇借尸还魂者。又念全进瓜有功，因以翠莲为妹招全为驸马焉。于时钦使至开封，为帝偿债。以相良执不肯受，归报太宗。太宗命为相良建生祠，并置良田百顷以酬之。又建水陆道场超度冤魂，恂崔判请也。

铁扇公主

出品　天一影片公司，1927年

编剧　邵邨人

导演　邵醉翁　李萍倩

说明　刘豁公

摄影　王士珍

置景　周念衷

演员　胡　蝶　魏鹏飞　谭勇魁　张志英　陈振武　陈玉梅　朱　刚　陈志奋　章志直　刘棣云

《铁扇公主》（《孙行者三盗芭蕉扇》）电影取材古典小说《西游记》，由邵邨人编剧。其电影本事为刘豁公撰写，原载《天一青年特刊》第 21 期（1927 年 10 月）。

本　　事[1]

刘豁公

秋之日，唐僧师弟四人（玄奘悟空悟能悟净），跫然向西行，陡觉燠暖如蒸而异。询诸人，知已近火焰山。山当西行孔道，周八百里烈焰高张，羽族亦难飞越。惟借翠云山芭蕉洞铁扇公主芭蕉扇以扇之，乃能熄火致雨，布种五谷，特十年始可一借耳。悟空闻之喜，立驾筋斗云往彼借扇。讵公主为罗刹女，即牛魔王妻，红孩儿母也。悟空曩曾收服红孩儿，公主以为仇雠，故吝而不予。悟空固请，公主怒挥剑击之，悟空急掣金箍棒迎敌。顷之公主力竭，悟空凌逼之，公主煽以宝扇。悟空为扇风吹至数万里外，抱石而止，视之，识为小须弥山。忽忆灵吉菩萨之禅院近在咫尺，趋往谒之，并乞援助。灵吉以如来佛所赐定风珠赠之。悟空得珠更往，公主复扇之，乃如蜉蝣撼树，屹不稍动。公主大骇，退入洞，饷之以闭门羹。悟空化蟭蟟自门隙入。适公主呼婢进茶，悟空隐身茶中，混入公主腹内，足践其腹，首触其心。公主痛不可忍，急哀免。悟空令取宝扇来，即自其口中跃出，携扇返故处，复偕玄奘等西行。比至火焰山，出扇扇之，火势视前益烈，知为公主所愚，急与玄奘等返奔二十余里，憩于道周。会土地神来献斋，悟空告以所苦，土地云："大圣可与其夫牛魔王谋之，彼居积雷山摩云洞也。"悟空如言而往，遇牛魔王之外室玉面公主于洞口。一言不合，顿起口角，掣金箍棒欲击之，玉面公主逃入洞。牛魔王出问阿谁在此无理取闹者？悟空整衣为礼，兼求借扇，牛魔王厉声却之。悟空方欲有言，牛魔王遽掣混铁棍迎头痛击，悟空掣金箍

---

[1]　原为句读。

棒以迎之。正酣斗间，有人来请牛魔王赴宴，魔王遂舍悟空驾云去。悟空潜尾之，忽失所在。视其处为乱石山碧波潭，念彼老畜必入水无疑，遂捻避水诀入水。见魔王方与龙王欢饮，遂幻形为牛魔王，至翠云山芭蕉洞。铁扇公主以良人久别新归，力媚之，悟空亦虚与委蛇。顷之骗得宝扇及放大之法，噙扇于口，立复原形纵出。依法放大之，扇果骤长至丈许。惟不解收缩法，无已以肩荷之，欣然返故处。正于此时，牛魔王自龙宫扶醉出，驾黄云回至翠云山铁扇公主处。询知宝扇已为孙悟空幻形骗去，急往追之。瞥见悟空荷扇行道上，念索还彼必不予，莫如以彼之法，还治其身。遂幻形为猪悟能趋前迎之，乘间骗取宝扇，纳口中乃复原形，与之角，相持颇苦。会猪悟能率土地来助悟空，牛魔王力不能支，且战且走。至积雷山，玉面公主率众妖出助战，悟空等不敌而还。继思不得宝扇火焰山势难飞越，若走岐途又非修行正道，无已更往索战。人怀必胜之心，悟空与魔王互赌变化；悟能乘间率土地入摩云洞，手刃玉面公主，殄灭群妖。魔王闻讯大骇，逃入芭蕉洞闭门不出。会四金刚奉佛旨来助悟空降妖，悟空更请托塔李天王哪吒太子助战，生擒牛魔王。铁扇公主急献芭蕉扇，为夫乞命，天王许之。悟空得扇立往火焰山，扇灭火焰，掷扇还公主，保护玄奘等西行。

狸猫换太子

出品　天生影片公司，1927年（委托天一青年公司拍摄）
编剧　常春恒
导演　谭戚宇　魏鹏飞　周念袁
说明　邵逸夫
分幕　程绿章
摄影　吴蔚云
置景　吴志厂
书幕　韩兹英
演员　萧正中　周念袁　顾绮霞　魏鹏飞　张振铎　金玉如　吴静娟　倪红雁　张钦龙　张颠颠

《狸猫换太子》（上下集）电影根据常春恒同名舞台剧（取材清代石玉昆《三侠五义》）改编，由程绿章分幕。其电影本事为刘豁公所作，原载《天一青年特刊》第21期（1927年10月），以及《民国日报》（1927年11月8日）。

本　　事[1]

刘豁公

宋真宗老而无子，祷于寺求嗣。太白金星为奏于玉帝，帝遣赤脚大仙下凡，复命文曲武曲二星为之佐。文曲降生于合肥包氏，即孝肃（名拯）也。生时父怀梦，魁星扑面，大呼而醒，以为不祥。次子海与妇李氏知怀意，力劝弃之。怀以为然，海遂乘隙掷小弱弟于水滨。长嫂王氏，时亦生子，闻之殊不谓然，密商良人（包山）携归，抚育之。而以己子寄养于外氏，包海夫妇不知也。

越十二年之一日，为包太君生辰，包山等各率子女祝寿。太君见长孙（实即包公）头角峥嵘，欢喜无量。忽忆殇子与此儿同年，不幸深埋黄土，思至此泣数行下。怀亦泫然，深悔前举之非。包山遂以情告，老夫妇喜出望外。包海夫妇徒呼负负而已。

是时，真宗方溺于酒色，置国家大事于不顾。会中秋节，帝与李刘二妃赏月于上苑，酒酣谓二妃曰："卿二人俱有孕矣，他日谁生皇子，当主中宫。"刘妃唯唯，而心恨李妃切骨，念果无彼者，吾为皇后必矣。遂商于阉宦郭槐，求所以陷害李妃者。会契丹反，真宗御驾亲征，濒行，赐李妃金丸手帕以示爱。刘妃益衔之，貌示亲密，构陷之谋益急。一夕，二妃方对弈，李妃忽呼腹痛，刘妃知彼将分娩，急与郭槐商，谓

---

[1] 原为句读。

彼生女则已，若为皇子，当以狸猫易之。言时宫人寇珠至，颇闻余语，虽深恶其不德，弗敢言也。顷之，李妃生子，刘妃嘱产婆（尤氏）易以狸猫，而命寇珠挟皇子掷诸金水桥下。五方土地以皇子为赤脚大仙转世，急往救之，迷寇珠于桥侧。适都太监陈琳至，见珠携巨盒（藏儿之盒）徘徊水次，疑而问之。珠以实告，即以皇子授陈，嘱密藏之，携空盒归以报命。

陈既受皇子，即以他盒藏之，将往南清宫。途遇郭槐，欲视盒中为何物，陈却之。郭不听，卒以土地之默佑得免败露。

陈至南清宫见八贤王，与狄妃泣诉所以。王与妃大惊，议留皇子密抚之，俟帝归请旨定夺。顾皇子大哭不止，王与妃焦急甚。太白星君急化为道士，入宫止皇子哭，并劝王勿奏帝，以免别生波折。缘李妃命中注定二十年灾难，灾满自有文曲星君令彼母子团聚也。

他日，真宗奏凯归，刘妃急以李妃产妖事上闻。帝意李妃有邪行，立命赐死。八王与大臣力谏，帝始免其死，幽其冷宫。未几，刘妃生子，真宗喜不自胜，遂立刘妃为皇后。

当刘妃正位中宫时，孝肃已垂髫矣。尝率幼仆牧羊于山麓，携书读之。值大风雨，趋入野寺避之。有一狐来避雷劫，幻形为女郎，跪求解救。孝肃举袖障之，狐得不死，誓有以报公。越日，公复与仆出牧羊，兄海馈蒸饼二，公将食，饼忽化为磁樽。正骇异间，狐女突至，谓公曰："饼中有毒，不可食也。"公乃悟兄之奸。

刘后所生之子，今七岁矣，偶随宫娥至上苑作秋千戏，忽为狞鬼所祟坠地死。帝后哀之，而亦无术使生，遂立八王第三子为嗣，乃不知此嗣君，即当年李妃所生刘后易以狸猫者也。

太子既立，入居东宫，长日抑抑，如有所失。陈琳思有以慰之，因导游上苑。已至冷宫，见李妃太子泣数行下，盖母子出于天性，有不期然而然者。琳请李妃认子，李妃不欲，以刘后之势方张，虑以此更肇巨祸也。顷之，太子回后，泣请刘后释李妃。后慢应之，因嘱郭槐焚冷宫，以除后患。寇珠闻之，密以告，李妃焦急欲死。冷宫总管秦凤深怜之，欲脱其危而无术，内侍余忠亦然。忠貌固与妃似，凤因嘱忠为李妃替死，忠慨允之。妃殊不欲累人，忠与凤泣劝不已，妃勉从之，改扮为余忠，托病随凤出宫。已而郭槐焚冷宫，遍觅凤忠不得，念必葬身火窟矣。俄登假山，遥见寇珠与二人跪地上，疑而追之，凤急偕李妃遁。寇珠为郭擒回，刘妃拷问之，珠坚不吐实，遂毙于杖下。

妃与凤逃至辰州，凤病卒，妃依地保范仲华以居。未几，真宗崩，太子继位，是为仁宗。开科取士，大赦天下。孝肃以进士出知定远县事，便道至合肥省亲，兼访民间疾苦。途经李家庄，因降妖获贤内助，盖狐女报旧恩也。

寇珠既死，祟于宫庭，刘后因之一病不起。仁宗夜梦包孝肃，识为贤臣，命丞相王芑绘影图形以访之。时包公以断乌盆案，奉旨革职进京，途经土龙冈，收伏草泽英雄王朝马汉张龙赵虎四人。沿途饱经忧患，抵京而病，养疴于大相国寺。会王丞相至，因僧了然之介而识包公。察其貌绝似图形，大奇之。了然固有前知之明者，因谓丞相曰:"公所欲访者,即此君也。"芑即入朝奏帝。帝召见孝肃于寝宫,大悦之。谓卿昔尝审鬼,今宫中适有鬼祟,卿其察之。孝肃遵旨,夜宿于内宫,寇珠附魂于杨忠之身泣诉所苦,公允为伸冤,寇珠叩谢而去。

　　仁宗以孝肃能治幽冥,深喜之,命为龙图阁大学士,兼领开封府事。张龙等闻风前来投效,包山夫妇亦来省公。未几,公岳李公亦率妻女至开封,与公团聚。会公奉旨至辰州放粮,御赐虎头钢铡,命公随时放告,清理民情,遇有贪官污吏势恶土豪,一例先斩后奏。时李妃方以思子痛哭失明,比闻公在天齐庙放告,即命义子范仲华引往投状。公见所控者为帝,大骇。询之知为李妃,念此消息一布,必且发生事端,密请李妃暂秘之,并与妃伪为母子,相将赴京。素知夫人有仙盆,以之承露洗瞽目可使复明,妃得重见天日。比至京,适值八王生日,公与妃同往祝寿。八王见而疑之,妃以实告。次日八王称疾不朝,帝往南清宫探之,王因责帝以不孝之罪,随命陈琳细奏当年情状。帝闻而大骇,急询皇母何在。李妃自殿后出,母子相抱痛哭失声,盖喜极而泣下矣。

侠凤奇缘

出品　明星影片公司，1927 年
编剧　郑正秋
说明　郑正秋
导演　张石川
摄影　石世磐
置景　董天涯
题绘　陆若岩　沈延哲　董绮梦
演员　杨耐梅　李时苑　赵静霞　萧　英　毛剑佩　汤　杰　黄君甫　王献斋
　　　郑小秋　朱　飞　王梦石

《侠凤奇缘》电影系郑正秋根据李涵秋同名小说改编。其电影本事为宋痴萍撰写，字幕为郑正秋所作，原载《明星特刊》第 27 期（侠凤奇缘号，1927 年 11 月 1 日）。

本　　事[1]

痴萍

　　金娉娉，故士人女，早失怙恃，沦为女优，负盛名。然冰心侠骨，雅擅文史，视富贵中人，蔑如也。尝自其女友叶锦文许，得一美少年影，自伤身世，颇有安得为使君妇之想。实则影中人为名士韩素君之爱女凤琴，易钗而弁者也。锦文问业于素君，与凤琴密迩，故影入锦文手。锦文窃笑娉娉之痴情，一日邀凤琴作男子妆同访之，金韩自是订交。虽娉娉旋知凤琴亦女郎，然情深一往，视凤琴特善，留之经宿乃别。

　　荒伧冯子澄，为素君业师之子，携其子阿祥自乡间来，移书谓将来访。素君师门谊重，携女先往迎之于逆旅。阿祥者，悃幅无华人也，见凤琴深爱好之，有恋恋意。凤琴病其不韵，曾不假以辞色。素君置酒饮冯氏父子，偶及犹有黄柑遗细君之句。适阿祥以席上柑呈凤琴，凤琴意大不怿。一夕，小婢惊称窗前有鬼影，凤琴初斥其妄，及自往察之，果闪闪若有物，一瞥即逝，不禁蹙然而惊。次日诉之娉娉，娉娉笑曰："鬼何惧，予有宝剑，可携归为佩，有鬼则斫之。"比黄昏，鬼影果复现，凤琴持剑追逐，及园中，影伏地乞怨，则阿祥也。凤琴怒其无礼，而怜其愚，因释之弗问，然阿祥受惊遂病。

　　留学生芮大烈，粗率无文，性好冶游，投某疆吏，获任要差。垂涎娉娉之色，踵门者屡。娉娉恶之，多托辞不肯见。而芮来愈勤，娉娉有姻娅俞生竹筠，少年有大志，

---

〔1〕原为句读。

民党中人也,遭官中忌,娉娉常左右之。一日,过娉娉许,遇凤琴锦文,相谈甚欢。而芮适至,睹俞生,临以盛气。俞生不服,亦恶声报之,遂互殴,芮不敌而遁。异日,俞生造韩氏之门,父女延与倾谭,颇致爱慕。忽屏风砰然而倒,盖阿祥方伏屏后窥人,屏不能支,与人俱踣。凤琴逆知阿祥之意,尤愤愤不可堪。顾阿祥恋凤琴甚,必欲得之为妇,诉于其父。子澄斥之,且作大言曰:"予若得志,将以个妮子充下陈,以娱晚年,孺子乃敢作伉俪之想耶!"阿祥大愤,始知其父图不利于凤琴,自是伺凤琴益慎。

芮欲媚娉娉,闻娉娉性近风雅,从狎客之谋,函聘素君为记室,冀代作诗文,冒为进身之阶。素君夙鄙芮,转以子澄荐。子澄欣然应聘,气焰顿盛。阿祥不直其父,请于素君,仍留其家。一日,子澄来,适娉娉在室,与凤琴锦文分题赋诗。阿祥奔走蹀躞,厥状甚乐。子澄向娉娉自陈悃款,娉娉不之理,子澄失意而去。

芮促子澄作诗投娉娉,子澄本不知诗,大窘。询其由,为设游湖之计,托某诗人名邀凤琴,更假凤琴速娉娉。二人皆中计,先后登舟。舟至中流,芮趣娉娉,而子澄竟犯凤琴。凤琴力弱,扑窗入水。娉娉以刃拒芮,创其耳,胁令傍舟原处。得间,一跃登岸,驰报素君。

阿祥闻父密谋,即走水次潜俟。舟行,沿湖尾之。及凤琴入水,祥泅水以援,出入清流,相牵而止于芦苇深处。凤琴审拯己者即平日深恶痛绝之阿祥,感恩知己,旧忿悉蠲矣。

素君以凤琴久滞不归,走子澄许探之。子澄内愧,逡巡而避。素君偶就其书桌得所为诬陷娉娉及俞生之信,即袖之而返。则娉娉与凤琴阿祥已先后归,遂具文大府,揭芮之恶迹。大府怒,呼芮痛抶之。芮出,愤无所泄,亦执子澄抶之,如己所受于大府者。

时官中索民党甚亟,素君虑有后患,嘱俞生携娉娉薄游海外避之。二人行之日,韩氏父女送之轮步,阿祥从焉。盖阿祥对于凤琴之大愿,自是凤琴亦默认之矣。

字　　幕[1]

正秋

金娉娉,为一多才多艺之侠女伶,方在想念一个人。　(杨耐梅)

叶锦文,为娉娉之闺中良友。　(李时苑)

阿魔,为娉娉之贴心侍者。　(赵静霞)

魔:叶小姐!这个人想必您一定认得的,为什么不告诉我家小姐,害她天天想念呢?

叶:我自然认识的!不过你家小姐不好好的请教我,我又何必多嘴呢?

娉:好姊姊!你又来作弄我了,我何尝不请教你呢?你既然认识,何不就告诉

---

[1] 原说明字幕前均有■标记,对话者有括号。现统一略去,将说明以不同字体区别之,对话者后加冒号。

我呀?

叶：那末，你也不必再想他了，包在我身上，一定叫他来同你见面。

韩素君，为人清高，不为世俗所移，乃当代一文豪也。 （萧英）

韩凤琴，其女也，聪明伶俐，有女才子名。 （毛剑佩）

叶锦文，为素君之女弟子，故与凤琴相友善。

凤：锦姊姊！你今天为什么这样的看我？

叶：谁叫你生得这样漂亮，害得人家为你生相思病咧！

凤：姊姊又来取笑我了，哪有这种事呢？

叶：真的有人想你，不过不是个男人，倒是个很有名的女人！

叶：你赶快去换了那天拍照的一身男装，我来同你去玩玩。

娄铁夫，在官场为一小政客；在名花名伶间，则为一大掮客。 （汤杰）

娄：芮大人新从外国回来，现任督署军需长，闻女士大名，特来拜访。

芮大烈，万里求学为作官，得来满身坏习气，留学生中之腐败分子也。 （黄君甫）

娉：国家多事，全仗你们青年学子来热心挽救，为国努力，不胜钦佩！

娉：芮先生出洋留学，不知研究的是什么科学，也有以教我吗？

芮：鄙人在外国最研究的是交际学，其次就是跳舞。

芮：现在的留学生，要是不研究这两种学问，人家就看不起了。

芮：女士若要学跳舞，所有各种教法，鄙人都能担任。

娉：照先生这样说，我们希望留学生回来救国，是没有希望的了。

芮：女士错了，交际与跳舞，实在于救国很有关系。

娉娉初以芮大烈为留学生，故甚恭而敬之；但一经交谈，即大失所望。本欲立时拒绝，苦无脱身之计。

素：这么晚的时候，小姐还不回来！

金娉娉既知凤琴是女子，但亦久慕其文名，故而尤其心喜。

凤：这样好的床，能够睡一夜，也是有福气的了！

叶：今夜娉姊姊本来要留你睡在床上，那你就是个有福气的了！

叶：你可要见见娉姊姊的爱友吗？

凤琴与娉娉一见如故，竟尔一夜不归。

素：你这大年纪，不能熬夜，先去睡吧！

凤琴一夜未归，素君以正理责之。

凤：我又不是在别的地方，就在锦姊姊的女朋友那里过一夜，有什么要紧呢？

素：我并不是怪你，你并没有关照说不回来，累我等了一夜。

凤：我又不是存心不回来，是给她们硬留住的。

素：唉！我们这位世兄，何以不通至此！

凤：他为什么要跑到这里来呢？

素：大概是那边生计困难。

素：在理，他既到此地，我们就该去接他回来，我想带你一同去。

冯子澄，又穷又酸又不通。名为寒士，实一狼心狗肺之阴险小人也。（王献斋）

阿样，澄子也。老冯虽无行，小冯却有志。（郑小秋）

祥：是的是的！这位可是韩家伯父吗？

澄：令郎已经这么大了吗？

素：这是小女，她向来爱男装。

澄：呜呼哀哉！家君去世归天之后，弄得一言难尽，两袖清风！唯有只好投奔故人，恐其嫌贫欺穷，不见不会，故而上书与足下也耳。

素：笑话笑话！我素君决非势利小人，子翁既来此地，就请搬到舍间去住吧！

澄：素翁如此激昂慷慨，妙在却之不恭，受之有愧矣！我必听从大命也。

澄：快替我收拾行李，我要搬到韩老爷家去了，不要住在你这下等地方了。

芮大烈自见娉娉，无日无夜不想之念之。

娄：您怎么这样的玩法？

芮：老实对你说，我真时时刻刻在想念她呐！

素：这几间小屋，只怕不大好，子翁还可以住吗？

澄：不妨不妨！想我此等清贫，只消住此等场所。

澄：令嫒真妙不可言，素翁不明白告我，我终以为伊是美男子也。

人家不愿见他，他偏要来。

魔：对不起！我们姑娘今晚有病，实在不能见客。

娉：我今晚有些不舒服，不能陪你谈心，下次再作长谈吧！

节届中秋，素君肆筵设席，与冯氏父子赏节。

澄：你家主人太客气了。

祥：妹妹！这样热的天气，您已经穿皮衣了，可是身子有些不舒服吗？

凤：你这种寿头，也配来说话吗？这皮是不是冷天穿的。

澄：此时也，而尚还有此柑也，奇哉怪哉！

素：这不是国产，却是美国来的。

澄：哦！原来是美国柑子，我想起一句诗，似乎恰合今朝情景，就是吴女多情夜擘柑。

素：我还记得苏东坡有一句！犹有黄柑遗细君咧！

凤：你这个促狭鬼！谁要你偏在这时候，偏拿这个东西给我呢？

澄：你这蠢才！又闯祸了。

素：凤儿凤儿，怎么又发小孩子脾气了？快来快来！

素：你们俩常常翻脸，我也不知谁是谁非。现在要你们俩对一个对子，谁对得工，就是谁不错。

澄：说到对对，却是小区区之拿手。

素：这个对，恐怕未必是你的拿手。

澄：对——虾米。

澄：对——鸦片。

澄：对——炸弹。

祥：我想对妹妹的名字凤琴两字最贴切。

素：这倒不错。

凤：我替你到底有什么冤仇？你老是要寻到我头上来呢？

多日后之一夕。

婉：啊呀小姐！我在花园里看见一个鬼头，会得大起来的。

凤：半夜三更，你又来瞎说了。

凤：我不相信，让我自己去看。

凤：哪里有什么鬼？一定是你打碎了花盆，没有了法子，在那里瞎说呢。

婉：小姐！我叫你不要去看，您偏不相信，那不是很可怕的吗？

凤琴与娉娉锦文，已结为异姓姊妹，今来告以昨夜园中所见事。

娉：你们又在那里迷信了，社会上哪里会有鬼呢？

凤：我以前也这样说过，但是昨夜确是我亲眼看见的。

娉：阿魔！我那把古剑，你去拿得来。

娉：这把剑是上代传下来的，能除一切妖魔鬼怪。你拿去，有了剑，鬼就不来了。

凤：好！我有这把宝剑，就不怕这瘟鬼再来吓我了！

是夜。

婉：时候不早，睡吧！明天又要眼痛了。

祥：啊呀！妹妹！是我，请你手下留情，饶了阿祥一命！

凤：我要问你，为什么常常要装神作鬼来吓我？

祥：好妹妹！我哪里是有心吓你，实在我爱妹妹得很，所以每晚终要看到妹妹睡后，才敢去睡咧！

凤：该死的小奴才！为什么人家睡觉，要你天天来看呢？

祥：好妹妹！来看你，一点没有歹意。我怕妹妹一声有事，我也好保护妹妹。倘使不喜欢我来侍候，以后决不再来惊扰妹妹好了！

是晚，娉娉宴凤琴与锦文。

娉：啊呀！俞少爷到日本去的，怎么忽然又回来了？

娉：凤妹妹她们快来了，怎么好呢？

魔：俞少爷忽然回来，一定有事，总得请进来的。

俞竹筠，系娉娉表兄。少年英俊，久存改革思想，为一救国青年。（朱飞）

俞：妹妹今晚请客，我来得不巧，明天再来吧！

俞：我才到日本，就听得许多同志已经纷纷来此，所以我也回来了。

娉：那末你现在耽搁在哪里？

俞：还没有定，因为我还没有寻到这班同志呐！

娉：别处恐有不便，不妨就来我这里住吧！

俞：那是不对的，这里来往人多，只怕不妥当，还是别处去住好。

娉：前几天报上通缉的人名，也有你在内，我很替你担忧！

仆：韩家小姐叶家小姐都来了。

凤：都是锦姊姊弄头弄脚，不然我们早来了。

娉：时候不早，我们就吃吧！阿魔！叫预备上菜！

娉：好妹妹！你坐那边去，这里是主人坐的。

凤：阿魔倒很聪明，会折这种花样，我要叫她教我。

凤：我没有看见什么。

娉：妹妹你这样，真逼得我不能不说了。里房不是别人，是我表兄俞竹筠，才从日本回来。正在谈话，妹妹们来了，只好把他请到里面……

娉：不料给妹妹看见，又这样的假痴假呆，那一定疑心我有暧昧关系了，可不冤枉煞人吗？

叶：娉妹妹的表兄，也是我们的亲戚，不妨请出来见见，何必叫他一个人在里面？

娉：这就是大文豪韩素君先生的令媛才女韩凤琴小姐。

俞：久仰令尊大名，一向钦佩得很！改日一定专诚奉谒。

仆：芮大人来了，我回说小姐出去了，他不信，自己上来了。

芮：你这王八蛋，骗我小姐出去了，这不是你家小姐么？

娉：请你原谅！今晚有几个姊妹在这里小叙，实在不能招待外客。

芮：那是不错。你请几个姊妹我并不反对；但是今晚座上除几个姊妹之外，还有像鄙人同样的人在内，难道就不怕男女混杂吗？

娉：这也不是外人，是我的表兄，新从外洋回来。

芮：哈哈！好一个表兄的名称，这就是一表三千里。

芮：女人到没有法子的时候，总说表兄表弟的。你能称他做表兄，我也好做你的表哥了呀！

俞：你这人太岂有此理！没有明白人家的底细，哪能不分皂白随口污蔑呢？

芮：呵呵！我在这里说话，于你这小王八蛋什么相干？

俞：你再这样肆口狂吠，我就叫警察拖你出去！

芮：呵呵！你要我出去，我先要你滚蛋。你不滚，我就要你的命！

娉：那末你快出去呀。

芮：你把他手里的枪拿下了。

俞：这种恶人，早杀一个少一个。

娉：话虽不错，照你人格同时候来讲，很犯不着同这种小人计较。

仆：姑娘不在家，出去了。

芮：放屁！他说在家，你说出去了，我自己上楼去看。

阿祥为凤琴剑逐后，乃惊恐成病，幸素君时来探问。

素：好孩子！你不要用功过度，太用功，也要伤脑的！

仆：老爷！有一位小姐的朋友姓俞，现在书房里要见您。

澄：忽而病，忽而奔，孺子不可教也。

1927 年

俞：老伯的道德文章，晚生素来景仰。前天在舍亲那里，得见令嫒，当时就说定要来拜访，所以今天专诚过来请安。

素：不敢当，小女也曾谈起，阁下少年英俊，热心爱国，实在钦佩得很。

素：你这孩子，好好睡在床上，怎么又跑来了？

俞：这是府上的什么人？怎么会在屏风后偷听人家的话呢？

素：你好好睡一回，我去送了客就来。

澄：究竟是怎么一回事？

祥：爸爸！我现在不能不对您说了，韩家伯父很看得起我，我想这事他一定答应的。

祥：就是我想娶凤琴为妻，要请您向韩家伯父求亲。

澄：哈哈！你这小子，居然癞虾蟆想吃天鹅肉。你有多大力量可以娶妻耶？

澄：韩家伯父何等势利，岂肯把他如花似玉的爱女，匹配你这穷小子……

澄：像我从你母亲死后，至今还未续弦。前日相面对我说，今年必交好运。等我洪运当临时候，对你韩家伯父要求，把他的女儿，做我的垫房，那时他一定很欢喜的答应了。

澄：你休再胡思乱想，这块肉终先要归你父亲吃的！

澄：你就是气死，我也不见得就会让你呀！

素：凤儿！我看阿祥这孩子，倒还不错，少年老成，读书聪明，我想把你许配给他，你以为如何？

凤：最恨这个小鬼，您怎么又偏偏提着他？

凤：爸爸！您没有知道他的坏处呐！他常常半夜三更躲在花园里看人家睡觉的。

娉娉对于大烈，早已颁下戒严令。

魔：啊呀！来得勿巧，我们姑娘出去了，一时只怕不能回来哩！

芮：我倒问问你，究竟你的姑娘一生最爱的什么？

魔：我们姑娘最喜欢的是做诗。

芮：那真不巧了，偏偏这做诗的生活，我们是门外汉。你有什么法子吗？

娄：有钱能使鬼推磨，我有个朋友叫韩素君，乃是此间第一个诗家。你何妨请他做文案，叫他代笔，他的诗，娉娉一定喜欢。

芮：对了！吾也久闻其名了，那末我一定聘他做文案。

凤：爸爸！芮大烈名誉很坏，您还是不去好。

素：我哪里会到这种人手下去做事。

素：我想就把你那位世叔冯子澄荐过去。

澄：恭喜素翁！贺喜素翁！荣任之喜，可喜可喜！

素：笑话，你道喜，道得没有意思。像我久居林下的人，岂肯再去做他的事呢？

澄：啊呀！素翁！我真不懂你的脾气，如此阔人来请你，你还不肯就，那是你一定与金钱有不共戴天之仇了！

素：人各有志，非局外人所得而知之。

澄：那就没有法了，可惜！可惜！

素：不必可惜，我想将你荐给芮大烈呐！

澄：你这样待我，真是恩深义重。先严就是素翁之先师，亦当含笑于九泉矣。

澄：那末，我的名片，就可以去印军需处文案的头衔了。

澄：哈哈！相面先生真灵！你爸爸果然要去做芮大人的书记了，从此红运当头，后福无穷矣。

祥：爸爸且慢得意，芮大人的聘书可曾送来？

祥：假使芮大人想想不要你，那不是一场空欢喜吗？

澄：放屁！你这小王八蛋，说起不吉利的话来了，真真岂有此理！

祥：伯父！假使我爸爸真到了军需处去办事，那我很不愿意跟爸爸去，情愿在这里听伯父的教训！

素：好孩子！我是可以的，但是终要你父亲做主才好！

澄：他即使要跟我去，我也养不活他。素翁肯留伊在此，那是求之不得。

娄：这就是韩素君转荐过来的冯子澄。

澄：素君虽为先君之得意门生，然而素君所得，不过皮毛。传衣钵者，独晚生一人而已。

芮：我想世界上自夸自大的，终未必有实在本领哩！

娄：不过素君能保荐他，大概终不会错吧。

芮：那末我这里还有一个三等书记，让他做了吧？

澄：承蒙大人栽培！真是重生父母，再造爹娘。先君在泉下，亦当感激涕零者矣。

娉娉、锦文闲暇无事，偕来就素君问诗。

祥：这位就是大名鼎鼎的金娉娉姑娘。

澄：那是三人之诗，当推金姑娘首屈一指矣。

芮：你们鬼头鬼脑做什么？

兵：我们弟兄，今晚也想去瞧瞧金姑娘的戏。

芮：你们这班混蛋！亦要去捧她吗？

员：今晚正是金娉娉的好戏，我们想去捧捧场。

芮：我倒不相信，你们为什么都爱捧她，难道除她就没有第二个女角吗？

芮：像我就好久没有听她的戏了，无论如何，我终不要去看她。

澄：我听说芮大人颇赏识金娉娉，今日何以如此说法？

员：这叫做自遮自盖，又叫作口是心非。金姑娘给他碰过好几次钉子，所以他只好如此说法。

仆：冯师爷！大人请您去。

澄：大人在上，晚生岂敢告坐？

芮：我实在很爱金娉娉，只是弄不到手的苦。因为她生平最喜欢诗，所以要你替我做几首好诗，让我拿去送给她，就此得手，也未可知咧！

子澄何能做诗耶，造屋请箍桶匠矣，然而彼竟情急智生焉。

澄：晚生愚见，作诗交往，见效不速。好在大人不过要得她到手，此事包在晚生身上。欲得娉娉，易如反掌。

芮：那是再好没有，如果弄得到我手，马上升你做一等书记。

澄：那大人真是我重生祖宗，再造八代了！

芮：你到底有什么好法子呢？

冯子澄特来邀凤琴去游湖。

澄：此番请贤侄女务必赏光，因为我所请甘海翁之二位女公子，一则大有诗才，二则久想一见贤侄女也。

凤：我不去！甘家姊妹都不是熟人。

澄：啊呀！那你太不赏脸了。我对她们已经夸下海口，说定贤侄女一准到的。我想侄女是自己人，何至使我丢脸耶？

素：你就去玩玩吧！甘海翁也是我的同学，去见见他二位女公子也好！

凤：那么你所约明天游湖的有阿祥吗？有他在内，我就不去。

澄：哪里会有他耶？所请都是闺阁千金，这个蠢小子，岂能由他夹入？

娉：凤姑娘请我去游湖，我这两天身体不很舒服，想回报她不去了。

魔：不去只怕凤姑娘要生气的，还是去吧！您好久没去玩了，去游湖也好散散心呐！

安排香饵钓鳌鱼。

澄：啊！侄女倒来得很早，甘家姊妹快要来了，请先上船吧！

澄：甘家姊妹已派人去接，请坐一坐吧！

澄：一个已经来了。

澄：今天来宾中，还有一金娉娉姑娘，好像亦是贤侄女之相识。

凤：好姊姊！你怎么来得这样迟呀？

澄：金娉娉亦来了。

澄：快快开船。

娉娉与凤琴，相谈久之，乃觉今日之约，有些莫名其妙。

娉：妹妹！你怎么今天请起客来了？而且又没有别人。

凤：姊姊！何尝是我请客，我也是被请的一客呀！

兵：船早已开了，不能再出去了。

凤：我正要问你，你说还有甘家姊妹来的，怎么船已经开了？

澄：你不要性急，还有比甘家姊妹高贵的人在此。

芮：哈哈！二位女士久违！今天却是我的东道主，专请你们二位美人的。

芮：来呀！这两个讨厌的东西拖出去！

凤琴恐被污辱，决走绝路。

澄：你们快来，大人的耳朵被割下了。

娉：你们敢动手，我马上结果他的命！

芮：你们不要上来，我的性命交关！

娉：你赶快关照把船快开回去，不然，我亦要你的命！

澄：姑娘开恩！快快放我大人！船已经开回原处了。

娉：你们都走过一边！

澄：赶快把这门打开！

可喜天缘真巧合，阿祥救得凤琴回。

凤：我们窘在这里怎么样呢？

祥：这样夜深，又看不出路径，只好等天亮再走。

凤：你怎么能够知道我在水里，会赶来救我呢？

祥：你们开船后，我沿着湖一路跟着。后来在桥上，望见一人，跳窗落水。好像是妹妹，所以我就拼命下水……

凤：那末你怎么知道我今天出来会有危险呢？

祥：昨天我爸爸来请你，神气有点不对，所以我今天特地跟得来。等到看见金姑娘来后，他们就叫开船，我就更知道内中有变了。

素：小姐这时还没有回来，不知会出什么变故吗？

娉：你不必问小姐，老爷呢？

仆：老爷为小姐没有回来，很急的神气走出去了。

澄：阿呀！原来是素翁，失迎失迎！

素：我要问你，你把女儿领到哪里去了？

澄：唉！我实在公事大忙，不得开交。请坐！我马上就来。

芮：阿呀！痛煞我了！

素君得悉始末情形，于是惊喜交集。

素：哈哈！想不到你的妹妹一条命，倒是你救的，天下事真巧不可言呐！

娉：老伯！这是性命交关的事，怎么办好？

素：你快把俞竹筼请来，大家商量。至于对付芮大烈，我自有办法。

素君对付大烈，即为一纸呈文。章帅阅呈，果信素君而弗大烈。大烈虽在病假期中，然亦不得不来。

马弁：他来好半天了。

帅：混帐！来了为什么不报？叫他进来！

芮：回……大帅！卑职是……头痛……痛得很厉害……

帅：我倒要请教你到底生的什么病？

帅：好一张刁滑的嘴，还是头痛，只怕是耳朵痛吧！

帅：你耳朵去掉了，眼睛还没去，自己去看来！

芮：大帅开……恩……大帅开恩！卑职也是上别人的当。

帅：好不要脸的东西！我们官场的脸，都给你丢尽了。

帅：快把他拖出去，打四十军棍。

帅：你们这班王八羔子！为什么不动手？不动我就砍你们的脑袋！

友人：你的法子真灵，章帅果然吊芮大烈进去，打了四十军棍。

素：坏蛋虽除，可是你们二位还是暂离此地，避一避的好！
澄：大人回来了吗？大帅相传，如此急急，其有机密大事，请教大人耶？
芮：你这王八羔子！害得我好苦！
芮：快把他拖下去打八十军棍！
芮：你们这班混帐东西！不打这王八羔子，我就砍你们的脑袋！

娉娉果偕锦文竹筠相与出洋，素君与凤琴阿祥亲来相送。

娉：老伯！你快替凤妹妹与阿祥弟结婚吧！他们俩真是一对同命鸳鸯呐！

木兰从军（天一）

出品　天一青年影片公司，1927年

监制　邵醉翁

导演　李萍倩

分幕　邵仁枚

说明　刘豁公

摄影　王士珍

书幕　韩英

演员　胡姗　戚拯民　萧正中　朱刚　章志直　段澄心　张振铎　葛福荣　魏鹏飞　冯志成

《木兰从军》电影（"天一"版）由邵仁枚分幕，其电影本事为刘豁公撰写，原载《影戏画报》第16期（1927年11月11日）。

本　事[1]

刘豁公

轻盈体态不禁风，静锁春闺与众同，一旦挥戈停落日，方知儿女亦英雄。
绝塞荒寒画角哀，任教胡马入门来，从知欲取先姑予，娖婳将军信异才。
易钗为弁独从征，生斩楼兰带宿酲，十万健儿齐拍手，犬羊窠穴一时平。
十二年来共死生，鬓眉巾帼未分明，归来共效于飞乐，翻悔军前误认卿。

花木兰，古孝女也。父弧，旧隶尺籍，寻以痼疾退伍。老而无子，赖木兰承欢膝下。未几，胡儿内犯，边关屡陷，羽檄纷驰，白宫震骇。诏令旧时将士，扫数从征。弧固旧军士也，顾欲奉诏赴敌，则衰病之躯，万难胜任。欲养疴故园，则告诉不许，进退维谷，状极堪怜。木兰慨然欲易钗为弁，代父从军，父母胥不为然。而军书十二，催促频仍，舍此殊无他法，不得已从之。而此娟媚如花之女郎，遂一变而为枕戈待旦之壮士矣。

初木兰许字陕人韩士祺，嫁有日矣，旋以军兴作罢。比入尺籍，士祺亦在军。时女装束既易，且易名为花安，故韩觑面竟不之觉。女则知此少年为己未来之夫婿，见彼抑抑寡欢，辄欢慰之，以故友谊甚笃。然花木兰之芳心苦矣。

木兰之为人，沉勇多智，和蔼如春，军中皆敬爱之，而金得福与包锦荣则尤甚。

---

[1]　原为句读。

得福事亲至孝，锦荣则以侠义名于时，故木兰亦重其人。金包之衣履遇有破绽，木兰辄补缀之。金包但羡其多才多艺，不知其雄而雌也。

一日，敌军来袭，木兰预知之，密请主将羸师以示弱，而以奇兵袭其后。敌军败绩，副帅歼焉。主将以花为能军，擢为先锋，军中争艳羡之。

敌军既败，空营来攻，木兰挥军痛击之。跋山涉水，勇往无前。继以只身深入，力尽被执，金包趋往援之。敌将力不能支，方思兔脱，木兰突自其腋下出剑刺之。敌将饮刃坠马下。全军气馁，不顾而奔。木兰等挥军大进，一鼓平之，奏凯而归。他日论功行赏，木兰应得侯封。辞不受命，但乞归田养父母。上鉴其诚，许之。已而，诸将奉命往探其近状，询之，竟无其人。忽有一媚媚如仙之女郎，盈盈自屏后出，审之，即花安也。诸将为之拤舌，士祺骇愕尤甚。古诗所谓"同行十二年，不知木兰是女郎"者，盖纪实也。

月老离婚

出品　民新影片公司，1927年
编剧　濮舜卿
导演　侯　曜
演员　董翩翩　周空空　黄月如　陈佩莲　朱耀庭　林美如　易荫峤

《月老离婚》电影由濮舜卿编剧。其电影本事无署名，原载《月老离婚特刊》（1927年11月23日）。

本　事[1]

　　月下老人者，我国神话相传掌司人间婚姻之神也。居常携婚姻簿及赤色绳，策杖闲行，俯视人间，随意抛赤绳系男女足，使成夫妇。无奈月老年事既高，复嗜杯中物，于是倒行逆施至人间，顿增无数怨偶。

　　有某村者，受苦最深。盖此间家室，非巧妇伴蠢夫，即学士配村姑；非美女子嫁丑男，即新妇女偶学究。于是吵闹斗殴，不可终日。村长乃集群众共谋息争之策。有人提议曰："是皆月老乱配婚姻之结果，当使人质问月老，解除盲婚。"会村中有黄道士者，能升天入地，通于鬼神。众乃推为代表，往见月老，陈述所苦。月老反责人间夫妇不善相处，负其好意。黄道士复命，众大愤，金谓此老殆未受盲婚之痛苦，当使其一尝此中滋味以报之。

　　会村中有胖大姐者，以性情凶悍，年过半百，犹待字闺中。众议胖大姐嫁之，举村长及黄道士为媒，择吉以彩舆送胖大姐入月老宫。月老惊辞曰："只吾为凡人作成夫妇，未有尔等反为吾娶妇也。"道士从容执月老与胖大姐足间所系赤绳，笑曰："月老与大姐婚姻，亦五百年前定也。"盖月老尝饮酒薄醉，误以己足与胖大姐相系而不自知也。至是虽惊且骇，不能而推辞矣。天上诸仙闻老娶妇，群来贺喜。嫌其新房上陈设简单，乃作仙法转瞬即变为华丽之新房。

　　月老新婚燕尔，初尚和睦，乃携胖大姐游月宫，观仙女之舞。途次遇掌管西方婚姻之神曰爱神者，以射箭定人婚姻。月老见之不悦，责其不当来东方捣乱其所辖之婚姻范围。爱神乃讥月老年过老，不能称重任。月老亦反唇讥爱神年过少，亦不能称重任。噫！使一老一少司掌如斯重任，宜东西二土多不如意之婚姻也。

　　月老与胖大姐居久，渐因小事冲突。某日晨，胖大姐撕婚姻簿拭眉，月老斥之；复取系足赤绳伴为自缢。月老怒，逐胖大姐。胖大姐乃扭月老下凡，觅媒人评理。村

---

[1]　原无句读及任何标点。

人见月老欲离婚，群思效之。月老不得已，重纳胖大姐。胖大姐有所恃，凶横更甚。月老不堪其苦，渐悟盲婚之非，乃至下界考查。见己所配成之夫妇，非因智识不合相勃豁，即因年龄不同相冲突；非因学问不等相龃龉，即因性情不投相争执，乃叹息而归。

其后，月老又屡为胖大姐所侮，至忍无可忍，乃提出第一次之离婚。村中人以人间离婚无如是自由，月老不能独享其利，坚不允。月老不顾，飘然乘云而去。众大愤，谋于黄道士。道士乃砍倒一树作法，使变为龙，命众乘之，飞天而追月老。月老被众人追及，遂宣言以后誓不再管人间婚姻矣。

大侠白毛腿

出品　天一影片公司，1927年
监制　邵醉翁
编剧　邵邨人
说明　刘豁公
导演　裘芑香
摄影　王士珍
置影　邵逸夫
演员　胡　蝶　谭威宇　朱　刚　张振铎　章志直　陈玉梅　葛福荣　谭勇魁　萧正中　戚拯民

《大侠白毛腿》电影由邵邨人编剧。其电影本事为刘豁公撰写，原载《天一青年特刊》（1927年）。

本　事[1]

刘豁公

野有别墅，柳翁之菟裘也。时有一异装客，出没于其间，行动诡秘，至难揣测。翁有女曰柳珠，貌美而慧，翁甚爱之，命习射以健筋骨。

一日，有两少年跨马过，珠因射鸟误中一少年臂，询之知为县长之子李云龙，同游者警备队长马小六也。惊赧之余，举止失措，解颈上巾为云龙裹创。云龙见为美女，痛苦胥忘，但续续与通款曲。柳翁出，女告以故，遂别。李马随父入。

一酒肆门悬县署之布告，略谓："大盗白毛腿，屡犯巨案，罪不容诛。有能捕获之者，赏三千金。"肆中人睹此赏格，聚讼纷纭，莫衷一是。

正于此时，李马方自柳氏别墅策骑归。途次云龙之马误触村氓名何清者仆地上，急抚慰之。小六不耐久候，扬鞭速李行。突有一飞镖击中其鞭，镖端书有白字"白毛腿"之标识也。四顾索之，殊无迹兆。

云龙与柳珠一倾见心，俨如宿好。是夜梦魂颠倒，犹未之忘也。翌晨，柳珠于河畔缘木采花，失足堕水中。适云龙至，冒险入水拯之起，并送还家，如是双方之爱情更进一层。

酒肆主人徐大，贪鄙无耻之伧也，缚鸡无力，乃欲擒白毛腿，博巨赏，积想之余竟成幻梦。既醒见白毛腿立己侧，不觉毛骨悚然。

---

[1] 原为句读。

小贩徐福，徐大之子也。一日，负筐行河上，适马小六超乘至，趋避不及，掷筐以惊马。马跃入田，小六怒，蹴福与筐于河中而去。何清瞥见之，顿触旧恨，趋匿禾丛，掬泥遥掷之。讵为小六搜得，即叱从人执之去。于时徐福方自河中蹒跚出，适白毛腿至，见而怜之，义赠二金，慰使归。

顷之，小六过酒肆，拟入稍憩，因缚何清于肆外，入内小酌。艳肆主女阿翠而调之，适徐福归，瞥见之，愤前与斗。忽一镖自外飞入，小六大骇趋出视之，则何清不知何时已为人释去，而己所携之从人，反被缚于上。旁有一纸，则惊己贪横者也。引目四顾，见白毛腿单骑行陌上，跨马追之，忽失所在。正翘首愕顾，瞥见柳珠于树荫弄琴，趋前调之。柳珠颤声而呼，可怖之白字飞镖应声而至。小六大惊，柳珠乘间避去。适云龙至，小六略言梗概，云龙亦骇。会柳翁出，立谈片刻而别。

一日，云龙与柳珠同车出游，遥见白毛腿押运辎重投僧寺，急往蹑之。时住持僧泓门方于寺前，观墙上县署缉白毛腿之赏格，见白毛腿，急肃入，略与周旋，托故出，反扃其门，而加键焉。盖将擒之以求赏，且没收其辎重也。俄云龙与柳珠入，知客沙门款之于方丈。云龙意不忘白毛腿，潜起侦之至密室，坏锁而入，出枪指白毛腿，将擒之。白毛腿突去伪髯，面目顿非，审之，马小六也。云龙愕然，小六低声谓曰："君毋骇，是盖有故，缘寺僧富，我将以术劫之。"言次，觉窗外有僧窃听，疾出叱曰："我为县署警备队长马小六，奉命解饷赴省，虑为盗所乘，故饰为白毛腿以愚之。适汝曹搬入之箱笼，皆饷银也。今既为汝窥破，此间不可复留，可即将饷银来，毋误乃公事。"僧慢应之，逡巡而去。

柳珠见李云龙久不至，即起寻之。至一室，见泓门等窃发白毛腿箱笼，心窃怪之。泓门见柳珠窥破彼辈行径，急捩机关陷之于地窖中。小六以该僧久不复命，遂拽云龙出视之，瞥见一地窖门筑筑动，似有人在下掀拨者。已而门启，见柳珠探首于外，正拟援之，瞥眼见白毛腿立窗上扬镖，作欲击状。李急出枪向之，突被一僧用竹竿击落。小六奋拳击僧，众僧纷起攻之。忽又一白毛腿飞跃入，掣镖击窗上之白毛腿，随揭其帽，则赫然僧泓门也。此白毛腿遂出柳珠于地窖，一被击而晕。僧适苏醒，见之颤声呼师。白毛腿下掩面之袖，笑谓曰："我白毛腿非尔师也！"于是白毛腿面目毕露，其人非他，即柳翁也。云龙与柳珠惊喜交集，趋前与语。而小六惊骇之余，又动冒赏之念，出手桎欲械柳翁。柳珠与云龙皆大焦急，讵泓门忽作悔恨状，向众谓："白毛腿所作诸巨案，均我与马小六假冒为之。真白毛腿柳翁，为一抑强扶弱之大侠，实无犯法行为。"言未竟，小六大窘欲遁，泓门遽执其手曰："吾受天良之责备已实供矣，汝尚欲逃遁耶？吾愿汝勿作此想，趣往归案可也。"如是云龙即以马小六所携手桎械。马与僧案既大白，片亦告终。

红 楼 梦

出品　复旦影片公司，1927年

说明　徐归燕

导演　任彭年　俞伯严

摄影　周廷喜

剪接　文逸民

置景　葛耀庭

道具　瞿一峰

化妆　蔡锦帆

演员　周空空　邵方伯　翁侠仙　洪秀兰　陆剑芳　易半乔　袁益君　王谢燕　陆剑芬　王意文　黄月如　费雨亭　王意逸　潘正芳　易荫峤　蔡问津　文逸民　卓瑞棠　陈少辉　陶雅瑛　范雪朋　邢半梅　袁婉玉　王意曼

《红楼梦》（又名《新红楼梦》）电影取材同名古典小说。其电影本事、字幕均为徐归燕所作，原载《复旦特刊》第1期（红楼梦特刊，1927年）。本事亦另载《〈红楼梦〉影片说明书》（1927年）。

本　事[1]

徐归燕

　　昔东坡老人，行歌田野间，曾遇春梦婆，年七十，云"翰内昔日富贵，等于一场春梦"。本剧截取脍炙人口之说部《红楼梦》中最有精彩之处，编为电影剧本，即秉此意。以书中刘姥姥作起结，俾有系统焉。

　　积世老婆婆刘姥姥，一日挈其外孙板儿，离乡村赴城市。抵荣宁街，骤见厦屋连云，美轮美奂，门前车马轰阗，无限繁华。蓦忆其女婿王狗儿，与荣府贾政妻王夫人为同族，拟借探亲为由，入内谋沾润焉。阍者藐其乡曲斥止之。

　　贾府中之史太君，合府咸尊之为老祖宗。有女敏，嫔于姑苏林如海，生女名黛玉。因失恃，贾母命迎之入府，俾有照拂。既至，贾母思女怜孙，两相凄咽。寻太君最钟爱之孙宝玉至，哀思渐解。宝玉因诞生时，口衔"通灵宝玉"，因即以宝玉命名。及见表妹，如旧相识，遂叩其有玉不？答无之，乃摔玉而哭。二嫂王熙凤来，曲予譬慰始已。

　　刘姥姥忽思贾府有女佣周瑞之妇，与之曾有渊源，因请引导，得从旁户入。觉目帘所触，绮丽锦绣，为生平所未见。睹侍女辄下跪，盖误为府中贵眷也。既见王熙凤，

---

[1] 原为句读。

凤念戚谊，予以金，姥姥始去。

贾政为宝玉父，以宝玉恒日戏嬉为非计，命读于家塾。塾师贾代儒，有孙曰瑞，轻佻而顽劣。一日与政庶出子环，攘座而闹学。环性又狡黠，因被父责，竟诿过于宝玉，政怒责玉，玉创甚。贾母王夫人闻警至，护宝玉去。贾母且申斥其子，政唯唯而已。

王夫人之妹嫁与富商薛氏，亦蹴居贾府。府中以其氏薛也，悉称之谓薛姨妈。有女名宝钗，项间常佩一金锁，钗以宝玉有玉，恒私冀谓金玉姻缘，隐认黛玉为妒的。但性狡展，初不外暴其如此。黛玉心地坦率，尖刻辄示之于口，以故府中人，多右钗而左黛焉。惟宝玉则爱黛甚于第二生命。宝黛之热度日增，乃反时缘口末细故而误会。惟其误会，情乃转热，无以名之，名之曰"欢喜冤家"。

贾瑞于花园中遇凤姐，涎其美，陡起野心。凤姐阳诺而阴拒之。因设相思局，而命其侄蓉卧于榻为代。瑞至被获，遭奇辱。复因园门下键不得归，致露宿小亭中，卒因是得疾，寻殁。

刘姥姥二次入荣府，贾母赐宴于大观园。因酒醉，演出种种笑柄。好弄之俦，又复争逗之，引为笑乐。姥姥假作疯癫，尽人调侃。寻因内急，误入怡红院，被袭人见，遣之出。府中上下，赠以什物，累累然满载而归。

王熙凤之婿琏，行二，因私娶外室尤氏，凤侦知奇妒，遂赚之入府而幽禁之。婢平儿，性至仁厚，不忍尤氏之枵腹死，恻然取饭食之。琏亦寻踪至，凤亦至，互殴。尤窘于环境，遂吞金死。

一日，宝玉与黛玉，又因细故失和。宝玉间行园中，见落红成阵，极叹黛之生气，否则渠必荷鸦嘴锄，持银丝帚，提筠篮，集艳骨成香冢矣。正思维间，忽闻崖后悲楚之歌词，聆之葬花曲也。宝玉亦泣下，因循声往，复言归于好。

宝玉因信黛玉侍婢紫鹃之谎言，云姑娘欲归，情急而病。凤姐侦知其事，又使移花接木计，以钗代玉，说合婚事。凤复以钗有福泽，黛具夭相，要贾母允其事。贾母拭泪勉颔其首，复给宝玉娶者为林妹妹。黛得讯，往怡红院，宝玉殊满意，向黛玉笑。黛大恚，亦佯笑，伊郁而出。归途咯红大发，病殆，遂焚稿以断痴情，寻即玉殒。

宝玉与宝钗成礼矣，入洞房，宝玉犹不稔新娘之为钗也，犹腻声呼妹妹。比揭巾，乃大骇，迅奔而出，申言为僧去。

凤姐三次阴谋，竟丧三命，罪愆重重。前尘影事，潮上灵台，良心裁判，追悔无及。

荣国府以多蓄婢妾，暨凤姐重利盘剥，二罪并发，遂被查封。刘姥姥复至，见状大骇，却走。途经一破庙，拟入内休息，陡见宝玉僧装趺坐，喃喃念佛。正讶异间，忽巨钟当当然鸣，姥姥一惊而醒，扭眼眈相，绳床茅舍，依然在乡村之中。细维适才所经历者，乃一场春梦也。

字　　幕

徐归燕

田舍风光

刘姥姥——她是个积世婆婆（周空空）

板儿——刘姥姥的外孙（邵方伯）

春梦婆神游南柯

豪家门首司阍者之威风

刘：我要进府里去找一个姓周的管家媳妇。

司阍人：呔！哪里来的乡里老婆子，滚远些！

相形见绌

周瑞家的——荣府之陪房媳妇（翁侠仙）

贾府广收婢妾

平儿（洪秀兰）

周妇：苏州林姑娘来了。

这是气量偏窄、多愁多病的林黛玉（陆剑芳）

贾母——（易半乔）

贾母：我这些女儿所疼的只有你母，不道她竟先我而逝，教我怎不伤心。

贾母：心肝儿肉……心肝儿肉。

贾母：这是迎春、探春、惜春三位姊姊。

王夫人——贾政妻（袁益君）

王熙凤——雅号泼辣货（王谢燕）

王夫人：这是琏二嫂子。

这是假作疯癫惯向姐儿队里厮混的贾宝玉（陆剑芬）

初见好似旧相识

凤：这是你宝哥哥。

刘姥姥既被守门者所斥，废然引去。转入府后，卒被觅得周瑞之家

刘：嫂子许久不见了，你好呀！

周妇：姥姥你好呀！几年不见，我一是几乎记不起来了。

刘：你老是贵人多忘事啊！

刘：我这遭是特来瞧瞧你的，二则也请请姑太太的安。可以领我去见一见，那就更好；不能呢，便借重你老致意罢。

周妇：但是现在府里的太太不大理事，都是琏二奶奶当家了。

周妇：你道二奶奶是谁？就是太太的内侄女儿，小名唤做凤哥儿的那个。

刘：原来是她，这等说来我今儿还得见了她。

周妇：姥姥你放心，大远的来了，岂有不教你见个正佛的道理。
刘：阿弥陀佛，这全仗嫂子方便了。
宝：妹妹尊名？
黛：黛玉。
宝：表字呢？
黛：还没有。
宝：不是题颦颦罢。
宝：妹妹有玉吗？
黛：我没有。
宝：这劳什子什么灵不灵，我不要他了。
贾母：孽障！你生气要打骂人都容易，何苦摔那命根子呢！
宝：家里姊妹们多没有，单我有已是没趣。
宝：如今连这天仙化人的妹妹也没有，可知这是个不祥东西呢。
凤：妹妹和你初次见面，你便发这疯病。你自己想想，也对得住她吗？

紫鹃——黛玉之心腹侍婢（王意文）
荣国府之阔厨房
舐嘴咂舌馋涎欲滴
周妇：凤姑娘请你进去呢。

袭人——宝玉之贴身侍婢（黄月如）
宝：我要瞧林妹妹去。
袭：你何苦呢！她第一天来风尘劳顿，也让她安息安息。
宝：你去安慰安慰她。

春闺昼静漫翻画册作消遣
凤：不拜罢，我年轻，可也不知是什么辈数不敢称呼。
凤：亲戚们不大走动，都疏远了。
刘：我们家道艰难，这副嘴脸给管家爷们瞧了也不像。
凤：这是什么话，朝廷也有三门子穷亲眷呢。

贾蓉（费雨亭）
蓉：好婶子，那架玻璃屏便借给我罢。
凤：碰坏一点仔细你的皮！
凤：我们外表这们好，内里空虚了。这些些儿你别嫌怠慢，收了罢。
刘：多谢姑奶奶，你说哪里话？你府里拔根汗毛儿，比我们腰还壮呢！

初次还泪
袭：他是这府里著名的"混世魔王"，将来姑娘常住在这儿，才晓得他刚才所闹的还是小事咧。
袭：时候不早咧，姑娘请安卧罢。

外貌纯厚居心险诈之薛宝钗（王意逸）

薛姨妈（潘正芳）

钗：宝弟弟！这两日功课忙吗？

宝：姊姊你忙呢，巴巴的赶着活计儿做。

钗：弟弟你！那块玉儿可能给我仔细瞧瞧吗？

莺儿：唉，怎么和小姐的金锁儿一般的呢？

宝：姊姊，你的金锁儿也给我瞧瞧吗？

金玉姻缘之暗示

黛：怎么我一来你便走了？多承你拿扇儿来，恐怕我热死不成。

贾政（易荫峤）

贾瑞（蔡问津）

政：你恁大年纪还是这样顽皮。

贾琏（文逸民）

晨妆

黛：哥哥，你上学了吗？

宝：妹妹，你这辫儿多么可爱啊！

婢：宝二爷，时候不早了，快些上学去罢。

贾代儒（卓瑞棠）

贾环（陈少辉）

环：他抢我的凳儿去坐地。

黛：怎么你嘴唇上又沾了红……胭脂？

政：你慌慌张张地干什么！

环：可潇湘馆里瞧宝哥哥？

政：哦！快唤宝玉来！

仆：老爷唤你呢。

恋恋不舍一步一回头

政：你这不长进的东西！书不肯读，镇日价和姊妹们厮混！

政：拿家法来！

王夫人：你……你……怎忍心下这般毒手。

贾母：肉啊……心肝啊……这遭苦了你了。

贾母：你要出气索性将我条老命也收拾了罢。

凤：老祖宗别生气。

王夫人：好妮子别哭。

贾母：你来可是还要看他咽气吗？

浅尝即止

宝：妹妹，你眼儿怎么红红的？

痛哥哥被打哭肿了双目

瑞：我好早要给嫂子请安了。

凤：不敢当！
癞虾蟆想吃天鹅肉
计上心来
凤：我们一家人，你没事时可以常到我那儿去玩耍。
丑人多作怪
半推不就
凤：青天白日之下，怎好干这调调儿，你晚上早些来罢！
心花朵朵开
凤：你如此如此。
宝玉被父责打之后
晴雯（陶雅瑛）
宝：你给我瞧瞧林姑娘去。
晴：没来由的怎生去呢？
宝：你代我送两块手帕去，借此安慰安慰她。
馋狗儿穷形尽相
蓉：瑞大叔待你怎样？
凤：不要难为了他。
瑞：你……你不该诓我！
醍醐灌顶
抚今追昔不堪回首
鹃：姑娘睡着了，请你不要进去惊觉她。
黛：是新的呢，他送别人去；是旧的请你搁在这。
晴：旧的。
宛转低徊千万遍
宝：她怎么说？
香帕题诗
菱花镜里容窥颜蓦惊人比黄花瘦
代儒：你昨夜到哪里去的？
贾瑞病笃，有神僧予以一镜曰"风月宝鉴"，谓正照则生反照即死
至死不悟
凤姐第一次阴谋之结果
因疑生妒
宝黛反目，贾母担心，命凤姐作调人
情海多波澜
和好如初
欢喜冤家
凤：我道呢，老祖宗也是多担心，早料你们俩一回儿闹，一回儿便好了。

前倨后恭

刘姥姥二进大观园

刘：扭股糖儿似的。

周妇：老人家你别管闲事。

不可向迩

贾母：带他们去洗澡啊！

请安忙

鸳鸯：你今天小心些！有许多人要捉弄你呢！

席阑

告便

庸人自扰

爱河情波中的一苇慈航

刘：咦！怎么这里也有我这样一个人。

袭：这姥姥该死，恁脏的躺在这里。

袭：老太太找你呢，谁知你在这里。

袭：这是宝二爷的床。

婢：你包个兔儿给他，我已经预备一只鸽子了。

满载而归

宝：你便是倾国倾城貌，我也可以当得多愁多病身吗？

黛：哼，你不长进，拿这混帐书来给我瞧，还要欺侮我，我告诉舅舅去！

百般央告囅一笑

黛：你竟是个银样蜡枪头！

藏二姐之金屋

贾琏偷娶尤二姐（范雪朋）

泼辣货跟踪而至

尤：怎么你这几天不来？

琏：这两天事忙的很。

凤：这没有良心的，我眼儿一眨，他又干下这种不要脸的事来了。

凤：妹妹，你一口儿孤单冷静地守在这里，不如合伙儿进府去住，也得热闹些。

不知是计

凤：你先在这里打顿一下，待婢子们将床铺好了再请你进去。

鸟入樊笼

悔已无及

尤：你害得我好苦！

大闹醋劲

凤：你好！你动武！告诉老祖宗去。

贾母：你敢放肆！还不滚开去！

1927年

泼辣货第二次阴谋之结果

黛：你……你将荷包儿也送给别人了吗？

黛：那么这绣帕儿我也不必给你了。

宝：姊姊这几天兴致很好。

钗：弟弟你好呢！

腻态是眼

梨儿腹内酸

宝：这两天她生了气，这许多落英也没人收拾了。

落红成阵

"……侬今葬花人笑痴，他年葬侬知是谁……"

宝：这们天气，你着这薄薄的衣裳不怕冷吗？

鹃：二爷你尊重些，我们年纪一年大一年了，扯扯拉拉的给浑帐行子们瞧了，传出去不好听。

鹃：姑娘总是林家的人，也没有一辈子老住在这儿的道理。

宝：怎么说，敢是林姑娘要家去了吗？

鹃：是啊！早则明年春天迟则秋天。

宝玉因紫鹃之试心竟受重大激刺乃致发狂

王夫人：这是你们不小心。

王夫人：他怎么会这个样儿的？

袭：二爷和林姑娘握了一握手，不知怎的便这般了。

王夫人：你好好儿陪伴他。

王夫人：搀他出去！

凤：宝姑娘人又稳重，性情又温和，气派又洪大。

袭：林姑娘工愁多病，恐怕不是寿者相。

老祖宗虽心疼外孙女，奈被左右包围不得不从众议

凤姐使移花接木计为宝玉聘宝钗

黛：你为什么哭？

傻大姐：我因为和人家说了宝二爷不久要和薛姑娘成礼，为什么要骗宝二爷说娶的是林姑娘的话；便被他们毒打一顿。

一个儿笑得误会，一个儿笑得勉强

黛玉咯红

哀毁不能自已

医：这病很沉重呢！

琏：大夫，他们的病势怎样？

医：奇怪，他俩的病是一般的征象，这药方儿可以兼用的。

焚稿忏慧业

此之谓金玉姻缘

黛：宝玉！宝玉！

鹃：林姑娘死了。

玉殒香消

凤姐阴谋之第三次结果

宝：妹妹！妹妹！

婚变

宝：呀！你原来是宝姊姊！

宝：林妹妹呢！你们将她藏到哪里去了！

婢：林姑娘死了。

宝：我决意做和尚去！

阍者：唉！这是宝二爷呀！怎悄悄的出府去呢？

又一阍者：这件事为难我们了，老爷倘使查问时，去待怎样回答呢？

前尘影事旧愿重重

荣府因广蓄婢妾，及凤姐重利盘剥两罪并发，遂被官厅查封

刘：唉！我经历了这许多光怪陆离、喜怒哀乐的境界，原来是一场春梦。

山东马永贞

出品　明星影片公司，1927年
编剧　郑正秋
字幕　郑正秋
导演　张石川
摄影　董克毅
置景　董天涯
题绘　陆若岩　沈延哲
演员　张慧冲　龚稼农　董湘苹　郭逸峰　萧声　萧英　王吉亭　叶良德　汤杰　苏智卿　凯约科　严仲英　赵静霞　王梦石　王谢燕　李时苑　郑小秋　马馨荣　黄君甫　朱秀英

《山东马永贞》电影系郑正秋根据自己所编舞台新剧《马永贞》改编。其电影本事为宋痴萍撰写，字幕为郑正秋所作，原载《明星特刊》第28期（《山东马永贞》、《北京杨贵妃》合刊，1927年12月1日）。

本　事[1]

痴萍

　　马永贞，鲁人，幼失怙恃，与弱妹素贞相依为命。马故技击世家，永贞不啻百人敌，既以乡里无胜己者，因作远游之想。慕海上繁华，争名利者所见麋集，欲买舟南下。素贞知不可谏，濒行，郑重告之曰："兄慎之，弗争意气以轻敌，弗恋烟花而辱身，早日宁家，妹之愿也。"永贞遂南。

　　永贞行侠仗义，喜多识海内豪杰。设擂台于沪西静安寺，揭帜曰：脚踢黄河两岸，拳打南北二京。语虽俚，豪情可想。沪上多椎埋之徒，见其帜，意弗善，必挫马乃已，然登者辄败。虽驰名海上之欧籍拳师诨名黄牙须者，及马贩标师白癞痢，皆非马之敌手。众中有柴九云，钦马英勇，愿与缔交。

　　马贩请柴为介，以奉白者奉马。白党蓄憾益深，然逡巡未敢发。一日柴宴马于妓家，马身入花丛，心旌摇摇不自主。陡忆其妹临别之言，亟自敛抑。尝途遇一妇，哭甚哀。踵至其家，知其家贫姑病，为夫所卖，慨然斥五十金济之。诱妇者预付三十金，必收回三百金，始肯解约。马怒将索斗。其人固白党，惧马勇，隐忍而已。

　　白党恶马贩之只知有马也，自身生计将绝，群聚而谋报复之方，集众伺马于茶肆。

---

[1] 原为句读。

马至而伏发,马奋臂挥击,白党披靡而遁。自是马益轻白党,置弗为意。马又尝偕柴游龙华寺,倏睹无赖子蔡伯唐方拦截妇女,肆其调谑,怒而干涉之。蔡不服,为马所痛惩,乃求援于斧头党首程子民。程不为动,会白癞痢来,饰辞激程,程堕彀中,相与设毒计以谋马。

一洞天茶肆,为马常至之所。白程之党,密藏刀斧石灰之属以待。移时马翩然来,石灰骤中其目。目不可见,众起乘之。马猛斗不能脱,身被重创,冲楼窗,踣于街心,众始纷然作鸟兽散。马入医院,已不可救,临死,执柴之手曰:"毋令吾妹知吾之死于敌。妹性烈,虑其孑身蹈万险以复兄仇也。"

素贞盼兄不归,正深疑虑,一夕梦兄被害,醒而大惊。亟走海上寻之,辗转无所得。忽见途中有小贩叫卖新闻画者,绘马伤死状甚详。惊痛穷诘,小贩乃携之见柴九云。柴从马嘱,不欲以实告。顾马之徒,适在柴许,多傍立揾泪,遂不能隐。素贞痛兄死非命,易男装,探白癞痢踪迹。祭兄灵,别柴夫妇,往刃其仇。柴阻之不可,马之徒皆请从。素贞慨然曰:"予有淬药之匕首,中贼即殒。感诸君意,仍以独行便。"

白自马死,复为马贩所推,意洋洋自得。一夕感噩梦,若有鬼魅相逐,彻晓不能宁睡。晨起或促其往相马,其妻阻令弗去,白不顾。道经城关,素贞突起刺之死。于是仰天而叹曰:"兄仇虽复,然兄之面不可复睹矣!"因怆然涕下,一瞥而逝。

字　　幕[1]

郑正秋

山东马永贞,有大力,爱打不平。初来上海,借摆擂台以张声势。　(张慧冲)
其徒金寿山、纪干林。　(龚稼农)(董湘苹)
其徒林德身、毕光。　(郭逸峰)(萧声)
马:在下走遍南北,没有访着敌手,今天来到这里,倒要请教请教!
马:列位!请上来打我三拳头,三拳头打得倒我,我就甘拜下风!
柴九云,当地有名人,最爱结交英雄。　(萧英)
白癞痢,乃一当地大流氓。闻永贞来,惧其在上海得占上风而有碍白党势力,但望其打败也。　(王吉亭)
跑龙套,白党一份子。　(叶良德)
开头三宝,亦白党中之健将。　(汤杰)
吐血四官,亦为白党之一。　(苏智卿)
黄牙须,上海西人中之最有臂力者,为白癞痢之好友。　(凯约科)
白:今天你好威风!山东人居然到我们上海来摆擂台,简直看我们上海没有人!
白:别人用拳头,我可以不用拳头,就用头,你可要领教领教?

---

[1] 原说明字幕前均有■标记,对话者有括号。现统一略去,将说明以不同字体区别之,对话者后加冒号。

柴：我并不是同你来较量，因为你武艺高强，特来同你交个朋友！

马：原来如此，请教贵姓！

柴：我就是柴九云。

马：喔！就是柴九爷！失敬失敬！

北人贩马南来，一路当用小费。因有靠马吃饭之狠客，例须索取坐俸也。马永贞自擂台得手，威名益振。马贩恐其为难，托人向之疏通。

马贩：听得老哥同马永贞很好，托你请他照应照应我们！

柴：你们放心，包在我身上，他是一个很爱交朋友的人。

柴九云受马贩托，遂请永贞吃花酒，以连络感情。

马贩子之一。（严仲英）

妓：柴老爷！你还请谁呀？

柴：我请个大名鼎鼎在静安寺摆过擂台的马永贞。

马：这里的花姑娘倒不少。

柴：这个叫云仙，我荐给你的。

妓：我听见你在静安寺摆擂台，风头出足，真有大本事！

马：我是……没有本事的……

妓：我们没有福气看你摆擂台，几时可能打给我们看看！

妓：啊唷！客边人总有点儿野头野脑的！

马：对不起，我要少陪了。

柴：这是哪里说起，我们就请坐席吧！

马素贞，永贞之胞妹也。武艺不亚乃兄，仍住原籍山东。（赵静霞）

素：哥哥！听说上海花姑娘很多，你到了上海，不要也去玩花姑娘！

马：妹妹你放心！哥哥不是这种人，你在家也要小心些！

数日后。

马：您到了山东，请带个口信给我妹妹，说我在上海很好！

马友：您放心！我一定照办。

一对穷夫妻。（王梦石）（王谢燕）

妻：啊哟！他要卖我到外码头去呀！我是不去的呀！

夫：那有这种事，不要瞎说八道！

三宝：朋友！这是人家夫妻的家事，何必去管他呢？

马：那末与你什么相干？

妻：我随便怎么不去，你打死我也不去。

马：不准卖！你要硬卖老婆，老子就要打你！

三宝：你还是带她回去吧！

马：诸位可知道到底是什么一回事？

旁人：这叫做开条子，就是贩卖人口。

马：哦！这就是贩卖人口吗？我决不同他干休！

马：我倒要问你，你这混蛋！为什么要卖老婆？
夫：不瞒老兄说，我也叫没法，因为老娘生病，没钱请医，只好把她卖了。
马：他是不是为娘生病要卖你？
妻：是的！但是总不应该卖我呀！
马：你卖多少钱？
夫：一百块钱，收过三十，他肯去，还有七十块钱好拿。
马：你卖给谁的？
马：我早知道你们不是好东西。
马：我替你还掉三十块钱，你不要卖老婆。
三宝：那不行！我们的帮规，收回定洋不卖，要罚洋十倍，三十块要还三百块呐。
马：你要是不走，老子就要对你不起了！
马：这里有二十块钱，给你替老娘治病，不要再卖老婆了！

马永贞既得势，马贩之俸禄乃由白氏手转归于马氏。白癞痢既失利益，又恨其常与之为难，故召集羽党在家会议。

跑：这一笔马俸，也归了他的进帐，我们真是死路一条了！要想个法子对付他才好！

白癞痢之妻。（李时苑）

白妻：你们一向狠天狠地，怎么连一个马永贞都打不过？
白：你知道什么？这样容易打吗？静安寺一交，到今天还没有好哩！
白妻：原来你也有打不过的人吗？那末打起我来，为什么倒很利害呢？
跑：哦！你打嫂嫂是不应该的！
白：你不怕丢脸！自己说出来坍自己的台！
三宝：这件事又碰了一个顶子。
四官：就是那个山东佬马永贞。
白：他这样可恶，专门寻我们的事，我也只好动他的手了！明天多预备打手，先在茶会上做他。

次日。
在马贩子茶会上。
离上海二十里之遥，有一龙华寺。三春时节，红男绿女，皆往游之。
马永贞与柴九云偕来。
柴：中国有佛寺，相传第一座叫龙华，这里的龙华寺，却是三国时候孙权造的。
蔡伯唐，乃一纨袴子弟，交游不慎，日趋下流。（郑小秋）
胡调仁，诱富家子弟堕落，是其专门。（马馨荣）
蔡：那边几个倒不错，我们去试试看。
和尚：又是一般拆白党，在那边调戏女人。
马：我最恨拆白党，我去打他一个抱不平！
娘姨：我们很规矩的来烧香，他们拦住了调戏我们小姐。

马：你们为什么要这样的可恶？
蔡：你走你的路，用不着你弯起舌头来什么那么、这样那样。
蔡：你去打听打听，胡调女人，是大少爷的本事。你不要到太岁头上来动土！
马：你们走好了，有事在我身上。
柴：好了！不必打伤他，警戒他一回就算了！
蔡伯唐受创于马永贞，来请斧头党。
复仇。
斧头党魁程子民。　（黄君甫）
蔡友：这位是蔡同记的小开蔡伯唐。
蔡友：今朝游龙华，碰着一个什么马永贞，大吃其亏，特地来请你老大相帮去翻本！
程：你们吃的亏，总是为女人吊膀子。
蔡：女人是我向来认识的，我们在好好的说话，那个山东佬有意来寻事。
程：老弟！省了吧！我好久没有管闲事了。
蔡友：那无论如何要通你管一管，小开多用些钱倒不要紧！
程：来！大家一同来吧。
白：你们怎么会同在这里吃饭呢？
白：老大！那就帮帮他们出出气吧！
程：多一事不如少一事，我现在真怕管闲事。
白：我早知道了，你并不是怕事，你是不敢同马永贞较量。怪不得前天他在一洞天夸口，说上海的好汉子都给他打服了。
白：他还口口声声说斧头党头目，不怕他狠天狠地，一碰到我马永贞，管教他就死无葬身之地！
程：这些话，也是你自己听得的吗？
白：不但自己听得，连他也听得的。
跑：还有许多弟兄都听得的。
程：好！就同他碰一碰吧！看看谁要谁的命？
贩：马大哥！我找到一匹好马孝敬您！
马：让我试试看，好不好？
白癞痢与斧头党，已布置妥当，要结果马永贞。
跑：快要来了，你们家伙可曾带来？
白：石灰包预备好了没有？
永贞伤重，无可挽救。
马徒：求求你！想想法子救救我师父！
马：柴大哥！我死不要紧，不过有件事拜托你。你遇到我的妹妹马素贞，千万不要告诉她我是被人害死的！她的脾气不好，知道只怕要闯祸的！
素：刚才我见哥哥浑身是血，在我面前哭，这一定不是好兆！

老妈子：这是你白天想他，晚间所以梦见他，不会有什么事的。

素：他很久没有信来，我实在放心不下，我想明天到上海去寻他。

老妈子：上海远得很，你没有去过，怎么好去呢？

蔡：恭喜恭喜，大事成功！

胡：今天小开先请来弟兄去喝杯酒，替白大哥道道喜。

胡：明天小开还要拜程老大做老头子，请白大哥做个引见师。

马素贞居然来上海寻兄。

素：你画上的马永贞，是不是山东的马永贞呀？

卖新闻：只知道他是马永贞，不知道是什么山东山西。

素：你这种新闻，都是真的吗？

卖新闻：我的新闻没有假的。

素：这个柴九云是什么人，你知道他在哪里？

卖新闻：柴九云就是上海赫赫有名的柴老九。

素：那末领我到柴九云那里去！

卖新闻：唉，我要做生意的，没有工夫。

马永贞死，马贩子处之坐俸，又复归白癞痢矣。

白：这叫做长线放远鹞，哪怕马永贞多大的本领，总逃不出我的手掌之中。

马徒：我们无论如何，总要替师父报仇！

柴：你们千万不要心急！他们羽党众多，利害得很，这不是容易对付的事！

柴妻孔氏。（朱秀英）

孔氏：你们总要听九爷的话，不要乱动。师父已经失风，你们万不能再出乱子。

仆：外面有个女人，要见老爷。

柴：哦！你就是马素贞小姐吗？

卖新闻：我在做小生意，他硬叫我领来的。

柴：您怎么会到上海来的？

素：我因为好久没有得到哥哥的消息，很不放心，所以赶来寻他，到底我的哥哥，是不是出了卖新闻画上那回事吗？

孔氏：啊哟！瞒不过的了！还是告诉她吧！

孔氏：马小姐！你千万不要太伤心！我来告诉你，令兄是在一洞天给上海流氓白癞痢害死的。

素：那一定要替哥哥报仇！

柴：他们是你哥哥的徒弟，都要想替师父报仇。

素：请您快告诉我，仇人现在哪里？

马素贞改装访白癞痢。

素：对不起！对不起！没有看见，错撞了！

白：看你男不男女不女，倒有点小气力！

马素贞已探明真相，及白癞痢住处，故决计报仇。

素：多蒙照应，而且料理我哥哥葬事，多谢得很，哥哥在泉下一定也很感激！

马徒：我们也要跟您同去报仇。

素：那可不必。我有见血就死的宝刀，对付这小小的毛贼，决不会费力的。

素：你们同去，有时候倒反为不便。

白：啊哟！有鬼呀！

白：茶壶里有鬼！

白妻：不要瞎说八道。半夜三更，大惊小怪做什么？

白：啊哟！鬼还没有去呀！

白妻：哪里有这许多鬼呢？都是你自己虚心的毛病！

白：对了！疑心生暗鬼，不虚心就没有鬼了。

白妻：那末，到里面去睡吧！

白：嘿！我不虚心！哪里会有鬼？怕什么？

白癫痫终宵闹鬼，致其妻一夜不曾安眠。

白：现在好了，清醒得多了，刚才我比做梦还糊涂。

白妻：我去弄些热茶给你喝。

白妻：跑龙套来了，我去开门。

白：喔唷！我见了一夜的鬼！

跑：我在马贩子家赌了一夜钱，因为今朝到三百匹新马，要你去看。

白妻：一夜不曾睡，这样早怎么好出去呢？

跑：难得一夜不睡，有什么要紧？出去一趟，有钱进帐的！

白：还是出去看看马散散心，这断命的家里，东也是鬼，西也是鬼，我实在怕住了！

白妻：我看，你还是不要去吧！

白妻：那末你看完了，就回来睡吧！

白：笑话！你这样千叮万嘱，我又不是去死。

素：你是不是白癫痫？

白：咦！什么路道？我叫白癫痫很久了，你要怎么样？

跑：我就是跑龙套，上海地方，哪个不晓？

素：好！我就是要找你们两个坏东西！

兄仇虽已手刃，兄面不能再见，伤矣哉！

北京杨贵妃

出品　明星影片公司，1927 年

编导　郑正秋

说明　郑正秋

副导　高梨痕　龚稼农

摄影　周　克

置景　董天民

题绘　陆若岩　沈延哲　董绮梦

演员　林祝三　周爱雪　潘作人　萧　英　黄君甫　龚稼农　赵静霞　杨耐梅　阮玲玉　王梦石　王谢燕　朱　飞　朱秀英　蒋荇芳　高梨痕　郑小秋

《北京杨贵妃》（又名《杨小真》）电影由郑正秋编剧。其电影本事、字幕均为郑正秋所作，原载《明星特刊》第 28 期（1927 年 12 月 1 日）。

本　事[1]

郑正秋

　　杨家有女字小真，小真声名震北京。北京交际花第一，一曲长生四座惊。惊动赵大帅，请求见佳人。北京杨贵妃，雅号杨小真。小真不自小，大帅值几文。匆匆回家来，救得一书生。书生黄正华，忧国又忧家。衔感好女子，临别意如麻。一言忠告杨家女，毋为贵族眼中花，毋为财势丧人格，女儿立志亦堪夸。小真初闻人道声，一缕情丝蓦地生。绿水滩头情脉脉，心心相印竟订婚。可恨杨父与杨母，专制淫威猛于虎。一支刀笔两纸书，恋爱自由为打破。小真重回势利场，放浪形骸忘甘苦。政客好作皮条客，拉人堕落小星路。赵家大帅色心雄，欲作杨妃主人翁。从来大老先生辈，四妾三妻本普通。吁嗟杨家好女子，旧恨新愁付酒钟。今朝有酒今朝醉，做日和尚撞日钟。有钱使得鬼推磨，利禄歆动杨父母。小真游约半年期，怀抱琵琶歌帅府。忽闻平地一声雷，团长捉得党人回。随从大帅去观审，情人相见心意灰。斗室相看两惘然，一纸文稿解疑团。大帅仍从小真劝，释放书生息仇冤。小真受命乐陶陶，入狱与之欲同逃。呜呼爱人身已死，万唤千呼亦枉劳。挺身质问陈团长，得悉赵帅昧天良。立志往报丈夫仇，强笑为欢借手枪。枪弹未发仇先觉，相争相夺复相搏。幸来小月一口咬，此身未为仇人捉。岂知黄郎非真死，假死金蝉求脱壳。侥幸毒药未入肚，全仗同胞好手足。小真不识巧机关，茹苦含辛下乡来。下乡取得血衣去，挟衣夜走绿水滩。如此家国如

---

[1] 原为句读。

此时,此身茫茫欲何之。皎皎月下青青水;命赴东流意不迟。耳边忽闻大声呼,此声可比还魂歌。且喜欲跃犹未跃,情人拥抱乐如何。噫吁嘻!求为好女子,八九不如意。家庭多黑暗,环境多险巇。国中其何如,强权胜公理。男儿有志事难成,女子有情无可寄。几朵交际花,不为人调戏。几朵交际花,不为男性作机器。噫吁嘻!北京杨贵妃。噫吁嘻!北京杨贵妃。

字　　幕[1]

正秋

章将军他在替第九妾做寿。百姓做过他的牛马,他现在做姨太太的牛马。(林祝三)(周爱雪)

二大人,将军弟。是个善于拉拢的小政客。(潘作人)

赵总司令,富贵极品。富贵从何来,同胞的性命。(萧英)

陈团长,吃国家俸禄,办赵家私事。(黄君甫)

张法官,同夫人。看杨妃,大得神。只为上司在前面,叫好不敢叫出声。(龚稼农)(赵静霞)

杨小真,在此客串长生殿。她本是学堂出身的交际花,然而怕听贵人说情话。(杨耐梅)

小真:(白)那牛郎织女呵!(唱)天长地久年年会,我人一死永分离。

张:好吗?

陈:好!

赵:好极了!

小真:(唱)在天愿为比翼鸟,在地愿为连理枝。

小月,是杨家的养女。因为不肯出卖贞操,所以在做漂亮丫头。(阮玲玉)

杨则文,小真的父亲。浑名阴间秀才,但是凶不过秀才娘子。(王梦石)

杨太太,小真的亲娘。一生只在打扮养女上用工夫,是一个公馆派的鸨母。(王谢燕)

二夫人:赵大帅要见见小真,只怕是看中她了,替你恭喜!

杨父:等她下了装,马上叫她来替大帅请安!

小真:我不去!叫他们尊重些女子的人格,大帅卖几个钱一斤?

杨母:她不听爹娘的话,你还笑吗?行头呢?

小真:妈!不要拿她出气。请您先答应我,不逼小月去为娼,我就答应您去见赵大帅。

赵:杨女士!戏演得真好!我赏你一个雅号,叫做北京杨贵妃。

---

[1] 原说明字幕前有■标记,对话者有括号。现统一略去,将说明改为仿宋粗体,对话者后加冒号。

赵：来！喝一杯！这儿空一个位子，是你的，坐下吧！

小月：我去了！

小真：好！我先送你出去再来坐吧！因为我有句要紧话同你说呐！

小真：总算逃回来了！

小月：姊姊！人家看你像在天堂上，你怎么倒不快活呢？

小真：妹妹！这叫多一分觉悟，多一分痛苦。你也去睡吧！

小月：我服侍你睡好了再走。

黄正华，外文弱而内刚强，本是一个穷书生。（朱飞）

小真：呀……囚犯！

黄：慢！我是囚犯，不过是为国为民的囚犯……

兵：好像逃到这里来的。

小真：为什么许多兵要捉你？

黄：满清末年，我父亲做了一篇杀庆亲王以救中国的文字，被姓赵的……

黄父：你拿同胞的血，来染红你的顶子。不过将来同胞一醒，未必肯放你们横行到底吧！

黄：此番我为报父仇，除国贼，没有成功，被他捉在牢里。幸亏同志帮忙，才能逃出。

小真：不好！搜到我们家里来了。

小月：姊姊已经睡了，你……

小月：姊姊！不讲理的胖军官，他硬走进来了。

陈：杨小姐！您的戏听得我五体投地！外面在捉囚犯，我怕你受惊，特地来报一个信。

小真：难为你，你大肚子里倒有个好良心呐！

小真：啊哟！想起来了，不要为了我误了你的公事，走罢走罢！

陈：我叫两个卫兵替你守门，保护你。

黄：我不能害你，出去拼……

小真：快拿我的衣裳帽子来！试试看，好不好替他化装。

次早。

杨父：打牌打通夜，真吃力！

杨母：糟老头子，太没有用了！

杨母：大小姐呢？

小月：救一个囚犯出去了。

小月：究竟到哪里去，我实在不知道。

张婶婶，小真的奶妈，同杨家向有来往。（朱秀英）

张女小菊。（蒋荇芳）

张：小姐！这位是哪家的太太？

小真：你别管！快替我找一处空房子！

张老老，奶妈的丈夫，是个乡学究。（高梨痕）
杨父：看她长得漂亮的份上，不要打了！
杨母：你这个老东西，不转好念头，不要你的脸！
杨父：笑话笑话！我胡子都有了，还想这个吗？
小真：一切开销有我，外面不要张扬出去！
黄：杨女士！像你这样一个好女子，千万不要做大人先生们的玩具！
小真：我有生以来，今天第一次听得人道的声音，我很感激你！
张老：此地俭朴的乡村，经不起妖妖娆娆的太太小姐来开通风气。一片干净土，请她们少来糟蹋！
小真：他就是报上登的黄正华，我把他救在张婶婶的乡下。
杨父：快去报官！
小真：您要是去报官，我只好跟他去坐牢。
杨父：你要断送我们一家人家吗？
杨母：你不听父母的话，你就不要在家里做姓杨的女儿！
小真：要我坏良心，我情愿脱离家庭。
小月：妈！大小姐走了。
小真：这种害人的首饰，我真不在眼里。
小月：姊姊！你去了，叫我怎……
小真：好妹妹！我也顾不得你了，你自己小心些罢！
张婶：起来吃饭吧！
黄：你怎么又来了？
小真：不必问了。我替你买的全套衣裳，你看……
一缕情丝，牵引一对有情人到绿水滩头小坐。
小真：你真没有定过亲吗？
黄：我们——可以——订婚吗？
黄：女士！请原谅！以后决不再敢唐突了！
小真：哈哈！你对官何其胆大？对我何其胆小？
可怜的小月，没有小真保护，就被假母骗去卖笑了。
黄：假使我将来为报仇而死，何以对得起你答应的婚约呢？
小真：你能报父仇，我能报夫仇。假使我也失败，我就抱了你的血衣，来此寻你的英灵！
小真：这件血衣请你藏好，将来或者大有用处。
杨父：法子是有，可惜对不起……
杨母：只要女儿回来，将来烧香拜佛多修修好了！
杨父：只要我写张底稿，再寻个女人写封信，包你就拆散鸳鸯两处飞。
秘密下乡来，欲行离间计。
张婶：就是去年小姐到乡下来，硬把她剪掉的。

张婶：我去叫小姐来。

杨母：不要给小姐知道我来，你出去领钱升过去……

小真：为什么只管看我？

黄：我想我们的婚事，还是请求您二老同意！

张婶：小姐！老爷为你生了急病，钱升来请您去送送终。

张婶：这位就是杨小姐的妈。

黄：岳母！

杨母：什么岳公岳母的嘴里放干净些！

杨母：她救了你命，你要害她一生一世吗？

杨母：我们两老，要靠她享荣华受富贵的，嫁了你，我们肯轻放她吗？

张婶：多少大好老，都要娶这位小姐，您怎么配呢？

黄：好！为她终身，为她骨肉，我就同她一刀两段。

杨母：等她回来你就走不了，快照这张底稿写一写！

杨父：好女儿！我们是吓吓你的，你怎么当真的走了？现在我们两老，情愿让你自由，哪怕你要嫁他也可以。

小真：真的吗？妈也答应吗？

杨父：你妈刚下乡去找你了。

杨母：你再不走，我要去报官了！

杨母：我来没见一个人，你心爱的好少爷呐？请出来见见！

杨母：少年人能有几个好良心？还是跟娘走吧！

重回交际场，恢复旧生涯。

二大人：大帅说随便什么条件都答应，不做官的话，将来也好商量。

小真：算件件依从，我也不嫁他。

杨母：你不记得人家为了小老婆一封信，把你就丢掉吗？

小真：好！男子没有一个好良心，我答应了！不过让我试他六个月，再结婚。

小真：我要做大帅夫人了！你从此不要去卖笑，跟着姊姊吧！

小真：你要我不喝酒，你替大帅夫人行个军礼。

小真：混帐王八蛋！夫人的酒敢倒掉么？

小真：小东人，闯下了，滔天大祸……

小真：哼哼！小孩子！哭什么？你看我太太多快活，哈哈……

黄仲华，正华的兄弟，姊夫是开马房的，所以在做小马夫。（郑小秋）

小真：妹妹！我错了！你我同是被压迫的女子，我不该害你伤心了好久呀！

小真：你肯饶恕我，就对我笑一笑。

小真：你笑得勉强，光景还担忧我吃酒，我……

小真：妹妹！真心爱我的，恐怕只有你妹妹一个人了！

许明：你的大兄弟在来了，我吃罪不起，怎么好？

黄氏：你放心，我就打发他走。

1927 年

黄：姊夫放心，我就要走的。
黄：姊姊！仇人又在害百姓了，我立刻要去动他的手，特来告别一下。
许明：不要怕！是你小兄弟牵马回来了。
仲华：哥哥！我朝朝想你，夜夜想你，你来了，不要再去了。
仲华：我这里一个铺，让给你睡！
黄：兄弟！我们恐怕从此……

未结婚，先交友。 借琵琶，解忧愁。
正华再来报仇，不料弟弟会暗地跟随。

金：拿灯来，认认看是谁？
陈：你带去监禁吧！
赵：明天我自己来听审。
小真：审党人我倒没有见过，明天带我一同去！
赵：你要去看吗？那末明天只能私问，不能公审了。
小真：也许我可以替你做个女侦探呐！
张：有多少同党？首领是谁？
黄：只有我一个，要枪毙就枪毙，何必多说？
小真：想不到你生路不走走死路，更想不到我今天会来问你！
黄：我也想不到女子居然做了衣冠禽兽的玩具，太没有人格了！
赵：拖出去打！
小真：他同党很多，打死他个人反不好，要斩草除根，还是押下去再说。
小真：我想另外寻一个小房间，晚上提他过去，让我一个人问问他，包你有道理。
小真：好一位时髦少爷，姨太太一叫马上就跑。
黄：笑话！
黄：我大老婆都没有，哪里来的小老婆？
黄：我是依样画葫芦，照你妈拿来的底稿写的。
小真：啊哟！这是我爸爸的笔迹呀！两老的毒计，害苦你了！
黄：我终难免一死，你不要再顾我了，去吧！
小真：我无论如何总要救你的！
小真：冤家宜解不宜结，我看放他出洋去，免得冤怨相报，没有了局。
赵：我也觉悟了，明天两点钟你到监里领他出来就是了！
黄：你来送死吗？还不快走！
仲华：贼囚犯！谁认得你？
仲华：马棚主人因为我送还了你东西，他把我的生意歇掉了。
张：我的紧急公文，多亏你送还，本来要寻你来做马弁咧！
小真：正华！正华！起来！放你出去了！
张：人已经死了。
小真：好好一个人，怎么会死的？

陈：不知道怎么样，见了你我就说不出鬼话了。

陈：大帅的命令，叫把他毒死的。

小真：你借一根手枪给我。

陈：拼着我这个团长不要，结交你北京杨贵妃吧！

小真：我今天不去了，你关照弟兄们，不用再侍候，都走吧！

赵：小真！你不要弄错！我因为爱你，不叫人，不然你命就没有了。

小真：你毒死我丈夫，我要你的狗命！

赵：捉刺客！

小真：捉刺客！捉刺客！

小月：姊姊没有打死你，你就放她一条生路吧！

赵：这把枪哪里来的？

小月：我不愿意害人，你开吧！

兵：报告，团长到。

赵：你们都滚到哪里去了！

兵：我们大家跟着杨小姐去捉刺客的，他们还在找哩！

赵：这种新式手枪，只有我们有，怎么到她们手里去的？

陈：我来问！

小月：咦！你……

赵：嘿！你在做什么把戏？

陈：我带你逃走吧！

黄：怎么一点都不闷气！

仲华：我四面都凿洞的。

仲华：那天张军法官收留了我……

张：官不是人做的！

张：叫我毒死黄正华。

仲华：救命救命！

仲华：正华是我的哥哥！

张：这个叫我怎么救法呢？

仲华：您不救，我只好死在你的跟前了！

张：只有叫他装假死。

张华：幸亏你装死人装得很像，不然就不得了。

张婶：杨小姐又来把血衣拿去了。

张老：你怎么好放她去呢？要闯祸了！

张婶：你这个老糊涂，先前要她少来，现又舍不得她去，真正是个老颠倒。

张老：拿！拿！拿了血衣，不……不晓得哪里去了？

黄：马留在这里，我们快去！

小真：光明的月呵！清白的水呵！领着我去寻我亲爱的情人吧！

1927 年

黄：小真！
小真：咦！
黄：我没有死！
黄：都是这好兄弟救我的！
小真：同胞到底是好同胞，男儿到底是好男儿！

蒋红英老五

出品　天一影片公司，1927年
监制　邵醉翁
编剧　邵邨人
导演　李萍倩
分幕　邵山客
说明　刘豁公
摄影　吴蔚云
书幕　韩慈英
演员　胡　蝶　倪妙玉　甘小琳　章志直　张振铎　戚拯民　张颠颠

《蒋红英老五》（又名《蒋老五殉情记》）电影由邵邨人编剧。其电影本事为刘豁公撰写，原载《天一青年特刊》第23期（《宋江》、《蒋老五殉情记》、《穆桂英》合刊，1927年12月20日）。

本　事[1]

豁公

　　苏垣小家碧玉，有张爱宝者，丽质天成，不假粉饰，乡里有玉人之目，长适里人陈阿炳。陈固登徒之辈，溺于烟赌者。爱宝时婉劝之，陈不听，千金之产立尽。寻举一子一家三口，常竟日不获一饱。爱宝于此亦惟有以泪洗面耳。

　　一日，阿炳窃襆出，将作孤注之掷。爱宝瞥见之，趋前阻止。陈曰："毋然，吾将易米享汝母子。"爱宝信之，释令去。返身将入，而索逋者已踵至，其势汹汹，急如星火。爱宝大窘，甘辞以媚之，期以翌日偿夙负，其人乃悻悻去。他日鸨妇无锡妈妈来，花团锦簇，钻戒灿然，阿炳窃艳羡之。鸨既炫以富，复乘其窘以利诱之，而此鹑衣百结之张爱宝，遂一变而为倚门卖笑之神女矣。

　　五既堕溷，则亦傅粉争妍，效丁娘之十索。有汪某者昵之，已定嫁娶之约。而汪走汉皋，一去竟如黄鹤，老五望眼欲穿。比来沪，有罗炳生者，飞笺召之。至则为一衣冠楚楚之少年，举止笑貌俨如汪容，遂注视不瞬。罗以美人垂青于己也，亦深喜之。席散径造妆阁，戏询注视之故，五直告之。转询身世，知罗为某交易所重要职员，入款既丰，用情尤挚，娓娓清谈，不知东方之既白。

　　阿炳之鬻妻也，获三百金，在理亦可小康。以不戒烟博，旋即化为乌有。无已来

---

〔1〕原为句读。

沪觅五，五出私蓄数十金予之。即罄复往；习以为常，五深苦之。他日阿炳携子往，百端要挟，且出恶言。老五怒极，掌其颊，拍拍有声。阿炳亦不稍让，挥拳顿足，丑态百出。时五忿懑已甚，顾见八龄幼子，方出其瘦如枯腊之小手，掬食地上残饼，奇痛澈心，不觉晕去，良久始苏。义姊老四急出为鲁连，命五以数十金予陈，借清纠葛。老五忍痛予之，陈始作鸱鹕笑，怀金携子去。会某公子来，呼五宥酒，五虽强为欢笑，终不惬客意，唾骂而去。五惭且愤，取白兰地痛饮之。四闻急往劝阻，五已玉山颓矣。正于此时，罗炳生翩然莅止，见状大骇，不知所措。五方盛怒，亦不问其为谁，遽叱之曰："若辈男子皆无情之动物，蹂躏女性，无所不用其极，尚得谓之人耶！"罗知其醉，置不较，且慰藉之。少选，五酒已醒，自觉无以对罗，极口道歉。即夕留髡，自后情好益笃，若伉俪然。

　　炳生有友，曰何许人，金壬也，瞰罗之多财，欲分润之而无术。会国人抵制劣货，渠乃视为利薮，劝罗以廉价收之，谓可获厚利。炳生信之，出巨资，广事屯积。不足，则继以借贷。不意劣货之价值暴跌，几如道旁苦李，无人过问，缘是亏累巨万，报纸且斥为卖国贼。罗愤且惧，遂不欲生，急取小影往贻五，旋即兴辞。五觉有异，急挽之。罗绝裾去，竟从屈大夫游。五闻一恸而病，愿以身殉，鸨母与四严防之。逾月稍瘥，勉出应征，罗友争揶揄之。五因即席歌十叹之曲，声与泪俱，阖座动容。归即服阿芙蓉，从彼爱人于地下。

宋 江

出品　天一青年影片公司，1927 年
监制　邵醉翁
导演　裘芑香
说明　刘豁公
摄影　王士珍
书幕　韩慈英
置景　咸拯民
演员　萧正中　胡　姗　张颠颠　章志直　许奎官　魏鹏飞　谭勇魁　方怜影

《宋江》电影取材古典小说《水浒传》。其电影本事为刘豁公所作，原载《天一青年特刊》第 23 期（《宋江》、《蒋老五殉情记》、《穆桂英》合刊，1927 年 12 月 20 日）。该片电影本事亦刊载于《民国日报》（1928 年 1 月 18 日）。

本　事[1]

刘豁公

郓人宋江字公明，县署之书吏也。为人疏财仗义，有侠士风，江湖豪客，多钦之，群锡以"及时雨"之徽号。

一岁鲁东苦旱，灾民来郓就食者綦众。有阎媪者，灾民之一也，夫死无以为殓，与女雪娇泣拜于道周，乞人矜惜。会宋自县署出，或指谓阎媪曰："此大善士，亟求之。"媪谨如命，宋果倾囊予之。而其高足张文远，醉心雪娇之美，耽耽注视，馋涎欲滴，宋急挟之他去。

未几，宋纳雪娇为簉室，处之以乌龙院，朝朝暮暮，恩爱有加。文远窃艳羡之，时复借事往彼，冀亲美人謦欬，宋江不知也。

时梁中书方以十万金为蔡京置生辰纲，遣杨志押运赴京。事为宋友晁保正（名盖）所闻，急与刘唐、吴用、阮氏三雄，邀劫之。瓜分后三阮别去，晁等亦归。会梁山泊众头领，以寨主王伦郄吝欲去之，而立晁盖，特遣林冲往征其同意。讵晁不敢承，刘唐、吴用力劝之，晁仍犹豫不决。正纷论间，宋江已超乘至。盖晁等劫生辰纲事已为县令侦悉，行将派队围捕，故宋亲往报讯也。晁既势成骑虎，遂与刘吴随林冲行。比至，谒王伦于忠义堂，敬乞收纳。王虑官军追踪而至，欲弗许。林冲责以大义，怒形于色。王不得已，许之。

---

[1] 原为句读。

1927年

　　晁既安居水泊，私心至以为慰。忽忆冒险拯己之宋江，不知近作何状，命刘唐潜往探之。于时雪娇方与文远私语于墙陬，刘于院外闻之，正思一探究竟，而宋江已跄踉至。刘不暇细语，但指阎张幽会处示之。奸情既露，文远惶恐殊甚。雪娇忽生一计，谓刘来图行非礼，幸得文远解救，始免污辱，言已泣然。刘唐无以自明，返身遽去。宋江忽有所悟，追谓曰："个中事予已尽悉，幸君毋介介，趣以来意见告。"刘曰："无他，我与晁保正已在梁山入伙，虑君为官中人所罗织，故来此一探近状耳。"言已别去。

　　王伦以晁盖喧宾夺主，深忌之，屡与心腹密议，欲除之。林冲大怒，遂杀伦，欲立晁盖。盖曰："我不如宋江。"众以为然，推刘唐赍书往迎。宋固归心于山泊者，得书甚喜。然上有老父，何敢为寇，以累老人，故行止，猝不能决。怀书入乌龙院，拟于静夜熟思之。不意睡去，书为雪娇所得，竟恃为要挟离婚之工具。宋江百计求之，卒不听。不得已，抽刀杀之，毁书以灭迹。事发入狱，狱吏竟鱼肉之。幸有两禁卒曾受彼恩，一夕，不约而同窃钥启牢，纵宋去。适梁山泊林冲、李逵诸人来挽之，疾奔憩于野寺。官兵追至，林等尽力战败之，遂得安抵山寨。宋江以张文远为厉阶，命刘唐潜往杀之。讵张已受冥谴，因割其馘而还。宋既复仇，私心甚快，遂受山众拥戴，为梁山都头领焉。

穆 桂 英

出品　新新影片公司[1]，1927年
导演　任威平　谭威宇[2]
分幕　余坚如
说明　方骏如
摄影　倪绿池
置景　马柏泉
演员　陈玉梅　张振铎　朱　刚

《穆桂英》电影由余坚如分幕。其电影本事为刘豁公撰写，原载《天一青年特刊》第23期（《宋江》、《蒋老五殉情记》、《穆桂英》合刊，1927年12月20日）。

本　事[3]

豁公

宋真宗时，辽景宗死，子隆绪冲龄即位，是为圣宗。其母萧太后临朝听政，信用方士柳神仙，兴师伐宋。真宗命杨延昭为元帅，曹彬为先锋，率兵十万，随驾出征，列营于澶州晋阳关前黄山下，军容甚壮。神仙虑力不敌，特用奇门遁甲术，按五行排天门阵，相生相克，变化无穷。又排朱雀、玄武、青龙、白虎四阵，分布于前后左右，乃下战书，延宋君臣会阵。延昭命曹彬往探虚实，陷于白虎阵中。延昭大骇，登高以望之，但见旌旗飘动，门户重重，竟不知其阵名，急命孟良延太君来营观阵。太君指点而言曰："此天门阵，系按五行生克而布者，其绕环于四周者，左为青龙，右为白虎，前名朱雀，后名玄武。欲破天门，须用穆柯寨之降龙木自青龙阵攻入，始克有济。孙儿宗保，固与穆天王女桂英有宿分，可命渠往彼求之。"穆天王者，当时之怪杰也，不奉辽宋正朔，独据山寨，拥兵自卫。其女桂英尝师事黎山老母，熟谙诸般仙法，移山倒海，撒豆成兵，驱神役鬼，无所不能。又有降龙木、雌雄剑等法宝，以之制敌，无敌不摧；以之攻城，无城不克。太君知其如此，故为延昭言之。已又奏之真宗，真宗曰善，遂命宗保孟良焦赞往，意在得降龙木，不及其他。讵天王坚执不予，宗保与

---

〔1〕亦署名"天一青年影片公司"。见墨徒：《介绍穆桂英影片》，《影戏画报》第19期（1927年）。
〔2〕关于《穆桂英》导演，一说为任威平，见《穆桂英演职员表》(《天一青年特刊》第23期，1927年）；一说为谭威宇，见墨徒《介绍穆桂英影片》(《影戏画报》第19期，1927年）。
〔3〕原为句读。

战,败之。桂英闻之怒,下山为父复仇。比见宗保,识为未来夫婿,羞涩不知所措,盖当下山时,其师已诏之矣。已向宗保求婚,宗保不许。桂英怒,三擒而三纵之。宗保自知不敌,且微彼不能破天门阵,遂允所请,赘于外家。延昭以为辱,檄宗保归,欲诛之。太君亲为缓颊,延昭竟违母命。比真宗至,延昭又以将在外君命有所不受辞。正危急间,桂英已超乘至,拔剑直入,欲杀延昭。延昭竟为所屈,释宗保。帝以延昭为无勇,黜之,而以穆桂英代将其军。桂英知辽人无备,突率三军挟降龙木,自青龙攻入,大破之。辽人求和,许之,奏凯而还。

西游记黄袍怪

出品　大中国影片公司，1927年
监制　顾无为
编剧　林如心
导演　陈秋风　李元龙
摄影　川谷庄平
照相　倪承康
化装　朱剑灵
置景　沈唉天
剧务　顾梦痴
服装　蒋镜澄
道具　张非我
书幕　倪古莲
演员　朱剑灵　郑瑞年　黄　梁　袁雪藕　顾梦痴　王丽华　沈唉天

《西游记黄袍怪》电影取材古典小说《西游记》，由林如心编剧。其电影本事为李元龙撰写，字幕无署名，原载《大中国影片公司特刊》太平天国号（《太平天国》、《西游记乌鸡国》、《西游记黄袍怪》合刊，1927年12月）。

本　　事[1]

李元龙

　　齐天大圣孙悟空自五行山被唐僧收录为徒，矢志保护其师往西天取经。沿途收服八戒沙僧龙马，受尽磨折，其意诚，其志亦可嘉也。乃八戒以悟空立功最大渐生妒意，途近白虎岭遇尸魔，而八戒之计乃得售。

　　尸魔知唐僧之来，思一尝其肉而甘心，化身为妙女，携食物诱八戒。八戒贪甚，引见其师。正欲入口，忽悟空化斋回，言为妖，击死之。唐怒甚，八戒又谗言悟空嗜杀，故诬人为妖。唐信之，责悟空，悟代纵辩无益也。尸魔待唐等行后，转变为老妪。悟空识其隐，又击死之。唐大怒，不欲悟空为徒。八戒又言此老妪定为妙女之母，来寻其女者；连丧二命，祸将不测。正言间，一老叟现目前，问曾遇其妻女否？唐大惊。悟空再击死之，化为白骨，有字曰：白骨夫人。唐将信，八戒又言为悟空所弄虚玄，以障其过耳。唐大怒，誓不再赦。孙无奈，愤回花果山而去。

---

[1]　原为句读。

1927 年

花果山自悟空行后,渐成荒芜。猴子猴孙,为猎户收捕殆尽。悟空回,杀猎户,花果山得以中兴。

唐僧旋至碗子山畔,命八戒化斋去。久不还,沙僧往踪觅之。唐举目闲眺,步行至波月洞口,为黄袍怪所捕,紧闭一室,绑于定魂柱上。忽一艳装少妇出,自言为宝象国第三公主,被黄摄来已十有三年,乃托唐以求救书,放唐由后门出。时沙僧觅得八戒卧于丛草中,不见唐,寻至波月洞,与黄袍怪斗。公主呼黄回,设辞愚之。黄固意妻甚,不以为意也。

唐等至宝象国求见国王,呈以公主书。国王命下旨征救,无敢应者。大驸马以唐僧既能带信,定能除妖。唐惧甚,八戒沙僧乃自告奋勇。与黄袍怪斗不敌,沙僧被擒,八戒逃得免。

先是黄袍怪得八戒挑战讯,疑公主已托唐带信回,痛责之。及擒得沙僧,乃与对质。沙僧知事僵,乃伴称国王画形命其来者。黄命绑沙僧,向公主谢罪,愿求见国王,以貌丑变为美少年而往。

宝象国王闻三驸马到,知为妖也,欲不见,而一美少年已现目前。王心释,问其往事。黄伴称,为世家子,以行猎得救一女子,至今十三年方知为公主,故始来认亲,王信之。黄出其不意,用舍利子击倒唐僧,逼为狮形,黄举手擒之。王反以唐为妖,而奉黄若天神,留居宫中焉。

唐之坐骑本为龙所化,今见其师被难,乃化身为女子入宫,化龙与黄斗。亦不敌,乃与八戒议往花果山请回悟空。八戒不敢往,嗣以事大冒险去。至花果山,为小猴所擒。八戒蒙脸往见,悟空早知为八戒,故意命小猴痛殴之。八戒遂求悟空救师去。悟空初不允,八戒设计激之。悟空怒,与八戒先往波月洞去。悟空至波月洞,擒黄二子,命公主以沙僧为交换。待沙僧出,而悟空命八戒沙僧将二子摔死宫中,而己又化身为公主形,以待黄至。

黄正在宫中,忽空中坠下二子,死焉。急奔回,至洞口遇公主,告以二子被抢,浑身殴伤。黄出舍利子,公主吞下后化为悟空原形。黄急遁云逃,悟空知舍利子为上天之宝,嘱八戒沙僧救公主回,己则直往南天门,大闹天宫,向玉帝索取此妖。玉帝惧,而查问难明。幸如来佛来,将黄袍怪收还天宫,则奎木狼也。玉帝遂命交李老君惩罚之。

悟空回宝象国,化回唐僧原形。唐见悟空回,惊喜交集。时八戒沙僧亦已救得公主回,父女师徒俱各团圆焉。

字　　幕[1]

孙悟空随唐僧西天取经,沿途受尽磨折。黠哉八戒,骤生妒意,而唐僧竟信之。猪八戒。　(朱剑灵饰)

---

〔1〕原对话者有括号,无冒号。

悟空：师父师父！不要念咒，我去化斋就是。

孙悟空。（郑瑞年饰）

唐僧：以后再不听话，我一定念上几百句紧箍咒。

唐僧。（袁雪芬饰）

沙僧：你快去化斋罢，我们在此等你。

沙和尚。（黄梁饰）

沙僧：请师父息怒，他已去了。

尸魔：造化造化，唐僧来了。吃他一块肉，可以长寿不老呢。

此女非人，俗称僵尸，每餐虽食数人，尚未能餍其欲也。

八戒：女菩萨到哪里去？手上提的什么东西？

尸魔：里面是香米饭。

尸魔：炒面筋。

尸魔：供佛斋僧，是我们全家的誓愿。

尸魔：这一点饭菜，请长老吃了吧。

唐僧：她好心送饭来的，你为何打她？

悟空：她是个妖怪。

八戒：他喜欢打死人，怕你念咒，所以他说人家都是妖怪。

八戒：不好了，死人的娘来了。

悟空：好孽障，还不现出原形？

八戒：又打死了一个。

唐僧：我不要你做我的徒弟，你快点滚滚滚……滚……

悟空：冤枉呀……冤枉呀……

唐僧：走……走……走……

尸魔：请问长老一路过来，可曾看见我的小女呀？

八戒：枯骨是他变来的，不要被他瞒了过去。

唐僧：你一连打死了三个人，还来骗我吗？快走！走走！

悟空：唉，我走了以后师父是要你保护了。

悟空：要是遇见妖精，你就说出老孙的名字来，千万不要忘记。

悟空：千万不要忘记呀！再会，再会。

傲来国花果山，自孙悟空被收后，顿成荒芜；猴子猴孙，已成猎户之目的物矣。

悟空：你认得我齐天大圣吗？

小猴：自从爷爷去后，常常有人来捉我们去……

悟空：好，我西天不去，大家回去，重整花果山。

唐僧：八戒去了好久，怎么还不回来？

沙僧：我去找他。

沙僧：八戒！八戒……

黄袍怪：喂，你这和尚，来做什么？

1927 年

黄袍怪。　（顾梦痴饰）

唐僧：西天取经，误走宝刹，求大王饶命。

黄袍怪：你就是唐僧，我想吃你的肉，你倒送上门来了。

黄袍怪：把他捆在定魂柱上。

宝象国第三公主百花羞。　（王丽华饰）

公主：你不要害怕，我是宝象国的第三公主。

唐僧：你既是公主，为何配与妖怪？

公主：被他摄来，已经十三年了。

唐僧：公主如能放我逃走，路过贵国，一定替你带信去。

公主：信是早已预备，只是没人带去。既然如此，我设法放你就是。

黄袍怪：贤妻何事唤我？

公主：里边那个和尚请你放了他吧。

公主：我从前发的誓愿，不能得罪和尚，所以请你放他。

黄袍怪：你的话，我不能不听。你要放，就放他走是了。

八戒：这是什么缘故呀？

公主：里面的和尚，我已经放他走了，你们到后面去领他吧。

八戒：师父……师父……

唐僧：阿弥陀佛！

重整后之花果山。

赏风景，饮美酒，倒也逍遥自在。

洞妖：大圣今天多饮几杯，小将特来奉陪。

悟空：好，好，你们有什么技艺儿快快献出来吧。

猴舞。

洞妖：一……一……一二一……

洞妖：立……停。

悟空：方才这个玩艺儿叫什么名目？

洞妖：这种名目……叫……

洞妖：……狮子滚绣球。

小猴：多谢大圣！

宝象国唐僧下书

　　不孝女百花羞跪拜

　　大德父王万岁陛下

　　拙女十三年前在御园赏月，被妖怪用风摄入妖洞，强占为妻。现生二子，有辱国体。现逢大唐圣僧亦被摄来，女设计放走，托带此书。伏望父王速派上将至碗子山波月洞，搜捕黄袍怪，以雪女耻。不胜待命之至。

国王：谁敢去捉黄袍怪？

国王：木雕的武将，泥塑的文臣。

大臣：臣等兵马，只可保国安邦；妖怪云来雾去，何能征救？

大臣：大唐圣僧，既能带信，定有捉妖法术。

八戒、沙僧：请国王放心，吾二人要去捉妖就是。

国王：方才两个，到底是人是怪？

唐僧：不是妖怪，都是我的徒弟。

八戒、沙僧：快快送出公主，饶你等性命！

小妖：那个猪头和尚又来打门，他说送出公主万事全休。

黄袍怪：你骗我放走唐僧，原来是你的鬼计，定有书信带回去了。

黄袍怪：还说没有……为什么他晓得称你是公主。

黄袍怪：把她绑在定魂柱上。

黄袍怪：公主可曾叫唐僧带信回去吗？

沙僧：国王画了个公主图形，问我师父，所以来救他的。

黄袍怪：公主不要生气，我去求见父王。

公主：你这副面孔怎好去见父王，怕不骇坏了他。

黄袍怪：公主，你看看我的面孔看。

公主：父王见了你这副面孔，一定欢喜的。

黄袍怪：我此去自有道理，你在家好好看护二个孩儿。

侍卫：三驸马到！

大臣：三驸马一定是个妖怪。

国王：既是我的驸马，为什么今日才来见我？

黄袍怪：小婿在深山行猎，忽遇狂风，空中堕下一人……

黄袍怪：少时风静，近前一见，乃是个女子，已奄奄一息……

黄袍怪：是我救回家中，醒后问其来历，始终未吐只字……

黄袍怪：嗣后彼此相爱，结为夫妇。今日方知是百花公主，所以前来认亲。

国王：啊唷，这和尚倒是个妖怪。

国王：驸马，这场功劳不小，多住几天，再去迎接公主。

此龙驹马，原为孽龙所变，现为唐僧第四徒。

黄袍怪酒醉忘形。

马变女：你不要吓我，我来替你斟酒。

黄袍怪：你的胆量很大，你会舞剑吗？

马：八戒……八戒……

马：你赶快去请孙大哥来搭救师父。

八戒：我亦久有此意，只恐怕他见了老猪生气。

八戒：你老马想救师父，难道我老猪不想救吗！

花果山八戒请大圣。

悟空：把那个野人捆起来！

悟空：打他二百皮鞭！

八戒：你打了我老猪一顿，就要同我救师父去。

悟空：呀……是你吗……打错了，请坐请坐。

八戒：少吃一点吧，救师父要紧。

悟空：吃过了再说。

猪八戒智激孙悟空。

八戒：本来这事没甚要紧，因为老沙说出了你的名字……

悟空：怎样？

八戒：他要剥你皮抽你筋，吃你这个猴子肉。

黄袍怪与公主所生之二妖种。

悟空：快快送出沙僧来！

悟空：送出沙僧，换你儿子。

公主：你为何不还我的儿子？

悟空：你把这二个妖怪摔死宫中，告诉那妖怪，说是我的主意。

悟空：你快些进去，少时我收了妖怪，送你回见父王。

沙僧、八戒：黄袍怪，你的儿子来了。

猴变公主：二个儿子被人抢去，我又浑身打伤了。

黄袍怪：我自有办法，现有舍利子可以治伤。

黄袍怪：不能吃……要涨死的。

沙僧：吾们救公主去。

悟空：老孙有要事来见玉帝，你们为何拦阻？

众天将：须设明事由，方可朝见。

舍利子乃上界之宝，见故孙悟空有意吞下，备向天宫寻事。

悟空：你快快查明，是哪个下凡作怪，再与你算帐。

悟空：今天不查明白，老孙又要大闹天宫了！

玉帝：请你不要闹，马上与你查问就是。

李老君：大圣休得无礼！

老君：你又来做什么？

悟空：天上神仙下凡作怪，连他自己也不知道，还能做什么玉帝呢？

老君：可有此事吗？

玉帝：已派值班大仙去查问了。

值班大仙：各位天神天将大小神仙，一个没有下凡。

玉帝：现在已经查明，并无此事。

老君：你明明又来找事，快回去吧。

悟空：好不识抬举！我知道不打你们，总不会说的。

老君：大圣不要动气，有话好说。

如来佛：你怎么知道上天有神下凡作怪呢？

悟空：有舍利子为凭。

如来佛：不要动气，我已将他拘到。
天将：哇，原来是奎木狼下凡去的。
如来佛：大圣请回去吧，玉帝自有办法。
玉帝：快将他交李老君带去惩办。
国王：现在已经明白，不用悲伤，用斋去吧。

西游记乌鸡国

出品　大中国影片公司，1927年
监制　顾无为
编剧　林如心
导演　陈秋风
摄影　徐绍宇
照相　倪承康
化装　朱剑灵
剧务　顾梦痴
置景　沈唳天
服装　蒋镜澄
道具　张非我
书幕　朱绍阳
演员　陈野禅　董天厄　陈受之　王丽华　刘爱丽　袁雪藕　朱剑灵　唐云卿　刘一新　陈汉洪　游寄海

《西游记乌鸡国》（又名《僧道斗法》、《乌鸡国王还魂记》）电影取材古典小说《西游记》，由林如心编剧。其电影本事为顾无为撰写；字幕无署名，原载《大中国影片公司特刊》太平天国号（《太平天国》、《西游记乌鸡国》、《西游记黄袍怪》合刊，1927年12月）。

本　　事[1]

顾无为

西方有乌鸡国，国王素信神道，每年地方旱荒，延僧道求雨。僧运不佳，道果有术，欲雨有雨，欲晴则晴，于是国王及臣民人等，莫不信道欺僧。终南山老道全真，本系文殊菩萨座下之青毛狮子，因是托身为道长，出入宫廷，俨然贵胄。更以幻术摄国王灵魂，周游广寒宫。大罗仙子月宫嫦娥飞绕于国王之前，左右旋舞，体态轻盈。国王心醉神怡，乐而忘返。王后美华氏，王妃丽真氏，随侍王侧，惊王魂不在身，效乡愚之举动，阙苑花栏，遍寻王魂踪迹。三日后，王之灵魂始返躯壳，急煞王后妃。而国王回思幻境，仍谈笑自若，告知后妃以为乐也，遂以奇功称颂道长。不置时太子偕王侄从征归来，参加尊奉道长为国师之礼。乐极悲生，咎由自取，国师竟谋毙国王

---

[1]　原为句读。

而自代矣；妻妾子侄辈均不知也。

孙悟空从唐僧西游，偶登云霄下看，知乌鸡国有信道欺僧之举，乃变化道者戏弄道徒，欲援救僧众脱离劳苦工役。不料二道不识时机反抗，大圣猴威大发，置二道于死地。群僧惊慌无主，恐牵累己身，围集大圣。大圣怜其愚，返本现原像，说出大圣威名，众僧惊魂始定。悟空又赠毫毛以壮众僧之胆，往寻唐僧八戒沙僧，寄宿于宝林寺中。

国王冤魂不散，夜谒唐僧，请求援救。唐醒来以梦中事示知悟空，适悟空捡得国王梦中所言之白玉圭，呈于唐前，益见所梦不虚，嘱悟空为国王复仇降妖。

悟空奉命探望宫中情形，目睹后妃之幽怨，王子之沉闷，更知妖气在营。乃约同悟能悟净往被害地，捞取国王遗骸至寺中；并变化白兔，趁太子行猎时，诱入宝林。时请唐僧献宝，小猴变大猴诉说国王遇害惨情。太子将信将疑，后见白玉圭，即奔回宫中，面询母后。后妃与唐僧同梦，太子方知父果为妖道所害，复至寺中，挽唐师徒入朝降妖。

猪八戒公报私仇，激动师父念头痛咒。悟空不能受，径赴太上老君处求得一粒金丹，救活国王，乔扮僧人入朝上殿，指诉妖过罪状。妖道见事机泄露，拔剑与悟空斗；后变化唐僧，乱人眼目。悟空欲下手，又恐误伤真唐僧，无可奈何时，只好忍着头痛请师念咒一辨真伪。果然假唐僧念咒不灵，揭破面具，又复战斗。悟能悟净均追逐妖道于云中，忽来文殊菩萨施无边法力，收伏青毛狮。悟空等称谢下降，重安国王于位。百官与众僧俯伏道旁，恭送唐僧西游而去。

字　　幕[1]

僧道斗法。
终南山全真。（陈野禅饰）
和尚求雨无雨。
道士求雨有雨。
雨。
晴。
乌鸡国首相。（董天厄饰）
乌鸡国国王。（陈无吾饰）
王后。（王丽华饰）
王后：国运昌隆，有此现象。
乡人：道士灵得很，田中得雨，五谷丰登。
王妃。（刘爱丽饰）
王妃：有这样灵的道士，倒也是国家之福。

---

[1] 原对话者有括号，无冒号。

国王：道士有功。

王妃：和尚无用。

王后：我看僧道都是一样的。

道长：还有周游月宫、长生不老的法术。

国王：道士在那边施法呢。

后妃：国王……国王……

一对月里嫦娥。

国王游月宫，快乐非常。

国王：得见月里嫦娥，真是三生有幸。

甲仙女：他们得见天颜，亦是荣幸非常。

乙仙女：你看他们在那里穿花夹蝶，为国王上寿。

后：国王……国王……魂灵转来！

王妃：国王转来呀！国王转来呀！

王后：国王的魂灵你喊回来了没有？

王妃：魂影儿也没有看见。

老宫女：从来没有听见道，国王的魂灵会没有的。

太监：国王的魂灵回来了。

王妃：你的魂灵做什么事情去的？

王后：说给我们听听。

国王：啊！我说给你们听。

国王：魂灵儿到了月宫，度了不少快活时光。

王妃：怪不得魂灵没有了。

王后：世间人全是这样，遇见平常的女子，都要销魂，何况遇见月宫仙子。

国王：这都是道士法术高强，以后你我都要同登仙界。

太子出征归来。（袁雪藕饰）

太子：母亲一向好么？

王侄：你可要同我接吻？

国王：你又发老毛病了么？

王侄专善诙谐。（朱剑灵饰）

国王：拜道长为国师，指挥军民。

道长：不敢当，不敢当。

道长：看见和尚都拉去做工。

假国王：想不到国师逃去了。

王妃：那块白玉圭为何不在里面？

假国王：被那道士偷去了。

王后：江湖术士到底靠不住。

孙悟空。（唐云卿饰）

假道士：我是来化斋的。

恶道：太不争气，丢我们道士的脸。

假道士：我不知道，请问你为什么缘故？

假道士：这许多和尚，为什么要受苦？

恶道：他们求雨求不下来，我们求下来，这就是我们道士的威风。

假道士：哦！我不知道，我有几个亲戚在这许多和尚里头，你肯让我去认吗？

众僧：南无阿弥陀佛！

众僧：我们实在推不动了，求道士老爷饶了我们罢。

假道士：我不是来打你们的，是来寻亲戚。

僧：啊！他来寻亲戚的。

僧：你看我是你的亲戚吗？

僧：他不是你的亲戚，我是你的亲戚。

假道士：你们这许多和尚，真正不争气。

假道士：为什么这样惧怕道士？

众僧：从前国王命我们同道士求雨，道士求下来，我们没有求下来。

假道士：唉！除掉求雨，还有别的法子惑骗国王吗？

众僧：使国王游月宫，求长生不老。

假道士：为什么不逃呢？

众僧：因为他们画影图形捉拿僧人。

众僧：死了很多，只剩了几个。

众僧：本来要想死，因为昨夜得了一梦，有孙悟空来救我们，所以不死。

假道士：我去与他说好，来同你们认亲戚。

恶道：那个同道的，去认亲戚，不知怎样？

假道士：许多和尚，都是我的亲戚，请你都放了罢。

恶道：你说疯话，许多和尚不可放的。

假道士：我打死他，代你们和尚出气。

众僧：道士来找我们，那就不得了。

假道士：有孙悟空帮忙，不要怕。

众僧：孙悟空没有来。

悟空：我就是孙悟空。

众僧：对啊，同我们梦中见的一样。

悟空：你们去罢，我明天见国王，捉拿道士。

众僧：你走了，要捉住我们，不得了。

悟空：我给你们一个护身符。

悟空：你们叫一声齐天大圣，我就出来保护。

众僧：试试看。

悟空：念一个寂字就没有了。

1927 年

悟空：你们现在可以分散了。

唐僧。（刘一新饰）

唐僧：悟空到哪里去了？

猪八戒（游寄海饰）

八戒：一定是偷东西去了。

沙悟净。（陈汉洪饰）

沙僧：你又说他的坏话，当心他回来打你。

悟空：他们如此地虐待和尚，我要想法子替他们报仇。

沙僧：猪八戒说你去偷东西。

众僧：住在我们宝林寺里去。

唐僧：悟空！你去把马牵到寺里去。

唐僧：你是什么鬼魂？

国王：我是乌鸡国国王，被妖道害死，求你代伸雪。

唐僧：向何人申诉，有何物为证？

国王：你可趁太子出来打猎的时候，对他说，他如不信……

国王：道士只能变人，不能变这块白玉圭。你拿去给太子看看，他就相信了。

悟空：我在门外拾得一块白玉圭。

悟空：我夜间去探听。

唐僧：你去打听，我有些害怕，今晚同你们在一处。

悟空：我去打听明白，再约八戒去捞取国王的尸身。

后妃：国王今夜早些安睡罢。

王妃：叫他陪你睡。

王妃：叫他陪你睡罢。

假王：你们一个都不要。

假王：我同他两个人睡。

太子：我来看我的母亲。

假王：不许到里面来！

后妃：他来看我们的让他来呀！

王妃：一定是你迷惑国王，瞒住我们，一人享受。

王后：你未免看得他太轻了。

宫女：你们不必猜疑，我去请他进来。

宫女：王后，王妃，都在内宫想念，国王今天可以入内安寝了。

唐僧：打扰你们，多谢你的好意，我们就要安息了。

悟空：有要紧事，赶快起来。

悟空：死猪！

沙僧：咦！你怎么没有睡？

悟空：快些起来，我们有好东西受用。

悟空：有斗大烧饼七十斤重的馒头，好吃哩。

八戒：有什么好的东西吃？快带我去。

悟空：刚才叫你起来，你就不醒；听见有东西吃，你就起来，快跟我去。

八戒：有东西吃，总要去的。

悟空：不要惊动师父，我们一路去罢。

悟空：我们到那面大嚼一顿。

悟空：好吃的东西，都在下面，快下去取上来。

八戒：不要骗我呀。

悟空：我怎么肯骗你这老实人。

悟空：快些背他上来就有好东西吃。

八戒：上了你的当，背了一个死人上来。

悟空：快些背回去，师父等候他呢。

八戒：我总有一天报仇。

悟空：我去诱太子来，你献宝给他看。

悟空：我已经将他诱来了。

太子：你是什么和尚？

唐僧：我是大唐的圣僧。

太子：既是大唐来的，有何法宝？

唐僧：你父仇未报，还来问我有什么法宝。

唐僧：这里有个宝贝，能知五百年前后的事情。

太子：爹爹被人害死了，现在的父亲是假的。

太子：这三年以来，那假父亲与你恩爱如何？

王后：这三年比从前大不相同。

王后：唉！我昨晚得一奇梦。

王后：这样说来，对了。

太子：母亲说，果然有一事情，请你到金殿降妖。

八戒：最好救活了国王，一同去降妖。

悟空：他死了三年，怎能救得活呢？

八戒：他不肯救，请师父念他的头痛咒。

悟空：老猪！你不该公报私仇。

老君：你这猴头又想来偷了。

悟空：老君！不要取笑，请你给我一粒金丹，去救乌鸡国国王的性命。

一粒金丹救活了国王。

唐僧：替国王改装僧人，一同上殿。

假王：上一关度牒上批的僧人，只有四名；现在何以有了五名？那个僧人何处来的？

悟空：我替他说话。

悟空：他有个朋友，被妖道推落井口害死了，妖道夺了位子。

悟空：现在他做了和尚，特来报仇的。

悟空：你们拜认国王，我去追妖怪。

太子王侄：国王受了这样的苦，我们不能早救，是很有罪的。

唐僧：不必悲伤了，扶了国王进内宫换了衣冠，重登王位。

悟空：到底哪一个是师父？

八戒：叫这两个师父念咒，哪一个念得你头痛，就是真的。

悟空：请师父念那个话儿。

八戒：那是真的！

文殊菩萨帮助降妖。

照出妖道原形。

文殊：是我的坐骑，青毛狮子。

悟空：你不该放他下来害人。

文殊：只因我到乌鸡国化斋，国王无故将我浸在水中三日三夜，玉帝遂命青毛狮去害他，受三年井中水灾。这就叫冤冤相报。

孙猪沙三僧：污人妻妾，乱了宫闱，也是说不过去。

文殊：狮子是雌的，并未与他们同房。

国王：还是请师父来登王位。

唐僧：国王不必灰心，我们还要往西天取经去呢。

1928年

1928 年

车迟国唐僧斗法

出品　明星影片公司，1928 年
编剧　郑正秋
导演　张石川
说明　郑正秋
美术　张聿光
摄影　董克毅
置景　董天涯
副导　王吉亭
题绘　陆若岩　董绮梦
演员　郑小秋　王吉亭　黄君甫　严仲英　叶良德　史芝湘　汤　杰　王梦石　董湘苹　龚稼农　萧　英　赵静霞

《车迟国唐僧斗法》电影取材古典小说《西游记》，由郑正秋编剧。其电影本事为宋痴萍撰写，字幕为郑正秋所作，原载《明星特刊》第 29 期（车迟国唐僧斗法号、《美人关》、《少奶奶的扇子》合刊，1928 年 1 月 20 日）。

本　　事[1]

痴萍

车迟国尝患旱潦，国主令僧道分曹祈雨，雨卒不至。有道装者三人，诣阙求自效，雨果大降。国主欢悦，询其名，曰虎力鹿力羊力，皆自称大仙。国主宠之，尊为国师。黜僧众，使为道家奴。僧众不堪力役，死亡枕籍。时则唐僧师徒四众，西游取经，道经其地。闻呼号声，行者驾云察之，见五百僧人，方为数道流持鞭而驱，曳巨大之三清金身。行者逆料兹土之重道轻僧，乃易形为道流，询其故。诸道流自诩道家鼎盛，释教衰微。行者诡称有叔为僧，或即在五百人中，将索之而求免，道流许之。行者遍与僧众语，始知此五百人者，备受凌辱，求死不得。曾见护法韦驮，现形与语，谓不久圣僧西来，其徒行者，力能援众出诸苦厄，故忍死而待也。行者大喜，棒击道流数人死，以真身示众。僧人皆罗拜，拥四众入关，暂息于硕果仅存之智渊寺。

是夕道流方禳星礼斗于其新建之三清殿，祭品罗列满案，钟鼓声闻于外。行者中夜苦饥，寻声而至。睹其状，潜招八戒沙僧往，呼风灭烛，堂陛皆黑。道流不察，以为神风也。法事为之中辍，纷纷散去。行者遂引八戒沙僧入，仆三清像，舁而掷之河

---

[1] 原为句读。

中。乃幻形三清，高坐大嚼。忽有一小道奉命回经坛觅遗物，微闻声息，复践果皮而仆。八戒大笑，小道狼狈而遁，往诉于国师，群起明火入殿。行者等俨然三清如故。国师以为三清鉴其诚而来享也，拜求圣水金丹，行者故却之。道流求益诚，行者无奈，命取瓶缶，则遗溺其中以赐之。国师尝之味异，八戒又大笑。行者知不复能隐，径以实情告道流。道流怒，群起奔三人。行者亟掖八戒沙僧，驾云而避。

次日，唐僧趋朝请换关文，以利西进。国师不可，具言隔宿毙诸道流及窃享三清祭品状。行者不服。正争持间，忽闻朝门外喧声甚烈，则天复大旱，人民来求国师祈雨也。国主因谓唐僧曰："汝曹其为我祈雨，能胜国师，任汝西去。"行者曰诺。结坛既就，国师先登。行者亟以毫毛幻作己状，仍侍唐僧侧；元神则上升天庭，以观其异。招风云雷雨四神，令弗助妖道。四神唯唯，故国师祈雨不得。行者遂登坛，棒举而甘霖大沛。万众欢呼，国主亦为之颜霁，许即刻换文。既回殿，国主问国师何以今日法乃不灵。国师曰："予发令时，龙王公出，不及至。此僧登坛，适逢其会，雨故予之功也。"行者斥其妄曰："汝能招龙王一显其真身乎？"国师谢不能。行者抗声呼龙王，龙果蜿蜒金殿中。国主群臣皆惊，愿送师徒西行。国师仍不可，欲与唐僧赌隔板猜枚，盖置物箧中而猜其为何物。初后藏蟠桃，后国师藏一小道，皆被行者化形入箧，设法破坏。蟠桃仅存一核，小道则去其发而为小沙弥。群情惊愕，国师仍不服，欲更与唐僧赌高台坐禅。行者化彩云负唐僧上，虎力亦登对台而坐。鹿力幻一臭虫，飞蜇唐僧后脑，唐僧触痒难支。行者亟升空捉去之，而幻为蜈蚣，径啮虎力之鼻。虎力不能支，自数丈高台，倒仆于地，大受夷伤。然其心仍不死，乃次第复与行者赌利刃斫杀，性命呼吸诸法。结果行者无恙，而国师皆死，盖一虎一鹿一羊也。于是国主信心诚服，换关文送唐僧登程。唐僧告以重兴释教，国主奉命惟谨。行之日，国门已见招僧之榜，僧众咸伏地送师徒四众之行也。

字　　幕[1]

郑正秋

　　唐僧，法号玄奘，奉旨往西天佛国取经。不问千难万难，只求普度众生。（郑小秋）

　　其徒孙行者，神通广大，一路为师父保驾，即五百年前大闹天宫之齐天大圣。（王吉亭）

　　猪八戒，即天蓬元帅。在高老庄拜唐僧为师。（黄君甫）

　　沙和尚，即卷帘将军。在流沙河拜唐僧为师。（严仲英）

　　唐：何来这大的喊声？

　　孙：让老孙去看来。

---

〔1〕　原版中，说明字幕前有■标记，对话者有括号。现统一略去，将说明改为仿宋粗体，对话者后加冒号。

孙：哦！我知道了，这里就是兴道灭僧的地方了。

孙：师父！不好了！这里就是兴道灭僧的地方，我们又走到危险地界来了！

唐：这便如何是好？

沙：没奈何我们都是和尚！

孙：让我变化个道士去探探他们的情形。

孙：二位道长！贫道稽首。

此二人者乃大有威权之道士也。（叶良德、史芝湘）

孙：贫道要进城化斋，不知走哪条路好？还请二位指点迷途！

道士：你这位道友，怎么说出这样扫兴的话？

孙：怎么扫兴？

道士：想必你从远方来，不知道我们车迟国里，无论官宦绅富，都不及我们道士威风，道士要什么有什么，你还说化斋，岂不是扫兴？

孙：道士何以有这大威风？

道士：只为我们三位师父，有呼风唤雨点石成金的法力，国王十分亲信，所以言听计从，尊为国师。

孙：贫道好造化！会到这里来，但不知可能见尊师一面？

道士：这有何难，我们俩是国师的爱徒，引你进见真不费吹灰之力。

孙：这里的和尚，为什么都要做苦工？

道士：这也是我们师父打成的天下，说和尚只会念经，不会作法。国王信了道，就把和尚赐给我们作奴才，所以我们家里，当差都是和尚。

道士：你想哪一处的道士，有我们车迟国的威风呢？

管车者：这般死和尚，实在懒得厉害，随我怎样打，终是不肯走快的。

老孙一想，计上心来。

孙：贫道有一事相求，要请道长帮助！我有个叔父，从小削发为僧，几年没有回家，听说流落在此，不能脱身，可否让我去一认？认到了就请您放了他，成全我们的骨肉！

道士：这般囚僧，本不能放。看在你道中情分，你去认着了，再替你设法吧！

孙：你们不要拜，不要怕！我不是来管你们的。

孙：你们这些和尚，既然皈依三宝，为什么不诵经礼忏，倒情愿替道士做工？

众僧：老爷！想必从远方来，所以不知厉害。我们何尝愿意做工，只为逼得无法，真真苦极不堪。

众僧：因为我们国王偏心向道，拿我们给道家使用。来了远方道者，就去拜王领赏；来个游方和尚，当即拿下罚做苦工。

孙：既然如此，你们倒不如死了干净！

甲僧：老爷！我们何尝不想死，但是……

孙：照这样看来，你们造化不小，倒是天赐给你们的长寿呐！

众僧：是！我们后来不再寻死，因为有菩萨来点化我们！

菩萨：你们不必寻死，这是你们合当受难。再苦几时，有那东土大唐往西天取经的罗汉来。他有一个徒弟，叫齐天大圣，神通广大，会来救你们出难的。

道士：怎么样？你可寻着你的叔父没有？

孙：我已经寻着了，那边沙滩上的和尚，都是我的叔父。

道士：岂有此理！哪里会有许多叔父？

孙：真的！有的是我亲叔父，有的是我堂叔父，有的是我表叔父，所以都是我的叔父，请你都把他们放了罢！

道士：呸！我想你一定有疯病，所以胡说八道！

孙：你说我疯，我倒不疯，你倒疯了，到底放不放？不放也要你放！

道士：你这个野种，你再胡说，老爷就要给你知道利害了！

孙：你到底放不放？不放我就先给你知道一点利害！

众僧：啊呀！你打死这许多皇亲，要累害我们了！

孙：放心！一人做事一人当，决不累害你们，你们可知道我是谁？

孙：我就是来救你们出难的齐天大圣孙行者。

孙：好了！师父来了！

唐：你怎么又闯下祸来了？

孙：他们压迫我们和尚太厉害，所以我要收拾他们。

唐：现在我们便怎样呢？

孙：我们应当进城去见那国王，说个明白。

孙：你们出来几个，领我们进城。其余不要散走，等我们见了国王，自有下落。

所有寺院，皆被道士折毁。惟此智渊寺因有先皇神像在内，幸得保全。

寺僧亦尝梦见菩萨说过，不久唐僧西来救难。今日见之，当然欢悦。

唐：请问老师父，为何此地国里，这样虐待和尚，其中可有什么缘故？

老僧：本来这里国王，亦很信和尚。有一年，来了三位仙长，把他呼风唤雨的种种法术，来盖过我们的释教，从此国王，就改信了道教。

可以左右车迟国政，而操无上威权之一班道士，正在事其所事。

虎力大仙者，道众之领袖也，国王封之为国师。（汤杰）

鹿力大仙为道众之第二领袖，又为二国师。（王梦石）

羊力大仙，道众之第三领袖，又为三国师。（董湘苹）

唐僧等，是夜暂宿寺内，以便次日朝见国王。

猪：呸！不要吵！我还没有困醒呐！

孙：那边有许多吃局，我同你去吃去！

猪：真的吗？好极了！我肚里正缺货，喉咙里正在痒哩！

孙：不要大惊小怪！惊动师父，就去不成功了。

沙：你又来骗我们了。

猪：哈哈！这一回猴儿哥哥，倒没有骗我们。

沙：这也是难得的一件事！

猪：那末，赶快下去吃个明白。

孙：且慢！下去要见机行事，万不可粗里粗气的闯祸！

猪：既来之，则吃之，何必客气？

孙：有这许多人在，怎么能吃？让我先来赶走他们。

虎：好大的神风，把蜡烛都吹灭了！徒弟们且去安息，明天再拜吧！

孙：这上面坐的是什么菩萨？

猪：你连三清都不认识吗？

孙：这样吃不妥当，除非赶去三清，我们作他们模样，才好吃个爽快。

猪：那容易，就叫他们滚蛋好了。

孙：朋友！这里的地盘你们也坐够了，赶快下台，让我老孙来坐坐！

道士：我的手铃，还在殿上。明日早课要用，快替我去拿来。

猪：哈哈！哈哈！

道士：师父！不好！大殿上供品吃了一地，空中还哈哈大笑，吓得我跌了一交。

道士：快去禀告师祖，我们同去看看，到底是什么东西？

虎：没有人，怎么会吃得这样呢？

鹿：你看有皮的剥皮，有核的出核，只怕是人吃的吧！

羊：我明白了！我们诚心诵经，上感天尊，三清爷爷见喜，所以降临大吃。趁此仙驾还在，快快求赐仙丹。

虎：说得有理，快取法衣让我步罡拜祷！

虎：爷爷降临，吾道大幸。弟子等一生信道，因此求赐仙丹，使弟子等长生不老！

孙：晚辈小仙，且慢求拜。今天我从蟠桃会来，不曾带得仙丹，改日再来赐给。

虎：爷爷呀！活天尊呀！今日既蒙仙驾临凡，无论如何，总要赐个长生法给我们呀！

孙：晚辈小仙听着！我要不留一点仙品，你们也不肯歇。快取器皿来，待我赐点圣水与你，可以长生不老。

虎：快把御赐的花缸拿来！

孙：你们都低下头跪着！不准仰望！因为一偷看就要泄漏天机的。

沙：哪里有圣水给他们哩？

孙：我自有道理。

猪：好！我正想干这回事呢！

孙：圣水在此，小仙领去罢！

猪：哈哈哈！

孙：像你们这般贪生怕死的东西！三清怎肯下凡？老实说，我们就是大唐往西天取经的和尚，因为你们虐待僧众，先教你们……

虎：这还了得，快把这妖人抓下来！

鹿：哎呀！三清爷爷的像，到哪里去了？

翌日唐僧等朝见国王。

迷于道术的车迟国国王。（龚稼农）

车迟国宰相。（萧英）

黄门官：今有东土大唐往西天取经的和尚，来此掉换关文。

国王：这和尚没处寻死，却来这里寻死，何不拿下！

宰相：大唐是中华上国，去此有万里之遥。这和尚居然到此，一定有点法力。请陛下召来，验牒放行，广结善缘。

唐：贫僧奉大唐皇帝圣旨，往西天求取真经，路过贵国，请验文用印，立予放行，功德无量。

黄门官：三位国师来了。

国王：国师因何上殿？

虎：有事启奏，且问陛下，这些和尚哪里来的？

国王：从东土来，往西天去，路过此地，特来换文的，朕正要来请国师发落。

虎：哈哈！我当他已经走了，原来还在这里。

国王：国师何出此言？想是有冒犯尊颜，开罪国师的地方吗？

虎：他昨天在东门打死我们徒弟和守卫，又放走了僧囚。

鹿：夜晚还闯进观来，把三清神像毁坏，偷吃御赐供养。

羊：我等只当天师下降，特地拜求仙丹。不想他撒下秽物，哄骗我们。

虎：我们正要擒拿，他倒走了。现在此地，正似相逢狭路。

孙：陛下暂息雷霆！容僧等启奏，打死他的徒弟，有谁为证？我们初到此地，路境不熟识，何从去偷吃供养？闯此大祸呢？

黄门官：陛下！有几个乡老，在殿外候宣。

乡老：万岁！今年一春无雨，难免夏季干荒。特来奏明万岁，转请吾国国师，祈求一场甘雨，普济黎民！

国王：朕的所以敬道灭僧，只为道法确比僧高。现在你们犯法，本当立刻降罪，姑念民食要紧，你敢同国师求雨斗胜吗？

国王：若能求得一场甘雨，朕就恕你无罪，换文放你行。否则立刻推赴法场，斩首示众。

孙：好！小和尚情愿与国师斗法求雨，斗而不胜，愿受典刑。

国王：快打扫五龙坛，让国师与和尚斗求甘雨，朕当亲自前去观看。

国王驾临五龙坛，观僧道求雨。

孙：我与你赌的是雨，假使真的有雨了，算是谁求来的？应当先讲明白。

虎：我只要令牌五响，就见灵效：一声风动，二声云起，三声电闪雷鸣，四声雨至，五声云散雨收。

孙：妙呵！这样大的法力，小僧倒没有见过，请求罢！

孙：这道士看来有些本事，你们不要同我讲话，让我上南天门去一查。

孙：哪个是司风云电雷雨的，都与我来！

神：大圣见召，有何吩咐？

孙：我保护唐僧往西天取经，今与妖道求雨赌胜。你们不可助他，要助我老孙！
神：啊呀！他的令牌，也曾受过玉帝旨意，我们不能不应召而去，这便如何是好？
孙：我不管玉帝不玉帝，你要助那妖道半点，我就打你们大棒二十！
神：不敢不敢！遵命遵命！
孙：那末，等老孙求的时候，以棒为号，一指风，二指云，三指电雷，四指雨，五指晴。
王：今日求雨，为何不灵？
虎：今日神龙都不在家。
孙：陛下！神龙并非不在家，只是国师法术不高明。小僧一求，定能雨下。
孙：请师父登坛求雨。
唐：我哪里会求雨呢？
孙：师父！不要你求雨，只要你念经，待我助你成功。
甘霖大沛之后，国王回殿。
王：国师说神龙不在家，何以和尚倒求下来了？
虎：我求的时候，神龙出去了；和尚求的时候，神龙刚归来，闻知我令随即下雨，其实仍是我求来的。
孙：陛下！求雨是小小的法术，算不得什么，我们也不必与他争功。现在四海龙王还在空中，国师能叫得龙王现真身，就算他的功劳。
王：好极了！朕坐了二十年龙位，却没有见过活龙。谁能有法叫来，就算有功。
虎：我辈不能叫，且看和尚叫来。
孙：敖广何在！快显原身来看！
王：有劳贵体下降，且请回去，寡人改日醮谢！
孙：敖广！归去罢！
王：和尚既有法力，便可往西天取经。待寡人来加印关文，即刻放行。
王：三位国师！今日何必行此大礼？
鹿：陛下！我等保国安民已二十年，今和尚犯了杀人之罪，弄些小法术，就放他走，未免看轻我等。望陛下留住关文，让我来与他一赌。
王：二国师！你有什么赌法？
鹿：我与他赌"隔板猜枚"。
王：什么叫做"隔板猜枚"？
鹿：我有隔板知物之法。和尚如能猜知，就放他行；倘若不能，望陛下处其杀人之罪，雪我兄弟之恨！
孙：小僧愿赌，若不能胜，情愿领罪。
王：你们少等，让朕往后宫与娘娘亲自放物，以昭慎重！
车迟国王后。　（赵静霞）
后：陛下！今日下朝，何其快耶？
王：今有大唐僧人，与国师赌隔板猜枚之法。寡人特来与卿商量，放些何物在内？

后：此间有现成蟠桃，何不放一只在内，看他们猜得着吗？

后：我想把这个蟠桃，放在大箱子里，他们就猜不着了。

王：柜内之物乃是娘娘亲放，谁能猜着就是谁有法术？

鹿：是一颗仙桃。

唐：不是仙桃，是个桃核。

王：二国师猜着了。

孙：陛下打开一看，便知明白。

王：那和尚一定有鬼神扶助，还是放他们去罢！

羊：这和尚既能呼风唤雨，一定有搬运物件之术。我来破他的法，叫他再猜。

王：三国师，你叫他猜什么？

羊：法术只能搬运死的物件，不能搬动活的人身。让我去放一个人在内，看他猜得着么？

道士以为置活人于柜中，和尚必不知之。乃孙行者神通广大，变化无穷。道士终归于失败也。

羊：你听见叫道童，你就出来！

小道士：师祖！你怎么也进来了？

孙：外面已经知道是你在内，我只好来替你改装。

孙：你听见叫小和尚，才好出来。叫你别样，万不可出，切记切记！

鹿：陛下！柜内是个道童。

唐：陛下！不是道童，是个小和尚。

羊：道童快出来。

猪：小和尚，快快出来！

王：这和尚法术高深，还是让他走吧！

虎：陛下！这些左道旁门的法术，不算希奇，我要同他赌一赌坐禅正道。

王：国师差矣！参禅是和尚所长，你怎么赌到他的家门里去了？

虎：我的坐禅，与众不同。名为"云梯显圣"。

虎：要用一百只桌子，叠作二座禅台。上台不准手攀，只准驾云上座。谁能久坐不动，谁就有道。

王：和尚敢同我国师，一赌云梯显圣的坐禅法吗？

猪：大哥！你怎么不说呀？

孙：叫我怎么说呢？别的都来得，就是久坐来不得，我最怕的是不动！

唐：我倒会坐的。

孙：那好极！师父你能坐多少时候？

唐：我自小就坐禅，坐二三年也不妨，只是不能上去。

孙：师父快上前答应！我有法子送你上去。

唐：贫僧愿与坐禅。

不须半个时辰，设就两座禅台，相赌云梯显圣。

猪：啊呀！不好！师父要跌下来了！
沙：真的！师父在那里大皱眉头呐！
孙：不要吵！让我去看来。
道士恼羞成怒，竟至穷凶极恶。
虎：万岁！千万莫放和尚走！他们丢我们兄弟的脸，可恶之至，我们定要与他斗个死活。
唐：都是你不好！样样战胜了他们，现在弄得走不脱身了！
沙：我看把他们打死了，倒干净。
唐：金殿之上，不可造次。
猪：你为什么不到上头去查查看，到底这三个是什么东西？
孙：说得有理，让我再去走一遭。
鹿：请万岁降旨，先把他们押入天牢！
孙：菩萨！师父在车迟国，被三个妖道阻住，特来求救！
菩萨：我早知道了，那三个都是大罗山成精的山兽，一个是虎，一个是鹿，一个山羊，又都是要扰乱江山的东西。
孙：那末请菩萨快赐无边妙法，让我师父西行！
菩萨：你把这"降妖宝"拿去，便能叫它立显原形。好在逆畜气数已尽，合当消灭了。
羊：万岁若不将他们斩首，我们兄弟就不能保国安民了。
王：来！把这四个和尚拿下来！
孙：且慢！昏君啊！你道它们是人吗？它们是虎精鹿精羊精下来害你江山的，为你气数还旺，不敢下手，只怕不久就要害你的性命了！
宰相：你说此言，有何根据？
孙：你们不信，我能叫它立显原形。
宰相：启奏万岁，国师真是山兽，都已显了原形。
王：不是圣僧降妖，寡人性命难保，不胜感谢之至！
孙：以后不可偏信邪教，应当三道归一，敬僧敬道，养育人材，永保江山。
唐：如今国王已经省悟，汝等可各归寺。要知皈依三宝，旨在普渡众生。勿忘慈悲为本，方便为门。要紧要紧！

美 人 关

出品　明星影片公司，1928年

编剧　郑正秋

导演　卜万苍

摄影　石世盘

置景　董天涯

题绘　陆若岩　董绮梦

演员　萧英　黄君甫　杨耐梅　赵静霞　高梨痕　王梦石　李时敏　林祝三　李时苑

《美人关》电影由郑正秋根据周瘦鹃《爱之花》新剧[1]改编。其电影本事为宋痴萍撰写，字幕为郑正秋所作，原载《明星特刊》第29期（车迟国唐僧斗法号、《美人关》、《少奶奶的扇子》合刊，1928年12月1日）。

本　事[2]

痴萍

中将高人杰任某师师长，治军有能名。夫人媚梨胡氏，貌美而多情。其嫁中将也，非其夙愿，故视夫若无物。虽所天曲意媚之，终不能博其一展齿。会某师有旅长出缺，高力保其友尚剑帆少将继任。尚少年英俊，事高如兄。既受任，高设盛宴介之见上官，且会僚属。

尚即媚梨当日之意中人，徒以屈于下僚，致为中将所夺。然高初不知其夫人之钟情于尚，即尚亦以媚梨已嫁，淡焉忘之矣。耿耿五中，未尝一刻置之者，惟媚梨耳。尚旧有像片在媚梨许，时时展视之。及来隶于高，媚梨意不能无动。当宾客大会之际，四顾觅之不可得。或强以同舞，虽舞而意实不属。尚则深虑情丝牵惹，负疚朋友，故避媚梨而独趋园中。媚梨踪迹至，娓娓作情话。尚曰："夫人已归中将，某分属路人，义不当近，幸夫人珍重。"媚梨殊不措意，惟以柔情媚尚。尚拒受两难，中无主宰，遂偕至广厅同舞。高窃窥其神情，疑云陡起，然未形诸辞色也。

媚梨招尚私觌，尚念形迹过密，无以对中将，逾时未往。媚梨复矫中将命召之。至则大惊，逡巡将退，媚梨软语止之。尚复戢足弗行，辄自怨艾，不当蹈此情网，然力不能抗也。二人正私语间，高返，尚越窗而避。高固有所闻，入室索人弗得，则注

---

[1] 以泣红为笔名，连载于《小说月报》第2卷第9～12期（1911年）。

[2] 原为句读。

视其妻不稍瞬。尚再入室面高,若甫自外至者,高疑心顿释,握手极欢。媚梨傍立甚窘,尚亦自讼弗已。

军与,某师奉令开前敌。尚偶以军务至高邸,媚梨知之,命婢速尚。尚虑高即返,坚请行。媚梨不可,力挽尚臂入园,喁喁相对,渐已忘形。高骤至,一一皆目击,怒捽尚仆,抽刃将杀之。尚惭甚,引领待戮。高凝视半晌,弃刃而叹曰:"我不杀汝,国家正多事,愿汝以敌人之血来洗予耻也。"尚首益不能仰,高掖之起,执手为礼,挥之使去,而后怒责其妻。媚梨大哭,伪作夺刃自戕状。高不忍,复慰止之。师行,媚梨邀尚话别,尚毅然绝之,不复回顾,径去。媚梨失望而返,惟日夕祷上苍,佑其意中人无恙耳。

高尚共坐行营,高忽见有致书于尚者,字迹类其夫人所作,大疑。尚不审为何人,径启封观之,笺现,署名果媚梨。尚大惭,碎而掷之。高顾之冷笑,且告之曰:"尔固我之好友也。"尚苦不能辩,则相顾无言。一日,高归视其夫人,适媚梨亦于同时服军装往访尚,中道相值。高未辨为其夫人,抵家闻赴营,匆匆而返。入尚室,则尚虽决心远媚梨,而媚梨既至,尚复为征服,正偎依共话时也。高愤甚,举掌掴尚颊。尚忍受之曰:"某罪甚,死不敢辞,一掴犹轻也。"一时室中扰乱,不可名状。忽报马至,谓前线吃紧,促中将即发。高曰诺,尚亦驰去部勒其众以待命。

炮火无情,杀人盈野。高固能战,尚欲自忏其宿愆,杀敌尤勇,事定皆负重伤。尚自知不起,为书寄媚梨,劝以移爱其夫,弗复念己。及媚梨驰至,尚已一瞑不视。高痛失良友,尤切齿于其夫人,挥泪痛詈之。媚梨起趋窗口,图自坠而死。高奋起掖之,伤重之驱,仆地亦死。室中双尸并陈,其状至惨。媚梨乃仰天狂呼,越窗而坠。天际落花,香消玉殒矣。

字　　幕[1]

郑正秋

高人杰,是一位师长。　刚强有余,温柔不足,所以兵战有余,情战不足。　(萧英)

卫兵熊得胜,他也怀抱着一肚子的爱情。　(黄君甫)

胡媚梨,师长妻。　她有极大魔力,可以颠倒英雄。　(杨耐梅)

其婢小朱。　(赵静霞)

媚:不要尽来麻烦我,要我乐,你就快出去!

高:你对我笑一笑,我就出去。

参谋长章飞万。　(高梨痕)

参谋唐运通。　(王梦石)

---

[1] 原说明字幕前均有■标记,对话者有括号。现统一略去,将说明以不同字体区别之,对话者后加冒号。

高：老兄！天下有什么妙法，能叫女人欢喜？

情有所属，心有所思。

小朱：夫人！我知道你又在看他的照片了。

媚：可惜他太不懂爱情。

得胜：大人派人来说，他就要回来的。

媚：这些小事，下次不准来报！

高：你病了吗？去请一个医生吧！

媚：我与你无怨无仇，为什么要咒我生病？

欢迎新旅长。

尚剑帆，得高师长保举，升任旅长。 为人重友谊，富情感。 （李时敏）

高：新旅长是我的患难朋友，一向做事很勇敢，交友很讲义气。

田军长。 （林祝三）

尚：师长雅爱，愧不敢当，从此为国努力，决不辜负朋友。

军长私宅中之宴会。

军长夫人李淑芬。 （李时苑）

军长夫人：尊夫人好像很有心事。

媚：哎呀！你累我寻得苦了！

媚：我天天寻你，总寻不着，只好在家里时时刻刻看看你的小照。

尚：我的钦佩夫人，完全是友谊关系；越出友谊范围，万万使不得。

媚：苦命苦命！一片真心待人家，人家还是冷淡我。

媚：我要你同我跳舞。

媚：明天四点钟以前，到中将府去，我有话同你讲。

想念意中人。

小朱：等了这半天，还不见他来。

媚：你打个电话给他，就说师长请他来。

得胜：您是尚旅长吗？师长有事，请您就来。

尚：师长在里面吗？

尚：师长在哪里？

媚：我面子小，请您不到，只好借师长名义请你了。

尚：你有这样的地位，何必爱我呢？

战事将起。

将近出发。

媚：这里说话不方便，你随我到花园去。

媚：我万万舍不得你出去打仗。

尚：拿了国家的饷，当然要为国努力，不去也对不起荐我的师长。

媚：我不忍你离开。

尚：我知罪！我该死！我不是人！请您快杀！免得我多活一刻，多痛苦一刻！

1928 年

高：剑帆！你是国家有用之材，我不忍心杀你。你去拿敌人的血，来洗我的羞耻罢！

高：不要脸的东西！

媚：我是不要脸！好在杀人是你的拿手，你就杀了我罢！

出发。

思征人，愁煞人。

媚：求天保佑他在前敌不要遇到危险！

身在行营中。

高：哼哼！你真是我的好朋友。

自发现夫人寄信尚旅长后，高师长深感痛苦。

高：快备马！我回去走一趟。

媚：我在家天天提心吊胆，你去拿我的军装来，我到前敌去看看他。

主人的丑态，都给奴婢学去了。

得胜：再改个样子，我还是做师长，你来拍我的马屁。

得胜：你不捶呀！我要发师长脾气了！

高：夫人呢？

丫头：夫……夫人记挂你，去看你了。

高：怎么路上没有看见她？

媚：尚旅长住在哪里？

尚：你来做什么？

媚：我拼了命特地来看你！

尚：你不是来看我、爱我，简直是来害我！我们朋友好好的情义，多被你破坏了！

高：夫人有来没有？

尚：慢说你打我这几下，就是几千百下也该打。

兵：前敌吃紧，有命令来，请师长亲自出发。

高：我是打仗去了，随你们罢。

尚：我去！

军官甲：妈！你不能再看见我了！

军官乙：我的儿子呀！你再也不能有爸爸来抱你了！

军官丙：我爱我爱！梦想不到你我夫妻，从此要死别了！

看护：等明天你们都搬到医院去时，再送罢。

两个好朋友，都在医院里。

尚：小姐，我们的师长好一点吗？

尚：师长！师长！

小朱：说是医院里送来的。

尚：身为军人，应当为国牺牲，受一点伤，很不要紧。

· 321 ·

尚：多谢军长慰问，但不知高师长伤势如何？

军长：尚旅长有功国家，倒是伤太重，怕性命不保，然而他还念念于你。

马弁：我们旅长恐怕难保了！

尚：师长！师长！

媚：生前我爱你，可惜有阻碍；死后灵魂相爱，可以自由了。你等一等，我就来了！

1928 年

少奶奶的扇子

出品　明星影片公司，1928 年
编剧　洪　深
说明　洪　深
导演　张石川　洪　深
副导　叶良德
摄影　董克毅
置景　董天涯
题绘　陆若岩　董绮梦
演员　宣景琳　萧　英　高梨痕　朱秀英　王谢燕　赵静霞　龚稼农　杨耐梅　郑逸生　吴仲达　李时苑

《少奶奶的扇子》电影由洪深根据自己同名话剧改编（话剧则编译自王尔德剧本《温德米尔夫人的扇子》）。其电影本事由宋痴萍撰写，字幕为洪深所作，原载《明星特刊》第 29 期（车迟国唐僧斗法号、《美人关》、《少奶奶的扇子》合刊，1928 年 1 月 20 日）。该片本事亦刊载于《益世报》（1929 年 5 月 18 日）。

本　　事[1]

痴萍

　　徐子明英年富于才，任职银行副经理，声华藉甚。其妻小字瑜贞，貌美而贤。一子方在襁褓。一门之内，融融如也。瑜幼失母，鞠于其父。稍长，尝向父索母，父凄然曰："而母死久矣。"其实瑜母不贞，甫生女，即从所欢遁。父不忍言，瑜遂不知也。
　　瑜之母金女士，流浪二十年，仍溷迹歌场酒阵中。诇知女得所，密访子明。子明爱妻甚，虑事泄瑜将不堪，亟贿之。金时时扰子明，子明亦时时畀之。旁观者以金女士荡逸，而子明日就其寓，讹言朋兴，谓子明为金所惑矣。值瑜诞日，子明为启舞筵，以宴亲友。金忽乘机欲与宴，冀一见女，子明不可。有好色多金之吴八大人者，方醉心于金，适以是时至。子明闻叩门声，自别户引去。吴入，穷诘金。金御以口给，并要之同赴徐氏之宴。吴为美色所劫，慨然曰诺。
　　刘伯英，徐氏上客也，人亦温文，善媚妇人，倾倒于瑜而不敢轻发。会女宾中有举金事以讽瑜者，瑜召司计核子明所耗资，不明用途者多，夫妇因之勃豀。刘乘机鼓其簧舌，竭尽挑拨之技。瑜恚甚，犹未为动也。及金吴同至，金肆应裕如，瑜亦蕴怒

---

[1] 原为句读。

未发。宵深，瑜忽窃闻金与子明私语，大愤，留书弃子，径奔刘之寓庐。金子身入室，见其书大惊，亟命吴邀子明他出，且羁縻之弗使即返。吴奉命维谨，驰而去。金则疾趋刘寓。刘未归，瑜方独坐。金力劝之归，瑜大怒，执不可。金譬喻百端，动以爱子，独于自身秘密，则一字不及。瑜察其诚，将行，而户外履声作。盖吴以金之谆嘱，果偕刘引子明及诸友来其寓小坐，不虞二人之皆在室中也。

金闻声大惊，藏瑜于帏后，嘱得间而遁，己即匿入浴室，徐聆诸人之言。良久，子明忽见瑜贞一扇，遗室中椅上，扇即子明购以贺瑜之诞辰者也。于是起而质问伯英，声色俱厉，若将搜索。金突自浴室出，大声而呼，一室视线，咸集其身。瑜乘机出室，惟金一人见之。金曰："扇固予携之来者，奈何诬及扇之主人。"金以扇还瑜，片言及前事，且仍索扇去谓将永作纪念，己则飘然随吴远行，感其相助无形，以身许之矣。噫，母女之秘密不破，夫妇之爱情未漓。金虽浪漫，然其肝胆有足多者。剧事前后才两日耳。

字　　幕[1]

洪深

一对少年有幸福的夫妇。
瑜贞，徐少奶奶。　（演员宣景琳）
她的忠实的丈夫徐子明。　（演员萧英）
银行里还有公事，我现在要去了——停会五点钟再见。
子明为欲庆贺瑜贞的生辰，预备当晚在家开跳舞会。
多年老管事。　（演员高梨痕）
瑜贞是交际社会的名人，事业甚忙！这天下午，她请了废妾运动会的委员，在家里茶会。
中国五千年的历史，就是男性压迫女性的历史——我们应当为我们利益而奋斗，不要去同恶势力妥协。
今天我介绍诸君认识这几位委员——希望诸君加入我们废妾运动的战线。
瑜贞的同学。
瑜贞的人格名望，来提倡废妾运动，最好没有了——你看这张画报上都是恭维她的话。
说句笑话——像你这样美丽的少奶奶，子明岂肯再去爱第二个女人。
喜欢说话的杨太太。　（演员朱秀英）
更喜欢说话的李太太。　（演员王谢燕）
最喜欢说话的陈太太。　（演员赵静霞）
我说——一百个委员也敌不过一个妖形怪状的女人，譬如说金女士……

---

[1] 原说明字幕前均有■标记。现统一略去，将说明以不同字体区别之。

怕什么——停会我把金女士和徐子明的关系，一五一十都告诉徐奶奶呢。

徐宅的上客刘伯英。（演员龚稼农）

刘三爷，今天刚从苏州回来么？

这把扇子，算是子明送我的生日礼，柄上还刻着我的名字呢。

另外一个社会，比较的放肆，比较的浪漫。

人人都说她是堕落的金女士。（演员杨耐梅）

善国画的交际家张亦公。（演员郑逸生）

金女士，你今天漂亮极了！

你这顽皮的孩子，又要胡闹了。

能文章的交际家李不鲁。（演员吴仲达）

报上这篇文章，是我捧你的。

你这顽皮的孩子，又要胡闹了。

多金钱的交际家吴八大人。（演员王梦石）

上次我们谈起一粒星的大钻戒——我现在寻了一只来了。

他们新派人求婚的话，我是不会说的。不过——我觉得——你也应该嫁我了。

你假使以为爱情是买卖式的，拿出你的金刚钻就可以交换到爱情——那还是请你将金刚钻收了回去罢。

不要动气——我的耐性最好——我等你十年——五十年也不要紧。

八大人总算明白肯听话——我得奖励你——我允许你亲自将钻戒戴在我的手上。

今晚徐子明家里开跳舞会，你们都去么？

瑜贞是高贵的奶奶，金女士是堕落的女子，相去真如天悬地别——但现在发生了一件事，使得众人将两个名字联着说。

子明一向是规矩的，想是那个混帐女人不好。

这种女人抱的是金钱主义，子明不久自然会明白的。

子明也会亲近金女士，真是想不到的。

也许真的，听说金女士初到上海时很穷——现在是子明供给她金钱。

因为我没有父母，我是孤单一个人——子明竟敢这样欺负我么？但是你还有许多朋友呢。

我知道你一定可以战胜这种恶势力的。

请管事先生来。

这时候子明正到金女士家里。

跟随着金女士东飘西泊的一个忠仆。（演员李时苑）

我以为这笔款子你过几天才用——但是，你今天下午打电话到银行来——请你多坐一坐，我有几句要紧话同你谈——求你一件事——这件事，比金钱重要几十倍呢。

少奶奶想起了查考子明用钱的帐。

先施九百多块钱，大纶七百多块，毛全秦一千六百多块，这三笔帐都抄下来。

还有四次自取，一共三千多块钱，你知道少爷拿去什么用处的？

子明同金女士谈了有两三个钟头——八大人不知来客是谁不放心，坐着老等不肯走。

我完全明白了，你为什么不许我到你府上去。我名誉太坏了，高攀不上，失了你的面子。

决不是的，但是我实在没有机会，可以对瑜贞说明。

我求你多次了，你总是敷衍推托，一定不许我们母女见面，不许我们母女亲近。

瑜贞到底是我亲生的女儿——我——我不能再等了。

瑜贞还以为她在两三岁的时候，她的母亲，已是去世的了。

今天开跳舞会，是最好的机会了。你请我也好，不请我也好，今天晚上我自己会来的。

不要性急，何必在瑜贞做生日快乐的日子，给她重大的打击呢。

他是谁？他是哪一个？

你没有权利可以质问我他是谁。

看你处处都是看不起我，不放心我，现在我还没有答应嫁你，已是这样待我……

将来岂不是一世受你的束缚，一世受你的干涉么？

我承认是个大浑蛋——我不应该敲门——不应该冲进来——更不应该质问你，请你原谅了我罢。

今天晚上的跳舞会，你去不去？

瑜贞同子明，发生了甚大的误会，都是因为金女士的原故。

我并不是计较这几个钱，我不懂你为什么放着真的爱情不要，去要那化钱买来的爱情。

你错怪了金女士，她是一个很可怜的人。

你当我不知道金女士的历史么？她是个弃了丈夫跟了别人逃走的堕落女子。

她二十年东混西混，没有做过一件好事，干过一天正当的生活。

不要相信旁人在背后的话，说短道长，金女士是很值得可怜的！将来我还希望你能够多同她来往，多多同她亲近。

只要她敢走到我面前，我打她出去，打她的嘴巴。

瑜贞——瑜贞……

今天是你的生日，明天我一定原原本本都告诉你——你自然会明白的。

子明——不要以为我是没有父母，随便欺侮我——你再侮辱我一次，我立刻同你决裂，立刻离了你走。

你明白么？我并没有什么别的意思——听说徐奶奶是交际社会的领袖，今天晚上，上海所有的阔人，差不多都要到的，所以我想去见识见识。

这件事办好了，我的酬报呢？

一星期内给你准确的答复，但是今天晚上，务必要领我到跳舞会去。

可以可以，好办好办，不费吹灰之力。

一个人无论如何伟大——聪明——能干——征服了世界——总有一个时代，会想念自己的骨肉，自己的亲人——金女士本来可以公开承认瑜贞是她的女儿——或者欲免除瑜贞的耻辱与痛苦——所以今晚金女士偷偷地到少奶奶的跳舞会——偷偷地亲近她的亲生女儿。

想不到金女士居然会来。

这就是金女士。

这就是金女士。

那位拿扇子的就是少奶奶罢？

我下午对你说的话怎么样？她竟敢到这里来，可恶极了。

子明糊涂——家兄八大人也太不应该了。

到花园里去走走罢，换口新鲜空气。

灿烂的灯火——美丽的新装——迷人的音乐——一个伤心女子，为了她的前程而奋斗。

来，我介绍你见见我姑母王老太太，令侄亦公，能干极了，可见得门第家庭是有点关系的——人家说亦公聪明能干，简直同他的姑母差不多。

还是这样胡闹，不像个有胡子的人。

八大人看上去很是年轻——看上去只像二十来岁的人。

就是陈太太也保养得好——福气真好——看上去比八大人年轻得多呢。

清凉的月色——浮动的花香——撩人的秋声——又有一个伤心女子，也为了她的前程而奋斗。

如今子明既然弄得这般田地，你也就可以离开他了，今天晚上就走——瑜贞，我爱你。

真的，我爱你，子明是不爱你的了——瑜贞——一切，我的——连身命都是你的。

你害怕些什么，你顾忌些什么，你难道还怕人家说我们的爱情是不正当的么？

为什么我们的爱情是不正当——天下凡是真的爱情，没有不正当的。

爱情是伟大的，爱情是不为什么道德法律所束缚的，爱情是战胜一切。瑜贞，我爱你，我要走，你跟着我走。

等我想想。现下太急促了。

礼拜四一点钟，请你到我家里来吃便饭，不要忘记了。

你难道也同普通没有教育没有思想的女子一样，容容易易就被恶势力所屈服，容容易易就同恶势力去妥协么？

等我多想想，我们结婚了两年，子明从没有做过什么对不起我的事。

我冒昧了，从此以后，你看不见刘伯英这个人就是了。

看见徐子明没有？

我有一句秘密的话，同你到花园里去谈。

徐奶奶，我们那里没有找到，同你说声，我们要先走一步了。

我刚同金女士谈了一回天，谈得很有趣。今天下午，不该冤枉骂了她一顿。

这地方沾透了，脏透了，一刻不能再留，我立刻离了他走。

我的意思你还不明白么？八大人快同我订婚了，请姑爷帮帮忙，替我置办点嫁装。少奶奶在哪里？

奶奶刚出去——叫我回报少爷有封信留在楼上小少爷的房间里。

哦！我看见了子明，对他说一声就是了——你去关照把我的汽车开过来。

当初十九年前，她也是一时气愤，离了丈夫，投奔情人。

瑜贞瑜贞！母亲去了！

这二十来，天罚我也罚得够苦了——那些全不算，此刻才是真罚我。

这条堕落的路，你的外祖母已经走过一次了——你的母亲不要再去罢。

看见瑜贞没有？

她一个人上楼去了——大概因为我来了，很不高兴——你万万去不得，如果发生了冲突……

看见吴八大人没有？

八大人，你替我办件事，今天晚上把子明拽出去，玩到天亮回来。

就是就是——办好了我的酬报呢？

你的酬报——哦，明天再问我。今天晚上你一刻不许离开子明，不许放他回来。

好么，把我喊过来，喝过去——好像我已经是她的丈夫似的。

做什么一面孔都是心事愁烦——快些高兴高兴，八大人请我们去看裸女跳舞。

真是一个人结了婚，一点丈夫气都没有了！

徐奶奶因一时气愤，径奔至刘伯英所居之旅馆——但守候多时，不见刘伯英回来。

谢谢天！总算赶上了，还好——徐奶奶立刻回去罢。

你知道你自己闯下了多大的祸，有多大的危险，快跟我来，一直回家去。

金女士，你没有来之前，我的心倒有点活动——看见了你，我再也不能同子明在一处的了。

子明叫你来骗我回家去的。

烟——酒——歌舞——美女——销愁的酒店——来者不知人间有痛苦事——亦不愿知人间有痛苦事。

子明尚在饮酒作乐，金女士已泪竭声嘶，恳劝徐奶奶回去。

不要误会，子明一向给我钱化，无非是看在你的面上，无非是他对你的爱情。

子明懂得什么爱情——假如他真爱我，为什么，他自己不来，叫你来劝我回去。

子明并不知道你到旅馆里来，他并没有看见你写给他那封胡言乱语的疯信——是我拆开来看的。

子明没有看过，就是要看也没有了。

你竟敢偷拆我写给子明的私信——你这种不要脸没有良心的恶女人，脏女人，堕落的女人。

当初十九年前，她离了丈夫投奔情人的时候。

我的终身付托给你了，将来不可以变心的。

曾几何时。

我现在不大欢喜你了，还是早点拆散的好，以后我不来了。

堕落七年之后。

我家里子孙满堂，像你这样的人，怎好娶作太太，笑话了。你还是安分些，混几个钱化化罢。

堕落十年之后。

我所有的金珠首饰，我现在都拿出来给你用了——你别处又有了女人，你同她断了罢。

你敢管我的闲事么——你这样老丑不堪的女人，哪个还真爱你，无非是为的几个钱，老实告诉了你罢。

你简直是个小孩子，哪里知道人情世故的曲折，哪里经得起堕落？你没有做堕落女子的资格，你不配……

夜深了。

我们是末后一桌，也好散了。

你们一群年轻人，还不如我老头子精神好——来——我们到刘伯英旅馆里去打一夜扑克。

我想先回去了，内人还在家里等着我呢。

徐奶奶，你不是有个孩子么……

天下做娘的心，都是一样的，我的徐奶奶。

不要慌，凉台离门近，一有机会，就溜出去——我在这里对付他们。

你既经来了，至少得陪我们打两个钟头扑克。

八大人也来了，咳，毁了我了。

该死该死，有个女人藏在这里，等刘伯英回来，上海地方混帐的女人太多了。

那边有椅子，你自己不会去搬么？

刘伯英这房里，藏着一个女人——上海地方这种不要脸下作的东西多着呢。

瑜贞我夫人的扇子，怎么会在你这里？

我来搜，我来搜。

凉台上哪里来的人影子？

怕是我拿错扇子了。刚才从你府上来的时候，一不小心，把你少奶奶的扇子拿来了。我的错，真对不起。

这扇子明明是少奶奶拿来的，你为什么代人受过呢？

请你给我一支香烟吸吸——刘先生。

这一夜，恍如过了一世……

次晨。

现在好容易可以休息了——金钱——地位——都不愁没有——为什么忽然又要出门去。

吴八大人一向对你是很诚心的——八大人倒是个老实人……

刘妈，这种事你是不会懂的——我在上海要心痛，上海的雨水太多。

金女士来了。

昨天晚上匆匆忙忙，我拿错了你的扇子——带到别处去了，真是对不起得很。

我今天顺便同你辞行，我又要离开上海，出门去了。

吴八大人到。

有件事说起来很可笑，我很爱这把扇子，昨天几乎把它拐走——求你送了我罢。

可以可以——但是柄上还刻着我的名字呢。

更好了，做个永久的纪念。

八大人送送我到门口——我有一句不很要紧的话，请你转送令妹陈太太。

蔡状元建造洛阳桥

出品　明星影片公司，1928年

导演　张石川

摄影　董　克

演员　朱　飞　阮玲玉　龚稼农　萧　英　王吉亭　黄君甫　丁子明　赵静霞　周爱雪　汪影影　王梦石

《蔡状元建造洛阳桥》电影取材民间故事。其电影本事为宋痴萍所作，原载《明星特刊》第29期（1928年1月20日），以及《电影月报》第1期（1928年4月1日）[1]。

本　事[2]

痴萍

相传有屠户，操刀半生，一旦觉悟，放下屠刀，立地成佛。当其辍业之日，尝倾其所余猪肠猪肚入海。久之，肠化为蛇，肚化为龟，吸受日月精华，遂能兴风作浪，就其所居洛阳河中，覆舟害人，历有年所。一日，有大舟过，势将倾覆，舟中人闻怪作人语曰："舟中有蔡姓贵人，不可害。"风浪即平。乘客遍稽姓氏，果有蔡姓妇方妊，即异日蔡状元襄之母夫人。夫人拜天许愿，儿长必建桥洛阳河上，以利行旅。

蔡襄生有异禀，颖悟厚重逾常儿。十岁，母告之故，默志弗忘，誓于贵显之日，建桥以偿母愿。弱冠果捷贤书，比试南宫，复以第一人魁天下。然其获隽之由，不仅先世遗泽，其自身亦有阴德也。

场中有某生，自书隐事于试卷，略谓少时昵一孀，孀有幼子，衣之食之，事之惟恐不谨。生入泮，另赘他姓，孀郁郁死，子亦夭逝。书毕喷血死。又有某生，尝钟情于其中表妹，既而别娶，妹以人言啧啧，赍恨而殁。场中索其书姓氏于掌，鬼影甫杳，而魏云娟三字，直透卷背。又有某生，私其婢桂花，婢妊而生不承，竟憔悴死。生入场，见有女子手持桂花一枝，顿触前情，举砚击之，砚落卷上，墨沉殆遍。凡此皆报怨者也。惟蔡尝以避雨凉亭，遇一少女，竟敛足而避，不生妄念。事闻于天，遂膺异数。

蔡邂逅之女，即相国某公之掌珠。寄居舅家，被盗避归，中途遇雨，匿身凉亭。感蔡不欺，时时念之。及蔡登第，座师即相国。谒师之日，相国夫人携女立屏后观新

---

[1] 原题为《民间故事：蔡状元建造洛阳桥》，其中录有该电影本事。

[2] 原为句读。

贵，女以情告母，因联姻好。蔡欲借相国之力，早完夙愿，亦欣然请于母而入赘焉。

相国性吝啬，尤不愿娇女远离，竟拒婿请，不肯为之道地。蔡无奈，上章请于天子，相国正侍帝弈，又阴沮之。蔡益恚，谋私遁。女性敏而贤，为设计贿内监，以蜜书八字于御园蕉叶之上，群蚁缘蜜而集。蔡从帝闲行经其地，帝见蚁迹成文，大异，审而读之曰："蔡襄蔡襄，为官故乡。"蔡即伏地谢恩。帝曰非也，蔡顿首曰："天子无戏言。"于是蔡遂出知泉州府。

既莅任，商诸士绅，以工巨费重，相对无策。女为之夜祷于天，观世音菩萨幻为美女，立石矶上，谓路人曰："有飞钱着予身者，予嫁之。"路人炫于美色，争掷以钱。钱及矶而坠，积矶下若干万，异而畀蔡。蔡方声谢，菩萨已现真身升空而去。有钱矣，而工不能施。太白金星化为老人谒蔡，谓须募人持公文入龙宫，请龙王止水不波，工乃克举，蔡然之。榜出，有夏德海者，酒醉道经府衙，揭其榜。役引之见蔡，蔡授以咨龙王之文。夏醒，悔恨不及，念抗命死，不如死于水，径跃而下。孰知数有前定，龙王逆知其故，夏入，以礼待之，且饮以酒，陈百戏，鱼龙曼衍，皆夏生平所未睹，不觉手之舞之，足之蹈之，不知身之在何所矣。宴毕，龙王就咨批答，遣水卒擘分海水，使中现坦途，送夏登岸。夏茫然而悟，入见蔡，展示咨文之批，则"肚醋"二字也，又不解。逾日，三跛人登门自荐，谓能释肚醋之文。询之，曰十一月廿一日酉时也。蔡大喜，厚礼三人，使督桥工。而三人者，殊不事事，日惟饮酒弈棋。蔡屡促之，亦不顾。及廿一至，蔡怒诘之，三人曰："时至自成耳。"立起挥其枒，忽大风起，卷棋子及三人入海去。但闻空中语曰："洛阳桥成矣。"蔡凝神而视，但见棋子纷纷化为圆柱，植海底为桥基，而洛阳桥遂现。噫！至诚格天，是亦可以劝世之为善者矣。

翠屏山石秀杀奸

出品　长城画片公司，1928 年

导演　杨小仲

分幕　陈趾青

摄影　程沛霖

布景　万涤寰

书幕　张体仁

演员　顾梦鹤　许静珍　洪警铃　刘继群　张春立　夏佩珍　顾醒愚　王桂林

《翠屏山石秀杀奸》（又名《石秀杀嫂》、《翠屏山》）取材古典小说《水浒传》，由陈趾青分幕。其电影本事、说明无署名，原载《长城特刊》第 12 期（1928 年 1 月）。

本　　事

蓟州城内有一条好汉，姓杨名雄，祖贯是河南人氏，在此地做两院押狱兼市曹行刑刽子手。这日正从刑场决了死囚回来，带了两个小牢子，驮捧着许多花红礼物，缎子彩绘，一路上有些亲邻故旧，拦住把盏。却吃当地军汉张保领了七八个手下来，帮住杨雄，抢了花红礼物，时杨雄两手被封，虽有本事施展不得。忽然有一条大汉，挑了一担柴走来，见了大怒，上前打散众人，夺回财物。于是杨雄邀了那大汉，到一家小酒店坐地，问起来那大汉却是姓石名秀，外号拼命三郎。二人畅谈较论拳棒十分投合，于是拜为结义兄弟。当日杨雄带了石秀回家，拜见了义嫂潘氏巧云。原来那妇人是七月七日生的，因此小名巧云。先嫁了个本城吏员唤做王押司，两年前身故了，方才晚嫁得杨雄。当下石秀就在杨雄家中。有杨雄的丈人潘老丈问起石秀原是做屠宰买卖，就商量着开屠宰作坊，在杨雄家后边一间空屋。潘公又去寻了个旧副手，打拼了作坊用具，赶上十数口肥猪，选个吉日，开张肉铺。石秀掌管帐目，生意倒也十分兴盛。杨雄自管去当牢上宿。只有杨雄的老婆巧云，见了那石秀，却打起一翻精神，管衣照食，一般地叫她的丫头迎儿送东拿西，时时把巧语低言去勾引石秀。石秀只把她当做亲嫂嫂一般看待，十分恭谨。

且说这一天石秀早起五更出外县买猪，三日方回，只见肉铺不开。到家看时，肉店内砧头也都收了，刀仗家伙也藏过了。石秀是精细人，便省得了，去把猪赶在圈内，收拾了包裹行李，细细写下一本清帐，见了潘老丈，预备辞行。潘公拦住他说是因巧云替她前夫王押司做两周年的功德，歇了两天买卖，请他不必疑心。明天报恩寺还有僧人来打斋，一发请他照管。石秀见说，便只索耐下心性再住些时。原来报恩寺内有一个当家僧人，叫做海阇黎裴如海，生得十分年青，早已拜了潘老丈做干爹，都赶着巧云叫妹子。拜斋的这一天，一早到杨家。巧云出来拜见，递茶，寒暄，问好。如海又买了许多东西送给巧云同潘老丈。石秀见了，心中兀自不快。等到佛事开场，如海带了众人做斋，只见那妇人同和尚眉来眼去，百般调情，一一都被石秀看了。后来妇人又去报恩寺里烧香还愿，却和那裴如海勾搭上手，二人约定另差头陀胡道往来报信。只拣杨雄当牢上宿的晚上，后门口摆出香案儿，胡道求报信如海，前来私会。直到五更天气，头陀又来巷内敲木鱼念经惊醒了如海，回报恩寺去。如此来往不下十数次，又被石秀看到去告诉杨雄。杨雄不合在酒后向他老婆巧云寻闹，露出真言，反吃妇人撒娇厮闹，倒转来说石秀如何调戏迎儿同她，逼杨雄赶走石秀。当时杨雄竟信了老婆的话，叫潘老丈收拾了肉铺，休做买卖。石秀是乖觉人，如何不省得？便去收拾行李辞了潘老丈，自去寻了一家小客店住下。打听得又是杨雄不回家的晚上，去后门口躲在暗处等着头陀同和尚，把来一齐杀了。却说杨雄在蓟州府里闻得有人说杀死和尚头陀，心里早知了些。正要去寻石秀问个底细，却在路上遇见了。二人到客店内，石秀将出和尚的衣裳给杨雄看，杨雄大怒，同石秀商量着去摆布那淫妇。第二天杨雄叫巧云跟他去东门外狱庙烧香还愿，那妇人不知就里，兀自打扮齐整出门去。杨雄却暗地叫轿夫把轿子抬上翠屏山去。到得半山巧云同迎儿下了轿，问杨雄怎地来此荒山？杨雄不语，只催她们上去。路旁转出石秀来向巧云行礼，巧云大惊。一行人来到一块大石前，杨雄要巧云说出石秀调戏的话来。巧云吃逼不过，招认了是说谎，又拷问迎儿那妇人和裴如海来往的事，迎儿也招认了。于是二人把两个妇人剥脱了，杀死在石下。二人收拾了包裹衣服，商量投奔梁山去入伙。

说　　明

多少无情男儿，辜负了多少热情女子。
多少热情女子，反被热情误了终身。
他是我们城内的好汉，姓杨名雄，外号病关索。
节级今天大喜！
张保大哥！来喝两杯！
特来向你借百贯钱使用。
今天诈得百姓诈多东西，为如何不借些我！
我与你军卫有司，各不统属，如何来放刁！
你这饿不死，冻不杀的叫化子，敢来多管！
仁兄这样英武，不若挺身去江湖上，也胜得在此卖柴。
此生乱世，英雄无用，不如去梁山入伙，倒也快活。
小可姓戴名宗，这位兄弟姓杨名林。
仁兄若肯去梁山时，小弟当可相荐。
敢问足下高姓大名。
小人姓石名秀，常喜管打抱不平！以此都唤我做拼命三郎。

他们两个见老兄带了人进来，只道相闹，以此去了。
石秀三郎，你休见怪，想此间必无亲眷，我们今日就结义做个弟兄如何？
我听得你和人厮打，特地寻来！多谢这个兄弟相救。
这位就是丈人潘老丈。
我如今就认义这我家三郎做我兄弟。
青春年少，更兼风流情热，却每日里，度着这冷冰一般的生活。
娘子有甚事，整日闷恹恹地！
今日是官人来家的日子，怎地娘子头不梳，衣服也不换？
叔叔既是省得屠坊生意，老汉也是屠户出身，却不道相烦叔叔帮助开个屠坊。
官人带来了一个什么叔叔，请娘子快去相见。
你官人相识些什么好人来！
大哥！我几时见你有什么叔叔来？
你且休问先来相见。
这就是我新结义的石秀兄弟！
这就是你嫂嫂潘氏巧云！
奴家妆也没有整，衣服也没有换，叔叔休怪！
这位叔叔端的英雄，你丈夫也多少的得了一个帮手。
兄弟且去客店，收拾了行李，来家住下。
石叔叔委实能干，一个肉坊端整得好不闹热！
看总是说叔叔好！他好关你甚事？
只许娘子称赞，别人却不许说得。
你这贼丫头！疯了！
大嫂为何这样看我？
我看你今日好生齐整。
今日还是大嫂齐整。
我常不在家，我那兄弟，望你好好照管。
我却担当不起！人家好好一个兄弟，有什么三长四短，教我如何。
叔叔慢去，有句话同你说。
叔叔有甚人等着，这样赶急要走？
叔叔！真地我有句话同你说。
叔叔好辛苦！
天气冷了，叔叔身上衣服却怎地单薄？
嫂嫂！请尊重些！
娘子叫我将来叔叔的衣服，请叔叔收了！
谢谢嫂嫂！
叔叔一人坐着好生冷静！
你这傻瓜！怎地不识好歹！

自己不去，却叫人去讨没趣，我为甚来！

他又说，以后再这样，先杀了你这了头，再去告诉哥哥。

去讨好反落得一阵骂！

丈人且收过了这本帐目，若上面有半点私心，天诛地灭！

叔叔何故出此言？并不曾有甚事？

小人离乡五七年了，今日回家走一遭。

叔叔莫不是为的店内息了买卖？

这两日因小女替前夫王押司做佛事，所以息了买卖。

并没有怎地，叔叔千切不要疑心！

丈人既然如此说，是小人多疑了。

贤弟！我今晚不是当牢，凡事请你照管！

干爷！如何一向不来敝寺？

便是开了这些店面，却没有出来。

叔叔！谁送物事来？

一个和尚，叫丈人做干爷的送来。

那是师兄海阇黎裴如海，一个老实的和尚……

他却长我两岁，此上叫他做师兄……叔叔晚间你只听他念经，有这般好声音。

什么道理叫师兄破钞！

敝寺新造水陆堂，要来请贤妹随喜，只恐节级见怪。

看来拙夫也不恁地计较，我娘死时，也许下了愿心，早晚也要来寺里相烦还了。

贤妹！但是吩咐如海的事，小僧便办来。

这个叔叔便是拙夫新认义的兄弟。

大郎贵乡何处？高姓大名？

我么？——姓石——名秀——金陵人氏。

爱打抱不平，又叫拼命三郎。我是粗卤汉子，倘有冲撞，和尚休怪！

不敢！不敢！僧去接众来赴道场。

师兄，明日来收功德钱时，就对爷爷说还愿一事，不要忘记了。

做哥哥的记得。

你家这个叔叔好生利害！

这个睬他则甚，并不是亲骨肉！

相烦叔叔照管门前，老汉和小女，同去还些心愿便回。

小人自当照管，丈人但照管嫂嫂多烧些好香，早早回来。

怎地又生受师兄！

干爷多时不来，请饮一杯！

难得妹妹到此，请饮一杯！

叫轿夫来，各人多与他一杯酒吃！

干爷放心对面已经预备下了！

师兄！你只顾央我吃酒作甚？
只是敬爱爷子！
请娘子去小僧房里看佛牙。
师兄！佛在哪里？
你叫迎儿去，我将出来你看。
好精致的卧房！
只少得一个娘子。
你便讨一个不得？
哪里得着这般施主。
师兄！你关我在这里怎的？
娘子！可怜见我十分爱你。
贼秃家倒会缠人！我老大耳刮子打你！
任从娘子打，怕娘子闪了手！
我终不成当真打你。
好酒！好酒！
你可不要误约。
你道这人如何不去前门讨斋饭，却在后门里来？
你道这人，莫不是五更报晓头陀？
小道便是五更报晓的头陀，教人有睡，晚间宜烧些，佛天欢喜。
小道便是海师心腹三人，特地使我先来探路。
我已知道了，今夜晚间你可来看，如有香桌在外，你便可报与他。
贼秃！倒好见识！
迎儿叫我怎样报利你。
迎儿！过来拜见叔叔！
兄弟哪里去了？
我常为官事忙，并不曾和兄弟快活吃三杯，且来这里坐一坐。
兄弟心中有些不乐？莫不是家里有甚言语，伤触你处？
哥哥把兄弟看做亲骨肉，家中有甚话说？
只是嫂嫂太对不起哥哥了！
原来是那报恩寺里贼秃。
哥哥！休得卤莽，明日只推做上宿，三更却来敲门，那厮必然从后门先走，兄弟一把拿来任从哥哥发落。
哥哥少饮点罢！
哥哥今晚，且不可胡发说话！
你这贱人，干得好事！
休同我假惺惺！
贼淫妇，好歹我先结果了你，我总不成饶你！

今日事有蹊跷，多半是石秀那厮起的风波！

可不是！那天晚上他来了，我下楼去，却见石秀叔叔一人坐在那里！

此事官人知道怎了！

大嫂！你夜来不曾安睡？

你吃得烂醉，则怕你吐，哪里敢睡？

夜来不曾有贼，地上刀何来？

夜来我不曾得罪你，大嫂因甚烦恼？

你们男人太煞心狠，听了外人三言两语，自己嫡亲老婆也下手杀得！

昨晚只同石秀兄弟吃得三杯，有甚外人对我说语来？

好一个石秀兄弟！倒不是你自家引鬼上门。我本不待说，又怕你着他道儿；欲待说，又怕你气苦！

你那结义兄弟，近两日尽是调戏我！

什么事？你说！你说！

昨天早晨，我正在洗脸，他来摸我胸口，问我有孕没有，被我打开了；待得你回来，先诉你，你又醉了。

原来如此，怎地他反对我说了许多海和尚的事。

这厮倒会使见识！赶了罢！

怎地赶他出去，却不怕人家说你听了老婆的话，伤了兄弟的义气。

他又不是我的亲兄弟！

宰了的牲口，腌了罢，从今日便休做买卖。

石秀被逐后另居小客店中。

怎地和尚会杀死在杨家后门口？

杨家后门口杀死和尚便是怪事。

兄弟！我正没处寻你！

哥哥！我现在不是说了谎了罢？

哥哥怎地又来莽卤了！

却怎地来这山里？

你只顾且上去。

香烛如何不将来？

已有人将上去了！

嫂嫂拜揖。

叔叔怎地也在这里？

在此专等多时。

你说叔叔调戏你，今天对个明白！

嫂嫂！你怎么说？

叔叔！过去的事，还，说把做甚？

此事只问迎儿。

1928 年

官人不干我事,不要杀我,我说与你!
你还有甚说的?
迎儿说的我都应承了。
这个小贱人留她做甚?一发斩草除根。
叔叔劝一劝!
嫂嫂!不干我事!
现在事已做出来了,却往哪里去?
不如去投梁山入伙。
不相识如何去得?
我已安排定了。

武松血溅鸳鸯楼

出品　长城画片公司，1927 年

导演、分幕　杨小仲

摄影　程沛霖

布景　万古蟾

书幕　张汇元

绘画　万涤寰

演员　王正卿　刘继群　刘汉钧　夏佩珍　李德山　王桂林　张春立　顾梦鹤　洪警铃

《武松血溅鸳鸯楼》电影取材古典小说《水浒传》，由杨小仲分幕。其电影本事无署名，原载《长城特刊》第 12 期（《黄天霸招亲》、《翠屏山》、《武松血溅鸳鸯楼》特刊，1928 年 1 月）。

本　　事[1]

　　武松在阳谷县，替兄报仇，杀了潘金莲，斗死西门庆，解往东平府。依律判决刺配孟州牢城，由两个防送公人，押同上路。行了二十余日，到了孟州界。在十字坡前有菜园子张青、母夜叉孙二娘开设的酒店。他们专用蒙汗药，迷醉过路的旅客，劫夺钱财，谋害性命，把人肉充作牛肉变卖。武松落在这店内，明眼提防，打倒孙二娘。张青回来认识武松，同是江湖好汉，侠义结交，于是结拜为兄弟。

　　孟州城外，有一快活林，是一个繁盛的地方。向有牢城老管营的儿子金眼彪施恩，在那称霸一切；进出财赋，都归他经管。为当地张团练的结义兄弟蒋门神所垂涎，依仗自己的势力，带了众人，将施恩打伤，把快活林抢夺占领。施恩忍愤在心，不敢抗争。

　　武松到了牢城。照宋朝法制，但凡新到配军，都有规定的刑罚。武松照例。正待动刑的时候，施恩忽从后出代为请求老管营止住了行刑，安置在单身房里，种种优待，饮食起居，极为优异。武松目睹所有囚徒都非常苛刻劳苦，自己却得了这样的待遇，很是讶异，后来才知道是小管营施恩的命令。施恩自从和蒋门神结了怨仇，就想得一个侠义之士，报仇雪恨。素仰武松的威名，存心结纳。武松问知明白，代报不平，立刻要和蒋门神赌斗。施恩恐武松初来，路途劳顿待将息数日。武松执意不从，在安平寨把五百斤重石墩，抱起高掷如弄泥丸。施恩惊服，于是约定明日，就往快活林。

---

〔1〕 原文一逗到底，仅段末为句号。

武松不带从人，独往快活林。沿途饮酒到得快活林，已经大醉，有意辱闹。蒋门神出来干涉，被武松使出生平绝技，将蒋门神打倒在地。当了众人，勒令迁往他处，快活林交还施恩执管。蒋门神无奈，只得依允，当日迁去。施恩又重占快活林。

施恩感激武松，优厚款待。武松亦感遇知己，和施恩结义为兄弟。这样在快活林逍遥了两三月，早到了秋季。这日忽有孟州守御兵马张都监，差来两名军汉，持了都监名帖，来邀请武松，传下都监谕旨：闻知武松是个好男子，特地来请他相会。

张都监相见之下甚为欢喜，夸赞武松英雄无敌，要他做自己亲随。武松谢了恩旨，在都监家宿歇。都监对他把作亲人一般看待，就有许多同伙的人，送些银财钱帛给他。武松买只箱子，这送来的物件都锁了。内中有一个名叫张忠的，为人奸险，和武松最为殷勤。武松是直肠人，当亦推诚相交。玉兰是都监所赏识的一个丫环，都监在酒宴前，曾说许配武松。玉兰亦很欣慕武松，每致送伊的情愫，但武松不甚理会。

这天正是八月中秋，武松饮酒散退到下处，忽听后堂喊叫有贼。武松赶即提了翻棒，抢入花园里寻找一周不见；翻身出来，不防黑影里撒出一条板凳，把武松绊倒。走出七八个军汉，就地把武松绑了，不容分说，一步一棍打到厅上。张都监大怒，厉声喝骂；又押去武松房里搜看赃物。打那箱子，尽是些银酒器皿。武松见了，只叫得屈无从分辩。明日押解知府，审判都监预先通了关节，当厅将武松屈打成招，押下死囚牢里监禁。

施恩得知消息，赶至牢中探视，才知道这都是张团练代蒋门神报仇预定的计划，来陷害武松。施恩上下使用钱贿，并求素来正直的康节级叶孔目多方设法，减轻罪名，刺配恩州牢城，即日差两名跟差。施恩送了些食物衣服盘费，看出两个公人，存意不良，叫武松在意提防，拜辞哭着去了。

两个公人，一路上悄悄地商议。路旁又遇着两个公人，提着朴刀，挎口腰刀和他们并在一起行走打些暗号，鬼鬼祟祟。武松尽看在眼里，只做不知。走不数里，来到一处鱼浦，四面都是野港阔河，一块碑额写着"飞云浦"三字。五个人行至一条桥上，武松站住假作观看，那两个提朴刀的，走近一步，却被武松一飞脚，早踢下水去。这一个急待抽刀，武松右脚踢起，也跌下水去。另两个公人，慌慌望桥下便走。武松大喝一声，把枷扭作两半个，赶下桥去，打倒一个揪住一个，喝问"何为害我"？那人道："我们都是蒋门神徒弟，这是师父和张团练所定计划来谋害好汉。他们都在张都监家鸳鸯楼喝酒，端等我们的回报呢。"武松听了怨恨冲天，把四公人都杀了。提着朴刀，踌躇了半晌，一个念头，竟奔回孟州城里来。更鼓打过了一更四点，武松从后门进了张都监家，一路杀死张都监家眷属军汉仆役十数人。抢到鸳鸯楼上，张都监和张团练蒋门神正在饮酒欢笑，庆贺成功。武松大喝一声，跳了进去。他们见了魂飞天外，挣扎抵抗，一场恶斗，都被武松杀死。怨恨已报，武松割片尸衣，蘸着血，在墙上写下八字："杀人者打虎武松也。"五更时候，天色朦胧，武松从城墙跳出城外。一夜辛苦，身体困倦，倒在一座树林内睡下。却待合眼，忽走来四个男人，把武松按住，捆了抬走。三五里路到一所草屋内，把他推将进去。原来这却是张青孙二娘另一个酒店。当时见了，连忙放起武松；武松亦把别后各事，都详细告诉了。

知府见武松杀死多人，严行缉捕，悬赏三千贯，家至户到，逐次挨察。武松知事紧急不敢留住，就和张青孙二娘商议，落发化装，乔作行者装束，径投奔别处去了。

说　　明

　　这段故事，是采取《水浒传》武松后段的事迹。在这里，更可显出武松伟大的精神和伟大的力量。

武松在阳谷县替兄报仇，杀死潘金莲西门庆，由东平府判决发配孟州牢城州。

武二爷，我们上路已经走了二十多天了。

这里已经到孟州界，前面便是有名的十字坡。

有好酒，拿酒来，有好菜，拿菜来。

我们担些利害，且与你除了枷，快活吃两碗酒。

你这馒头，是人肉的，是狗肉的？

客官，休要取笑，我家馒头，祖传是牛肉的。

我在江湖上听得人说！

大树十字坡，客人谁敢那里过！

肥的切做馒头馅，瘦的却把去填河。

哪来这话，这是你捏造出来的。

你家丈夫，却怎地不见？

我的丈夫出外做客未回。

恁地时，你独自一个须冷落。

你这酒好生淡泊，换些好酒来。

倒有些十分香美好酒，只是浑些。

敢问好汉大名？

我行不更名，坐不改姓，都头武松便是。

莫不是景阳岗打虎的武都头么！

小人姓张名青，浑名菜园子。这是俺浑家母夜叉孙二娘。

江湖上亦耳闻二位大名。

原都是一家人。都头，请进里面坐地。

孟州城外一个繁盛的村落快活林

店主，你要留心着。

听说本地张团练的把兄弟蒋门神有心要占夺你这快活林。

哼，我要惧他亦枉为了金眼彪施恩。

呀！

嘻！

啊！

蒋门神

1928年

你便是施恩？

你有什么本领配在这里自尊自大。

嘿，亦叫你知道我的利害。

今天要你把快活林归与我接管。

侠义结交，武松和张青结拜兄弟。

兄弟有便，带个信来，我夫妻盼望。

你有人情书信和使用的银两，快献给差拨，好少吃许多苦。

他们真的比野兽还凶。

谢你们知照，我省得。

谁是新到囚徒？

你也是安眉戴眼的人，便这等不晓时务。

以你打过老虎，这里倒连老鼠亦没打。

呸，指望我送人情给你，半文也无，精拳头倒有一双。

好汉，你和他强了，他们必然害你性命。

我武松生来不怕人，文来文对，武来武对。

照太祖皇帝归制，新到配军，须打一百杀威棒。

好，请打，打得重些，打得爽快。

新到囚徒，我看你途中曾生过病，且寄下这顿打。

不曾生病，打了好，我不愿欠下这笔债。

且把去禁在单身房里。

这不是好意，必然用别的法子来结果你。

看他们怎地来对付我。

都头请用酒饭。

晚上

次日早晨

午时

请都头换一个房间安歇。

第三日

我且问你，谁叫你每日送酒食来请我？

就是那天在厅上请老爷停刑的那位，我的小主人。

我要立刻就和他相见。

不能，他教我待半年三个月方才说知相见。

小人是治下囚徒，承蒙这般厚待，很是不安。

久仰兄长大名，今日幸得到此，只恨无物款待。

小管营今番可以把事情告诉我了。

说起心恨……只因那蒋门神依仗声势。

天下怎容得这般强凶霸不明道理的人。

我明天便去会他。
承兄长不弃,受小弟一拜,结为兄弟。
往快活林的路上
武松一生事业,都在酒后
哥哥,醉了罢。
你怕我醉么,我却是越醉越有气力。
前面已是快活林。
你等着,看我打倒那厮。
不好,不好,换些好的来。
你主人家姓什么?
姓蒋。
却为什么不姓李。
眼见是个外乡蛮子,在那放屁,不要理他。
喂,叫那妇人下来伴我饮酒。
胡说,这是主人家娘子。
像你点本领,亦配强占快活林在这里称霸。
好汉,饶命!
要我饶你性命只依我三件事便罢:我要你向原主服罪赔礼,要你今天就离开快活林,我永远不许你在孟州居住。
我武松惯打不平,死也不怕,你如不依我事,我见一遍打一遍,景阳岗老虎便是榜样。
一个月以后
这里可有位打虎的武都头?
奉都监相公钧旨,特地来请他相会。
他是上司官,只得去走一遭。
我久闻你是大丈夫,男子汉,英雄无敌,敢与人同生同死。
我帐内正缺少像你这样人,你肯与我做个亲随自己人么?
小人是个囚徒,承蒙抬举,小人当执鞭随镫,伏待恩相。
房间已经预备好了。
我叫张忠……以后有什么事情可以呼唤我。
隆厚的待遇。
夫人宅眷在此,小人理合回避。
差了,我敬你是个义士,特地请你来饮酒。
大丈夫饮酒,何用小杯,快换大杯。
玉兰,你去为武都头斟酒。
她倒很有些聪明,善知音律,我想配给你做妻室。
小人不敢当,枉自折了草料。

你能配了英雄亦不枉为人一世。

这是我和几个同事奉献的一些薄礼。

你这般见外，太不知己像了。

月明之下

玉兰姐，我弹的好曲。

都头请坐，我为你弹一曲。

　　平林漠漠烟如织，空山一带伤心碧。

　　暝色入高楼，有人楼上愁。

　　玉阶空伫立，宿鸟归飞急。

　　何处是归程？长亭更短亭。

我要劝你，不要太轻信了人家。

我亦要你唱一个。

哼！你爱上了武松么？

捉贼！贼。

捉贼！贼。

我是武松，不是贼，我来捉贼的。

武松，我一力想抬举你，不料你竟做出这样事来。

押到他房里去搜查！

呀，贼赃在这里了。

好一个贼眉贼眼贼心贼肝的囚徒。

我实在不知道这些东西怎样在我的箱子里。

既然赃证明白，明天押到府里审问。

张大哥，你替我分辩一下。

我不知道，各人肚里明白。

压迫下的审判

跪下来！

你这远流配军如何又来做贼？

我武松是顶天立地的好汉，怎肯做贼？

赃证都全，你还敢图赖？

打！重打！

好，我招了，一切的事情都是我。

死囚牢

多时不见，不想哥哥遭了此难。

这位康节级是小弟的好朋友。

这原是张团练代蒋门神报仇，和张都监定的计策。

知府亦受了贿，要害他性命，只有当案叶孔目不肯。

施兄你去央求叶孔目，便可救得他性命。

这点微意请先收了。
感谢大人，代小弟报得此恨。
这点小事，算得什么。
恨不得立刻出去吃他们的肉。
哥哥且耐着性儿。
武松减轻罪刑，在牢中押满六十日刺配恩州囚城。
生死交情只挣得此一别。
哥哥，为小弟弟受了这般磨难。
好几时不见你，如何又怎地模样？
前几天，蒋门神又领了群军汉来店厮打，将小弟打伤，店又给他夺去。
武松是个贼流，不要我们吃你的酒食。
哥哥，吃了这杯酒。
这里有点衣服，碎银子，路上好做盘缠。
这两个贼男女，不怀好意，要仔细提防。
我已省得，你自回去将息，有缘再得相见。
小人们是蒋门神徒弟，是他们定计，叫我们来害你。
他们都在张都监家，等小人回报。
贼，来得太早了，老爷还没睡哩。
他……他们在……鸳鸯……楼吃……吃酒。
却饶你不得，却把你来开刀。
真讨厌，吃了一天酒还不散。
这时候武松想是已经到鬼门关了。
四个对付一个，再有几个性命也没了。
哎哟！
请你可怜我，想了你许多年。
奸贼，滚出去！
你还放不下武松，武松今天已经去见阎王了。
我和你有何怨恨，你却来陷害我。
这口怨气，今日方才出得。
我们捉得一头引货在这里。
这不就是叔叔么？
兄弟端的像个行者。
哥哥，兄弟就此告别了。

黄天霸招亲

出品　长城画片公司，1928年

导演　雷雨田

摄影　李文光

布景　万古蟾

书幕　张汇元

演员　韩玉卿　谭剑秋　王桂林　陈贵山　严工上　刘汉钧　周空空　洪警铃　赵君田　袁奎官　刘继群

《黄天霸招亲》电影取材于贪梦道人《施公案》。其电影本事、字幕无署名，原载《长城特刊》第12期（《黄天霸招亲》、《翠屏山》、《武松血溅鸳鸯楼》特刊，1928年1月）。

本　事

却说施公带了御赐金牌往淮安赴任，这日到了徐州府安乐镇地界，找了一家客店住下。当夜御赐金牌，又为人盗去，留下纸帖，指明黄天霸去取，署名的赛云飞张桂兰。当时大家都不知道这赛云飞张桂兰是何等样人，于是第二天计全同天霸往褚家庄褚标那里，打听明赛云飞张桂兰原是凤凰山张七的女儿；那张七亦是老辈英雄。黄天霸当时急欲往凤凰山去取回金牌，经褚标拦住，由褚标偕同朱光祖往凤凰山讨回金牌并替桂兰做媒，许配天霸，天霸也允承了。

褚标同朱光祖往凤凰山见张七，讨取金牌。张七执定要天霸前去比试，倘使赢了，张七父女，自将金牌送回；天霸与桂兰的婚约，也等比试后再定。褚标朱光祖回家，将张七之言转告天霸。天霸亦不多言，当夜瞒着众人私自往凤凰山探取金牌。第一次并未得手，亦不回褚标家，自住在一家小客店内。

且说褚标同朱光祖第二天早晨见天霸不别而行，心知负气独往凤凰山索取金牌，速忙随后赶到凤凰山。这天晚上张七正陪同朱光祖褚标计全喝酒，忽听得屋上有脚步声，连忙抽刀出去；褚朱计三人亦出去在天井中观战，原来是黄天霸。二人相见，在鸳鸯楼上大战起来。忽然屋脊后来了一个女子，天霸知是桂兰，于是独力奋斗二人，张氏父女亦深佩天霸英雄。

这时褚标在下面喝住，张七便跳下屋来，桂兰自往后面去了。褚标将天霸张七介绍，说定先将金牌由计全送回安乐镇，并禀明施公，留天霸在凤凰山和桂兰结婚。

结婚后自有一番趣闹。新婚后，天霸就带了桂兰仍保施公往淮安赴任。

字　　幕

施公淮安赴任
安乐镇上
赛云飞张桂兰
凤凰山张七
施公
你们先去寻了客寓，我带了他们随后来！
不必惊动当地官府！
飞标黄天霸
神眼计全
飞山虎甘大爷
你不懂规矩吗？外乡来的都得大爷名下挂号，才许买卖！你敢在老虎头上拔毛违反你甘大爷！
不服气同咱老子较量两下。
我们初到贵府不知规矩，望乞恕罪！
既是初来，大爷恕你无罪，快点滚罢！
我们本是逢场作戏并不靠此谋生，何必认真！
那为首的一位就是黄天霸。
兰儿，我们明天动身回去罢！
再住几天！
久闻天霸英雄现在来了，倒要见识见识！
你只爱淘气！
出去吩咐众人，本院在此休息数日，再往淮安赴任，大家务要当心！
初次相逢
大爷，再请宽限几日，小人现在实是无力还这笔钱！
你这狗才，故意装刁，限明天将款子还清，不然送官重办！
请大老爷杀了小人罢，实在无力偿还！
你敢来管大爷闲事！他欠我的钱不还！
三年前他问我借银子五十两，现在本利该二百两。
他是飞山虎甘大爷，镇上的大虫。他有钱有势，专门同百货作对。
他就住在镇的西面，有高高白墙的那座大房子里。
是夜
那瘦鬼王之的银子已经还了，却被我多捞些利钱来！
大爷，柴房起火了！
尊款二百两，暂代保管，容日奉还！

本来这火来得奇怪,有硫磺气味,我有晓得贼了!
你这孩子专爱淘气!
黄天霸武艺高强,不是好惹的!
我却不怕,倒要领教!领教!
况且施公又有御赐的金牌,如皇帝亲临。你做出什么事,害我受累!
既是这字帖指明要卑职去取,请宽限十日,卑职取不回来,提头请见。
黄贤弟不要性急,此事还是大家商量的好,还得请教一位英雄,方可办理!
此人居住褚家庄,姓褚名标,问他或可知道赛云飞的所在。
凤凰山
东西现在带回了,看你怎么样应付人家!
褚家庄
褚标
此次张七同他女儿将金牌盗,恐怕别有用意!
他说指明要我去取,是有意来开玩笑!
此事无论如何请英雄!
朱光祖
现在你预备怎么样将金牌得回!
现在请二位领我到凤凰山去和张家父女拼个高低,假使他们输了,我自将金牌取回!
你把事情看得太容易了!要晓得张家父女却十分了得。
我却不怕!
你请放心!金牌由我二人去取,不过要答应一件事。
只要答应了这件事,金牌就可以毫不费力取回来。
请二位在此静候好音,我们就上凤凰山去!
许久不见越发长大了!
我看天霸与桂兰倒是一对,让我们来做个媒。天霸娶了桂兰,还了金牌也是一件美事。
我也久仰天霸英雄,不过现在事已如此,还是叫天霸上山来,假此他能赢得我父女两人,自将金牌送还,结婚的事再谈!
叫你不要多事,偏要多事,现在人家寻上门了!
还是把金牌还他们,免得许多事。
我恐怕两方较量起来,难免有失!
我却不怕!
我再三说项,他总不肯,定要你亲自去和他们见个高下。
不要性急,等我们再慢慢商量。
天霸初上凤凰山
翌晨

他一定上凤凰山去了，等他与张氏父女比拼两下，我们再去说和！

高升客寓

黄天霸二上凤凰山

现在要杀，何必多说！

你们也太会欺人了！

天霸今天晚上必来！

今晚来了，你们父女再欺悔他，我可不能不帮忙！

此位是神眼计全！

今晚上等你们丈人女婿见过高低，看谁胜谁负，我们再谈做媒的话。

我看我们的媒做准了，今晚他们却莫是做亲！

黄天霸三上凤凰山

着配个对儿！

好个配个儿！

人家已经配了对儿，你这老头觉不知趣还在拼命！

你们太欺人，两个打一个殊不服气，咱们较量！较量！

金牌请计爷爷带回，施大人面前请代为请罪；天霸的事，也请计老爷代为请示办理。

现在天霸的婚事，还请大人做主。

新婚后

孙行者大闹黑风山

出品　大中国影片公司，1928年
监制　顾无为
编剧　林如心
导演　陈秋风
摄影　川谷庄平
化装　朱剑灵
道具　张非我
剧务　陈野禅
置景　沈唉天
说明　董天厄
服装　蒋镜澄
照相　倪承康
书幕　倪古莲
演员　陈秋风　庄　重　朱剑灵　沈唉天　刘爱丽　袁啸燕　董天厄

《孙行者大闹黑风山》电影取材古典小说《西游记》，由林如心编剧。其电影本事为李元龙撰写，字幕为董天厄撰写，原载《大中国影片公司特刊》(1928年)。

本　　事[1]

李元龙

唐三藏带领孙行者西天取经，过黑风山求宿观音禅院。方丈金池长老，好古之士也，所用器皿俱系珍品。知三藏来自大邦，必有随身宝物。唐恐露眼，推说无有。行者艺高胆大，劝唐以观音所赠袈裟出示。金池老奸巨猾，见袈裟霞光万道，惊奇异常，心生恶念，骗往内室。小僧献计，火烧唐僧师徒，而袈裟可得矣。

行者正待就寝，闻窗外有人声，就窗隙视之，始知金池阴谋。化蜜蜂飞出，再至南天门向广目天王借来避火罩，罩住唐僧卧室。行者更呼风助威，烈焰腾空，孰知唐僧固安然不伤毫发也。

黑风山黑风洞，有黑风大王者，千年熊妖也。与金池长老颇友善，常用黑风摄去民间妇女，寻欢作乐。因之附近民妇，几至绝迹。是晚正酒醉酣宴之际，忽见山下火光冲天，疑系失火，急驾云下山。至方丈室，见有袈裟彩霞耀目，竟忘救火，取袈裟

---

[1] 原为句读。

而去。行者待火熄,收去避火罩,偕唐僧问金池索取袈裟。金池大惊,害人适以害己,无物可交,无辞自圆,撞壁而死。行者遍搜院内,不见踪迹。末得一物,小僧识为黑风怪所遗,告行者。行者嘱小僧善侍唐僧,小僧不敢不遵。行者遂往黑风山边去。

行者至黑风山边,见此怪正与其二友论袈裟,拟开佛衣会事。行者大怒,棍死一友。黑风怪入洞取兵器与战,败绩,紧闭洞门,行者不得入。明日复往,途遇小妖,系往请金池长老者。行者击死之,化金池形入洞,为其识破,在洞中大战。继复诱出洞外,时而高山,时而平地,时而云端,力战不休,末又逃回洞中。行者纵能无如何也,大愤,以事出禅院归罪南海观音,径往紫竹林面责。大士观音慈悲,不加之罪,且陪其同往收妖。

观音行者途遇凌虚子者,捧金丹赴会去。行者识为洞口二友之一,出其不意击毙之。更求观音化为凌虚之形,己则幻为金丹,以便收妖,观音允之。入洞,妖不知其故,吞下金丹。行者在其腹中拉肠抽筋,逼其交出袈裟。观音亦现出圣容,黑风怪大恐服罪。行者自口中出,取得袈裟欲殴之。观音不许,命其还原,则一老熊也。行者回见唐僧,而观音亦牵此熊,作落珈山后守山神去。

洞中被摄妇女,亦同时释放,各自归家团圆焉。

字　　幕[1]

董天厄

六个毛贼。

眼看喜。

耳听怒。

鼻嗅爱。

舌尝思。

意思欲。

身本忧。

唐僧。（陈秋风饰）

孙行者。（庄重饰）

唐僧：不好了,那边有强徒来抢劫了。

悟空：师父不必惊慌,那都是送衣服送盘川给我们的。

强盗：留下行李,放你们过去。

悟空：我是祖传的大王,积年的山主,却不曾闻得诸位大名。

强盗：我们是六根大王。

唐僧：你既出家修行,为何造孽打死人命？

悟空：打死了他们,才能算六根清净。

---

[1] 原对话者有括号,无冒号。

唐僧：行凶焉能出家？
悟空：既然我做不得和尚，上不了西天，我就退回去，让你一人上西天。
凄凉孤独，行路很难。
观音：此去天竺国，有十万八千里，你单人独马，又无徒弟，如何能去呢？
唐僧：我本来收一徒弟，他性情凶顽，是我说了他几句，他不受教，遂渺然而去。
观音：我有衣帽两件，等你徒弟回来，送给他穿戴，他就安心了。
唐僧：我徒弟已走，不敢领受。
观音：他不久一定会回来的。
观音：我教你一篇定心真言，又叫紧箍咒，暗暗念熟牢记心头。
苦口婆心。
观音：等你徒弟戴上此箍，若不服你使唤，你就念咒，他再不敢行凶了。
慈悲本相，观世音菩萨。
观音：不保唐僧，来此何干？
悟空：他说我脾气不好，所以让他。
观音：莫错了念头，还是去保他，将来可成正道。
唐僧：我说了你两句，你就动气走了，丢下我一人，又冷静，又饥饿，你居心何忍？
悟空：你饿了，我有点心给你食。
唐僧：你既回心转意，我就送你衣帽穿戴。
悟空：头疼……头疼！
悟空：戴上去，不能下来。
唐僧：是我念的紧箍咒。
唐僧：从今以后，听我教训，就不念咒了。
悟空：听……听教训。
广智和尚。（朱剑灵饰）
和尚：既是借宿，请到院内。
和尚：此地不借宿，请往别处去。
唐僧：他是我的徒弟，脸上凶恶，心里良善，请你不必疑惧。
悟空：这就是做一日和尚撞一日钟的道理。
悟空：和尚不撞钟，不算是和尚。
和尚：不要争了，我领你们去见方丈。
方丈金池。（沈唤天饰）
孙悟空一双慧眼，早瞧出金池非正道。
唐僧：高寿几何？
金池：痴长二百七十岁。
悟空：这还是我的万代儿孙哩！
金池：你们离了大唐国到此，走了多少路程？

唐僧：共走了二万里左右。
金池：哎呀！走了这许多路，吓煞我一生未出过山门的人了。
悟空：二万里路，不够我翻一个筋斗。
唐僧：贵处宝物真多。
金池：小物件不足为奇。你们自大唐来，总有宝物，请给我一看。
唐僧：小僧无甚宝物带来。
悟空：包袱里那一件袈裟，不是好宝贝吗？
金池：既有宝贝袈裟，请取出让我见识见识。
金池：这样至宝，何处得来？
唐僧：此袈裟的来历，实在不小，待我说给你听……
观音：我这件袈裟，卖价五千两，那件锡杖二千两。
唐帝：看你是个疯人傻子，这两件东西，如何要值这许多银子！
观音：卖给不识货的就要这许多银子，遇见识货的，就送给他分文不取。
唐帝：听你说话，很有法道。无论多少银子，我一定照价买去。
观音：你既然知机悟道，袈裟锡杖，奉送给你。
观音：不要银子，不要钱。
观音：果然是一位高僧。我这袈裟锡杖，不枉送了。

疯人是观音菩萨变化的。（刘爱丽饰）

南无观世音菩萨。

观音携木吒升空。

观音：吾赐袈裟给高僧，望大家积德行善。

后宫妃嫔来拜佛。

唐帝：今生得见菩萨，前世修来之缘。
唐僧：袈裟是观音菩萨赐下的，真是无上法宝。
唐僧：得了袈裟，圣上就赐给我，命我往西天取经。
金池：我一时眼目昏花，看不清楚。
金池：不看，又错过天缘。求你留在此地，让我细看一夜，明日奉还。
唐僧：都是你惹出来的祸。
悟空：借给他不要紧，天大事都有我老孙。
金池：快将前堂扫净，让他们安歇。

黑风山怪熊精。（袁啸燕饰）

黑熊精，常以黑风摄诸少女至山洞取乐。

老人：不好了，我女儿被风吹去了。
乡人：我的老婆也是这样不见了。
少年：妈！妈妈，被风吹到哪里去了？
乡人：娇妻呀！我的恩爱的娇妻呀！可怜你也遭了风灾了。
金池：我活到二百七十岁，没有看见过这宝贝。

和尚：师父要看，现在可以多看看，何必哭呢！
金池：看过就要还他，又不能穿在身上，想想真伤心。
和尚：不要伤心，留他们多住几天，你就穿几天。
金池：穿到后来，总是要还他们的。
和尚：害死他们，就可以穿得长久了。
金池：如何下手？
和尚：用刀杀。
和尚：用枪戳！
和尚：用棍打！
金池：就怕那个毛脸撞钟不是好惹的，用刀枪动手，敌不过他，反而招祸。
和尚：最好不动声色，放火烧死他们。舍了一间房屋，说他们自不小心，免得人家议论。

孙悟空恐怕惊动人，变个蝗虫飞出，又恐怕师父说他行凶……
天将：闹天宫的猴王又来了。
悟空：不闹天宫，我来要问广目天王借避火罩。
悟空：唐僧路遇歹人，放火烧他，请你借避火罩去救。
天王：应当借水灭火，为何要借避火罩？
悟空：借水灭火，烧不起来，倒便宜了歹人。借罩只要救护唐僧，其余尽他烧去。
天王：你总是猴儿心肠，只顾自己，不顾别人。
悟空：不要取笑，快取罩来。

黑熊精已知观音院火烧，特往探看。金池方丈系其同伴也。
此袈裟乃佛门至宝，黑熊精本善意来救火，迨见财宝动心，反变恶意，窃物而去。
悟空呼风加火。
悟空：他们放火，我施法护住你。
唐僧：你有法救我，如何不救别房之人？
悟空：果然应了你的话，他们想得袈裟，放火害我们。不是我本领高强，现在你我都成灰骨。
悟空：我见他们心毒，不愿救火，只略略助些风。
唐僧：火起应当助水，为何反而助风？
悟空：他们不放火我怎肯助风。
悟空：我们去问他要袈裟。
和尚：鬼来了！火烧鬼来了！
和尚：都是老和尚意思烧你们，不与我们相干。求鬼王饶命！
悟空：我们法力高大，没有烧死，你看我睡的地方。
和尚：天神！天神！
悟空：快还我的袈裟。
和尚：袈裟一定被黑风山怪偷去了。

和尚：黑风山怪与金池老和尚，常常往来，这是黑风怪的物件。

黑风怪：后天是我的寿辰，我又新得一件锦烂袈裟，请你们来庆贺饮酒。

黑风怪：袈裟是我拿的，你是何人？有何本领，敢来讨取！

悟空：说出我的来历，吓煞你了，我就是大闹天宫的孙悟空……

黑风怪：原来就是弼马温！

唐僧：都是你要献宝，闯出来的祸，念咒叫你头痛。

悟空：不要念了，我明天死也要取回袈裟。

小怪：金池长老到了。

黑风怪：刚才差人去请，如何来得这快，恐怕其中有诈。

假怪：知道你得了法宝袈裟，特来见识见识。

小怪：下帖的被孙行者打死，请大王小心猴儿变化来骗你。

黑风怪：洞门好比天罗地网，猴儿有天大本领，也不能进来。我们且寻快乐呀！

悟空：想回去，又怕师父念头痛咒。

悟空：你有一个禅院，在西方路上，受了人家香火，又容一个黑怪住在邻近。

悟空：偷了你给我师父的袈裟，屡次讨取不与，我特来问你要。

观音：你还来怪我，谁教你卖弄宝贝，给小人看见。

观音：你会呼风助火，何必到我这里来！

悟空：你倒先知道了，求你帮忙帮忙。

悟空：我不敢怪你，一来我打不开洞门，二来又怕师父念咒头痛，求你大发慈悲，同我去罢。

观音：说出实话，倒要帮你同去。

观音：他也没有偷袈裟，为何将他打死？

悟空：我看见他是黑怪的同党，一定是去拜寿的。

悟空：造化！造化！老孙倒有一计，不知菩萨可肯依我？

悟空：你变妖道，我变金丹，你去拜寿献丹，让黑怪吃下我变的金丹。

悟空：我就于中取事，他不还袈裟，我就破他肚肠。

观音：猴子主意，都是可恶的。

悟空：变得真像！还是妖精菩萨，还是菩萨妖精呢！

观音：菩萨妖精，总是一念，若论本来，皆属无有。

假道：小道敬献仙丹与大王上寿。

悟空：快将袈裟交出，饶你性命！

乡人：我的娇妻呀，想煞我了！

八宝公主招亲

出品　大中国影片公司，1928年
监制　顾无为
编剧　吴翰仪
导演　夏赤凤
摄影　徐绍宇
照相　倪承康
化装　朱剑灵
剧务　蒋镜澄
置景　沈唳天
服装　邹剑魂
道具　张非我
书幕　倪古莲
演员　沈丽霞　王丽华　顾梦痴　蒋镜澄　王凌波　沈唳天　朱剑灵

《八宝公主招亲》（一名《五虎平西》）电影取材清代无名氏小说《五虎平西演义》，由吴翰仪编剧。其电影本事为夏赤凤所作，字幕无署名，原载《大中国影片公司特刊》（1928年）。

本　　事[1]

夏赤凤

　　大宋仁宗皇帝，本大罗天仙转生，因逢乱世不肯下凡，玉帝特命文武二曲星君降生，以为辅佐。是以文曲为包公，而武曲即狄青也。当文武二星下凡之日，庐山圣母设宴天宫为之饯别，而各洞神仙及仙姑仙女都来相送，或作清歌，或与妙舞，繁华天上，不异人间。武曲星君得意忘形，不觉酩酊大醉。有散花仙子尤为仙女中之领袖，武曲见之，乘醉调笑之，欲强灌以酒。散花怒掷其杯，武亦愤推散花倒地。方纷扰间，文曲来劝之，散花始息怒而去。武自知形状丑态不足以见爱于仙女，乃商于文，假其容貌，往戏散花，以供笑弄。文初不愿，强而后可。武遂幻为文状，往见散花，散花果欣然相就。正谈笑间，而玉帝圣旨已来，盖因散花已动情根，遂亦贬下凡间以完劫数。而武曲既假文之容貌，亦不肯即还。是以降生之后，包公本文臣而有武相，狄青武臣而有文相也。

---

[1] 原为句读。

西辽国不服王化屡犯宋土，仁宗命狄青征之。狄青有结义兄弟四人，共称五虎。刘庆张忠石玉李义各随帝西征，因路途不熟，误走单单国。连破三关，单单国王大怒，命八宝公主出兵迎敌。八宝公主者，盖即散花仙子投生也，幼得庐山圣母传授，有八件法宝，故称八宝公主。两军相对，五虎虽勇，不敌公主，遂致陆续被擒，只余狄青奋力相敌。公主一见狄青少年英勇，遂尔倾心。有大将麻烦，单单国之勇臣也，本思得公主为妻，此次亦随公主出战。在战场上见公主与狄青温存软语，不觉生妒，乃力催战鼓。公主无法，只得与狄相战。施用法宝，而狄又被擒，公主乃凯旋而归。

公主既得胜回朝，因眷念狄青，遂力嘱国王不可杀害，须劝使归降。国王亦深知公主之意。不料狄青以死自誓，决不肯降。国王无法，遂推出斩首。幸得庐山圣母赶来相救，始免一死。后来梦中点化狄青，始允投降国王，乃招之为驸马。姻缘天定，信不能违也。

成婚之后，狄青时时以征西辽为念；而深知公主不肯放行，乃先以计调遣四虎在外。一日，乘公主不在宫中，遂私行遁走。及到风火关，以无国王旨意不得出关。正惶急间而公主已追至，责其负义。狄青无奈，下马备述苦衷，公主始忍恸允许。狄青遂重招旧部，再征西辽。当分别之时，真是肝肠寸断也。

字　　幕[1]

大宋仁宗天子，本是大罗天仙投生转世。因为不肯下凡，玉帝特命文武二曲星君一同降世，以为辅佐。

当文武二曲星君下凡之日，天神天将、仙女仙姑，都来饯别。

黑脸是武曲星，白脸是文曲星。

庐山圣母，是八宝公主之师。（沈丽霞饰）

散花仙子，八宝公主前身。（王丽华饰）

文曲星：你醉了吗？

武曲星：你肯随我下凡去吗？

散花：你这黑鬼真有些可厌。

天仙：道友，今天他们这件事情，已经种下一段姻缘，定数难逃，亦是天意。

庐山圣母：你我二人，亦在数中，将来仍须下凡一走。

文曲星：只怪尊容不雅，并非美女无情。

武曲星：我有句话，同你商量，我们到那边说去罢。

散花：此地有些讨厌，我要先走了。

圣母：你不要走，少停玉帝还有圣旨到来。

武曲星：散花仙子见你生得风流，所以爱你不爱我……

武曲星：我同你商量，把你的脸借给我一用，待我来开她的玩笑。

---

[1] 原对话者有括号，无冒号。

武曲星：不要紧，有事我来承当。
武曲星：我们彼此将脸换过。
诸位看官记着，以后黑脸是文曲星。
白脸是武曲星。
自古嫦娥爱少年。
武曲星：你肯随我下凡吗？
散花：没有玉旨，不能下凡。
圣母：玉旨已经来了。
降旨官：奉玉帝圣旨，散花仙子，已动情根，命其下凡，以完劫数。
散花：到了红尘，又要多一层魔障，请你要救救我。
圣母：姻缘天定，不要伤心。将来投生之后，我自会时时照应你。
想不到弄假成真。
文曲星：你的好事，已经成就，借我的脸，亦可以还了。
武曲星：你真小器，讨债亦未免太快了。
天仙：人情做到底，等他将来归天之后，再还你的尊脸，亦不迟呀。
文曲星：照你这样有借无还，下次请你免开尊口。
单单国之勇臣麻烦大将。（顾梦痴饰）
麻烦之友：你这样勇武，八宝公主都不爱你，真是可惜。
麻烦：但是我的心中，觉得公主实在是爱我。
麻烦：大凡有真情的女子，对于情人，面上都是冷冷淡淡的。
麻友：八宝公主，在那边练武呢。
麻烦：我去看看她。
令官：大宋狄青元帅，奉旨平西，误走单单国，连破三关……
令官：现在国王大怒，召集文武大臣，商议出兵。你快随我去见国王。
丞相：宋朝五虎将，实在利害。我已奏请国王，命八宝公主，出兵对敌。
麻烦：是呵，公主从小拜庐山圣母为师，传授八件法宝。狄青哪能抵敌？
单单国王。（蒋镜澄饰）
国王：公主已定明日出兵。
八宝公主。（王丽华饰）
公主：明日出兵，我要挑选一员勇将，派作先锋。
麻烦：小将麻烦，愿充先锋之职。
麻友：我看公主实在爱你。
战无不胜之狄家军。
大宋平西大元帅狄青，乃是武曲星下凡。（王凌波饰）
五虎将。
将军刘庆，五虎之一。（沈唤天饰）
刘庆：元帅，敌人的兵已经到了。

狄青：就在此地排阵，你去交战。

战鼓频催。

乾坤索，八宝之一。

公主：将他押在营中，等候拿齐五虎一同斩首。

探子：刘将军被八宝公主擒去了。

狄青：张将军你快去交战。

五虎大将，去了三虎，尚余二虎。

只剩了一个虎头。

这亦算英雄小聚义。

刘庆：哈哈！你来迟了，应当罚你三杯。

刘庆：不料我们五虎英雄，不及一个雌老虎。

有缘相会。

似曾相识在前生。

把沙场化作情场。

麻烦：公主连拿四将，大概疲倦了，待我来与狄青交战罢。

狄青：公主息怒，本帅奉旨平西，误犯贵国，请你放还四将，两下讲和。

公主：你夺了三关，杀了我们四将，岂能和好！我劝你不如归降我们罢。

公主：你如降我，我可保你性命。

狄青头上有金盔血结法宝，所以乾坤索不能伤他。

狄青幼得鬼谷仙师传授，有法宝穿云箭。

公主法力无边，手接穿云箭又取锁阳珠。

锁阳珠，八宝之二。

是当日在仙宫，一推之报。

麻烦：捆紧些，这蛮子实在可恨！

公主：国王旨意，要捉活的。你把他捆坏了，怎么去见国王？

英雄气短。

狄青：大丈夫本不怕死，只恨国恩未报，实在惭愧万分。

刘庆：我只怕死了之后，魂灵回不得家乡，被人骂我们是外国鬼。

儿女情长。

宫女：夜深了，请公主安睡罢。

这一夜相思，如何睡得着。

得胜回朝。

麻烦：现在干戈平定，我想请丞相做媒，让我与公主早日成亲。

公主：这狄青五将，都是有用之才，父王切不要杀他，劝他们归降我国。

国王：尚若狄青不肯降，难道放他们回去吗？

公主：不能放，亦不能杀，非要他降顺不可。

麻烦：中国人最怕死，我看这五虎将，亦不过虚有其名。

麻友：只要国王封他一官，他们还舍得死吗？
国王：单把狄青带来审问。
刘庆：元帅要尽忠报国，莫被番人耻笑。
国王：狄青，既往不咎，你还是降顺本朝，可免一死。
狄青：败军之将，视死如归，万不能降你！
公主：你去打听，那狄青肯降不肯降？
狄青：要杀快杀，不必多说。
麻烦：狄青既被公主擒住，足见武艺平常，留亦无用，不如杀了干净。
国王：就派你为行刑官，将五虎将一齐斩首。
宫女：狄青不降，国王已经传旨斩首，五个人都绑出去了。
圣母：不可开刀！
圣母：狄青与公主，有夫妻之分，万不能杀。
麻烦：我奉国王旨意，谁敢阻挡行刑？
圣母：你若起心杀他，我先杀你！
圣母：我现在用定身法定住你们，等我见过国王再说。
公主：师父来了。
圣母：我是为狄青来的，他与公主有姻缘之分，国王不可杀他。
圣母：他们姻缘注定，请国王赦回狄青，招为驸马。
狄青：公主！你可以不怨恨我了么？
公主：狄元帅，并非我劝你做不忠之臣，天缘已定，人力难违。
圣母：请国王劝劝他，成就良缘。我要回山去了。
国王：派你为媒，好好劝狄青归降，将公主下嫁于他。
麻烦：狄青是个忠臣，恐怕说亦无用。
国王：你敢违旨吗？如若狄青不降，先将你斩首！
月明之夜。
举头望明月，低头思故乡。
狄青：我要回去看我母亲，我不能死在此地。
圣母：你与八宝公主，本有夫妻之缘，何必固执不降。
狄青：生是汉人，死为汉鬼。我若投降，有何面目再回中国。
圣母：你是奉旨平西来的，如今西辽未平，难道你有面目回去吗？
圣母：你千斤重担在身，一死岂能报国？不如留着有用之身，等候机会。
圣母：你不必性急，九月重阳，便是八宝公主助你平西立功之日。天数已定，不可勉强。
狄青：事到如今，只好尊圣母法旨。
吉日长晨。
为人作嫁。
石玉：八宝公主嫁给狄元帅，真可算郎才女貌好夫妻。

刘庆：我们四个人，不是来打仗，只好算是奉旨送亲来的。
刘庆：驸马府中之洞房花烛，不知亦与众人同否？
刘庆：已经拜过堂了，还要假正经。我们元帅，太不爽直了。
公主：你为什么，如此讨厌我？
狄青：你在阵上，将我打下马来，不留一点情分，你说气恼不气恼！
公主：元帅不要生气，我来赔个不是。
有因终有果。
狄青：方才冒犯你，请你不要见怪。
刘庆：元帅来了，我们来取笑他。
张忠：方才冒犯你，请你不要见怪。
狄青：不要取笑了，我们商量大事。
狄青：我已请公主保奏你等镇守三关，你们可即日就去上任。
狄青：你私下招齐我们旧部。等到有了机会，就可逃出此地，再去征西。
狄青：你有驾云帕，可即到京城，代我打听朝中消息。
公主：你那匹马，我看见过的，同我的马差不多一样快。
狄青：说到骑马，想起我有两件法宝，不知公主代我收藏没有？
狄青：一件穿云箭，一件人面兽，是我师父鬼谷仙师传授的。
宫女：国王有病，请公主快去。
狄青：怎么你回来了？
刘庆：现在人马已招齐，我们就去征西，你可以快些逃走。
狄青：你快将我的马牵出后门，有人来问，只说是打猎去。
风火关。
关官：驸马出关，不知可有国王旨意？
关官：没有国王和公主的旨意，是不能出关的。
关官：公主来了，只要公主有令，我就立刻开关。
狄青：我何曾要逃走，只不过出关游玩游玩。
公主：你到此刻，还要骗我吗？
狄青：公主！因为我母亲押在天牢，我若不能平定西辽，母亲就性命不保，此计亦是万不得已。
公主：一派假言，谁能信你？万不能放你回去。
刘庆：元帅，这种妇人，要她无用，不如杀了。
刘庆：丈夫有急难，妻子应当帮助才是。他为了儿女私情，要害你做一个不忠不孝之人，岂非可杀！
公主：他的话亦很有理，我何必误你大事，就放你出关去罢。
公主：不过我将终身托了你，你……你……
公主：……你此番去了，恐怕今生今世，永无见面之期了。
千古伤心是别离。

新少林寺

出品　大中国影片公司，1928年
监制　顾无为
编剧　陈秋风
导演　陈野禅
说明　李瑞霞
摄影　川谷庄平
化装　邹剑魂
照相　倪承康
总务　顾梦痴
置景　沈唉天
制片　徐绍宇
剧务　朱剑灵
绘题　董翰民
道具　张非我
演员　沈唉天　刘爱丽　王天聪　陈野禅　俞樵翁　李月东　顾梦痴

《新少林寺》电影（又名《方世玉打擂台》[1]）由陈秋风编剧。其电影本事为李元龙撰写，字幕无署名，原载《大中国影片公司特刊》(1928年)。

本　　事[2]

李元龙

　　粤人方德，以营商起业江宁，妻早亡。任侠尚义乐善好施，江宁城中无不知有方翁其人者。先是有苗显者，为国拳名宗少林寺之先进，久历江湖，颇著声誉。嗣以年老落魄天涯，辗转江宁，以小贩暂谋糊口，徒以时运不济，常患竭蹶。方翁怜之，不时周济。感激莫名，爱以其女翠花妻之。

　　翠花幼受其父薰陶，家学渊源，武艺超群。自嫁方翁，老夫少妇，情爱弥笃。生一子，取名世玉。翠花即以其所能，悉心教练。世玉天资聪颖，年未弱冠，已有万夫不当之勇。任侠尚义出自遗传，惯打不平，江宁城中从未遇见敌手。然好动者终有失检，于是方翁为爱子故，被诈事固屡见不鲜也。

---

〔1〕新人影片公司亦拍摄同名影片。
〔2〕原为句读。

时方翁欲往武林收取帐款，翠花以世玉常处家中，命其随往，既可广阅历，复可稍收其心。抵杭后，闻有擂台之设，世玉喜不自胜，潜往一战。

此擂台之主者，名雷老虎，固当地之恶霸，常与粤人为仇。设台曰"无敌台"，台联曰"拳打广东全省"，"脚踢苏杭二州"。其声气之豪自可想见。是日，世玉一见，即立志与粤人雪耻。雷老虎固能手，世玉几不胜，嗣出绝技，雷死焉。世玉回寓，粤人俱设宴贺之。雷妻李小环为替夫报仇，约再决斗。世玉明日往，伤要害，盖小环亦少林派李巴山之女也。

世玉既受伤，方翁遣急足速翠花至杭，用药施救。次日与小环战，功力悉敌，不分胜负。翠花遂急往其师伯五枚尼姑处求救。五枚大怒，与方翁议，以义属同道，先礼后兵。翠花等然之，挈世玉等同往。小环自伤世玉，平敌翠花，知对方决不罢手，遂亦将其父李巴山请来，以为后盾。闻翠花有求和意，佯为容纳，拟埋伏杀之。初不料，五枚早料及此，领翠花世玉至雷处，愿命世玉以子礼侍小环。巴山不允，微露杀意。五枚亦直言，非无准备者，与其暗箭伤人，宁可明枪交战。巴山然之，约三日后梅花桩比武较量。梅花桩为拳术中之最难者，巴山练之有素，颇有能名，以为经此一击，纵属五枚，亦当退避。殊不知五枚固为此中前辈，特未出手耳。及其比试，二老大显神通，惟巴山终不敌五枚，死焉。五枚以小环助夫为虐，亦死之。地方之害除，五枚翠花世玉等有功焉。

字　　幕[1]

老夫少妻花烛夜。
少女奉父命嫁老翁，以报恩德也。
亲朋毕集。　洞房欢乐。
富翁方德。　（沈唤天饰）
苗翠花。　（刘爱丽饰）
老夫少妻之结晶品方世玉。　（王天聪饰）
世玉：妈妈。
翠花以其父所传之毕生武艺转授于世玉。
偶忘一解法，回忆其父在世时所教之情状，遂恍然大悟。
方世玉练习武艺。
方德命子习文。
世玉：爸爸，妈妈教拳术，我很欢喜的。
方德：你须要文武并学。
方德：叫你在家，偏要到外面闯祸。
方德：这都是你不管教他。

---

[1] 原对话者有括号，无冒号。

方妻：你不学好，连累父母呕气。

方仆：小少爷要改过。

方德：把他关在楼上，不许外出。

越楼而下。

车夫：这样长大的人，连这样笨重的货物，我实在推不动了。

坐车人：不推也要推。

车夫：求你开恩另雇他车。

世玉：大家都是人，人对人，为何这样无情？

坐车人：管你什么事？快些滚开去！

坐车人：你要劝我，你的车就让我坐。

世玉：很好……

世玉：可以。

世玉：……请坐……

车夫：请你给我的车钱。

坐车人：没有推到我的地方，一文都不给。

车夫：已经推过二十五里路了，随便多少总要给些。

坐车人：半文都没有。

世玉：一里路二两银子，行了十二里路，一共要二十四两银子。

坐车人：胡说……

坐车人：放屁……

小人力气大，人大力气小。

方德：你一天要闯多少祸？

方德：方才这个人说，你撞碎了他的锅，又打了他。

世玉：他是骗子，收了许多破锅，专门在街上骗人。今天骗张，明天骗李，又骗到爸爸了。

恶霸李大全，强抢女子。

方世玉以神弹打中恶霸。

众人：他是强盗。

世玉：我叫方世玉，专打抱不平。

方德：我有意到杭州去看朋友，顺便收租。

方德：我很不放心世玉，并想带他一同去。

方德：叫少爷来。

方德：我带你到杭州去，免得在家闯祸。

方德：预备我同少爷的行李衣服。

会馆董事。 （陈野禅饰）

广东人：现在本地有叫雷老虎，摆擂台，我们广东人，没有一个人打胜他。

方德：等我的租收清就要回去。

擂台主雷老虎。（俞樵翁饰）

方德：李叔父请客，你今天不要出去。

众人：到哪里去？

众人：看打擂台去。

广东人：今天有许多同乡要欢迎方先生。

方德：为什么愁眉不展？

众人：雷老虎来了。

老虎：不要跑。

会董：此人名叫雷老虎。

会董：专打我们广东人。

会董：欺负我们广东人。

老虎：专打你们广东人。

粤人：我也是广东人。

老虎：打倒的都是广东人。

方世玉：岂有此理！

方世玉：打倒你的无敌台！

气煞雷老虎。

老虎：唤你们的董事来。

老虎：哪一个叫方世玉？快叫他滚出来！

世玉：你不要拉住我的爸爸。

世玉：有什么话对我讲。

老虎：今天不必多讲，明天擂台相见。

董事：你的儿子，本领到底如何？

方德：连我也没有把握。

世玉：你还要打老爷们广东人吗？

老虎：方……方世玉。报……仇……

活老虎，变作死老虎。

董事：雄老虎已经被打死了，还怕什么雌老虎呢！

方世玉得胜回会馆。

方德：我叫我的小孩子来，要一回刀给诸位看看。

雷婢：老爷被人打死了！

雷妻：预备孝服我去报仇！

雷岳：我们预备报仇！

雷岳：到会馆里去找我们的小仇人。

雷妻：为什么把我的丈夫打死？

雷妻：是这小孩子么？

雷妻：我们明天擂台相见。

雷妻：小儿倒很厉害呀！
雷婢：这回定归要打死他！
董事：不要……紧。
方德：险……危险……危险……
雷妻：看看你们广东人，还有什么威风！
雷婢：是吧，我的话灵得很呢！果然打倒他了。
方世玉负重伤而归。
方德：我的儿子死了。
大家也是伤心。
这个老头儿就是方家的佣人。
方妻：我应当写封回信给他。
方仆：是的，免得老爷在外悬念。
方妻：你怎么一个人回来？
方仆：少爷负伤了，奉了老爷之命来请奶奶去。
方妻：你在家照应，我去看老爷少爷去。
方妻：真不要脸，你欺负的我孩子。
雷妻：你纵子行凶，我替夫报仇。
方妻：今日天气不早，改日再来比武。
方妻：你好好的服侍少爷。
方妻：我去找师父前来帮助。
雷岳：你是不是会馆董事？
董事：是的。
雷岳：日子已经到了，应当我们比赛。
方妻：师父来了。
方德：求师父帮助，帮助。
五枚：预备孝服前去赔礼。
方德：练习功课，不要出去闯祸。
方仆：张老爷请客。
世玉：爸爸我也要去呀……
众人：我们看打擂台去。
方妻：儿呀……儿呀！
五枚：不妨事，自有解脱方法。
方妻：总要师父搭救。
方世玉饮仙丹，身体复原。
合家感谢五枚姑。
雷家安排一切。
五枚姑率领众人往雷家赔罪。

雷岳：叫他在灵前赔礼。
五枚：大家不要动手。
雷岳：替我女婿报仇。
雷岳：既是英雄好汉，明天梅花桩较量较量。
五枚：我叫他们磕头领罪。
方家人等：我们情愿领罪。
雷岳：不要麻烦。
五枚：你的丈夫已死，我叫世玉与你丈夫披麻戴孝。
雷妻：我要报仇！我要报仇！
雷岳：既然如此，看你情面，随你去办罢。总要对得起我的女儿呀！
雷岳：你们来了许多人，是跟我比武吗？
五枚：咱们是自己人，不敢比武。
五枚：因为他儿子得罪了你，我叫他们来与你赔礼的。
雷岳：谁要他们来赔礼，有本事的请过来较量。
五枚：有本事也不敢同你比武，还是求你原谅他们罢。
雷岳：今天可以替你丈夫报仇了。
雷妻：全仗爸爸大力。

五枚姑不失约，依期比赛。

聚集梅花桩。

雷岳：果然不失约。
五枚：岂能失约！
五枚：请……
雷岳：今天比武，你们不要害怕。
雷岳：你们也不要害怕。
众人：谁怕你们。

五枚姑踢死李巴山。

雷妻：你打死我的丈夫，又踢死我的爸爸，我和你有不共戴天之仇。
世玉：打死他们还不算，还要打死你呢！
方妻：不要如此，我们决一胜负。
五枚：翠花，待我来，你不要动手。

广东人狂呼欢跃。

续儿女英雄

出品　友联影片公司，1928年

总监　陈铿然

编剧　徐碧波

说明　徐碧波

导演　陈铿然　文逸民

摄影　姚士泉

布景　陈梅嵒

剪接　叶仁甫

暗房　张克澜

书幕　沈剑豪

演员　范雪朋　文逸民　叶仁甫　顾如珍　时觉非　尚冠武　尚肖

《续儿女英雄》（一名《十三妹大破穿云岭》）即《儿女英雄》电影第2集，由徐碧波编剧。其电影本事为徐碧波所作，原载《电影月报》第1期（1928年4月1日）。

本　　事[1]

碧波

　　友联以编《续儿女英雄》剧本事见嘱。既奉命，参阅原书，汇以理想，越三日始奏笔。既成，复与导演斟酌，意似尽善矣，乃付诸开麦。但井蛙之见，终觉弗能布大荒，还望博雅君子，有以见勖，不胜幸甚，特将其崖略录后。

　　玉凤育一雏，已五龄，名馨儿，聪俊玲珑，殆得灵气所钟。金凤无出，然二凤之爱其弱息则同也。骥长日于画眉弄儿之外，常温理故籍。大比期届，遂备北上。惟虑道中萑苻不靖，乃倩玉凤为伴。一应家事，悉托诸张乐世夫妇焉。

　　有少年名姚影者，因乃父世元，被京宦所陷，怀重金往赎罪。傍晚止一小村落，入逆旅投宿，以客满被摈。时适安夫妇亦至，谂未能容身。玉凤乃言既若是，我侪可赶夜程。姚见伊全身作武装，意必可恃，坚求附骥，玉凤许之。

　　骥车二乘，辘辘抵三岔道。安夫妇一车，因量重，距姚车数丈远。前车忽遇盗，少年几濒于危。幸玉凤至，击退群盗得安。然前行数里，即达悦来店。旧地重临，司招待者，亦复殷勤致意，且引与室舆居。以室中玉凤迁进之巨石，犹屹竖其间。司

---

[1] 原为句读。

事者兼求伊仍置原处，玉凤允焉。少年赁住对屋，俾有照拂。惟渠因携有多金，意至阢陧，乃致肇深夜种种可笑之虚惊。

次日，玉凤因往祭其父母之压，留而不发。少年欲先行，骥阻之，且约其诘朝同行。安且嘱其母与僧众驴夫近，少年诺。

安夫妇扫墓既，以距邓家庄近，遂往谒九公。适九公正与其婿褚一官，整理行装，亦有事于燕畿，并述明京戚之居，以期后会于首都。

少年久待安等弗至，无聊甚。适突来一游方僧，少年警于前言，亟趋避之。寻其骡夫，亦来催上征道，少年于是益窘。幸安等返，定明日行。

既抵京师，落店时，留名于循环簿，忽为穿云岭盗伙所瞥见，遂亟报其魁。魁为能仁寺赤面虎之师弟，混名金毛犼[1]。因玉凤杀其师兄，常誓言必为复仇。今既得其下落，决亲往加害焉。

次晨，少年讯骥以打点官府之关节。骥令少年速往探其父，愿以赎罪之责代任，少年感极。

玉凤正梳妆，金毛犼至，持利刃下刺。凤于镜中警觉，格而拒之，且讯何仇出此。犼以实告，玉凤谓暗杀非大丈夫之作为，且复将连累及客店，若且示地址，当来面就教。犼因与以一证，约在下午至穿云岭相见。

安率小僮，怀金往访府尹。依为左右手之莲某葛某。葛即向日阿谀趋奉年公子之葛师爷，初只见财忘义，旋谂安即玉凤之夫，竟欲加害，遂周内其罪，将置之于法。

玉凤留书与其夫，而直上穿云岭。书略谓夜半弗归，速倩九公拯其危险。

少年自狱中探父归，值安氏小僮岔息至，遍觅其女主人不见，遂狂笑。少年讯其故，僮以其主被禁告。少年大惶急，瞥见案上有留书，剖读之，悉所以，亟命僮持书驰往九公寓。

玉凤既上穿云岭，金毛犼持剑欲杀之。凤谓若今杀我一无抵抗之女子，安足称英雄？犼因亦予以一剑，遂互斗。犼技逊于凤，势垂败。盗党揿机关，凤乃被陷。

九公得信，亟与一官超乘往援。经过种种危险凤拯出，而同将穿云岭破去。九公立嘱凤往，探乃夫之险。方抵京，而骥已奉刑部尚书批准斩首焉。

凤是夜忽失踪，盖往葛师爷寓，刺探其作为。穴窗而窥，见一函置于几，因取之。发缄尽系构陷骥之言词，因倩少年赴刑部控其冤。讵少年匆忙间，误取凤留之书往，遭痛斥，而入之狱。

维时骥已被押上断头台，正在千钧一发之际，赦令忽下，于是皆大欢喜。

盖少年去后，九公忽发见少年误取，亟命安僮持赴刑部。尚书悉其冤，亟令缓刑。寻质审无罪，尽开释。葛师爷诬陷良民，罪论死。

越月，安已中式，与九公及少年父子等南归，同抵安宅。少年见张老称姨丈；金凤见姚老亦称姨丈。众因互述颠末，喜冥冥中得六亲聚会也。

---

[1] 原为"金毛吼"——从第3集"金毛犼"改之。

1928年

王氏四侠

出品　大中华百合影片公司，1928年

编导　史东山

摄影　周诗穆　余省三

置景　胡旭光

演员　王元龙　王次龙　王乃东　王征信　郑超人　周文珠　谢云卿

《王氏四侠》电影由史东山编剧。其影戏小说为木石撰写，原载《电影月报》第1期（1928年4月1日）。

影戏小说[1]

木石

　　王大哥正在饮酒，门外忽冲进一人，跌跌爬爬，分明已力尽筋疲的模样。进得门外，倒身在一张椅上。王大哥的仆人一见这人，大吃一惊，抢步上前，问道："你不正是我的哥哥吗？你好端端的在王家寨种田，怎会弄成这个样子？"这人哭着答道："正因在王家寨种田，才弄到如此。原来那里有一个寨主，本是蒙古人，却霸占了王家寨。手下很多能人，便是王家寨有本领的人，也都被他搜罗了去。他最有名的，是他的卫士长王长云，真是无恶不作，对待农人，尤其苛刻，凡是纳粮不足数的，他就命人鞭打，常常有被他当场打死的。我正也为了这个原故，遭了他的毒手。"说到这里，解开上衣，露出胸膛，指着上面一条条的烧焦的伤痕，又道："他竟把烙铁烧红了烙我，我便受了这重伤。心想再住在那里，性命必然不保，便设法逃走出来。哦！哦！好痛楚呀！"这仆人听得呆了，眼泪不觉簌簌的落下。王大哥听得清楚，耐不住一股愤气，便高声喝道："竟有这等残酷的事吗！我既知道了，倒不能袖手旁观，我定当打一个抱不平，替你和王家寨的民人出出气。"当下王大哥便向这人问明了那寨主的住处和一切必要的情形，又留他住下养伤。到了第二天，王大哥只带了一把宝剑，跨上白马，直奔王家寨去了。

　　在王大哥赶往王家寨时，那寨里一座大庙中，正要发生一件大事。原来寨里也有一位邑宰，他姓王，年纪已经老了，平日里虽极恨那寨主不该这样为非作恶，只因势力不敌，只好听随他去。这邑宰有一儿一女，都已长大成人。儿子名叫士东，是一个性好武事的好青年；女儿也生得很美丽。这一天，她去到那庙里烧香，不料便引起那寨主的注意。他立即带了王长云和几个恶贼赶到庙中，依他的来意是要把她抢了回去，给他做发泄性欲的牺牲品。好个凶恶的寨主，到了庙门前下马时，她刚正烧好了香从

---

[1] 原为句读。

庙里走出，他竟然拦住去路任意的调笑，又伸手摸她的脸。可怜她敢怒而不敢言，真个急得若有地缝，包管立刻钻下去。陪伴她的婢女，更是不敢作声。正在这危急当儿，王大哥恰巧一马奔来，他瞧了这种情形，料知定又是那寨主正在调戏妇女。这样看来，那仆人的哥哥所说的话，果是千真万确的了，不由得一股怒气，直往上撞，跳下马背，挺身向前，站在寨主和她的当中。寨主遽然见了他这种英雄气概，着实吃了一吓，脚下便往后退。她趁这当儿，慌忙上轿走了。寨主手下的一个恶贼，见忽然来了这人，打散了这场好事，便不知好歹，拔剑上前，要刹王大哥。王大哥哪把他放在心上，把剑挥了几挥，早把这人打败。接着又上来一个，仍被王大哥打倒。寨主最善看风色，一见势头不好，也就上马走了。王长云瞧见王大哥的武艺，心中又非常佩服。但因职责所关，不能不战而走，只得拔出剑来，姑且和王大哥交手。二人一来一往，斗了好久，不分胜负。这时王大哥已猜到这人必正是王长云。王长云也料定王大哥定是一个好汉，生怕手下不慎，伤着了他，便不愿再斗，卖了一个破绽，拔脚就走。王大哥正要追上去，不提防身后有人拉住，掉头瞧时，却是一个蓬头垢面的叫化子。这叫化子当即说道："不必去追了，且随我来。"王大哥见他毫无歹意，又想他必有用意，便点头道好。他就牵了王大哥的马，在前领路，曲曲弯弯，走进了一所矮屋。这时天色将晚，屋中更是昏黑，这乞丐便点上一支残烛，又独自出买了一些酒肉回来，和王大哥开怀畅饮。说明他姓王，名叫五老。又把那寨主平日的种种行为，对王大哥说个详细。王大哥听了，更是怒不可遏，两下里便商议定一旦有了机会，定当铲除那寨主，才能甘心。正说话间，从门缝里塞进一信，他们俩忙开门瞧看，只见一个黑衣人骑马奔去，这信当然是他塞进的了。信上是说将有大兵来拿，望速逃避。王五老很以这话为然，天未破晓，二人便悄悄出门逃走。可是那寨主派来的恶贼已经赶到，他们俩逼得无可奈何，只得跳进一座高墙暂避。凑巧墙里正是那邑宰衙署的花园，邑宰因王大哥曾在庙中救过他女儿，很是感激。知道他们正在逃难，便收留下来。他儿子士东，和他们也谈得拢来，居然成了好朋友。谁知邑宰有一个仆人，知道他们俩正是寨主要捉拿的人，便赶往寨主那里报信。寨主连夜带领群贼，来到邑宰衙内搜查。幸亏王长云因深爱王大哥是个英雄，倘被寨主捉住，性命定然不保，便设法从中维护，假说搜寻无着。这一波虽平，一波又起，寨主又向邑宰说，定要娶他的女儿，又说定明天就娶。这一急可把这邑宰急坏了，没了应付的主意。但是王大哥王五老和王士东三人一商量，便得了一个计较。等到第二天，寨主果然派人来娶了。王大哥假扮新娘，坐了花轿，到了寨主家中。王士东以陪伴为名，随着同去，王五老却约定在外接应。后来在临睡的当儿，王大哥露出真相，举剑砍杀寨主，却被他让开。不一会儿，群贼已得信奔来，把王大哥困在垓心。亏得王士东抛绳相救，才得杀出重围。王五老在外面，知道时候已到，便领着预先约定的寨民们，杀入寨主家去。那个卫士长王长云，本不以寨主为然，只因平时无法反抗，才忍受他的派用。此刻见时机已到，便也举起长剑，叛了寨主。于是王大哥王五老王士东和王长云四人合在一起，直杀得群贼叫苦连天，当场送命的，不知有多少人。后来果把那寨主捉住，被民众们万刀砍死。王家寨中除掉了这个恶霸，寨民们自然欢乐万状。因为他们四人凑巧都是姓王，所以他们叫做王氏四侠。

1928年

古宫魔影

出品　大中华百合影片公司，1928年
编剧　朱瘦菊
导演　姜起凤
摄影　周诗穆
演员　陈一棠　王征信　周文珠　王灿璋　张扶风

《古宫魔影》电影取材中国古典小说《西游记》，由朱瘦菊编剧。其电影本事署名松涛，原载《电影月报》第1期（1928年4月1日）。

本　事[1]

松涛

　　重迭的万山中，有一条羊肠小径。从这条小径的那头，远远地走来一行人众。为首的一人，骑在一匹白马上，是一个雪白肥胖的僧人。另有三人紧随在马后，这三人都生的形容奇丑。其中一人的面貌像是猢狲，走起路来一踪一跳，手里执着一根长棒。第二人的面貌，和猪猡相似，一张长嘴，高高的耸出外面，两片大耳朵，深深的垂着，手里拿着的，是一柄九齿钉靶。再有第三人，是披头散发，行脚僧的模样，肩上扛着月牙铁铲和一担行李。看官们，你道这四人是谁？原来那骑马的僧人，便是前往西方求经，途中经过九九八十一难的唐三藏。其余的三人，便是他的徒弟孙行者猪八戒和沙僧了。

　　正在这个时候，附近山中有一个山洞，洞中一个玉兔精，是个修练千年，成了人形的男怪，相貌十分丑恶，邪法也很广大。这当儿，他坐在洞中一块大石头上，低着头，不知默想甚么。想了一会，又哈哈的大笑一阵。笑后，复行再想，仿佛有甚非常快活的事。一个小妖精问他因何快乐，他放出破竹似的声音说道："你不知道吗？如今有一位圣僧，已行到近处。我倘能把他骗弄到手，摄取他的真阳，我就可立地成仙，不必再在妖精道中鬼混了。这是千载难逢的好事，叫我怎能不乐呢？"小妖精道："他既是圣僧，当然有他的道行，怎会便入你的彀中呢？"玉兔精笑道："我自有我的道理。"说着暗想道："我只须这般这般，还怕这事不成吗。"他想定了主意，立刻走到洞外，略施妖法，顿时起了一阵大风。他趁这风势，一转眼间，已吹到一个所在。他定睛朝下看，正是一座很大的花园。园中亭台楼阁，无一不齐；异卉奇葩，式式俱备。他暗自点头道："正是这个所在呀。"他随即又瞧见那旁花阴中，正站着一对青年男女，

---

[1] 原为句读。

便越发喜欢道："真个凑巧！她正在园中，事不宜迟，我就此下手。"说时迟，那时快，他刚说完这话，怪风又刮起了。在这怪风之中，似乎有一个人影，但不像是他，好像是个穿着花花绿绿衣裳的女子。

　　按下这里，再说唐三藏师徒四人，在山道上又走了一会，因天色已晚，刚巧瞧见路旁有一座寺院，便敲门进去，说明要投宿的话，又报告了来历。这寺院的方丈，是一个一百多岁的老僧人，见他们是从上国来的，当即留下，又办了素斋，款待他们一壁吃，一壁闲谈，宾主十分欢洽。不料孙行者忽大喊道："这里原是神圣佛地，哪里来的这一般冲天的怨气呀？"老僧听了这话，晓得秘密已被他们窥破，一时着实慌张。幸亏旁边没有别人，这才心神稍定，低低的对他们道："是呀，这事说来真个稀奇。在前不多几天，一阵怪风过处，从空中落了一个女子来。据她自己说，她是天竺国的公主，不知怎样被风吹到了这里。我见她年轻美貌，倘被歹人瞧见了，谁不要爱上她而污辱她？所以我把她藏在后面石室中。这股邪气，正是从那石室中冒出的。"唐三藏听了，很诧异道："竟有这等事吗？这样说来，这公主定是遭了妖精的暗算。好可怜啊！"孙行者的性情，本和火一般烈，听了这话，哪里能忍耐得下？立刻拉了他们，叫方丈领路，一直来到了石室中。只见这公主披着头发，倒身在一块大石头上，形容非常憔悴。刚瞧见他们，惊吓得甚么似的。及至听他们说出了来意，神情才稍安定，便对他们说道："我名叫苏旦，是天竺国的公主。记得那天正和郝连波在御花园中闲谈——郝连波正是我的爱人啊——忽的来了一阵怪风，把我吹到空中，我随即人事不省，昏昏沉沉的。等到清醒时，却已身在这里。我真不懂这是怎么一回事呀。我在这里，倒也罢了，只是不见了我，我父王和郝连波不知要急到甚么地步呢！"说着哭了。孙行者道："你莫哭，这定是妖精的妖法。不知和你有甚仇恨，要把你害到如此。也罢，天竺国横竖是我们的必经之路。明天就得走到那里，掉换关文。那时我定当探听一番，好搭救你回去。最好再把那妖精捉住。你且放心等着。"苏旦听了，连声称谢。

　　你道天竺国的国王，当真因不见了公主，非常焦急，恰如苏旦所说的吗？实在大大不然。国王的身旁，分明有公主坐着，他正在十分高兴的和群臣开怀畅饮。饮了一回，国王开口说道："朕女年已及笄，应当出嫁。我想郝连波美貌多才，又是功臣的后裔，本要把他招为驸马。但是朕女不肯答应，说是她已宣誓，必须凭天婚配。所以定期明天，她亲上彩楼抛掷彩球。掷中了谁，便嫁给谁。"国王说了这番话，别人听了还可，郝连波听了，却有如是青天霹雳，愤恨非常，暗自想道："说来真是希奇，公主和我爱好，已不只一天，我早把她当做囊中之物。谁知自从那天御花园遇风之后，她对我的神情，便大大的冷淡。如今又有这种主意。看来她和我已恩断义绝。但是为了什么，我失了她的爱呢？"想罢，他就对国王道："这种择配的方法，真太野蛮。被人家知道，定将耻笑。我以为万不可行。"国王听了大怒。公主尤其怒不可遏，怪他不该多话。国王当即革去他的官职，当场把他逐出，公主的怒气方才稍平。群臣见了，谁敢再开口劝阻？只得听凭他们行事了。到了第二天，国王果然和公主一齐来到彩楼上。这时楼下早已万头攒动，拥挤不堪，谁不想吃这块天鹅肉，去做驸马爷吗？等到了择定的良辰，公主把彩球亲手抛下，不偏不斜，正抛在一个雪白肥胖的僧人的怀中。国王和所有的人，都很惊诧。公主却笑容满面，说是"既掷中了他，我当然嫁给他。这是无可翻悔的。"瞧她的意思，分明是十分满意呢。可是急坏了这个僧人，恨恨的对身旁一人道："都是你硬把我推到这里，如今闹出这事来，怎样是好呢。"这人笑嘻嘻的道："不要紧的，你尽管随他们去。但到了宫中，须设法也唤我们进去，我自有道理就是了。"这僧人无法，见国王派来唤他的人已经走来，只得随着去见国王，说是"我是前往西方取经的唐三藏"。国王明白了履历，见他正是大唐皇帝的御弟，倒也十分欢喜，当即带入宫中，准备和公主结婚。唐三藏又说还有三个徒弟在馆驿中，最好也把他们宣进宫中。国王立时答应，派人去唤。又说明天掉换关文，让他们三人西去求经。唐三藏料定孙行者定有挽救的方法，也就点头道好。

　　第二天到了，孙行者猪八戒和沙僧，领了关文，一同出了城。孙行者化做清风，复行来到宫中。见他师父已和公主结婚，一个喇嘛正在做着种种仪式，许多宾客，也正候着吃喜酒。孙行者不敢怠慢，立即现出原形，跳在当地。公主一见，惊得玉容失色，对孙行者道："我和你无仇无恨，何苦坏我的大事？也罢，我就和你拼个死活。"说着，摇身一变，变了一个狞面妖精。国王和群臣见了，都吓得躲避不迭。孙行者和这妖精便斗了起来。妖精也很厉害，毫不退让。斗了好久，他才跳到窗外，腾身空中。孙行者忙追上去，又斗了一回，仍是不能取胜，连忙拔下汗毛，变了无数的孙行者，把这妖精围住。妖精这才抵挡不住，逃回洞中。孙行者再紧紧追去，两下里复行再斗。正在这斗得不得开交的当儿，太阴星君和嫦娥霓裳仙子等驾云来了，说是这妖精原是月宫玉兔，公主苏旦，却是蟾宫素娥。她曾打过玉兔一掌，玉兔因而怀恨，要报复此仇。说完喝令妖精现出原形，果然是一头雪白的兔子。他们当即带着这玉兔走了。孙行者回到宫中，把这番情形对国王说个明白。国王又惊又喜，惊的是几受妖精的陷害，喜的是公主依然无恙。立刻派人到那寺院把公主接回。孙行者又替公主做媒，嫁给郝连波，了结了这重公案。他们师徒四人，随即辞别了国王，继续西行，又过那晓行夜宿的生活去了。

迷 魂 阵

出品　华剧影片公司，1928年
编剧　张惠民
导演　陈　天
摄影　汤剑庭
演员　吴素馨　张惠民　梁赛珍　阮圣铎

《迷魂阵》电影由张惠民编剧。其电影本事署名白云，原载《电影月报》第1期（1928年6月1日）。

本　事[1]

白云

　　天地虽大，但是爱情有时比天地还要大。因为天地是容纳一切生灵的，爱情却是支配一切生灵的。不过爱情的范围，比甚么都小，他只能容纳两个人，决不令第三人插足其间，否则情海，就要起风波了。

　　迷魂阵是什么？迷魂阵是情场的别名，也是堕落的捷径。因为迷魂阵里面，他能容纳许多人，并且能够使这许多人，昏昏迷迷，醉生梦死在里头，永远不知自拔。倘若不信，请听下面的故事。

　　在那高山流水，风景宜人的所在，有一对青年男女喁喁情话。卿卿我我，唧唧哝哝，大有愿作鸳鸯不羡仙之概。他们俩谈到情浓的时光，便情不自禁拥抱接吻，表示他们热烈的爱情。这一对男女，那男的唤做梦蝶，女的唤做爱月。爱月是一个情窦初开的女郎，她对待梦蝶倒是一片至诚；可是梦蝶对于他，无非一时的冲动罢了。

　　宝蝉是一朵社会交际花，她生平并无技能，只有送往迎来。玩弄男子乃是她的唯一特长，也许是她维持繁华生活的一种职业。梦蝶本来是个情不专一的薄倖郎，自从认识了宝蝉之后，他便把爱月弃之如溘，当作陌路人了。这样一来，竟把一个伶仃弱质的爱月，气得怏怏成病，奄奄一息。药石虽灵，难医心病。可怜的她不久便赴玉楼之召。唉，爱月魂归离恨天，时正是梦蝶沉迷于偎红倚绿之时。

　　张泉是爱月的胞兄，他是一个驰骋沙场的好男儿。他得到爱妹的恶耗，便星夜赶回家乡，又匆匆地跑到宝蝉那里去大兴问罪之师。因为爱妹虽非宝蝉所杀，实由她而死。后来梦蝶得知此事，就暗地里设计谋害张泉。一天，张泉开驶汽车路过一高桥，不料车开到桥上，轰然一声，一顶很大的高桥，就分为两段。张泉勇武过人，他就奋

---

[1] 原为句读。

不顾身，在乌烟弥漫之中，驾车凌空飞过。梦蝶初次计划失败，他仍不死心塌地，又召集了许多无业游民，和张泉为难。无如张泉孔武有力，所以梦蝶也奈何他不得，惟有徒呼负负而已。

宝蝉知道梦蝶非张泉的对手，她便施展她的蜜功媚术来诱惑他。张泉明知这是她的奸诈术，便趁此机会心生一计，教宝蝉把新旧恋人一概抛弃，然后愿结为腻友。宝蝉不知真相，从他所请。不料后来，宝蝉不但不能邀张泉的垂爱，反而给张泉奚落了一场。宝蝉一生本来是玩弄男性为能事，如今反给男性所玩弄。她自以为觉得一生英名，付于流水，委实无颜对人，她就出于自杀一途。张泉知她要自杀，不禁怜香惜玉之心，油然而生，就去安慰她，更进一层结成良伴。唉！像张泉这样的铁石心肠的男子，竟然也会给宝蝉迷惑和利用。真是情网森严，谁能跳出呢？

白云塔（前后集）

出品　明星影片公司，1928年
导演　张石川　郑正秋
摄影　董克毅
演员　郑小秋　谭志远　汤杰　胡蝶　胡珊　萧英　朱飞　阮玲玉　赵静霞　黄君甫　叶良德　李时苑　王吉亭　王梦石　龚稼农

《白云塔》电影根据陈冷血《时报》连载同名小说改编。其电影本事为宋痴萍撰写，原载《电影月报》第2期（1928年5月1日）。

本　　事[1]

前　集

某埠地近矿山，聚居于是者，大率依矿为生之劳资两方人物。资方之领袖，则秋石蒲三姓也。秋姓兄弟二人，兄行六而弟行八。六具干才，赤手致富巨万。妻早卒，遗一女凤子，静婉多姿，深得父欢。八行卑而嗜利，亦无子。一日，六病危，谓其弟曰："我二人皆无后，女子不能承受遗产，本非事理之平。我死，产归吾女。女嫁，当析产四之一与弟。幸体兄意，弗生异议。"八口诺而心弗善也。

石公子，亦三矿主之一。早失怙恃，拥有巨产。与凤素善，六尤重其为人，颇思以爱女为托。是日闻秋氏之召，匆促而至，凤逆而告之曰："父疾益深，将奈何。"言次泪簌簌下。石温辞慰之，同趋病榻。六自知不起，引石手与凤手相执，示相攸之意，移时而逝。及服阕，石伴凤展墓，僅白衣儿婢小露从。墓在白云塔之旁，塔为一埠古迹。塔前有夏屋曰新红楼，则别一矿主蒲乔伯之私邸也。是日石凤展墓归，为蒲夫人及其爱女绿姬所见，坚邀过其家。二人不能却，遂从之行。白露方逡巡目送间，忽一怪老人自塔中出，诏之曰："主行矣，奈何弗从。"复慨然面秋六之墓曰："若女入蒲氏，蒲氏皆金壬，去必无幸。若长眠地下，乃不能庇一弱女耶。"既而自讼曰："墓中人何知者，凤之前途，我任其责矣。"言已，攸然而去。怪老人无姓名，自称风伯老人。壮年尝遭蒲氏荼毒，以术自脱，隐身古塔，蓄志以图报复者也。

绿姬承母意，昵近石公子，巧笑相迎，甘言微逗。其母则就凤寒暄，且引之相其新居。俾不及见绿之言动，小露独就僻处窥审之。知绿意叵测，深为其主危。蒲氏有

---

[1] 原为《白云塔：我心目中之白云塔》中第四部分《白云塔本事》，但文中未分"前后集"。均为句读。

老仆王中,携妻子为佣二十年矣,秉性忠直,护主甚殷。然不直其主之所为,有所见,懦不敢谏,而愤懑万状,辄挟其卧具,若将引去,其妻则婉止之。是日睹蒲氏母女所为,故态复作,妻亦循例阻止,王中犹悻悻也。自是绿果日就石,媚之惟恐不至,石与凤渐疏。一日,蒲氏母女同至石家,绿就石作情话,适石作书命仆致秋氏,蒲夫人竟以重金贿仆,没其书。且约后此石凤之鱼雁,一缄予十金之酬。意在使其消息隔绝,而后离间之计可行也。绿更就石前毁凤,石固不信,而绿佯啼薄怒以要之。石不得已,慰劝乃止。绿询婚约,石未忘凤子,仅以诘朝函告缓其事。

  凤子久不见石,登门访之。石氏之仆受蒲氏贿,竟弗为通。凤留一书,仍间接而入蒲氏。凤归,悲愤独坐。其叔忽持蒲氏请柬示凤,谓石为绿姬攫去,宜致之返,弗令逸也。凤初不肯去,既念借此可一觇石之情意,亦点首许之。及期,蒲氏大会宾客,一埠士女皆集。凤携僮婢而往。有顷,绿迎石至。石见凤,将趋与语,绿亟引石与座众相见,隔凤不得近。时凤伯老人不速而至,登堂揶揄绿姬。绿怒,欲逐老人,石劝止之。凤方深感老人之面折绿姬,及见绿挽石入内室去,不禁悲从中来,泫然欲泣。老人慰之曰:"姑娘毋自苦,有老朽在,孰敢侮姑娘者。"因携与同进。默察蒲氏诸人,似蓄异谋,乃语凤曰:"此险地也,我姑去,姑娘亦以早归为是。"老人既行,凤子子身入园,遥见石绿二人偎倚而坐。绿已见凤,故遗一伪造之书于座下,即挽石他去。凤趋二人坐处,蒲夫人邀与共话,凤即止于绿之原处。数语后,夫人托故引去,凤启柬观之,似出石手,语多不利于己,愤极而晕。幸白露寻至,亟呼之醒,扶持而归。

  蒲夫人复贿一无赖小猴子,使纠党道劫凤。是日凤乘车访石,为猴所困,白衣儿奋勇救护,小露始得引车折回,幸免于难。秋八乘机窘凤,谓嫔石之事不谐,汝不得夫,余亦不得产,非计也。凤恶其贪残,径举家产授之,而夜哭于其父之墓,将图自杀。凤伯老人遮而拯之。会白露追踪至,老人劝令主仆随己远适,徐图复仇之策。登舟,为猴所见,以告蒲氏,于是绿向石诬凤私奔。石虽不信,未能无疑。绿速婚期,石曰:"凤果负予,则尔我之婚,其事固易举耳。"

后　　集

  凤子既行,小猴子以其事告之蒲氏。于是绿姬诬凤子为私奔,石公子不遽信也。一日阅报,得凤子所乘之船在海中焚毁消息,谓船人皆遇难,石大惊落泪,忆订婚时深情款款,曾几何时,而香消玉殒矣。绿亦见报,欣然而来曰:"自兹以往,莫予毒也已。"石犹哽咽,绿慰之。石曰:"凤子之死,予之罪也。"

  天灾暴发,秋石二姓之矿皆毁,蒲独无恙。因先后诣蒲假资,图振其残业。蒲待秋八尤刻薄寡恩,秋欲得资,强忍而已。石偶忆当日秋六托孤事,泪潸潸下,悲不自胜,彳亍向矿山去。自是石深感绿之相助,情意渐亲。绿请婚期,石亦允之。一日报端忽载有红叶公子者,家拥巨资,将归国经营矿业。蒲乔伯见之心动,欲其女绿姬往迎,以为己矿营业之利。绿审视报中所刊红叶肖像,称为天下第一美男子,但与石婚期已定,引嫌不欲去。蒲夫妇讽以能弋致红叶,石固不足道,绿遂行。既见红叶,坚邀过新红楼,红欣然报可。既至,一老仆趋问:"白公子税居何所?"红方欲言,绿遽曰："此间小住为佳。"红亦允焉。石固在座，意大不怪。蒲借故招石去，夫人亦引避。绿四顾无人，曲意媚红叶。红初犹矜持，继则著意温存。绿竟移囊时爱石之心，倾注于红叶一身矣。

石既失产，奴仆多求去。忽有灰儿者，踵门请为佣，石以窘状却之。灰儿曰："投主非必为衣食也。"遂留，执役甚勤，且出资助石，石尤感之。石偶至蒲氏园，见红绿细语喁喁，绿正以婚期请，红漫应之，其期即已与绿囊之所订也，愤甚，疾行而前。红骤见，状似失措。绿则羞怒交并，大声斥石。石气极而笑，谓红曰："汝之今日，即昔日之我，汝其以我为殷鉴可也。"绿大不堪，呼人驱石，石昂然而去。不归其家，径投宿于某姓，绳枢瓮牖，仅足容膝，灰儿实随之行。宵半，小猴子纠众来，将聚赌，猝睹石，大喜，盖蒲夫人尝贿猴袭击石，因进而搏。灰儿攘臂与斗，以势孤，拽石急遁。猴追及门外，嗾党围灰儿。灰儿不敌，石锐声呼警士。警至围始解，猴亦被执。

石万念俱灰，顿萌死志，往哭于秋六之墓，将以首触碑，灰儿亟持之。石曰："救我何为哉？我负人，我负人，从之地下，便谢罪耳！"言已，舍碑登塔，凭栏欲跃。灰儿又挟其衣，得不坠。甫回身，则当其前者，乘轮遇难之凤子也。惊询其故，始知焚舟事确，而老人因猴窥伺之故，俟猴去，易舟而行，得免于难也。红叶即凤子，易钗而弁，宜醉心金钱美色之绿姬，堕其彀中而不觉。老仆即风伯老人，灰儿即白衣儿，小露亦作男装。石聆言，恍然大悟，深谢老人之德，尤感凤子之情。

绿得红留柬，匆匆至白云塔。凤见其来，仍加冠作红状。绿抵塔，见红与石并立，亟引其裙。红露冠示之，绿审其为凤子之乔装也，于是大悔恨。石复斥其无良，绿自顾无颜，径登塔颠，越栏而堕，天际落花，回生无术矣。蒲夫妇寻踪而来，睹尸大恸。蒲奋起执凤，老人邀击之，二人遂大斗。秋八方困于蒲之债务，欲得而甘心，至其家不值，辗转抵塔下，助老人击蒲，蒲负创死。蒲氏之仆王中，屡以其主之多行不义，欲舍去而未果，今决携其妻儿行去。经塔下，见秋八猛击蒲踣，义愤勃发，跳袭秋八，竟执之。蒲夫人则痛夫与女，俱死非命，而其祸实自身所造成，追悔无及，亦触石死于塔畔。

火烧红莲寺（第1集）

出品　明星影片公司，1928年
编剧　郑正秋
导演　张石川
摄影　董克毅
演员　郑小秋　谭志远　王梦石　黄君甫　萧英　郑超凡　龚稼农　冯志成　郭逸峰　汤杰　郑二秋　夏佩珍　高梨痕　王吉亭　赵静霞

《火烧红莲寺》电影改编自向恺然（平江不肖生）《江湖奇侠传》，共18集。第1集电影由郑正秋编剧。其电影本事为宋痴萍撰写，原载《电影月报》第2期（1928年5月1日），以及《益世报》（1929年6月5～6日）。

本　　事[1]

痴萍

逊清之季，予旅食三湘。寒暑休假，辄寄居小吴门正街之郭氏家庙。一日鹄立檐下，方与厨人语，见一客匆匆率一担夫入。客年少神清，眉宇尤英英露爽。聆其语，知为平江人。心异之，既馆人引客就予右一室展卧具，喜与比邻。将徐叩其姓氏，同寓向君，素识也，见客趋与笑语。予亟请为介，向曰：此吾宗人恺然也。自是过从甚密。时恺然尚未从事于小说事业，不肖生之号，更不与恺然相联属。予亦不知其能武术也。

岁壬子，予佐屯艮治《长沙报》。一夕恺然来访，携所著《拳术讲义》一卷授予曰：行且东渡，绌于资。此吾近作，愿易金以壮行色。长沙无经营出版事业之书贾，报馆尤不收此类书稿。不得已转商之屯艮，屯艮尝因予识恺然于酒家，颇重其人，慨然留其书而致金如恺然意。后即刊之《长沙日报》附张。其实报馆不购稿，屯艮分俸以助恺然之行也。恺然东渡而后，不见者盖十年有奇。

不肖生以《留东外史》蜚声小说界时，予实未见恺然，间于冥飞书中略得其踪迹，深为故人幸。岁乙丑，予来海上，访之于寓庐，叩以文字生涯为状奚若，恺然愀然曰：盛名之下，其实难副也。此语诚出于恺然之自谦，然得名之《留东外史》，饱受书贾之抑勒，言之犹有余憾，且知其志故别有在。今恺然果弃笔墨而事戎马，翘首西瞻，祝故人克偿大愿，而一吐其宿昔之气也。

恺然虽以《留东外史》成名，然其特长，则在抒写武侠。《江湖奇侠传》，即其作

---

[1] 原题名《火烧红莲寺之预测》，为句读。

品之结晶。百余年掌故,及武术之源流与方法,言之綦详。《火烧红莲寺》,则为书中最精警之一节。其间复杂序他事,深具柳暗花明之妙。今以结构整齐之故,概从删削。其本事略如下文。

吾国幅员辽阔,交通多阻。于是西南诸省,崇山峻岭间,其俗殊异,蒙昧强悍,兼而有之。间产奇才异能之士,其行事多有为滨海之人所闻而惊讶者,盖行侠仗义之风,至今未泯也。

红莲寺,位于万山之中,殿宇高峻,气象庄严,寺僧以戒行闻。住持知圆,湛深内典,持躬谨饬,尤为当地居民所敬仰。寺产故丰,而寺僧自奉惟粗粝,居民之贫乏者,则以米贷之,还时不取子息。四方过客投宿,亦能殷勤招接,不责酬。道遇妇女,未尝游目而视。以是知红莲寺者,辄称之不去口。

陆生小青,故家子也。幼多病,有异人治之愈,且授以武术,弱冠艺成。父母相继下世,生遂以家事委之族人,飘然出游,冀获师友之益。值中秋,生偶失道,月下不得宿处。经红莲寺,请假一宿,知客僧备陈粗粝不堪供客。生坚请,乃引入客堂,为之具食设榻而去。时月光穿牖,生即出就庭中小步,见廊下有铜钟甚巨,摩挲再三,一瓦骤堕。生殊不措意,移步入殿,忽见鬼影幢幢,向佛礼拜。生愕然,迫视之,烛移察莲座,则转入莲座而没。移烛察莲座,一叶似可动。引之以手,豁然而开,现一深穴,恶臭逼人。方欲更穷其异,似闻足声起于身后,虑事泄不为己利,亟释烛疾行返室,则坐于榻上者,即知客僧也。

知客僧以寺中秘密,为生所窥,劝令皈依住持座下,否则置之死,且举当日某客因私窥秘密被杀,弃尸莲座下坑中之事告生。生自恃武勇,不肯屈。知客僧持刃斫之,生擅内功,适无械,径举手格之。刃未及,知客僧锐呼疾逝。生不明其引去之故,因扉已阖,亟寻出路,始知四壁皆铁制。耸身图冲屋顶而出,则屋顶亦骈铁椽为之。傍徨无计,势将束手待毙,忽睹屋顶椽已折,成一巨洞。大喜,穿跃而登。一人方伏洞口,疾索生袂,飞步而遁,越两峰始止。寺僧蜂集搜索,然二人则已兔脱矣。

救生者,柳迟也。告生曰:"君抚铜钟时,知客僧怒目隐于君后,予方蹲梁上,曾掷石警君。君上殿视察机关,予皆见之。知客僧以知窥其秘密,愤而举足稍重,致露足声。及君冲屋顶不能破,予遂断铁椽拯君出。"生闻语称谢。时有军官赵振武者,携军士经其地,为其长官卜公失踪,奉命寻访。与陆柳遇,言辞冲突,遂互斗。既知二人皆侠士,即举已事相告。二人嘱赵归调重兵,而自回红莲寺。

中途遇常德庆,柳遵师嘱,志在韬晦,不欲以情告常。而生素善常,又冀其相助,因追而告之。比偕返,忽而见柳,常挟夙怨,发掌心雷欲死柳。不意柳方与甘联珠陈继志俱,陈突出搏常,常大受夷伤;斗剑亦败,狼狈而去。陈挪揄生,生不敢答,甘谓生曰:"君诚卤莽,知客僧之缅刀,削铁如泥,而君自恃内功,举臂迎之,非予一梅花针创此秃驴,君将不免。"生惭谢,还叩二人入红莲寺之故,甘曰:"言之长矣。"

卜公居官廉洁,好私行,周察民间疾苦。一日途中值二少年,形迹诡异,卜公疑之,潜尾其后。时甘陈已知二少年非善类,恐卜公蹈危机,更从卜公之后。二少年实一僧一尼，红莲寺之羽翼也，识卜公，益诱致之。公觉将避，僧突起执公。陈欲出援救，甘阴止之，乃遥蹑其后。僧负卜公跃入红莲寺，甘陈亦入。僧掷卜公廊下，陈又欲救，甘又止之。公被驱入地穴，见知圆种种淫踪不法状，且谓公曰："不削发皈依，无生理。"公严拒之，恶僧举石灰袋图害公，甘陈自暗陬发梅花针，毙行凶之僧。知圆遂命覆公铜钟下，将以绝食死之，今犹未脱困厄也。

甘陈述毕，生与柳始悉秘幕。四人结伴重往红莲寺，以拯卜公。时赵振武亦引军疾进。知圆方命人揭钟，以察卜公生死。常德庆越墙而入，告以捕者将至。知圆大惊，正仓皇间，四人已至。赵亦引军围寺，一时刀剑并举，争杀甚烈，遂破地穴，恶党尽歼，惟知圆知客僧及常德庆三首领，自地穴幸免。登山遥望，但见烈焰腾空，盖卜公已下令焚寺矣。事定，赵护卜公归，四人皆不愿留，分道而别。彼遥立山巅之三首领，虽痛基业之被毁，然是否能卷土重来，尚在不可知之数也。

海外奇缘

出品　华剧影片公司，1928年
编剧　张惠民　王雨亭
导演　陈天
摄影　汤剑庭
演员　张惠民　黎焕　吴素馨　张剑英　陈飞　梁赛珍　汤剑庭　蒋无涯　周鹃红　吴素素　高冠豪　蔡楚生　陆乐乐　陈忠

《海外奇缘》电影由张惠民、王雨亭编剧。其影戏小说为周鹃红所作，原载《电影月报》第2期（1928年5月1日）。

影戏小说[1]

鹃红

哎哟不好了！哎哟不好了！扑通……扑通……劈拍……劈拍……咦！奇怪极了，四顾无涯，茫茫的汪洋大海中，何来这种呼声呢？原来在大海里面，有一艘大船，不戒于火，顿时火光烛天，照耀如同白昼。在那火光熊熊之中，还隐约瞧见一个人在很高的桅杆顶上，跌入白浪滔天的海里去。又遥见那个人趁着怒涛一高，他就往前一扑的，扑了过去。至于作者笔底下所说的那个人，便是这篇小说的主人翁探险家张国骏。国骏本是个有奇才而有大志的好男儿，他常乘长风，破万里浪，羁旅异城，干他漂泊生涯。这一天，他的船上，所雇用的大副，只因苛待了船夫，那些船夫，于心不甘，就和大副反抗起来，甚致放火焚船。国骏因事出仓猝，不及防备，就揉升到桅杆顶上去。谁料桅杆也给火神焚断，他就在桅杆顶上，翻了个大筋斗，跌下海去。幸亏他精于游泳，后来就好容易泅上了岸。但是到了岸上，四面一望非常惊讶，因为这种地方，他生平从未到过。他正在徘徊踌躇的当儿，忽然见有一班人来捉他的模样。他瞧见了那班人的装束，都是光怪陆离，见所未见，闻所未闻，所以万分的奇怪。又见他们都拿了武器。他见来势汹汹，知非好意，便没命的奔跑。那班人见他没命的奔跑，他们也没命的追赶。国骏逃得快，他们也追得快。后来国骏见前面有一棵又大且高的大树，他便情急智生，一跃而上。那班人见他在树上，他们也跳上树去。但是等到他们跳上树，国骏早已跳下树了。那班人恨极了，便拼命的追着。可是国骏跳跃似猴，身轻如燕，哪里想追他得到？后来国骏不知怎样，误入深谷，因之被擒。那班人把国骏捉到了之后，很是欢跃，就把国骏拖的拖，推的推，押到他们城寨里，去见酋长听候发落。

---

[1] 原有省略号、引号，余为句读。

无名岛乃是人们足迹所未到过的地方，所以人们也无以名之。作者也笼统的说，它是个无名岛。这个岛里，还分着东西两部落，东部落的酋长唤做霍彪，西部落的酋长唤做鲁摩。我上面所说的那班人，就是霍彪手下的大将。至于霍彪，他原是个视色若命的万恶之徒。他因见鲁摩的胞妹芬兰，出落得天仙化人一般娇艳，便强要娶芬兰为押寨夫人。可是千姣百媚的芬兰，怎肯嫁这种粗手大脚的笨汉呢，因之东西两部落生了恶感，时起战斗。这一天，东部落的蛮将，在沙滩边放步哨，瞥见国骏在此逡巡，便以为他是间谍，所以捉他去见霍彪。霍彪一见了国骏，不管三七廿一的，命小兵把他当烤猪般的烤了，预备下酒吃。国骏惊得面无人色，大声呼喊。霍彪听了他的语音，知非本岛中人，因令缓刑，复询来历。国骏口若悬河，滔滔不绝，据实以告。不过霍彪听了半天，好像丈二和尚摸不着头似的，一句都不懂。霍彪听得连火都冒出来，便叫国骏扮作哑吧戏，装手势给他看。国骏就此指手画脚的说了一阵子，霍彪才慢慢地明了他的来意，教人领他更换服装，编入队伍。但在这个当儿，忽有西部落猛将沙喱来下战书。霍彪看了战书，不禁三尸神暴跳七窍内生烟，立刻命部将巴图，把沙喱的耳朵割去，鲜血淋漓，煞是可怕，并且再用乱棍把沙喱击出。读者们，在这一点上面，就可以瞧得出霍彪的横行无道了。

杀呵！杀呵！前进！前进！不准退！不准退！这是霍彪在后方督战，对着小兵们说的。

牺牲！牺牲！我们大家牺牲！铲除恶贼！铲除恶贼！我们大家得到平安。这是鲁摩在前方杀敌，对着小兵们说的……

这一回东西两部落的战斗，各抱着你死我活的宗旨，所以双方健儿，血战沙场，万分的剧烈。杀声震天，尸横遍地，半空中只看见箭像雨点般的下来，平地上的枪刀剑戟，密密层层，宛比树林一般。结果这一场恶战霍彪大败，狼狈而逃。鲁摩大胜，奏凯旋歌而返。

有一天，霍彪召集了众将说道："假使有人能把鲁摩活捉，我这酋长职位，就此告退，请那人继续。"那些众将，听了他的话，都默默无言，面面相觑。霍彪不由得怒发冲冠，拍案大骂道："你们这班混帐东西，简直是酒囊饭袋！平日看你们倒是雄纠纠气昂昂，耀武扬威，可是一旦有事，便贪生怕死，畏缩不前。"在这当儿，国骏也站在旁边，见霍彪大怒，好生诧异。因之作手势问他的同伴，酋长为着何事大发雷霆。那些部将便也作手势告诉他。国骏于是自告奋匪，愿效命沙场，把鲁摩擒来。霍彪见国骏如此，便万分的宠他，当作他是自己的心腹人了。

中秋之夜，碧月当空。岛中风俗，一到了这个团圆佳节，无论男女，都是浓装艳抹，踏月高唱着择偶歌，所以漫山遍野，尽是些红男绿女。国骏乘此盛会，便引了一小队兵，冲进敌地。更用调虎离山之计，把鲁摩诱入重围，四下预先埋伏了不少刀斧手。鲁摩不知就里，中了诡计，束手待擒。隔了一天，霍彪复命国骏，率军攻西城。芬兰便大开城门，亲率军队应战。芬兰智勇双全，深知国骏骁勇善战，于是战未数合，即行诈败，望狭路而逃。国骏不知其诈，奋勇追赶，谁料走未多远，就跌入陷阱。国骏那时便装手势，大骂芬兰暗箭伤人，非为好汉。芬兰不禁柳眉倒竖，杏目圆睁，立即执了锋芒逼人的双刀,和他激战。其后芬兰偶一失手,就被他活擒。不过国骏很痛爱她,所以没有伤她,并且竭力的安慰她。芬兰见他如此的爱怜自己,一寸芳心,不知怎样倒也有些"道是无情却有情了"。所以以手作势对着国骏道:"如能把家兄释回,我自有重报。"国骏很能了解她的意义,就此揖别。到了晚上,国骏私自到鲁摩牢狱里去探望,并将芬兰的话和盘托出。鲁摩得知,非常快乐。其后他们俩密商一切反戈的计划。有一天,防卒驰报霍彪,谓芬兰率领大军前来挑战。霍彪不觉大喜道:"这个小妮子真是自不量力,自投罗网,待老夫亲自出马,把她活活的擒住。"霍彪领了军队和芬兰大战,正在棋逢敌手不分胜负的当儿,不料东部落的城寨中烟火四起。于是后方大乱,霍彪也无心恋战。正要奔回城去的时光,忽然有两个飞将军自天而降。仔细一看,原来是国骏鲁摩。霍彪到了这个时候,方知国骏倒戈,但是大势已去,也只得掷刀而降。从此之后,双方立约,永息干戈。国骏和芬兰一对有情人,也订了白首之盟。这篇海外奇缘的小说,就此告一段落了。

五女复仇

出品　民新影片公司，1928年

导演　高西屏

演员　林楚楚　李旦旦　梁梦痕　孙梅轩　黄绍芬　董翩翩　严姗姗　陈佩莲　林美如　理化民

《五女复仇》电影本事为李家麟撰写，原载《电影月报》第2期（1928年5月1日）。

本　　事[1]

李家麟

　　章五常久客异乡，省亲回里。妻洪氏美而艳，女存礼存智存信尚在襁褓；女佣陈妈，忠实人也，均与五常偕行。有远戚柴复初者，年老而哑，依侍五常，亦随眷同归。舟过天门村，日色渐暝，因下碇焉。是夕为中秋佳节，五常方与妻孥行乐，共庆团圆，讵知幻变风云，祸起眉睫。

　　村有范大材者，广蓄豪奴，横行邑里。园林赏月，解语无花，方欲征召，忽一仆来报所见，则五常妻弄琵琶于船首也。于是群奴坌奔往劫，五常与妻孥仓皇上岸而逃。卒被追及，以众寡不敌，受创奄奄。洪氏与女佣存礼存智均被掳，存信则随复初失散，流寓天门村。

　　大材以章妻貌美，强欲求欢，遂以其二女之生命为要挟。章妻既痛夫亡，复怜女稚，不获已佯为应许，冀作后图。大材妻包氏，慈善人也，怜章妻之无辜，得间纵使逃去。事为大材所觉，率众追寻。比及山颠，章妻知难幸免，乃投崖而死。

　　五常以伤重死，其长子存仁，次女存义，方随祖母乡居。章母桑榆晚景，如此凄凉，抚育遗孤，矜怜备至。

　　流光荏苒，倏已拾有五载。五常子女，次第长成。时存礼存智已易姓为范，盖抚养之者，范妻包氏也。大材又恐二女长成，人或泄其底蕴，以故常不令外出。某日，存礼偶步于园，为大材所觉，施夏楚，无人理。陈妈心如刀刺，知虎口非安身之所，因告颠末。姊妹痛不欲生，然积威所约，虽愤而无如何。

　　存仁存义以蓄志复仇，从师习武。艺成，走天门村分路觅仇，且更姓为辛，存义又易钗而弁。

　　时幼女存信，亦已长大，更名柴雅丽，活泼泼地，与复初相依。初不知其身世之

---

[1]　原为句读。

可怜也。

　　某日，雅丽猎于林中，与大材子玉书遇，各矜所能，互生情愫。邻有猎户子赵桂庭者素爱雅丽，见而妒之，因告复初。复初知玉书仇家子，欲雅丽绝之，苦不能言。

　　一日桂庭知雅丽复约玉书会于林中，大怒，狙击玉书。适存义过，格之，桂庭不能逞而逃。玉书德之，亟要还家。存义知为范家，得此良快私意，即与玉书偕归。是夕，存仁入范家刺大材，大材觉之，存仁被执。翌日，群奴重挞存仁，存仁吐实。

　　陈妈闻存仁为复仇来，即与二女密谋营救。时大材方宴存义，谢救子之惠。一奴入报存仁来历，存义始悟作东道者，即不共戴天之仇人也，挺身而起，拔刀直取大材。雅丽亦在座，不知底蕴，竟舞刀护之，大材得不死。群奴闻声麋集，存义不敌被擒，与存仁同缚树上。大材拟并射杀之。箭发，适包氏来劝，竟应弦而倒。其时桂庭拥复初至，陈妈见之惊喜，始悉雅丽即五常幼女，因具述颠末，言下泫然。雅丽悲愤之余，急追大材。大材日暮途穷，受箭而死。

双 剑 侠

出品　友联影片公司，1928年
编剧　徐琴芳
导演　陈铿然
摄影　刘亮禅
演员　徐琴芳　郑超凡　吴廷芳　秦哈哈　时觉非　周君寿　马锡武　林美如

《双剑侠》电影由徐琴芳编剧。其电影本事为徐碧波所作，原载《电影月报》第2期（1928年5月1日）。

本　事[1]

徐碧波

去冬围炉于办事室中，女星徐琴芳，忽跃然而起曰："吾有一故事，述之大堪编一武侠神怪剧。"总理陈铿然君曰："姑言之。"众遂侧首倾听。女士语既，郑君超凡极赞成之，且愿饰剧中之一剑侠。群皆鼓掌，报以彩声。缘渠故为《山东响马》中之大侠单雨云者也，今兹饰为剑侠，益当出色。陈君遂起草，加以烘染，成是剧本。越三日即开拍，女侠即由琴芳自任。二月余剧成，观之，飞剑跃马，机关灵活，殊能满人意。今年元旦起，公映于苏州公园电影院三天，日售满座，掌声常充塞于院中也。上海刻已排定于夏历三月十七日起，在中央大戏院连映三天。兹将剧情布诸于后。

太行山葱岭起伏，层峦叠嶂之间，多山洞。洞中出没者，胥养炁炼丹之士，世所称为仙人者是矣。崖角一洞，名亚风。洞主宜静真人，皤鬓长髯，一不纪年之老修士也。时正谕其女弟子以旨曰："若襁褓即被委道旁，由我抚育成长，所以无姓字。今授若以法号曰'兰因'。兹汝可即东去尘世，至银村乡，觅若师兄。"女再拜受命，并叩示师兄之名。真人因予以一剑曰："若第持此去，自能会合。但须奉我戒律，此剑非至不得已时，不可妄开杀戒，致罹他劫。"兰因乃下山。

云和县宰郑耀，子名壮飞，亦尝受道于真人。顾飞之问业恒以夜，故父母皆弗知。

银村乡隶属于云和县，乡中有劣绅邱廷玺者，辄恃暴横行里闾，且雇周游马禄二镖师为之张目。

某夜，壮飞驰马及银村，瞥见数十人聚殴一老者，亟援之出。讯其故，老者答："我为佃叟，适间缘邱绅逐一女，蹒及我田，我前阻之，绅愤乃饬爷们辱我于此。"周

---

[1]　原为句读。

游马禄不耐,斥壮飞。飞出剑示威,顾以寡不敌众,略示警策,即引去。行半程,见月色之佳,遂下马以抒其积郁之气。忽一苗条女子,超前问道云:"将去银村。"飞为曲绘途径而指示之。

女既至村,无止宿处。正彷徨间,蓦闻啼声至悲楚,迹音而窥之,见一对老夫妇正拥一少女而哭也。因入究结,翁自称:"杜发源,女名起凤。以村中有庙,祀龙王。王好色,年必一娶。今年适及我女。但我夫妇风烛残年,去此女,无以谋生活。"言已复哭。女苦慰之,且自承代嫁。杜夫妇及女感其侠义,叩谢之。

龙王婚日,县宰以及乡绅都往拈香致礼。壮飞以侍父亦同去。移时彩舆至,观者塞于途。飞恶嚣,转赴墙阴散步。忽闻二沙弥私语,极赞邱绅年艳福突过于夙昔。赴奇讶,私念龙王妻何涉于邱某?因进诘之。沙弥见为县令子,骇而遁。新娘既入洞房,坐床缘。住持僧行直,讽经于新娘前。既毕排众出,反扃其门。再启,则新娘已不见。僧喻有众曰:"新娘飞升矣!"遂罗拜于地。

实则新娘已被机掖转入地窟,邱即涎脸迎于前。新娘卸妆现原身,则兰因也。直斥邱,邱呼援,镖师率众入。女以持戒律,则出剑尽剃之须眉,以示薄惩。而逸,周马追之不及。是时适壮飞因怀疑而至庙探迹兆,因互约,兰往救女,而飞则御敌。

飞被周马引入铁牢,出剑斫破,复被陷入机关地窖不得出。

邱觉起凤为庖代,奇怒,立饬人往捉之。及庙送之入地窖,机升,飞遂一跃而出抱起凤遁。

兰因至起凤家,念女已被劫去,乃驰至庙。而适壮飞送女返其家,因路歧未相值。抵庙遍迹不获入地道之由,俄被马禄见,掖机关陷兰因入一铁柜,而爇火其中,俾焚其身。

壮飞护女至其家,悉女侠又去庙,恐不测,嘱速报官,迅奔而往。升殿,觉阒无一人,而铁柜中青烟缕缕。知有异,亟往取水,又蹈陷阱。幸兰因因壮飞之陷,借机关之反动,得出险。寻飞转辗亦脱险。二人以必欲铲除魔窟,四处穷搜,遇周马二人,追之至山巅。壮飞缘绳而升,被周游施刀割之,垂断,飞下坠,适兰因驰至,抱持壮飞得幸免。飞兰遂出双剑宰二憾,以除此罪大恶极之巨憝焉。

恶首邱廷玺行直,皆被缇。壮飞以邑令子,不敢露脸受鞠。经人指认,宰大讶。飞乃反述得道之由,且证实邱等之作恶,宰遂定邱等罪。

寻宜静真人降于庭,微笑谓壮飞兰因曰:"一重公案,已告结束,双剑可以归原主。虽然壮飞兰因,尚有尘世天缘未曾了结,尔等再过四十年,我自能再来引渡。别矣!"言已而去。

就 是 我

出品　大中华百合影片公司，1928 年
编导　朱瘦菊
摄影　周诗穆
演员　王意明　王意曼　王乃东　王英之　王征信　谢云卿　吴一笑　汤天绣

《就是我》电影由周瘦菊根据陈冷血译本小说《火里罪人》改编。其影戏小说为张碧梧所作，原载《电影月报》第 2 期（1928 年 5 月 1 日）。

影 戏 小 说[1]

碧梧

夜深了，西北风刮得呼呼价响，鹅掌大的雪片，飘飘荡荡从空中落下。不消会儿工夫，大地之上，已薄薄的堆积了一层，仿佛禁受不住寒威的侵袭，盖上了一张白绒毯似的。路旁的人家，都是闭户关窗。街道之上，也是静悄悄的没个行人，景况真静寂而严肃极了。这时候，大华路口，有两名巡警，还往来的蹀躞着，尽他们的职守。但是风雪太大了，他们也不由得缩着颈项，把头藏在高领中，双手互叉在袖管里，好得一些暖气。二人并随口的闲谈，稍破岑寂。正在这当儿，从远远的走来一人，他们定睛瞧时，这人身穿黑衣，态度很凝重，步武也很安详，像是一位绅士模样。他们自不介意，让他缓缓的走过去。不料随即又有一人，也从那条路走来。这人的精神，却大大的不对了，短衣打扮，似是一个工人，背上肩着一只大木箱。瞧他走路的姿势，这木箱分明很沉重的。这两名巡警瞧了，不禁疑心大起。本来在这三更半夜，又是风雪交加，这人的形迹，确有可疑之点，大概不是偷儿，便是强盗罢。当即抢步上前，拦住他的去路，盘问他的来踪去迹。但是他只管瞪着眼睛，张大着嘴，发出一种呀呀的声音，一句话也回答不出，原来他正是一个哑巴。两名巡警无法，便仍叫他背着木箱，把他押往警局中去。

到了局中，这两名巡警，向局长报告了一切。局长知道这人是哑巴，也不向他多问，忙把木箱的盖子设法打开。谁知不看还罢，看之后，不由得大惊失色。原来箱中装着的，不是衣饰等等的赃品，却是一具面貌俊美、衣履华丽的少女的尸身，胸口戳着一把利刃，分明是被人暗杀死的。这局长平日办事，原很精明能干，如今遇了这桩无头的疑案，竟觉无从下手。一面将这哑巴拘押起来，一面去访著名的老侦探葛谷，要请他出场。恰巧葛谷因为儿子葛石将和皮冰小姐结婚，正忙着布置一切，没工夫担

---

[1] 原为句读。

承这事，只替局长想了一个初步侦查的方法。又说道："这里新来了一位侦探，唤做邬衣，本领倒也不差，你不妨去请教他。"局长只得应允。回到局中，立刻照葛谷所教的方法实行：故意把那哑巴放出，却派了两个干练的巡警，暗地里尾随着他，好查出他的去处。这方法果有效验，这哑巴走到一处高大的洋房前，便站住了脚，凑着雕花的铁门，尽着朝里张望。这两名巡警，便再把他捉住，带回局中。随即再和局长前往那洋房里查看，谁知却是一座空屋。据门口的一个皮匠说，前天屋里还有人，昨天已搬去了。他们查看的结果，非但毫无所得，却在屋中又发现了一具男尸，头部有伤，自然也是被人害死的。一波未平，一波又起，这局长如坠入五里雾中，愈加无法摆布了。

　　邬衣受了局长的委托，也想出一个方法，侦查戳死那少女的凶手，便把那少女的尸体，陈列在验尸所里，任人观看。这原是一件耸人闻听的惨案，谁都要瞧瞧这被害的少女是何等样的人，于是前来观看的，着实不少。这天下午，又来了一位身穿西装的俊秀少年，分开众人，站在女尸旁呆望着，眼里忽的掉下泪来，似乎非常伤心的。旁人原不介意，不料暗地里正有几个巡警窥伺着，见了这种情形，知道这少年和死者定有关系，便突然的出来，把他捉住。你说这少年是谁？正是葛谷的儿子葛石。局长公事公办，自然把他拘留起来。随即又搜出了几种证据，都是证明他确有戳死那少女的嫌疑。葛谷得了这个消息，明知他儿子不是杀人之辈，但必须提出反证才行，便竭力的设法，救他儿子。无如一再设法，都无效果。而且所搜着的证据，反足以增重他儿子的罪名。他又气又恨，竟把家产一齐卖掉，离开本地，不知前往哪里去了。皮冰小姐，眼望着婚期已近，好事将成，陡的闹出这回意外，未婚夫竟成了杀人的凶犯，去尝铁窗的风味，她的一寸芳心，自然是片片的碎裂了。

　　后来这地方上，忽的来了一位南洋富商，说是回国来游历的。他只带来一名黑奴，当做佣仆。二人住在旅馆中，日日和当地的绅士们酬酢。邬衣原很势利，知道他是南洋富商，便竭意的和他拉拢。邬衣有一个姊妹，是一朵交际花，人人都叫她做亚佩夫人。于是邬衣便叫她出名，请这富商晚餐。这富商毫不客气的允许了。到了这天晚上，亚佩夫人家，自然是宾客如云，热闹非常。邬衣尽着和这富商攀谈，富商忽地说道："我此次回国，一则是为着游历，一则是要寻访一家姓方的。因我父亲当年，曾受过姓方的深恩，临死时，命我把家产的半数，赠给方家后裔。但是我人地生疏，不知道方家有无子孙，现在住在哪里，你也许知道罢？"邬衣原不知道方家的事，但心中一动，得着一个主意，便说："我虽不很明白，我有一个名叫屈西的朋友，大概是晓得的，我托他替你侦查便了。"到了第二天，这名叫屈西的，果然到旅馆中来访富商。富商自然重重的拜托他，其实已经瞧出屈西便是邬衣的化装，但因将计就计，也不说破他。

　　接着又有怪事发生了，火车站上，有一个姓蔡名吉的挑夫，他有一个女儿，忽的失踪了。因得人的介绍求助于米南律师。米南律师便派了一个助手，一面探寻蔡女的下落，一面要侦查邬衣的秘密。经了几多周折，寻到了先前那个哑巴张望的洋房，悄悄的溜了进去。正在瞧出些眉目时，脚下的地板，忽的翻动，他便跌落下去。下面却是深坑，坑中先有一个女子。向她盘问了一番，原来她便是蔡吉的女儿。二人无路可逃，只得姑且守在坑中。也不知过了多少时候，陡见上面又堕下一人，仔细瞧时，正是葛石的未婚妻皮冰小姐。据她说，是遭了人的骗诱，挟到这里来的。这助手心想守在这里，终非得计，便爬到坑的上端，想掘一个洞，攒身出去。谁知只掘了一个小洞，外面有水冲进，不消多时，坑中的水，已齐到他们的颈项。看看要被淹死了，亏得这助手会得设法，到底被他把两个女子救出坑外，再把她们分送回家。

  读者诸君，可知道米南律师是谁？正是那南洋富商的化身。南洋富商又是谁？正是葛谷老侦探的化身。他随即又扮成一个跛足的卖酒人，向那洋房里又探出了一桩秘密。到了这时，他已知道所有的恶事，都是邬衣一人所干。他为何戳死那个少女和那个男子，虽尚未晓得；他所以抢劫这两个女子，必是因为她们正是方家的后裔。要害死了她们，好设法接受那富商的财产。但是他犯罪的证据，葛谷尚未得到，自然不能捉拿他。偏偏这时葛石的杀人罪，已由法官最后裁判，判决死刑。最奇怪的，在法官审问的当儿，葛石绝不声辩一句，似有什么难言之隐的。但是作恶的人终不会幸逃法网的。邬衣准备着冒充方家后裔的那个少年，是一个酒鬼，一天喝醉了酒，不知怎的引起了火警，那座洋房，顿时包围在烈焰之中。邬衣逃避不及，烧了个半死。凑巧葛谷赶到，便把这半死的邬衣抬到法庭上。他已不能讲话，只拿笔写了"杀人者就是我"六个大字。他那姊妹亚佩夫人，见他死得这样惨厉，良心发现，当着法官说明一切。说道："这事的前因后果，我全知道，那个被害的少女，原是北方的一个名伶，来到这里，是为着寻觅旧欢葛石的。不料又遇着了一个识客，便是头部受伤而死的那个男子。邬衣偏巧也爱上了她，因这三角式的爱，便引起了风波。起初葛石因和那男子争风，互相殴打，葛石失手打破了他的头，他当即晕去。葛石以为他已经死了，不敢声张。但是他旋即便苏醒过来，邬衣又和他起了冲突，再在他头上打了一下，他这才死了。后来邬衣因那女伶不钟情于他，因爱生恨，便用刀把她戳死，把尸身装在木箱中，叫那个哑巴黉夜抛往荒郊。却被巡警们瞧见，以致败露。邬衣罪有应得，死不足惜的。我想葛石所以始终默无一言，必是恐怕皮冰小姐知道他另有恋人，心中不快，或且妨碍到他们俩的婚事。再则在他的意料中，以为那男子是被他打死，他已犯了杀人重罪，还说什么呢……"

  有了亚佩夫人这番说明，这案便完全明了。而且凶犯已死，自可结束，葛石当然宣告无罪了。

再世姻缘

出品　民新影片公司，1928 年

导演　高西屏

演员　林楚楚　董翩翩　周空空　梁梦痕　孙梅轩　严姗姗　朱耀庭　糜中　沈丽霞　易荫峤　马孟杰　叶娟娟　徐之度　王莲贞

《再世姻缘》电影小说为林楚楚所作，原载《电影月报》第 3 期（1928 年 6 月 1 日）。

电影小说[1]

有寒士贾斯文者，聪明俊秀而倜傥不羁。都中名妓爱奴，怜其才而爱其人，知其必非久于贫贱者，屡出私蓄，以助膏火。贾果一举成名，乃为爱奴营金屋，共享双栖之乐。贾本才华绝世，又巧能迎合人主之心，不数年间，竟贵为丞相。爱奴方谓从此永享荣华，不慕神仙矣。讵贾以一寒士，乍跻高位，少年任性，作恶多端，犹以报复私仇为快心事。不料生死恶因，遂由此而种焉。

初贾未贵时，曾为窗友郭正之堂妹名杏红者所奚落，故对于郭氏兄妹，时怀报复之心。一旦威权赫奕，无所忌惮，竟强委禽，纳杏红为妾。杏红遂被凌辱而死。郭氏有义仆毕平者，侠士也。闻报，攘臂而起，只身深入相府，一击不中。及被擒获，诡称家贫母老，逼于饥寒而行劫，非有他也。贾伪怜其孝而释之，另使人侦其所自。及毕平归抵郭家之门，侦者突出而执之。虽被脱逃，而郭氏祸临眉睫矣。郭亦自知不免，乃挈妻携仆，星夜出走。郭妻淑英，怀孕将产，经连宵风雨，跋涉长途，形神俱瘁，中道而绝。郭遂与毕平入山为盗，誓三年必有以报。

贾既快私心，淫威日炽，刻剥百姓，贿赂公行，以供其穷奢极侈之挥霍。相府老总管王八者，本爱奴义父妓院主人，自随爱奴入相府，专以助桀为虐为能事。人民受其荼毒者，指不胜屈。及贾相罪恶贯盈，被包公上章奏劾。人主闻而震怒，下旨将贾免职，籍没家产，发配云南。一时妻哭儿啼，当日荣华，烟消云散。贾与妻相扶就道，历尽千山万水，昔之施于人者今日皆身受之。未几日暮穷途，复值郭正毕平率群盗至，兵匪混战，胜负未分，贾与妇乘隙逃上山巅。郭追至，相与争持，三人同坠崖死。毕平见大仇已报，遂伏刃以殉其主。是恩是怨，毕竟成空。

贾与爱奴，生同衾而死同穴，究竟恩情未断，故再世同投生于瞎丐家为姊妹。贾为姊，生而哑。爱奴为妹，生而跛。姊弄琵琶，妹卖花，尚可苟安贫贱。讵意前生怨

---

[1] 原为句读。

怼，仍未消沉。郭正同时亦已再生人世，为村中无赖，且与淑英为再世夫妇。杏红则投生为淑英妹，嫁与村中纨袴子为妻。此纨袴子者，即前生之毕平也，生而好色。其妻则以悍妒名。哑跛姊妹时以卖花过其门，纨袴子涎哑女美，久怀纳宠之心，顾为妒妇所梗，未遂所欲。无赖夫妇，窥其隐，以为有利可图，无赖乃向纨袴子自告奋勇，愿作冰人。其妻则力耸妒妇，谓丈夫既欲纳妾，则以纳哑女较为易于驾御。妒妇然之，而犹疑未能决也。

无赖别后，径赴老瞎子家，欲以甜言利诱。老瞎子持竿怒逐之。无赖踉跄遁出，误将小泥炉踢翻。老瞎子不察，回身扃户自寝。及鼾声作时，炉中倾出之余烬，已延烧茅屋矣。

已而无赖遇跛女于桥头，借故攫夺其卖花之钱，并将其木脚抛入水中。跛女大困，膝行而归。同时哑女亦在酒肆为醉汉纠缠，苦不得脱。日暮，姊妹先后归，瞥见家毁于火，姊以为父与妹皆死；妹亦以为父与姊皆死，从此姊妹离散，各处一方。无赖夫妇，见哑女孤弱可欺，设计卖与纨袴子为妾。可怜哑女，既受纨袴子之凌辱，复受悍妒妇之夏楚，愤欲自经。忽闻街上卖花声，酷肖其妹，急趋楼头，凭窗探视，果其妹也，则大喜踊跃欲狂。偶一不慎，窗槛断折，堕楼气绝。跛女抱姊大恸，惊动屋内诸人。正喧嚷间，有一老僧，排众入，以丹药救之，幸得复活。老僧为谁？即三十年前之王八也。自贾府被抄，只身逃出，看破红尘，削发为僧，至今道与年高，已能证悟。既属有缘相会，遂为众细说前因后果，俾勿冤冤相报，受苦无穷。其皆恍然如梦初醒，一同忏悔，遂欢好如一家焉。

一脚踢出去

出品　明星影片公司，1928年

编剧　洪　深

导演　洪　深　张石川

摄影　董克毅

演员　谭志远　赵静霞　丁子明　高梨痕　王梦石　顾友敏　龚稼农　黄君甫　汤　杰　董湘苹　张敏吾　胡　姗

《一脚踢出去》（又名《同学之爱》）电影由洪深编剧。其电影本事为宋痴萍撰写，原载《电影月报》第3期（1928年6月1日）。

本　　事[1]

宋痴萍

吴氏女珂，幼失恃，秉性温淑，事父尽其道。其庶母不慊女，阴忌之，一室遂如冰炭。女读于大学，同级有张生诚，坦率俊爽，与女雅有情愫。始业期届，生以书抵女，道相见有日。不幸为庶母所发，呈之女父。父故爱女，但头脑稍旧，于自由恋爱深致不满，且欲以女嫔故人潘某之子，因呼女婉转诘之。女力拒潘氏婚，谓女当求自立，今所希冀于阿父者，本学期求学之费耳，毕业后决不更耗阿父一钱，遗产尤非所愿。父闻之意忤，然不忍峻责。询以张生何人，女始知书为人发，益怼其庶母。

学校始业矣，生与女久别重逢，言笑甚乐。同学之属意于女者，咸妒生。周某尤黠，日以平民义务学校宣言向女商榷，意在借此接近，冀可间生。女以周容态甚庄，不得不虚与委蛇。生微窥之，醋意大作，乘间责女不应近周。女曰："爱情犹树也，树根已深入土中，枝叶摇动庸何伤？"生味其言，欢慰而去。周以计无所施，益纠党图败生名，乃举平民筹款主任腼生为之。生坦直，径允负责，女亦允量力为助。及筹款游艺会举行后，成绩虽佳，恰无余羡。周扬言生办理不善，以致于此，平校不成，生当负其全责。生处进退维谷之境，竟至一筹莫展。女不忍其爱人之名隳于一旦，虽向誓于阿父之前，谓此后不耗一钱，今为情爱所驱，毅然归请于父，愿得五百金助平校之成。庶母之讥嘲，以生故不暇顾矣。幸父爱女，卒如数予之。女即以五百金与生，使以隐名氏名义为平校捐款，于是平校成立，而生独享其名。向之藐视生者，咸来弃嫌修好，异性尤群来媚生。生左右顾盼，中怀大畅，于女踪迹渐疏。其友王生，尝以考试落第，意志颇丧，生勉之曰："张诚与张诚之友，心目中无失败与灰心也。"王因此

---

[1] 原为宋痴萍《谈谈洪深先生的编剧手段》文之一部分，句读。

自振，益佩生，于生事尤关切，至不直生之负女，力诫之，生不能从也。

一日同学作野外旅行，生忽与密司C者偕。既抵其地，潜从密司C引车他去。女是日本约生游毕同谒其父，至是大窘。王窥状，意良不忍，亟谓女曰："我当护女士归。"女抵家，念父因生办理平校得名，欣然愿见，而生竟不至，累已失信于父，黯然者久之。王尤不平，往说生，弗近密司C，谓女有真爱，背之不祥。生仍不悟，且语侵王。王大怒，遂互哄，然于友谊犹无损。

生既接近异性，耗费自多，渐至举债。周蹈隙而进，时以金钱相助，其意仍在败生之名，断女之爱也。会中华队与西人队比赛足球，生被选为守门。周忽故弄玄虚，挟债权者之威，令生临场让球，谓事成西人队尚有重酬。生为所挟持，势将不能不许，然扪心自问，又思自全其人格，乃向同学称贷，悉举负周者还之，曰："还若资，毋压迫我也。"及赛，生终以神经失常，动作乖舛，连负二球，观者大哗，恶声皆集。生不得已请于队长，愿出局。众益詈生无能，是时识生者皆有鄙夷之色。密司C芳踪已杳，生大愧悔，俯仰不能自容。然一刹那间又有激生而起者，则女方立场隅，仍以诚恳之言，勉生弗馁。王更拍其肩袭其语励之曰："张诚与张诚之友，心目中无失败与灰心也。"生大奋，疾走入场，易守门之责为前卫，纵横驰骋，当者披靡。比终局，竟得转败为胜，群众欢呼。中有一老人，则女之父也，盖心许其女之有托矣。惟周良心难昧，趋前向生为礼曰："老友恕我，前言戏之耳，我以伊人之倾心于君，诡言冀败君之名也。今若此，老友恕我。"然生微笑顾女，于周之言，若大度置之云。

木兰从军(民新)

出品　民新影片公司,1928年

编导　侯　曜

摄影　梁林光

演员　李旦旦　林楚楚　梁梦痕　邢少梅　彭海明　糜　中　辛汉文　理化民

《木兰从军》电影由侯曜编剧。其影戏小说署名寿星,原载《电影月报》第3期(1928年6月1日)。

影戏小说[1]

寿星

　　北魏时,匈奴王贺虎,遣大将尤雄,称兵犯阙。时则豺虎交横,中原历乱,边防阵垒,相向披靡,略地攻城,宵烽的的黄须白马,固气挺于一时也。

　　花木兰者,父弧,早岁曾为千总,今隐于农。母贾氏,慈惠人也。姊木蕙,良贤。弟蛟,犹有稚态。一门春气,生意盎然。讵庸知风禽骋暴,钟乱当时,征募同仇,交驰羽檄。而花弧者,名挂军籍,虽老而犹须沦戍耶!无何,辛元帅令至,军书十二,靡不有花弧名者。烈士暮年,壮心不已。花弧固未尝以龙钟自诿,然而癃罢不胜,奈何徒唤。而木兰言于父曰:"万方有难,责在匹夫。儿虽女流,常悬壮志,愿得改作男装,从军万里,歼夷逆竖,振我华邦。庶蛾眉有伸展之时,菊水有延龄之日,为家为国,两得其使。此生为不虚矣。"花弧大喜,于是购鞍市马,远道朝行,拜别爷娘,向黄河而北去。原田膴膴,岭阜茫茫,抛却红衣,平生未报,千秋儿女,宁洒寻常之泪耶。

　　黄埃起处,有双骑绝尘飞越,则王强陈茂,亦从军来者也。与木兰相逢道左,因而结伴偕行。骈投帅坐,校场献艺,各竭其长。木兰以虎父余绪,获领先锋,陈王随焉。于是云聚风驰,靖氛远发,兼程累驿,箫鼓专征。

　　于时匈奴凶焰,逼及玉关。守将吴能已分崦嵫日薄,将竖降幡。不意木兰援兵陡至,遂将就伪降,以赚番人受缚。尤雄不察,竟堕玄虚。玉关之围,于焉以解,而大军亦得以长驱席卷矣。

　　血战经年,尤雄被缚,士卒恨之次骨,将论弃市。而尤雄诡言曰:"仰闻元帅,弃瑕忘过,宽厚待人。倘予自新,愿往说降盟弟马武,使关塞不劳而定,用赎前愆。"元帅许之,而尤雄脱矣。小人反复,变幻无常。锋镝丛凝,方兴未艾也。

---

[1] 原为句读。

贾氏自木兰去后，思望弥殷，爰遣家人马诚，送衣战地。北堂慈母，又宁知转以牵出无限风波，几令娇儿遭不测耶。

辕门飞雪，木兰拥甲宵坐，细看兵书。马诚冒寒而至，相见惊喜，遽称小姐辛劳。余言方续，木兰急止其勿称小姐，而驷马已不及掩属垣之耳矣。

陈茂者，阴险人也。适闻马诚之言，遽有天鹅之想。马诚回家之日，陈茂持械劫之于途，方欲逼问，不意为番逻所获，俱献于马武。陈茂思用自脱，详陈所秘。马武不之信，因而杀之，马诚被囚。

尤雄既奔马武，设计伪降。伏刀斧手以要迎辛帅。辛帅大喜欲赴，木兰谏曰："胡人多诈，愿身先以防不测。"辛帅许之。木兰中伏被擒，辛帅后备幸免。

马武见木兰英媚，行同巾帼，疑陈茂之言非假，乃私莅囚狱，伸同命之祈，设守盟之誓。木兰乘机杀之，得间逃去。

军帅耿奇言于贺虎曰："我军连日败北，军心动摇，非得大王亲领指挥，不能取胜。"于是移跸关前，亲持驱略，兼军累战，胜负依然。塞外军劳，不知望断几何少妇也。

贺虎女飞霞，韶秀而多智，有女诸葛之誉。深知奔蹄劲旅，虽勇多情，凡在征人，不忘乡井。爰率宫女，倚笛歌凄凉之调，用以离散军心。歌曰："雪花何飞飞，征人何微微。阿娘与妇老闺闱，归不归？血滴龙泉泪渍衣。"

歌声悲切，闻者凄然。木兰亦未尝无动。然静想匈奴未灭，何以家为？即制词传唱，以昭激厉。词曰："君不见男儿自古事长征，一剑横当百万兵。国事千钧重，头颅一掷轻。为家为国何光荣。"

词意清豪，足令众心不懈。然飞虎之计不售，木兰厄运至矣。

一旦，贺虎匹马挑战，坐索木兰。木兰与战，贺虎佯败而走。木兰追之，坠阱被擒。贺虎欲杀之，耿奇又进言于贺虎曰："南蛮英武，倘许东床坦腹，必能竭力为酬，以暴制暴，于大王良得。"贺虎是其言，以询爱女，许焉。木兰笼鸟池鱼，势不能不敷衍以图后也。

青庐之夕，穷极奢华。木兰虚与委蛇，不动声色。迨洞房花烛，合卺杯交，粉饰多词，幸不为飞霞所觉。飞霞心仪夫婿英雄，百凡敬爱。虽未谐鱼水，而静好之情，尚非楮墨所能摹拟也。既而贺虎命飞霞取木兰笔迹。得之，乃书诈降，兼筑受降台，埋火药其下，以赚辛帅而炸之。

辛帅既诵降书，以为真木兰所书也，信之，择日受降。意者，天厌干戈，成功在此一举矣。

一日，贺虎告其女曰："今日敌人受降，中吾计矣，来者当无幸存。汝当设计羁绊木兰[1]，以免另生枝节。"飞霞如其言，就木兰觅所以羁縻之者。于是园林共步，小语喁喁。忽见一垢面之囚，向人招手，则可怜之马诚也。木兰不知马诚胡以呈是，恳飞霞释之，且告颠末。飞霞之乳娘熟视马诚曰："若何酷似吾夫也。"言下泪落如缏。

---

〔1〕 原文为"花弧"。

马诚乃指飞霞曰:"是吾小姐霞姑耶?"乳娘点首,飞霞愕然。马诚曰:"小姐吾徐老爷之掌珠也。老爷举家沦谪,戍守边关。贺虎破城,杀老爷掳小姐及吾妻以去。吾幸免,更事花将军。此二十年前事也。"飞霞愤然曰:"天乎!吾乃事仇耶。"悲愤之余,尽告木兰以匈王密计。木兰闻之,飞马向受降台而去。

辛帅临受降台,贺虎恭迎为礼。耿奇手持火种,俟机燃发。木兰一骑飞来,掷剑中耿奇而毙。乃更引吭高呼,令人远避。辛帅方退,而受降台毁矣。于是两军,于烟火之中混战,贺虎不支而退,飞霞闭关不纳,更树降幡。贺虎进退维谷,束手待缚,而平胡之功成矣。

金鞭凯唱,勇士言归,十载还乡,依然故我。而功在国家,名垂千古,亦木兰生平最快意之时也。

木兰归讯,传于乡间。爷娘喜迎郊外,姊梳云鬟,弟杀猪羊,骨肉重逢,又是一番景况。木兰战袍既脱,还著红裳,风貌不殊。前尘在梦,抚今追昔,能不怃然?既而辛帅来访,木兰梅妆艳丽,盈盈下拜。辛帅不胜诧异,木兰俯首请罪,细白隐衷。辛帅愈益加勉,因请于其父,愿与木兰谐百年之好云。

卢 鬓 花

出品　上海影戏公司，1928 年
编剧　张惠民
导演　但杜宇
摄影　但杜宇
演员　但二春　贺蓉珠

《卢鬓花》（又名《小剑客》）电影取材大仲马小说《侠盗罗宾汉》，由张惠民编剧。其电影小说署名安，原载《电影月报》第3期（1928年6月1日）。

电 影 小 说[1]

安

　　卫城为西鄙重地。城中有常将军者，秉钺坐越镇，声势赫奕。羽翼爪牙，竞逐无餍。其子尤贪婪残暴，几以卫城为家产，人咸侧目，不之顾也。未几，城中忽发现一蒙面黑衣之小侠，短小精悍，超腾纵跃，身怀绝技。官厅征得之税银，俱为掠夺，以散婺户。常将军之唯一命脉，厥为印度黑药公司，亦被焚。将军愤，勒令属吏于三日内人赃解到，并悬赏缉拿。赏格既悬，市人纷沓往视。小剑客卢鬓花，方混入人丛中，以觇热闹。有素业律师，兹为赌棍之汪老大，亦为看客之一。正出神间，忽被一小窃攫取钱物。鬓花首先发觉，助老大追回。老大感之，欲酬以资，固辞不受，谓我身流落无依，苟得一栖止之地，于愿已足。老大用之为厨役。

　　时城中赋税苛重，近又巧立名目，有所谓穷人捐者，凡属婺户，必须罗掘以供，受其害者不知凡几。小贩阿招，亦为是中之一人。方为收捐者所迫，鬓花市蔬过其地，询知其故，乘收捐者不备，窃其筐中纸币以授阿招，又毁其呢冠。收捐者受侮，追鬓花至汪老大处，谓如不赔偿，当以抗捐报将军。同居画师怜之，解囊为偿，收捐者始悻悻而去。

　　烟笼玉暖，的皪疏英，正春色烂熳之时。富绅陆士甫之女曼倩，粉黛倩装，姿容艳绝，方婷婷立梅丛中，若欲与姑射仙一斗婵娟者。偕游者即汪老大同居之画师也。不料与将军子遇，见而惊为天人。赵侦探察言观色，力任撮合，谓彼姝为我表妹，事必有成。奈一转瞬间，芳踪翩然而逝。少将军以曼倩与画师俱，遂迁怒于画师，将其捕去。

　　曼倩既抵家，展卷自娱，意殊闲边。俄而峨冠戎服之少将军突然入闼，曼倩惊羞

---

[1] 原为句读。

交并，少将军接坐比肩，施其轻薄。正支撑间，士甫闻声入视，恚忿之余，大声斥责。少将军亦自知无状，逡巡而去。既返将军府，愤陆氏之辱，乃加祸于画师以泄怒。令陈副官痛挞之，遍体鳞伤，麾之使去。卢鬓花深夜闻呻吟声发自墙外，启户视之，乃画师也，负伤卧地，不能行动。鬓花扶掖入室，立造包医生之门请其诊治。奈医生方与一少妇围炉情话，托词天寒，拒绝出诊。鬓花恳之再三，医生怒其相扰，严词以拒，不得已只配少许止痛药剂以归。深夜蒙面易装，挟刃潜入医生家，执包医生，褫其衣服，缚之中庭。

印度黑药公司，为常将军获利最优之私产，既被焚，急欲恢复其业。以陆士甫为地方首富，借口军饷支绌，勒令出资十万，限三日交到。士甫不允，将军怒其抗命，欲治以罪。赵侦探闻之，密告少将军，谓乘此机会，可要挟曼倩，以偿宿愿。少将军大喜，力请于父，办理此案，卒锢士甫于古塔中。赵侦探凭其粲花之舌以诱曼倩，并代为设策，云少将军凤佩吾妹，如亲往求之，无不济也。曼倩不得已，允以明日前往。侦探复命，少将军颇引为慰。既而计及曼倩与画师素相爱好，不如先除画师，以绝曼倩之心。谋既定，乃命陈副官至汪老大处。正窃窃私议间，为鬓花所闻，潜起窥之，以告画师。画师曰："来者非掀鼻朝天者乎？"曰然。曰："此即轶我之恶奴也。来此奚为？容我探之。"鬓花力阻，以侦察之责自任，察得端倪。画师为之惴惴不安。及陈副官辞出，突有蒙面小侠现于前，拔刀相向，痛挞之，褫其衣，缚之马上，纵归将军府。卫士大惊，以为盗也，群殴之。及知为陈副官，已伤痕斑斑矣。

翌日，曼倩至将军府请求。晚间，赵侦探复来，谓曼倩曰："少将军嘉汝孝道，准释姑夫。务请明晚再莅将军府，认资请罪，姑夫可复自由矣。"曼倩以父被执，急于求援，竟不之疑。赵出，遇蒙面小侠，警告之。侦探大恐，返禀少将军，适包医生亦以被侮事请缉，并云似汪老大家童子所为。证以陈副官在汪家门首被击事，益信，乃遣赵侦探至汪老大处，告以童子有重大嫌疑。汪力谓其懦弱无能，稚气未脱。赵坚欲一觇究竟，相将登楼，了无他异。及下楼，又为所弄。遂与汪商暂禁之于酒窟中，明日解案，指为巨贼，不论是否，赏格可得矣，汪然之。盖汪老大尝与酒店主人博，尽得其资，故设有酒肆也。

鬓花被押至店，适阿招持其果筐兜售。鬓花乘人不备，密嘱阿招为取床头包裹，以便应用。及阿招来，为守者所觉，鬓花乘间逸，一场恶斗，当者披靡。时画师已为所获，亦由鬓花救出。

曼倩遵约至将军府，少将军方张盛宴，见曼倩来，嬲之饮。正缠扰间，鬓花忽如飞将军从天而下，飞檐走壁，如履平地。一时府中秩序大乱，卫卒不敌，纷纷窜逝。鬓花得常将军服罪证，不再施虐于民众。曼倩父女及画师等，亦得因以脱厄。一时黎庶，莫不感戴，称之为万家生佛。鬓花形迹既露，遂舍卫城他往。

1928 年

金钱之王

出品　大中华百合影片公司，1928 年

编导　姜起凤

演员　周文珠　谢云卿　王征信　吴永刚　张美云　王灿璋

《金钱之王》电影由姜起凤编剧。其影戏小说为张碧梧所作，原载《电影月报》第 4 期（1928 年 7 月 1 日）。

影 戏 小 说[1]

碧梧

　　康森虽然是个杀人不眨眼的强盗，对于他的母亲，却倒很有几分孝思。他母亲临死的当儿，曾淌着两行垂枯的眼泪，放出微弱的声音，断断续续的对他说道："儿呀！你可晓得世界上的一切，最有势力的，是什么？自然莫过于金钱，因为它能操纵人们的苦乐和生死。金钱对于穷人们的势力，尤其伟大。穷人们所以受着饥寒交迫的苦痛，正是为了没有金钱。倘然有时，也一样可以享福呀！所以世界上的人，无论是在哪一种阶级中，都是为着金钱奋斗。因此我死之后，不希望你别的，只希望你努力挣钱。不只是家成业就，成一个普通的富翁；更须拥资无算，做一位金钱之王。一来你自己可以吐气扬眉，二来也可出出我这个穷气。你倘能如此，便是我的好儿子。我死而有知，也当含笑九泉咧。"他听了这番话，便紧紧的记在心中。等他母亲死了，因为没有钱，只好草草殓葬。然后他便打起全副精神，要实现他母亲的遗言。

　　有钱的人做事，是很容易的。手里有了一万块钱，要增加到十万二十万，并不十分为难。可是康森是个赤手空拳的人，若要多钱，那可就难于登天了。他又没有什么出色惊人的本领，能够使得金钱陆续的滚入囊中。他唯一的本领，就是盗劫。他想来想去，委实想不出别的好方法，只得咬定牙关，仍在盗劫上努力。往常呢，他原常常出去盗劫，但似乎有个限制：便是盗劫一次，总得在家里躲避几天；等到盗劫来的金钱已用完了，这才复行出去。而且在盗劫时，自家也有个甄别：难以下手，或是太危险的去处，他便不去动手。如今却不然了，天天都得出去干一票，甚至于干上两票或三票。危险也在所不顾，只要有钱到手，虽是赴汤蹈火，也毫不介意。他曾暗自想道，必须如此，钱才能渐渐积下，而聚成大数目呀。

　　有一天，他打听着有一家人家，财产十分丰富；那家的主人，又是个为富不仁的啬鬼。他不禁很是快活，暗想这样人的钱，必是不义之财，必是丧了良心弄到手的，

---

[1] 原为句读。

那末我尽可去大大的偷他一票,并可给他一个惩罚,倒是一举两得呢。他拿定了这个主意,等到三更过后,便悄悄的溜到那人家的屋外。他本是老于此道的,高屋厚垣,哪里能阻止他的前进?他毫不费事,便已到了屋里。只见灯烛辉煌,人声嘈杂,暗想道,他家有什么事,这般热闹?我虽不怕他们,耳目众多,究竟不很方便,我到来得太不凑巧了。但是他既已来到这里,又怎肯空手回去,便在暗地里暂等一等,再作计较。果然等了不多一会,屋里已是鸦雀无声,他便悄悄的出来,略施小计,已经盗到了不少的金钱。无意中,并救了一个家庭压迫下的女子。只因时间太匆促,地位又危急,所以虽然救了伊,欲未能彻底。

　　康森这样积极的进行,做的案不知有多多少少。警察署里,当然有了风声,并打听出都是康森所为,便派出许多警察,往四下里搜捕他。康森虽善于趋避,但处在这种包围之中,总觉得诸多不便。万一被捉住了,他虽不怕死,可是一死之后,他母亲的那番遗言,便永无实现的可能了。他想到这层,心下很觉难受。他的一个奴仆,窥知他的隐情,便乘机进言。论到他这个奴仆,并不是雇用的。他的来历,至今未能明白。康森因孤独一身,正好拿他做个伙伴,便也不向他细问,把他收留下来。二人相处,情投意合,很是要好。如今他见康森委决不下,便向康森说道:"干这种无本生涯,本非长久之计,而且无论如何,绝不会成为金钱之王。若要成金钱之王,只有一法,便是去寻觅金矿或宝藏。倘能寻到,一举成功,岂不大妙。"康森听了,想了一想道:"主意虽好,只是太危险了。金矿或宝藏,又往哪里去寻呢?"他道:"你倘赞成我这主意,我自可指示与你。"康森心想这主意虽未必尽善尽美,但比干盗劫的事,终日在法律的监视之下,总比较得好多了,于是他便满口答应。刚正在这时候,忽有一个少年,前来投奔康森。康森因为出去寻觅金矿或宝藏,人手越多越好,便收留他做个伴侣。

　　光阴过得很快,不知不觉已过去好多时日了。他们三人,来到了一个名叫巴度卢的小国。他们见这国中人很野蛮,而且很迷信,便扯了个谎,说是从星球中落下来的。这国中人听了,果然把他们当做神仙般看待,并引他们去见国王。国王名叫勃雷,这时正在举行行猎大典,杀人如麻,血流成河,情况真是非常的惨厉。康森和少年瞧在眼里,心里很觉凄惨。凑巧得到一个机会,和王弟屈姑那谈话,便说道:"勃雷这样的残暴,自然绝非国中之福,何不把他杀了,另外立一个英明仁慈之主。"屈姑那说道:"谈到勃雷的事,真个气人。他本不应该为王,是杀了他的哥哥,篡夺了王位,又把王室宝藏,据为己有。论到他的行为,早就该把他杀了。只是把他杀了之后,王室中并无嗣统的人,所以很难举事。"正说到这里,康森的奴仆,忽的挺身而出,说他正是先王的王子英奴西,又显出身上的神秘,作为凭证。屈姑那自然相信,不敢怠慢,立刻暗暗的召集许多忠于王室的统兵将领,开了个秘密会议。众将领还害怕英奴西是撒谎,说你们既是从星球上下来的神仙,当然很有能耐,请显些神通给我们瞧瞧罢。康森很觉为难,暗想我们何尝有甚神通。但若说是没有,大事立刻破裂,只得硬着头皮应道:"好!今天晚上,我们能把天上的明月罩住,尽世界变成黑暗。"众将领听了,将信将疑。活该事有凑巧,这天晚上,正是月蚀的日期,只因这国中人野蛮非常,懂得什么叫月蚀呢。

天已晚了，国王勃雷，特地请康森等人到王宫中，看美人跳舞。轻歌漫舞，另有一番热闹。正在舞兴方浓时，有一个美人儿，忽的触了勃雷的脾气。勃雷顿时大发雷霆，连呼杀杀。武士们刚要动手捉这美人，康森再也忍耐不住，从椅子上直跳起来，大声喊道："慢着！"又向勃雷道："伊有什么罪，值得杀头呢？"勃雷越发怒了，喝问道："你是外人，休管我们的事！"康森道："我不看见便罢，既看见了，便不能不管。"说时，一抬手正击中勃雷的儿子。谁知这孩子太不耐打，轻轻一下，顿时气绝身死。在座的人见了，都大惊失色，立刻秩序大乱。刚巧这时天忽黑暗，康森等趁这慌乱昏黑之中，一齐逃出王宫。

众将领见天色果然黑暗，便相信正是康森等施的神通；也就相信英奴西确是王子，便拥他为王，率领大队兵马，守在一个山上。勃雷知道了这番情形，这一怒真是非同小可，当即引兵往攻。双方接战，都非常勇猛，只杀得旌旗失色，日月无光。结果勃雷大败亏输，死在乱军当中。

英奴西既登王位，就引着康森和少年，到王室宝藏里参观。康森到了这时，明知随便拿一些，便成金钱之王。但又想到巴度卢国中正是为了这宝藏，你争我夺，发生这两个惨剧，死亡了很多军民；又想到他母亲也是为了金钱，才弄得家破人亡，便感觉到金钱这东西，实在是一个贻害无穷的不祥之物。于是他一样也不要，却把他母亲生前经过的惨史，对着众人宣布。他刚正说完，那个少年，忽的大受感触。康森细细的一问，这才明白，那个少年，竟是女扮男装，正是康森上次在那个富户人家搭救的女子，也正是他的妹妹。无意之中，骨肉重逢，这一场喜欢，自然不用多说。旁观的人，也很替他们俩快活。后来他们俩便偕同那个奴仆，回到中国，安心过着清贫的生活。康森也不再抱着"金钱之王"的痴梦。又想到他母亲的那番遗言，不过只是愤激之言罢了。

江湖情侠

出品　友联影片公司，1928 年
总监　徐碧波
编剧　卢铿钟
导演　文逸民
摄影　姚士泉
演员　吴廷芳　文逸民　陈少敏　范雪朋　林美如　陈宝善

《江湖情侠》电影由卢铿钟编剧。其电影本事为徐碧波撰写，原载《电影月报》第 4 期（1928 年 7 月 1 日）。

本　　事[1]

　　春末，文逸民君以杭友卢铿钟君之剧本见示，题曰《脂粉英雄》。披阅之下，觉情节紧凑而繁复，若得导演者，加以烘托，会当成一佳作。经理陈铿然君，即委文君为导演，而要余为监制。导演斯得人矣，而监制则恐名未能副实。因愚事冗如猬，决不能始终督理也。辞谢者数，卒弗克却。受命后曾往拍戏场沐日栉风，与众同甘苦者几次。某节中，有裸女一幕，摄此影时，例不许外人及无关系之演员参观。但栏止无效，只得由愚与陈经理将闲人驱入一室，我二人暂作神荼郁垒焉。及摄毕，愚以未尽监理之责，亟往审视，则模特儿已姗姗去，为之怅然。但欲视倩影，他日当于银幕上滋我平视矣。此后摄外景于苏垣，以尘务缠身，未克随去。闻是役曾雇夫役七百之多，崇山绝壑，飞泉奔瀑，都收入小镜头中。今此片已告成，而愚枉得制片总监之名，犹滋愧焉。

　　是剧之主演者，即著名武侠女明星范雪朋所饰。范女士之《十三妹》，遐迩咸知，自亦无待在下之喋喋介绍。今所介绍者，为是剧男主角陈少敏君。陈君虽系初上镜头，而表情之独到，与夫体贴剧中人意旨，实较富有经验之演员为优。此天才也。是剧得此君孚助，益当生色不少。

　　秦剑华系窭人子，以其妻病沉重，子幼待哺，迫不得已，乃操挺为盗。但本性非恶，不忍杀人而越货，只以竹制长刀，借以威吓劫人财帛而已。

　　方其开宗明义第一日剪径时，即匿于附近之芦花丛中。适一老人过，正欲施劫，孰知此老人乃为嵩山拳叟青风子，弄斧班门，反被叟挟而踣诸地。叟旋见刀以竹成，

---

[1]　原题名《江湖情侠之概略》，句读。

大异询之，秦乃哭泣诉其饥寒为恶之因。叟怜其遇，乃予以金，嘱善谋其生，毋再为此违法事。秦乃再三拜谢而归。

光阴如矢，忽已十年，剑华自得青风子周急后，勤俭持家，颇有积蓄，且设有一肆。以须往川省购采原料，即以肆中业务委其子少华焉。

巫山峡畔有船户刁文虎者，专恃杀人越货为生。有子名云，与乃父沆瀣一气。女名琼瑶，颇不以父兄之行为为然，辄苦谏之，卒无效。今兹剑华赴川，适乘其舟，竟被推入水中，而尽没其资。

剑妇以夫去半载无消息，常日悲伤无已时。少华乃决意往访其亲，恐母知不听去，留书潜行。

文虎得秦资后，仍操旧业。一日出市沽酒，云觑女美，意欲纵行非礼，女斥诸为兽类。云乃述其母，其前亦曾乘此舟，被杀，汝命犹系我所留。女闻言奇怒，正欲扑此獠，适少华至河边唤舟，围始解。而文虎亦旋归，遂讲定川资启程焉。

琼瑶自顾身世，乃大为悲怆，因立志复母仇。见少华英俊，可为己匹，遂屡拟揭二憨之阴谋。而苦无机会，惟日常侦查若辈动作而已。

一夜，二人又欲密谋杀少华，而劫其财。女乃备铁锤，于若辈下手之际，力击断文虎腕。文虎负创坠河，云乃从水援之。女与少华密誓为夫妇，遂舍舟赴川寻其父。

越月余，已抵川，惟资斧已竭。幸女娴走钢丝术，遂卖艺以给焉。

万县有土豪毕定西者，好渔色，常饬党徒四出物色。弋者见琼瑶美，因伪言其主请献艺于其家。毕瞰女，几夺魂魄。以日间不敢行非礼，但饬人踪其寓。入夜，恶党以迷香熏女，和被劫之去。

土豪家大设宴，以庆获美。洎入洞房，乃女忽化男身。豪之姬妾，反环伺其侧，群施以眼波焉，大诧。毕谂此人，即少华，因囚诸于柴房。

初女于回寓时，闻隔室一老妇泣甚哀。询其故，乃述此间有土豪毕某，劫其女去，故大悲伤。琼默忆之，因于夜间，潜易少华衣，往探毕氏之密窟。适睹剑华亦被劫，遂入施援。顾以众寡不敌，亦被执。

毕氏方在后园，营新屋，渠意欲毁尸灭其迹，故下令徒党，以少华琼瑶死之于椿下之泥穴。正欲行刑间，有一中年道人至，危机一发，立撒豆以成群兵，将诸恶徒剿灭殆尽。少华琼瑶得不死。按道人即秦剑华也。初剑华入水后，为青风子所援。此次之来，乃为奉命铲毕逆。父子于无意中会合，喜可知已。

尔时刁氏父子，适在土豪家任工役，竟又被免脱。见剑华父子，因尾随得其居址。云乃蹑踪行刺，以毒镖中剑华腕。琼瑶追之，至一山上，落圈套内。云将其绑缚，坠诸山崖之下。其时少华亦闻警，驰随于后。既及，少华奋其全力以搏云。云手一松，琼乃坠崖。幸一枯枝绊住，第枝不能任琼重，将垂垂下坠。正千钧一发之际，而青风子至，秦出飞剑斩云，援女出险。青风子乃曰："若父危在旦夕。兹有一丸，须于一小时内赶至，使吞下方无虑。"

少华琼瑶遂遄程去，复于途中经许多危险，方得达到。只差一分时间，丸入咽，乃愈。于是皆大欢喜焉。

大侠复仇记（上下集）

出品　明星影片公司，1928年
编剧　郑正秋
导演　张石川
摄彩　董克毅
演员　胡　蝶　萧　英　王梦石　谭志远　王吉亭　胡　姗

《大侠复仇记》（上下集）电影取材清末两江总督马新贻被刺案，以及向恺然《江湖奇侠传》（《刺马详情》），由郑正秋编剧。其影戏小说为宋痴萍所作，原载《电影月报》第4期（1928年7月1日）。

影戏小说[1]

痴萍

上

马心仪有能吏名，守四川某府。川中大盗郑时张文祥施星标方横行一时，郑善谋而张能战，施则闾茸人也。攻某府，陷之，马被击。郑张私计曰："我兄弟三人，份虽异姓，亲逾骨肉，寄迹绿林，终非久计。今观马状貌奇伟，异日必贵。不如动以利害，结以恩义。彼方被擒，无不就范，倘亦吾等自拔之机乎。"于是就马商榷，得其同意，告盟于天，结为兄弟，愿生生世世毋相忘。议定，郑张伪败而遁。马既复城，以功得上峰青目，渐擢至鲁抚。郑张则声势日蹙，无复当年盛况矣。

郑张知马位至方面，力足以庇故人，遣施往谒之，借探其是否顾念旧交，以定自身之行止。明知施庸才，不招人忌，马纵负心，不至肆毒于施。施既见马，备述郑张之意。马虑为己累，而无辞以绝之，姑留施于署中，察其谨愿，令充武巡捕之职。施大乐，欲为书告郑张，而苦于不能执笔。其事又不足为外人道，无从倩人捉刀，遂寝。

郑张久不得施消息，散其众，结伴东游，出瞿塘，趋江汉，扁舟不系，闲情自适。一日方泊，闻邻舟笛声，郑迫窥之，见双美绝艳。聆其言，则当日绵州墨吏柳某之二女也。柳尝知绵州，政声甚劣。郑张陷绵州，郑且手刃柳。今遘其二女，不觉色然以惊，密语于张，拿舟避去。是晚遇大风，仓卒不得泊处，止于芦滩。移时有舟续至，傍郑张之舟而泊，宵深天黑，不知其谁何也。夜午，忽闻盗劫邻舟，郑呼张，张已先出格群盗。郑亦出，则邻舟所载，即柳氏二女，方被盗裸缚，郑亲为解之。张勇甚，

---

[1] 原为句读。

群盗皆落水。二女整衣肃郑张坐，盛称救援之德。郑张已易名，二女固不知其为杀父之仇也。郑故好色，女方感恩，片言而大柳愿以身事郑。郑更讽张婚小柳。张逆知将遗他日之祸，然素重郑，未尝有违言，亦漫应之。二女资装甚重，本欲往依姨氏，至是变其初衷，双双随婿入鲁矣。

施闻郑张至，驰入旅邸，握手欢笑，述马相待状。郑虽知马待施薄，然施方扬扬自得，也不忍显言之。介之见二嫂，施惊为天人，爽然曰："两兄娶矣，如弟之犹鳏何！"言时目注柳婢春喜，若甚歆羡。反报马，谓两兄携眷俱至，且绳二女之美。马素性淫乱，闻语心动，令施迎郑张入居署中，出姬妾与二女相见。施私请于张，愿得春喜为妇。张一言而郑允，于是夫妇内外服役，恃马优容，颇骛于虚荣。马谋之第六妾，先通春喜，复诱二女并污之。

张邀郑出游，借解寂寞。郑却之，且嘱张遇事忍耐以远祸。张诺而出，于茶肆中见恶少年，欲惩创之，念郑言而止。二女既通于马，大柳犹昵郑，小柳对张殊落莫。郑复劝张稍温存小柳，毋令失意。张怛然曰："此婚兄嫂主之，弟固不愿。况堂堂丈夫，而以柔情媚妇人，此事弟实未谙，愿兄之弗相强也。"一日，张行通衢中，遇一异人，潜尾之，入一古庙，弛然卧矣。张志其地，将图再访。徐行经一村庄，复遇一少年，与村人口角，村人欲攒殴之。少年以绝艺惊众，众不敢逼。时庄中一老者徐步而出，并邀少年及张，入庄小坐。张傍坐聆二人言，始知老者名史卜存，少年名赵承规，其艺皆出己上。老者且遂重致辞曰："君气色晦滞，设有不如意事，幸过老朽，当为道地也。"张遂行。

是日郑闷坐无聊，闲步署中，将访马共话。及内室，闻妇女嬉笑声，以为马之眷属也。潜就窗下窥之，则戏于室中者，乃为马与二女。愤恚万状，疾行而避，诚不知此身之在何所矣。（上篇完）

下

郑时以闷坐无聊，徐步访马于内衙。经一室，闻男女嬉笑声，潜窥之，与马戏于室中者非他人，盖己之床头人及张之妇也。一时羞愤交集，颜色惨变。复念身临险地，声必被祸，因悄然归己室，百思不得摆脱之方。将洁身远引耶，茫茫大地，曾无安全之所，马既负义，必将穷治。将吞声忍辱耶，人非木石，岂能无动于中？于是神思迷惘，如在梦中。而张适以是时归，睹状大惊，问病乎？郑虑张性烈，秘不告。张畅言途中遇异人事。二女来，虽共笑语，然中怀各异，融洽无从矣。一日夜半，马命春喜速郑张，至则出一四川公文示郑。文中序郑旧案，将加拘捕。郑洞瞩其奸，而末由自辩，愿束身司败。马不可，谓将释之远遁。郑归，始举前事告张。张于小柳之失节，殊不措意，慨然曰："是人本非予妇，予固抱独身主义者，仅有夫妇之名义耳。今若此，于予何伤。然兄之事，马亦奸险极矣。"因握拳透爪，愤怒几不能自制。施来传马命，请郑张出就旅舍，将微服亲来送别，且以白金二百为赆。郑张既抵旅舍，张劝郑即行，何必更见马。郑力言既诺之矣，不可失信，因遣张入市购衣，备途中之用。张既购得，匆匆而返，忽见人如蚁集。亟欲一观究竟，突有人攘其衣包。张大怒反索，其人疾驰。张奋力迫之不能及，直至古庙而止。其人非他，即前此所遇之异人也。

异人，人呼为孙癞子，受张师无垢和尚之托，来此援张，令归红莲寺从其师。抵鲁后，曾数入抚署。初见马通于二女，颇憾郑张之既杀其父，复娶其女，似此无行，何以无垢以张为徒。及闻张告郑之语，始知张之义侠，而于郑仍恶之。一日复闻马述及郑张之真姓名，二女痛哭求复父仇，马慨然允之。行时遇赵承规，知其奉师命潜来护马，技出张上，虑张遭其毒手，设法引之相见于史卜存许，无非为张地也。今马既不念异姓兄弟之义，自以除之为快，免为自身后日之累，始以计使郑张移居旅舍，别遣人引兵围之，扬言捕盗，径执郑门外戮之，张以购衣幸免。欲阻其更去，乃伪攫其衣，引之庙中，劝以有赵承规在，万无逞志之理，不如从师命西行之为愈。张虽极感其援手之恩，然于义兄之仇，志在必复。孙无如何，许为代收郑尸而已。

小柳因张在逃，必欲马擒置之法。马亦惧张报复，缉捕甚严。张不从孙言，三次往刺，皆为赵承规所窘。自审不敌，废然而退。往见史卜存，问马非良吏，赵果以何因缘，护之如此。史曰："此亦自有因缘。赵之师，沈栖霞炼师也。六十年前，沈一幼弱之女尼耳，遇雨投宿马氏。马父见其美，欲行非礼，赖马母力救而免。今马有难，故遣徒护之，所以报马母也。复仇不在一时，子姑待之。"因赠以缅刀一事，珍重再三乃别。

张心仍不死，复往刺之。赵怒斥之曰："何不自量！再来，汝且无幸。"张不得已遂回红莲寺。三年，马升任江督，时无垢已死，续任住持者为知圆。张以缅刀赠知圆，而自携一淬毒之匕首以往。贪夜入署，守备果疏，张竟手刃马而自就缚焉。马被创未殊，亟传令系二女及施夫妇皆杀之。于是事无佐证，承审者擅易张之供词，仅以江洋大盗置之于法。（完）

张文祥刺马一事，为有清官场大狱，仅散见于私家记载，一鳞一爪，语焉不详。而官书则不着一字，所谓为死友讳。而泯籍者，闻不肖生得张事其是非者也。客长沙日，于郑君笏彤锡侯昆仲家，见一手抄本，所载与吾友不肖生《江湖奇侠传》言张事，同者八九；其一二则不肖生采自东颠末于当日承审是案之郑敦谨之婿。婿则在屏后窃闻之。笏彤锡侯，即郑之后。意者不肖生与予所见，殆同一稿，惜未相印证也。

新剧盛时，演此事者甚伙，而剧本各有异点。今据不肖生本为电影，虽非信史，亦近实矣。曰大侠复仇者，为张地下一吐气耳。噫！四郊多垒，国难方殷，安得大侠如张者千百辈，以药此颓靡之俗哉！

痴萍附识。

泣 荆 花

出品　友联影片公司，1928 年
导演　朱少泉
摄影　姚士泉
演员　范雪朋　文逸民　陈宝善　徐国辉　陈梅喦

《泣荆花》（一名《滨海因缘》）电影根据同名粤剧《泣荆花》改编。其电影故事为徐碧波所作，原载《电影月报》第 5 期（1928 年 8 月 10 日）。

电 影 故 事[1]

碧波

　　友联影片公司，常受闽粤间片商之委托，摄制闽粤间舞台剧为影片。如《荔镜传》《山东响马》《梁天来》等皆是。然能化死为活，不受舞台剧之牵制，于不妥处删之，不经济处割之，盖具袭其精华而孚以影剧应有之精神为旨趣者也。故虽非闽粤间人观之，亦觉醰醰含至味，兹又编粤剧《泣荆花》为影剧。剧旨为兄弟不同气，借外界小人之力，以谋骨肉，其情至足痛心。寻以种种之时会牵引，骨肉得团聚于海滨。情节既曲折而繁复，殊足引人入胜。不佞以一隅之见，另为拟一名谓《滨海因缘》，但如文章之未尽达意为怅耳。此剧由富于研究毅力之朱少泉君为导演，复由友联名角文逸民范雪朋为主演，其成绩谅不致弗佳。兹将剧情志之如次。

　　梅氏为粤省之巨族，老人育有三子一女。长玉棠，前妻出；次兆棠、瑞棠、女玉芳，则为继出。后母颇嫌恶玉棠，而瑞棠又复通匪人孙继祖，谋将家产契据，尽易其母家区氏之户，而请某律师签名证明焉。诡计既定，乃请族长与三子析产。族长颇异契券之少，区氏乃伪谓乃父濒死时曾鬻去多多，以掩其奸。结果玉棠得陋巷一小屋，后母遂迫之分居。然玉棠与其妻林氏者香，都稔其诈伪，以大度未之较。

　　玉棠夫妇迁入小屋后，贫不聊生。玉棠因思宁省有旧友许松仁，可托以谋生。顾无川资，林谓可质其居。消息为婢肖桃闻，奔告区氏。区即谋诸瑞棠；瑞乃转商于继祖；继祖遂拟定以廉值质其屋。

　　一日区氏与瑞棠，将所有伪契，悉加毁灭。被兆棠玉芳所见，因谏其母。母谓皆为若辈衣食而然，兆玉无言。

　　兆棠玉芳与玉棠，虽异母，而感情则殊佳。以兄入陋居，因往访之。玉棠备以困

---

[1] 原题为《粤中著名故事泣荆花》，句读。

状及将鬻屋事告之，弟妹皆恻然。归向其母索款，母拒之。弟妹乃倾其私蓄以济兄，俾保其产。迨送去时，兄适登车，因与之怏怏而别。

继祖瞥见玉芳离粤，因询肖桃。稔若妻留而未去，乃以毒计进区氏，策为结好其媳，然后设法鬻诸于他方。计成，由孙党劫赴邗江。

兆棠玉芳恐嫂氏寂寞，特往访之。至则但见瑞棠与一男一女在。兆乃追责其弟，瑞无答。继祖乃挺身出，以押契示之云："不给息，故逐之。汝何能，敢来干预。"兆大怒，碎其契，遂互殴，由弟妹为之解围。兆棠玉芳归，决意往觅其嫂与兄。

玉棠至宁后，往访许松仁。许存心匪良，竟以降至零点之股票给其款。玉昧于贸迁，受而藏之。数月后，以旅费告乏，出示于人，方知受欺。往叩许氏，坚不认，且挥诸于门外，玉棠于是遂流落他乡。

林者香被匪党以迷香劫之上轮舶。旋苏，见身不在家，且旁有其姑之侄区善及李妈监视，大异。林乃讯李，李谓汝夫阒茸，今特载汝出，当另嫁汝以金龟婿。林乃狂嚎，被隔船侠士李存义所闻，过船见问。区反诬林为不守妇德之女。林乃备述所遭，李大愤，乃拳区。区登甲板，升桅巅，而跃入水中。李乃挟之登岸，殪之。林乃谓夫在宁垣谋生，李自云为宁人，当便道护若去宁访尔夫。

兆棠玉芳至宁，遍觅不得其兄，资斧又竭，入一小肆进餐。当地有痞棍，瞰女美，竟前调戏。兆棠大怒，飨以巴掌，遂殴棠，于是兄妹乃散失。玉棠颠沛异乡，以资竭，徙寓于小客栈中。乃祸不单行，有宵小光顾，竟将其硕果仅存之皮夹窃去，玉棠初未知也。时兆棠亦流寓其中，但以楼上下之隔，以故兄弟虽同居而未值。次日玉棠发觉失银事，乃与栈中人交涉。微特无要领，且立迫其清偿旅费。时兆棠在楼上，闻楼下人声嘈杂，下楼视之，而玉棠已被逐出，兄弟已值而未得晤。

玉棠既身无长物，信步前行。经一寺院前，百无聊赖间，遇寺中住持，乃向之请愿为僧。

玉芳以寻长兄不遇，次兄又失散，乃至河畔，拟投水以了浮生。正哭泣间，适有官眷过其地，询悉其故，怜而留为义女。

玉棠剃度之日，适兆棠行经寺前，见人众入内参观，亦随入。时玉棠已由僧众拥入关去，兄弟又相左。

林氏至宁后，寓于李家。李有妹，与林至契，乃结为姊妹。林以遍觅其夫不获，乃祷天佑，俾得以夫妇团圆。光阴如驶，倏已年余，玉棠坐关期亦满。出关之日，士女往观者甚众，林氏与李妹亦同往焉。既见僧即玉棠，林氏乃直前抱之而哭。

寺中住持，以违其戒律，判以死罪。者香立辩无效，卒由僧众驱玉棠入一木笼，将入于水中而死之。李妹立驰归告其兄，请其出而证明。

时兆棠已落魄，去乞丐仅一间，正在粥店进薄糜，而适见木笼中抬兄过，亟出。店主以未还钞，挟不许行，迁延许久。迨至奋身出门，比及已抵河干，笼亦由枝上辘轳放入河中，绳之一端，系于树杪。亟前执之，而笼重人轻，几至同归于尽。时突有一舟接住，均免于难。

此舟即援玉芳之官船，是日适官眷回籍去。玉芳遥见木笼中人，酷似乃兄，遂禀义母，嘱舟子遄程至河畔，援救焉。

存义至，遂证明林氏确为玉棠妇，且备述其原由。兆棠亦加以剖白。住持以多方征信，因赦玉棠罪，准其回俗。

寻玉棠兆棠玉芳林氏骨肉重逢，因乘官船回籍。本欲控区氏以罪，而兆棠玉芳以生身关系，求赦免。而尔时继祖适因与瑞棠争一荡妇，被创将死。见梅氏昆季至，乃将区氏与瑞棠密谋立伪契事，宣诸众。存义大怒，遂将瑞棠倒曳而入之官，以惩其罪。

越日，存义与玉芳，兆棠与李妹，皆成婚。所以编剧者，将此剧名之谓《滨海因缘》云。

二 度 梅

出品　大中华百合影片公司，1928年
编导　朱瘦菊
摄影　周诗穆
演员　王意明　王意曼　陈一棠　谢云卿　杨静我　陆大雄

《二度梅》（又名《杏元和番》）电影取材清同名白话小说（惜阴堂主人著）及舞台剧，由朱瘦菊编剧。其影戏小说为张碧梧所作，原载《电影月报》第5期（1928年8月10日）。

影 戏 小 说[1]

碧梧

　　唐肃宗时，宰相卢杞弄权，其义子礼部侍郎黄嵩附之，欺君玩法，朝野侧目。有梅伯高者，常州人，清廉正直，任山东历城县令，饶有政声，擢升吏部给事。晋京后，以事忤卢黄被杀，且遭缇骑赴常州捕家属。息漏，梅夫人与子良玉分道出奔：夫人往山东投其弟邱山，良玉偕仆喜童渡江之仪征。时其岳父侯鸾方为仪征令，良玉既至，止于逆旅。得悉侯鸾官声殊劣，恐投之不利，乃由喜童代饰公子，入衙探试。侯果反面无情，置喜童于狱。喜童仰药死，良玉潜至墓前，痛哭流涕。一身孑然，四海无归，不得已乘舟赴维扬。其时囊空如洗，末路穷途。至林中解带自经，为老僧所救，携之寿安寺。僧道号香池，俗姓陈，亦曾为官，因避权奸而遁迹空门。得良玉爱其聪颖，留使养花写疏。一日，僧之弟陈日升来庙，见良玉爱之，挈之回府。良玉伪托王姓，入府颇得内外欢。其居停陈公昔为吏部尚书，与梅伯高同年。梅之升迁，出陈保奏；梅既被诛，陈亦削职。而追怀故友，时不免泪湿青衫也。是年梅花盛开，陈与夫人子女置酒赏梅。陈公暗祝梅花：如梅家有复仇之望，则梅开更盛。孰意是夜风雨交作，花残殆尽，陈公见之失色。因怀厌世之心，将弃家入山。其女杏元祷于花前，而良玉也暗自祝告。翌日果梅开二度，陈公大喜。良玉以怀亲故，于房中私设木主。为杏元见，袖以告母。夫人以白陈公，呼良玉得其颠末，遂以杏元许之。其时卢杞衔日升等之忤己，欲有以报。适鞑子犯边，守将报警，杞乃上策谓遣美女和番仿汉明妃故事，可化干戈为玉帛，且保陈女杏元出塞。旨下日升无如何听其行，良玉及陈公子春生送之至重台，杏元赠良玉金钗一股。良玉不能舍，送至雁门关别。杏元道经昭君庙，入谒祈梦。昭君托兆，令勿堕初志。杏元乃登落雁之崖，舍身下跃，坠大河中。众番惧

---

[1] 原为句读。

获罪，乃以女婢翠环饰杏元状，拥之偕去。良玉春生既别杏元，中途悉陈公夫妇又为卢杞中伤入狱，二人流浪无归。复遭盗劫，狼狈不堪，憩于古庙。值冯公乐天停舟河干，巡丁深夜追贼，误执良玉，春生走失。冯公见良玉温文不类穿逾，因令作文，颇称赏之，乃为介绍邹氏作记室焉。春生遁走乡间，遇渔婆周妈乞饭，周妈喜其年少，因以其女玉姐妻之。一日有土豪江魁悦玉姐貌强抢为妾，周妈春生控于官，捕魁治罪。孰意官即良玉之母舅邱公，询春生得其情，留之读书，而良玉在邹府屡见钗伤怀。然杏元落崖之后，亦漂流入邹家池塘，为夫人救起，收为义女。虽同在一家，而内外隔绝，无由得见，故彼此俱不知爱人之为存为殁也。适邹女云英之婢春香，见良玉常弄一钗，戏窃之示云英，云英不为意。而杏元见钗，以为梅生已化异物，故钗落人手，一恸昏绝，良玉亦因失钗而病。云英乃以婢窃金钗事白母，始知二人真姓名，盖事前双方俱未实告也。初邹公拟以其女云英妻良玉，至是乃并归之。是年大比，冯公为主试，二生俱列前茅。谒师相值，各道所遭。不意卢杞爱春生貌，欲赘为婿。春生不愿，挂冠出走。卢使人追回问罪，士林大哗，聚殴卢黄于午门外。为天子知，乃令三法司审问，置卢黄于法，平陈公之狱，且许良玉春生复姓归宗。两家同时花烛，良玉娶杏元云英，春生娶邱公之女云仙及渔女玉姐云。

猛虎劫美记

出品　华剧影片公司，1928年

编剧　黄霖衍　黄炽南

导演　陈天

演员　周鹃红　张剑英　吴素素　吴素馨　梁赛珍　陈飞　陈忠　蒋尘影　黄太森　汤剑庭　沈文俊　张惠民　陆华彰　陆双生

《猛虎劫美记》电影由黄霖衍、黄炽南编剧。其影戏小说为周鹃红所作，原载《电影月报》第5期（1928年8月10日）。

影戏小说[1]

鹃红

　　大好的春光，正是人们行乐的时期。你听那鸟语莺啼，翱翔空青，何等逍遥自在。你看那树儿花儿的叶儿，多么青翠可爱。这种万物欣欣向荣的情境，教人们置身其间，怎不有动乎中呢。

　　马蹄得得，沙尘飞扬，其外还夹着一片谑浪的笑声。原来在那丛林深密的里面，有三个绝色女郎，并辔驰骋，互相调笑。那三个女郎，出落得都是天仙化人一般，真是腰似杨柳，面如芙蓉，还配上一双水汪汪的秋波，就是教铁石心肠人看了，也许要有一种说不出的感触呢。至于那三个女郎的马上功夫，委实也不差，穿山越岭，如履平地，真能压倒须眉，不愧是巾帼英雄。但是瞧着她们那种怡然自得，嬉笑自若的神情，又宛比是无忧草解语花似的，简直不知茫茫尘世中，有什么悲欢离合的事。作者噜苏了半天，几乎把正文忘了，那三个女郎究竟是谁家的姑娘？原来是附近韩家村村长韩忠的三位胞妹。她们的芳名，便唤做素兰若兰如兰。这三朵玉兰花，在村中是很负名望的呢。

　　崇山峻岭，枯树枒丫，在那一片茫茫的大地，一条蜿蜒的长道，有无数的骡马，在那儿缓缓而行，排列得像一字长蛇阵似的。在那骡马的后面，有两个雄纠纠，气昂昂，跨着骏马，扬着皮鞭的，就是韩家村村长韩忠和村中好勇善斗的韩英。他们俩不畏艰辛，不避风霜，更不辞长途跋涉，正从远在千里之外，贩了不少骡马回来。不料他们刚要回到村的时光，突然遇见孟家村领袖孟峙。孟韩两村本来是有世仇的，所以他们俩时起无谓的战斗。现在狭路相逢，自不免恶斗一场，并且各抱不是你死，便是我活的宗旨。结果孟峙虽然膂力过人，勇猛无比，但是只有他一个人；其余手下的人，

---

[1] 原为句读。

如孟福孟寿孟刚孟勇,都是不中用的,经不起敌人一拳一脚,就跌倒在泥土里动弹不得了。因此孟峙给韩忠韩英饱以老拳一顿。幸亏孟峙身手矫捷,逃得快,不然难免有性命之虞。后来他逃了一阵子,就躲在丛苇里,直等到瞧见韩忠韩英押了骡马远去之后,便在丛苇中爬了出来。可是已经身受重伤。要不是孟峙平日锻炼武功,那时连爬都爬不动了。灯烛辉煌,觥筹交错,男女老幼,环肥燕瘦,跻跻跄跄,欢聚一堂,嬉笑之声不绝于耳。这乃是韩家村在那儿举行庆功宴的盛况。韩忠和他的妻子孔氏,素兰和她的丈夫曾群,尤其兴高彩烈,趁着那酒酣耳热之余,便互相戏谑,不自在起来了。孔氏强着韩忠喝酒,素兰却强着曾群吃茶。若兰本是个多情的女子,丽质天生,身材苗条,瞧上去真有弱不禁风,所以人们都说她是林黛玉的化身。当时在丰盛的筵席上,看见了她们调笑亲狎的状态,不由得触景生情,感怀身世,直所谓满腔心事凭谁诉了。若兰趁着众人猜拳狂饮的当儿,她一个人便一溜烟跑了出去,高歌踏月,以解愁闷。后来她独自沿着田岸,踽踽而行。在那个时光,却是万籁俱寂,人们大都已入醉乡,去寻他们的好梦。可是若兰仍旧往前慢慢地走着。但是在那个当儿,要是有人问她在这夜深人静之时,只管往前跑着,干什么呢?并且跑到什么地方去?我想若兰一定要哑然失笑,瞠目不知所答了。后来她跑了一阵子,觉得有些疲乏,正想在一块青石上歇力,忽听得溪声潺湲之中,夹着一片呼痛声,宛比是一问一答。这奇异的呼痛声,顿时把沉静的空气打破,顿时把她清醒的头脑冲散。她听见了这种声音,煞是诧异,便好奇心生,朝着呼痛的方向走去。走了一会,便见溪的旁边,横卧着一个蓬首垢面的人。若兰定睛一看,原来是孟峙。只见他遍体鳞伤,仰天呼痛,煞是可怜。但是,孟峙一见了她,知道她是韩家村村长的二妹,便忍着痛说道:"我是快死的人了,并且我痛得也委实难受。劳你的神,费你的心,多谢你拿块大石头,把我掷死了吧。或者你就这样捉我回去献功,因为我牺牲在美人手里,是很值得的。"若兰听了这番话,恻隐之心油然而生,不但不当他是敌人看待,反而替他洗涤伤痕,还拿着手帕替他裹伤。孟峙见她这般盛情相待,倒有些受宠若惊,出于意料之外。后来若兰恐怕给过路人瞧见,所以径自回村去了。

有一天,若兰同着素兰如兰,作郊外游。不料经过崇山,狂飙忽起,木叶纷飞,在那丛林幽谷里面,忽沙尘卷处,扑出一只纹彩斑烂的猛虎,竟然单把若兰衔去。如兰素兰惊得目瞪口呆,直等到猛虎回入深谷去了之后,才奔回韩村报讯去了。

作者所说的猛虎,其实并非真猛虎,乃是孟峙乔饰的。孟峙自从若兰为他洗涤伤痕之后,便以为她钟情于己,所以弄得终朝梦魂颠倒,寝食俱废。但是因有世仇,所以没法和她把晤,便弄此玄虚,装扮老虎,把她藏在崇山深窟之中,要想和她结成一对秘密夫妇。但是若兰是含苞未放,情窦初开的小妮子;又见孟峙英俊过人,所以一缕情丝,倒底贯注在孟峙身上。在若兰方面着想,以为情有归宿了。

久而久之,若兰很想念家人,便不得已忍痛和孟峙珍重道别。这一天,韩族中人,正因着无处找寻若兰,在家共同商量办法。忽然见若兰独自归来,并且安然无恙。家人询其颠末,若兰便措词掩饰。

后来若兰因已怀身孕,所以她的大腹,便一天一天的胀涨起来。她的大姊素兰瞧见她这种情状，万分疑惑，便把二妹拖在无人之处，穷诘她的所以然。若兰逼不得已，便含泪将个中真相，和盘托出，并且还恳求素兰设法。素兰因之和她的丈夫曾群商量，如何办法。曾群是很工心计之徒，他就贿赂了当地自号大言不惭的王半仙，诳称若兰是仙女下凡，上天特差猛虎传胎等语。韩族中人，平时很信王半仙所说，所以便深信不疑了。光阴易逝，岁月难留，若兰已产下小孩了。有一天，若兰怀抱着虎儿（小儿名），临窗闲眺，忽然见孟峙远远地对着她招呼。她便把虎儿放在摇篮里，本人就一溜烟和孟峙去情话了。可是好事多磨，他们俩正在唧唧哝哝，你爱我怜的当儿，冷不防给韩忠的妻舅孔森撞见，孔森因之奔告韩忠。韩忠得悉，急忙赶去一瞧究竟。见面之下，便动起武来。孟峙韩忠正不分胜负的时候，韩英就率众而至，便把孟峙生擒，并对大众侃侃而道："韩忠是一村之长，他的二妹，竟敢同仇人有染，其罪非轻。照我们素来传下的规例，应当把韩忠驱逐出村。"众人听了，极端赞成。于是一方把韩忠驱逐，一方把孟峙若兰那对野合鸳鸯，和那个野种（即虎儿），一并捆绑起来，弄了许多稻草，预备烧死了事。但是事机不密，不知怎样，这个消息泄漏出去，孟家村得悉。于是孟家村，把村中所有之人，一古脑儿都来营救，围攻韩家村。韩村中人，出其不备，因之大败。孟峙若兰也得庆更生。不过若兰不忍目睹本村中人，给他们蹂躏，所以对孟峙道："假使你是真情痛爱我，彼此把宿仇新恨，一笔勾消。"孟峙听了鼓掌赞成，因之韩忠也得重回故乡。孟峙和若兰一对有情人，结成眷属，自意中事。从此两村合而为一了。

战 地 情 天

出品　民新影片公司，1928年
编剧　侯　曜
导演　黎民伟　潘垂统
演员　董翩翩

《战地情天》电影由侯曜编剧。其影戏小说为濮舜卿所作，原载《电影月报》第5期（1928年8月10日）。

影 戏 小 说[1]

濮舜卿

　　陈代英年少多情。其未婚妻吴芝芬，美而有智。二人相怜相惜，恩爱弥深。代英又以家道富有，毋劳生产，爱情之外，不知有天地，遑论事业。陈父立名，忧子无成，因有烦言。芝芬于是劝代英移儿女之情，谋社会人生之福。无奈代英有怡红公子性，文章经济非所乐闻，惟求陶于情天地中而已。芝芬于是与翁谋以失恋激之，故与乃兄吴铁夫相亲爱。盖铁夫初自海外归来，代英所未识也。陈翁亦从而鼓造空气，代英前以爱芝芬深，至是亦不觉恨之深也。时军阀卖国，革命军崛起。代英狂酒之余，走而从军，转战南北，备极雄勇。同伴中有思家者，代英辄讪笑之，盖痛恶女性深也。

　　战事不息，海陆空三军，共同争斗。代英恒率所部先驱，敌人畏之。遣间谍混入陈军，以谋倾覆。时芝芬已投身为军中看护妇，暗地追随，无意中发觉敌探而拯陈军。

　　一日有军官领兵来助战，军官即吴铁夫也。代英既遇情仇，欲手创之。继念公仇方急，私愤宜除，遂罢。后铁夫军队失陷，代英反驱兵驰救，语铁夫曰："情场得意，宜战场之失败也。"于是转战数日，声势大盛。某夕攻一城，下之矣。忽一巨弹飞来，墙骤坍，代英在其下，创之，遂受治于随军医院。

　　代英病中，神智昏迷，或呼杀贼，或唤芝芬，即又继之以恨声，不知日侍于其侧者，即其未婚妻芝芬也。一日芝芬为代英治目，时代英创已初愈，惟目不能视，觉看护妇之温柔体贴，感之曰："微君，吾将以世间女子皆恶魔也！"芝芬故问其故，代英悉言其未婚妻之负情，芝芬因笑辩数语。代英出院之日，芝芬故事化装以乱其目。代英出小影盒赠之曰："昔吾未婚妻贮影者也，今无所用，愿以酬君。"

　　代英出院后，仍赴前敌，卒成大功。班师之日，父迎于门，芝芬候于室。代英见芝芬，怒犹未息，翁为解释一切。时铁夫亦自外入，相与一笑。二人于是出战地复逍遥于情天中矣。

---

〔1〕 原为句读。

马振华

出品　大中华百合影片公司，1928年

编剧　朱瘦菊

导演　朱瘦菊　王元龙

摄影　周诗穆

演员　周文珠　王次龙　汤天绣　谢云卿　张扶风　张美玉　王谢燕　王征信　吴一笑　朱俊侯

《马振华》电影取材"马振华投江"社会新闻，由朱瘦菊编剧。其电影本事无署名，原载《新银星》第1期（1928年8月）。

本　事[1]

　　一间窗明几净的卧房中，马振华女士正伏案作画。忽有女伴来邀她出去买东西，马女士回言头疼不能奉陪。女伴走后，她便开了窗，见邻家的少年，正对她这里望着。这少年天天如此，差不多已一月有余。今天忽见他一举手向这边抛进一物，马女士倒吃一惊。拾看是个纸团，写着一首诗，无非说相思梦绕之意。她见了一害羞，避开了不再看他。

　　邻家少年汪世昌，是某军某师长的秘书兼西席，属意振华，已非一日。他独居在此，并无伴侣，所以终日工作八小时。除一小时办公，两小时教师长女儿读书之外，倒有五小时隔窗窥美。这天他做了首诗，抛进振华房中之后，见她不睬，颇为忐忑，守了一夜。次日见振华开窗示意，令他下楼到后门口。见振华丢一封信在地上，又进去了，拾视果是给他的回信。自此二人天天通信，有时就隔窗写字为号。一天他约她到中央看影戏，不料被师长的女儿所见，春光泄漏。回来师长盘问他，世昌不敢隐瞒，尽情以告。师长倒颇肯成人之美，替他奔走撮合，居然得对方父母允许。婚嫁有日，好事竟成，其乐可想。不料又一天他俩在恩派亚观戏，情浓忘形，手触振华乳房，觉她与妇人无疑，不似处女模样。世昌疑团莫解，就去请教一个算命的推算。那算命的信口开河，说此造不是闺女。世昌疑上加疑，回家告诉振华，坚求让她过去一验算命者之言，是虚是实。

　　振华被逼不过，勉强答应，但结果反使汪世昌更增疑障。自此二人心中各存芥蒂。世昌疑惑振华非处女，而振华认定世昌是一个只图肉欲的轻薄少年。事有凑巧，周师长预备出发前方，世昌便要振华与他留一个临别纪念。振华不允，世昌便把振华给他

---

[1]　原为句读。

的许多信，都交还她，说携带出门不便，托她代为保存。振华回家，正恨世昌无良，不料世昌又跳窗过来，图续旧欢。振华大怒，誓死相拒，世昌怏怏归去。振华愈觉遇人不淑，失身匪人，因恨生悔，竟挟同世昌和她二人的全副情书，赴黄浦江浊流而死。

死后秘密发现，世昌自觉难对死者，也挟书投江。但他敌不上她的勇敢，赴水时还系一条绳索，结果他竟因此获救。自此他就不愿再死，宣言要和马女士抱牌位做亲。

这一种卑鄙言动，大受舆论攻击。世昌立足不住，便往徐州，奔他的旧主。岂知那周师长并未受正式任命。当局见他冒名招摇，下令拏办。世昌被捕入狱，天良发现，愧对振华，痛哭失声，惊醒同牢人犯，怒把他一阵毒打。但世昌毫不觉痛，只昂首张臂，高呼我负振华不已呢。

上海一舞女

出品　大中华百合影片公司，1928年

编导　王次龙

演员　周文珠　王乃东　王征信　谢云卿

《上海一舞女》电影由王次龙编剧。其影戏小说为张碧梧所作，原载《电影月报》第6期（1928年9月10日）。

影戏小说[1]

碧梧

　　玫瑰虽是一个卖花女，未曾受过良好的教育，可是她得天独厚，性情既很和婉，更能懂得孝道。她父亲原是一个嗜赌如命的赌徒，常常把她卖花所得，一股脑儿，携入赌场，不消多会输得干干净净。她却绝无一句怨言，所有卖花的赢余，仍全数交给她父亲，听凭他怎样使用，因此她父亲着实喜欢她。所以虽是一个很贫穷的家庭，却充满着天伦的乐趣。左右邻居人家见了，都异口同声，夸赞玫瑰是个好女孩子。同时又很叹惜她父亲虽能爱她，却不能体恤她，把她劳力的代价，慢慢的积蓄起来，替她筑成一座做人的基础。

　　玫瑰的年纪，已有十七八岁了，因着生理上的进化，和自然界的程序，她的情窦，当然开了。怀着满腔的热情，免不得要寻一个寄情之点，于是她便爱上了一个姓王名叫郁文的。读者诸君，要晓得她这种爱，既不是受金钱的驱使，也不是受虚荣的诱惑，确是一种纯洁忠实的爱，是一种有无上价值的爱。这王郁文原也是一个良好的青年，和玫瑰家是很接近的邻居。论到他的家世和身份，当然要比玫瑰家清高得多。可是他决没有那种世俗的观念，绝不因玫瑰是个卖花女，便把她看轻。他只认定她是个清白优秀的女子，是有爱的价值的。他在平日里瞧见玫瑰时，便有意和她接近，她也很情愿和他往还。这样久而久之，两下里的感情，自然十分融洽，踪迹也十分密切，由友谊的开始，进而为真爱的结合。每天下半天，玫瑰向各处卖完了花，冲冲的回家来时，郁文必来寻她。有时就在玫瑰家里，说说笑笑；有时再一同出来，寻个幽雅僻静的所在，比肩坐下，谈个不休。亲密爱好的神情，他们俩自己或许不能觉察，旁人却瞧得清清楚楚，大家都称他们俩是一对小情人。

　　情海中的波涛，有如六月里的暴风雨，分明是波平浪静的，只须一转眼间，便会波涛汹涌，造成一个极恐怖的境界。即如他们俩的要好，原不干别人的事，却偏偏引

---

[1] 原为句读。

起一个人的嫉妒。再因妒而恨，便惹出后来许多风波。他们俩的性命，险些儿都因此送掉。你道这人是谁？他也是玫瑰的邻居之一，姓吴，名信，本来是个流氓，差不多无恶不作。他瞧见玫瑰的花容月貌，早就不存好念，常常去调笑她，诱惑她。她既知道他的为人，自然不肯稍加辞色，并用很严厉的话拒绝他。他不能得手，心中已是老大的难受。如今却瞧见她和郁文这般要好，分明是她嫌恶自己，便格外怀恨在心，曾自家发誓道："我既已爱上了你，总得弄你到手，才肯罢休。看你有多大本领，能跳出我的手掌心吗？"

郁文有个很要好的朋友，正办着一家矿务公司，营业十分发达，需人自然很多。这朋友便想到郁文正闲在家中，便打个电报给郁文，请他快来任事。好朋友并得朝夕相聚，真是一举两得啊！郁文接到这电报时，玫瑰正在他室中，郁文便把这电报给她瞧看，并征求她的意见，作为去否的决定。玫瑰道："男儿志在四方，不该株守家园。如今难得有这机会，焉有不去的道理？"郁文听了她这话，很以为然，决定赶快动身前往。不过玫瑰口里虽这样说，心中想到别后的凄凉，忍不住的掉下眼泪。凑巧这时候，天色忽变，细雨如丝，随风飘下，仿佛也为他们俩悲伤似的。还是郁文捺住愁思，装出笑容，用很诚恳甜蜜的话，着实安慰玫瑰一番，玫瑰方才止住哭。

二人又闲谈了一会，郁文这才送玫瑰回家。因为天色已晚，不曾进内，便回身转去了。玫瑰没精打采的走入室中，刚一抬头，猛见吴信正坐在里面，不禁大吃一惊。正要叫喊，吴信已纵身上前，伸出一手，用力掩住她的嘴，她再也出声不得，并且又惊又急又恨，立时昏晕过去。这时候，外面雨下得很大，风也刮得强烈，他们在室中揪扯的声音，便被这风雨之声完全遮住。室外虽然有人，却分毫未能听见。

郁文送了玫瑰回到家中后，便忙着整理行装，预备赶速动身。偶然间掉转头，见玫瑰室中的窗正大开着，室中正演着一幕怪剧，便是玫瑰正被吴信抱在怀中。郁文见了，何等气恼！以为玫瑰既有这种不端行为，对于自己的情，当然是虚伪的。又恨恨的道："我又何必要有虚假的情呢？不如立挥慧剑，斩断情丝，倒来得干净，免得发生许多烦恼。"他便关上窗，闷闷的过了一夜。到了第二天一早，他又是闷闷的启程。玫瑰虽特地赶来替他送行，他只和她虚与委蛇，勉强敷衍了几句。可怜玫瑰还未明白这当中的道理，和他的心事呢。

有一天，玫瑰正在家烧煮，他父亲却在赌场中，闹出大祸：因为因赌而争，被其他的赌徒殴打了一顿，受伤很重，差不多就要死了。玫瑰在家，自然不得而知，还以为煮好饭，烧好菜，他父亲就可回家来了。等到烧煮事毕，果然有人打门，她相信定是父亲回来了。不料把门开了一看，非但不是她父亲，而且正是她的冤家对头吴信。但也没法阻拦他，只得放他进来。吴信到了屋内，瞧见桌上放着几样食物，都是热气腾腾，分明是刚烧好的，自己肚里正饿得慌，竟不等征求主人的同意，走到桌前，伸手拿了就吃。玫瑰哪肯答应呢？连忙上前去阻止。正在这个当儿，门外又有人叩门了。玫瑰心想又是哪个恶鬼来了呢？但是这一次来的，正是她的父亲，已经不能行动，是由两个人挟掖着送他回来的。玫瑰瞧见父亲这般模样，有如万箭攒心，放声大哭。吴信趁这时机，独坐桌前，吃了个饱。玫瑰也没功夫阻拦他，自管对着窗外哭个不休。

上海舞潮澎湃，盛极一时，跳舞场几于到处皆是。许多小家碧玉，以为充当舞女，是个生财的捷径，都先后学习跳舞，托人荐入舞场，做个伴人跳舞的傀儡。其实这当中的痛苦，说来也很可怜呢。玫瑰既怀失恋之痛，复深失怙之悲，而孤独一身，无依无靠，迫不得已，也就去当了一名舞女。吴信正是她的拖车，他并把她管束得非常严厉，把她视如禁脔一般。她有时稍有过失，他一些不能原谅，立刻加以鞭打。所以玫瑰的处境，非常艰苦。越是艰苦，越想到她的老父，也就越想到她的爱人王郁文，更就越发伤心了。舞场中有个富翁夏芸青，很赞美玫瑰，晓得她身世的可怜，顿起拯救之心。偏偏被吴信晓得了，吴信又要打她。亏得这天夜里，玫瑰携回的舞资，数目很多，吴信见了，怒气才得稍平。

王郁文在那矿务公司中工作，觉得很不舒适。起初还能忍受，后来简直忍不住了，一心要辞职回家。他那朋友，虽诚意挽留，他却坚决不允，告别了那朋友，即便启程。这当儿，玫瑰和芸青，已约定脱身的方法。一天夜里，芸青雇好一辆马车，预先停在玫瑰家附近。等到吴信睡熟，玫瑰约略携带些衣物，悄悄的走出门来。刚正跨上马车，吴信已经得知，飞步追出，并拔出手枪，意欲开放。幸亏有警察在旁，吴信总不敢逞凶。芸青便把玫瑰救到家中，因恐惹人注目，特替她换上男装，对坐闲谈。

郁文回到家中，把行装安放妥当后，立刻赶到玫瑰家。但不见玫瑰，却见吴信坐在室中。吴信真个狡猾，便把玫瑰脱逃的事，乘机对郁文说了一遍，又加上许多坏话。郁文听了，十分气愤，旋即走了出来，在街道间逛来逛去。

芸青和玫瑰一同吃过饭，不料芸青的妻妾，已闻讯赶至，骂玫瑰是个淫奔女，立刻逐她出门。玫瑰一时无有归处，心想生而何欢，死而何惧，便在一个僻静处自尽。凑巧郁文走过，慌忙救她下来。二人悲喜交集，互诉往事。玫瑰因已事他人，不能再嫁郁文，便突然跳起身，飞步逃归家中。郁文追她不上，只得暂时回去。到了家中，从窗中瞧见玫瑰正被吴信鞭挞，一时气愤，又赶来搭救，于是便和吴信扭打起来。这时风雨很大，二人就在雨中打得不可开交。郁文不是吴信的对手，不久已晕倒在地。说时迟，那时快，空中忽霹雳一声，路旁的一株大树，应声而倒，不偏不斜，刚正压在吴信身上，吴信便立时丧命。玫瑰已经赶来，把郁文挟到家中，又把他救醒。二人误会既释，情爱复浓，又和好如初了。

1928年

飞 行 鞋

出品　民新影片公司，1928年

编导　潘垂统

演员　杨依依　李青青　黎　曦　黎蔼蔼　余英英

《飞行鞋》电影由潘垂统根据外国童话故事改编[1]。其影戏小说署名篁，原载《电影月报》第6期（1928年9月10日）。

影 戏 小 说[2]

篁

　　一个现代新式家庭里的父母，很注意儿童的家庭教育。关于运动游戏的玩具，亦设备很多，故父母小孩，很是快乐。某天晚上，父母和小孩吃饭，虽然他们有很好的菜，但有一个女孩，什么菜都不要吃。母亲很和善的这样那样和她说，她才慢慢地吃了一点饭。饭后，母亲讲一个穷苦工人为饥饿所迫丢弃子女的故事给她听。这故事的名，叫《飞行鞋》，里面写着：

　　一个工人，姓王名林生，住在大山脚下的茅屋内，砍树为生。生有三个女儿，一个儿子。大女叫桂儿，次女叫兰儿，幼女叫樱儿，儿子叫柳儿。因为一家有六个人，只靠林生一人工作生活，故此常常断餐。林生眼看着四个小孩，屡次受饿，心里很是难过。有一天走过一家烧饼店门口，偷了一个烧饼，想拿去给将要饿死的小孩吃。谁知被人家捉着，痛打一顿，再把他送到官里去。他哀乞说："为着快要饿死的小孩，偷一个烧饼请求万恕。"官厉色对他说："无论什么理由，法律是不容许人做贼的。"把他又打了一顿，放回家去。林生无奈，暗暗和妻子商量，他不忍见他们的小孩活活受罪，要把他们丢入山林的大道上去，希望有一个富人收留他们。夫妇商议的时候，被幼女樱儿听见，自己偷偷地到溪边去拾小石块。当他父亲带他们到深林里去时，樱儿把石子沿路放着。林生丢了小孩，回到家里，正碰着一个工头送工钱来。林生夫妇，看着钱而不见他们自己的小孩。正在夫妇很伤心的时候，一群小孩忽然从房内跑出来。樱儿告诉父母："他们怎样凭着小石块的记号回来。"夫妇听了又惊又喜。

---

〔1〕　关于电影《飞行鞋》取材，潘垂统自称"拣定"于格林童话《罗仑及五月鸟》（潘垂统：《尝试》，《电影月报》1928年第5期）。但有国内学者考证：其"实际改编自茅盾根据贝洛童话《小拇指》编译的童话《飞行鞋》"。（见郑欢欢：《关于中国早期童话片〈飞行鞋〉探源》，《当代电影》2013年第2期）

〔2〕　原有引号，余为句读。

过了几天，林生依然无法维持生活，再要把一群小孩带入深林里去，又被小孩们晓得。当樱儿又走到山谷里去拾石块时，他父亲已把三个兄姊带去了。柳儿亦很聪明，见樱儿没有来，他把临行时母亲给他吃的馒头，弄碎了当石子，放在路上。不幸这馒头被小鸟吃去，以致他们迷失归路，走入巨人的家里。巨人屡次要吃这三个小孩，幸被巨人之妻劝止。

樱儿不见兄姊回家去，就冒险去寻找她的姊姊和哥哥。好几次遇着奇兽怪物为难，但伊听了仙女的指示，能用聪明的方法，战胜怪物，历尽艰险，终于见到她的兄姊。巨人要把他们吃了，樱儿带着兄姊，偷偷地逃出来。巨人穿了飞行鞋追他们，樱儿又用聪明的方法，和巨人决斗许多次，把巨人弄得汗流气喘，渐在大石上呼呼睡去。樱儿偷了巨人的飞行鞋和兄姊飞回家里。巨人失了飞行鞋，没法追他。林生夫妇见小孩回来，很是欢喜。樱儿诘问父母："为什么要丢掉他们？"父母对他说："因为家里六个人，只有父亲一个人做工，所以养不活你们。"樱儿听了，就对父母说："现在我有飞行鞋了，可以替人家送信，从此我们家里可以不愁饥饿了。"说完把飞行鞋穿上，飞给他父母看。

母亲的故事讲到这里，那个吃饭时发脾气的小孩，很感动的说："妈，你亦替我做一双飞行鞋，我也替人家送信去。"

战 血 情 花

出品　大中华百合影片公司，1928年
编导　王元龙
摄影　余省三
演员　谭雪蓉　王元龙　谢云卿

《战血情花》电影由王元龙编剧。其影戏小说为张碧梧所作，原载《电影月报》第6期（1928年9月10日）。

影 戏 小 说 [1]

碧梧

　　自从革命军起义以后，全国人心，为之大变。人人如梦方醒，才知道国家不是一家的私有物，是全国国民共有的。那末维护国家的责任，当然应该由国人们共同担负。凡是能担负这种责任的，才是好国民；否则便是自暴自弃，是个人人所不齿的大败类。因此稍有血性的男儿，都是跃跃欲试，怀着保国卫民的壮志。学生更是国民中的先驱，奋发有为的精神，自更高人一等。于是全国学校中，无不有学生军的组织，准备国家有事时，听候调用，以御外侮而保国权。这一种状况，真是前所未有，是革命后的新现象啊。

　　在军乐悠扬声中，国旗缓缓的升到杆巅，原来这正是某校学生军举行毕业典礼的时候。前来观礼的男女来宾，着实不在少数，当地的地方长官，也都全体莅临，各人都用很忠实诚恳的态度，致训词的致训词，演说的演说。措词的大意，都不外乎勉励二字。接着又举行大检阅，全体学生军，都聚合在操场上，列队游行，服装整洁，步伐整齐，军容十分壮盛。

　　这毕业典礼散会之后，校中的学生们，又假麈某氏花园开一个庆祝会。这花园在本地原很有名，面积既很阔大，而且花木扶疏，假山重叠，方塘曲槛，敞屋茅亭，结构极见匠心，风景十分幽倩。再加上临时的一番布景，格外能引人入胜。赴会的男女，纷至沓来，真有车水马龙之概。男的固然是装束漂亮，女的更是华丽非常，衣袂翩翩，香风习习，披花拂柳，谈笑风生，更使这座花园增色不少。女宾中，有一位衣饰最最华贵，神态最最冶艳的，便是名震一时的交际花九小姐。她这天是和她妹子一同前来的。说也有趣，她刚正走入园中，已到的男女来宾，一眼瞧见了她，仿佛一块铁受了磁石的吸引，不约而同，都赶拢来，把她团团围住，含着满面的笑容，竭意和她周旋。

---

[1]　原为句读。

倒害得她来不及对答,只好对着大众,笑着点点头,便算罢了。大众却都觉得很满意,精神格外鼓舞。但只苦了一人。你道这人是谁,正是某校这次第一名毕业的学生,姓王,名叫少芳。他见了这位九小姐,也觉得她丽质天生,仙人下凡似的,心腔中顿时发生一种前所未有、不可思议的感想,很想上前去和她攀谈攀谈。无如和她从未谋面,倘自行走上前去,未太嫌冒昧,便闷闷的站在一旁,但两道眼光,却不由自主的时时射到她的身上。后来亏得有一位识趣的朋友,特地替他向她介绍。说也希奇,他们俩一经见面,恍如旧相识似的,谈笑甚欢。本来一个是仕女班头,一个是文章魁首,自然如胶似漆,一黏便合。他们俩闲谈了一会,又手牵手同入跳舞场跳舞。感情的融洽,神情的甜蜜,便是多年的老朋友,怕也及不上。无怪乎旁人瞧在眼里,妒在心头了。

他们俩自从这一次相识之后,便结成了好朋友,过从很密,大有一日不见,如隔三秋之概。有一天,王少芳坐在家里,正想念九小姐,并时时闭上两只眼睛,默想她的芳容。正在想得出神时,仆人送上一张请帖。少芳接到手里一瞧,正是一位好友请他赴宴。他连忙整整衣冠,乘车前往。到了那里,见宾客已经满堂,十分热闹。他和他们周旋了一番,主人已请入座。这主人是新派中人,来宾中,也没有老顽固,都是夫妻俩一对对来的。主人自也请他们一对对的就坐。坐定之后,差不多都是一男一女,并肩而坐,独有王少芳是孤单单的一人坐着。他自己固觉到寂寞,别人也替他难为情,便有他的一个朋友,替他发了一个请柬出去。这朋友原知道他和九小姐的事,如今替他请的,正是她。不过预先瞒着他,要叫他斗然瞧见她来了,觉得喜出望外。请柬去不多时,九小姐已翩翩而至。他固不知道少芳在这里,少芳更想不到她会来。二人相见之下,都是又惊又喜,这自然是不用说的事。她当即在他身旁的座位下坐下,少芳自不像方才那样无聊了,和她说说笑笑,非常高兴。等到宴散之后,少芳又约她在一旁闲谈。这时她的妹子,忽然走过来,和她咬了个耳朵。她立刻站起身,向少芳说因有要紧事,须回家去了。又道:"明天你可到我家里来,我还有话和你说呢。"少芳连声答应,说一定来的。但是她回到家中后,便打电话给少芳,叫他前往。他哪有不应命的道理。到了她家,和他闲谈了不多一会,便走进她的私室,不再出来。少芳坐了好久,觉得无趣,也就回到家中。因时候已是夜半,他便上床睡觉。可是翻来覆去,休想睡得着,满腔的心思,都专注在九小姐的身上。这时另有一人,也正睡在床上,想念这朵交际之花。你道这人是谁,却正是少芳的父亲。父子同恋一女,真是情场中的怪剧啊。

第二天,他们父子俩,各自前往九小姐家。因她和他们父子俩,昨日都有预约的。她见约时已到,在家中盛装等待。听到有叩门的声音,忙叫人开了,来的却是王父。她见了,很不快意,很勉强的和他周旋了一会。但等到少芳来了,她却请他到她的私室中,谈个不住。即此一端,可见她的一寸芳心中,只有少芳,而并无王父了。

这时候,前方战事,十分紧急,各报纸上,都连篇累牍的登载着。这一天,少芳正坐着看报,他的同学吕震坤,忽的来了。震坤已改了武装,神态格外英挺。他对少芳道:"国家多事,正是男儿报国之时,你当初在学校中,也曾受过军事训练,何不和我同行,建立一番功业呢!"少芳听了,正中下怀,当即和他同去报名入伍。等到开拔有期,少芳往九小姐家,向她辞行。她听了他这番举动,非但没有儿女子之态,而且很夸赞他有壮志,说是好男儿应该如此。他们俩又都想到今番一别,必须经过若干时日,才能重聚,不如就在这时候订下婚约,双方都可安心,并可免夜长梦多。于是婚约当即订定,九小姐随即又取出一囊,交给少芳,并一再叮嘱他,在未到战线之前,切勿启视。少芳收下这囊,连连答应。

少芳启行之后,九小姐因离情别愁,充塞心头,抑郁太甚,便不时哭泣。她家人竭力劝她,总不能消释她的悲思。王父来的时候,她也只和他虚与委蛇。再说大军前进很快,不多几时,已抵前线,驻扎在一座破庙里。少芳心想这时已经到了前线,她所赠的囊可以拆视了,不知当中藏着什么宝物。及至拆开一视,当中只有一方素帕,帕上有血书数字"君倘不成大事,非吾爱也"。

九小姐每天哭泣,不多几时,竟哭成眼疾。王父知道了,忙替她请医诊治。原来王父久有娶她之意,她的家人们,也很赞成,独有她自己不肯答应。她的家人和王父,倒也奈何她不得,只好慢慢的再为设法。这时前方战机,越发紧急,攻打一座城池,足足打了一个多月,还没有攻下。凡是军中人,自然都很焦急。这一天的夜里,军中忽捉住一名敌军的暗探,便向他审问敌军中的状况。他起初不肯说,后来为大义所动,一才说了出来。少芳听见了,心中一动,又向他仔细问了一番。原来少芳的意思,要混入城中,窃取地图。以为地图若能到手,破城便不成问题了。当下他将这番意思,悄悄的对长官说了。长官非常赞成,并道:"倘能攻破这城,定当越级嘉奖。"二人又谈定了一种计划。

第二天,军中正在举行会议,忽有人来报告,说拿获一名逃兵。你道这逃兵是谁?却正是王少芳。长官勃然大怒,说这还了得,非枪毙不可。众人忙替他恳求,长官怒气稍解道:"既然如此,便削去他的军籍,驱逐他出去罢。"少芳走出营门,信步向敌军方面走去。走了不多一段路,便被敌军捉入城中。少芳当即把本军军中事,一古脑儿说出,并且愿任向导,前往进攻。

九小姐日夜啼哭,不久,眼疾更剧,双目完全失明。但她很关心报上的消息,每天由她的妹子念给她听。有一天,她的妹子,在报上见到王少芳受责削籍的消息,心中很是急闷,但不敢告诉给她。可是她的家人,以为这是好机会,偏去一古脑儿告诉给她。她听了,怨愤得什么似的,竟咬定牙关,答应家人们的要求,嫁给王少芳的父亲了。

少芳混在敌军中,运用他巧妙的手段,居然把地图偷取到手,立时逃出城外,回到本军中。原来他先前受责削籍,正是他和长官预定的苦肉计啊。军中有了这份地图,完全明了了敌军的形势,立刻发下总攻击令。结果一战而敌不支,城被攻破。进城之后,长官实践前言,便提升少芳的官职,并叫他在后方休养。少芳因功成名就,可以对得起爱人,自然欢喜万状,立刻动身回家,要和爱人聚谈。不料到了家中,这才知道爱人已嫁给他的父亲,真好似青天霹雳,震得他头晕目旋。九小姐见了他,也立时晕了过去。少芳心想自家出生入死,所为何来?如今大功告成,爱人却已被人夺去。偏偏夺去的人,又是自己的父亲,这样伤心的事,怎么忍受得住呢!于是他觉得家庭中顿如地狱,一刻也不能停留,在家过了一宿,第二天一大早,便动身复往前线去了。

黑衣女侠

出品　明星影片公司，1928年

编剧　郑正秋

导演　郑正秋　程步高

说明　郑正秋

摄影　周　克

布景　董天明

演员　丁子明　郑小秋　赵静霞　黄君甫　王梦石　龚稼农　汤　杰　夏佩珍　顾友敏　谭志远　董湘苹　王吉亭　高梨痕

《黑衣女侠》电影由郑正秋编剧。其电影本事无署名，原载《益世报》（1929年7月31日）。

本　　事[1]

柳氏世业伶，有老贵者，以老退为掌班。子景华，女美华，分任生旦，雅负时誉。其班中有武净王宝奎者，赋性憨直，方总武行事，颇忠于柳氏。邀角者王大，时留运后台，嗜利之伧也。一日，当地军署之参谋长范之固，率卫士汹汹而来。范凤垂涎美华，其来甚频。是日必欲见美华，告以未至，则怒毁器物。王大亟为排解，令老贵速女来，范始无语。景华赌范骄横，怒之以目。王大复阴止之而引之他出。老贵延范就厢中小坐，范俟老贵去，径调美华。美华愤极流涕，范临以威，志在必得，然美华终不屈。

当地■绾军政者黄彪，军阀之一也，暴而好货，多蓄姬妾，广田自荒，丑声四播。其第七妾尝携弁游公园，景华王大方偕行，妾注视景华不少瞬，令弁踪迹之。弁识王大，嘱为钩致。王得贿而诺，约期招景华饮某餐肆，授以钻戒一。景华讶问何因而至，王谓少待自知。移时妾翩□□[2]跪地乞赦，妾百计蛊惑不可得，则愤而逐之。

美华从宝奎习艺，以奎痴肥，时与谐笑。奎壮而未娶，虽自知非份，而不能无遐想。范突至，美华不得已，逊之入厢中坐。时景华脱险归，径陈诸父，请绝王大。父询其故，乃历述黄妾见逼状。范自厢中聆之甚悉，胁美华曰："若允嫁我耶？"美华曰："刀剑不敢辞，妾则不可。"范思索有顷，狞笑而去。老贵追挽之，不及也。

黄彪方与僚属开军事会议，座有上客罗公子，职居参议，某名流之子也。素与革

---

[1] 原为句读。

[2] 此处缺行余字符。

命党人有连，以父命居此，实非其志。时官中索党人谷则鸣甚亟。黄以其像片，传示全席。公子故示镇静，徐曰："革命党党羽甚盛，必严缉乃可。"范闻其言，陡觉诬枘有辞。会毕，范犹不去，从黄入内室，举其妾私识景华事相告。黄召弁讯之而信，以枪击其妾死。用范言，令率兵捕景华诛之，且搜其家。赖宝奎闻耗先归，负美华之病母，而携美华偕遁。老贵不及避，亦被杀。美华虽幸免，然病母在床，父兄惨死，中怀郁愤，莫可言宣。恃以慰藉者，宝奎一人而已。且教之习艺，为他日复仇也。

谷则鸣故罗公子公至友，公子方虑其为弋人所获，而谷忽易装过访，告以革命工作状况。公子盛称其胆，延接甚殷。一日，公子出猎，途遇美华及宝奎。以无资延医，负病母趋医所，不幸母以道死，二人方扶尸号哭。公子怜之，予以百金。美华感甚，拜请姓氏，公子微笑而去。越数日，公子偶忆美华，下乡访之。临别，美华赠小影为纪念。公子怀归把玩，而谷又至，公子举美华事告之，且出资壮谷之行。

范夙通于黄之第九妾，一日方共私语，为黄所见，将拔枪击范。范敏捷，先发毙黄，诿为自杀，竟代其位。惟公子疑之。范虑发其覆，囚公子于密室。宵深，有黑衣女侠入室救公子去。女侠并他人，即身负奇冤钟情公子之美华也。

公子既乡居，与美华情意日亲。宝奎妒甚，屡思不利于公子，然不能恝然于美华，则屡止。一夕，月下，宝奎见二人偎依状，大愤，出刃刺公子。时谷适至，遂得解。宝奎自惭形秽，愿以美华让公子，而自请于朋友之列。翌晚，军署卫队响应谷。谷遂与公子美华及宝奎，入军署杀范，而成革命之大功焉。

火烧九曲楼（上下集）

出品　友联影片公司，1929 年
导演　陈铿然
编剧　朱少泉
摄影　姚士泉
演员　尚冠武　范雪朋　徐琴芳　陈宝善　文逸民　王楚琴　吴廷芳　朱少泉

《火烧九曲楼》电影由朱少泉编剧。其电影本事为徐碧波所作，原载《电影月报》第 7 期（1928 年 10 月 10 日）。

本　　事[1]

上

徐碧波

　　本剧旨趣，似寓意甚深。而剧中人姓名，且有按图可索之处。事虽妄揣，而写军阀当时之淫威，小民颠扑于铁蹄下之惨状，纤屑弥遗。经陈铿然君之运尽匠心，对于导演工作，非常注意。此剧公映，想必可一洗电影界沉闷之空气。

　　九曲楼者，为庐省之伟大建筑。亦即庐省民脂民血之建筑物也。楼主章武昌，握虎符，拥重兵，好色而贪婪。恃九曲楼之奇窈转折，遂无恶弗为，民怨沸腾，不顾也。

　　庐省有平民蒋去非，富而好客，有古孟尝风。生子女各一。子志尚，才二龄。女柔娟，美而艳，为武昌垂涎者久矣。是日，章以听其部下参谋长方忍之阴谋，召蒋至，逼令献女出，否则将以养客谋叛之罪假诸蒋。蒋不为屈，章乃以酷刑致之死，且遣兵围捕其家属焉。

　　"可怜闺中女，倚栏望父归。"柔娟以日已西沉，而老父未归，乃偕小婢倚栏以待。而蒋妻伍氏，亦以候夫婿久，遣其门下客陈又婴往张府寻之。讵陈甫启大门，而捕兵突至，蒋家大小，悉数被擒。惟幼子志尚，幸赖又婴及蒋西席许子有之护，历尽许多危险，始得幸免。

　　章既缇蒋氏家属，立下之狱，而阴遣参谋长方忍，往说伍氏。伪言蒋尚未死，以触将军怒，将处极刑；汝若以女献者，我当设法生而夫。伍氏以夫妇情殷，恳柔娟从武昌。娟不得已，勉允焉。孰知此时之蒋去非，已作军阀淫威下之牺牲品矣。

---

[1]　原为句读。

九曲楼中，宾客如云，笙歌澈夜。楼主章武昌，方与宾众举杯欢饮，一若得亲佳丽，毕生大幸焉者。迨灯炮酒阑，酕醄入洞房，则新妇柔娟，方掩面饮泣。章欲求女欢，百端承奉。而女谓不见父面，宁死不从。章不得遂所欲，乃出商诸方，犹冀别图他法，迫使女从。讵声为女闻，因知老父已遭惨死，苟俛首事章，他日必无幸，因取桌上剪，以图自尽。刀未落，而手已为一人所执。此何人斯？剑仙一微子也。盖一微子久已深恨武昌之暴虐，是晚欲乘其合卺之夕而刺之，以警备森严，未得下手。忽睹女欲自裁，乃仓猝入救也。

章议毕入室，忽失女踪，奇怒，刑其全家，且悬重金捕柔娟及志尚焉。时志尚及子有留居离庐五里齐村之陈又婴家，婴抚之如己出。婴有子玲儿，年貌与志尚等。婴夫妇有此二儿，乡居正不患寂寞。讵事机不密，留志尚之事，渐为乡人闻。乡人利悬赏多金，遂往九曲楼告密。武昌闻之怒，立遣兵一排，往齐村缉捕焉。

短篱之内，茆屋二楹。又婴家其右，其左一楹，为又婴戚属之居。是日，又婴夫妇，正并坐草坪中，弄儿为乐，犹未知大祸之在眉睫也。迨捕兵将至，又婴始见之，以无处逃避，乃仓猝避入左边草屋中，以冀幸免。乃众兵遍搜又婴家不得，竟入其左邻。是时志尚之能免于难者，几希矣。然卒赖又婴之智，得以将被捕而复脱者几次，出生入死，志尚终能幸逃者，傥天之幸也。

又婴等虽得幸免，知齐村不可复居，乃率其妻孥及子有等，投奔其岳家。顾是时缉拿甚严，久居岳家，终非佳计。而岳母潘氏，时时以恐被累为言，又婴处此境遇，实属为难之至。幸子有宁牺牲一切，以解又婴之厄，得以稍安。

九曲楼中，军警团集，章武昌大发雷霆，责各军警之缉捕不力。一不速客至，告以志尚匿居某山中，速遣兵往捕。客非他，陈又婴也。又婴其贪赏耶，抑熏心功名，而遽忘蒋氏衣食之恩乎！非然也，盖别具隐衷也。

又婴率兵往捕，一一得之于马厩中。于是子有及孺子两人，咸作阶下之囚。武昌于盛怒之下，立判死刑，并命又婴执行焉。

下

又婴奉武昌命，枪决子有志尚。枪声一发，二人皆饮弹而死，各随其主若父。同归地下。观者至是，必深恨又婴之无情，安知其中另有一番曲折也。

先是，又婴以缉拿极严，知难苟免，乃商诸子有，欲效程婴公孙杵臼之故事，以免志尚之死。议决，又婴牺牲其子，而子有舍其生命。所谓又婴别具隐衷者，盖指此也。以生身之父，而枪决其亲生之子，其悲苦情形，当非笔墨所能形容。而又婴以顾全其幼主，不惜为人之所不忍为者而为之，其侠义之风，可以传诸后世矣。

光阴如箭。已越于五年。时志尚以更名存孝，改姓陈氏，由又婴抚养成人。志尚此时，已称又婴为父，而不知又婴而外，尚有生身之父也。又婴暇时，辄授志尚以各种武术，以为他日报此戴天之仇之需。惟对其老父惨死事，迄未提及。其不告志尚者，因志尚年轻而章威未杀，恐操切反岔事耳。

一日，志尚奉又婴命，入市购物，为二骑所撞倒。骑者为一少女，及一戎装少年。

二人见志尚受伤，急扶之起，并送之归。少女对志尚受伤，颇表歉忱。志尚见少女并非有意伤己，亦肯曲为原谅。少女何人？盖章武昌之女倚翠也。

越旬日，志尚之伤已愈，乃散步溪边，浏览沿溪风景，借苏旬日间家居之积悃。忽见远处一小舟，顺流而下，舟中一男子，强欲与一女求欢。女不从，男乃老羞成怒，覆其舟焉。可怜此伶仃少女，遂与波涛为伍，顺流上下，其不死者几希矣。志尚激于义愤，纵身下水，救此可怜少女。孰知潮流甚急，志尚虽竭全身之力，仍未得洇及女身。而前面高瀑千丈，若少延一二分钟者，此女必随瀑堕下，粉身碎骨，无庸讳言也。幸志尚水性甚佳，于女将堕未堕，正一发千钧之时，突前抱女，泳至岸上。女之不死，志尚之力也。

志尚既至岸上，细察女容，即前此误伤己者。待其少苏，即送之归。女父章武昌，以志尚救女有功，颇加青睐，并设筵款志尚。以谢其拯女之忱。而女亦以志尚有再生之德，颇乐于亲近。花前月夕，并肩联吟，两小无猜，从此灵犀一点通矣。

志尚既沉溺于爱河情海中，与女过从无虚夕。事渐为又婴闻，屡加劝止。顾又不敢以杀父事明言，至岔将来复仇之大事。夫爱情之为物，岂他人之能劝止者？是以又婴虽一再阻之，而志尚均置若罔闻也。

柔情蜜意，怜我怜卿，情爱之花，已达成熟之期。志尚忍无可忍，乃向倚翠求婚。倚翠亦以志尚温文尔雅，可托终身。从此月下盟誓，因订白首之约。待得武昌许可后，即可择日行聘，成其好事矣。

章武昌虽暴待平民，而对于爱女，素具顺从之旨。是以倚翠以订婚事告武昌，虽对于志尚有贫富之观念，第以爱女故，不得不从。乃择定吉日，设宴于九曲楼，为二人订婚焉。

佳期之前一夕，志尚方反覆床上，觉深宵苦长，难寻好梦。忽听隔室有饮泣声，异而起，就门隙窥之，则见其母（即又婴妻）方捧孩衣而哭。又婴在旁，反复劝导。异而欲聆其故，则声细不可得闻。欲推户而入，则门阖不得启。翌日，即以昨夜所见，私讯外祖母（即潘氏），伊竟以前事一一俱告之。志尚顿悟又婴之一再劝止者，盖有因也。乃决意牺牲爱情，为父报仇。立怀刃赴女许，必欲杀武昌而甘心。

志尚既至女家，时武昌阅兵未归。倚翠见志尚面有不豫色，乃一一询志尚。志尚第闭口不言，泪滴滴下，盖中心已片片碎矣。

女见志尚不语，益疑之，询亦愈急。志尚央向女曰："我负卿，我将有负卿之举动也。"言毕，立起之窗间。女未明其故，仍上前慰藉。温言柔语，若平日志尚闻之，不知能增进爱情几许；顾此时闻之，直类尖刀刺心，诚不知为甜为苦矣。

是时，武昌已阅兵归，见志尚在，乃趋与言。志尚亦阳与委蛇，阴抽腰间刃，谋刺杀之。乃为倚翠所见，急至志尚身后，为解其刃。志尚欲刺而未果，心中之恼恨，为何如耶。

夜色深沉中，九曲楼外，一黑影跃上围墙，向内进疾驰而去。经倚翠室外，以白纸裹刃掷进。女从梦中惊醒，展纸而视，则为志尚致女之函。草草数十字，略谓我爱汝，今作此负汝事，实有不得已之苦衷。待枪声一鸣，汝速往尔父之室，收二人之尸可矣。女阅竟，大惊失色，急趋父房。则志尚方持枪拟武昌，历数其罪。女急以身障父，谓志尚曰："杀父不如杀我。"志尚犹豫间，卫队已闻警至，乃执志尚，以谋刺官长论，罪当死。

九曲楼中，卫队毕集，鼓角齐鸣。此枪毙刺客时之情形也。倚翠以念往日情爱，不忍见志尚之死，在老父前为之缓颊。武昌不许，且出枪授之曰："生彼曷若杀我。"女不得已，纵声大哭。迨一声令下，排枪并发，女惊而晕。而此时志尚虽具铁骨铜筋，亦将粉身碎骨，而遑论血肉之躯哉！

讵知事有出乎意料之外者。当众兵发枪时，志尚已一跃上屋。盖又婴以志尚只身复仇，恐遭不测，急约一微子及柔娟往援。及又婴等赶至九曲楼时，适值下令发枪之候，急不及救，故断其缚绳，而纵之使逸也。

志尚既逸，众兵追捕之，顾志尚飞奔甚速，非众兵所可及。而又婴柔娟，又复多方截击，故众兵之枪械虽利，奈不及一微子等之智斗何。卒也，众兵尽被骗入一马厩中，为一微子等所禁闭。而是时章武昌，犹以为兵多枪利，不难获志尚而杀之，正高坐厅事，以待好音也。

一武装少年匆促至武昌旁，武昌询以刺客拿获未。少年徐去其冠，则赫然蒋志尚也。大惊狂呼而卫兵无一至者。是时屏风后忽伸出一手，擎枪欲击。倚翠以为志尚之党也，以身蔽父，遂饮弹而死。孰知在屏风后者，参谋长方忍也。方忍欲杀志尚而误伤倚翠。及欲发第二弹时，则已为又婴所缇去。二奸既获，即以其待去非之道，还治其人之身，并举火焚其罪恶弥天之九曲楼焉。

万 丈 魔

出品　上海影戏公司，1928 年
编剧　张惠民
导演　但杜宇
摄影　但杜宇
演员　但二春　贺蓉珠　薛启世　陈宝琦　林　影

《万丈魔》为《卢鬓花》续集，由张惠民编剧。其影戏小说署名赓夔，原载《电影月报》第 7 期（1928 年 10 月 10 日）

影 戏 小 说[1]

赓夔

但二春既成《小剑客》片，银幕上夭矫之表演，大得观众之称许，乃谋续摄一武侠片为继。愚见杜宇，杜宇告我以剧情，曰："是亦卢鬓花侠史也。"愚遂草是片之本事。

夜雨甚盛，沟浍皆盈，雨犹连绵，景益凄清。富室女林惠娟，亦悄然不欢。推窗偶望，见狂风暴雨中，一童子方疾走而仆于积水，因呼其女伴明姐来视。明姐忠诚愚直，立冒雨出救，挟以入室。林翁亦闻声来视。既苏，童子曰："我受人嘱，将送书林氏。"出囊中书，则惠娟之表兄吴佩芝所寄。林翁启视，惶悚弥甚，以书中述恶魔王欲劫惠娟之阴谋，来告警耳。童子无家可归，因止于翁所，相偕入内室。而所谓恶魔王者忽至，见翁，翁大惊。恶魔王曰："我子已长，汝女当嫁，以翌日行婚礼。抵抗者必无幸。"言毕，飘然自去。恶魔王居郭外山中，王姓名虎，为一无恶不作之恶霸。与官府通声气，人莫或敢抗，林翁亦无如之何。以终不能脱虎之掌握，亦惟有忍泪从之而已。是夕，童子语明姐，谓事无虑也，有我在，当终不令娇华入溷耳。因诫明姐毋疑惧，且必从其语以行事。明姐固豪壮有男子气，诺之，遂先告行期于吴佩芝，令届时以车来，与惠娟偕遁也。

及期，虎子率其徒众至，草草行婚礼。惠娟虽不欲，亦惟听之。绮筵才张，吴佩芝已如约至。惠娟乘不备，与遁去。明姐则伪为新娘装以代惠娟。虎子却众宾而入，施调笑，幸明姐机巧，得未败露。又设计诓虎子。虎子春意方酣，初未料床头人已非娟媚之女郎而为矫捷之童子也。正诧愕间，童子已起而扑击之。虎子非所敌，为痛殴。

---

[1]　原为句读。

声闻于外，众客悉至。童子以帚当之，各败逸。虎子亦仓皇遁走，狼狈万状。归告于乃父，恶魔王曰："林老抗我命，又辱我子，必报此恨。"复遣一党徒以书致林家，限三日内送女入山，否则必无幸。党徒至，童子裂其书而语之曰："归告老贼，彼恶贯满盈矣，我卢鬓花，谁敢轻侮我！"卢鬓花盖江南小侠，名驰海内，党徒闻之亦骇然。林翁初犹疑惧，恐及于难，今知童子之即卢鬓花，欣幸万状，勇气陡增，遂与明姐逐党徒以去。

方吴佩芝之偕女遁入城中也，赁室旅邸，渐忘所苦。林翁已知之，以村中终不安，亦偕卢及明姐去。而不知虎子及其党亦辟室此中，方欲得女而甘心。无意中，明姐觉之，告之卢鬓花。是夜，卢偕明姐入虎子之室，卢欲探究竟，而不知怪事已起于隔室。盖蕙娟已被劫，林翁亦遭痛殴而伤矣。

卢急偕明姐往追，前车已杳。误问道于虎党，车复失去。复误入虎党之家。与老媪闲谈，偶及恶魔王所居。媪作色告之，卢默志之。方与明姐相语，而虎党忽返，出不意以巨挺击卢，并明姐缚之。卢被击，神志昏迷，忽见坐椅骤扩大，已身乃益渺小；又恍惚见恶魔王至，以计擒之；偶视桌上物，则碗箸鸡卵，大逾原状百千倍。一惊而醒，体力已复，挣扎得脱。而虎党已引恶魔王至，中途相遇，诱入窟中。

卢鬓花偕明姐入魔窟，觉境弥怪僻，阴森之气中人。卢见一巨大之头颅方盘旋室中，正疑骇间，一门自辟，明姐急趋入。卢方欲继之，则忽有一巨手下扑，幸卢敏捷，得避去。明姐入门后，则见一小头之鬼物，惊骇万分，遂为其所执。卢旋亦中伏而被擒，投入水牢中。牢中蓄蛇盈千，入人无幸。而卢殊不惧，一跃而出。适虎子来探视，出不意击杀之。逸出，党徒来逐，卢从容泅水遁去。恶魔王愤其子之被杀，欲杀蕙娟佩芝及明姐以泄愤，架于窟中，围以烈火，将肆毒刑。而卢鬓花突然来临，诱杀恶魔王，拯三人出于难。

爱 国 魂

出品　大中华百合影片公司，1928年

监制　王元龙

编剧　全昌根

导演　郑基铎

摄影　周诗穆

演员　郑基铎　郑一松　汤天绣　王元龙　王乃东

《爱国魂》电影取材安重根刺杀伊藤博文历史事件，由全昌根编剧。其影戏小说为张碧梧所作，原载《电影月报》第7期（1928年10月10日）。

影 戏 小 说[1]

碧梧

　　大凡一个国家，倘然政治修明，国势强盛，谁也不敢来欺负你。万一政治紊乱，国势衰弱，那末邻近的强国，就得把你看做一块肥肉似的，恨不得一口吞下去。于是干涉你的政权，强占你的土地，任什么强横无理的事，他都干得出。横竖你力量薄弱，奈何他不得，只得忍受着——这也是弱肉强食的天演公例咧。就如黎国原是一个有悠久历史的国家，在世界各国中，也有相当的声誉；只因近年以来，奸臣当道，群小用事，便闹得全国乌烟瘴气，国势的危急，简直和垒卵一般。强邻魏国，便虎视眈眈，一方面而用尽种种手段，从中挑拨；一方面又借重武力，拼命的加以压迫。黎国受尽他的蹂躏，却是敢怒而不敢言。独有那几个奸臣，丧心害理，反利用这外力，扩充他们自身的权利，说来真是可恨呀。

　　这真是黎国的大大不幸啊。偏巧在这时候魏国又出了一个大人物，这人姓滕，名叫溥文，前几年，在英国留学，近来方才回国。他生来雄心勃勃，自视非凡，并且心术阴狠，手腕敏活，委实是一个天生的政治家兼外交家。因此他虽是一个刚回国的留学生，他的国王，却早知道他的才干，胜过常人。所以他回到国中，就奉了王命，一脚踏入政治界，手握国家重权。这一来，他如鱼得水，大大的活动起来，进行维新的政策，召集国会，颁布宪法。活该是他的幸运，他的政策，样样通行无阻，没一人反对他，他更得放手做去。这样不到多少时候，国势比较从前，越发强盛；他的野心，也越发扩大了。他晓得中国的满蒙地方，面积既大，物产又很丰富，而且大多数未经开采，倘能善为经营，利源的巨大，简直不可思议。于是他对于满蒙，便想实行侵略，

---

〔1〕　原为句读。

好逐渐的据为己有。但是黎国的位置，不偏不斜，刚正介于中国和魏国的中间，他便想到倘要侵略满蒙，非先把黎国吞没不可，否则从中作梗，必有许多不便。他便把全副精神，专注在黎国。先拿重金贿通了黎国的奸臣黎庸，再利用黎庸的权威，去胁迫黎国国王，订下卖国条约。他又怕大权操在别人手里，自家总不方便，便自居黎国的政务统监，监督内政外交。论他的权力，简直是黎国的太上皇。

有一天，滕溥文和黎庸，正躲在一家大旅社里，密议卖国的条约。无巧不巧，被一个姓夏名叫鼎醇的，一古脑儿偷听了去。这夏鼎醇原是一个年老的爱国志士，和晏永镇以及他的儿子仲权，都是抱着为国牺牲的壮志。他不听见犹可，听见了，这一怒非同小可，略一沉思，便得到了一个主意。至于这晏永镇呢，是黄海省海州的望族，年纪约摸五十左右，爱国心也十分浓厚。他也曾听到滕溥文的阴谋，直气得肚皮炸裂，立刻赶到京城，联合了几个同志，在一个秘密场所，开会密议，要暗中杀死滕溥文，出出这口恶气。凑巧正在会议的当儿，夏鼎醇赶到把窃听得的消息，对大众说了一遍。大众听了越发愤激非常，也就越发努力进行他们定下的计划。

这天夜里，永镇的夫人和他的女儿玉实，因为知道他在外面的活动，生怕闹出大祸，非常忧虑。正在不得主意的当儿，仲权从外面奔回，把外面的事大略告诉他的母妹，随即躲在室后。果然过不多会，魏国的兵已经赶到，向仲权的母亲严声厉色，说仲权是个国事犯，命她立刻交出，万事俱休，否则连她的性命，也不能保全。说时，又用脚连连的踢她。仲权躲在后面，听得清楚，瞧得真切，哪里忍耐得住，便虎一般跳出，挥动铁锤似的拳头，不多几下，已把这个来兵打死。他料定这事越闹越大，家中万万不能容身，便向母妹告别出外。他的母妹，也不敢勉强留住他，只得送他一程，含着眼泪回来。

仲权离家之后，决定暂时出洋去走一遭，再等待活动的机会。但想到他父亲现在京城应该去禀告一声，他便先取道前往京城。说来真个凑巧，他行到京城的这一天，正是他父亲和夏鼎醇携带炸弹，躲藏在滕溥文住居的大旅馆旁边。等到滕溥文从旅馆中走出，永镇突然跃出，把炸弹向滕溥文抛去。谁知感情太激愤了，手法不能正确，竟未能击中，而且当场被捕。滕溥文手下的人，自把他恨入骨髓，便用火把他活活烧死。并且大肆搜索，有几百个爱国志士，都受株连，身受惨刑而死。

仲权因为他的父亲这样惨死，报国之外，又加上报仇，便格外积极进行。他又想到孤掌难鸣，非得先集合许多同志不可。他便悄悄的来到中国的上海，遇见中国的革命家朱汉龙。二人一见倾心，即成莫逆，仲权便住在朱家。汉龙有个妹子，名叫爱兰，很钦爱仲权。仲权见她婉变可喜，也十分爱她。这样过不多久，仲权为着实行他的计划，和汉龙一同动身，前往黎国的京城，预备暗杀滕溥文。到了那里，商量妥贴，仲权便暗携手枪，用一个很巧妙的方法，混进滕溥文居住的旅社。但是结果仍旧失败，幸亏他很机警，安然逃出，回到寄住的旅馆。

后来有一天，夏鼎醇、朴在明、朱汉龙和仲权四人，在旅馆中密议再暗杀溥文的方法。谁知属垣有耳，被旅馆的一个下人听去。这下人以为可得大功，便去报告魏国的兵。魏国的兵，自然赶来，把旅馆包围，严密搜捕。仲权当场被捉，夏鼎醇在逃时，被枪击倒地而死；朱汉龙和朴在明二人，幸得脱身他去。

无论是谁，良心总是有的，纵然一时蒙蔽，终久必会光明。那旅馆的下人，干下了这一会事，不多几时，便天良发现，觉得对不住祖国，对不住那几位烈士，后悔达于极点，便在一个隐僻的地方，实行自杀，稍赎他的罪孽。凑巧被朱汉龙和朴在明二人瞧见，便救下他，并问明白他自杀的原因，又把他认为同志。三个人便合在一起，商量搭救仲权的方法。这天夜里，三人偷进狱内，刺死看守人，把仲权救出。不料四人正往外逃，已为其他看守人所见，出枪追击。仲权汉龙和在明三人，都得越墙逃出；那个下人，却中弹身亡。

三人逃出后，议定暂往海埠。在动身前，先到仲权家。仲权的妹子玉实，原是个巾帼英雄，自愿随三人同去，共谋大事。他们的母亲，便入修道院修道去了。

四人一路之上，吃了千辛万苦，方才到了图江，匿居在张一成家中。可是魏国的兵消息真灵通，居然已知道他们的踪迹，赶来捕捉。仲权等无可奈何，只得和他们对打。一时弹落如雨，仿佛战场。打不多久，一成身中一弹，且是要害，自知不救，急令仲权等从地穴逃走，并把他的十一岁幼子，托孤与仲权。仲权等为势所逼，不敢逗留，忙带了一成的儿子，再往香港。途中的艰苦，自不必说。可是汉龙和玉实，便在这时期中，播下了爱情的种子。

他们五人，到了香港，住在刘冬夏家中。汉龙和玉实的爱情，一天热烈似一天。虽然言语不通，却能用笔代口。只有那个住在上海的爱兰，自从意中人仲权出走后，连信息也没有，终日盼念，久而成病。最后做了一梦，梦见和仲权握手言欢。等到醒来，方知是梦，又是一阵伤心，不久便逝世了。

仲权等人，在海港居然招到几千义勇兵，教练成军，并率领到图江附近，静等机会。有一天，仲权汉龙在明和玉实四人，只身渡江，侦探敌情。讵料事机败露，除仲权和玉实二人外，汉龙和在明，都被魏国的兵捉住。在明当即受刑而死，汉龙却被他们用煅红的铁箸刺瞎两眼，亏得仲权来救，才得保住性命。

一天，仲权正要率队渡江，作最后之战，刘冬夏忽然赶到，说是俄文报上，载称滕溥文因为密订瓜分南北满洲的条约，已启程来辽，某日便可行抵哈尔滨了。仲权听了这消息，十分得意，以为这是一个好机会，立刻向汉龙和妹子告别，并托汉龙照料他妹子的终身，他便独自一人来到哈尔滨。古话说得是，有志者事竟成，他居然一击成功。好几年的夙愿，到底有这实现的一天。他虽然不免被捕，但他早把生死置之度外，所以在执行绞刑时，他神色不变，慷慨就刑。像他这种舍身爱国的精神，真值得后人的赞叹啊！

航空大侠

出品　华剧影片公司，1928年

导演　陈　天

摄影　汤剑庭

演员　张惠民　沈文俊　吴素馨　蒋尘影　张剑英　陈　飞　梁赛珍　周鹃红　吴素素　陆华彰　蔡泽民　陆双生

《航空大侠》电影本事版本有：一为周鹃红所作，载《新银星》第5期（1928年12月）；一载电影《电影本事》第1期（上海印书馆，1931年4月）。其影戏小说为周鹃红所作，原载《电影月报》第7期（1928年10月10日）。

影戏小说[1]

周鹃红

　　庄伟明他是个不同凡响、堂堂七尺的昂藏男子。他一年三百六十五天的日常功课，只有八个字，就是"锄强扶弱行侠好义"。除此之外，什么功名富贵，全都不遑计及。至于男女间情意缠绵的爱，更谈不到了，所以他是整个人送给社会了。并且他每逢出外行侠的当儿，总是独自坐着飞机。因之懦弱者遇到被强暴者压迫的时候，只要一听得空中机声轧轧，那懦弱者宛比表演影戏般的，顿时将愁容不展的面孔，一变而为笑颜逐开——这原来是救星航空大侠来了。那强暴者也早已溜之大吉，逃之夭夭了。

　　火车谁都知道是人们便于旅行的无上珍宝，但是世上那些盗窃诱骗，卑鄙肮脏的事，也大都发生在火车里。所以有许多便衣侦探常在车厢里，明察暗访。有一天，有个恶霸诨号唤做飞天虎，他诱拐了一个妙龄女子，芳名叫做素卿。素卿是画家邹坚雄的胞妹。先是天虎强凶霸道，非要得素卿而后甘心，曾一再向邹家乞婚。坚雄和素卿知道他是个蠢如鹿豕的东西，所以很坚决地拒绝他的请求。可是不知自量的天虎，还是不肯死心塌地。癞虾蟆想吃天鹅肉的欲望，始终未能消灭，便筹划了种种的奸谋。先把坚雄幽禁在他的秘密机关室里，然后再以甜言蜜语来哄骗素卿道："你的哥哥恐将为奸人暗算，快和我去营救他才好。"素卿信以为真，就和天虎，同乘火车前往营救。在那个当儿，恰巧航空大侠也在车厢里，深知天虎必非善类，所以等到他们下了火车，也跟在后面一觇究竟。后来天虎把素卿骗到他的贼巢里面，对着个妮子，便实行他的胁迫服从主义。恰在千钧一发、生死关头的当儿，突然有一封警告信，掷至天虎足前。天虎拆开一看，原来是"汝若不将该女子带还原处，狗命难保"。寥寥数字，天虎看罢

---

[1] 原有引号；余为句读。

以后，并不惊慌，反哈哈大笑道："人们都怕航空大侠，独自我倒要和他见了高低，决个雌雄咧。"大侠知道他色心高照，野性难驯；便从梁上一跃而下，和他决斗。天虎原是色里淘空的人，经不起大侠的一拳，顿时应声倒地。其时隔室的许多恶徒，闻得拍挞一声，以为素卿和天虎抗拒的结果，便同在隔壁作欢呼声。后来忽听得天虎大呼救命，诸恶徒便知已经出了岔子，忙不迭的去看天虎。哪料大侠早把素卿救出险地。诸恶徒不禁勃然大怒，便结成大批马队，循大侠的马蹄痕去追寻。讵料沙尘卷处，只见有一匹白马，狂奔骤驰，至是始知骗人者居然也被人骗了。这也许是循环的报应吧。原来大侠恐怕寡不敌众，所以将马驱往东行，本人便和素卿，往西而去。等到大批追到的时光，只抬头看见飞机翱翔空中，作蜻蜓舞。于是诸恶徒，可望而不可即，怅然而返。

大侠把素卿救护回家以后，不料她的哥哥坚雄，仍未脱险。后来大侠多方侦察，纵然费尽心血，绞尽脑汁，无如好比大海捞针般的，竟无蛛丝马迹可寻。有一天，大侠在飞虎党的附近，探听消息，无意之间，突然瞥见天虎的爪牙，约摸有十余人，一窠蜂的拥着一个绮龄玉貌、装饰入时的女子，入一所荒村别墅。大侠趁此大好机会，便施展他飞檐走壁的轻身功夫，在那屋顶上，闪来闪去，东探西望。冷不防给一飞虎党徒瞧见。大侠身轻如燕，立即往前扑去，好像老鹰捉小鸡般的，将那个党徒活擒。更教那个党徒，作为向导，在前面领路。不料那个党徒，阳奉阴违，引领大侠入一蜿蜒如同羊肠的甬道。大侠一个不留神，顿时触动机关，跌入水牢。幸亏他精于游泳，从水牢里面爬了起来，潜伏在黑暗的地方。停了一回，瞧见另一个党徒，手提了酒壶，预备去沽酒。他施着迅雷不及掩耳的手段，飞起一脚，把那个党徒，跌得约摸有一丈多远，倒在地上，动弹不得。大侠一转念间，妙计顿生，便将那个党徒的衣服，自己穿上，乔饰党中人。于是他手提酒壶，暗地里并把蒙汗药倾入壶里。飞虎党首领和全体党徒，都被他瞒过，一刹那间，都喝得烂醉如泥。大侠因之救出画家邹坚雄和被掳的女子，脱离险地了。

地方上自经那些丘八们，为着自己争地盘、夺权利起见，便不顾老百姓们的利害关系，酿成南北战争以后，于是弄得一般老百姓，焦头烂额，颠沛流离，满目疮痍，哀鸿遍野，真是不忍卒睹。大侠庄伟明素来是以济困扶危为天职，但是兹事体大，孤掌难鸣。要把灾民拯出水深火热之中，非赖金钱不可。后来地方上有个吴富翁，因屡次仗着大侠的保护，所以那些宵小，都不敢觊觎他，富翁便以巨金酬劳大侠。但是大侠是个重义轻财的人，所以宛辞谢却。更声称请将该项巨金，转助灾黎。富翁便遂其所请，一方面将自己的巨金，捐募在地方上；一方面还到各处募集巨款，以竟大侠的志愿咧。

邹坚雄自脱险以后，和他的妹妹素卿，未婚妻蔡真，仍在郊外度他们美的生活。可是多情如素卿，年已及笄，而一缕情丝，尚无归宿。所以时感只身孤影，玉容憔悴，精神颓唐，自不能免。但是她的心目中，脑海中，何尝不有爱人。这爱人就是航空大侠。怎奈大侠是个服务人群的好男儿，儿女情事，还无暇顾及。飞虎党徒，屡为大侠屈服，心实不甘，誓必报之。有一天邂逅画家，在河畔替他未婚妻写照。他们乘此良机，便以移花接木的方法，把画家的未婚妻，夺为己有。无如党徒甚众，你争我夺，结果仍给蔡真设计逃出。

有一天，大侠忽然接到老父的快信，信中大致云"数十年前曾与邹家订有婚约。迨因避乱分散，天南地北，遂杳音讯。然汝随身所佩之玉环，即儿时与邹家订婚时之信物"等语。大侠得信以后，便探访所遇。后来好容易打听得所搭救的素卿，便是自己的未婚妻，真是天成佳偶的巧姻缘了。

旬日之后，万里无云的天空中，有一飞机凌空而飞。原来这就是航空大侠和他的爱妻素卿作空中蜜月旅行。这真所谓情场的空前佳话了。

洪 宪 之 战

出品　朗华影片公司，1928 年
导演　张普义
摄影　罗洪义
演员　马徐维邦　陆剑芬　唐继尧

《洪宪之战》电影本事为何笑尘撰写，原载《新银星》第 3 期（1928 年 10 月），以及《电影本事》第 1 期（上海印书馆，1931 年 4 月）。

本　　事[1]

何笑尘

　　当民国四年，北洋军阀首领袁世凯，自命功高望重，不屑于总统之位，以数十年练兵经验，一逞其跋扈之野心，倡言立宪，将夺革命先烈以铁血搏得之河山，攘为私有。时有六君子十三太保者，公然组织筹安会大典筹备处等机关名称，大唱其君宪救国高调。淫威所及，近畿诸省莫不屈服。而长江西南各省态度稍强硬者，靡不以名利相贿赂，冀达其一手遮天之志。时民党巨子蔡松坡将军，不直其行，反对甚力。然孤掌难鸣，且身处势力范围之内，欲发不得，乃阴与西南首领唐公继尧密谋反抗，且嘱筹备举义。蔡公旋借他故脱走，迂道赴滇，大事结合。时西南民气，异常激昂，大有不共戴天之概。未几李公烈钧亦加入。川黔诸省，以次响应，声势渐趋浩大。筹备既熟，乃于是年十二月二十三日挥戈北指。当战事最烈之秋，受创最深者，莫如叙泸之役。盖叙泸为入川要隘，亦滇南门户也，为军事上必争之点，得而复失者七次，其生灵之荼炭，概可想见。值斯战事声中，更有段惨史在焉。邑有宋生秋帆者，一英俊有为之少年也。其先世固武职，随父军旅有年，兵略称素稔。父殁秉母命改习法政，负笈某大学，非宿愿也。同学中有秦志刚者，宦裔也。父官清末朝议，以直谏犯上遭成死，母殉焉。相与晨昏共守，厥惟弱妹佩钰而已。志刚谨愿好义，与秋帆性志相投，交称莫逆，因以弱妹许婚焉。每当月夕花晨，遍多韵事。讵意良缘天妒，掀起十面罡风，逐散鸳侣耶？

　　先是战端既开，凡隶属军事范围内之团体民众，莫不先期徙避，或休假以防未然。而某大学亦以安全计，提前休假。宋秦既得学校停课布告，共商避兵之策。秋帆初拟暂归省，再出从戎。志刚未置可否，归商佩钰。钰力反其说，且泥其行。亡何秋帆奉叙州母氏促归急报，并述危状，乃不得不速返以慰母望。不图祸变之来，有令人莫

---

[1] 原为句读。

测耶？

军兴之初，凡属划归战事区城，形势莫不同时趋于严重。而流匪盗贼，应时蜂起。人民于避兵之余，兼复防匪，以致流离奔徙，遍野哀鸿，几成军兴时代例有之点缀。秋帆以当夜不及遄返，秉烛话别。不知手足云亡，知己惨别，乃于是夕赋永诀。盖秦本富室，居校附近，地属荒僻，以故觊觎者颇不乏人。第未得其会耳，战事既兴，一般匪徒得隙，乃赏其向平宿欲，秦氏遂不免焉。当其拥入肆劫时，志刚初无拒意。旋因佩钰被匪戏侮，怒极与斗，卒为匪所杀，并焚其庐。时火势熊熊，将及迫近宋钰，不及顾返身夺门而出。于星斗光中，沿路轨奔走竟夕。将抵宋家，而无情炸弹，自敌飞机下降，宋宅于碎匐声中遂毁。宋母幸为梁木支格，得不死。秋帆踊身拯母出。而第二弹踵至，宋宅乃告蘁烬。仓惶偕母钰杂难民中，落荒而走，不知所谓南北东西也。

行行重行行，第三幕之惨剧，复继续开始。宋母等奔走竟日，惫甚憩路隅，而如狼似虎之拉夫队值至，强拽秋帆以去。宋母跪地呼天，无奈若辈心犹铁石。秋帆拒不行，其如枪柄频亲，肉质之躯，终不敌木铁之坚实。而佩钰斯时顾此失彼，乃解所佩鸡心一枚，赠作纪念。濒行之间，惟有相与泛澜涕泗而已。宋母等寻为收容所拯去，顾年齿既高，饱经忧患之余，未几即病，病且日甚。佩钰几经惨劫，犹复强颜慰母，其一点芳心，正不知是酸是苦也。

秋帆既被执，禁锢军营中。午夜梦魂，恒缭绕于母钰之间，时而大呼。侪辈怒其扰，聚而殴之。秋帆忧楚备尝，莫能抗，图遁心益切。卒被脱，投民军自效。转战皆捷，递擢至营长。因念母钰流离不知飘泊何所，乃登报遍访踪迹，以偿板舆迎养之志。孰知稿出之翌日，即宋母病逝之时。忽报前线危急，调遣令下，不得已整戈以去。值佩钰要求所长发棺殓母，于案头见报纸载有"秋帆访母"广告一则，知秋帆已在前线。殓母讫，投入红十字队，求侣疆场，借谋良晤。岂料三生石上，不注前缘，一面沙场，同归恨海。当佩钰得晤秋帆之时，正炮火猛烈之候。秋帆中弹惨呼，佩钰闻声奔赴。审系秋帆，急前拥抱。忽巨声起于侧，盖地雷之爆发也。在此石破天惊之洪声中，一双鸳侣，乃随浓烟而俱杳。

红蝴蝶（第2集）

出品　友联影片公司，1928年
导演　文逸民
摄影　姚士泉
演员　徐琴芳　文逸民　薛启世　尚冠武　朱少泉　范雪朋　翟一峰　陈宝善

《红蝴蝶》（第2集）电影取材传统小说、戏剧及曲艺。其影戏小说为徐碧波所作，原载《电影月报》第8期（1928年12月5日）。

影戏小说[1]

徐碧波

　　上集演至进生在刑场获援，大刚入狱后，匪党虽四散，但以斩草未尽除根，遂致有以后之波折焉。

　　越半载，节届中秋，长春县城人民熙熙攘攘，游行街衢，滋取逸乐。县长亦正在署中排筵赏月，盖此时已有多数匪徒混入城中，以谋劫狱矣。

　　大刚妻胡氏，赚进狱中，劫大刚越狱出。大刚知瓦子峪已被凌茹焚毁，益恨之刺骨，乃奔其僚婿韩武处。韩武雄据大连沟，独霸一方。妻素花混名小青蛇，足智多谋，韩武颇敬畏之。大刚既至，韩恐株连，拟婉拒之。素花以大义相绳，韩遂勉强容留。时有大头目慕容熹者，殊反对收容大刚之非计，因谏于素花，素斥之，熹遂负气下山，回家以视其变。

　　长春府尹闻报大刚反狱，乃急报马统领。马立遣兵追拿，获得同时脱逃之犯，鞫之。知已窜往大连沟，府尹谓马曰："两悍匪合而为一，其势不可轻视。"马讯知前者大刚之就擒，乃系其妹赵凌茹（即红蝴蝶）一人力，因与府尹登刘氏之门，要凌茹去破匪。凌茹讥消而却之。马既愧又慕凌茹色，乃回衙设计赚进生至，即令随营剿匪，不使返家。迨凌茹闻讯，进生已随军出发矣，凌茹亟追踪往。

　　韩武大刚等闻报，大军已至，准备抵御。而素花正率匪巡山，恰遇一女子，与喽啰争持，力援之上山。见其敏慧，收为徒，使掌寨中机关焉。

　　凌茹既追至，觅得进生，方情话于林中，不期为马窃听去，幻想万端，几为痴绝。入晚遣进生巡营，乃往凌茹居处勾引之。凌茹兀不为动，马竟前调戏，凌茹严词拒之。时适步履声起，凌茹意为所天归，亟麾马使出，马即奔庙后去。刘果归，忽见庙后一黑影，疑有奸细，亟大呼有贼。弁兵闻警驰至，见一人揉升树颠。一卒欲邀功，以箭

---

[1]　原为句读。

创树上人。人立堕，乃马也。众大惊，而是时正有刺客将乘机加害进生夫妇，经一虬髯客之援，刺客乃反被擒。凌茹识为薛虎，说之归顺。盖将用以破匪窟也。

凌茹进生登山，方超林薄，遇胡氏韩武混战，结果凌茹中镖，进生被擒。素花方要加害凌茹，而虬髯公突出殪素花，援凌茹去。薛虎至半途，见凌茹受伤，亟觅药为之敷裹。凌茹醒，知进生被擒，即带伤出营而去。

大刚夫妇为韩武设宴庆功，韩武以妻丧抑伊。大刚慰之，且允将己妹凌茹擒来相匹。韩久倾心凌茹，因转悲为喜，勒令进生修书招凌茹至。进生不服，大刚令褫衣痛笞，并加火烙晕去，鳞伤遍体，惨不忍睹。

凌茹上山探其夫，见进生惨状，冲进与韩武大刚等混战，凌茹误堕机关。此时虬髯客亦至，思援救亦堕于陷阱。其间千钧一发，凌茹下落，及进生生死，愧我笔非生花，不能尽述。请诸君一观本剧，方知个里玄妙。

火里英雄

出品　华剧影片公司，1928年

编导　张惠民

摄影　汤剑庭

演员　丁华氏　吴素馨　张惠民　张剑英　周鹃红　张妙玲　陆华影　沈文俊　蒋尘影　陈斌　陈超　陆双生　黄礼贤　庄凯庐　高冠豪

《火里英雄》电影由张惠民编剧。其电影本事原载《新银星》第7期（1929年2月），影戏小说署名鹃红，原载《电影月报》第8期（1928年12月5日）。

影 戏 小 说[1]

西子湖畔，六桥三竺，风景甲天下。历届八月十八日，万人争看钱塘潮，斯每年之常例也。李天华为国光矿厂厂主，拥资百万，商界巨擘，固一面团团之富翁。是日，偕其爱女娟娟莺莺及宠妾陈氏，联袂观潮。讵料波涛汹涌，白浪滔天，仿佛千军万马奔腾之时，莺莺偶一不慎失足堕水。是时遥处有乡人金国雄，适张网河干，闻讯急下水拯之起，并护送莺莺抵其家，灌以姜汤，乃得庆更生。天华感其复生之恩，爰以厚金馈赠之，惟国雄坚辞不受。嗣见国雄之桌上，置有份《申报》，取而阅之。报端载有救火会招考队员启事一则，遂知国雄有投身救火会之志愿。天华固为救火会会长，乃为之介绍入会服务矣。

一日，天华与爱女宠妾，正在家叙其天伦之乐，突接厂中管理员杨醒夫之电报。据云，刻在矿场，发见玉石，是以天华大喜过望，并偕娟娟往矿场督工焉。翌日，醒夫复以开矿地图，见示天华。天华发令，醒夫及其助手先往，将北山之巅，先行爆开。是日娟娟亦在场参观，忽闻轰然一声，如青天霹雳，乃惊倒山麓。醒夫固为轻佻浮荡子弟，见之顿萌色心，私吻娟颊，并任意戏谑之。事为天华得悉，因之拍案大怒，即将醒夫驱逐出厂，以除害群之马，而正厂规也。

金国雄自服务救火会后，对于各项救火技能，靡不悉心研究，以资深造。会逢会操期届，天华偕娟娟莺莺陈氏阅操，并以巨大之银杯，奖赠成绩最优之会操员。结果国雄成绩优胜，冠绝侪辈。

数日后，天华与娟娟在戏院观剧，忽邂逅秘密党首领黄狼，惟天华当时并不介意耳。某日，有一不速客，刘茹仙女士，造访天华。据云，彼处附近有山，其中玉矿至伙，坚请天华一觇究竟。天华爰偕该女子往焉。当时娟娟见此不速客颇生疑窦，乃急

---

[1] 原为句读。

驾车尾之。嗣达目的地,并疾草一函,致国雄焉。

刘茹仙引领天华所至之地,为一秘密党。所谓刘茹仙者,即杨醒夫乔妆,天华见之惊甚。后见黄狼端坐其中,更大惊失色。盖天华于二十年前,曾与黄狼同赴某处开矿。嗣黄狼于无意间发见玉矿,乃转告天华,而天华心存不良,欲将全山玉矿得为己有,于是竟将黄狼推下深山之麓。但黄狼命不该绝,适跌在大树之间,遂得不死。此事已相隔二十年,今黄狼一旦获见仇人,殊属喜溢眉宇,乃强逼天华签立合同,将矿山之全部玉矿,概归彼所有。天华坚不签字;既而娟娟冒险往党窟误触机关被擒矣。事隔未久,国雄正在救火会卧室,忽接娟娟手扎,急拆阅之,书中大略谓我现追随家父,至秘密党,恐遭不测,请即前来援救云云。国雄得信,立即驰往贼巢。讵料至党窟时,坠入机关。后国雄由机关中逸出,正见醒夫调笑娟娟,乃即击退醒夫,并解天华之缚。事为黄狼得知,欲擒获天华。天华不示弱,竭力与之周旋。后黄在剧斗中,忽跌翻火油壶,顿时烟头四起,卒致火光熊熊,势成燎原。国雄情急,乃在猛烈之火光中,手抱娟娟在七层楼,一跃而下。而黄狼与天华在火中格斗,殆亦同归于尽欤。此后国雄与娟娟,遂联秦晋之好矣。

电 影 小 说[1]

鹃红

西子湖畔,六桥三竺,这是杭州绝妙天然的盛景,那是谁都知道的,无庸我们玩弄笔墨的人,再来饶舌不清了

波涛汹涌,白浪滔天,仿佛千军马奔腾似的,这就唤作万人争看钱塘潮,也是每年历届八月十八日的常例。至于看潮的盛况,也是尽人皆知,不必去形容它了。不过有一回在钱塘潮声中,发生了一件很合乎影戏材料的事实,现在姑且把它照录在下面。

拥资百万的李天华,他既是矿厂厂主,又是救火会会长,真是一个面团团的富翁。社会上往往有许多的大资本家,手的钱果然着实不少,可是常抱伯道之忧,未免万中不足。但是天华他倒有一对临风玉树的掌上珠,芳名唤作娟娟莺莺;还有一个貌胜于花的宠妾李陈氏。这是何等地欢乐的家庭,怎不令人们羡煞妒煞呵。有一回,也许是八月十八日的那一天吧,天华同了爱女宠妾,到钱塘江去看潮,万不料莺莺偶一失足,顿时被波涛卷去,与波臣为伍了。天华娟娟瞧了这种情形,却都束手无策。就是一般看潮的人,也袖手旁观。这时候幸亏有一个寄居钱塘江畔的乡人金国雄,他听见了呼救声,便很勇敢地跳下水去,在那凶险的波涛中,找寻莺莺。后来好容易给他把莺莺救上岸来,当时莺莺已昏迷不省人事。国雄便对天华道:"我的家里,离此不远。你们不妨和我一块儿去,烧些姜汤给她喝,就没事了。"天华娟娟,便跟了国雄,到他家里去。后来莺莺喝了姜汤,慢慢地醒来,天华娟娟真是万分的快活,同时又很感佩国雄,所以奉送他几十块钱。但是国雄纵是一个乡人,他却以仗义疏财为怀,因之坚不肯受。

---

[1] 原为句读。

娟娟想不到在那与甚嚣尘上的繁华城市，绝对无关系的乡村里，会有这般慷慨的人。所以小妮子的一缕情丝，竟向他环绕着。一寸芳心中，也万分钦仰和羡慕。后来知道国雄有投身救火的志愿，便由李天华的介绍，偿了他的素志。国雄从此抛弃乡村生活而服务于救火会了。

多么庄严嵒皇的洋房呵，教人看了怎不肃然起敬。多么清脆悦耳的歌声，夹着一片多么悠扬动听的琴声，教人聆了，怎不眉飞色舞。原来那如同出谷新莺的歌声，全从天华的住宅里发出来的。天华正在家里和着爱女宠妾，叙他们的天伦之乐。但是娟娟李陈氏弹着钢琴，和莺莺歌得兴高采烈的时光，忽接得矿厂中管理员杨醒夫的电报。那电报上翻译出来，只有"刻在矿场，发现金矿"寥寥几个字。天华得着了这个好消息，更是手之舞之足之蹈之，快活得差不多要发疯了。到了明天，天华便吩咐醒夫，转令工人，先将北山之巅，用猛力的炸药爆开。在这爆山的一天，小鸟依人的娟娟，一时好奇心生，也到矿场去参观。停一会儿，忽听得半空中轰然一声，如同青天里打下一个霹雳似的，她顿时魂飞天外，惊倒山石。情场饿鬼，视色若命的醒夫，一见她横卧在山石上，顿起兽欲之念，一连和昏厥过去的她，穷凶极恶、丑态百出的接了几个吻。后来娟娟悠悠地苏醒过来，便把恬不知耻的醒夫打了几下耳刮子，且还把这件事哭诉老父。天华得知此事，就当众把醒夫痛骂了一顿之后，驱逐他出厂，以除害群之马。

金国雄自从从事于救火工作以后，对于各项救火技能，无不竭力研究，以资深造，所以很得人同声赞美。这一天，适逢会中会操，会长大华和娟娟李氏同去阅操。天华又特置巨大的银盾，奖赠成绩最优良的会操员。结果比赛水战和比赛救人，都是国雄第一。所以那座大银盾，便奖赠了国雄。娟娟并将银牌，佩国雄之襟。这时候的国雄，真是荣幸到极点，像飘飘乎登仙一般了。

有一天，天华和娟娟到真光武术团，去看那班武士的柔软功夫，冷不防在包厢里，邂逅秘密党首领黄狼。但当时天华也并不介意，一笑置之罢了。谁料天华的一生英名，就要在黄狼身上宣告破产了。事隔未久，便有一位刘茹仙女士，拜访天华。据刘女士说，她所住的附近，有座山，那山里面的矿，着实不少。所以坚请天华去一觇究竟。天华利欲熏心，便不假思索，信以为真，同了那个素昧生平的刘女士去了。当时娟娟一瞧见那突如其来的刘女士，很生疑窦。不过在那个当儿，也不能阻止老父不去。所以她情急智生，就独自驾着汽车，紧紧地在后追踪。到了目的地，又匆匆写一封信给国雄，以作后盾。

果然不出娟娟所料，原来天华所到的地方，乃是官厅屡次剿捕的秘密党。所谓刘茹仙，便是一生不知羞耻二字的杨醒夫乔装。天华又见仇人黄狼，端坐在党窟的首位，于是越发大惊失色。原来在二十年前，天华曾经和黄狼到南山去开矿，黄狼在无意之中，忽然发见了玉矿，因之转告天华。但是天华当时一念之差，要想把全山的矿夺为己有，所以竟将黄狼推下深山之麓。不过他命不该绝，恰巧跌在大树之间，因得不死。这件事本已相隔了二十年，天华事过境迁，早已淡忘，但是黄狼怎能忘却前仇？他一旦获见天华，宛如得到无价之宝一般，因之他就以武力手段对付天华，强逼他签立合同，把天华所有的金矿，完全归还黄狼。像这种破产的条件，天华当然誓死不从。后来娟娟冒险到党窟里来援救，从很高的楼窗，跃入室内，和黄狼等格斗。不多一会，娟娟误触机关，便与天华都罩在硕大无朋的铁笼里，如同小鸟一般，插翼难逃。当晚国雄正在救火会卧室安睡，忽接到娟娟的来信。信中大致说是"我现追踪家父，至秘密党，恐遭不测，请即前来援救"等语。国雄看罢了信以后，急驾着车子，驰往贼窟去了。天华娟娟正在万分紧急的当儿，国雄恰巧赶到，设法把天华娟娟从机关中救出，便和黄狼等大战一场。天华虽然年老，却精神矍铄，身手矫健，真有老当益壮之概。娟娟纵是一个女流之辈，可是智勇双全，以巧取胜。加着国雄，又是勇猛绝伦。所以这一场的剧斗，简直打得落花流水。事有凑巧，双方正打得不分胜负的时光，忽然有人大声报告火。火不一会，室内顿时通红。在火光熊熊，势成燎原的时候。国雄出其全力，一手抱着娟娟，一手抵抗敌人，拼了一股勇气，竟从七层楼楼窗，跳下平地。可是天华和黄狼，打得昏天黑地，火烧在身上，还不觉得，仍旧在火里拼命。结果两条老命，都拼在火里了。从此以后，勇气百倍的青年金国雄，便和智足多谋的李娟娟，结成永久的情侣了。

热血鸳鸯

出品　大中华百合影片公司，1928年
编导　姜起凤
摄影　周诗穆
演员　汤天绣　王征信　姜起凤

《热血鸳鸯》电影由姜起凤编剧。其电影本事原载《电影本事》第1期（上海印书馆，1931年4月），影戏小说为张碧梧所作，原载《电影月报》第8期（1928年12月5日）。

影 戏 小 说[1]

碧梧

"同一样的是人，他会那样舒服，我们却一天劳苦到晚。"

"唉！这有怎么说头。他是矿主，我们是矿工。因'主''工'一个字的不同，便有这天渊之判的苦乐的区别。这有什么说头。唉！"

"我们定要做矿工吗？另寻生路，也许有做到矿主的一天。"

"不必说了，不必说了。张三王五等人，正是为着要另寻生路，前天悄悄的逃走，但是终于被他们捉回，徒然吃了一顿毒打……莫再提起逃走两个字了。"

"……"

"……"

这是十几名矿工，在石矿附近一间木屋前的广场上的谈话。一壁在勤恳的工作。

矿主秦世英的弟弟世杰，神气十足的，高骑在马背上，疾驰而来。他的听觉，真个灵敏。这班矿工们的谈话，他已完全听得，不由得一股愤火，直往上冒，双腿用力往里一夹，马便往前一冲，冲到矿工们面前。他当即举起马鞭，照准矿工们鞭去，既急且密，和骤雨一般。又大声的喝骂。

"蠢奴！我们这样好好的待你们，不过只要你们多出些力，多作些工。你们不知报恩，竟想背主私遁，这还了得？蠢奴！无良心的蠢奴……"

矿工们哪敢有一些抵抗，只得拼着皮肉之躯，承受他那坚韧的马鞭的击打，喉中发出的断续的呻吟，正是皮肉已禁当不起痛苦的表示。然而这种弱者的哀号，怎能打动强者的坚硬如铁的心肠？秦世杰依然挥动着马鞭，认定矿工们急急打去。

木屋中，跃出一个英挺少年，他姓罗名震，天生成一副侠义心肠，惯喜欢打抱不平，对于贫苦的人，很能怜恤。所以左近的矿工们，没有不知道他的，也没有不敬重

---

[1] 原为句读。

他的。他此刻本坐在屋中，看书消遣，忽听见外而一声声的哀号，料定又是那矿主，在鞭打矿工，忍不住心头火起，猛虎出柙似的跃了出来，怒责世杰不该这样奴隶劳工，并拿自家的身体，遮蔽住一班矿工。世杰向来骄横惯的，受不得一些委屈。今见有人和他作对，便也忍耐不住举起拳头就打。罗震也着实有些膂力，连忙还打上去。两个人一在马上，一在平地，打了个不得开交。矿工们虽感激罗震，但终于没有和矿主动武的勇气，只站在一旁呆望。

从丛石茂草之间，忽的奔来一匹骏马，马背上骑着一位戎装女郎，气概英挺，倒是一位巾帼丈夫。她瞧见有二人恶斗不已，便勒住马缰，仔细一认，正是熟人，连忙跳下马，上前排解，说了多少好话。世杰才悻悻然的上马而去。你道这位女郎是谁？她姓吕，名叫蕙娘。她哥哥大章，也是这里的一位矿主。她平日里本和罗震十分要好，当下便邀他到她家里，百般欢慰，以平其怒。罗震便也怒气渐消，二人随意说笑。后来她到内室去更衣，留罗震一人在客堂里。衣服尚未换好，听得客堂里的的电话铃，叮叮珰珰响起来。急忙出来，瞧，看见罗震已执听筒在手，正在接听。以为没甚要事，仍回到里面去。等到衣服换上，回到客堂时，却不见了罗震。向用人们询问，据说罗震因为世杰的事，已骑马奔去了。蕙娘这才想到方才那筒电话，定有来历。恐怕他们二人又要恶斗，正在发急，忽又发现她阿兄日常防身的一支手枪，已不知去向。心想必是被罗震拿去了，那末定将闹出大祸。不敢急慢，忙也骑马追去。刚正追入一座树林，忽听得枪声一响，知道前面必有祸事发生，忙在马屁股上连鞭了几下，奔了不多一里路，约摸是刚才枪声的发出所在，定睛一瞧，不见有人，只见地上有血衣一件和手枪一支。跳下马背，捡起血衣瞧时，认得出正是世杰的衣服，手枪偏又是方才失踪的。她又急又吓，一时倒没了主意，呆呆的站着。却见世英骑在马上，也飞也似的奔来。原来他也已听见枪声，特地赶来瞧看的。一眼瞧见了血衣和手枪，便一叠连声说，他弟弟世杰已被罗震打死，便取过血衣和手枪，要留作证物，又抓住蕙娘，要她做证人。蕙娘原不愿答应他，却也没法拒绝他，只好默不则声。旋即世英又集合许多人，拥往木屋，把罗震捉住，当众宣告他是打死世杰的凶手，立刻要把他缢死抵罪。蕙娘无法阻止，亏得大章得到消息，赶将前来，竭力说项，好容易才把罗震救下，把他先关在狱中，等候公开的审判。

光阴过得很快，一转眼间，已到了大审的这一天。结果罗震因委实处于嫌疑地位，审判官也认定他是打死世杰的凶手。只因尸身尚未发现，未能立刻判决，便仍把罗震下入狱中。世英深怕夜长梦多，发生意外，弟弟的深仇不能报复，竟纠集许多流氓，先把罗震的木屋放火烧掉，再想混入狱中把罗震杀死。这时候罗震的性命，真是危急到万分了。

俗话说的好，要得人不知，除非己莫为。世英的诡计，终于被大章知道。大章因劝他不醒，便告诉蕙娘。蕙娘听了，这一急非同小可，急忙要打电话给狱官，告诉他这一回事。偏巧电话打不通，蕙娘以为或许电线的接头处有了毛病，便拉开写字台瞧看。写字台不拉便罢，这一拉便发现了一桩重要的物件。你道是甚么，正是那天不见的她哥哥防身的手枪。这才明白林中的那支手枪，实在是另外一枪。那末打死世杰的凶手，当然不是罗震。罗震下狱，委实是冤枉了。

　　这时候，已是深夜，料想世英必已率领众人，前往狱中而去。蕙娘见时间急促，也顾不得甚么。好在自家骑术精娴，仍骑马赶往大狱。到了那里，果见世英等已经到了。世英一见蕙娘，已料到她的来意，便开枪打她，不许她闯进狱门。但蕙娘好似生龙活虎一般，终于闯了进去，会见狱官，把世英的诡计说个明白。狱官听了大惊，忙召集卫兵抵御。世英等本是乌合之众，原想出其不意的一哄而进，如今狱中既已有了准备，怎能抵挡得住？旋得即败退了。

　　不多几天后，罗震已宣告无罪，安然出狱，和蕙娘自有一番畅叙。正在谈话时，忽见世杰走来了，二人不禁大惊，忙问他的去处。据他说，那天他在林中，被许多矿工袭击，受伤很重，且被他们幽禁在一间古屋中。他独自枯坐了几天，思前想后，忽的天良发现，觉得从前所作所为都是错误，尤其对不住罗震。今既得脱险，所以特地前来，向罗震谢罪。罗震本是个磊落男儿，自也不念旧恶，仍和世杰和好如初。后来过了不久，罗震便和蕙娘结婚。结婚之后，一对璧人，常常同在矿山中游览，和众矿工随意闲谈，一些不搭架子。众矿工受宠若惊，极口称赞他们，差不多把他们俩看做和天仙一般。（完）

奋斗的婚姻

出品　明星影片公司，1928年

编剧　宋痴萍

导演　程步高

演员　郑小秋　胡　珊　王献斋　王梦石　汤　杰　萧　英　赵静霞　谭志远　黄君甫　夏佩珍　严鹤鸣

《奋斗的婚姻》电影由宋痴萍编剧。其影戏小说为宋痴萍所作，原载《电影月报》第8期（1928年12月5日），以及《益世报》（1929年9月12、15、17日）。

影戏小说[1]

痴萍

汪生兆鲲，士族子也。年少美丰仪，勤于学，以幼失怙恃，家风寒素，能周知社会情状，弱冠之年，而老成持重，识者交口称之。读于某大学，固男女同校者，识王女秀英。女之父方拥重兵，肆作威福。女重生品学，雅有惺惺相惜之意。生终以齐大非偶，不敢骤向乞婚。然中心藏之，何日忘之，两人固同之也。一日值休业期，女家以车来迎，生送之门外，珍重再三乃别。

女既归，其父方以穷治民党，多所破获，得中枢欢，移节重镇。所部晋酒为寿，女父则以酒属其参谋长彭凤藻，为状甚恭。盖女父无能，为之发纵指示者，悉出于彭。彭机警奸险，饶有权数，借女父以扶植其自身之势力者，无微不至。而执法处长鲍廷扬，尤阴刻，彭之恶，十九鲍成之。女父知其然，因百计羁縻之。且以爱女许彭，冀其弗叛己。女闻讯大骇，又以禁弗更读，度与生无相见理，亟驰书告之。生适与同学密谋革命，得女书，匆促奔赴。彭微闻女不愿嫔己，知必有属意者，因严搜外界致女之书。生抵其地，就居旅舍，为书达女。果落彭手，遣所部驰旅舍掩捕之。生仓卒得脱，经旷野，遇一疯妇，呼生为子，生闻之讶甚。妇故有子，充督署护兵，尝与同侪酗酒斗殴，负创病死。妇抱失子之痛，遂成疯疾。今见生貌酷类己子，因误认耳。生诘得其故，念身在难中，不如冒为其子，以求免祸。告之妇，妇悲稍杀，乃引生归。生亦甘心暂处厮养之列矣。会女父欲遴选少壮兵士，为己护卫。生顶替而往，得入选，从此日侍女父之侧，彭亦不之识也。

一日，彭入见女父，出钻石约指一，郑重致辞曰："是戋戋者，以聘女公子，弗嫌菲也。"女父持入畀女，生傍立视之审，及女父以女不受，怫然而行，女追出，适于门

---

[1] 原为句读。

次见生，四目相视，莫能交语也。彭之近侍魏得功，日从彭出入妓寮。彭好色，多营外室，惟魏悉知之。魏戆直自喜，与生同宿处，相得甚欢。一夕，女遭乳媪密招生，私语于花阴。魏归，窃窥其状，胁生泄其隐，谓能事事听命于我，不为汝害也。生不得已允之。是夜魏复携之越墙离署，入赌窟狂博。捕者至，举枪拒之。彭初见二人夜出，至是闻肇巨祸，则严讯之。生激于义愤，坦然自承，致遭刑责。既彭惑于鲍言，将不利于生，赖魏来告，遂宵遁，图一见女以决行止。女闻生遁，惶急大恸，深闺独处，惟有泪痕。不意彭瞰女父他出，贪夜闯入女室，欲行非礼。当千钧一发之际，生适自窗外跃入，女幸获免，而生则为彭之爪牙所缚矣。

　　生入狱，其同志诸人已先被捕。及枪毙令下，魏以伪弹诳行刑者，拯诸人得不死。于是共谋举义，民军中后援亦至，势力顿厚。时女父得民军活动之讯，亟开军事会议，力筹抵御之策；且急行婚礼，逼女嫔彭。鼓乐声中，忽闻炸弹，军阀既倒，良缘竟成。失子而疯之老妇，生仍视之如母，以偿其望子成名之宿愿焉。

清宫秘史

出品　大中华百合影片公司，1928年
导演　王次龙
摄影　余省三
主演　周文珠　王元龙　汤天锈　宫龙客　谢云卿　张美玉

《清宫秘史》电影本事无署名，原载《荷莱坞周刊》第1卷第8期（1928年12月15日）。

本　事[1]

　　清世末叶，庚子乱后，刀兵四起，人民流离。时有靖王者，因乱世损失綦巨，亟思弥补。其谋臣王幼熊，迎合上意，建议为王庆寿，借事搜括。靖王然之，王幼熊遂积极筹备。

　　王小楼者，伶人也，与妻凤英，方在京外演剧，筹款以赐灾黎。王幼熊以唱做皆佳尤瞰凤英美，特亲至其地，力邀王夫妇晋京，演剧靖王之府。莲花舌灿，好语动人，王为所惑，立允之。追靖王期将届，王夫妇偕跟包谢老五束装入京。及期，靖王府中，红烛高烧，寿宴大张，文武官员群来庆贺。小楼夫妇，化装登台，极为卖力。靖王颇加赞赏，出宫衣一袭，赐与凤英。剧散，王夫妇进府谢恩，靖王复面致谀词。事为瑜妃悉，妒火炽，旋以靖王酷爱之班指赠与小楼。于是靖王爱凤英，瑜妃爱小楼，风波以起。

　　靖王欲得凤英，遂定诡计，锡小楼官职，命速起程，赴前线服务。盖维时革命军兴，方与清军力战也。追小楼既去，靖王即召凤英入府，欲加非礼，凤英力拒。靖王怒，禁之。嗣谢老五既伴小楼上任，回京后，立造王府，接其主母。而门卒不为通报，逐之去。谢老五大疑，足复至主人处，告以此情。小楼初不之信，经老五一再申说，小楼乃疑信参半，随之入京。

　　凤英被禁王府，欲逃不得，乃裂指血书，交宫女美玉，而忍泪自尽。小楼抵京后，赴王府探视其妻，而王幼熊答以未知其下落，并力嘱王返任，免误要公。小楼无已，乃行。时前线革命军日有进展，清军莫之能御。小楼返任后，事已不可收拾。自念卖妻求官，官复不保，扪心其何能安？遂裂衣奔出。适值前线败退，一弹飞来，小楼洞胸而死。顾小楼犹不知已死也，迷惘间，行至一处。询之，知为鬼门关。随众进内，而抵森罗殿，向阎王伸诉冤情。阎王告以实在，并使其夫妻相见。凤英乃详述别后情

---

[1] 原为句读。

形，旋同至望乡台，登台远眺。见有数小鬼方捉王幼熊疾趋而过。盖幼熊与瑜妃私通，事泄，为靖王所杀也。复见远处明暗无定，又见美玉手持血书，于人丛中逃奔。而谢老五已易革命军装。王子小卿，方手执青天白日之旗，欢呼革命成功。观后下台，又至一处，分上中下三界。小楼得分路官之指示，偕妻直上天堂而去。

侠女救夫人

出品　明星影片公司，1928年
编导　郑正秋
说明　郑正秋
摄影　周　克
置景　董天民
美术　张聿光
演员　胡　蝶　谭志远　黄君甫　谭冯珠　赵静霞　丁子明　王吉亭　龚稼农　飞　司　高梨痕　王梦石　汤　杰　萧　英　潘作人

《侠女救夫人》电影由郑正秋编剧。其电影本事为宋痴萍所撰写，原载《电影月报》第9期（1929年2月1日）。

本　事[1]

痴萍

丁大威，赋性伉爽，待友以诚，方绾一省军政，能以才自见。娶妻凤飞，婉淑多姿，徒以婚事成于媒妁，大威虽惊妻之艳，将顺无违，而凤飞居恒郁郁，情之所注，若非大威而别有所属者。然大威不之知，结缡稍久，爱妻加笃。一日凤飞阅报，报载有欧战时赴欧之少年于一新，战后存留其地，肄习工程，今毕业归国矣，且揭其小影于报端。凤飞见之心动，徐徐行于楼栏之畔。忽见邻家卜氏父女，方同行花径中，凤飞故与卜女可人稔，因遣使速卜女，将以己事向之商略。

卜尚达富而好行其德，于女尤形慈爱。是日与妻女围坐室中，笑谈甚洽，尚达举一银行存折诏其女曰："儿识之，此老父为儿预储之出洋留学费也。儿无兄弟，然女学士亦足以傲宗党。儿勉之，弗辜老父望。"女雀跃而应，誓力学以慰老父。时分公司中以电来，谓公司事集，须主人宅中遣人往助。人行，尚达亦去。适丁氏使来，女遂应召往。盖凤飞本钟情于于生，今知其归国，假卜园为相见地，免为其夫所觉。卜女素倜傥有丈夫气，慨然允焉。

于生得凤飞书，踯躅于卜氏之门，欲就人问讯。适积窃毛大逡巡于侧，生误为宅中人，就询之，毛大含糊以应。及卜仆出，询悉颠末，引生入，毛大亦掩身而进。卜仆与生，皆不知也。卜仆入报女，女命人往告凤飞，而延生入书室小坐。凤飞至，

---

[1] 原为句读。

相对黯然。移时，比肩入园去，择花荫作情话。于察凤飞已嫁，询其夫之氏族，凤飞坚不肯吐，悄然曰："所恃与子相周旋者，仅有此心耳，身复何问哉？"生为之怅然不乐。

毛大混入卜氏，大肆其空空妙手，不餍不去。时卜夫人方理家务，卜女得电话，谓遣往分公司之人，事集须明日归，特向主人乞假。女审语意，逆料其父已就归途，虑即至，致泄丁于之隐，即入园促于速去。于既行，女始偕凤飞徐行而出。不意毛大窃物将行，适遇尚达缓步而返，叱而执之。毛大惧，踣尚达而扼其喉。尚达年老，遂遭毒害。毛大见肇祸，复攫尚达襟际金时计一枚而逸。于踵至，见一老人踣地上，扶之起，蹶然而倒；再扶再倒，始知其已死。其状乃为丁氏之仆老汤自楼头望见，谓于实杀人也，将奔而告人。会卜女送凤飞出，睹状大骇，躄踊而号。凤飞请女弗泄其隐，女允之。然于仍以老汤指证受嫌甚重，由卜氏招警署中人系之去。

大威闻有谋杀案犯，亲鞫之。比相见，识凶犯即其旧时同学，大惊。向僚属诘问证据，皆言一新殊不类杀人者，遂释之，而宴于其家。出妻相见，于始知凤飞之夫，即大威也，力持镇静，绝未形诸辞色，凤飞尤矜持不露。大威洒落，莫从察也。卜女认于为真凶，及闻脱罪，益疑凤飞以私情说其夫纵之，持刀告于父灵，誓刲刃仇人而后甘心。母怜其稚弱，力阻之，然女与凤飞自此失欢。凤飞尝访于于其旅邸，为卜仆所窥，窃告卜女。女以匿名信抵大威，谓汝妇有外遇，余得其实迹时，当再以电话相告，汝宜自往捕之，以雪汝耻。大威得信大疑，亦不知寓者为谁，姑置之。一日凤飞往访于，卜女呼车踪其后。凤飞入，女绕至户后，伏窗觇之，凤飞与于方絮语，亟驰出，以电话告大威，己则仍趋户后。忽闻一新有足以自证其非凶手之语，女信之，因大悔，欲驰止大威，已不及。大威辟外室而进，凤飞避入后室，于前迎大威，气不稍慑。卜女知危机已不容发，纵凤飞自户后遁，而挺身趋前室，自承为于之情人。谓男女如吾二人，即言爱情，亦何与厅长事？盛气虎虎，得毋有滥用职权之嫌乎？大威语塞，道歉乃行。抵家，凤飞已疾驰先返，方托病偃卧，幸不败露。卜女既知一新非凶手，且钦其坦白；一新亦深佩女之义侠，拯己与凤飞于危，惺惺相惜，情苗自此种矣。

老汤复述向所目击者告大威，执言凶手必为一新。其谋杀之因，则通其女而为父所见，故杀之以灭口耳。罪状确凿，不究且为厅长盛名之累。大威思其情良信，将捕一新。凤飞欲牺牲一己，自白以免于罪。语未发，大威忽大声曰："枉法我不肯为，负友我不愿为，无已，其放逐之至非我所辖之地，以求两全乎。"遂招一新述放逐之意。一新不惜屈己以图全，慨然诺之无难色。

一新惘惘然行，初欲走别卜女，及门又不果入，而以书抵之。谓感女士成全之德，吾侪秘密幸不外泄。然因奸谋杀，藉藉人口，是重污女士之清名也。事难两全，惟有远引。一息尚存，必踪迹戕尊甫之凶犯以报女士。征车待发，毋以不祥人为念。女得书疾趋车站，至则车行，以为一新已去，怅然而返。实则一新将入车站，忽见毛大，审为当日卜姓门外所遇之人，潜尾之。抵小酒肆，毛大出金时计向肆人求质，一新疑非婆人所有，或即卜翁物，迅起执之。毛大跳而逸，一新逐之急，适与卜女归途相值。女见一新，横身阻毛大，一新速女报警，而自与毛大斗。女仓皇至车站，始以电告警署。及侦探长率伙从女往援，则一新因不敌毛大，被击成伤，已昇卧车轨上。于是援一新起，且纵警犬嗅盗踪，袭获毛大。一新虽负创，仍驰大威许言状，案遂大白。一新卒与卜女成眷属，凤飞亦自悔前失，渐倾注其真情于其夫丁大威之身矣。

火烧红莲寺（第2~3集）

出品　明星影片公司，1928—1929年
编导　张石川
说明　郑正秋
摄影　董克毅
置景　董天涯
美术　张聿光
演员　郑小秋　胡　蝶　王吉亭　王梦石　谭冯珠　夏佩珍　张爱贞　董湘萍　马佩英　萧　英　王献斋　赵静霞　查瑞龙　汤　杰　高梨痕　龚稼农　谭志远

《火烧红莲寺》电影第2~3集由张石川编剧。其电影本事为宋痴萍撰写，原载《电影月报》第9期（第2集，1929年2月1日），以及《益世报》（第2~3集，1929年6月7日、9~12日）。

本　　事[1]

痴萍

第2集

红莲寺僧人，干法犯义。卜公以众侠之力，歼其徒而火其寺。惟知圆常德庆及知客僧卒从间道逸去，匿迹鸢山熊爪洞中，相顾咨嗟，无可为计。知圆愤然曰："先师毕生心血，乃坏于小女子之手耶。此仇不复，何以为人！"常因述甘联珠之身世。

联珠之父甘瘤子，为崆峒派首领杨赞化之徒。瘤子因己派屡受挫于昆仑派首领金罗汉吕宣良之手，故蓄意与昆仑派为敌。伏处北荆桥，貌为谨厚，其杀人越货之行为，多以子身行之，绝不假手于徒众，故当地鲜有知其为大盗者。一日闲游通衢，适桂武就广场鬻技，瘤子察其材可造，招之归家，以字联珠。暇则教之习艺，冀为己用。厥后桂武山行，与吕邂逅。吕状貌奇古，畜神鹰二，谓桂曰："身居虎口，犹以为乐耶？久留将有不利。"桂愕然问故，吕举瘤子之行事告之，且促之去。桂求自脱之策，吕嘱归而求诸妻。如言以叩联珠。时瘤子远出，家无男子，桂以为去则去耳，何顾虑为，联珠犹力戒弗轻动，以出外图自立为辞，请命于瘤子之母甘二嬷驰。其人年逾花甲，行走需人扶掖，桂固不知其武技为一家之冠。闻语欢然曰："孙欲行，云何不可？明日

---

[1] 原为句读。

当为一设饯。"桂大喜，既返自室。联珠悄然曰："子既言之，事难中止。姑视吾夫妻命运如何。恃力固不能生出甘氏之门也。"桂大讶，联珠因告之曰："大母之所谓饯者，非酒馔而为兵刃。计大母之下，有生母庶母及嫂氏三人。嫂非侬敌，生母有爱女之心，可以情哀之；庶母方患疡，或侥幸脱；最难敌者，厥为大母。子从侬后，勿稍卤莽，侬愿以一身当之。桂以其言夸，不甚置信。及宵深，联珠方终束行李，桂窃持其习用之双刀，重不能胜，始大惊服。翌晨妇先夫后，夺门而出。战嫂嫂败。遇生母，母爱女，但挺枪作势，掣其缨，串珠宛然。遇庶母，果以疡故不耐战。及大门，媪扶械而待，伏地哀之不听，举械将下。桂后立危惧，骤睹一鹰下攫媪械去，联珠已晕蹜。桂乘机扶之而趋，抵荒郊少息。俟联珠苏，告以吕遣神鹰援救事，互庆得生，相扶往投桂之姑母，即陈继志之母，女侠红姑也。

常述联珠身世已，谓瘤子恶其女甚，可利用之以图报复。又有赛管辂万清和者，亦可邀为臂助。万尝以术收剧盗李有顺等为己用。一日万命妻冶具，妻询其故，云将有客至。未几李等果来，惊其神卜。食已将行，万曰："诸君且复至。"李意回山之后，惟俵散赃资，共图休息，复至奚为者。万固言之，李等犹未置信。比返其巢，喘息甫定，官军骤集，包围拘系，无一幸免。于押解赴城时，途遇一白衣巨人，官军望之惊散。巨人一一纳李等于袖中，扬长径去，归则倾倒而出。巨人非他，即万之化身，故李等奉万为魁，今啸聚黑山，声势甚盛也。

常述毕，金认为苟得甘万二人，必可一雪前耻，遂易装先访瘤子。瘤子本有憾于其女，忻然而诺，决先劫卜公，然后同往黑山。于是四人潜行进省，分道入署，侦伺卜公踪迹。是日卜公与陆小青共话，陆甫退，知客僧已入卜公之室，疾前挟之而走。陆闻声趋出，睹状大骇，亟抽剑奔知客僧。僧猝不及遁，中剑而死。陆之貌固肖桂武，瘤子见之，以为桂也，立发暗器创之几殪，乃挟卜公绝尘而杳。陆创甚昏卧，殊息仅属。事为吕宣良所知，以灵药授桂武夫妇，使往治陆之创。桂夫妇既至，陆神志得药稍清，然体惫尚不能兴，桂因举吕赠药事告之。

瘤子等劫卜公入黑山，万李大喜，囚卜于秘窟，设筵为瘤子等洗尘。异日，引卜公出窟，迫令面允重建红莲寺，可贷一死。卜矢不肯承，备受拷掠。时桂夫妇方留督署，卜之眷属及所部文武官吏，环请援手。桂知瘤子等皆大敌，夫妇之力弗能胜，游移未决。众请益坚，联珠恻然，将冒万险而行。忽吕遣神鹰传书，谓兵多无用，去亦徒死，宜由桂武联珠率干练兵士十人，于明日五更，携大布囊，至距黑山十里之小松林，伺候救人。桂等虽不明其故，然知神鹰之来，必出吕意，悚然望气而拜。次日，盗众于广场堆置木材，异卜置其上，将举火焚之，盖恶卜当日之火其寺，袭其故智，火其人以泄愤也。桂等至小松林，四望无动静，以吕命姑待之。吕纵双鹰飞入盗窟，盗已纵火，焰及卜之身。一鹰疾下，举爪攫卜上升。盗出不意，哗然皆起。又一鹰以翅扑群盗，李有顺艺稍逊，触鹰翅立殒；余盗披靡。瘤子大怒，飞剑击前鹰。前鹰不顾而逝，后鹰舍群盗来敌剑。剑光闪闪，鹰翅翩翩，纠结击刺，各不相下。前鹰至小松林，桂等仰首望见大喜，亟张布囊以待。鹰飞稍低，一舒爪，卜坠布囊中，桂等拯之出，仅余微息。桂出前此吕赠小青之余药投之，神稍王，即护之回省。前鹰既释卜，飞回助后鹰击剑。剑不能支，倏然而堕。瘤子抚剑长号，如不欲生。万慰之曰："勿自馁，余生仍在，我必更图良策以复此仇。"瘤子气稍平，众遂拥之而入。是时双鹰飞而告捷于主，吕方欢然举手，似向神鹰庆其大功之成也。

第3集

自金罗汉吕宣良，遣神鹰入黑山盗窟，拯救卜文正，击杀李有顺之后，甘瘤子以飞剑为鹰所毁，扶胸大恸。万清和亟慰之，谓必有法以复此仇。于是同居黑山，为李治墓。墓成，众设祭罗拜。万昌言曰："欲图复仇，必先有足制二鹰死命之利器。寻常飞剑，非鹰所惧。须阴阳童子剑，乃能奏功。然此剑炼成匪易，当觅取聪明伶俐而先天具有根行之童男女各一人，然后设坛禳醮，以其血饮剑，百日而后成。用以击刺，虽剑侠不能敌。此非朝夕事，余当任之。诸君宜分头访求能人，通力合作，不患此仇之不能复也。"甘瘤子等遂纷起辞万他去。

万蓄意锻炼阴阳童子剑，广遣徒党，随地物色，未几，男女之被劫入山者，为数甚众。万察之，皆非有根行者，悉置不用，命分别送还。徒党辄私留之，以供使唤。稍不如意，掷之山涧，观其断胫裂肢而死，资为笑乐。儿童何辜，罹此浩劫。时拐匪曹喜仔，拐得朱胡男女二孩，宿旅店中。火发曹死，二孩为一方姓客所救，携之而归，顾二孩神痴不能语。一日，有夫妇至，自承为孩之家族，笑啼间作，神态逼真，方竟以孩与之，夫妇拜谢而去。实则此二人者，即万清和夫妇之乔装，盖万以术得二孩踪迹，且知其饶有根行，通合炼剑之用也。既归，饮之以药，果聪明伶俐，言笑可人意。万自庆炼剑已有把握，视二孩甚厚。

甘瘤子偕知圆常德庆往谒其师杨赞化，叩求援手。杨为甘言所动，与其弟赞廷，及崆峒派诸能人，互商报复之法，意在使红姑不助桂武联珠，则树敌较少。因以女反其父为联珠不孝之证，激沈栖霞。沈为红姑之师，果不直联珠等，而戒红姑弗为助。初，红姑夫死，其子继志甫二龄，孤寡相依，备受族人凌辱。一日有老道姑过而借宿，宵深，盗众忽来，掠取垂尽，缚红姑而挟继志俱去。赖乳佣出释其缚，相扶大哭。呼老道姑已失踪，疑其为盗内应。俄顷道姑抱继志而入，谓盗已尽获，出视果一一木立如失知觉。道姑醒群盗，薄惩而遣之。红姑惊为其非常人，乃携子投其门下，其人即沈栖霞也。沈有命，红姑自不敢抗，而又不能恝然于桂夫妇，因走告之，谓己实爱莫能助，不如往求金罗汉，或可策万全也。桂夫妇如命谒吕，吕读红姑书，慨然而诺，留居山中，教以剑术，令伺机而动。

万炼剑心切，得二孩甚喜。其妻王氏，则以二孩之善伺己意，爱之尤挚。自顾膝下犹虚，将畜之如子女，令万另觅他孩。万不可，王持二孩而哭，万不得已姑置之。未几风声渐紧，官中已有围剿黑山之讯。万以炼剑需时，缓恐不及，竟就王许夺二孩去。强置之坛，禹步作法，冀遂其复仇之奢愿，然而晚矣。

陆小青病愈之初，吕曾致书以静候时机为嘱。至是吕因桂夫妇剑法大进，尤恐养痈遗患，复生他虞，既令桂夫妇赴南岳谒智远师。盖朱胡二孩，份为智远师之徒，故驰书相告。复遣神鹰传书卜公，命陆小青统兵剿除黑山盗窟，于是陆挥兵薄山而上。万势不支，亟攫二孩，隐身而遁，余众悉灭。比桂夫妇从吕至红姑家，筹商善后之策。红姑问二孩失陷奈何。吕微笑曰："无伤，志远师自能了之，无俟吾侪为力也。"

1929年

骆 驼 王

出品　大中华百合影片公司，1929年
导演　王元龙
摄影　余省三
演员　谭雪蓉　王元龙

《骆驼王》电影本事无署名，原载《新银星》第6期（1929年1月），《京报》（1929年3月23日），以及《电影本事》第1期（上海印书馆，1931年4月）。

本　　事[1]

　　芦沟城位于燕北，无定河直贯城东。地多沙漠，土人咸以豢养骆驼为人输运为生。城中养骆驼最多者，首推王氏兄弟，家有万驼，素有骆驼王之称。王氏兄弟长曰长福，次曰长寿。兄弟合力经营骆驼业，称甚盛焉。一日驼头引一人至，问之，知为雇大宗骆驼之章一民，约须五千头之多。一民不能自主其事，力邀长福随之进城，与其经理王群签立合同，长福允之。而长寿力阻长福不之顾，终与一民偕行。抵城后，即往见王群。相见之下，言谈甚欢。王群即命人引长福沐浴更衣，招待甚优。庸讵知长福已坠其术中矣。王群盖一巨匪，向居城中。而私购军火，运往长辛城之匪窟。一民骗长福来，盖即为其运军火也。于是王群乃与一民谋，一民以美人计献。王群认为可行，夜特张盛宴，款待长福。且以一少女侑酒。据王群云，女名谭芝芬，乃其侄女。女貌姣娆而善媚。百般媚长福，长福果所为迷，溺于酒色，日益增甚。长寿自兄去后，日盼其归。转瞬数日，音信杳无。焦索之余，即入城访兄。维时长寿已访悉群所运者，实为军火，乃力止其兄。奈长福终不之听，且令人逐之。长寿方出室。复遭暗算，缚禁于地牢中。而长福与王群之合同遂签订。王群与一民见大功已成，立止芝芬与长福往来。翌晨，长福问仆人谢三，始知其中秘密，急单骑奔回。长福方行，芝芬适至，谢三痛骂之。芝芬告以悔悟，兹特来通知长福者。谢三谓既愿救长福，应先救其弟。芝芬果将长寿释出，策马共追长福，恐其复中奸计也。长寿与芝芬至中途，见长福被缚于树上，立释之。长福派出之追骑，亦已赶至，乃共缚一民，置于马蹄下，践踏而死。私运军火，遗害人民者，如此下场，实为快事。长福长寿等，后将所有军火，定期纵火焚之。而此时之王长福，则已与谭芝芬缔成良缘，因假而真矣。

---

[1] 原为句读。

金 刚 钻

出品　上海影戏公司，1929年
编剧　郑逸梅
导演　但杜宇
摄影　但杜宇
主演　殷明珠　但二春

《金刚钻》电影由郑逸梅编剧。其影戏小说为郑逸梅所作，原载《电影月报》第9期（1929年2月1日）。

影 戏 小 说[1]

郑逸梅

弥天烽火，兵革大兴。常胜与马标戍守战壕，忽一浴血者，砰然自上坠。二人谋救护之，浴血者曰："无须，予已垂毙，救护亦无益，但有一事奉恳。予有一女，请以此物三分之一代为贻之，余二分即以酬君等。"言时出一巨裹，展之，悉为玓珠之金钢钻。二人大喜，纳诸去炸药之炸弹壳中，以便日后贻女。正谭议间，忽一卒名包狼者，睚眦下瞰，狞声曰："速出钻石为老子寿，否则扑杀尔等。"二人并力抗拒，马标死而常胜伤，钻石卒被所夺。常胜怀恨在心，誓必报复。

战神敛迹，将士俱退休田园，人民额手称庆，复睹承平之象。有某甲者，设理发肆于市衢间。一小伙名小洪，与骨董商韩伯年之女佣相识，常相戏谑，以笑为乐。

韩伯年贪婪卑劣，不义之物收罗綦多，而宵小之赃，亦几视亲为渊薮焉。且所藏绝诡秘，玮宝珠玑，辄纳诸溲器中，时出把玩。一日，方展视间，忽女佣进茗入室，为所见。伯年大怒，遂挥女佣于门外。

城东有张画师焉，与伯年臭味相投，朋比为奸。一日，伯年造访，谈笑间，忽包狼闯入，若有密事与画师相商者。画师乃请伯年稍坐，己则引包狼入内室，窃窃作私语。包狼告以战壕得钻石归，藏诸败屋。不料常胜遭击未死，适居败屋中，狭路相逢，事颇棘手。画师嘱其深夜潜偷，且力任销赃。当包狼与画师私语，伯年垣耳而听之，出笔记录，并将所述败屋路径，绘成一图，俾得按图以索骥。

伯年怀图至于家，方踌躇满志，出烟狂吸。不料偶不自检，遗图于地，被女佣拾去。展视之，不解所谓，欲献诸主人，又畏惧不敢遽呈。自念既被挥逐，举目无亲，惟与小洪最善，遂挟之至理发肆。肆主留之住宿，女佣出示其图，知有窖藏也。欲往

---

[1] 原为句读。

取之，女佣劝阻以为不可。夜深入睡；肆主竟取图前往。

伯年虽失图，然犹能恍惚记其地，深夜前去。时包狼已至，遂杀伯年，攫得钻石。启门而出，不料常胜怒目以待，刺之中肩。包狼仆地，遂被缚。而理发肆主亦寻至，获炸弹之空壳，以为钻石在握，也喜不自胜，拟携之归肆。其时伯年垂毙，犹负痛匍匐至门外。适侦探长过其地，伯年呻吟中，告以挟炸弹壳者为凶手。侦探长侦悉弹壳为理发肆主所得，即拘送警局。

张画师家中，一日开一跳舞会，蛮乐悠扬，荡人心魄。而诸舞女各盛其饰，拥情侣作欢踊，锦荐云舒，风施缥缈，极姿态之妙。忽画师抱一玄衣美姝来，蒙鬌盈盈，立于座前。画师故施狡狯，手撕其衣，衣随手分裂，皓体毕呈，于乐声玎琮中作天魔舞，一时观者魂为之夺。正胡天胡帝间，忽包狼自败屋脱逃来，告画师以前事。并云常胜卒被制，而杀人罪则理发肆主当之矣。时小洪与女均被雇充杂役，窃听得其详。小洪乃突出击包狼首，使之晕去。攫钻石而逸。既而包狼醒，出奔，辗转仍被小洪所获，以小车送诸警局。会常胜亦来局报告前情，理发肆主始得雪冤。包狼定谳下狱，钻石归女佣受领。盖囊之浴血者，即女佣之父。然女佣以钻石为祸根，宁捐输之办地方公益。于是人咸戴德不置云。

荒 村 怪 侠

出品　华剧影片公司，1929年

编剧　潘毅华

导演　张惠民

摄影　汤剑庭

演员　吴素馨　张惠民　蒋尘影　周鹃红　吴素素　张剑英　沈文俊　闵德张　陆华彰　高冠豪　陈　斌　林鹏飞

《荒村怪侠》电影由潘毅华编剧。其影剧小说为周鹃红所作，原载《电影月报》第9期（1929年2月1日）。

影 剧 小 说[1]

鹃红

　　遥距市廛，脱尽尘俗之石龙村，人咸羡称为世外桃源。良缘该村风景幽雅，尽属天然，迥非人工所能为。奈大好胜地，而有恶霸李虎标，盘踞其间，未免大煞风景矣。虎有养女曰青娥，乃一弱不禁风之好女子。青娥稍拂虎意，辄鞭笞并施。村中有孔大者，为一诚实忠厚之好青年，与青娥甚善。一日，孔大青娥，在河畔情话。岸上枯树残碑，倒映水中，别饶兴趣。惟在青娥视之，树影碑影竟幻作饿鬼神马。是殆亦暗示，青娥前途之多障碍也。

　　沙尘卷处，马蹄飞驰，青娥比闻马蹄声，惊悸无人色，盖知虎标在郊外归来焉。青娥急舍孔大去，而虎以其无米煮饭，痛殴之。孔大闻声至，欲作鲁仲连，从中调解，不料亦遭虎鞭挞。孔大文弗能武，愧恨交并，是以自经此打击后，即立志习武。某晚月明如昼，孔大倚窗长叹，闻遥处寺宇，钟声当当，孔大闻之，恍然觉悟，色然欣喜。因寺中有一异僧，武艺高强，乃决意投寺，拜僧为师矣。三年后，孔大艺成归故乡。虎标见之，懦弱如故，遂不以为意，谁料渠为己之劲敌哉。

　　袁其祥系青娥之生父。青娥于十年前，为虎标诱之去，其祥每值人静之际，辄怀念青娥。其祥俯首沉思时，忽虎率其爪牙，道经袁宅。其祥瞥见之，颇深讶异。正惶恐间，弓弦冷然，一箭飞来，上缚寸柬，其祥取而阅之，上书"今晚君须远避，否则必罹大难"寥寥数字。其祥阅罢，疑信参半。后忠仆王志达，坚劝主速离险地，其祥乃避居挚友贺南村家。南村在军政两界，颇负声望，嗣因年老解甲归田。是晚志达知虎来击，正惴惴不安时，又有黑影掠窗而过，飞来一箭，箭上仍缚有寸柬，所云大致

---

[1] 原为句读。

与其祥仿佛。志达乃于夤夜留书其主,而怆惶抵家。少顷,虎标果率众声势汹汹而至,但未见其祥与志达。虎与志达素有宿仇,因擅将其祥之贵重物件,藏于志达之卧室中,复嘱其祥家之恶奴阿龙,请主回家。阿龙因有通敌嫌疑,而又怀恨志达者,嗣其祥返,发见志达卧室中之赃物,因报公安局,缉捕志达。是时王之老母,适病在旦夕,王母大痛。志达逮捕后,南村忽接黑影之飞箭,上缚字条,谓"真凶系李虎标,志达实蒙不白之冤,请翁仗义救之"云云。南村乃抵公安局,保释志达。志达与南村联合缉捕虎标,时虎已闻风远飑,并将青娥,移藏于恶徒张大叔处。嗣幸为飞箭客所救。而志达因探捕虎标,反为虎擒,威逼志达致书于其祥:为捉虎不得,无意间获见十年前走失之琪儿(青娥之乳名),请主来与养主面商,俾便骨肉团圆云。其祥不察所以,竟堕入计中。虎又逼之致书于公安局,证其无罪。其祥坚不从,竟遭虎之酷刑。值千钧一发时,飞箭客适至。虎爪牙虽伙,但客殊矫健,左右迎击,当者披靡,如入无人之境。志达则乘隙逸去,路遇南村率警士至,于是虎等,俱如笼中之鸟,束手待擒。但客见警士结队来,即飞步他去。其祥欲追之,突有家人喘息至,谓琪儿已安抵家中。其祥大喜,急驰往细察之,果为爱女,相抱痛笑。值时飞箭客又至,并去其额上之假须,视之,即赫然乡村中人,咸称之懦弱无能之孔大。"荒村怪侠"之名,由是而得。其祥见之,殊深诧异。琪儿则以孔大平素待彼之厚情告父,孔大复以因遭虎标侮辱,遂乞异僧传授武艺,始得雪以往之耻告翁。其祥聆之,尤为感动,且嘉其志。从此孔大之满腔热情,得有归宿;而孤苦伶仃之青娥,得有保护人矣。

热血男儿

出品　民新影片公司，1929年

编导　万籁天

演员　杨爱立　高占非　万籁天　左　明　蔡楚生

《热血男儿》（又名《她的爱》）电影由万籁天编剧。其电影本事为万籁天所作，原载《电影月报》第9期（1929年2月1日）。

本　事[1]

万籁天

　　乡愚张大叔与其子奇生以推车为业。张为人吝啬，视钱如命，往往劳苦终日，其子辄不得一饱。然张之所为，有所为也。邻居铁匠有女年与奇生相若，张欲娶之为媳，垂十有八年矣。徒以铁匠索聘殊奢，非百元不办，至是拼父子十余年俭衣节食之资，勉符定额。而铁匠之妻，则又请益首饰五件，而张大叔苦矣。奇生素具识志，对于此种婚姻，颇存鄙视之意，奈父固执，亦听之而已。一日，奇生推车过市，适遇学生募捐救国，分途讲演。奇生伫立而听，大为感动。又见言者谆谆，听者藐藐，愤激之余，竟返家窃取其父半世之积蓄，尽数捐输。次日报纸争载，传为美谈，不知张大叔且痛不欲生也。女生吴淑敏以募捐成绩最劣，羞愤殊深，不得已求助于乃父。然乃父剥削奸商，残民以逞，遑论爱国。女每以同情贫民，辄忤父意。至是非惟一毛不拔，且以女子讲演为有辱门户。女之同学赵生者富家子也，于女甚为殷勤。一日，同游郊外，乘机向女求婚，愿牺牲一切以爱护之。不图流氓数人，自树丛中窜出，赵大惊先遁，女为流氓所劫，幸奇生父子过此，拼力搏战。奇生猛勇异常，伤二人，逃一人，又一人为其投之河中，女得无恙。父子且请女坐于板车之上，送之还家。中途女渐悉奇生即热心输捐之工人，不胜钦感，即留奇生为灌花工人，而张大叔则司阍焉。

　　一夕，奇生立于楼下，望见女之窗中，一男强吻一女之影，以为女又受欺于人也，乃飞身往救。入则室中虚无所有，怅惘欲出，女忽归，逃避不及，遂藏身床下。女命仆妇于床下取拖鞋，误将奇生之鞋脱下，大惊，以为仆人又恶作剧也，即还其鞋而取拖鞋去。盖顷者男女二人非他，正仆人与仆妇也。当奇生爬楼时，囊中薪金，不意遗落，而为张大叔所拾得，以为富家到处是黄金，喜不自胜。及奇生越窗出，张问其薪金何在，奇生遍索不得。张大怒，举杖追逐，毫无顾忌。女父不堪其扰，尽遣之去。时铁匠之女，正与他人结婚，洞房花烛，热闹异常。大叔一见，悲从中来，不觉大哭，

---

[1]　原为句读。

众莫不嗤其疯狂也。

女愤乃父之贪横，尽毁一切借券，以舒贫民之疾苦。然竟以是触乃父之怒，扃之室中，且迫令嫁赵，庶可借其聘金，以抵损失。女悲愤交集，决计脱离此种黑暗家庭，乃堕楼而出，一任命运之驱使。是时适张大叔以昨夜梦于富家墙外获得千金，特来寻觅，不期与女相遇，廉得其情。父子遂以车拖女，扬长而去。

半夜飞头记

出品　大中华百合影片公司，1929 年
导演　郑逸生　姜起凤
摄影　周诗穆
演员　林美如　汤天绣　郑逸生　张扶凤　王谢燕　吴一笑　田芝青

《半夜飞头记》根据向恺然（平江不肖生）同名小说改编。其影戏小说为张碧梧撰写，原载《电影月刊》第 9 期（1929 年 2 月 1 日）。

影 戏 小 说[1]

碧梧

　　无锡有名妓陈珊珊者，艳比桃李，而冷若冰霜，盖伤人心别有怀抱也。一日，绅士梁锡城家，大张寿筵，宾客如云。客有征珊珊者，花笺飞去，珊珊即款款而来。席间，得老义士米成仙之介绍，得识王生无怀。王为富翁王石田之子，亦锡城之外甥也，多才貌美，学贯中西，有无锡才子之称。珊珊固久慕其才，第恨无进身之阶，今得邂逅，备道钦仰之忱，更授以名刺，邀至院中一叙。无怀领首允之，立纳名刺于袋，状至欣慰。同时又有名妓白玉兰，亦因爱王之美，曲意逢迎，以诚挚之态度，出一名刺与王。而王信手置于桌上，若不甚介意者。玉兰窥知此意，不禁惭恨交并，悻悻然离席而去。

　　无怀于梁家筵散后，即往访珊珊，两情款洽，倾谈甚欢。珊珊旋忽泪落如雨，哽咽不复成声。无怀惊问其故，珊珊含泪具告之。盖珊珊之父松林，固为热肠侠骨之流，曾因文字贾祸，愤而杀死武士百余人，率其妻女，潜逃无锡。因寻友未遇，病死逆旅中。珊珊卖身葬父，其母削发为尼，于是珊珊辗转堕落平康，作卖笑之生活。数年以来，惨遭蹂躏，幽怨难伸。今幸得遇无怀，颇有托以终身之意。

　　无怀闻其所述，既爱且怜，决意予以臂助，拯之出火坑，二人遂订鸳盟焉。

　　无怀之母，旋因病逝世。无怀于哀毁躄踊之际，忽见桌上置有婚书一件。检视之，乃其父已为之与张女订婚矣。盖当无怀赴梁家寿筵之日，其父亦往老友张凤笙家贺寿。凤笙有女，名静宜，才德出众。石田立托周发庭为媒，娶之为媳，当日缮具婚书，事即定议。石田持婚书归家，适其妻病殁，慌乱间，乃置之于桌，致为无怀所见。无怀虽惊骇万状，第以守制在家，其父又约束綦严，欲以此事往告珊珊，竟不可得，日惟恨恨而已。

---

〔1〕　原为句读。

珊珊自与无怀订婚后,即托病谢客,虽遭鸨母之重责,亦不少顾。幸米老义士询悉其详,即救至其家,并延剑侠史卜成授以剑术。珊珊聪敏过人,举一反三,技乃日进。

白玉兰虽受无怀之冷拒,顾心犹未死,必欲得之以为快,乃潜嘱游民孙济安周皮青二人诱引无怀。会无怀于服阕后,来访珊珊,至则楼阁依然,伊人已杳。方怅惘间,孙周适至,以甘言诱之入玉兰家。玉兰百计诱惑,无怀终不为动,且卒能设计逃归。玉兰再接再厉,安排妙计,嫁作石田之箧室,乘间再调戏无怀,复与仆人刘升私通。维时珊珊剑术已成,尝于深夜来视无怀,故得窥悉玉兰之淫乱情形。且曾一度飞镖入室,以警玉兰,而玉兰卒未少悟。

石田衰老昏聩,竟误信玉兰之谗言,而逐无怀于外。旋为静宜所知,悲愤而病,几致于死。凤笙往晤石田,欲为无怀缓颊,顾亦无效。

事为珊珊所知,虽不免介然于怀。然珊珊素明大义,以为己之与无怀,乃精神之恋爱,非肉体之结合,婚姻问题,何足介意,遂欲力促无怀与静宜克谐好事。时无怀方寄居舅家,珊珊乃悄然至梁府,预缮一函,系于镖后,复掷镖入室,用达己意,嘱无怀即在舅家与静宜结婚。锡城大喜,乃认无怀为子,而为之择日成婚。无怀虽苦念珊珊,顾以格于环境,亦惟有含悲从事已耳。

结婚之日,新夫妇方行交拜礼时,忽石田持巨棒闯入,恣意殴人。新妇以伤重而死,无怀亦顿失所在。珊珊闻之,知石田必受玉兰之驱使,怒火中烧,疾驰至石田家。见玉兰方与刘升苟且行乐,遂飞剑杀之,并割刘之头臂,使之飞入石田室中。石田至此,方恍然如梦初觉。

无怀遭此巨变,逃入一古庙,意图自尽。不料误中机关,为僧众所擒。幸珊珊赶至,且得史卜成之助,得将无怀安然救出。其后未几,无怀珊珊即举行婚礼,有情人终成眷属矣。

珍 珠 冠

出品　大中华百合影片公司，1929年
编导　朱瘦菊
摄影　周诗穆
演员　阮玲玉　郑基铎　庄娇娜　郑逸生　吴一笑　张扶风

《珍珠冠》电影由朱瘦菊编导。其电影本事版本有二：一署名洁，载《新嘉坡画报》第30期（1929年2月6日）；一录于黄华《珍珠塔之我见》文，载《电影月报》第10期（1929年5月15日）。两者文字相同。

本　　事[1]

　　民国十六年，孙传芳偷袭龙潭一役，我革命将士之为国牺牲者甚众。有少年军人二，方于炮火之下匍匐猛进，一弹突来，伤一人颅，垂毙矣。乃出一裹授其伴曰："此予一生历史也，愿保存之。"语未终而气绝。其伴方悲恸间，一弹又来，而此少年军人，乃入伤兵医院。于病榻上展视一信，盖李翁致乃婿华国，速其早日就婚者也。
　　北伐告成，军人纷纷退伍，时华国已擢团长，亦解甲至李家就婚。李女曼莱，美而骄。其女伴汤妮者，则楚楚可人，淤泥中之青莲花也。华一见即倾心汤而不在曼。微语曰："此予心目中之安琪儿也。"李父女以为赞己，不觉大悦。
　　李翁好古，收藏颇富。有珍珠冠尤称希世。一日忽得鲁宾书，谓将告借一用。鲁宾者，剧盗也，尝被捕越狱。官中得其投军阵亡消息，方额手称庆；得李翁电告，立命多人往守护。然守者自守，卒被鲁宾掠多数珍玩去。
　　探长魏明，注目于鲁宾有年矣，闻讯亲往查验。适曼莱亦以失窃华赠之珠耳环告，魏颇疑汤妮所为，搜之无所得。其实汤果窃环，幸华国知机，预为开脱耳。华以责汤，汤赧然曰："予非欲窃物，盖为嫉妒君之环，不愿加诸彼人耳也。"鲁知其爱己，微慰之。不意因此而启魏之疑，欲拘捕汤，又为华设计放走。于是魏更疑华。适李又得鲁宾书，云昨晚漏取珠冠，当以今夜十二时趋领。魏见之，乃自愿任守护，复请华相助，华笑允之。
　　入晚，李父女不敢留家，出就旅馆宿，珍珠冠则交魏华同守护。魏纳冠箧中，置案头，阴留意于华之举动。华见魏设防严，微讽之，不觉针锋相斗。钟鸣十二下，华欲取冠，魏紧抱勿释。华笑执己帽曰："箧中冠伪耳，真者已在予帽中矣。"言已示其帽，果然。魏呼助手至，未及开言，而华已扬长去，盖华实鲁宾化身也。

---

〔1〕　原为句读。

次日，魏率众往鲁宾居捕之，鲁以与汤妮有约通电话，故勿逃。顾电线已为魏预遣人剪断，鲁久摇不通始觉。而魏更假鲁名电汤召之来，为一网打尽之计。鲁大惊，盖不愿汤被累入狱也，不得已与魏约，愿尽反所取物易汤自由。魏许之。鲁又要汤一见为决。汤来，鲁启挟之入机关密室，设计脱警探手，而重入自由之区。举杯语其众曰："予虽失一珍珠冠，然得一比较贵重百倍之宝物也。"闻者瞠目不能解，而汤妮红潮晕颊矣。

渔叉怪侠

出品　长城画片公司，1928年

编导　孙　瑜

摄影　李文光

演员　孙　敏　陆剑芬　孙　璠　贺志刚　刘继群　严月娴　唐娘娘　许静珍　王正卿　洪警铃　高威廉

《渔叉怪侠》电影由孙瑜编剧。其电影本事无署名，原载《快乐周刊》第2卷第2期（1929年）。

本　事

渔子李华，秉性高傲，丰姿英挺。与表兄老王，侍母居船，往来吴淞上海间，捕鱼自活。

李醉心繁华，久厌渔腥生活，每摇舟过江干钱氏别墅高楼，目睹富贵气概，辄为之神往。后在江滨救得丐女沈玉英，留居舟中。玉英淑婉端丽，李母爱护备至，李华亦爱根深蒂。柳荫垂网，月夜度歌，浑忘人世苦辛焉。

某日，吴淞镇街头，有魁梧大汉一人，吹手中斑竹箫，向众乞助。大汉背负倒刺鱼叉，衣履碎敝，口操湖南音，人多不解。自号莽叉客，云能在大海叉鱼，淞镇无用之者，未食已三日矣。吹箫，声裂金石，听者多哂笑，吝于给赏。适李华偕玉英路过，见莽，惊为英雄落拓之流，慨然解囊相赠，莽默受之。时有汽车驰来，为人众所阻。富女钱爱珠，方偕男友魏何来等自上海舞场返，受阻大怒。车侧马弁，恃蛮鞭逐观众。魏更狐假虎威，与莽叉客冲突，攫手枪拟莽胸。李华大愤，奔前以身蔽莽，怒叱魏。爱珠见李华，惊其英勇，向之一笑，开车径去。

李华玉英延莽叉客返船，饱以馔，礼尊之。傍晚，莽为众人吹箫作古歌，曰《潇湘泪》，娥皇女英旧事也。昔舜出狩，崩于苍梧，二后哀其不返，哭于竹林，泪染竹本，遂为今世斑竹之自来。莽即以之制箫，声悲而清永。李华亦精箫，莽感其谊，即以箫赠之，李再拜而受。次晨，有大船入海捕鱼，李走说于船主，延莽为助。一声珍重，莽遂扬帆入海，试其鱼叉神技。

富女钱爱珠，乃退职省长钱雄之独女，妖艳骄奢，号海上交际之花。更恃其金钱美色，愚弄男子，视为玩物。既见李华，惊其英俊，极思结识之。其婢女三儿，与李之肥痴表兄老王相爱，时相过从。爱珠知李精于箫，因借便以重金延李，授吹箫术。特辟精室，即嘱李居宅中。又为李易鲜衣，加缎履，烫发修指，一变其本来面目，李不敢违。

一星期以来,李迄未返船,钱宅中人,亦不使船中人与李晤面。爱珠置箫不习,转引李入繁华场中,声色犬马,纸醉金迷。李惶骇迷惘,然亦乐之也。爱珠恨竹箫难学,怒掷出窗外中,为老王网得,持示李母。玉英借言将往送箫钱宅,结衣整发而往,欲以旧情感李。入门后,众仆不为通报,备受哂辱。玉英又赴前门伫候,适爱珠偕李乘汽车赴上海舞场,玉英急前阻车,欲送箫还李。不意李酒醉目昏,不识玉英,反向之哂笑。爱珠亦怒叱女,开车径去。玉英不信李之真辱己也,悲震欲绝,疾逐车后,号呼如狂,卒致声嘶力竭,昏仆路中。

光阴如驶,瞬至中秋佳节。爱珠与李在宅广延宾客,开一中秋大会,歌舞饮宴穷极奢华。爱与李同串演歌舞新哑剧《嫦娥奔月》,以娱来宾,欢乐之声远闻。斯时也,李母及玉英在船,望月凄祝,遥望江滨钱宅,为之肠断。玉英亦独坐吹旧日李华转授莽叉客《潇湘泪》古曲,箫声凄越,玉亦泣不可仰。李华在钱宅楼中,忽遥闻箫声,不觉怅触前情,顿如清露洒顶,立欲返舟。

爱珠男友中有魏何来者,实上海盗首,妒李华极深。是夜,使盗党假扮宾客,一声号令,突出劫掠,少顷盗去。军警闻报来捕,时值苏省戒严,搜捕甚勤。魏预以手枪及面具藏李华之室中,李遂被诬系狱,罪证昭著,判次日立予枪决。

爱珠婢女三儿,曾为魏奸骗,助之窃物。后爱老王,深悔前愆。中秋之夜,曾见魏入李室栽赃,为魏以死相胁,嗫不敢为李言冤。次晨,闻李绑赴法场就刑,惊悔,狂奔到船。李母玉英等早已离船泣赴法场,三儿悲震无计。正危急间,吴淞江口,有大船扬帆驶入者,莽叉客在焉。莽叉客跃过李华船,三儿告以李事,大惊。三儿识魏盗穴,莽遂与之报警,率军往捕。莽只身先入盗窟,奋叉狂斗,助众军擒盗。询明魏诬害华事,与军官擒魏,疾驰马飞赴法场止刑。莽一马到时,快枪已举,霹雳一声,莽张臂疾蔽李身,受弹辗转仆地。

李冤既白,莽叉客亦微笑而逝。吴淞公民,立墓葬之,尊为今世不可多得之义士。李华大梦既觉,返娶玉英。深感莽叉客恩,每值春秋佳节,恒在墓前吹古歌《潇湘泪》,以娱地下英魂焉。

奇侠救国记

出品　大中华百合影片公司，1929年

导演　王次龙

演员　王元龙　汤天绣　王次龙　姜起凤　蒋云卿　王征信　王灿璋

《奇侠救国记》电影本事无署名，原载《新银星》第 9 期（1929 年 4 月），以及《电影本事》第 1 期（上海印书馆，1931 年 4 月）。

本　　事[1]

外蒙古有酋长车臣汉者，高年已届，膝下犹虚。所生仅一女，名维金，溺爱之深，掌珠不啻。而将来继车臣汉跻酋长之位者，在理应为维金之夫婿。故部中诸王之谄媚维金，无微不至，盖欲得其欢心，借以实现承袭高位之希望也。惟维金能文能武，心志甚高，对于诸王，绝少当意。诸王中有达赖者，依其子达赖贝子之力，猖狂无忌，恣意弄权。部下政务，因以紊乱，故维金尤深憾之。

图谢图公有二子。长曰阿吉图，受戒于喇嘛教，深居不问世事。次曰巴图，性勇敢，嗜冒险，豪迈有侠士风。有挚友名阿海，亦良好少年也。有妻貌极艳，为时人所称。一夜为达赖王所见，王固好色之徒，一见惊为天人，凭借强力，欲加污辱。阿海止之不可，且遭驱逐。当此之时，巴图适至，义愤填膺，拔刀相助。达赖王果为所败，仓皇遁去。阿海深感巴图之德，遂与之开怀畅饮。乃事为图谢图公所闻，深恐别生枝节，引祸及身，俟巴图归，严词斥之，且藏其武器，不令出门。巴图意虽不耐，第以厄于父命，惟有姑且安之。

翌晨，巴图忽接达赖王来书，略谓昨日汝侥幸战胜，吾心有所不甘，汝果有胆力者，今日可至某酒店一决雌雄。巴图乃好胜之人，岂甘退让，遂不告老父，悄然而往。至则见酒店中戒备森严，而自身则空拳赤手。幸阿海已有所闻，早作准备，乃设词以激达赖王，谓可任贝子与巴图单独作战，以决胜负。倘有从旁阴助之者，即为失去英雄之本色。贝子颇然其说，遂单身与巴图交手。维时车臣汉适以事过此，见巴图勇猛绝伦，心甚爱之。恐二虎相争，必有一伤，乃上前止之，嘱二人明日同来宫中，作正式之比赛，贝子与巴图皆诺之。

明日，贝子与巴图复比武于宫中，结果贝子大败，车臣汉遂选巴图为护国上将。当其比武时，维金自楼窗中见之，亦深爱巴图之勇，芳心摇摇，有不能自主者。及巴图谢恩出，方行至楼下，忽有一物堕于其前。仰视之，见维金方于立窗次，旁有女奴

---

[1] 原为句读。

扬声言曰:"今夜公主宴君,君务应时而至,毋劳公主久盼也。"入夜,巴图果入宫赴宴,维金亲身伴之。酒酣耳热时,维金力表爱慕意,巴图则庄重自持,未致稍有失态。维金复为舞剑,术殊娴熟。巴图喜其多能,遂亦悦之。车臣汉知其事,亦颇为首肯。盖以得婿若此,可无虑部下之携贰矣。但达赖王深致不满,与贝子密商一计:欲先劫维金至远处,俟车臣汉率兵追援,再突出不意,占据酋宫,而自为酋长。用心固狠,设计尤毒也。

一夜,维金果被劫,室中留有一纸,上书"欲知公主下落,一询巴图便知"。车臣汉料知事必巴图仇人所为,遂限巴图于三日内,救回公主。巴图奉命返家,见己室中,亦有一书,曰:"公主现居亚尔泰山之庙中。"巴图立率骑士若干人,驰往该山。既及其地,见庙门大张,乃足方践入,斗然而闭,盖有人俟于机关中,欲绝其出路。而山素为剧盗所据,达赖贝子特联络之,以擒巴图者。巴图以不谙路径,果为所擒。维金见之,向贝子苦求无效。贝子且迫令向巴图离婚,与己订百年之好。复置巴图于一机关中,欲以万刃刺之死。巴图至此,已无用武地,惟有闭目待死而已。乃阿海已闻讯赶至,于庙门外觅得一洞,俯身入之,蛇行而前。适即巴图被困之机关,乃救之出险。复共战贝子,维金亦从旁助之。贝子终为所获,而此时之达赖王,方率众入宫,力迫车臣汉逊位,且欲囚诸笼中。幸巴图等驰回,方免于厄。达赖王父子,遂均作笼中之囚矣。

大功告成,部中宁定。维金公主,遂下嫁巴图,良缘天订,艳羡煞人。新婚夫妇,嗣回家省视父兄。父兄受拜之余,色然以喜,深祝此一对璧人,永此爱好,毕生不替也。

女伶复仇

出品　汉伦影片公司，1929年
导演　卜万苍
编剧　包天笑
摄影　梁林光
布景　范竹云
演员　王汉伦　高占非　费柏清　蔡楚生　陆品娟　艾　霞

《女伶复仇》（又名《盲目的爱情》）电影由包天笑编剧。其电影本事为包天笑所作，原载《大亚画报》第209期（1930年2月15日）。

本　事[1]

包天笑

俞汝南与尤温，幼即同学。俞良懦而尤刚悍。一日，俞为他童子所欺，尤助之，遂结为兄弟。及长，同肄业于大学，乃同恋一名女伶王幽兰。俞性诚挚，愿与幽兰成夫妇，享家庭之乐。尤则志在跳舞娱乐，取快一时。但二人固守秘密，各不相告也。

一夕，幽兰戏毕，尤请往跳舞，谢之，约于明日下午，在公园相晤。既晤俞，亦约同时至公园。如期，俞尤均托故而往，乃幽兰以不及待先归，皆未遇，二人怅怅归。俞则重往访幽兰，适尤亦至，自此方知二人同恋一女，而恶感以生。

某夕，尤又约幽兰跳舞，幽兰托头痛未允，尤颇为扫兴。及归宿舍，则地遗一笺，系幽兰约俞之信也，盖此时幽兰心已倾向俞。尤阅之更愤，遂趋幽兰所，则俞与幽兰方情话，并赠一悬胸之心形饰物于俞，中有幽兰照片。尤此时妒火中烧，遂由争论而殴斗。尤健于膂力，拳击俞，创其双目，乃逃去。俞入医院，医生言，两目盲矣。幽兰在医院看护之，俞之表兄蔡君亦在。而俞父则愤责幽兰，谓其子因彼而牺牲。于是幽兰探得尤之所在，径往报仇。

尤逃后，密派其党羽，侦于医院。知幽兰将来报仇，要于路，窘之。忽一跛者援救得脱，邀幽兰至其家，去化装，则尤也。幽兰对于报仇事，方逡巡间，而尤即禁闭幽兰使不得去，欲图非礼。幽兰誓死不从。尤别引一荡妇至，与之情话，欲令幽兰返，而幽兰漠然无动于中。

俞目已瞽，归家后思念幽兰不已，则以幽兰所赠之心形饰物中贮照片者，抚摸不已。其表兄蔡君，偶听人言，谓幽兰与尤宵遁，无何。报纸亦登载幽兰与尤事，但不

---

[1] 原为句读。

敢告俞，则诳言幽兰为其母迫嫁一富翁，遂以自刎。

时过境迁，俞已渐老，然尚不自觉其老也。虽以盲人，常喜对镜，恒出幽兰之照片偎傍之。幽兰于土窟中逃出，杀一守者，追者踵至，幸逃入就近之军营得救。乃往见戏馆之经理，则以其年华已老，颇加冷淡。遇俞之表兄，引往汝南处。汝南以其表兄先入之言，固确认幽兰已死。表兄言幽兰实未死，俞不信，以手抚摩之，则云发肤声音，皆非幽兰矣。是殆以老丑之妇人，诳我盲人也，斥去之。

幽兰亦自知已老，益加悲哀，乃请言曰："我实非幽兰也，即引刃自刎。"表兄责俞曰："君误人矣，确为幽兰也，今乃自戕。"俞曰："欲我信者，试唱幽兰熟习之一歌。"幽兰忍痛唱数阕，俞始信之，而幽兰已气绝矣。天荒地老有时尽，此恨绵绵无绝期。影剧乃戛然而止于此。

糖 美 人

出品　上海影戏公司，1929 年
监制　管际安
编剧　郑逸梅
导演　陈宝琦
摄影　但杜宇
演员　贺佩蓉　袁丛美　王初霞　陈宝琦　韩启世　李少华　罗克朋　陈琴秀　黄少岩　韩兰根

《糖美人》电影由郑逸梅编剧。其电影本事为郑逸梅所作，原载《新嘉坡画作》第29 期（1929 年 1 月 30 日），其影戏小说为张碧梧所作，原载《电影月报》第 10 期（1929 年 5 月 15 日）。

影 戏 小 说[1]

碧梧

　　夜深了，六街之上，静悄悄的没有一个行人。街旁的人家，也都把门窗关得紧紧的。这种景况，真有死的寂静啊。这时候，只有俱乐部中，仍是非常的热闹。电灯的光，照耀得如同白昼；甚么钢琴呀，万华林呀，也仍在继续不断的弹奏。一对对的男女舞客，都是兴高采烈，在舞台上捉对儿的厮舞，仿佛已忘却这已是夜深时分了。我今单说在这班男舞客当中，有两个少年。一个是韩仲虞，他是著名的富翁韩少甫的儿子，自幼儿从绮罗丛中生长出来，便养成一种纨绔习气，把金钱看得和泥沙一般，凡是游戏场所，没一处无有他的足迹。这俱乐部中，更是他喜欢到的所在。还有一个少年，便是许竹云，生长的眉清目秀，和一位标致姑娘差不多。他也偶而到这俱乐部中，消遣消遣。他们二人，一个富于金钱，一个美于面貌，恰巧便成为情敌。原来这俱乐部中，有一个卖糖果的女郎，姓陆，名叫珊珊，生得和天仙一般，有个糖美人的绰号。颠倒在她石榴裙下的男子，不知有多多少少，仲虞也是其中的一个。他仗着金钱多，便拼命的买衣料饰物送给她。但她对于仲虞，总是若即若离，不肯和他怎样接近。因为她以为仲虞是个俗物，不懂得温存的，和许竹云却十分要好，两人常常同进同出，不知道的人，还当他们是夫妇呢。仲虞瞧在眼里，心里有说不出的难受，心想一天不把姓许的除掉，我在这情场中，便一天不得胜利。他想了好久，便想到了一个方法。

---

[1] 原为句读。

有一天，他拿出若干钱，雇了四五个恶徒，躲藏在竹云每日经行的路上，等到竹云走来，便突出不意的扭住竹云，拳足交加。竹云一个人，当然不是他们的对手。正在危急的当儿，恰巧竹云的好友李良士路过此地，瞧了这番情形，便上前解围。众恶徒本认识李良士，晓得他是一个好手，不敢和他对敌，便一溜烟的逃了。

　　仲虞迷恋珊珊的心，仍是火一般的炽，心想我倘要得到她的欢心，也许要送给她一件希奇的东西。她若喜欢这东西，对于送这东西的人，自当表示好感。但是有甚么希奇东西，可以送给她呢？想来想去，便想着了家藏的一串项珠。于是他也不管三七二十一，回到家中，设法把项珠偷出，赶忙去送给珊珊，以为珊珊觅了，定很欢喜。谁知珊珊拒绝不受，仲虞自然万分懊丧。他的一般狐群狗党，见了他这种情形，认为有机可乘，便对他说："尽着想心事，有甚用处？还是去到赌场中玩耍一回罢。"说着，拉了仲虞就去。仲虞无可无不可的，随着他们到了赌场，当即加入赌局。赌了不多一会，身边所有的金钱和那串项珠，都输了个精光。他非但不后悔，而且赌上火来，一定要捞本，便回到家里，偷了好多张股券，变了钱，再去赌。他所以大输，原是中人家的圈套，那末怎会有他赢钱的余地？结果把几张股券，又输给别人。在他的心上，还想再向家里偷些东西出来再赌，可是已被他父亲发觉了。他父亲这一怒，非同小可，便把他关禁起来，不许自由行动。然而他怎么忍受得住？私下嘱托一个佣人，叫他去通知恶徒们，设法前来救他。恶徒们得着信息，果然聚集多人，深夜来此，把仲虞救了出去。第二天，他父亲料定这是他的诡计，越发怒不可遏，便登报驱逐他。他无家可归，索性入了恶徒的一伙。

　　仲虞自从入伙之后，更是无恶不作。一天，他在山野间游逛，无巧不巧，碰见竹云和珊珊也在那里游览。他不敢急慢，急忙奔回贼窟，报告首领赤鼻魏三。这魏三非常凶恶，又很好女色，小家碧玉，被他劫到窟中的，不知有多少。如今听说有美人来到，自是大喜过望，忙派了许多恶徒，下山抢劫珊珊。竹云和珊珊正在且谈且走，瞥见恶徒们来了，心知不妙。竹云也顾不得有无气力，奋不顾身的和他们激斗。果然众寡不敌，珊珊既被他们劫走，自己又被他们从山上推下。这山说高不高，说矮却也不矮，倘从山上一路滚下，包管当场毙命。幸亏竹云滚到半山，凑巧被荆棘绊住，才得不死。费了许多气力，好容易爬到山脚下，一直去到珊珊家，把珊珊被劫的事告诉她母亲。她母亲瞧见竹云的手上有血渍，不知道他是和众恶徒殴斗，以致手破血流，竟疑心他是害死珊珊的凶手，故意造出被劫的一回事，当下便把竹云扭入官中，暂时监禁。竹云遭了这无枉之灾，真是有苦说不出呢。

　　李良士听得了这番消息，便赶到狱中，向竹云问了个详详细细。他的侠义心肠，大大的感动，便约了朋友徐廉卿，一同入山，寻觅贼窟。经过了许多周折，方才得到一个门户。悄悄的刚走进门，便和恶徒遇见，双方打了许久，恶徒死了许多，魏三也在这时候死了。良士等虽然得到胜利，但总寻不见珊珊，却释放了许多被掳的妇女。

　　我写到这里，笔锋要掉转了。那班恶徒把珊珊劫到贼窟中后，魏三果然非常爱她，要和她饮合卺之酒。但珊珊宁死也不肯答应。魏三不由得大怒，便把珊珊囚入石牢。仲虞因魏三夺了他的爱人，心里也非常难受，便串同一个恶徒，名叫阿顺的，又买通了一个被掳妇女唤做寿姑的，把珊珊从石牢中救出，逃往乡间。仲虞和阿顺所以救珊珊，原是不怀好意，有了机会便想奸污珊珊。珊珊自是拼命的挣扎。正在这当儿，李良士已追踪而至，当场把仲虞和阿顺杀了。又把竹云已经定谳，于今日执行死刑的事，告诉给珊珊。珊珊听了，大惊失色，飞也似的奔到衙署，述明底蕴。再奔到刑场，这才把竹云救下。二人相见，悲喜交集。后来过了不久，二人便举行婚礼，美满姻缘。闾里中人，无不万分艳羡哩。

尘 海 奇 侠

出品　华剧影片公司，1929年
编剧　周鹃红
导演　张惠民
摄影　汤剑庭
演员　蒋尘影　周鹃红　吴素馨　张剑英　张惠民　吴素素　盛小天　沈文俊
　　　高冠豪　林鹏飞　庄凯庐　陆双生　平金钊　陈　斌

《尘海奇侠》电影由周鹃红编剧。其影戏小说为周鹃红所作，原载《电影月报》第10期（1929年5月15日）。

影 戏 小 说[1]

鹃红

　　蝶仙湘妃为相依若命之兄妹，亦堪谓战后余生。盖家本富裕，只缘所有财产，胥在乱世时，焚毁于无情炮火枪弹之中；而老父弱母，亦死于非命。既而有富翁陆念慈，悯怜彼等境遇之惨酷，爰纳作犹子。但此一对可怜虫，亦以漂泊尘海，终非久计，遂默认焉。一日，蝶仙兄妹，偶作郊外游，邂逅当地专以欺寡凌弱，鱼肉乡里之楚霸。霸乍见湘妃，惊为国色，因拟趋前，肆其放浪形骸之举动。幸有灵霞山奇侠经此，见之，竟作不平鸣，稍施拳足，顿将楚掷在百步之外。是以蝶仙兄妹，得奇侠之力，始解此重围矣。

　　楚霸负创怏怏归，嗣探悉湘妃为陆翁之义女，因登门向翁乞婚。翁知其无赖，严词峻拒。时值蝶仙自外归，得见楚霸之丑态，是以痛斥之，楚遂怀恨去。楚去，突有奇侠在屋顶掷下一信，翁启视之，谓"楚霸之无理请求，应严词拒绝，我自在暗中相助"云云。湘妃有意中人曰胡天民，英姿挺秀，女雅爱之，且盟山誓海，已订白首之约。一日，天民造访其情人妆阁，湘因以楚霸之要挟缕述之。天民聆之，佯作无闻，仅谓尘海有奇侠，此种不平事，自有奇侠干预，我等自不必鳃鳃过虑云。后天民与湘妃道别时，忽湘妃绣成之鸳鸯，为狗撕成片片，殆亦预告茫茫情海中，将起波澜欤。

　　一日，蝶仙偕其妹，并相约其爱人月影，垂钓河畔。胜景宜人，碧波涟滟，个中情趣，无以过之。惟乐极生悲，斯亦常事。盖正垂钓间，楚霸率其爪牙至，乘隙寻衅，武力压人。惟蝶仙湘妃等，亦未敢示弱，与之宣战。正值彼此剧烈接触之际，天民骑马疾驰而至，加入战团。蝶仙得天民臂助，无异平添一支生力军，虎虎而有生气。楚

---

〔1〕　原为句读。

霸等招架为难，乃抱头鼠窜而逸矣。

时值深宵，大地黑暗，迷茫之中，盗党成群，手执火把，冲入陆翁家，将翁捕戮之。迨盗党复出，奇侠已在要道，阻止去路。盗党竭力与奇侠斗，奇侠乃擒获一形似盗首者，余俱如鸟兽散。初蝶仙兄妹，见盗党声势浩大，不堪向迩，因急避至屋后。容俟盗党远去，复折入室中，而翁已僵卧于血泊中。是故蝶仙以嫌疑系缧绁，司令部并治以通盗杀人之罪矣。

湘妃自乃兄拘禁后，四出营救，卒归无效，于是独身冒险往灵霞山访奇侠。嗣经历奇险，始抵目的地。而大侠又远出，湘妃处此绝路，惟有徒呼负负耳。

湘妃访侠不遇，焦灼万状，乃会同月影，密议营救之策。既而天民至，湘遂请求其设法。而天民则始终束手无策，仅谓我无办法，惟尘海奇侠，对此不白之冤，尚不致置若罔闻，幸毋过虑云云。继而楚霸至，湘妃鉴于手足情重，不屑转求其营救。楚则欲抬高其身价，与博湘妃欢心起见，因之满口允应。至是湘妃因救兄心切，不觉与之作密谈，而疏天民。但天民见之，并不介意，付之一笑而已。蝶仙之罪本不致死，只缘严刑之下，不胜其苦，爰招口供。司令部遂派兵一队，押赴刑场，执行枪毙。湘妃月影闻信驰至，状类疯癫，但亦无可奈何，只目击蝶仙遭冤死于枪弹耳。其时楚霸亦在场观望。距行刑时间，仅差五分，此诚千钧一发之间，忽奇侠挟一盗飘然而至，并在人丛中擒获楚霸。至突如其来之一盗，即自认受楚霸之贿赂，为谋害陆念慈之主凶。至是，蝶仙之冤得大白，楚霸遂为枪下鬼。而奇侠比去外衣皮帽及所架之眼镜，即为湘妃之爱人胡天民。湘妃月影不禁惊喜欲狂，如不在人众之处，湘不吻天民者几希。从此两对有情人，优游于情海中矣。

忏　悔

出品　明星影片公司，1929年
导演　张石川
说明　郑正秋
摄影　周　克
置景　董天涯
美术　张聿光
演员　龚稼农　张敏玉　王献斋　赵静霞　顾友敏　郑小秋　王意曼　冯志成　萧　英　韩云珍　黄君甫　岑雪琴　朱　飞　王梦石　夏佩珍　王吉亭　谭志远

《忏悔》（一名《良心复活》）影戏小说为宋痴萍所作，原载《电影月报》第10期（1929年5月15日）。

影戏小说[1]

痴萍

　　富家子盛旭斋，性情温厚，举止娴雅，待友尤伉爽无城府，甚有声社会间。娶妻梅氏，美而慧，伉俪綦笃。举一子甫四龄，家庭之中，融融如也。盛有友童佐明者，美丰仪，长于社交，业医，颇负时誉。盛少与同学，及长相知益深。童或遇盛清谈，梅亦周旋其间，未常避面也。

　　一日，夫妇乘车郊游，中途为怪风所袭，盛口鼻四肢，顿觉麻木，咸失其固有之机能。梅大骇，亟载之归，延童诊治。童审为危症，竭尽智力，仅能保其生命。盛自此半身不遂，人生幸福，剥夺殆尽。然厄运之来，犹不止此。

　　当盛病中，童日侍其侧，与梅渐稔。梅初仅感其救夫之德，曾无他肠。而童包藏祸心，屡以甘言为饵。梅不察，竟堕彀中，因感德而生情爱。墙茨之羞，不可扫矣。

　　童既有私于梅，每诣盛，辄就梅密语于别室。盛不能行动，睨视而已。其子窃窥之户隙，得童梅拥吻之状，效之以示其父。盛大悟，中心茹痛，殆不可堪。其后梅察盛颜色有异，逆知隐事已为其子所破。童复百计蛊惑之，诱令挟资偕遁。梅辗转自讼，久不能决。既念夫成残废，唱随之乐已鲜，不如随童远引，拚冒不韪以殉此情爱耳。乃席卷金赀，偕童遁之他埠，僦屋同居，置其夫其子于不顾。盛自失妻，病势转剧，日对爱子，惟有涕洟，不久竟溘然而逝。亲族集议，推盛之舅氏刘世诚经纪其家，并任教养遗孤之责。

---

[1] 原为句读。

阅十六年，盛之子少斋长矣。家业得忠勤之刘叟经纪，益形富厚。叟亟图卸责，乃集亲族为少斋议婚，择吉纳采于某氏。婚之日，一褴褛丐妇，羼入礼堂。当新人向尊长行礼之际，妇忽嗷然而哭。妇非他人，即弃家私奔之梅也。梅从童远遁，方期永好，不意童不事生产，惟知挥霍。金赀既尽，暴行日章，复识一富家妇毛七小姐，视梅如敝屣。梅与愤争，竟遭斥逐。茫茫尘海，托身无所，跋涉回乡，忍耻寻其旧巢，至则举行婚礼时也。亲族识其人，掖之入傍室，讽令远去，弗辱其子。比少斋知之，卒以母子天性，排亲族之议，许予收养。梅虽感子之孝，然怀念往事，极不自安。偶睹故夫遗像，若作怒容对己，斥其不贞者。爰请于其子，愿就西泠尼庵潜修，以忏宿孽而了余生。少斋察其意坚，亲送之行。于车站遇一高级军人，偶遗果皮于地，梅践之而仆。军人亟自引咎，因与少斋通款曲，互易名刺，谈笑甚欢。抵杭后，少斋送母入庵，留数日乃告归。未几，梅忽在庵中被捕，指为某埠杀人案之重要嫌疑人。少斋得信，驰往援救，则官中人方械梅就道。母子相见，倾吐无从。询之官中，谓某埠发生一大血案，一门死者四人。一死者手执表坠一事，表坠中嵌小影二枚，一即死者，一则梅，故捕梅鞫治。少斋延律师代辩，始知案发之日，即母子旅行之日。更得军人慨然出证，幸获宣告无罪。

　　童自昵毛七小姐而逐梅，相与同居，其乐无艺。不知七固有夫，其人为毛姓，大猾也。因案被逮，判处徒刑十年。七知刑期尚远，毫不措意。会国家有庆典，毛得减刑三年，适于此时脱身而出。比归家，七之踪迹已杳。探访经旬，始知为童所占。纠党驰往问罪，童竟不承，且与力抗。毛大怒，出枪杀室中人俱尽。得表坠，启视见二影，一为童，一则七也。毛愤撕七影，则其下为又一影。此影即梅，官中人之误会盖以此。

　　其后毛以徒党向之索资，吝而不予，互哄于酒肆，为官中人所闻，遂系以归案。梅则于宣告无罪后，仍由少斋迎归奉养。一日哭于故夫之墓，伏地良久，深自忏悔，仿佛见故夫微作苦笑之容，似稍恕其隐慝也。

血泪黄花

出品　明星影片公司，1929 年
编剧　郑正秋
导演　郑正秋　程步高
摄影　周　克　董克毅
演员　胡　蝶　龚稼农　谭志远　王献斋　王吉亭　夏佩珍

《血泪黄花》（即《黄陆之爱》下集），电影取材 1928 年上海黄慧如、陆根荣主仆情奔案，由郑正秋编剧。其电影本事无署名，原载《益世报》（1929 年 6 月 3～4 日）。其影戏小说为宋痴萍所作，原载《电影月报》第 11～12 期合刊（1929 年 9 月 15 日）。

影 戏 小 说[1]

痴萍

　　一失足成千古恨，再回头已百年身。人生之菀枯，仅于此一刹那顷卜之，举措固不可不慎也。人非上智，失足在所难免。衣也食也，皆足以诱人至于失足，况诱人者尚有大于衣食者乎。不幸而失足，及其觉悟，宜有新途径可循。而社会之对于失足者，往往不轻予以原谅。于是失足而觉悟者，乃不易得社会之同情。颠危困顿，终难自拔。此非失足者之不肯觉悟，罪在社会视人之失足过重，而赞助其觉悟之诚意过少也。君子之过，如日月之食，似矣。常人之过，固甘心自遂其过乎，社会安得不尸其责焉。今述黄女之死，吾敢正告社会曰："人类宜有同情心，哀矜勿喜，庶几其仁。否则人群中充满幸灾乐祸之心，于人有损，于己无益，真举世不可终日矣。"

　　黄女为厮仆所诱，不幸失足。以其分为主仆之故，女之母兄，只知门第而不复顾及他，即诉之于法。亦但控六而不控女，致高坐堂皇之法官，只能根据当事人之告诉，仅罪仆而不复及女。仆之家人，又只知仆以女故入狱，而不复为女地。各方之观察，皆偏而不全。女处狂流中，欲登彼岸，惟有奋斗。乃社会于无形中，施以层层之包围。女智尽力索，奄忽以去。其遗恨为何如哉。

　　女含辛茹苦，蛰居六家，六之家人咸揶揄之。六妻遇女尤无状，时借端秽骂，使女难堪。女之母兄遣使至，讽女令归，则见逐于六父；寄银钱衣物慰女，则为六母私发。六妻又尝与人谈六曩时佻达状，悉为女所闻。尤有不相识之人，时来絮聒，或约谈话，或邀摄影。女深以肆应为苦，曾几何时，女之精神与身体，交受其困。一夕，临流洒泪，颇思奋身一掷，摆脱烦恼；猛忆尚有老母在，复逡巡不即下。

---

〔1〕 原为句读。

六居狱中，时得女书，犹欣然自以为得计。女因不堪煎迫，视六于狱，备述所遭。六不加慰藉，反以盛气凌之。女怨愤填膺，竟往医院待产，而造见者纷至沓来，女虽一一周旋，然厌苦极矣。警士某，识女于狱中，怜其遇，颇不直六，尝表殷勤之意于女前。至是积想成疯，且以触忤上官，失其职。乃走医院求婚于女。女大窘。院中人别召一警士来，疯人始去。自此来访女者，络绎不绝。间有为筹身后之经济独立者，一时报章因有将投身银幕之揭载。女兄见而告母，且奉母命为书阻女。六之家人闻耗，以为借此可以得金，群来迫女。女大不堪。院中人出而干涉，六之家人，始悻悻而去。

女生一子，或询何姓，曰父姓固不愿，母姓亦方在考虑中也。六见报得其语，詈为无良。时女母已来视女，初阻女弗入电影界。女似意忤，与母力争。嗣忽悔其前非，抱母大哭。母怜之，亟雇舟载女返。中途暴风，女以多愁多病，又当产后，不胜颠簸，竟死舟中。从此一棺附身，万事都已。其母兄虽悲思朝夕，然何补于女哉！六既久羁狴犴，其家日趋衰落。糟糠远走，二老无依。噫女之死，孰死之？六之陷狱，孰陷之？其家之毁，孰毁之？甚愿当世仁人君子一谳定之也。

富人的生活

出品 明星影片公司，1929年

编剧 张石川

导演 程步高

说明 郑正秋

摄影 董克毅

置景 董天涯

美术 张聿光

演员 胡 蝶 朱 飞 谭志远 黄君甫 萧 英 夏佩珍

《富人的生活》电影由张石川编剧。其影戏小说为宋痴萍所作，原载《益世报》（1929年6月22日），以及《电影月报》第11～12期合刊（1929年9月15日）。

影戏小说[1]

痴萍

　　邹楚耕，拥有资产之富人也。子二，长伯田，次仲田，皆已娶。一女碧如，待字闺中。邹秉性吝啬，治家尤苛细。平旦而起，未昏便息，食无兼味，衣皆韦布。妻王辄婉顺之。女以年稚，亦能率教；子媳则面从而已。

　　邹日督家人就寝后，往往易衣私出猎艳。一日忽称有疾，延医孟甘棠为之诊治。孟故与邹狼狈为奸者，窥其隐，昌言非独宿则疾不可为。邹亟赞其议，命整治西楼为习静之所。是夕晚餐甫毕，邹促家人入睡，众咸怏怏而起。于是邹历至前后户园门，及仆人居处，一一迫令就枕，且将电灯次第关闭，然后自归其室。当邹巡行全宅之际，除其妻径行安睡，其女略治针黹外，二子方各向其妻行贿，以图潜行出宅，遂其冶游之乐。比邹在室中，闭电灯总机。二子各有其心腹之仆，为之照料。长子以软梯逾墙，次子就垃圾桶小窦，先后逸出。时邹亦易衣，飘然启户而去。

　　邹无车，出门徐行，将越过马路，唤黄包车代步。甫抵路中，两汽车自身畔飞驶而过。即其二子所御，然邹不知也。邹之出，实应孟医妓席之召。妓先入孟言，曲意献媚，邹大乐。比宴罢而返，夜已向晨。二子亦后钻穴逾墙入。黎明，邹已起，遍叩诸户，厉声呼叱，谓汝曹贪睡若此，决非克家之子。二子虽不愿，无如何也。邹于各房日费，著有定例。二子辄伺邹既离帐房时，百计扰司计者，必得巨款乃已；司计者亦不能拒。似此日间则庄容相对，晚间则各图其私，盖无日不如是也。其未卷入旋涡

---

[1] 原为句读。

者，惟碧如一人耳。

一日，碧如之同学唐二姑来。唐无行，有义母白媪，善弋致良家妇女，与儇薄子游。唐亦隶白部下，诡称家有喜事，速碧如往。碧如请于父，不得许。而唐嬲之不已。一女仆笑谓："如二少爷之钻穴而出，虽终夕不归，庸何伤？"碧如初不可，唐则以为善策，坚诱之行。益以女仆之怂恿，碧如不克自持，入夜竟蹈仲田覆辙而去。抵唐氏，宾从甚盛。白媪亦在座，与碧如亲若素识。未几谓得家中电话，必遄归一行，且挽碧如与唐偕。至其家，陈设甚丽。室中先有四少年，白谓碧如曰："此皆余之义子，相与言笑，无伤大雅也。"久之，众中一胡姓少年，素性谨饬，实遭朋辈牵率而来，渐觉此非善地，必欲先行。碧如亦疑脱略如此，不可为训，坚请先归。白知不可强，命唐为唤车，殷勤订后约而别。碧如此次之未尝失足，幸也。

同夕，邹至妓许。妓有故欢某伶，适亦莅止。妓伴伶密语，置邹不复理。邹久待不耐，起而寻衅。妓虽羡邹富，而苦其啬刻，不欲因邹绝伶，则竟袒伶而辱邹。邹大恚，颠颠归家，颓然病矣。

孟来视邹疾，知其受病之由，密告之曰："妓为公开，争风在所难免。翁老矣，自非惨绿少年之敌，不如另觅不公开者，则禁脔之享，他人自无从染指。"邹大悦，孟遂引之入白媪家。白不知为碧如之父，命唐百计引碧如来，父女相见，状至难堪。邹飞掌击女，女掩面大哭而奔。

邹以白媪诱女，怒欲惩之以法。白惧，招其党来，弃其居，挟邹登车他徙。将禁之，以图索诈。时碧如狂奔至铁道中，卧轨求死，适前夕会见之胡姓少年经其地，援之。询知其情，虑邹被窘，同报警察往觇之。及门，白方指挥其党，拽邹入汽车。碧如与胡奋前扑救，卒以众寡不敌，仍被驾车驰去。因号呼从其后，抵通衢，迎面一车疾驶而来，猝不及避，相撞乃止。来车非他人，邹之二子也。于是警察麇集，白及余党咸就逮，邹得安然返。

事后，邹以无颜留居故地，从胡之劝，举家出国漫游，胡亦同行。彼与碧如，固已心心相印矣。

仇 情 记

出品　未摄，1929 年
作者　黄漪磋

《仇情记》电影剧本为黄漪磋所作，曾连载于《影戏杂志》第 1 卷第 1～9 期（1929 年～1930 年），但未完而止。故本篇只截取其篇首电影本事，原载《影戏杂志》第 1 卷第 1 期（1929 年 7 月 1 日）。

本　事

黄漪磋

周蕙霞丽霞者，为叔伯姊妹，上海中华大学之高材生也。丽霞貌甚美，又负才名，故有女才子之称。蕙霞才貌均逊于其妹，有兄曰大璞，性好闲游，不事学问。兄妹二人，以幼失怙恃，而寄养于丽霞之家。丽霞之父家培，曾为议员，人甚机警，性喜热中，故为一派议员之领袖。然以政潮变迁，遁居沪上，郁郁无聊。生平政敌甚多。其积怨最深者，厥为罗翰泰，即现任山东督办公署参谋长也。翰泰有子，曰慕豪，新自英伦返国，得有博士荣衔，受聘于中华大学教授，而寄寓于医生刘术仁家中。术仁与罗、周二家，均有世谊，平昔屡思为二家排解嫌怨，而未得间者也。

慕豪在学校中，对于丽霞文才，最深赏识。而丽霞亦倾仰慕豪，达于极点。虽彼此为仇家子弟，然以师生关系，得以时相问难。以是隐种情根，牢不可释，而家培未之知也。蕙霞对于慕豪，亦倾心爱慕，间见慕豪赞诩丽霞，则必平生妒念，愤恨不已。

一日，丽霞患病，不能上学，慕豪色然忧之，为之寝食俱废。迨至数日之后，犹不见丽霞来校，不禁殷殷向蕙霞动问。蕙霞妒甚，诡言丽霞病笃。实则丽霞延刘术仁治病，已渐告痊可矣。是夕，慕豪思念丽霞之心，萦于梦寐。梦见丽霞羽化，痛不欲生。一觉醒来，始知是梦，惊悸不已。时夜尚未深，乃亟披衣起，赴周氏之园，一探消息。但闻琴声悠扬，出自红楼之上。遥见绿窗之内，一丽人方对月弹琴，倩影亭亭，恍惚不辨其是否丽霞也。慕豪乃逾垣而入园中，审其果为丽霞，不禁大喜过望。径趋绣阁之下，静听琴音。一曲相思，幽怨欲绝。为之击节叹赏不置。丽霞忽闻击节之声，出自园中，私念夜深人静，何来知音之人。乃出廊上审视，见为慕豪，惊喜交集。于是慕豪攀登廊上，相与喁喁情话，不知其夜之阑。二人遂私订婚约，然后别去。讵于濒行之际，为蕙霞所见，不禁妒念顿生，觅大璞而告以其事。大璞怒极，怀枪寻衅，截慕豪于途而击之，反被慕豪夺枪击毙，遁去。

此案既发，舍蕙霞而外，无有知其事之真象者。而蕙霞以曲爱慕豪，不忍宣布，转而衔恨丽霞。时丽霞病本少瘥，骤闻祸变，深恐为慕豪所肇，遽受惊吓，病复转剧。

蕙霞阴以砒屑置其药瓶中，思鸩害之。讵为小婢窥见，奔告夫人，因而发觉，乃幽蕙霞于室，待家培返而惩治之。蕙霞愤惧交集，遽萌自决之念。遂致书于罗翰泰，阴揭慕豪与丽霞之隐，然后服毒自毙。惟幸遇救得以不死也。

罗翰泰得书后，深为震怒，乃电召慕豪返鲁。慕豪问计于术仁，术仁劝之归，而力任保护丽霞之责。且允为竭力调和二家，玉成其事。慕聚遂别丽霞而行。

蕙霞服毒遇救后，参破色空，翻然忏悔。而家培不谅，思嫁之年老貌丑之富翁，以作惩罚。蕙霞求援于术仁，始得作罢。

蕙霞之婚议虽罢，而丽霞独不能免于盲婚。有白萧臣者，为江苏省长之公子。偶遇丽霞于西子湖中，惊为仙子，亟思娶之。归而谋诸父，乃遣媒向家培议婚。以权利为条件，家培欣然诺之。于是大错铸成。及丽霞知之，则已纳彩矣。丽霞愤甚，誓死不承。因致函白氏，否认婚约。白氏惶恐，遽用敏捷手段，以重利要挟家培，求于三日内成礼。家培惑而允之。丽霞闻耗，惊骇欲绝，决以身殉情而死。于是致书慕豪诀别，一面求援于刘术仁。时术仁方发明一种回生药汤，能使服者顿呈死状，而于三十六小时后复苏。即以此药授丽霞服之，厥状类死。家人以为服毒，痛悔莫及。乃商诸白氏，以蕙霞顶替新娘。于是蕙霞于归为萧臣之妇。

丽霞既殁，柩厝坟前，以待安葬。慕豪得丽霞书，星夜赶至。及抵沪，则已在婚期翌日之夕。亟赴术仁家，探问消息。不晤术仁，但悉丽霞已死。乃就化验室中，取毒药一瓶，怀赴坟场，思启棺出尸，一亲香泽，然后服毒以殉。讵萧臣以美人云亡，悲痛之余，亦于夜分赴坟凭吊。二人相遇，遂相格斗。萧臣不敌，被击昏绝。慕豪乃出丽霞之尸而哭之，就其身旁服毒殉死。无何，丽霞药过苏醒，见慕豪僵卧其旁，自怀中搜得一函，就月光诵之，则留致其父之绝命书也。不禁大恸，遂服其瓶中药之余沈以自毙。移时，术仁至坟场思拯丽霞归，见状大骇。亟审视所服毒药，则回生汤也，不禁大喜。于是移置萧臣之尸于棺内，钉而封之。负二人归，进以解药，遂得苏苏。

萧臣之被击也，实昏绝未死。翌晨，渐苏，敲棺呼救，遂庆更生。正拟联合家培，控告慕豪；而术仁奔走三方，竭力调和，举设计、易尸诸罪，归之己身。丽霞，慕豪，及蕙霞，亦均向其家庭力为排解。于是嫌怨冰释，而慕豪与丽霞，遂得正式结为夫妇。

风流剑客

出品　民新影片公司，1929 年
编导　孙　瑜
演员　高倩苹　刘继群　金　焰　高威廉

《风流剑客》（一名《蔷薇与美人》）电影由孙瑜编剧。其影戏小说为孙瑜所作，原载《电影月报》第 11～12 期合刊（1929 年 9 月 15 日），以及《影戏杂志》第 1 卷第 1 期（1929 年 7 月 1 日）。因后者多讹误，本篇选自前者。

影戏小说[1]

孙瑜

"洒我热血鲜红，拼我的筋骨铁样，肯换你春风一笑，泪雨双行！"
——节剧中《蔷薇女儿歌》

　　暮春，众山中有行旅五骑徐进。少女陆小霞，与乳娘并辔行。乳娘受驴颠苦，怨詈不休。小霞笑慰之，云再二日即到龙家庄矣。带剑殿后者为少年龙飞，龙家庄富主，小霞表兄也。小霞叔新丧，更无依。龙飞乃远道往迎，返庄同居。行时，小霞见崖际蔷薇甚美，龙飞折以畀女。适一仆梦中堕马，女骑惊逸。龙疾追之，脱女于危。因大怒，鞭仆甚力。龙性冷而刚，众仆畏如神，莫敢撄其怒也。

　　晚间，众止乡店前。店之前部为酒馆，歌吹正喧。胖剑客牛正风，美剑客白琦，正为歌女六人围索唱资，窘态可掬。小霞入店，见状哂之。白惊女美，不觉痴立。

　　晚饭后，龙过小霞窗外，拾得女堕地之蔷薇，珍藏胸袋中。龙爱小霞，但素性沉默，深情不表于外也。龙家固富有，但无手足行，时感寂寞。后在酒店闻牛正风白琦弹琴高歌，因与二人识谈。萍水相逢，益形亲昵。

　　次日，行乱山中，众马贼突出劫物及女。龙飞骁战极勇，但匪众，幸白琦牛正风二人驰至相助。盗去，龙强邀牛白二人到庄小住。即在园中结拜为异姓弟兄，刺臂血入酒共饮，愿同生死。

　　数月以来，牛白留住龙家庄，与龙飞共习武艺。龙飞为长，称龙大哥、牛二哥；白琦最幼。虽异姓，深情不啻手足。三人中龙飞剑术最精，弓箭尤超绝入神。同时，白琦与小霞私相爱慕，龙不知也。龙亦深爱女，但迄未敢一吐其情。蔷薇之瓣虽干，仍为龙珍藏；但小霞芳心，已为先进者所得。譬之采花，白得者蔷薇；龙得者，残余

---

[1] 原为句读。

尖刺而已。

某日,众出猎庄外。龙独与小霞赴山泉取水。龙纵胆嗫嚅云:"有人甚爱女,未知女意奚若?"女误以为龙代白琦求婚,羞云:"白乃佳少年也。"龙惊悟,力饰己情,强笑贺女。时白琦忽怀疑,踪二人到山侧,遥见二人亲昵情形,疑女背己而与龙私,悲震欲绝。后当众发言辱女及龙。龙击之仆,嘱向女谢罪。白益癫怒,逼龙与之比箭决斗。龙愿自死,允之,故偏射不中白。白射伤龙臂,兄弟之情触发,不能复射,泣前跪求龙恕。小霞怒白,誓与之绝。后龙代白求情,女誓不可,然芳心片碎矣。

次晨,白欲别龙他去,忽匪军大至。首领铁头陀,凶残暴烈。闻小霞美,率众逼庄,求女,并索纳巨款。庄众惊惶,欲屈从其命。龙等力持不可,当众慷慨演说,激起义愤,誓与死抗。龙一人先出战;白争死,力欲先出。龙变色,下令责白守庄,盖龙乃庄众共举之首领也。遂率村勇数十,猛扑众匪。匪首铁头陀,擅外功,刀剑莫能入。龙与死斗,伤腹,束带更战,终至力竭昏仆山泉侧。铁头陀心腹毛二,怀仇自投庄中,发铁头陀隐,云喉部可以刺伤。白飞马独出寻龙,龙创重待毙矣。白悲愤如狂,匹马驰入匪丛,遇者皆死。寻得铁头陀,力刺其喉,死之。匪众溃散。白泣返,龙已奄奄一息。嘱小霞与白琦和好。后牛为弹唱《蔷薇女儿歌》,微笑而逝。

龙死,庄人葬之在卯山巅。每当斜阳西下,暮色苍茫时,村众恒息工默祝其英灵不朽。其生平风流轶事重重,乡曲故老,恒乐述之。

九 花 娘

出品　大中华百合公司，1929 年
编导　朱瘦菊
摄影　周诗穆
演员　林美如　郑逸生　吴一笑　郑超人　张扶风　吕智元　郑基铎

《九花娘》电影取材清末公案小说《彭公案》，由朱瘦菊编剧。其电影本事无署名，原载《快乐周刊》第 2 卷第 4 期（1929 年）。

本　事[1]

　　清康熙时，宣化府妖妇桑氏九花娘者，夫死荒淫，假跳神施药为名，诱惑青年男子。巡抚彭公过其地，闻九花娘妖言惑众，遣卫士徐胜往探究竟。九花娘所居曰迷人馆，往来多绿林之豪；而宣化府知府王连凤亦与有染。徐奉命夜探迷人馆，觇九花娘方调笑一美少年不从，又顾而之他。值旧欢来，妒奸相杀，血染妆阁。徐呼九花娘出欲捕之，不料九花娘有迷魂药帕，致徐转为所执。时九花娘因所欢被杀，情欲正炽，察徐貌美心动，愿以身事，徐伪应之。方对饮间，徐友欧阳德、刘德泰同来接应，因得救徐于危。而九花娘知众寡不敌，逾垣遁去。
　　九花娘之逃也，欧阳德追之不舍。入山失九踪迹，口渴力乏，叩一古庙索饮，岂知庙即九花娘兄桑仲所居。兄妹设计，进药迷欧阳，而纵火焚杀之于山麓。比徐刘踪至，仅得欧阳遗物，及残烬一堆而已。
　　欧阳德有徒曰武杰，少年英雄，不让乃师。闻其师惨死讯，誓得九花娘而甘心。顾九花娘兄妹知官中缉捕严，匿于靠山庄母桑妪处。妪亦设黑店，以杀人劫财为生者。一日，武杰适来投宿，为桑妪以药酒迷倒。方操刀欲杀时，九花娘来，睹武少年悦之，请于乃母，以药解之醒。武叩姓名，知为杀师仇，乃不动声色，设计将桑氏一门迷倒。翌晨，载以牛车，赴府署报案。不意知府王连凤为九花娘情人，见状，转纵桑氏母女而杖武杰。武跃垣逃，泣诉于彭公。次日，王知府伴九花娘母女返庙，而彭公亦率兵来捕。知府虽成擒，但九花娘仍乘间逸去。
　　武杰心切师仇，请于彭公，偕徐胜变装访九花娘踪迹。时九花娘方匿于武林庄土豪马万春家。马固其旧欢，置酒相饮，适为武等知。夜入探察，庄中多机关埋伏，幸二人机警，得入虎穴。但卒为马觉，率党包围，终以众寡不敌，武杰中毒药镖，而徐胜亦为马所捕获。

---

〔1〕 原为句读。

武虽中镖,犹力疾逃,踣于中途,幸其师欧阳德来救。盖欧阳被火烧时,为乃师红莲和尚所救,故欧阳出家为僧,此日奉师命来救其徒。武告徐胜犹陷庄中,师徒乃同往救助。斯时徐胜方为马万春缚于庭上,欲开膛取心,正千钧一发时,得欧阳师徒来救。同时彭公亦举兵围庄,诸匪一鼓成擒。彭公感欧阳之义,欲请还俗。不意空中突现红莲长老,云拂一挥,欧阳腾空而起,至云中与红莲同时隐去。彭公等惊奇不已,不禁为之五体投地焉。

关东大侠（第1～2集）

出品　月明影片公司，1928年
编剧　文搏九
说明　文搏九
导演　任彭年
摄影　任彭寿
布景　刘旭升
书幕　沈葆礽
演员　查瑞龙　伍天游　邬丽珠　汪翰成

《关东大侠》电影第1～2集[1]由文搏九编剧。其电影本事署名津津，原载《大亚画报》第177期（1929年8月30日）。

本　　事[2]

津津

　　查士雄关东沈阳人，见同里恶霸杜虎豪，强掠孙明甫妹，愤而杀之。亡命入关，转徙江湖者三年。一日，在山东道上，见黑汉横刀拦劫少年，士雄飞镖中其腕，救起少年视之，则孙明甫也。乃结拜为弟兄，相将往彼姑母家。会孙表妹兰珠，被报国寺八臂僧劫去，黑汉即其爪牙。查孙二人，因寻妹误入红崖山，陷入机关，被盗所擒。盗首窈娘，姿容曼妙，蓄志复父仇而改男装，据山自晦，俨然寨主。擒查孙二人，搜出玉鹅，谂查为姨表之亲，乃相偕往报国寺。窈娘勇迈直前，不幸与明甫皆遇擒。士雄进寺，闻哭声救兰珠出，经数番恶斗，始救出窈娘。合力破贼，放火烧寺。讵兰珠又被掠，明甫被缚断崖上，割绳待死。赖窈娘士雄救之脱险，更跌杀凶僧，尽缚众寇。明甫兰珠，惊喜交集，正喁喁作情话也。报恩寺既破，第一集暂告结束。窈娘为报父仇，只身走鲁西，探得仇雠吴虎臣，已为鲁西镇守使。途遇程鬼剪径，擒而纵之。窈娘夜憩其家，程夫妇谋杀之。机泄。于一场恶战后，火其宅引去。明甫由水道间程鲁西，见邻舟青年为数盗所厄，奋身救之。青年系国民军中尉，劝明甫投效，明甫允而从之。窈娘至鲁西，乔扮卖花女，出入镇守使府颇熟。会国

---

[1]　至1931年共摄13集。
[2]　原题名《〈关东大侠〉本事抉微》，为句读。

军讨吴，炮火正红，虎臣独声色自娱。窈娘乘机行刺，一再不果，反为所擒。正千钧一发时，明甫率奇兵袭至，攻入镇守使府。窈娘得返危入安。仇雠立雪，恩怨分明，窈娘亦服务国民军中。于是第二集又结束焉。而第三集尚有惊人事迹，不久即可相见于银幕矣。

乾隆游江南(第1集)

出品　天一影片公司，1929年

编导　邵醉翁

演员　张振铎　秦哈哈　胡　珊　陈玉梅　邵素霞　傅继秋　葛福荣　魏鹏飞　严秉衡　尤光照　陆笑兰　马东武

《乾隆游江南》电影第1集[1]由邵醉翁编剧。其电影本事无署名，原载《新银星》第2卷第13期（1929年9月15日）。

本　　事[2]

逊清一朝，当乾隆时代，号称升平。然汉人复明之念，仍未稍替。职是义侠辈出，奇闻快事，丛起于朝野者，甚于他时。惟游江南一事，最脍炙人口。其中马迹蛛丝，盖亦足以觇有清一代盛衰之所系焉。

夫乾隆以一朝帝子，曷为舍辉煌壮丽大可百里之宫庭而不居，偏喜游戏民间，至再至三，岂真欲勤求民隐耶？盖帝喜动恶静，好名务高。又以乃祖康熙，有九上五台之事，流为世人所称道，心窃慕之。故暗谕内阁，掌理政事，己乃乔装易名，遂开南巡之端矣。

斯时路政设备未周，往南之道，必循东鲁。帝经瑞龙镇，以山明水秀，景物可人，买醉于聚升楼上。饮竟始觉忘带银两，因商诸酒保，偕往旅次收取。酒保难之，致起争执。事闻于楼主李四，四固地痞者流，以膂力过人，有铁臂之号，恃帝客籍可期，欲褫其衣返债。帝怒而拒之，一时杯盘作蝴蝶舞，椅桌悉成兵器。怒愈炽，斗愈烈。座客素慑李四威，无敢出为排解者，且尽为鸟兽散矣。

维时有一少年至，询问颠末，乃训诫四而偿其资焉。帝见少年，慷慨有礼，颇爱之。叩其身世，始悉亦故家子，少孤，周姓，曰青名。乃往白其母，收为义子，嘱其随侍南下。日青以寡母为念，帝因代筹安家之策，致泄露行藏。帝既偕日青买棹南渡，至老河口，波平如镜，心境为之顿开，乃闲眺船头，怡然自适。忽风雨骤作，波涛大兴，舟偏侧者频，势将倾覆。日青股栗不敢动，帝神色自若，取定海珠，随波掷去，瞬息之间，风浪平静，稳渡而过。陡见前面高崖，有一妇人跃下，意图自杀者，亟命日青率伙救获，得庆更生云。先是金平县有劣绅区仁山者，好渔色。偶以索租过佃农张伯鸣家，涎其媳高氏美，百般献媚，欲得而甘之。顾女艳如桃李，而冷若冰霜，区

---

[1]　至1931年，共拍摄9集。

[2]　原为句读。

无奈乞计于东席曾某。某故善窥主人意者，为筹一策，区称善。某乃伪云区命以痛失掌珠，拟乞女作螟蛉，俾承欢膝下，稍解哀思。商诸女翁，翁素厚道，以为区能如此降尊纡贵，实为难得，径以告女。女知非善意，白翁婉却之。区计不得售，恼羞成怒，遂贿通县吏，诬其夫为盗，下诸囹圄。女痛夫被捕，又以翁借款往求不成，知祸由己生，不如一死以绝区念，或可保全夫家，讵为帝救。帝既廉得其情，遂命日青护女归，己则径往区宅。区恃势焰，捕帝送县。县长胡涛污吏也，贪财罔法，与区盖上下其手，遂加帝以同党罪，而琅珰入狱矣。

要知乾隆如何出狱，土豪劣绅如何伏法，以及皇帝争风，公子吃醋，搬是非师爷巧弄舌，捉强盗，提督莽兴兵等等，香艳滑稽，俱详续集。

火烧红莲寺（第4~5集）

出品　明星影片公司，1929年
编导　张石川
说明　郑正秋
摄影　董克毅
置景　董天涯
美术　张聿光
演员　王献斋　周　枋　陆　婉　李振声　郑超凡　冯志成　沈丽霞　萧　英　王梦石　赵静霞　黄君甫　谭冯珠　朱秀英　董湘萍　徐绣文　岑雪琴　谭志远　俞　慈　郑小秋　汤　杰　胡　蝶　王意曼　夏佩珍　王吉亭

《火烧红莲寺》电影第4~5集由张石川编剧。其影戏小说为宋痴萍撰写，原载《电影月报》第11~12期合刊（1929年9月15日）。

影戏小说[1]

痴萍

第4集

万清和因官军进剿，黑山不能守，挟朱复胡舜华二孩，隐身而遁，将赴茅山，托庇于其师末底祖师，冀遂其卷土重来之愿。甫抵茅山，智远师以金罗汉吕老之函告，亦至其地。万不及避，师作法惩万，令悬身树上，飞石遍击其体。万创甚呻吟，师始携二孩去。自此二孩潜心习艺。而甘瘤子常德庆等，犹日蹴杨赞廷，图访能人，以偿其报仇之念也。

吕老之徒柳迟，奉师命采药名山。药名过山龙，非山间恒产，久之始得。不幸复为杨赞廷之徒庞福基所见，与柳争药，遂大哄。柳不敌而逃，庞穷追不肯舍。沈栖霞道经其地，力为解纷，且携柳同返。时吕方受红姑之托，来为桂武联珠向沈疏解。沈已知原委，前嫌尽释。柳见师呈药，并道与庞争药事。吕亟慰之，授以灵符，为护身之具，令更往深山采他药。柳既去，沈笑问曰："兄行年如许，辄喜与人闲事。老有童心，亦有厌倦时乎？"吕亦笑曰："世间闲事正多，吾人安能尽问，适逢其会，聊以遣兴耳。今果有一闲事，将往参与，姑先述其已往，以作清谈可乎。"

吕曰：某邑杨姓，士族也，翁媪垂垂老矣。一子祖植，娶于他邑叶姓。两家相距

---

[1] 原为句读。

辽远，中途经一竣滩，交通至感不便。祖植方与其妻携一生甫三月之幼子，朝其岳家，一往经年。翁媪苦忆其孙，驰书祖植，谓儿媳留或可，必先遣使护爱孙归，以遂含饴之乐。祖植得书惶恐，未几雇舟偕返。一日儿从乳媪嬉于鹢首，仓卒堕急流中，捞救不得，祖植夫妇大恸。念归家何以慰二老，最后祖植从妻言，泊舟近埠，悬巨金购贫家子之类己子者。盖离家时儿犹未百日，岁星一周，二老或不能察也。然儿发顶有异痣，此则巧合非易。幸其地有钟姓业成衣者，生六子四女，无力养赡。襁褓一儿，绝类杨子。虽稍长数月，以生于贫家，瘦小殊甚，乃以千金致之。抵家，翁媪果不疑，祖植夫妇，惟暗中流泪而已。杨子字继新，阅二十年，翁媪皆卒，所娶妇亦死。祖植夫妇以非亲生，遇之殊落莫，无意为之续娶。继新家居闷甚，请于父母，挟资出游，将以物色佳丽。而良缘遇合，其间尚多奇迹。即顷所谓将往参与之闲事也。述毕，乃与沈别。

杨子游踪所至，辄勾留数日，从事于采风问俗。一日道经某处，闻乡老聚谈，谓其地轻文重武，闺秀皆娴技击，懦者且不得妻。杨默念习俗如此，求凰复安有望。逡巡至一山侧，欲图小憩。一女郎迎面来，丰神绰约，体态轻盈，凌凌微步，几欲被风吹去，讶曰："个妮子岂亦好勇斗狠者耶？途人之言，殆未可信。"因目注女不稍瞬。女亦盈盈流盼，若有深情。忐忑间，忽有抚背者，回视其人，苍髯一叟也，遥指女郎顾杨曰："良缘在迩，好自为之。"言讫叟踪已杳。杨不识吕，疑为仙也，大喜逾望，亟就女去路寻之。左转见有层楼叠阁，傍山而建者，俨然富贵之家，徘徊门次，未敢遽入。门内花影扶疏，又一女郎，方率群婢吸水灌花，神光离合，视前女尤美，惟眉宇间似有隐忧。时前女忽从室中驰出，就灌花女含笑低语，隐约似言顷间山麓与己道遇事。且言且行，渐为大树所蔽。杨为之痴立，不能举步。忽又有抚其背者，回视亦一叟，年龄较顷见者稍弱。初责杨不应窃窥人家闺秀，复谓此间风俗尚武，惟己则否，故弱息皆不习武。子读书人，曷入室稍憩乎？

杨得意忘形，径随叟入。叟自言室有二女，山边巧遇，当是天缘，愿以次女事君子，斥家资之半为奁赠，今日良辰，便当合卺。杨不虞厚奁美眷之相逼而至，惟觉喜心翻倒，无可择辞，则举手荷荷而已。移时妙鬟纷集，为易衣冠，簇拥至礼堂。女亦严妆而出，其状绝非咄嗟能辨者。中心虽抱疑念，然亦无暇诘询。比入洞房，侍女皆退，杨前与女语。女默然不答。乃趋而搂之，女举手相格，娇声斥杨卤莽。亟向谢过，女已不见，遍索室中又不得。微闻声在室外，出视仍杳。惊疑万状，拥衾独卧。达旦始入梦，而女已坐榻畔促之醒。诘以夜间何往，笑曰："侬固在室。子何以初则无礼于侬，既复置侬不理，令侬枯坐终宵，而子乃酣然高卧耶。"杨闻语愈疑，幸女能假以辞色，不似隔宵之凛然难犯，则亦安之。然语稍狎，作色如故。是夕深具戒心，以正言速女就寝。女不答，亟抱持之，人影又杳。卑辞乞恕，终不复见。次日晨起，询之侍女，谓新人以受惊成疾，今方将息姊所。杨欲亲往负荆，侍女又不许，谓长女公子性刚，不可以非礼干也。杨闻语嗒然，乃微步入园，瞥见灌花女自花间冉冉来，遂尾之行。及门，反身责之曰："死在临头，尚佻达向人耶！"杨大恐，跽而请曰："鳡生死非其罪，姑能援手，没齿不忘大德。言不由衷，有如日。"曰信耶，因授以免祸之策。更问其详，已翩然而逝，杨亦姑妄听之耳。返室女已先在，笑语甚懂。杨忆及灌花女所授之策，徐行至女身后，陡揭其冠，遥掷庭中，更猛持之强为欢好。女不能遁，但呼冤孽。杨得亲芳泽，喜出望外，絮絮向女作情话。女黯然曰："事急矣，速遁犹可及。"授以竹竿，竿头缚一雄鸡，谆嘱曰："郎负竿疾驰三十里，闻竿头鸡鸣，即弃竿更驰二十里，待侬于槐树下。"杨犹坚叩其故，且请偕遁。女恚曰："郎不欲生耶？急行乃可免。"杨遂驰去。

移时，女往报于叟，谓个郎遁矣。叟大怒，将自往追之，既又变更初志，以飞剑蹑杨之后。返剑，验有血腥，以为杨果死，置不复索。不知杨驰三十里，骤闻竿头鸡嗷然作声，骇极释竿而奔，复二十里，晕仆槐树下。方彷徨无措间，女乘黑马而至，执手劳苦，恍如隔世矣。

第5集

杨继新力驰五十里之长途，颠顿于大槐树下，忽闻马蹄声自远而近，以为追者将至，惶悚不可堪。既近，识为女，则大喜。亟问其故，女曰："郎行，老人怒甚。赖姊一言，改用飞剑。剑返，验有血迹而信。实则堕吾二人彀中矣。"杨讶问老人何为如此。女泣谓老人非吾侪生父，吾侪亦非同胞。老人初列金罗汉吕爷门墙，名刘鸿采，华姓其伪托也。十年前，因为恶无行，为吕爷所逐，愤投红云老祖之门。善使邪术，设美人计诱致文人，摄其魂以炼百魂幡，死者已八九十人。寻常之人，以侍婢蛊惑之。其不易致者，始假手于吾二人。吾侪雅不愿为此丧心事，徒以为所劫持，不能自脱。然连夕不欲近郎，即不忍致郎于死也。言次，灌花女亦御神鹰而降。询其何以能来，谓老人知妹盗马远遁，怒发如虓虎。吾傍立震恐，忽有红云一朵，飘坠室中，云间现一字帖。老人拾视大惊，命吾等速退。吾入园，吕爷命乘神鹰至此。杨闻言亟谢援救之德。吕忽翩然出现，笑曰："汝曹速往隐居山麓柳大成家少憩，予当即至。"更出珍宝二盒，授二女曰："此皆汝曹旧物，为刘掠取者，今归原主矣。刘已为红云老祖拘系，十年之中，决难自由。予尚须小作勾留，借谋善后。汝曹可速去。"二女哭问身世，吕慨然曰："今何时乎？而可从容为汝曹言身世乎？姑俟他日，当有以餍汝曹之望也。"二女不得已，与杨受书别吕而行。

柳迟自沈栖霞许别其师吕老而出，即兼程回籍省亲。其父母因子壮而未娶，将为议婚。柳婉却之，谓奉师命入山采药，少息即去，婚事可缓也。逾日，柳于途中复遇庞福基，庞怀栖霞祖柳之恨，重与寻衅。柳已得遁甲符，庞遂被创，狼狈引去。时吕正不惮烦劳，分遣华氏诸婢，使各宁其家。事毕即至柳氏，则杨与二女已先至。于是吕乃举二女之身世相告。

吕曰：二十年前有江湖卖解之韩姓夫妇，携一女采霞，奔走求食。抵某埠，谒埠之虎而冠者钱锡九。钱故武举，拥资产甚巨，好招纳亡命，横行乡里。四方谋食者至其地，必登门展谒；否则钱戒乡人弗给资，将潦倒不得一饱。其女弟之夫蒋育文，亦依附于钱，时为设策，颇多助虐之行。是日韩姓三人入见，钱目采霞而艳之，图娶为妾。韩不可，蒋目击其事，归告于妻。蒋妻故不直其兄，斥为造孽。而韩终屈于钱之威劫利诱，忍痛署卖女之券焉。

纳宠之夕，贺客盈门，钱轰饮大醉，踉跄入室。采霞逆谓之曰："子固武人，弗遽谓弱女子可欺也。请先角力，胜则从子。不胜当还我自由。"钱大笑曰："妮子疯矣。柔条嫩枝，敢与而公角耶？"霞曰："弗大言，必一试以决从违。侬仰卧于此，子能于三夕之中，擘侬双足相距至一尺又半者，子胜矣。"钱益笑不可仰曰："此何难？一夕已足，焉用三夕？"及试，力尽而双足不移一黍。次夕虽经一日之锻炼，实力已增，身起而足仍如故。钱大窘，运其全力，以图第三夕之最后一试。适蒋来，见而异之。钱告之故。蒋曰："力不敌，当以智取。"因授以计。钱喜甚，如言设置。比夕，钱奋力举霞之足，霞身微动，陡觉腰际为金类尖端所刺，受痛气泄，双足遂分。于是饮泣践言，沦为侍妾。蒋归而自诩多智，其妻问之，则痛斥之不遗余力。久之，霞知谋出于蒋，衔之次骨，誓必报复而后已。逾年产一女素玉，即杨继新之妻。蒋氏亦产一女琼姑，稍长于素玉，则灌花女也。

钱受采霞浸润之谮，与蒋失欢，两家戚谊，几绝。一日，蒋氏所畜牛误入钱氏墓道。管墓者系其牧人，驰告于钱。钱痛责之，且缀小旗于牧人之背。旗各书数语，语多辱蒋。牧人归，蒋见旗大愤，商诸食客。有解堪舆之术者，谓择地启建新屋，可破钱氏阴宅风水。于是鸠工庀材，克期兴筑。钱侦知之，率众而往，见墙基已就，则催毁俱尽。蒋得讯益愤，誓大举以图一逞。钱自知理曲，正筹对付之策，采霞遣婢速之入室曰："基地彼所自有，与争必不直。不如挽人调解，以求息事。"钱踌躇曰："破财犹可，如颜面何？"采霞悉屏侍婢，密语钱曰："言和非示弱，实欲弛其戒备。我有家传熏香，人嗅之可七八小时弗醒。持香夜往，迷其家人，然后举火焚之，岂非一网打尽乎？"钱大喜，力赞其能。二人方谓机事至密，不意属垣有耳，其事已尽为刘鸿采所闻。刘于次日复易装伺蒋氏门外，见琼姑，惊其根基深厚，蓄意拯之，因蹑采霞之后，而霞不知也。

采霞夜入蒋氏，爇香四煽。括其珍宝，睹琼姑清秀，负之于背，积薪屋之四周，而纵火焉，室中人遂无一幸免者。霞直超一山洞中，置琼姑及珍宝，潜身回宅，竟刺钖九死，亦尽取珍宝并携其女素玉出。刘惊其凶残，仍尾之不舍。抵山洞，琼姑醒而啼，霞虑事泄，将手刃之。刘至此不复能忍，亟出力毙霞，携二女及两家珍品而遁。故二女非同胞，尤非刘女也。

吕述毕，二女大恸，经人劝止乃已。金谓素玉曰："汝已有托，琼姑亦有良缘，但须稍待。"复谓杨曰："汝骨肉不久当团聚，今则此间小住为佳也。柳老请为其子主持姻事。"吕笑曰："毋急急，时至自谐耳。"

儿女英雄（第3集）

出品　友联影片公司，1929年
总监　陈铿然
编剧　徐碧波
说明　徐碧波
导演　文逸民
摄影　姚士泉
布景　陈梅囧
剪接　叶仁甫
暗房　张克澜
书幕　沈剑豪
演员　范雪朋　文逸民　时觉非　尚冠武

《儿女英雄》第3集（一名《十三妹大破白云庵》）由徐碧波编剧。其电影本事为徐碧波所作，原载《电影月报》第11～12期合刊（1929年9月15日）。

本　事[1]

碧波

　　友联影片公司之武侠影剧，称雄于世也，以《儿女英雄》始。《儿女英雄》主演十三妹之范雪朋女士，凤娴武术，以故自首集《儿女英雄》行世后，观影者莫不知有饰十三妹之范女士。去年曾出续集，其受人欢迎之程度，益觉增高。今春友联得国外片商之敦促，续出三集。因仍求文逸民君导演，范女士主演，复加入《九曲楼》中主演军阀之尚冠武君，益觉虎虎有生气矣。兹将本事宣告如下。

　　续集表演至虬驼脱逃，安骥何玉凤，法场出险，六亲聚会，倏然而止。孰知虬驼实为后患，掀风作浪，复于三集中大显身手焉。
　　三集开场，即紧接续集。安骥无何即中式，南归淮扬之绿杨村，在家温理故籍。玉凤（即十三妹）暇辄授馨儿以武艺，举家融融焉。
　　府饬某差官，持委骥为盐城知县之札，直趋淮扬，但不识其居处。而金毛狐之羽党虬驼因一意愿报其主之仇，时徘徊于绿杨村之四周，有所图谋，而苦不得其居址。某差官过其地，意彼即村中人，因叩之，虬答亦不识。时有乡人行经其前，乃指示之。

---

[1] 原为句读。

虬大喜，尾随其后，备深宵往行刺。

距安家三里之遥，有白云庵。住持老尼云秋，不修戒行，青皮俞逸风即为伊强有力之面首。虬驼入内小憩，尼与素识，因讯其近况。虬遂述其师辈如赤面虎、虎而行者（首集）、金毛犼（二集）等，尽为十三妹所杀事。刻已探得其地址，誓复此仇。尼等谓玉凤技强，非常人可与匹敌，不如请住在猫儿墩之海马周三师兄黄勇相助，必能有成。虬因倩其作书，饬庙祝送往。

王桂芳早失恃，系姚清影（二集）之未婚妻。乃父以家贫，不能复赡女，遂送之往姚家。中途被黄勇见，涎其色，踣老人于地，而挟女去。正欲行强时，适白云庵信至。勇见书，因约定当晚在安屋后，集合行事。

桂父失女，大哭。路人有怜之者，因告以十三妹仗侠好义，往诉之，必有益。桂父应谢去。

安家得委札大设贺宴。邓九公因病不克至，乃令婿褚一官往贺。尔时尼庵送信人归，见安宅盛况，以告尼虬，且云勇约夜半集合焉。

虬驼青皮越墙进安宅，黑影为十三妹见，拔刀追之。虬等逸出，黄见状乘虚掩入，见骥瑟缩屋隅，面桌上有委札，亟攫之去。虬等为玉凤逐去后，凤归，家骥以劫札事告之。凤复出追踪，而虬等乘虚复入，劫其子，以诱凤去焉。

一官遇此扫兴事，阑珊而归。遇桂父哭甚哀，询其事，遂指示赴安家之途径，且自愿赴猫儿墩援桂。既至，正在解缚，而勇突至，一官亦被擒。

虬等劫儿而去，置于庵之上层机关中。

黄勇将委札交其党徒送虬驼，徒以少见，因窃窥之。而十三妹突至，在窗棂间，见一官与一不相识之女子同绑，因授刀一官，使调虎离山计，夺回公文。俄勇出，与十三妹酣斗，一官则剪灭其羽党。勇不敌，无意中，翻倒一灯火，延烧其屋，玉凤亟负桂芳出而屋亦适毁。

安骥开门，忽一老人颓然倒入门内。老人盖即桂芳父也，因述明原委，安遂纳之入。

骥持剑偕书僮出觅其妻子，以倦极，入白云庵暂憩。被虬驼所见，将骥捕去。僮幸得脱，骥被困在下层机关之内。

馨儿见机关中，有一绳下曳，大奇，因取碎玻片割之。讵此绳通下层机关之美人榻，绳断，则乃父之性命危矣。

玉凤归，桂芳父女会合，资以金而令去。桂父在中途，遇安僮仓皇奔于路而绊倒道旁小贩之担，正在交涉。桂芳即以玉凤予资代偿之，且往报官焉。

安僮将骥被擒事告玉凤，凤乃驰往庵中，经过各种危险曲折之机关，而得庆安全。旋官兵至，将虬驼黄勇捉去。

安骥玉凤馨儿一官等，既庆出险，而人丛中瞥见桂芳父女，因始知往报官者，即是王氏父女。更谂桂芳乃姚清影之未婚妻，姻缘会合，殊巧极矣。

侦探之妻

出品　华剧影片公司，1929 年
编剧　谷剑尘
导演　张惠民
摄影　汤剑庭
演员　吴素馨　张惠民　周鹃红

《侦探之妻》影戏小说署名华华，原载《电影月报》第 11～12 期合刊（1929 年 9 月 15 日）。

影 戏 小 说[1]

华华

　　滨海某城，繁华甲天下。有 X 党者，密组机关，推草上飞为首领。草上飞谙武术，工心计，杀人越货，恒子身往。尝以案发，为私家侦探纪克仁所缉获，比徒刑五年。期满释出，衔戚誓欲复仇。知纪与商人女吴美艳结婚，乃诣书警告，有"吴女士贤淑多能，此间正广招女党员，拟介绍加入，先此奉告"等语。助手孙国辉，以来函突兀，属预防他变，纪就与吴商，吴言亦与孙同。但纪以事近恐吓，听之而已。

　　纪宅面街，时街中忽闻喧闹声，辟窗俯瞰，见有豪奴若干，拥戏一卖花女子。纪不觉义愤填膺，疾去街心击退豪奴，而援之归。女自言金姓，并识豪奴中之一为草上飞部属。翌日，女复来纪家，邀往一古庙，谓闻人言 X 党总机关，即在是庙中。纪不之信，遂偕女与吴同往，借以视察一切。吴随女游他殿，果落贼陷阱。纪战败群丐得免。群丐者皆为 X 党员所改扮，用以掩饰人耳目，而传递消息者也。

　　纪以爱妻失踪，并以丐等攒殴之形迹可疑，恍然觉悟，乃乘机潜入。果见所谓卖花女者，施施自外来，登佛堂，启机关而入。纪至是方知卖花女，系党人中之引己入网罗者。亦不惧，即随之，不幸身中机关，被装于一木箱中，由党员胡良，驱车载至海滨，俾掷入海底。讵中途遇他变，纪竟庆脱险，并缉胡良而归。

　　先是纪从高人游，习得催眠术，能施术于人，使受术者为己用。于是以胡良为试验之具，命入党窟，侦所秘密。草上飞疑纪已死，而报章亦遍载其死状。（系纪所嘱托）比胡良归告，草益信无疑，乃议举行庆功宴于皇后饭店。

　　翌午，私家侦探纪克仁，因利用催眠术，得胡良之私密报告，即来饭店布置一切。藏警长与警士等于另一室，自与助手孙国辉，化作西崽，周旋于宾客之间，以待其变

---

[1] 原为句读。

动。讵为草上飞所觉,故授两束以警告之。纪知事已失败,乃与警长讨论办法。时忽有一警长至,谓系本区局长所派,因皇后饭店;有著名匪党举行宴会,不能不来一调查也。顷见十七号果有草上飞者在,而公等已先我而至,则不如以迅雷不及掩耳之手段捕之可耳。于是遂至十七号室,众即就逮,独草上飞不见。询之,众谓已去长安路板屋,因押众党人驱车去。此另一警长即系草上飞所化妆者,故纪技又以失败告矣。

某日,忽其丈人峰吴逸夫来一大劫案,请纪前去查勘,纪难之。会有女伶花非花者,为某舞台台柱,有艳名,亦有财名。X党函诈三千金,花女亦来求助于纪。纪不忍拒之,乃授计而去。次夜,草上飞果只身而入,逼女交三千金如数。女哄其稍坐。草胆大不疑有他变,欲肆搜劫,不料纪等俱至,草遂束手就缚。草上飞临行时,曾命令党员将侦探之妻吴美艳装入木箱,掷入海底。以抽签法,决定小金为执行人,将吴重加捆缚,装入一木箱中,由小金负之出门。而纪所化装之草上飞已冲入,众以为首领至,向行礼,但为兰姑娘所识破。纪不得已即命上前捉拿。一场激战,诸党人俱被伤就擒。助手孙国辉闻木箱人声,已启箱将吴扶出。于是私家侦探纪克仁夫妇,得重庆团聚之乐。官厅判置草上飞等于法。后大侦探之名,亦几妇孺皆知矣。

偷 影 摹 形

出品　华剧影片公司，1929 年
编剧　汤剑庭
导演　张惠民
摄影　汤剑庭
演员　张惠民　吴素馨　盛小天　王金彩　沈丽霞　蒋尘影　周鹃红　丁华氏
高冠豪　张剑英　吴素素　林鹏飞　程爱珍　程巨轩　黄景鈉　陈恩培

《偷影摹形》电影脱胎于粤剧，汤剑庭编剧。其影戏小说署名剑尘，原载《电影月报》第 11~12 期合刊（1929 年 9 月 15 日），《新银星》第 2 卷第 13 期（1929 年 9 月 15 日），以及《电影本事》第 1 期（上海印书馆，1931 年 4 月）。

影 戏 小 说[1]

剑尘

　　解甲归田之林上志，有掌珠曰者香，丽质天生，姿态嫣然。名门豪奴，争委禽焉，而咸为女峻拒，故笄年犹待字闺中。会春光明媚，乡中人多作踏青之举，美景良辰，正人生行乐之时。女亦未能免俗，随父作西子湖之游。

　　少年梁可德，亦宦家后裔，精于骑射，英才焕发，而困于名场。是日亦驾艇容与中流。湖山入抱，乐且忘倦，忽闻鼓噪声与呼救声自远递至。声为一艇所发，艇为女所占，失足堕水中，势将灭顶。生瞥见，急跃入，泅而拯之起。女父上志，见生谈吐风雅，举止端庄，视时下不可多得之英俊子弟，以是竟有选作东床之意。而女则芳心可可，亦颇首肯。惟女母巫氏以生家道中落，门户悬殊，深鄙弃之。既事闻于恶少巫良显。巫为女之中表亲，家道殷厚，而不检于行品。雅爱女，女母将妻以女，第见阻于女暨上志。及知上志有以女嫁生意，乃阴谋破坏之策，贿金使冯六嫂，矫名约女与生相会于清水桥上，欲图谋害。是夕，更深漏尽，月明星稀之际，女与生果相会于桥头。值情意缠绵时，施其迅雷不及掩耳之手段，掷生于水中。女惊失色，午夜苦难施救，彷徨而归。幸生精事游泳，得庆更生。疑女另有所欢，故设计害己。生性本超豁，不愿以有为之躯，陷身情网，作无谓之牺牲。比脱险回家，即修书别其兄可贤，函中有"孔怀兄弟各东西，隐姓埋名他方去"之句。可贤得柬，苦思弗解弟意，但陨涕而已。

　　女既遭意外之变，母氏之煎逼频至，精神痛苦，殆不堪状。爱生心切，有我虽不

---
[1] 原为句读。

杀伯仁，伯仁实由我而死之念，遂蓄意出家，以免除尘世一切之烦闷。

上志知女不别远出，以为生因婚姻不谐，约之私奔。复经巫氏媒孽其间，亦一变故态，恨生如刺骨，亲造其宅，径与生兄可贤理论。可贤虽长辩才，口齿便给，亦无由取信于女父。势将控之有司，为息事宁人计，允设法访查于尘海之中。

女离家后，至长春镇，困于恶奴手，将劫售于勾栏。幸得长春酒店父女救而免，以是遂寄寓店中。酒店主柳金标者先是亦一绿林豪杰，雄踞一方，往来深山大泽间，无敢敌者。女瑞芝瑞英家学渊源，亦擅刀剑驰骋之术。金标以见厄于镖师，伤其颈乃退居镇中借经纪营生。女既寄寓酒店，除访生消息外，亦弗思作归计。一日，巫以女失踪，适来长春镇，过镇中神庙，无意中获见女，欲用强逼之归。方扰攘间，突有一道装者经该庙，见女与巫状，即谓有一对男女魔影追随于后，设不禳解将成祸患。女与巫俱信以为真，争求驱除。可贤（即伪作道装者）乃佯用符登场作法，并乘间偷影摹形而去。是晚，巫怀歹意，潜入女卧室，欲劫之归。女本与瑞芝同寝一室，惟尔时适在室外河干焚香祷，求天佑生平安。故巫入室，疑瑞芝即系女，遽以黑布蒙首抱持而去。瑞芝恃有胆力，初不抵抗。逮至林薄间，巫在月光下解视之际，一跃上前，痛创巫，巫求而免。

林上志自女失踪，焦灼万状，病不能兴。一日，可贤以所摄之影面呈上志，生之冤遂得大白。上志清恙告痊，迎女于长春酒店，议将巫送官究办。巫闻讯远遁，投入盗党贺天军中，唆以重利，集众来劫林宅。幸得柳金标父女之驰援，得将贺党击散。第遍觅女踪，竟失所在。知已被羽党劫去贼巢，乃复追至匪窟。适生离乡后，隐名为警队长，率警往剿匪，贺等遂就擒，而巫竟跌死。救女出险，于是生与女遂结成美满姻缘焉。

虎口余生

出品　友联影片公司，1929年
导演　朱少泉
摄影　姚士泉
演员　徐国辉　范雪朋　尚冠武　汪庸僧　瞿一峰　赵泰山

《虎口余生》影戏小说署名小椿，原载《电影月报》，第11～12期合刊（1929年9月15日）。

影 戏 小 说[1]

小椿

　　猛虎山居民，性极粗暴，平日以好勇斗狠为能事。领袖余老虎，尤犷悍如虎。一日猎罢归，快马报谓平和县长汪秀如，卸任返故里，行将道出此间，首领可要于途而杀之，俾报二年前大首领被戮之仇。虎然其说。

　　秀如为一贤良官吏，微时与一业镖师之张晓初结为盟兄弟。张已富不复业此，所以护汪者，纯为义而非为利也。任期届满，秀如偕妻沈氏及一佣仆行，晓初亦与俱。经猛虎山麓，遇伏。酣斗结果，汪被杀，张创一臂，以寡不敌众，逸去，俾日后复仇也。沈氏[2]及仆被生擒。虎涎氏色，迫充下陈。沈初坚拒，旋经仆以腹中肉为重事点醒主妇，沈乃以保存遗雏为要求，而忍辱偷生事余焉。

　　阅数月，沈举一雄。虎部下有马谋士，力主斩草除根以绝后患，虎为动。消息被仆闻，密告其主妇。沈大恸，因立以小主交仆奔张家。讵机不密，虎率众人追之。仆经历种种危险，始得跃入一小舟。忽中一箭，然幸脱虎口去。余回欲毒责于沈，而沈已先自尽于室。

　　仆登彼岸后，负主迅奔。抵一古寺前，以创深，不能复前。叩关入，遇印光禅师，因陈其受祸之经历。方述至将送小主与某处时，忽气绝。僧以无法投送，因留养焉。时禅师之武术大弟子空云旁侍，故亦曾详悉其事焉。

　　汪氏遗孤，既由义仆出死入生由虎口中救之，在古刹度其婴孩生活。成人后，复干出一桩离奇变化之事。请诸君注意友联公司第十八次出品《梁上夫婿》。

---

〔1〕　原为句读。
〔2〕　原文作"汪氏"。从上下文改之。

梁上夫婿

出品　友联影片公司，1929年
导演　朱少泉
摄影　姚士泉
演员　范雪朋　陈少敏　尚冠武

《梁上夫婿》电影本事署名永溶，原载《电影月报》，第11～12期合刊（1929年9月15日）。

本　　事[1]

永溶

"虎口余生"结束后之十四年，汪子已成人，印光为题名曰岫云。其师兄空云，则以武技毕业，先数年去。岫在山闲甚，只按日担水数次不得间。如是者三年，岫厌倦万状。一日师出云游，寺事由师之师弟主持，而尤着眼于岫之担水。越日空云忽至，谓岫曰："若亦可下山矣，因有绝好机会在。"岫以师不在，未敢离此对。空云因将乃父惨死事动之。岫大恸，急欲报仇，但又以不能武为虑。空谓若日夕担水，行梅花桩上，已于无形中习得轻身术，飞檐走壁，可如履平壤。因令纵身试之，果然。遂相率潜行下山去。

至河畔唤渡，舟子索值奇贵。二人皆无资，不果去。空因谓岫是间有富室，可于宵分腾身入其第三进屋，窃一宝匣出。苟得，若仇亦当立复。脱遇女子追赶，若只须急遁，勿与斗。岫以报杀父母之仇心切，一任排布，不稍违。入夜如旨行，不幸被获。

是处村规，凡行窃者，由村长处置，杀无赦。岫云戴天之仇未复，竟先肇杀身之祸，大悲戚。

巨富即张晓初，有女名碧筠，年十七矣，美而能武。以村中人皆不足当其青眼，有求凰者，女辄坚拒。空云为晓初内侄，以其师弟岫云，为佳子也，亦以执柯说进。女谓若等若再哓哓，我今誓之，非梁上君子，不为其偶也。空云以故与女母划策，绐岫为贼，而冀玉成其好事。然触犯村中刑章，村长秉公理斥之。旋经晓初求恕，且一再解释原委，汪张卒成大礼。

结缡后，寻知晓初即系父之盟兄老镖师，并由张详述当年惨事。一夜夫妻忽不见，晓知必往猛虎山，与空云亟出追之。比及已见老虎健全如昔，正缚其儿婿将行刑，急加援手，亦就擒；空云亦不能兔脱。四人被维系一起，而投入井中。欲知彼辈生命若何，请观影片结束。

---

[1] 原为句读。

红　侠

出品　友联影片公司，1929年
导演　文逸民
副导　尚冠武
摄影　姚士泉
置景　陈梅囧
美术　胡旭光
演员　范雪朋　徐国辉　王楚琴　文逸民　尚冠武　朱少泉　瞿一峰　陈梅囧　赵泰山

《红侠》电影本事署名意匠，原载《电影月报》第11～12期合刊（1929年9月15日）。

本　事[1]

意匠

西军既下南省，遂长驱入安县。桑村为必经之孔道，老幼闻讯，群相趋避。村中有芸姑者，早失怙恃，依祖母为生。祖氏瞽而瘫，芸姑亦请出亡，祖以废不去，嘱芸自出奔。芸不能恝然去，宁侍祖而听天。时有谢锦章者，佣工收租，余足自给。有一女名明玉，亦聚什物备出走。谢以邻谊，往约芸姑出走，卒不去。

寒素书生文仲哲，芸之中表兄，亦往劝之，且自任背负外祖母责。老人心动，遂行。讵甫出门，被人众冲散。时大军已至，见女挟入车中。文见之亟往牵曳，一转瞬间，女去而老人被蹂躏死。

巨厦中正音乐铮鈦，裸女杂呈，作天魔舞。首领金志满，正豪饮取乐，部下携众女入，金独注意于芸。芸怒披其颊，致于流血。金大怒，命部下尽褫其衣，将强加以非礼。芸衣既被卸，押入室中，金入室反扃其户，意得甚，讵入内不见女，只一老人，正端坐吸淡巴菰。金讶而斥之。老人诉其罪，而加以惩创，援女自去。户外人闻声入，而人已杳。金勒限部下穷搜之。

老人携女出险，抵松林，自陈为白猿老人，能剑术。此次相援，实见仲哲在田壤间哭一妪尸，询悉原委，故驰至相拯。女闻其祖母已死，觅至埋尸处，哭之恸，竟欲自裁。白止之，动以复仇之说，且愿将剑术授之。芸遂拜老人为师。

谢行抵杏城，遇仲哲，相见之下互述流徙之苦。谢云其至友杨某，在辽省为都统，

---

[1] 原为句读。

可往依之，遂结伴行。

三年后，西军已淹有大江南北，国势亦不如前此之骚乱，谢亦归其故园。王即饬金志满守桑村。一日出巡，乡民咸出观望。时谢正得杨函，语气间似有刺取军情意。正欲置复，忽女入，蹶出观军队，函亦忘在案上。佣阿保事主颇忠，见书恐肇祸端，亟纳诸怀，备还其主。

明玉被金见，震其美，借索茗为由，致其猎艳之忱。以非军事时代，不得逞，旋去。谢夫妻送之门外，时室中明玉独留，阿保倍献殷勤，竟上戏词，女斥之。父母归，廉得其情，将保逐去。

仲哲依人庑下，百无聊赖，而尤致念芸姑，幻想迭出，无已时。金自见女后，具必欲得之心，怨左右之不肯尽力，恒以词讽之。左右以无机可乘，咸扼腕不置。

阿保既被逐，怀怨于心，竟以杨函呈金，以证谢罪。左右大喜。侍卫某亟献策于金，谓可逮捕谢，限三日送女至以取赎，否则必兆杀身祸。金然之。计行，母女略一犹豫，已逾期，金乃上表诉谢罪。讵女忽自投，金乃虚与委蛇，驾言款亲，而仍不复谢之自由。阿保则录为小卒，以酬其庸。女从金后，以父仍不赦，诘之。金直言公文已上，女知必不幸，坚求设法。金佯诺而慰藉之。未几旨下，着就地正法。为女悉，大哭。仲哲率女母于金处探消息，竟被逐。女于楼窗窥见，大声告以父即将正法事。母闻之，如晴空霹雳，几晕去。仲哲引之赴僻处，遘白猿老人，讯所以，仲哲俱以告。老人慰其勿悲，云金命瞬将告尽，只待红侠到来耳。言次飞烟一团，凌空而下。烟尽一端丽之女子出，盖即昔日之芸姑也。仲哲见之，且喜且讶。红侠不暇与文谈往事，亟驰赴金处，以报昔日之仇。时对方军队，亦掩杀而至，内外上下，交攻互击，情形紧张到十二万分。金等卒皆被戕于红侠手，谢得援焉。

白猿老人嘱红侠事毕即归，而文与明玉，有一段患难姻缘，则须促成之。渠迟于峨嵋山，以尚有未尽因由待了结也。红侠依旨行后，复赴视母坟垄痛哭。凭吊毕，遂驾烟飞升而去。

隐　　痛

出品　友联影片公司，1929年
导演　陈铿然
摄影　姚士泉
演员　文逸民　余　光　王楚琴　朱少泉

《隐痛》电影本事无署名，原载《电影月报》第11～12期合刊（1929年9月15日）。

本　　事[1]

顾文俊为一血性男儿。一日从军于彭团长部，父老送之，勉勖有加，俊亦慨然去。

越两星期，俊父悲年，阅报见彭部已军次西宜，欣慰之余，乃走告其幼子文杰。觅之不得，寻获诸于门外，盖杰正与邻女陆绛雪者（为里正陆熙臣女）作情话。悲年乃将报上事述之，皆狂喜。

又越匝月，杰雪之情爱愈增。一日在河畔，并肩垂纶。杰钩一得鱼，雪即以双掌承之，以势猛，鱼脱而钩及伊之纤掌，受微创。杰恐，立裂一巾为裹之，且随手撷一花朵，表歉意，借示敬爱之忱。女绝不介意，旋联袂归，杰送抵其家焉。

杰归，见乃父正觅眼镜，以俊有函归也。折缄视之，乃因俊曾误杀同僚，被判死刑，苟得千元以酬证人，当可末减其罪。父子阅毕，以家贫难筹，而日期又促，因是相持大哭。父子会商之下，决以住宅与食米之田质人，及售去牛羊牲畜之类，总计幸得如数。不幸又被宵小窃去，老人伤痛无极，几致晕厥。

悲年大怆，借酒浇愁。而是际幻想迭呈，大率为文俊受刑之印象，而又及于窃贼之幻影。因触其机，私谓人既可窃我银，我亦未尝不可窃诸于人，遂持刃出。顾老人不擅行窃，竟被人觉。村人闻者，皆出追踪。讵于黑夜中，竟被获于其次子之手。杰见为父，不忍老人受缧绁之苦，乃自承为罪犯。翌日被判，监禁六阅月。绛雪见杰入狱，大恚，立以所裹巾掷还之，且唾其面以示绝。

老人自是度其凄凉生活，悲哀万状。忽文俊归，制服辉煌，已似显者，老人犹疑为梦。俊已历述所遭，及得赦之由，寻乃叩及其弟。时有一善阿谀者，见俊显而杰犯，兄弟之贵贱，判若天壤，因立羼言诽谤其弟。俊性固躁急，欲碎其弟之影，以示恨。老人时因闲人之多，未能直告。

绛雪以杰人格之破产，转而爱其兄。曩日杰雪垂钓之所，今易为俊雪之情话地矣。

---

[1] 原为句读。

俊归，见父方以衣裹将送其弟，致是竟怼其亲，老人因以实情白之。俊殊不信，且益存老人偏袒文杰之心。

六月期满，杰得释，途次人群，争唾骂之。及归家见兄，欲抱持以表示手足情，而俊竟淡然避之，杰讶而入内见父焉。时适陆熙臣至，以许其女与文俊事，言与老人。老人乃回想及前此其次儿与绛雪偕游，亲腻逾恒态，不遽允。陆以门第不足匹说激之，老人曰："儿女事由儿女自决之。"时俊入谓愿为陆婿，熙臣笑执其手。孰知是时之文杰，正在对绛雪小影痴视，已涕泗横流矣。

当俊雪结婚于礼拜堂时，杰正在河畔对影痴想，闻鞳鞳之钟声，心中之难堪，实有不忍言。俊雪既婚，爱好殊笃。未弥月，军中以假期已满，因束装去。老人旋病，俊以军律严，不能归侍父疾。以长函慰问之。老人时已病剧，亟命请陆熙臣至，因将文杰过去之种种冤屈，详述无遗。陆亦为慨叹不已。顾老人之表白，为绛雪闻，乃大怨怼自己之冒失。

老人死后之旬日，绛雪乞怨于杰。杰固爱之，但以嫂故，特斥之，以示决绝。雪抱其膝而哀之，时俊忽归见状大怒，以为盗嫂，约往某处决斗。女大惶骇，亟奔告其父。殆追至，俊正举枪欲击其弟。陆上前阻止，并详述其蒙冤之由。于是兄弟相抱而哭。寻女忽失踪，遍觅之，得其尸于山崖之下，盖绛雪已殉情死矣。

王氏三雄

出品　大中华百合影片公司，1929年
导演　王元龙
摄影　余省三
演员　王元龙　汤天绣　王征信

《王氏三雄》影戏小说署名红叶，原载《电影月报》第11～12合期（1929年9月15日）。

影戏小说[1]

红叶

愁云惨雾，笼罩着西北边陲；弹雨硝烟，惊动了全国民众。因为那边陲一带的土人们，野心勃勃，图踞中原，便兴动大兵，前来侵犯。我军怎肯退让，也就调兵接战。我军气壮神完，并且枪炮犀利，当然十分厉害。可是土人们的一种不怕死的精神，倒也着实了得，双方一连打了几天，还是胜负不分。我军死的死，伤的伤，着实不在少数。兵心不免有些慌乱。团长胡国彦，尤是发急，连忙打电报给谭其瑞旅长，请他赶快派兵前来接应；否则一败下来，可就不堪设想了。谭其瑞接到电报后，也很有些心惊。经过一度会议之后，先派参谋长王秉仁和参谋王克毅王超英三人先往，他自己率领大队，随后开拔。这王秉仁王克毅王超英三人，虽不是同胞兄弟却曾谱订金兰，友爱的深笃，还甚过自家人。他们奉到旅长的命令后，就整理一切，立刻上路，赶往前线去了。

他们三人到了团部里，见了胡国彦，又见座中有一男一女，面貌陌生，向不认识。正要向国彦动问他们是谁，国彦已先替他们介绍道："这位姓孙名昌，是一位旅行客。因要游览此间风景，所以耽搁在本地的旅社里。这一位女客，是他的妹子，芳名叫做美曼琳。"国彦又把他们三人的姓名和来历，向孙昌说了。旅长又备好一席酒，请大家痛饮一回。大家喝下了几杯酒，谈兴更浓。美曼琳容貌既生的美丽，谈风更是锋利。有她在当中做穿插，更觉得生气勃勃，人人兴高采烈。到了酒酣耳热的时候，胡国彦领着王秉仁，到伤兵室里视察。美曼琳仍留在席间，和王克毅王超英闲谈。又秘密的约他们二人到她家里游玩。克毅和超英都很高兴的答应了。后来王秉仁从伤兵室回来，美曼琳又约他到她家里去，王秉仁也一口应允。好在美曼琳约他们三人的时间不同，

---

[1] 原为句读。

不怕他们三人在她家里碰面。到了约定的时候，三人先后前往，美曼琳一个个的对付，使得他们三人都很满意。她又拿出三只玉镯，送给他们各人一只，三人更是喜出望外，如同得了异宝似的。

有一天王秉仁等正和胡国彦看地图，商量作战的计划，孙昌和美曼琳都走了来。他们便丢下地图和他们兄妹俩闲谈，谈得十分起劲。谈了好多一会，美曼琳忽的站起身，拊着超英的耳朵，低低的和他说，叫他到她家里去。超英听了，如奉纶音，当即前往。但美曼琳并不随着就走，却又约了克毅一同出去游玩。二人走了之后，这里只剩下秉仁和孙昌二人了，孙昌便悄悄的对秉仁说："我瞧你年轻英俊，将来必然不凡。我想把舍妹嫁给你，你看怎样？"秉仁本来很有意于美曼琳，只恨不能到手。如今听孙昌这样说，真是喜出望外，满口答应。后来秉仁会见了美曼琳，便向她求婚。她也毫不推辞。秉仁眼望着姻缘就可成就，这一乐真是非同小可。在吃晚饭的时候，喝了一肚皮的老酒。喝的醉醺醺的，向克毅超英说道："我有一件天大的喜事，你们听见了，必也要替我欢喜。不过这事现在还不能告诉你们，到了明天，你们自能明白。"克毅和超英听他这样说，便也不追问，只唯唯的答应着他罢了。

到了第二天，超英独自一人，悄悄的跑到美曼琳那里。谈话之间，美曼琳忽的大哭起来，超英一时摸不着头脑，非常的奇诧，连忙问她为甚么事。她假意的说道："我哥哥已把我许配给王秉仁，但是我不愿意嫁他，却很想嫁给你。一时想着了，不由得伤心。"超英听了，既是惊异，又是喜欢，便拿话来安慰她。正在这个当儿，王秉仁和王克毅忽的跑来。秉仁见超英在这里，不禁妒火中烧，举手就打。幸亏得克毅连忙上前解劝，把超英拉了开去。美曼琳又假意对秉仁道："超英太无道理，刚才跑来调戏我。若不是你凑巧来了，真不得了。"秉仁听了这话，越想越恨超英。超英受了秉仁的羞辱，也怀恨在心。回到团部里，就写好了辞职书。这时候，旅部有电报来，说是大队人马明日就到，立叫秉仁回去。秉仁刚要动身，美曼琳又跑了来，表面上是送还秉仁遗落在她家的手套，实在是借此刺探军情。结果从超英那里，偷得旅部的电报，晓得了大队明日将来，便忙去报告酋长，赶紧准备。等到旅长谭其瑞率领大队走到半路上，便遇着了埋伏的土兵，团团的被包围住。费尽了力量，方才冲杀出来。到了团部，其瑞说："土兵怎会晓得我们的军情？我们营里，必有间谍。"正在纷纷查问时，有一个兵士，呈上一封电报，说是从一个俘获的土兵身上搜出的。这电报正是超英保管的一份，其瑞便疑惑超英通敌，要将他枪毙。因为克毅说情，才能暂免于死，囚入狱中。过了不多几时，克毅保管的一张军用地图又被窃了。其瑞一方把他押入狱中，一方细加查缉。果然拿到一简敌探，在他身上，搜出地图。敌探说是王秉仁给他的。王秉仁便也成了狱中之囚。三王在狱中见面后，各人诉述所遭的情形，这才恍然明白，晓得全是美曼琳的诡计，自然把她恨如切骨了。

孙昌因大功告成，预备回去。但美曼琳忽然良心大动，赶到团部，报告经过情形。这当儿，三王已被押往刑场，执行枪决。谭其瑞忙派人赶往招呼停刑，三人方得不死。

1929 年

　　孙昌在动身回去之前,和他的仆人在酒店里饮酒。三人飞也似的赶来,一齐动手,痛打孙昌。孙昌抽身逃走,三人苦苦的追赶。追到一座山脚下,终被追上,便又大打起来。结果孙昌终被三王捉住,押回团部。孙昌到了这时候,晓得无计可施,便请愿议和。其瑞察知他是出自真心,便一口答应。约定了日期,酋长亲自到场签字。这一场战事,我军终于得到胜利。论功行赏,当然是三王得到头功。人家因为他们三人都是姓王,又都是一样的英雄好汉,便把他们唤做王氏三雄咧。

妹妹我爱你

出品　上海影戏公司，1929 年

导演　但杜宇

摄影　但杜宇

演员　殷明珠　但二春　韩兰根

《妹妹我爱你》（原名《飞行大盗》）电影本事无署名，原载《新银星》第 2 卷第 15 期（1929 年 11 月 15 日），以及《电影本事》第 1 期（上海印书馆，1931 年 4 月）。

本　　事[1]

丰乐镇，为东南富庶之区。镇有汪翁福佑者，居已多年。翁有子五：长曰伯雕，任义勇队队员；次曰仲丰，负法学家之头衔；三曰叔当，以美术家自命；四曰季白，推独轮小车，而美其名曰运动家；最幼者，则筱惠是，筱惠习为厨司。兄弟五人，各有所长，翁窃比之为窦氏五龙。一日，翁谓五子曰："表妹凤嫣曾以书来，定今日至此，尔等可往迎之。"五子久慕凤嫣之美，苦无接近机缘，今闻其来，大喜过望，各自加意修饰，竟欲博伊欢心。即出门，由季白推车，四昆仲据坐其上。季白不胜其重，车乃倾覆。四人责之，季白惧而逸去。四人行抵公共汽车站次，见凤嫣方自车下，携箱箧数事，大小轻重，各不相侔。诸兄各择轻便者携之，余一笨重之箧，则由筱惠背负至家，而腰背被压过甚，垂折不复能伸。伯雕按之于地，手揉足踏，久久方复原状。

翌日，筱惠奉凤嫣命，入室取其袜带。而伯雕适来叩门，谓送馒首来者。筱惠心生一计，捏鼻作娇声曰："妹未整衣，请从门隙递入。"言已，出一手取得馒首。大嚼未竟，仲丰以苹果继至，叔富又来进牛乳，筱惠均如法骗食之。诸兄各以为己得表妹垂青，欢跃而去，庸讵知实已果弱弟之腹矣。

午后，凤嫣方与汪翁闲话，室中无线电忽发巨声。发电者乃本镇公安局，谓有飞行大盗，自关外潜来本镇。盗善掠人劫财，性极残忍。所居之屋，能飞行空中，无远弗届。曾为警察驾飞机追捕，激战于空际。其屋复与飞机相撞，迫之堕地全毁。其技如神，幸各居户如意防范云云。诸人闻之，均为惊愕。

铿锵之乐声，自户外入室。凤嫣等出视，见有一车，上悬半裸体舞女之画片，玉臂尽呈，双峰悉露，曲线之美，充分表现，盖为剧场排演歌舞剧之广告也。汪翁因谓诸子曰："是剧必多奇趣，尔等可伴凤嫣往观。"五子闻之大喜，各竭所能，整衣易履。因私念过炽，不自觉心神之凌乱，而有种种失常之行动，至堪发噱也。

---

[1] 原为句读。

剧名《黄金恋爱》。主角为一著名之舞女。会舞女临时失踪，剧场主人惶急无措，见凤嫣来，不禁狂喜。盖凤嫣常习舞于主人，固曾相识。且此剧亦凤嫣所娴习，主人乃恳之权作庖代，凤嫣允之。化装既竟，姿态绝美，如凌波之仙子，如出浴之杨妃，不事华装绝服，自然之美毕呈。踊歌于银峦镜里，使人目眩而神迷，几疑此身已不复在尘世间矣。

季白筱惠留守在家，为翁唤去听讲《圣经》。忽见凤嫣卧室中有二贼在，方恣意饮啖。筱惠恐非其敌，急足往剧场唤诸兄归。季白则揉升树巅，旋见二贼负一篚，亦来树下憩息，出纸卷烟狂吸，而将烬余随手掷去。适着季白之身，灼痛下堕，二贼惊逃，季白乃堕入篚中而二贼不知也。既而贼又来负篚，重不能胜。见前有摩托卡，即昇之登车。顾以不谙驾驶术，彷徨不知所措。嗣见多人劫一女子来，知其为盗也，惧而弃篚逃走。盗党以巨篚无所用，弃于道旁，而以车载女子径往飞屋而去。

先是凤嫣登台狂舞之际，适为飞行大盗自屋顶窥见，惊其美艳，设计劫之。凤嫣舞毕入化装室，见诸表兄方随筱惠踉跄奔去，知必有异，亦亟返家。方抵宅门，已为盗劫，盖盗已久伺于此矣。盗之劫凤嫣也，筱惠见之，立唤诸兄追寻。筱惠因奔走最速，遂得匿于盗车之后，而混入飞屋，与盗作殊死战。既而诸兄亦追至，战斗愈趋激烈。盗忽旋转机关，屋之左右，突生二翼，御风飞升，顷刻已高可千仞。而凤嫣筱惠犹未之知，启户图逃，几于下坠。一盗上前执之，偶不慎，失足下跌，殆如飞将军从天而降也。屋飞行绝迅，不多时，已越市廛而至海洋之上。凤嫣攀登屋顶，盗立追踪而上，筱惠旋亦踵至。方相持间，一盗出手抢射击，不料误中机关，盗反为凤嫣推仆而下。维时屋已着火烟焰冒突，势极危殆。凤嫣筱惠亟张一伞，乘风飘荡而行，终竟堕于水中，幸为季白所救。未几，凤嫣之恋人章响香，忽驾汽车来，即拥凤嫣登车。烟尘飞扬，瞬息不可见矣。

刀下美人

出品　明星影片公司，1929年

导演　郑正秋

摄影　颜鹤鸣

演员　韩云珍　王吉亭　朱飞　谭志远　萧英　黄君甫　汤杰　俞慈　赵静霞　朱秀英　冯志成

《刀下美人》电影本事无署名，原载《快乐周刊》第2卷第21期（1929年11月）。

本　　事[1]

江美真，士族女也。父崇德，长厚有乡望。家素封，以无子故，视女綦重，令入校求深造，平时教诫甚严。顾女性不羁，行多失检，在同学中，负交际明星之誉。周生敬文，沈生吉昌，皆世家子，与女尤密。女肆应其间，周旋进退，动皆中节，意似偏于周，亦不甚疏沈。一日校中开庆祝会，女擅舞蹈，于余兴中一显身手。周沈各掷鲜花，致其爱慕之忱。盖周沈角逐情场，冀一当女意，获最后之胜利，今则短兵相接，而雌雄未决时也。

女已订婚田氏子。田翁尝偕冰人赵姓，于众中闻人指摘女之失德，谛视审为聘媳，则大拂意，嘱赵往解婚约。时女父亦微闻女之不理于人口，操杖俟于门，将俟其归而痛挞之，赖女母婉劝而止。女归，婢举以告。将复出，婢掖止之。女默然，注视檐前笼鸟，顿起身世之感，谓我之不自由，殆与鸟等耳。悄然归寝，辗转不能成寐；笼鸟之状，若悬于心目间。翌日，赵来道田翁意，女父大怒，坚持不可。女闻声而出，坦然允赵解田氏之约，赵欣然辞去。女父痛责女，女昌言生女不肖，不以为女可也，行且离此家庭，决不久累老父。竟检取平时服用之衣物，毅然欲行。母流涕相阻。女素爱母，有恋恋意，然其意不可转，则曰："母弗悲，女图自立耳。"遂行。甫及门外，复就廊下开笼放鸟，欢然曰："侬自由，鸟亦自由矣。"

沈向女求婚，女辞以稍缓。未几，周与女同居之讯，忽传于外。沈虽懊丧，仍参预其婚礼。席间，周以二人俪影分赠亲友，沈亦得一帧。归则裂为两半，留女影而以刃碎周之影。周既娶女，耗资无算，母责之。周雅不愿逆母意，又不欲失信于女，仅自誓不再耗家资分文，而自向友朋举债以供女。沈痴心不死，时复贡媚于女，且以馋言中周，谓个郎不足恃，非终身侣也。一日独延女饮，设计醉之，就逆旅中破其贞操。女醒，愧悔无地，绝裾而遁。周以女彻夜不归，又值风雨，惶急无措。往舞场遍索不

---

[1] 原为句读。

得,则噩梦频仍,未尝安枕。比女返,相见大喜,女拊衷蹙然不安,然未能自白也。

沈诇周无资,负债累累,乃阴使债权者迫周,己则伪为排难解纷状,一一为代偿之,更贷以巨款。渐知周不能偿,乃一变其面目,要周以妻偿债。周不得已商之女,女处之淡然,自愿离周而归沈。沈出债券,女悉焚之,约沈同赴逆旅,再商婚事。至则女速周来,令书婚约,且作证人。惟条件甚苛,使沈不堪任受,请少减。女艴然曰:"不履行条件者,约宁毁。"更举沈当日图奸之罪状暴之。沈因债券悉毁,无从声辩,女挟周徜徉而去。

女自此痛改前非,力谋晚盖,偕周赴郊外组织新村,其生活已自绚烂而一归于平淡。女父闻讯,嘉其有志,远来存问,复为父女如初。沈受女愚,丧其巨资,径至新村寻仇,见周抽刃刺之。女奋身护周,致为利刃所创。众执沈,然女仅要之宣誓而释之,盖不欲终结怨也。

王氏四侠（续集）

出品　大中华百合影片公司，1929 年
导演　王元龙
摄影　余省三
置景　胡旭光
演员　王元龙　王次龙　郑超人　周文珠　苗菊贞　金　焰　纪范三　费柏青

《王氏四侠》（续集）电影本事无署名，原载《快乐周刊》第 2 卷第 22 期（1929 年 11 月）。

本　　事[1]

　　凉州地处西北，边方辽阔，胡汉杂居，商贾辐辏。国王年事渐老，丞相纪藩大权独揽，与大将军苗虎勾结。可汗外族起兵入寇，苗虎率师征讨，秘使可汗诈败乞降。国王不察，于班师之日，特率文武百官在宫门赐酒接风。未几可汗太子以进送珠宝美人为名，暗与丞相缔结秘约，谋取凉州天下。所进美人，日以狐媚惑王，国事日益凌替。王有爱女天秀郡主，与宫女美玉，目击心伤，回天无术，乃以讲古今侠义故事，日伺王侧。一夕，方述王家寨小龙除恶霸一段故事，王叹曰："吾国独无侠士如小龙耶。"美玉乘间进曰："吾主何不召之？"王以为然，急遣中使赍诏往。

　　王家寨，自被四侠光复后，安居乐业，日趋繁荣。县长之女可君感小龙义，欲以终身相许，梗于汉民礼教同姓不婚，遂郁郁致疾，竟不起。临逝召四侠诀曰："妹死无足惜，愿兄等协力同心，为国民谋幸福，勿使我寨再蒙大辱。"言迄而逝。少顷，忽传有凉王中使至，召王小龙星夜入宫。初欲婉辞，三侠力促，谓何不践可君之言，为国出力，遂共往。抵宫，值可汗所进之美人亦到，王喜，以次召入，特设宴宫廷，百官称贺。席次，封四侠为护卫。丞相妒之，与大将军谋驱逐之策。时美人受敕册封为文妃，命行酒作可汗流星之舞。小龙睹妃大骇，以酷似可君，目眙久之。妃悦龙英武，频频顾盼。舞罢，以流星之索络龙项，龙力拒之，妃怫然而退。纪相察知妃意，特保小龙为内庭护卫，以三侠出镇边关，王许之。三侠既去，小龙独留，顿觉无聊。文妃乘机遣女使昭示心许之意，龙怒斥之，谓此何地，余如何人，速绝念，余剑固犀利也。语为纪相闻，窃与妃谋陷龙计，竟得售。龙以是获罪处死，置古塔内纵火焚之。初三侠奉命赴边，中途露宿，夜半伏军尽起，擒二侠，五老得脱。大将军以书报丞相，谓五老在逃，仅获其二，幽之后山狱中。纪相误遗书于地，为郡主与美玉拾得，阅竟亟

---

[1] 原为句读。

入后宫，以书示王。王悟，立命赦龙。纪相不可，反以赦诏掷王前，愤然而去。王知纪相必蓄异志，夜半草秘诏授美玉，令潜召二侠。出城遇小龙方自十丈古塔中冒烈焰破窗攀树而遁，幸得不死。玉以秘诏授之，挥之去。玉终为侦骑所见，复被获，严刑拷讯，尽褫上衣，以铁熨斗烙玉背，始供授小龙者为秘诏。纪相大怒，面数王罪弑之。郡主抚王大哭，值小龙飞骑而至，二侠亦杀到，与武士大战，尸横殿角，血染宫门。忽喊杀震天，五老仗剑率民众蜂拥而入。纪相知不免，故作镇定语谓小龙曰："尔等来迟，王死已久。"龙等愕然，郡主怒视纪相曰："汝谓死者为吾父王耶，殊不知乃王五老耳。昨夜吾父王与五老易服装，以缒五老之绠，旋缒吾父出禁垣外，今固无恙也。"比细察五老，果王也。纪相惊，王挥民众拥二逆臣出，交百姓自由处置。百姓大呼万岁，王曰："五老代余死，为国为民，仁至义尽。余即日解除王权，以国政交还吾民，愿随三侠去，以续王氏四侠之缺，报五老于地下。"百姓不舍，大呼我王万岁。王不顾，举剑为誓，与三侠并辔而去。

聪 明 笨 伯

出品　长城画片公司，1929 年

编剧　黎锡勋

导演　梅雪俦

摄影　梁林光

演员　徐子贞　黎锡勋　耿盛友　梁梦痕　徐莘园　江丽丽　孙　敏　张哲德　华　强　章梓植　王桂林　王正卿

《聪明笨伯》电影由黎锡勋编剧。其电影本事无署名，原载《快乐周刊》第 2 卷第 23 期（1929 年 12 月）。

本　　事[1]

杂货商顾瑞年，性勤敏，每晨鸡鸣即起，事无大小，必躬为之。其子全，性愚笨，不谙世故，复懒而好睡，日上三竿，尚高卧未起。洗脸不用巾盆，伸首就水头之下，任其淋浇；事毕又不揩抹，任其自干，其懒惰有如此者。其父屡次训诫不改，见其不堪造就，逐之出，任其自行生活。

全出门后，过荐头馆，欲觅枝栖，与荐头谈论之间，已入睡乡。荐头知其是一贪睡汉也，遂戏书荐条与之。他惺忪持出，披读荐条，云"请往睡佛寺，与睡佛替工"数字，知为人捉弄，睡态始醒。

全神气丧失，徘徊路上，幸遇其戚王某，引归其红白贡烛纸扎店，学习生意。但全虽出自商家之门，而对于卖买，实为门外汉，因颠倒吉凶，出言不检，遂为买客飨以巨灵之掌。卖买不成，王某大怒，乃降职为送货。他又因将纸扎冥器，误送喜事之家，至被人打。各物撕破，不敢回店，迫得转佣于熟食店，为厨工助手。全思想呆笨，任事未久，笑话百出，又失业焉。

全饥寒驱迫，虽操抱关击柝贱役，亦勉为之。无奈懒惰性成，不肯自炊。因腹内雷鸣，躲入太保庙，见乡妇喃喃，全窃牲而逃。乡妇起来，鸡已不翼而飞，以为真神下降，叩头如捣蒜。全携鸡出，取胖子报纸裹鸡，为他饱以老拳，鸡子又竟落群犬之口。全终日营营，无术一饱，遂沦叫化子之伍矣。又以愚蠢故，复为乞所欺，愤而觅死，以了残生。乃多方不能得其死法，只得复为人担水。一次，不慎堕井，几为溺毙。全自经一溺，其厄运似为水涤尽矣。主人以其被溺，许休息数天，并易其衣裳。以从前之顾全相较，骤观恐未能认识也。翌日，全遨游路上，因救一小孩不为汽车所辗毙，

[1] 原为句读。

遂得识一富家女章柳娴。从兹否极泰来，佳运亨通矣。

女父章耀南，鳏居性嗜画，不理生产，家政尽委其女。柳娴感全救妹之德，悯其无业，着为管账。幸能顿改其往日之戆态，遂动女之怜爱。柳娴本一丰姿袅娜之女子，久为其表兄毛进所垂涎。毛睹娴有爱全之意，乃多破坏，将全捉弄，以企达其目的。岂知弄巧成拙，反增他之热爱。

一日娴叩全家事，知因懒惰而见逐于父，乃自任说客，为他疏通。全乃得父子如初。是晚耀南因作画疲倦，不戒于火，致兆焚如，几葬身火窟，赖全救出。耀南出险，叹其平生最爱之作品，石塑国父孙中山像，被化于火。又触全之雄心，奋不顾身，再进火窟，把石像拿出，被火烁伤。父女感其恩，遂缔婚焉。

续盘丝洞

出品　上海影戏公司，1929 年
监制　管际安
编剧　郑逸梅
导演　但杜宇
摄影　但淦亭
演员　殷明珠　古云杰　但二春

《续盘丝洞》电影由郑逸梅编剧。其电影本事为郑逸梅所作，原载《新银星》第 2 卷第 18 期（1930 年 2 月 15 日）。

本　　事[1]

逸梅

　　自盘丝洞付诸一炬，蜘蛛精焦铄而死，绮孽一重，遽尔了撒，亦快事也。讵料历若干岁月，而黄花观道士师徒二人，施法祭炼，由死灰而化明珠，由明珠而幻人体。于是银山璃洞间，赫然现色身者，即曩日之蜘蛛精也。蛛精既复其娇好之形体，酥胸雪胫，玉指圆肤，一一如故。正沾沾自喜，而道士师徒来，相见之余，惊喜交集。道士谆谆以不再堕入绮障而遭灾苦为嘱，蛛精亦深感之。嘱讫，道士别去，蛛精为之掩泣。旋九尾玉面狐精来，谓唐三藏将道经此地，盍设法同缚之。蛛精顿忆旧事，告狐精以劫后重生，不愿再布情网，以惹是非。未几，臭虫怪果驱唐三藏、悟能、悟净至。狐精大喜，而蛛精闻乐声，心跃然动，遂谋夺三藏。正扰间，而道士师徒又来，立以不听忠言为责，并为述一故事以悟之。
　　一千五百年之后，南瞻部洲中国之上海，有秋心大学焉，规模宏大，男女学生数千人。然高级生往往以凌压低级生为笑乐，或批其颊，或洞纸以架之。有小刘者，方执卷呻唔，睹状恐辱及己，即弃书而逃。不料已被察见，群起追之。小刘惊惶无措，误入女浴室，陈文霞方裸卧盆中。小刘反身又误入某号女宿舍，时诸浪漫女生，恣情戏谑，胡帝胡天。小刘受窘出，入其妹室而请设法。妹刘翠为之乔装，文霞等由门隙窥之，为之匿笑，且于楼头示意诸男生，俾围而揭其秘。有恶作剧者，出药遍贴其身，与纸裂之徒，成为二笑料也。刘翠见之，爱莫能助，颇怀恨于文霞辈，乘彼等之噪闹焉，叩管理员之门，而以该室之不守规则事见禀。任管理者为一媪，即亲往察之。而文霞辈早有所备，及管理员来，室中寂静无声，只闻鼻息咻咻然，盖皆沉酣入梦矣。

---

[1] 原为句读。

管理员既不得踪影，反以诬告责刘翠。刘翠无可申诉，始归室谋寝息，文霞等嗤笑揶揄之。刘翠悻悻曰："是仇终当报也。"

暑假已届，文霞即旋里，度其家庭生活。文霞享交际花之艳誉，多异性友朋，往还颇密。有卢兴者，美风仪，为文霞之意中人。正欢洽间，而胡春风来。春风亦为文霞密交之一，接待殊殷勤。卢兴愤火中烧，不能自遏，即负气而去。文霞随春风同赴蓝湖俱乐部，车过卢兴家，邀之同去，卢兴却之。俱乐部中，林石矗列，悉装点以人工之雪花，皑然耀目。座客饮冰浆汽水，且观诸浪漫男女为拔河诸戏，笑声振宇。刘翠芳躅，亦常出入于俱乐部中。是日，刘翠方闷坐若有所待，牛皮博士韩国钧恋之甚，与之比肩坐。刘翠厌之，见春风来，遂离座迎迓。盖刘翠素慕春风，然春风意不属也。既同座，刘翠与文霞本有间隙，又加之酸素作用，相对之余，形色表露，厥状殊可笑也。其时忽卢兴挟一妖娆妇女来，因部中禁例，单身不带妇女者须罚重金也。不料破绽发现，所谓妖娆妇女者，乃其好友桂花所化装，俱起殴弄之。文霞意良不忍，为之解围。

某晚，卢兴方独坐沉思，忽有缘索而登窗台者，则春风与暴徒也。手挟凶器，并一艳妇与偕。春风勒逼卢兴电招文霞至，及文霞苴止，春风辈俱匿榻下，艳妇故作偎依存状。文霞睹之，忿妒于心，即返身走。春风等乃劫卢兴入酒店中之地窖，盖酒店主大雄，多识狐群狗党，借以为非作恶者也。

春风与文霞一舟同载，容与湖心，串影灯光，指点为乐。而祸根之伏，即在肘腋，则岂二人之所逆料哉！盖刘翠欲践其报仇之决心，乃使国钧勾结水手阿顾，袖勃郎宁，匿林隙射之，不料误中春风。刘翠惊痛异常，立扭阿顾，而夺枪自发，文霞始堕入于水。阿顾恐人之发见尸骸也，乃逃回水手总会中，呼徒执灯往烛之。则春风已匐匍于途次，遂扶之赴大雄酒店。大雄素与春风相识，颇善遇之。

大雄遣其徒党往海滨接载私货之船，怅然未得。无意中忽发见一女子，面目楚楚可怜，若受有伤痛者，即带之而回，盖即陈文霞也。大雄为登徒子，见美色欲污之，正窃窃私议间，被胡春风所闻，遂起与之夺。其时卢兴忽乘间脱絷而出，与春风相搏，卒饮刃死于地窖中。春风与大雄，亦相角俱踣而僵。

当卢兴之失踪也，其友桂花曾延侦探吴图侦查之。即得悉酒店为罪恶之渊薮，即报警往搜，水手阿顾等俱被逮。陈文霞见卢兴死，抚尸而恸，遂被扃窖中。无有知其机捩开阖者，遂永闭不得出。国钧与刘翠谋结夫妇之好，亦被桂花与吴图报警捕之，尝铁窗风味也。

黄花观道士言至此，蜘精俱感动。忽有小妖来报孙悟空驾筋斗云至，众皆惊惶失色，亟释唐三藏师徒去，盖不敢再蹈覆辙矣。

1930年

1930 年

故都春梦

出品　联华影业公司，1930 年

监制　罗明佑

编剧　朱石麟　罗明佑

导演　卜万苍　孙　瑜

摄影　黄绍芬

演员　王瑞麟　林楚楚　阮玲玉　陈可可　蔡真真　刘继群　骆慧珠　梅兰芳

《故都春梦》电影由朱石麟编剧。朱石麟、黄漪磋各自撰写了同名电影小说，前者原载《幔影·故都春梦特刊》（1930 年）；后者原载《影戏杂志》第 1 卷第 7～8 期合刊（1930 年 6 月 1 日）。因前者较简略，本篇电影小说选自后者。

《故都春梦》电影公映后，因票房颇佳，联华影业公司遂公开征集其续集电影本事。为保存史料计，特将同年《影戏杂志》第 1 卷第 10 期（1930 年 10 月 31 日）刊载的三篇《续故都春梦》电影本事附录之。

电 影 小 说

黄漪磋

这是十余年前的话了，那时北平曾一度处于黑暗的时代，因为是一国的都会，所以称为北京。那日熙来让往，车马如云，煞是热闹。只见城内故宫遗迹，城外名山胜境，历历犹在目前。

离城不远，却有一个迥绝尘嚣的小镇。镇里的风气也还淳朴，里面住着一位书香累代而不求闻达的塾师。

那塾师姓朱，名唤家杰，娶得一位贤淑的妻室王蕙兰，膝下养育了一双女儿。长的名唤莹姑，已长了十七八的年华；幼的名唤璞姑，却还不满十岁。

那天是暮春的天气，他俩夫妇们正在院子里闲坐。她在做她的女红，他却口衔着烟斗好像在那儿凝想什么似的。虽然斗内的烟火灭了，他仍不绝地狂吸，只引得王蕙兰扑嗤地笑了，拿洋火替他燃着那烟斗。

他一手握着她的纤手，一手指着天空的行云，叹一口气，说道：

"蕙兰，你看世事如云，春光易老，我碌碌一生，如何是了！"

"等着有机会，你也可以出去干一番事业啊。"她刻意慰藉地答。

一辆汽车里面，坐着一位珠光宝气的贵妇，车旁站着一个马弁，风驰电掣般飞驶过去，莹姑站在路旁看得呆了。

"走吧！你干什么老是注意看着那些坐汽车，穿得漂亮的娘们？"璞姑很不耐烦地说，一把拉着莹姑便走。

莹姑还在羡慕那汽车上的贵妇，没奈何，只得跟着她的妹妹走上回家必经的石阶上面。

一个送报差在后面赶上，拿一份报纸给莹姑带去。

她俩笑嬉嬉地进了院子。莹姑拿报纸给了父亲，璞姑把路上摘的鲜花给母亲戴了。蕙兰便拿她们的书包进内，再到厨房里面给她们预备点心吃。

她俩正和父亲谈话，口讲手划，说得高兴，听见母亲在屋里招呼，便一溜烟地跑了进去吃点心。

家杰把那个《中华晚报》展开，在那儿浏览。蕙兰从室里走出，忽见他惊诧得连烟斗也丢了在地上！

她替他把烟斗拾了起来，见他注意看着报上的一段，那内容是载称什么新任财政厅长吴昌远当日就职的消息。

他指着报上的照相，叹了口气，对她说道："三年不见，他竟得意起来了！"

"既然他是你的好友，你明天何不去找找他呢？"

一所赫赫的朱门，高榜着"吴寓"两字。只见朱家杰亍亍而来，向门房投刺请谒。

那门房的阍者并不去看那名片，却先向朱上下打量一下，见他的衣服朴素，又没有坐着车子，便立刻看不起他。

"老爷今天快天亮才回来，起来还早哩！"他藐然地说，一双眼睛却看了到天上去。

朱家杰听说了，没奈何，只得很懊丧地走了。那阍者拿他的名片，撕得粉碎，掷在地上。

到了次日，朱家杰又往拜访，那阍者不待拿出名片来，便很傲慢地说道："老爷上衙门去了！"

在妓女红玉的屋里，坐着了一位满面春风，得意扬扬的胖子。原来吴昌远正在那里问柳寻花，哪里有工夫上衙门去！

红玉妆罢了出来，走到吴昌远的身旁坐着，横波浅笑地说道：

"吴大人，你升了官，还不该替我红玉捧捧场吗？"

听了只喜得目迷心醉，诺诺连声。

第二天，朱家杰坐了一辆马车去拜访吴昌远，那阍者想不到他就是被他挡驾两次的那位寒酸先生，便给他通传进去。好在吴昌远倒还念旧，朱家杰这才得和他见面。

那时朱家里面的王蕙兰被她的女儿缠着诉说衣服破旧，呶呶不休。她便向她们抚慰道：

"等你爸爸做了官，给你们做好的吧。"

一面镜里，有一位美人的倩影，在那儿搔首弄姿。那美人虽然生得妖媚，却是泼辣非常，她是和红玉同院的妓女燕燕。

她见侍婢拿鲜花换瓶中的残花，便拿着一朵残花动了无数的感慨。

只见红玉搴帘入室，她便堆下笑脸相迎。那红玉笑嘻嘻地向她说道：

"那吴胖子的竹杠给我敲上了。"

"你真福气，碰着一个好客人。"

红玉向她钉了一眼撇了撇嘴，起身走到门口，调转头来说道：

"你别眼红，我叫她替你也找个好的客人吧。"

燕燕听了，急得追过来打她，她便一溜烟地逃了出去。

朱家杰剖视一件来函，原来是吴昌远寄来请他吃花酒的请柬。

他看了呆了半晌，不提防王蕙兰已走进来立在他的跟前。

他不肯把那请柬给蕙兰看，说道：

"是那吴昌远请我吃饭，我应当去的，但是……"

王蕙兰到底把请柬抢到手上看了，她想了想，说道：

"你正求他谋事，他请你怎好不去？好在吃一回花酒也不要紧，只要你不胡闹就是。"

那天晚上，朱家杰便往妓院里赴席。

红玉的房间罩着在烟雾缭乱之中，一时高朋满座，吴昌远应酬甚忙。

朱家杰杂在人丛当中，于一切应酬的仪注，都很不习惯，却露出局促不安的态度。

入席以后，吴昌远看见朱家杰背后没有妓女坐着，便问道：

"老兄有贵相知没有？"

朱家杰很不好意思地摇了摇头。

红玉看了，便对吴耳语了一会，只喜得他频频点头，也不先向朱家杰征求同意，便替他写一张局票去召燕燕。

不消很久，燕燕到了。她看见朱家杰一表人才，早已倾心爱慕。她给他度一阕葬花曲，还替他喝了不少姆战战负的酒。

在散席那时，朱家杰已入了燕燕的迷阵。他俩躲到燕燕房间里去喁喁细语，却被红玉和吴昌远闯进来窥视。红玉用着揶揄的语气问道：

"你们俩预备甚么谢媒人呀？"

朱家杰和吴昌远却谭起正事来了。

"现在倒有一个机会。"吴昌远说，"不过要花些手续费！"

朱家杰的态度，由欣慰转为失望。吴昌远接着问道：

"上次你不是说令叔有一宗产业给你的吗？"

朱家杰微微地摇了摇头，答道："但……目前还未到承继产业的时候啊。"

他们所说的话，都被燕燕听在肚里。

那夜，王蕙兰整整的候了一夜，才候到她丈夫宴罢回来。她在给他折叠衣服的当儿，发觉他的褂子上有粉香气味。她很不快意地向他说道：

"我虽然盼望你出去做事，但却也愿你不要太得意……"

她一面把那衣服叠好了放在衣橱里面，"——我怕你太得意了——会忘记了我们家庭的幸福……"

朱家杰听她噜噜唣唣地在那儿乱说，不禁好笑起来，便站起身来拍着她的肩膊安慰她。

辰光飞也似的过去，转瞬已到了秋天。朱家杰和燕燕的感情一日深似一日。他俩一到了闲暇无事的当儿，便偕着去游山玩水。那时红玉已得吴昌远替她脱籍，赠给了王督军做七姨太太。燕燕便趁这个机会去走红玉的门路，居然替家杰找了一个优差，充任统税捐的局长。他从此达到金屋藏娇的目的，而燕燕亦名花有主，如愿以偿。

那天，燕燕要应王督军姨太太的召请去打牌，便赶着催促家杰坐汽车回家给她用，只把家杰撇了在家好生寂寞。他暗想他自从做了官，已很久没有回家去看蕙兰和女孩儿们了。他当下便趁着这个机会决意回去瞧一趟。

那时王蕙兰正和莹姑璞姑惦记着家杰。璞姑很愤气地说：

"自从爸爸去做官，很久没有回家了。照这样子，还是不做官的好。"

蕙兰听了这话，心里懊悔万分，却只喟然叹道："他也是为你们打算啊……"

一刻钟后，家杰的孩子们欢天喜地的围着她们的父亲说话。一句钟后，晚饭端出了，他们一家大小喜孜孜地在一块儿同吃。但，不到两句钟后，朱家里却闹出乱子来哩！原来朱家杰替燕燕经营金屋的开销单，却被蕙兰发现了哩。

"我本不该瞒你——现在求你让我解释。"家杰很忸怩地说。

蕙兰气愤极了，只顾饮泣。家杰接着说道：

"实在告诉你，我的差事完全是她的力量作成的——她的交换条件，就是嫁我……"

"你得着好差事我自然喜欢"，蕙兰呜咽地说，"但是——靠妓女的帮忙，我实在替你可羞！"

一星期后，朱家杰已和他的妻子商量妥协，蕙兰便领着两个女儿到那新公馆里同住。

燕燕本来是不愿意的，却因他们既已很低首下心地搬了进来，没奈何，也只好忍着在心里；而且，她和莹姑一见了面便很投契，因此也不发作。

她领着莹姑去看她的新衣，给她选了一套称身的穿上，却喜得莹姑一面穿一面只顾向镜里偷瞧。

她正瞧得出神，蓦地里看见镜里站着一个男子，不禁吓得怪叫起来。

那男子涎皮厚脸地走进室里，燕燕急忙把他赶了出去，回过头来告诉莹姑说道：

"那是我的表侄毛子厚，常常来这里探望我的。"

那天晚上，她们便由毛子厚陪伴上戏馆里去听梅兰芳——莹姑先得着了他母亲的许可。

"我看不大妥当吧。"
"局长，你尽管放心，这事情只要严密一点，那就自然没有问题。"
"我们就不为自己打算，也该替儿女们打算打算啊！"
"但你们要多多小心才好。"

这是朱家杰和他的两个局员所谈的一席话，结果便实行了一宗舞弊营私的案卷。

第二天，朱家杰买了一副珠练回家给燕燕，只见莹姑在旁边很羡慕地瞧着，便掏出了一束钞票给莹姑。

那天晚上莹姑随着燕燕，由毛子厚陪了去跳舞。蕙兰在家里守候她的女儿回家，不觉已候至两点钟。那时门铃大振，而阍者熟睡不应，蕙兰便亲往开门，却见回来的是朱家杰。

他俩踱进了客厅坐着，少不免谈些儿家庭的琐事。家杰在酒橱里倒了两杯酒，和蕙兰对喝。

一句钟后，莹姑才随着燕燕和毛子厚回来。子厚看见家杰在室，便掉转身躯，一溜烟跑了，

"我叫你早点回来，怎么你不听我的话……"蕙兰很盛气地向莹姑问。

她只顾喋喋不休地对着莹姑诫责，语气中免不了侵及燕燕，却把燕燕惹得无名火高三丈。

她恃宠邀功，哪里顾什么名分所在？她在盛怒之下，便声势汹汹地把室内的什物尽情捣毁。

蕙兰初犹和燕燕扳嘴，迨后见她把什物像雨般乱掷，便吓得噤若寒蝉。朱家杰却像身冒矢石一般随燕燕进她的卧室里去。

"我明天到督军衙门去，看你这官做得长不长！"她很盛气地指着朱家杰说。

"这点小事，也值得这样认真吗？"

"什么小事，你们这班忘恩负义的东西，都来欺负到老娘的头上了！"她连哭带骂地嚷。

朱家杰堆着笑脸想抚慰她，但却没用。

"今天我和她势不两立，不是她走，便是我去！"她厉声吃喝，逼着要朱家杰立刻决定。

蕙兰毕竟是个贤德的妇人，她顾虑着丈夫的前程，便决定不和燕燕计较。她于是写备了一封留别的信给家杰，声明自己归居乡寓。

家杰慑于燕燕的威焰，只有去求蕙兰原谅。他见了蕙兰的信虽是正中下怀，也不

觉和她握手欷歔，说出许多对不起的话。

在黎明的当儿，正雪后严寒，行人绝迹。蕙兰携着璞姑却要起程下乡。

"妈妈为什么不带姐姐一同走？"

"她怕捱苦，不肯跟我去……就让她留在这里罢……"

那时莹儿还未起床，蕙兰领着璞姑蹑足走到她的床沿去瞧她，眼睛里不觉吊下了几点热泪。

他们一步一颠地在风雪里走着，挣扎回返乡居。

一月过后，朱家杰惑于燕燕的摆布，竟招赘毛子厚做莹姑的夫婿，实则他们的内幕是不堪问的。可怜莹姑以一个意志薄弱的女子，却被虚荣误尽哩。

兴尽悲来，一声霹雳，蓦地来了王督军被刺的恶耗！朱家杰眼见得冰山已倒，便一时手忙脚乱，不知所措，结果卒被新任的当局扣留监视。

燕燕和毛子厚眼睁睁地看着家杰被他们捉将官里去，便起了个不良的心。他俩鬼鬼祟祟地把家中的细软卷逃，恶狠狠地撇下莹姑不管。只可怜莹姑是个荏弱之躯，哪里禁得起遭着两重的变故。

她恹恹病了，幸亏邻居的一位老妪照顾她，把她送到乡居那里依着蕙兰养病。

然而燕燕和毛子厚的结局也很不好哩！那时时局不靖，宵小涸迹，他俩在卷逃的当儿却被恶徒拦途截抢个干净！

数日后，政局渐渐复定，朱家杰遂得恢复自由。

他惘惘出狱，急忙跑回家里一看，却吃了一惊！只见燕去楼空，尘封蒿长。

"燕燕！燕燕！"

"莹儿！莹儿！"

他像疯了似的在屋里狂呼，可怜哪里有应他的人！那时大雪纷飞，只得一步一颠地挣扎着向乡寓走去！

"你……你……不骂我……不赶我……你……你反而可怜我！"他在蕙兰抚摩之下喘息着说。

"我不怪你。你初出茅庐，哪里抗拒得了那些恶浊的环境？你能及早回头，我还该谢天谢地哩！"蕙兰抚摩着他，刻意慰藉地说。

大地回春，故园无恙，朱氏家园的团聚，仿佛犹是一年前的春日。

只见璞姑活活泼泼地在父母的跟前跳跃着，好像小鸟依人一般。家杰口衔着烟斗，蕙兰在做她的女红。

风景不殊，好花难再，那天正是暮春的天气，那些树上的红花在开得灿烂的当儿，忽地却有一朵落到莹姑的面前！

莹姑触景生情，不觉感怀身世，眼睛里潸然蕴着一眶热泪。她的玉容悴憔，仿佛像落花无主一般，耿耿的存着在家杰和蕙兰的心里！

附录：《续故都春梦》

本 事 一

黄巢绛霄

　　故都政局虽定，而都外战云弥漫，战机隐伏，大有一触即发之势。各报均以斗大标题记载其事。

　　朱家杰，醉心功名，宦场征逐，既享齐人之福，难逃墨吏之污。比以政变入狱，幸得恢复自由，于是狼狈还乡，梦回息影，然犹忖忖于心，深恐舞弊案之复遭检举也。晨起，必循其一定之习惯，日嚼烟斗，披阅报章，细察政局之变化。见战事不免，则喟然长叹，以示蕙兰曰："政局未许乐观，一旦战祸爆发，则吾辈正首当其冲，奈何奈何？"蕙兰惟强颜欢笑，以慰藉之耳。

　　莹姑羡慕虚荣，失身匪类，病起而后，悒悒寡欢。璞姑少不更事，见姊愁眉勿展，则趣摘鲜花，供献姊前，为之簪于襟际，意谓能破其抑郁之怀也，又岂知反令莹姑兴无限身世之悲耶！

　　蕙兰阅毕报载战讯，展视其他消息，见又有要闻一则，触于眼帘：维时局面一新，议会恢复，女权突形澎涨；新贵杨巡阅使之夫人马女士，出面组织妇女参议团；所立团纲，除伸张女权而外，并及于禁娼废妾；而家杰之叔参议院议长朱翼斋，东山再起，对于女权运动，极表同情。蕙兰阅竟，反示家杰，莞尔言曰："吾知汝辈男子之曾经沧海如汝叔若侄者，固不容不赞同此举也。第若马女士者，岂亦曾有侬之境遇耶？"家杰闻语，不觉感慨系之。

　　家杰继续阅报，见报载要闻，目不暇给。局面既趋重于军事之解决，当局乃一面忙于组阁，一面积极备战，于是筹措军费，遂成为常务之要图。吴昌远以与银行界有密切关系，得其拥戴；又以挚友牛维高新膺卫戍司令之职，得其推荐，遂赫然列名新阁财次，定期就职，预备再作冯妇。其走马接篆之日，距下台时仅一来复耳。

　　家杰阅至此，欣然色喜，欲举以示蕙兰，则又惕然中止；而蕙兰则方展阅报纸之另一张也。

　　故都丁多事之秋，治安亦成一重要问题，盖杀人越货之事，难免乘时发生。差幸警政办理向称妥善，故每逢案发，多不旋踵而以破案闻。毛子厚与燕燕被劫事，于是又一再见诸报端。盖当时燕燕不畏强暴，逞其蛮悍之性，力拒强徒，被击昏绝。子厚则怯逃鸣捕，结果为盗拔枪轰至重伤，而强徒亦于以就逮。事后，燕与毛均被昇入医院。越五日，燕即出院。而子厚则伤势愈重，发为呓语狂呼"我负莹姑"不置！

　　前尘如梦，又安知梦之非真！梦耶？真耶？个中人固无辨别之能力也。

　　是夜，近畿已隐闻隆隆炮声，朱氏阖宅俱不安枕。及家杰朦胧入睡，又发觉莹姑服毒自杀！急起视之，则已不救，遗书认报端之记载为贻辱家门，非一死无以谢父母。蕙兰恸哭之余，愤然谓家杰曰："吾恨不得加入妇女参政团，主持禁绝妓女妾媵之事以泄吾忿也。"

翌日，莹姑入殓，邻人助理丧事甚忙。午后朱宅忽有不速之客来访，盖家杰之旧僚属吴昌远函邀其出任财政要职也。家杰既丧女，正拟潜心息影，闭门养过，乃表示拒绝，意甚坚决。嗣经来使鼓其如簧之舌，且告以家杰前此之得出狱，实得昌远暗中营救之力；而蕙兰又屡言曰："似此情义难却，不如允之。"家杰再四思维，亦惟有慨然诺之耳。实则蕙兰之意，别有所属，盖欲夤缘得加入妇女参政团也。

蕙兰既因丧女愤激，惠悉家杰重入政途，乃举家迁寓都中。又以己亦将于政治舞台有所活动，遂遣璞姑就学女大附中，而留校寄宿焉。

朱家杰就职为筹饷局总办之日，正军书旁午之时，未几，以得其叔协助之力，筹款有功，军事颇见顺利，敌军已渐由京绥线向西撤退。由是家杰遂得杨巡阅使之信任，擢为总参议之职。蕙兰亦一变其深闺伏处之态度，转习交际之术，与马女士相得甚欢，乃就妇女参政团作禁娼废妾运动，向议会请愿。其背后参与主持其事者，则朱家杰也。

燕燕自伤愈出院，重张艳帜于八埠之中。得吴昌远介绍于卫戍司令牛维高，力为捧场，红名甚藉，寻且视同禁脔。燕燕亦大施其狐媚之术，曲意逢迎，以颠倒之。有时遇家杰于筵宴之中，亦傲不为礼，由是家杰主持禁娼废妾运动之心更决。

朱家杰既得志，吴昌远忌之甚，而家杰亦不直其重妓轻友之势利行为也。二人遂生意见。昌远乃借其暗助妇女参政团主持禁娼废妾运动为口实，与卫戍司令牛维高及一部分军政要人谋抵抗之法，偏与相将挟妓纳妾，令其妾媵辈亦组织姨太太团，与之针锋相对。未几，维高为燕燕营金屋，纳之为妾，使为姨太太团之领袖，专事滋生事端，借以破坏妇女参政团之请愿。一面嗾使一辈议员引为口实，以否决其议案焉。

璞姑在校，受蕙兰之主使，亦与其同学辈组织女权运动会，结队游行示威，分赴参众两院请愿，以为妇女参政团张目。

时也，敌军反攻，战事又告紧急。杨巡阅使乃亲赴前线督战，家杰随军出发，运筹帷幄，大获胜利。马女士乃与蕙兰同赴前线劳军，方在兴高彩烈之际，忽报都中因女大学生对姨太太团之恃势跋扈踰荡行为，游行示威，发生与军警冲突事件。学生方面，有死伤者！家杰与蕙兰大骇，慰劳会遂不欢而散。家杰急电询学生之伤亡者姓名，则璞姑之名，赫然在受伤者之列也！

翌晨，蕙兰遂匆匆返京，探视璞姑伤势。越二日，又有噩耗传来，谓牛维高假故都宣布独立，受吴昌远辈拥戴，而向杨巡阅使倒戈！参众两院及妇女参政团又遭解散！一时前线军心混乱，敌军乘机来袭，杨巡阅使措手不及，全军覆没，率卫队遁，仅以身免。家杰只身逃难，为敌众所执。自分必死，转念蕙兰及璞姑之遭遇可危，不禁泪下如雨，深悔再入仕途，自蹈复辙，噬脐莫及。无何，果被押赴刑场，与众俘虏同受枪决之刑！

家杰原为一介书生，难免临刑悚栗。比闻枪声起处，囚徒相继惨呼仆地，不禁失声呼号，惊悸至于昏绝。

然而朱家杰果死矣乎？曰否，以上云云，实其一场春梦耳！家杰既醒，见蕙兰起坐床中，抚问是否梦魇；回视莹璞，犹作海棠春睡。其时天已微明，枪炮之声犹隐闻于十里之外，家杰悚然执蕙兰之手太息曰："蕙兰乎，吾世世生生，誓不再作重入宦途之想矣！"

本 事 二

易楚野

　　语有之，天道循环，报应不爽，悖而入者，亦悖而出。朱家杰以贪墨系狱，虽邀赦免，而资财荡尽，得不偿失。燕燕与毛子厚乘危卷逃，自谓可以双栖永聚，又偏遇强徒截劫。其报应之速，冥冥中若有主宰者焉！

　　方二人之被劫也，燕燕泼悍成性，岂甘雌伏，是以不畏强暴，奋起争持。无如质弱势孤，直类螳臂之当车耳！子厚原为登徒之鄙者，患难中自难期其奋勇援助，惟有袖手旁观，徒呼负负。事后，毛以燕伤颇重，遂扶之投入附近红十字会医院。又以囊橐无余，乃诣其母呼将伯之助。母即昔日燕之鸨母，闻燕离朱，欣然色喜。慨允解囊相助，盖欲复得燕为其摇钱之树也。

　　医生诊视燕燕伤势，颇虑其因伤坠胎，盖燕已怀孕三月矣。燕以毛庸懦无能，知匪可与共患难者，转念家杰不置。病中又微闻毛母子计议重贿医者为己下胎之谋，以期无碍于他日之重操贱业，不觉良心顿发，深自忏悔。翌晨，燕乘毛母子尚未来院，泣诉始末于医院院长周大悲，饰言受毛愚弄，且告之悔，并恳为设法安胎。院长固与朱家有世谊，且悉家杰得释出狱，乃慨然允诺燕请，并愿从中斡旋，使家杰重收覆水焉。

　　自是燕燕对鸨及毛虽虚与委蛇，阴实厌之。院长则严词拒绝毛请，不允为燕堕胎。且禁燕未痊出院，燕亦安之。鸨与毛不虞燕之变心，惟有忍耐善遇之耳。

　　朱家杰黄粱梦觉，创痕宛在，万念俱灰。其昔日所梦寐不忘之仕途，如今则视为畏途矣。家杰有叔，亦曾侧身政海，家道富有，蜚声于时。然老年多病，又乏子嗣，晚境颇感伯道之悲，遂有令家杰承继之意。顾以家杰中年，亦无所出，犹疑莫决。一日，老病复发，延周大悲诊治。大悲固与稔交，乘机为燕燕道地。朱叔本持斋茹素，借积阴骘，乃发为慈悲之怀，慨允玉成其事。翌日即召家杰至，与办遗嘱，使之承继。并力劝其重纳燕燕，勿令朱氏骨肉流落在外。家杰固亦以燕之腹中物为念，重以叔命难违，乃诺而潜往见燕。燕鸣咽娇啼，深自悔过。时毛适至，骤见家杰，急隐身窃听，知燕心不向己，始恍然悟其延不出院之故，心甚愤懑，于是阴存不利朱燕之念。

　　莹姑失足而后，初甚怏怏，既而不欲以落花无主之身，重贻父母之忧，转觉襟怀豁达，恍已参破尘缘，颇有出家之想。筹思数日，终以家声攸关，不如学为看护，以慈善职业自给终身。乃请命于父母，入城投身红十字会医院作看护妇。

　　翌晨，朱家杰匆匆至医院，移燕居于叔父家，盖莹姑定是日投入红十字会医院也。午后，毛至院视燕，但见人面桃花，不知所适，乃废然出院。时适莹姑莅止，相见愕然。毛触发天良，愧悔交并，腼颜向莹周旋。莹对毛早已深恨痛绝，忿怒斥之。毛抱头鼠窜，勿敢与较也。

　　自是家杰财权在握，遂借口入城为叔料理财产，恒居留数日不返；而蕙兰初亦不疑其有他，盖喜朱之得承继权，以为此后可不愁温饱也。日惟在家课其女璞姑读书，有时邻人入城，则托之传送衣物于莹姑。时都中交易所崛兴，吴昌远以在财界多年之历史关系，主持其业，操纵公债，左右财权，声焰喧赫。初，朱叔之富也，实从投机赌博致之，至是，自多与所中往来。于是家杰秉承其叔之指导，习为投机事业，与吴遂复得日夕周旋。得则自饱私囊，失则纳入其叔之帐册。每操胜算，则归以眩其妻妾。市珠购宝，归遗细君，几成为日常得意之举。燕燕意味相投，自形欢慰。独蕙兰则腮腮过虑，反感不安，一若逆知祸根之隐伏于是也。

光阴似箭，转瞬半载，燕燕举一雄儿，朱叔欢忭不已，为之命名继业。命家杰迎蕙兰入城同居，并拟大排筵宴，共庆弄璋之喜。家杰腼颜为蕙兰告，蕙兰虽觉气沮，然为朱氏香火计，亦无异言，惟不允入城留居耳。

一月后，继业弥月，朱宅举行汤饼大会，备极一时之盛况。自是燕燕故态复萌，盖母以子贵，其气焰自不可一世也。毛子厚与燕燕失欢后，依其母以为生。一日，偶遇燕于中央公园，知已分娩，截而与语。燕性既好胡调，亦与周旋。由是每借探母为名，与毛私会，而家杰不知也。子厚日夕与歹徒为伍，遂谋绑劫家杰幼子。一日故请于燕，谓欲一见其宁馨。燕笑诺之，乃托言儿病，抱赴医院诊治，中途遂为票匪绑去。燕惊骇欲绝，而朱叔则忧急成疾。家杰侦骑四出，奔走竟日，迄无要领。越二日，始接票匪来函勒索百万赎金。卒以十万议妥取赎。事后，燕渐从鸨母口中悉为毛之所为，深滋不悦，大起勃谿。毛初尚抵赖，继恐燕告发，且既得巨款，遂飘然引去，不知所适。

朱家杰所营投机事业，以不遵其叔指导，贪功近利屡遭失败，日积月累，亏蚀不堪。时适吴昌远串通财部，发出整理某项公债消息，借资操纵。家杰认为时机莫失，尽量购入，尤恐不足，并其叔之地产亦抵押以赴之。讵知霹雳一声，政局忽变，内阁总辞，财部计划顿成泡影，公债市值大跌，吴昌远挟款宵遁。朱氏遂告破产，消息传来，朱叔一恸而绝。翌晨蕙兰入城治理丧事，燕燕仍出外嬉游如故。数日后，家杰以城中无地立足，计议挈眷回乡暂居。燕燕以家杰庸钝无能，既濒破产，来日大难，而己则豪华养惯，岂甘淡薄，乃下堂求去。家杰留之不能，亦惟有听之而已。

春回大地，淑气重临，世事沧桑，故园无恙。家杰对亡叔遗容愀然不乐。见璞姑手抱弱弟，逗之为戏，聊觉慰怀。蕙兰则检其日常私蓄并所得珠宝之属顾谓家杰曰："侬早逆料及此，此笺笺者实蓄以备今日之需。惟望君从此淡薄自甘耳！"

本　事　三

朱开瑞

朱家杰自经剧变，息影家园；虽妻儿无恙，而世事全非，盖欲以老农终其身矣。然而人心厌乱，国难方殷，霹雳一声，义军北指，朱氏一家，遂复陷颠沛之境！

朱于世事，已久不闻问，但璞姑则仍循例日以报纸进，朱每弃置勿阅；而王蕙兰则以邻人之告，知近畿将有战事，颇留意之。一日，王见报端消息甚恶，以示朱，朱不顾。然而飞机轧轧，已盘旋于屋顶；炮火隆隆，已声振乎迩迩！门前人声鼎沸，则

1930年

乡民已纷纷避难；郊外铁骑飞驰，则大军已云集左右！邻人叁息奔告，劝朱速逃，朱犹夷然置之。无何，军队沿户强占民居，责供役，男子则驱作苦工，妇女则逼任烹涤，恣意蹂躏，鸡犬勿宁。至朱家，朱抗既不能，逃亦无及，于是乎一门星散！

燕燕自与毛子厚卷逃遇盗后，贫无以自存。久之，暗计卖燕为富家妾，得款后交游于狐群狗党之间，夤缘入军界为马弁！燕被卖，初甚嚣张，忤大妇奇妒，虐之无复人形，燕燕昔日之施于蕙兰者，今乃身食其报。燕谋潜逃者屡，大妇怒，复鬻之妓寮，燕燕乃重坠风尘。

故都八埠，繁华犹昔。前线虽炮火漫天，而后方则笙歌匝地。燕本色艺双绝，不久艳名复噪。有陈将军者，任前敌总司令，虽军书旁午而不能忘情声色，昵燕燕，几视妆阁为行营。一日，将军赴前线，其书记官忽中流弹死，适上峰有电令至，须立复。将军不解字，以问从者，从者莫能应。正彷徨间，朱家杰适负重经帐下，闻从者征文人，乃自荐。将军大悦，即使作书记，自是朱暂获栖身之所。然而家亡国乱，怵目锥心。又睹军中之残暴荒淫，更觉悲愤填膺，渐图为国除害之计。

时则王蕙兰以在家不堪驻军之扰，夜挈莹璞踰垣出走。中途，莹以少艾，为一骑兵劫去。至旷野，四顾无人，兵下骑欲施强暴。莹忽生急智，谓一片原野，无处拴马，诳兵解索系马于足，以免逸去。兵信之，莹乃佯与欢笑，伺不备，拔其佩刀，猛刺马腹，马负痛狂驰曳兵而去。莹乃复前行，昏夜不辨道路，失足坠坡下，晕焉。有红十字车过其处，救之苏。莹以茫茫无家可归，遂投身为看护妇，随车至前线。

王失莹后，挈璞奔走呼觅，不得。杂难民中辗转入城，仆一巨室门前，母女皆奄奄一息矣。会其家之太夫人自外归，见而怜之，察其状不类丐者，急延入家。问所自来，王自隐身世，但泣陈家破人亡流离至此而已。太夫人乃留司缝衽，俾暂托足焉。

巨室黄姓，其子国雄，少年英俊，卒业于陆军大学，现任营长，方转战于前敌。偶得假期，辄归省其母，性和易，于王母女，每敬礼有加，故相处若家人焉。一日，前方下令总攻击，黄身先士卒，负重伤。舁归医院，势已危殆，呓语中频频呼母，且索抱吻。医生谓垂死之人，宜得安慰，问孰愿化除成见，不吝牺牲者？看护妇数人相顾有难色，时莹姑方杂其间，自伤身世，颇感动情，乃慨然自任其看护。于是提携抚抱，婉如慈母，而黄伤赖以日瘥；久之，竟同堕情网。

无何，黄伤渐愈，莹伴之垂钓溪旁，并互相摄影为乐。时则流水淙淙，若奏雅乐，遥山掩映，如展画图；锋镝余生，到此如登仙界！初则略谈国事，黄颇有明珠暗投之意；继则清言娓娓，渐露倾爱之忱。顾莹则落花身世，隐痛难言，回肠百折，终吝一诺也。时毛子厚适随军至此，忽与莹遇，狼心未戢，欲续旧好。莹痛斥之。毛以揭前事为要挟，于是莹之一线光明，又成满天阴霾矣。

朱司书军中，渐获信任，位望渐高，部下亦多拥戴之。朱见时机已至，乃与同志密谋共迎义师，以出庶民于水火。或谓营长黄国雄久怀大志，可引为臂助；于是朱单骑往访，遽倾肝胆。谋既定，有约毛共事者，毛谂知朱为领袖，深恐旧恨未消，事成将不利于己，乃佯允而告密于将军。将军震怒，立欲下令杀朱，毛献计谓军心已动，捕朱恐激群变，不如计诱入城，为一网打尽之计。将军纳其言，就商于燕燕，燕不知

· 549 ·

其为朱也,复献计就其妆阁设宴,诱朱等来而下毒于酒以杀之。

是夕,朱黄等奉召至燕妆阁。朱燕重逢,婉如隔世!然惊愕之余,以将军在座,未敢相认也。既而将军命燕进酒,燕已预置二酒壶,一有毒,异其壶盖,以为志别。此时忍痛持毒酒进酌诸宾,及朱前,触发旧情,心大不忍,不觉持壶晕去!将军急起夺壶,犹存余沥,乃命舁燕置后室,而为亲为朱把盏。未几燕悠悠复醒,闻将军正举杯劝饮,不觉大骇,挣扎而起,力疾驰出,见朱正举杯沾唇,乃急奔前击杯落地,大呼有毒!众停杯色变,将军知事败,立拔枪射朱。燕以身翼,中要害!黄等见事亟,遂不暇计议,各出枪轰射,将军乃死乱弹之下!

初,王蕙兰寄居黄家,日夕以泪洗面,又不愿以真姓名示人,每私出探询家杰及莹姑之下落。是晨,黄返家更衣,似钮扣脱落嘱王纫之。王无意间在其囊中发现照片一纸,中有女郎作看护妇装,细视,则莹姑也!不觉惊喜交集,询得驻地,急率璞姑往寻之。时莹方被迫于毛,毛踌躇满志,并扬言若父若情人今皆在某妓院,将同归于尽矣。莹大骇,夺门欲出,毛阻之,并出枪恫吓。莹舍命突围,互扭倾跌,毛自触枪机,弹贯心而死!莹驰出,正遇母妹,不暇细语,即偕驾医院之救伤汽车,疾驰入城。至燕处,正燕夺杯饮弹时也!燕将死,见朱氏一门复得团聚,芳心微慰,谓王曰:"昔我毁家杰,今幸全之,或可告无罪于朱家乎?"言已,舍笑逝朱臂间。

大局既定,朱乃挈妻女重返家园,但已断垣零瓦,不胜沧桑之感矣!时城堞远处,青天白日之旗,已飘扬空际;而疏林掩映之间,则一坯新土,有碣曰:"义妾燕娘之墓"。朱等低徊凭吊,不尽唏嘘。无何,黄国雄挽至莹作密谈,莹亦逐笑颜开,不复如前之腼腆。朱王睹状,顾而乐之。时则夕照初斜,云蒸霞蔚,大地之上,花簇锦团,若为朱家灿烂前途贺也。

碎 琴 楼

出品　明星影片公司，1930年
编剧　章　炎
导演　郑正秋
副导　蔡楚生
摄影　颜鹤鸣
演员　胡　蝶　夏佩珍　郑小秋　黄君甫　王献斋　谭志远　赵静霞　高倩苹　汤　杰　萧　英　高梨痕　傅忆秋

《碎琴楼》电影由章炎根据何诹同名言情小说改编。其电影本事无署名，原载《幔影·碎琴楼特刊》（1930年7月13日）。

本　事

李绅文海，家拥厚资，赋性拘执。妇刘氏，诞一女琼花，将笄矣，夫妇皆珍爱之。李氏家近学校，戚串中如韩生云郎，陈生银生，及玉英世昌等，为便于就学计，咸食宿于李氏。云郎谨厚，与琼花雅有情愫，琼花亦昵近之。侍女九环，周旋二人之间，尤慧黠解人意。李厌云郎贫，相攸之念，属于银生，为其为富家郎也。银生亦属意琼花，时复殷勤献媚，然琼花素鄙其人，曾不肯稍假辞色。故银生妒云郎，得间辄逸于李，李视云郎益无恩焉。

琼花善病，得云郎慰藉，时为展颜一笑。李尝当妻女前，痛斥云郎，禁不得更入闺闼。云郎不堪其辱，发愤欲辞去。琼花昵之，云郎意稍转，谓琼花曰："吾侪误矣，环境压迫，当奋斗以求脱，嗣后即尊甫苛遇我，亦不言去。"琼花为之大慰。比刘下世，李亦日趋逆境，生计渐窘。云郎适得其兄粤中来书，慨然别琼花南行，借图自立。李家既落，时银生已以资得官东渡，李亟图援系高门，必欲以琼花字银生。琼花初坚拒，既恐激生他变，允嫔陈氏，惟必待诸李之身后，李遂欣然与陈氏订婚。琼花自遭其父逼婚后，寂处闺中，抚琴流涕。念云郎不可复合，愤碎其琴，援笔作书以绝云郎。云郎方任职军部，得书大震，径辞职作归休之计。不幸中途得病，行程因之而益缓。

李氏频遭火患匪警，处境大困，合家仓皇走避，致与九环相失。李则以忧伤憔悴，病不能兴，遣使求助于陈氏。而陈氏之态度骤变，盖银生客居东瀛，玉英亦续往求学，银生移情玉英，径以书归绝李氏之婚。李闻耗，气愤而卒。琼花罹此鞠凶，形销骨立，念留既无家，不如走粤中访云郎寻旧盟。一夕宿村店，不幸遇盗，几落虎口，赖猎人许健救护而免。许于李氏盛时，尝携猎得之物求售，艳九环常致缱绻之意。李氏败许值九环道周，力任为觅琼花，而留九环于家。至是果援琼花返，主婢相见泛澜。琼花亟欲见云郎，许复锐身自任。至粤，云郎已行，归途幸遘于逆旅，控骑同归，冀得一面。时琼花以殷忧久病之身，驯至精神大损，气息仅属，犹忍死须臾，以待云郎之归。云郎兼程而至，疾趋榻前，抱头大恸。琼花惟张其将涸之双目，向云郎作苦笑而已。

1930 年

中级徽章

出品　未摄，1930 年
编剧　傅国虎

《中级徽章》电影剧本为傅国虎所作，原载《中国童子军》第 10 期（1930 年）。

电 影 剧 本

傅国虎

　　景 远 照　（渐现）一团童子军的野外生活。雪白的营帐，衬着碧绿的青山，树林里芳草地上，坐着一圈童子军，中间有一位团长正给他们训话。
　　字 对 话　（化入）俊民同淑清的中级课程，都考试及格了。但是，课程的及格，徽章是不能得到的。现在我让你们俩作一次两星期的长途旅行，八月十五日的下午五时必须归营。回来时要把两星期的详细日记交给我。
　　景 近 照　俊民和淑清是两个聪明英俊的孩子，含着笑容起立敬礼，同时，各个童子军们也起来同他俩握手作别。
　　景 远 照　俊民和淑清推着两辆自行车，从营门出来，全团童子军举帽欢送。（渐隐）

　　字 说 明　（渐现）童子军是诚实的。
　　景 中 照　（化入）一个大汉骑着匹劣马在一条小路上经过，因为马的恶劣所以异常的颠顿，以致把一个皮包从衣袋里掉在路旁，大汉不经意的骑马驰过。
　　景 近 照　（化入）一个落在路旁的皮包，里面装满了东西。
　　景 中 照　（化入）两个骑着脚踏车的童子军经过这条路，其中的一个，忽然发现了这个皮包，很惊奇的说：
　　字 对 话　（化入）喂！你看！那不是一个皮包吗？
　　景 中 照　（化入）两个童子军很快的跳下脚踏车，拾起了那只皮包，并且打开来，看见有许多的钞票。
　　景 近 照　（化入）一只打开了的皮包（在手上）里面有一大堆钞票。
　　景 近 照　（化入）两个童子军发现了一张电报，在这皮包里面，便打开来看：
　　景 特 照　（化入）一张电报用纸，上面写着：
　　　　0657 7189 2625 0702 4675 0689 2392
　　　　　古　雷　村　吴　简　君　收
　　　　0689 3018 4016 6850 0145 4849 2799

　　　　　君　母　病　重　住　绿　杨
　　　　6829 7108 4162 6643 1601 6829 5673
　　　　　医　院　盼　速　带　医　药
　　　　6316 0171 0124 2651 0108 0707 2039
　　　　　费　来　伍　林　代　告　东

　　景　中照　　（化入）两个童子军很快的踏上车，绝驶而去。（渐隐）

　　景　中照　　（渐现）吴简骑着马到了绿杨医院的门前，下了马，把马拴在树下，便走进医院去。

　　景　中照　　（化入）两个童子军骑着飞快的脚踏车到了医院门口，下了车，很小心的把车锁住，停靠在医院门前的大树旁边，走了进去。

　　景　中照　　两个童子军很慢的在医院里面走着。同时，吴简也从对面低着头走过来，脸上现出很懊丧的神情。童子军见了，便很和气的问他：

　　字　对话　　（化入）先生！您在找甚么？

　　景　中照　　（化入）吴简抬起来望了他俩一眼，仍旧低下头去，口里喃喃的说：

　　字　对话　　（化入）小朋友！你们能帮助我找我的那只失去了的皮包吗？我是吴简。

　　景　中照　　（化入）童子军把皮包掏出交给他，他非常的惊讶，童子军对他说：

　　字　对话　　（化入）先生！这是您的皮包吗？您是失落在小路旁边的，现在交还给您。先生，再会！

　　景　中照　　（化入）两个童子军手牵手的走了。吴简喜欢得呆了，自己觉得很惭愧，连忙跑了出去。

　　景　中照　　（化入）童子军正在开那自行车上的锁，吴简追了出来，抓住了他俩，极佩服的说：

　　字　对话　　（化入）小朋友！我应当怎样的谢谢你们？！

　　景　中照　　童子军用很诚恳的态度答：

　　字　对话　　（化入）先生！您去招呼您的母亲罢！童子军用不着谢的，这是我们的天职。再会！

　　景　中照　　（化入）两个童子军骑着脚踏车走了，吴简站在医院门口呆望着，一直看他们穿入了绿荫深处。（渐隐）

　　字　说明　　（渐现）童子军是忠心的。

　　景　远照　　（化入）夕阳西下的当儿，一个葱翳的森林里，搭着一个洁白的帐篷，两个童子军在帐外炊饭。

　　景　中照　　一个童子军正在生火，他一个童子军正在煎菜。煎菜的童子军，偶然左顾，忽惊愕。取望远镜远望。

　　景　中照　　一队匪众约百十人，持刀枪棍棒等，半跑步前进。前面的首领向左面的一个矮子说：

1930 年

字 对话　明贤村的村长是刘善彰罢？
景 近照　倭子半笑着答：
字 对话　是啊！他是明贤村附近几十里内著名的富户，十万大概是没有问题的。
景 近照　（化入）匪首含着残酷的笑容，回头向倭子招呼。
景 远照　森林旁的营帐外，一童子军远望，一童子军生火。拿望远镜的童子军说：
字 对话　（化入）俊民！土匪袭击明贤村去啦！
景 近照　（化入）生火的童子军起立，接着他一童子军的望远镜远望。顿感惊愕说：
字 对话　我们应当赶快报告公安局去啊！
景 近照　立刻取出日记簿，查到公安局的地址。
字 近照　一页日记簿的中段

　　　　公安局⋯⋯⋯⋯黄龙镇（渐隐）

景 远照　（化入）一队武装的警士，骑着马飞驰着，前面有一个童子军骑着自行车作向导。（渐隐）

字 说明　（渐现）童子军是助人的。
景 中照　（化入）有一个因急症而病倒在路旁的人，展转不能行。天适大雨。
景 远照　两个童子军骑着自行车从柳荫中驰来，看见路旁的病人，立刻跳下自行车，跑到病人身旁，检察病状。
字 对话　啊！霍乱！
景 中照　（化入）一个童子军很快的由背包内取出一个药瓶。（近照）瓶上写"救急水"三字。一个童子军取出日记簿，详细检视。
字 说明　（近照）

　　　　济生医院⋯⋯⋯⋯中华路24号
　　　　公安局⋯⋯⋯⋯民国路
　　　　消防队⋯⋯⋯⋯民生路

字 对话　俊民！你招呼他，我请医生去！
景 近照　一个童子军冒着雨骑着自行车在崎岖泥泞的路上，急驰而去。
景 中照　（化入）济生医院的门首。一个童子军推着自行车同着一个医生从门内出来，医生提着一个装满了救护用品的皮夹。出门后医生乘汽车，童子军仍乘自行车驰去，至看不见时为止。（渐隐）

字 说明　（渐现）童子军是友爱的。
景 远照　（化入）在大山之下的森林前面，一个迷途的小孩，仓惶无所措，破声啼哭。两个童子军从路旁骑着自行车经过，看到小孩哭，立刻下车。很和悦的跑到小孩面前，抚慰着问他：
字 对话　你为什么哭？小朋友！
　　　　找不见我妈妈啦！

景 近照　（化入）童子军取出手帕，给他拭了眼泪，问：
字 对话　你的家在什么地方呢？
张庄。
我们送你去好么？
景 远照　一个童子军将小孩架到自行车上，同其他一个童子军急驰而去。（渐隐）

字 说明　（渐现）童子军是有礼貌的。
景 中照　（化入）有两个童子军坐在一辆火车里，看着报。
景 中照　（化入）有个疲乏了的旅客走上车来，正在东张西望的找坐位。童子军站起来把坐位让给他，说：
字 对话　（化入）先生！您疲倦了吧？请坐。
景 中照　（化入）旅客坐下后，用很惊异的眼光看着他们（渐隐）

字 说明　（渐现）童子军是爱物的。
景 近照　（化入）一棵小树下有两个童子军在玩，树渐渐变为一个似人非人的样子，两枝下垂如手，树头含着笑容，两个童子军也笑着同树握手。（渐隐）

字 说明　（渐现）童子军是快乐的。
景 远照　（化入）崎岖的路上，太阳的热光直射，两个童子军相随着骑着自行车在前进。
景 近照　两个童子军的笑容，但是汗珠由两鬓濡濡流下。（渐隐）

字 说明　（渐现）童子军是节俭的。
景 中照　（化入）在一条很热闹的街上，有两个童子军经过。街道两旁摆着些食物摊子，小贩们很殷勤地招呼他们，但是他们总是摇着头不去买。
景 中照　（化入）他们一同走进一家银行去。（渐隐）

字 说明　（渐现）童子军是勇敢的。
景 中照　（化入）有两个童子军很快的跑着。
景 中照　（化入）他们跑到了河边，河边上有许多的人围着，其中有一个女人正在哭着。两个童子军连忙脱掉了上衣，一同扑通的跳下河去。
景 近照　（化入）两个童子军在水面上抓住了一个不会游泳的小孩子。
景 近照　（化入）岸上的人们都惊异的赞扬他们的技术和勇敢。小孩的母亲，也止了泪，有一线的欢欣表现在她的脸上。
景 中照　（化入）河里的童子军把那小孩子拖上了岸。（渐隐）

字 说明　（渐现）童子军是清洁的。

景 中 照　（化入）有两个童子军和几个朋友谈天，朋友拿出几支香烟来分给他们，但是他们都不要。（渐隐）

景 中 照　（渐现）几个童子军走进一家饭馆。

景 中 照　（化入）他们同坐在一桌上，堂倌走来问他们：

字 对 话　（化入）先生！要酒吗？

景 中 照　（化入）童子军摇着头说：

字 对 话　（化入）不要酒。

景 中 照　（化入）堂倌走后，他们很快乐的谈笑着。（渐隐）

字 说 明　（化入）童子军是公德的。

景 中 照　（化入）有两个童子军，提着棍棒从一条小路上走。

景 中 照　（化入）他们看见路中心放着一块巨大的石头，便用力的把它抬开，用棍棒把它移动。（渐隐）

字 说 明　（渐现）童子军是服从的。

景 正 照　（化入）日历上正是八月十五日。

（化入）时钟上正指着四点五十五分。

景 远 照　（化入）仍是第一幕的野外原景，远远地从林边的小径上转来两辆自行车，正是俊民同淑清很快乐地归来。到营门口从许多童子军的欢迎声里，下了自行车，同大家握手。（渐隐）

字 说 明　（渐现）营火会。

景 远 照　广大的场上，周围隐约围着一圈童子军，中间火光熊熊，有时候烈焰腾空，照出俊民和淑清的笑容来。

景 近 照　团长在场中起立，向大众宣布说：

字 对 话　（化入）俊民和淑清他们的中级课程考试及格了，最使我满意的，是他们这两星期旅行的成绩报告。我认为他们俩有佩带"中级徽章"的资格了，现在就给他们。

景 近 照　（骤现）俊民同淑清立正站着，团长拿着两枚童子军中级徽章，给他俩佩在左臂上。

景 近 照　（化入）中级童子军徽章的放大。

景 远 照　（化入）全体童子军的拍手欢呼。（渐隐）

字 正 照　（完）

《中级徽章》这篇剧本，完全是童子军精神的表演。如果能经过一番艺术的导演和设计，的确是一剧很动人的影片。我希望这篇剧本，不久的将来能够演映在银幕上，给全国小朋友一点精神上的激励。

——编者

野草闲花

出品　联华影业公司，1930 年
监制　罗明佑
编导　孙　瑜
摄影　黄绍芬
作曲　孙成璧
演员　阮玲玉　金　焰　刘继群　陈可可　林楚楚　徐梓园　王谢燕　杨美仁　王意文　高威廉

《野草闲花》电影由孙瑜编剧。其电影剧本编写于1929年，1930年摄成影片。其电影本事为孙瑜所作，发表于《新月曲集》第2期（新月留声机唱片公司出版，1930年9月）。黄漪磋亦撰写了同名电影小说，刊载于《影戏杂志》第1卷第9期（1930年8月31日）。

新中国成立后，作者根据当时分镜头剧本重加修订，将其收录于《孙瑜电影剧本选集》（中国电影出版社，1981年）。本篇电影本事选自《新月曲集》，电影剧本选自《孙瑜电影剧本选集》。

本　事

孙瑜

十六年前，西北大旱，继以兵灾。有少妇怀女婴，欲越坚冰赴他方觅食。风寒，妇仆冰上，不能更进。婴啼饥，妇乳已枯，悲中啮破食指，以己血哺婴而死。后懒木匠爸爸携妻经过，怜之，携婴特赴他省而去。

十六年后，上海西南隅有卖花女丽莲者，即昔时之冰上孤雏也。懒木匠爸爸移居上海多年，其妻于三年前弃世，遗一女小妹妹，已十一岁矣。二女日在街头卖花，以助家用。爸爸虽为木匠，然家中常有三足之椅未修，懒也。

富家子黄云，潜心音乐，以不直其父所代订之贵人女为妇，为父所逐。踯躅街头，救丽莲于车轮下，因得僦居女家。丽莲善歌，喉音清洌，黄惊赏其天才，乃教之习唱其自编之歌剧《万里寻兄》。小妹妹善舞，亦加入剧中饰要角。

某日，黄率众游新世界游艺场甚乐，遇其仆阿呆。阴嘱之筹措公演歌剧费用。黄离家后，耻述往事，人皆未知其为富室儿也。

黄云歌剧公演之夕，全沪轰动，丽莲名大噪。剧材取自俄国，述一乡间幼女，其兄少从军于外，八年未归。女家遭兵焚，两亲皆丧。女孤无依，乃弹琴卖歌，流转四方，以觅其兄。其兄已为军官，亦数返乡觅妹未获。兄妹互觅，互流转参商者数年。

后女于雪夜伫立某酒店外,高唱寻兄调;其兄适与数友聚饮,闻歌,始识为妹。兄妹乃复聚。剧情缠绵,歌曲悲恻,其获人深赏宜矣。

丽莲与黄云爱情久深,遂订婚约。黄父知之,谋阻其婚。于丽莲结婚前一日,探知其子外出,乃偕黄舅母姑母等到丽莲家。初胁以势,继诱以财,终则说以大义:谓女出身贫贱,必为黄终身之玷,碍其前程,剥削其安乐。女悲悟,允牺牲,乃故饰狂荡,驰逐舞场。黄云惊踪至,丽莲借故与之解约。黄悲愤填膺,当众斥女为野草闲花,怒返父居。

某夜丽莲为剧院主人强迫登台,续演《万里寻兄》歌剧。饰军官者,前为黄云,今则易人。女登台悲歌,旧事如烟,一一幻过眼前。女血液沸腾,心弦紧张,终至声带激伤裂,昏仆台上。

黄仆阿呆,知丽莲之离黄,乃牺牲自己;见黄悲郁终朝,乃以实情告黄。黄悲喜交併,奔返女家,长跪乞恕,黄父亦自悔孟浪。爸爸则从此袋中满贮酒资,铮钬悦耳。惟家中三足之椅,仍未修好,懒也。

剧 本

孙瑜

一

(渐显) 片名《野草闲花》

(叠印) 一枝在皎洁的月光下的白莲花亭亭地挺立在野塘污泥中。**(渐隐)**

(渐显,字幕) 楔子。

(叠印) 舞台绣幕,缓缓拉开……**(渐隐)**

(渐显) 淮北水涝区一片灾荒凄凉的景象:枯树无皮,寒风卷雪,冰冻三尺,堤坝失修,**(横移摄)** 树下饿死和半毙的灾民在气息奄奄地呻吟……**(化)**

一个农民剥树皮,推开前来争抢树皮的人,用力嚼着手里苦涩的树皮……

一瘦妇抱儿坐在地上。她的丈夫掘得草根,瘦妇一手接过来,放在嘴里大嚼……**(化)**

一个双眼深陷的瘦汉子,看见臂里的女儿活活地饿死,悲愤地向天狂喊……**(渐隐)**

(渐显,字幕) 虽然年荒……雪冷……风尖……,但母亲的心是永远炽热的。**(化)**

冰天雪地里,一个年轻的农妇紧紧地怀抱婴儿,冒着寒风在冻透了的冰原上挣扎前进,想逃离那远远的在死神魔爪下的荒村。

少妇听见怀里女婴的哭声,惊讶中轻轻揭开破布,女婴大哭起来。少妇急急又掩上破布,以蔽风雪。

少妇挣扎着向前走着,终于在疲惫饥饿中昏倒在冰块上。

少妇虽然倒下,但仍然紧抱着女婴。她在冰上用一只手臂撑着身体,解开破袄,把干瘪的乳头去喂孩子。

女婴贪馋地吮乳，但又呱呱地大哭起来。

少妇用深陷昏暗的双眼注视女婴，知道孩子大哭的原因，心碎欲裂，仰天悲号：

（字幕） "天啊！可怜我的女儿！……我的乳汁……干啦！"

少妇悲伤中对天合掌呼唤，但回答她的是阴霾的残云和铅色无语的黯天。

少妇合掌向天祈求，忽然望见了自己枯瘦的手指。她眼露喜色，低头望着号哭的孩子，把自己的左手食指伸进嘴里狠命地一咬，鲜血在指尖滴流着。

少妇把滴血的指尖伸进孩子的小嘴，孩子吮吸起来。

孩子停止了哭。年轻的母亲忍着痛，在风雪中坐在寒冰上坚持着，微笑着。她忘记了冷，忘记了痛，忘记了即将来临的死——只希望她怀里的幼小生命能获得一线的生机……"（渐隐）

（渐显） 不知道过了多少时候，冰原的远处出现了一个牵驴走来的剪影。

木匠老王头牵着毛驴，驴背上除了坐着他的妻子外，还驮有布包、斧锯、筐和烧饭的小铁锅等。小毛驴怕滑，停住了。老王头一边骂着，一边取出一只小锡酒壶。

（字幕） 老王头——一个忠厚的木匠。

老王头就小锡酒壶喝了一口酒御寒，他的胖脸上有着粘满了冰珠的短须。妻子忽然望见远处冰上倒卧的农妇，又听见婴儿在哭，急指给老王头看。

年轻的农妇已经冻僵气绝。远处，老王头牵着驴和妻子走来。

女婴在亡母怀中啼哭，亡母仍然一只手紧紧地抱着她。

老王头起初不愿去，妻子央求着，用手指轻揪他的脸，老王头随即驯服如命，走到农妇遗体旁，解开破布袄，抱起女婴。

木匠妻见状泪下。她回头望一望远在身后的荒村，想着昨天在村头刚刚悲痛地埋葬了他们的三岁爱子；现在，冰原上又发现了这一亡母遗孤。灾荒要吞噬多少无辜的农民啊！

木匠妻吻着接过来的女婴。女婴停止了啼哭，两只小眼睛望着木匠妻，好像在向她求救。木匠妻告诉老王头：

（字幕） "老王头，可怜这小女孩！我们带她走吧！"

老王头听了妻子的话，为难地皱起了双眉。他感到好不容易才逃离灾区，怎么有力量再带一个陌生的孩子？怎么活下去呢？

老王头连连摇头不答应。木匠妻央求着，伸手轻揪老王头的脸。老王头转望女婴，也流下了热泪，徐徐点头……（化）

几块大冰覆盖着死去的年轻的母亲。老王头牵着毛驴的剪影向天边走去。寒风横扫，落日无光……"（渐隐）

二

（渐显，字幕）剧情
（叠印舞台绣幕徐开，渐隐）

（渐显，字幕）上海……一个多么神秘的大城市啊！千千万万的人们在里面挣扎，活动，酣睡，游荡。天天是如此，年年是如此。

（叠印）南京路外滩，车马如流……（化）

（叠印）从永安公司屋顶，俯瞰南京路三大公司马路交叉处，各种车马纷驶……（化）

（叠印）从汽车飞驰中摄取南京路拥挤的人群……（与字幕同化）

（字幕）千千万万的人们，不一定都彼此相识，才能过这种无事而忙乱的生活。大家笑时，一同欢笑；如果你要哭时，只好自己哭去……奇怪的上海！

（叠印）街中行人拥挤，万脚奔走……（化）

（叠印）戏院门口散场，人群如蚁……（化）

（叠印）"新世界"游乐场里，众人乘回轮飞马狂笑……（与字幕同化）

一个着中式服装的男士，拥着两个女人狂笑……（化）

在"神化飞轮"上的十几把摇椅内坐着狂欢的男女游客，他们在徐徐转动……（化）

棚户区贫妇家的纺车（"神化飞轮"在画面上徐徐化为同样地位大小的纺车竹轮）徐转；贫妇瘦削悲怆无生气的脸，两眼阴暗，蕴含着无尽的疲劳和悲哀……（渐隐）

（渐显，字幕）在上海西南的一角。（渐隐）

（渐显）霞飞路底（今淮海西路）法华镇的小河和旧石桥，破落的瓦屋和竹片编织的土墙，在朝阳初上时染上了春日和煦的光……（化）

老王头家的客堂。前门通小街，后面开向小河；屋中有吃饭的旧方桌，屋隅放着不少未完工的桌椅小柜和木匠的斧锯、刨锤；右边小门通厨房，在左边墙上挂着亡妻的放大照片，框下是老王头的一张竹床。老王头在阳光红透的小窗下酣睡，打着呼噜……

丽莲像燕子似的从厨房轻盈地走了进来，手里端着两碗吃早餐的小菜。她摆好了小菜，擦了几下方桌，望着酣睡的老王头做了一个鬼脸，哼着小曲走进厨房去了。

丽莲走到灶前，揭开锅盖一望，然后哼着小曲回身取长勺。

（字幕）丽莲——十八年前的冰上孤儿。

丽莲用长勺搅匀锅中的菜汤，就长勺尝了一下味道，然后在围裙上擦了擦手，从盐罐里抓了些盐放到锅里。她哼着小曲，好像生来就是这么一个充满了青春活力的枝头黄莺。她不仅有婉转动听的歌喉，更重要的是她的那种春花怒放的生命力，像朝霞似的给她十八年来所渡过的单调平凡的生活镀上了灿烂的金色的光辉。她在厨房里动作敏捷，津津有味地做着锅台旁的各种杂活，感到一切都很新鲜有趣儿。她照例从碗橱里取出大碗，把老王头每餐都要喝二两的小锡酒壶用开水烫着。她举起小酒壶在鼻前一嗅，酒味冲得她皱起了小鼻子。她望望天色已不早，就匆匆地离开了厨房。

丽莲手里还执着长勺就跑到客堂里来，看见老王头还在蒙头酣睡，就假作生气地喊着：

（字幕）"爸爸！"

老王头好像石头一般丝毫不动。丽莲伸手推他，最后掀开了他蒙头的被子。

老王头睡意正浓，伸手又拉被蒙上了头。

丽莲叹气，叉手在腰间怨道：

（字幕）"爸爸！你还不起来！惹得小妹也不起来啦！我们还要出去卖花呀！"

丽莲撅着小嘴说着，望了一望小楼，走过来坐在床沿推摇老王头。老王头无法，半坐起来，伸手去拉墙上的一根绳子，并向右上方望着小楼。（镜头向右上方快移）

右上方小楼里是丽莲和小妹的卧室。小妹床头壁上的一只铜铃被长绳拉响了，惊醒了十一岁的小妹。她骤然在床上坐了起来。

（字幕）小妹是老王头的亲生女儿。自从她的母亲在三年前死了以后，小妹就当了家中的"小管家"和"总工程师"。

小妹从床柱上取下用竹筒、皮纸、丝线自制的电话机，准备和老王头通话。她先把"电铃"拉动起来。

老王头床头的"电铃"——绳端悬挂着一堆洋铁罐头和几个小铜铃——大响起来。老王头睡眼惺忪地取下壁上的竹筒电话机，放近耳边。

小妹在竹筒电话机里笑问：

（字幕）"喂，是爸爸吗？你早呀！今天早晨，不要忘记穿我给你织的绒线背心那！"

老王头在楼下床头睡意未醒地点头说："好的，我穿……"说完，放回电话，倒头又睡。忽然墙上的铃罐又响了。他一惊，只好伸手拉一下绳，表示通话完毕。

丽莲站在床前，摇头笑叹。

小妹坐在床上，又一一拉动她安装在墙壁上的几根不同长绳机关。

屋外小河边的鸡笼门、鸭舍门次第被绳拉开，小鸡、小鸭走了出来。

小狗草铺上的小罐里的冷水泼下，贪睡的小狗被淋，惊跃地离开了草铺。

小妹急匆匆地穿衣着鞋。

客堂里，丽莲收拾什物，走向厨房。

小妹在楼梯口出现，一眼望见了仍在蒙头大睡的老王头，便向他大喊一声，并飞快地从楼梯上滑跃而下，跑到床边，掀开他的薄棉被。

老王头和小妹两人争拉棉被，结果把被扯到地上。

老王头发了火，大骂小妹；小妹也回叫他"懒睡虫"！

厨房里，丽莲正在盛汤，忽然听见老王头和小妹的争吵声，摇头叹息，后来竟用手掩耳。

老王头和小妹像两个孩子似的大跳大吵，各不相让。丽莲端着汤从厨房出来，正看见老王头气愤中把小妹织的绒线背心用力掷在地上，并怒喊："谁要穿你织的背心！"这一下使小妹惊呆了，停止了骂，气得伤心地掩面而泣。老王头也负气地去穿他的破夹袄。

丽莲看见事情闹大了，急忙放下汤碗，走到老王头面前责备地说：

（字幕）"爸爸，真不害羞啊！又把小妹气哭啦！"

老王头坐床负气不语，转头望着在椅子上坐着流泪的小妹，微笑愧疚。

丽莲望着地上的绒线背心，责备他说：

（字幕）"背心是小妹前天才给你织好的。你一次还没有穿，就把它丢在地上！"

老王头望着地上的绒线背心，但仍不肯拣起来。

丽莲望着墙上亡母的放大照片，老王头也转头同望，妻子贤淑慈祥的双眼，好像在笑劝他不要和女儿斗气。

丽莲低声劝着老王头：

（字幕）"你叫小妹伤心，妈妈在地下岂不心痛？"

丽莲眼里含泪；老王头痛悔着。

小妹在一旁哭得更厉害了。

老王头拭泪低头。丽莲以臂推他的肩，像妈妈从前习惯地用指轻揪他的脸一样。老王头徐徐抬头，表示愿意赔罪。

老王头从地上拾起绒线背心，慢慢走到小妹身后。这时，小狗也从屋外跑了进来，歪头望着他。

小妹背坐着抽泣，老王头从后面用手轻拍小妹的肩，小妹不理。老王头笑着求恕。

小狗坐起来，伸出两只前脚连连作拜求状。

老王头望着小狗，羞惭地踢了它一脚。

丽莲在小妹身后，以手示意，叫老王头赶快穿上背心。

老王头开始穿绒线背心，不意人太胖，而背心又窄小异常，无法扣上。

小妹慢慢转头，偷看老王头穿上这件小背心，不觉回嗔失笑。老王头和丽莲也笑起来。小妹连忙回身帮他扣背心，她死命地用力扣了上去，把他箍得几乎透不过气来。老王头感到十分不自在，在屋里乱转。小妹伸手牵他作跳舞姿式，笑不可抑。

丽莲看见背心太紧，从老王头身上脱了下来，催两人吃早饭。

老王头走到自己的大方椅前。

老王头的大方椅只有三只脚。

老王头皱眉，小心翼翼地就座，深怕两女又要笑他懒而未把椅子修好。可当他起身取过饭碗，又坐大椅时，椅子一歪，使他跌坐在地上，气得他望椅大骂。

（字幕）"混帐椅子！我等一会儿非把你修好不可！"

老王头一面骂椅，一面挣扎起来。

丽莲附耳笑告小妹说：

（字幕）"说了总有几十遍啦。"

小妹听说，喷饭而笑；但丽莲却能原谅老王头，因为他整天为别人干活，太忙了，顾不得自己的三脚大椅。

丽莲和小妹匆匆吃饭，老王头小心翼翼地坐在三脚椅上喝酒……（拉远，渐隐）

三

（渐显，字幕）在上海的另一角。（渐隐）

（渐显）静安寺路高等住宅区，绿树整齐，庭院秀丽。（化）

黄家大铁门内，绿荫中隐现华贵住宅。（化）

黄家大厅里，陈设富丽堂皇，但此刻却处在严肃的气氛中。茶商黄钟正含怒踱蹴厅中，厉声呵责他的儿子黄云。黄云低头倚案而立，手里戏弄着案头的橡皮玩具。大厅的另一端，戴着玳瑁边眼镜的姑太太和舅太太并坐在沙发上，好像在作陪审员。仆人阿呆，远远地垂手侍立。

（字幕）茶商黄钟，致富之余，又思求贵。

黄钟就是这样的有钱人。有了钱，并不满足，还想靠他的儿子弄个官做做。他转身怒斥黄云：

（字幕）"糊涂的畜生！同顾委员的小姐结婚，难道还配不上你？"

面目英俊、二十二岁的黄云听着父亲的咆哮，默默地仍在玩弄手里的橡皮小丑，手指一捏，小丑就连连伸舌头。

（字幕）黄云——久被公认为没出息、无大志的"败家子"。

黄云倚案，默然地听着父亲要他同国府要人的女儿顾玛琍结婚的训斥。

黄云是黄家唯一不协调的人物。他坚持学文艺，违背了他父亲的期望，在音乐学院毕了业。他无意继承父业，不愿走向肮脏政界的道路，更不愿忍受那一位骄纵放浪、气势凌人的委员小姐的婚事。

黄云抬头微微望了父亲和姑太太一眼，随后又低头去抚弄那橡皮小丑。

（字幕）姑太太和舅太太——凭空喜造谣，遇事总生风。

姑太太和舅太太互望了一下，姑太太站起来肃容告黄云：

（字幕）"云侄。你要想想这一段婚姻对你的一生前程的关系！快不要再过你的流浪生活了！"

姑太太说完，望着黄钟和黄云，慢慢坐下。舅太太点头赞同。

黄云不能再忍耐了，他丢去橡皮小丑，把刚从外面带回来放在案头的小提琴弓弦拿在手里抚视，好像没有听见姑太太的"金玉良言"。

黄钟腆着他的大肚子，走近舅太太和姑太太身旁，皱着眉向黄云望着。

舅太太整理了一下玳瑁边眼镜，也站起来发言：

（字幕）"也再不要天天只去编歌剧和拉你那个可厌的梵琊琳了！"

舅太太肃容发言毕，与姑太太互望了一下，得意洋洋地坐在沙发里。

黄云蕴怒已久，他昂头向三个人坚定地宣称：

（字幕）"我不爱顾玛琍！我不能娶她！"

姑太太和舅太太同时惊叫了一声，眼睛瞪得像铜铃，一齐望着黄云。黄钟脸色铁

青地走向黄云,双拳紧握,半晌才气咻咻地说出一句话来:

(字幕)"不娶她……你给我滚出去!……滚!"

黄云冷笑望着暴怒的父亲。这个家,他早已感到待不下去了,形势一天一天地在逼他,冲突和决裂的时刻已经到来!

黄云冷冷地拿起了弓弦,转身离厅,当走到大厅门口时正遇见小婢引进来的顾玛琍。

(字幕)顾玛琍——顾委员的小姐。

顾玛琍花枝招展地含笑伸手和黄云握手,黄云冷冷地向她微微鞠躬后,径自大踏步地走出了客厅,顾玛琍愣在那里。

姑太太和舅太太两人像鸦雀捧凤凰似的一齐趋前和顾玛琍招呼寒暄。

黄钟这时像一只斗败了的公鸡,垂头丧气,怒恨恨地以手捶案。

黄云在卧室里含愤地收拾着歌谱、小提琴和一只提箱。他屋里陈设了不少的美术雕刻和名画,这时也显得零乱无章了。黄云匆匆地把他所需要的几本书装进提箱。

仆人阿呆是一个老实而略带憨气的年轻人,听说黄云要离开家了,进屋来请黄云带他同去。黄云笑着摇头告诉他:

(字幕)"阿呆,我不能带你走。我自己还不知道向哪里走哩!"

黄云拍了拍阿呆的肩,继续收拾琴谱……(渐隐)

四

(渐显,字幕)奇怪的上海!在人吼马嘶、地动天摇的城市喧嚣中,有时夹杂着几声少女的"卖花"清音——是多么的不谐调啊!(渐隐)

(叠印)先施公司、永安公司、新新公司街口的俯瞰镜头……(化)

(叠印)武装的红头印度巡捕,挥棒怒打黄包车工人……(化)

(叠印)丽莲和小妹挽小竹篮在街头喊卖白兰花、茉莉花……;电车、汽车、行人好像向她们的头上压来……(化)

丽莲和小妹站在南京路街心的小月台上。电车到站,丽莲请下车的乘客买花。

一个带着呆气的卖花女向候车的乘客卖花,乘客掉头不理。她退走后,小妹上前,巧妙地把白兰花扣在那乘客的西装上,连声赞美。乘客面子难却,给小妹一个小银币。小妹用牙咬了银角一下,知道不是假银,满意地找出了铜元。

一个瘦脸乘客接过丽莲的茉莉花球,在给钱时涎着笑脸去捏丽莲的手;丽莲一手推开,瘦乘客不舍,涎脸调笑,丽莲连连退避。

小妹一眼望见,从花篮里取出一把小剪刀,走过去隔开丽莲,把小剪刀直对瘦乘客的肚子。瘦乘客惊斥小妹,但他怕惹起街上众人的公愤,骂着小妹,狠狠地把茉莉花球掷于地上,跳上电车走了。

茉莉花球在街心,众脚践踏而过……(渐隐)

（渐显）霞飞路西段的人行道上，黄云的双足迟疑地走着……（化）

黄云提着小箱和琴盒，心头茫然无措地走着。夕阳西斜，行人稀少。他走累了，就靠在一株法国梧桐上歇脚。

一辆奶油色敞篷汽车疾驶而来。驾车的是一个半醉的小开，带着两个艳装少女；他一只手驾车，另一只手搂着一少女的腰；另一位少女拿出小扁酒瓶去喂他酒。

丽莲和小妹手挽手穿越马路。开车的小开抬头一望，惊中急扳转方向盘，避让她俩。丽莲和小妹也被疾驶而来的汽车吓坏了，忙向街旁逃去。汽车在千钧一发的当口刚刚从丽莲身边擦过，疾驶而去。

黄云惊望，手里的提箱和琴盒不觉坠地。

丽莲跑到路边，脸色惨白，昏倒在人行道上。小妹跑到丽莲身旁，扶她不起，惊骇喊救。

黄云看见丽莲未被车撞着，也松了一口气。

小妹连喊"姐姐！"不应，吓得她向黄云呼救。

（字幕）"先生！……先生！快抱她起来！……我们就住在前面……"

小妹指着附近的法华镇向黄云求救。黄云望了望丽莲，见小妹扶她不起，迟疑了一会儿，只好走过来。

丽莲闭目斜靠着小妹坐在地上，仍在昏迷中。

小妹一面央求黄云，请他快抱丽莲起来，一面指着她们家的方向。

黄云无奈，只好从地上抱起丽莲。他回头嘱小妹代他提着小箱和琴盒，然后迈着沉重的步子，向小妹指引的方向走去。

丽莲在黄云臂中渐渐苏醒（**俯摄，拉跟**），睁眼四望，又望上方。

黄云的脸（**从丽莲的角度，向上移动拍摄**）朝着前方。

丽莲感到惊讶和羞涩。黄云低头望丽莲，丽莲又闭上了眼睛。

黄云抱着丽莲走了百余步，渐觉吃力。

小妹指着前方说："没有多远了。"

丽莲徐徐睁开眼望着黄云，正巧黄云也低头看她，丽莲赶忙又紧闭上了眼。

黄云停止了前进，把丽莲放下来站着，他从小妹手里接过了提箱和琴盒。

丽莲微窘地向黄云表示感谢。黄云点了点头，看着她和小妹向家走去。

黄云在梧桐树旁望着丽莲两人。丽莲走了十几步，突然左膝发软，摇摇欲倒。黄云大惊，丢下手里的提箱就跑过去，接着了半倒的丽莲。丽莲赧然地还想挣扎自行，但仍站立不稳。小妹望着黄云，黄云无奈，又抱起了丽莲……（化）

黄云抱着丽莲走过法华镇旧石桥……（化）

黄云等三人到了丽莲家门口，小妹从袋中取出钥匙开了门，进入客堂。

黄云抱着丽莲进入客堂，把她放在椅子上；小妹也吃力地放好了黄云的提箱、琴盒，连连拭汗。

丽莲含羞地向黄云道：

（字幕）"先生……谢谢你！"

黄云点了点头，抚摸着发酸的双臂，向两女告别。他提起了小箱和琴盒向门口走去。

丽莲望着黄云，小妹送他出门。

小妹送黄云到了门外，难舍地向他挥手告别。后来听见丽莲在屋里叫她，才跑了进去。

黄云临走前也频频回首。丽莲这一卖花女的那种秀雅婀娜、不同凡俗的姿质是他在上层社会场所里从未见到过的。他厌恶那些没有灵魂、骄侈自私的庸脂俗粉，更厌恶那些饱食终日过着寄生虫生活而又无病呻吟的"病态美"和"捧心西子"们。他从来没有想到在这敝陋的棚户区里，竟然开放出了鲜艳夺目的奇花——茁长在污泥中的洁白莲花。

丽莲家门口贴着的一张红纸召租条引起了黄云的注目。他惊喜地走近细读了一遍，觉得上边所写的"临小河静室一间"很为合适，但他又感到难为情，几次想进去问问，但最终还是没敢进去。

老王头提着木匠工具篮向家门走来。他从袋中拿出了随身带的小锡酒壶，喝了一口解渴。他远远地望见了一个陌生的青年在他的家门口神秘地徘徊着。

黄云下了决心，忽然快步走进屋去。

老王头见状大惊，连忙抖着肥胖的身躯追进屋里。

小妹正在客堂内和丽莲谈论刚才的经过，忽然看见黄云快步进屋，正惊疑间，又看见老王头也慌张地追了进来，一把抓着了黄云的肩。大家都惊疑发怔。

老王头问黄云是什么人？为什么冲进别人的家里来？

小妹喜呼："爸爸！"

黄云转头望着，知道他误会了自己匆忙的举动，也不禁低头失笑。他笑问老王头：

（字幕）"老先生，你不是有一间屋子要出租吗？"

老王头张眼望着黄云，他耳朵里很不习惯于听别人喊他"老先生"。他抓着黄云肩的手松开了，歉意地点了点头。

黄云客气地问老王头，他可以租那一间屋子住吗？

老王头闻言，转头望着丽莲和小妹，询问她们的意见。

丽莲含笑点头。

老王头高兴了，猛拍黄云的肩。黄云一惊，也高兴地笑着和这一位爽直而微带憨气的老木工热烈握手……（渐隐）

五

（渐显，字幕）晚饭之后。（渐隐）

（渐显）方桌上剩下没有吃完的几碗菜肴：雪里红烧黄鱼、面筋焖春笋、炒豌豆、菠菜豆腐汤等。丽莲在桌前收拾碗筷。客屋的灯光下，坐着和老王头闲谈的黄云。显然，他也在老王头家里包了伙食。现在是刚吃过丽莲巧手烹调的十分可口的晚餐。小妹给黄云倒来一杯清茶，她靠着老王头坐下，看着他吸旱烟。

丽莲把空碗放入橱中后，就一面卷起双袖在木盆里洗起碗筷来，一面倾听着客堂里几个人的谈话。尽管他们的说话声听不太清，但在丽莲的脸上却出现了会心的微笑。

黄云喝着茶，听老王头谈述十八年前淮北大灾荒时，在冰原上救出丽莲的故事。

小妹等得不耐烦了，因为她知道黄云是音乐家，所以急着要听他演奏，她央求黄云道：

（字幕）"黄先生，快一点拉琴给我听吧！我等不及哪！"

小妹紧摇黄云臂，黄云微笑点头。小妹望了望小楼说，她就去拿琴来。

小妹狂喜地飞奔上楼，进入黄云卧室，找到了小提琴；在那里，不知道什么时候老王头已经用木料赶做好了一个乐谱架。

老王头见小妹上楼，又望了望厨房，摇头告诉黄云说：

（字幕）"小黄，你可不得了了！她们两人可真难缠啊！一个喜欢唱歌，一个又要跳舞，以后你休想过清静日子。"

老王头喷着烟雾，摇头警告黄云，为他的"前途"担忧；但当老王头看见小妹又冲下楼梯时，就急忙掉转头吸着旱烟，假作无事状。

小妹提着琴盒欣欣地送到黄云身旁。黄云接过琴盒，取出小提琴和弓弦。小妹坐在老王头膝前的矮凳上，抓耳挠腮，迫不及待地等着。

黄云先用手指试弹弦音，然后用弓试拉，调整琴弦。

小妹两眼睁得大大的，喜欢得闭不拢嘴。

正在厨房里洗碗的丽莲，听见琴声，也喜上眉梢。

就这样，年轻的音乐家选择了这一个棚户区小河边静静的春夜，为这几个新结识的朋友们演奏，作为初次交换心灵的小小礼品。他选择了捷克音乐家德沃夏克的《诙谐曲》开始演奏。……[1]

小妹倚在老王头膝前，高兴地静听着……

黄云逸兴欲飞，巧动弓弦；淡黄色的灯光从后面投射过来，在墙壁上印出了演奏者的身影……

琴声飞越静静的小河，透过习习的春风。

在厨房里洗碗的丽莲的双手，不自觉地慢慢停止了……

黄云灵活的手指和颤动的琴弦……

丽莲好像被一种魅力牵引着，她系着洗碗的围裙，向充满了琴声的客堂走来……

黄云站立着拉琴，老王头喷着轻烟，小妹倚膝不动，丽莲顺着美妙的琴声，像水面上的轻盈的落花，在月光下冉冉地飘浮而来……

黄云奏着、奏着……身、心、手融入了美妙入神的乐章。演奏完毕后，他笑望着

---

[1]《野草闲花》是无声影片。这支《诙谐曲》在电影上映时，由影院的配乐师用唱片对照银幕在扩音机里播放。——作者

客堂里几位被音乐陶醉了的听众。他们也一时不知说什么好，耳朵里仍然余音缭绕。

黄云含笑问坐在小竹椅上的丽莲：

（字幕）"这一支曲子好吗？"

丽莲微睁着她那梦幻般的美丽的双眼，向上望着，慢慢回答说：

（字幕）"美极了！……好像就是我天天心里想唱，但是嘴上总哼不出来的一支曲子。"

黄云点头称赞丽莲这一不同寻常的精妙比喻。他惊异地望着这个卖花女，同时也预感着，她也可能是一个非比寻常像老王头所说的喜欢唱歌的女孩子。

小妹望望丽莲，上前附耳告诉黄云：

（字幕）"姐姐唱歌好，你快叫她唱！"

小妹说完，黄云就笑请丽莲唱歌。丽莲含羞地连连摇头说不会。

老王头侧目望着小妹和丽莲，心中有所思……

小妹在旁边说："姐姐会唱，唱得很好……"

丽莲两眼瞪着小妹，急得站起身来，看看围裙和两手，借说厨房中的碗还没洗完想溜掉，但又乘机告诉黄云：

（字幕）"不如这样吧，黄先生拉一个轻快的曲子，让小妹跳舞！"

黄云望小妹，小妹摇头如拨浪鼓。

老王头微哂，附耳告黄云说：

（字幕）"如何？……"

老王头碰了一下黄云，意思是说两女竟然在客人面前互相推荐，把彼此的看家本领都施展出来了。

黄云点头微笑。小妹看见老王头在向黄云捣鬼，正要问，老王头连忙掉头向他处望去，吸着旱烟。

黄云站起身来，拉起了轻快的舞曲。小妹听了大喜。丽莲望着小妹笑，轻轻推她。小妹羞缩着。

黄云加快舞曲的节奏，手指在琴上飞舞。

丽莲和老王头一齐起来笑催小妹。

小妹禁不住也笑了，随即像旋风里的轻燕一样，依着舞曲欢快的节奏跳起来。

老王头和丽莲打着拍子……黄云笑拉提琴……小妹且笑且舞……丽莲坐着拍掌，两足点地打拍……黄云拉琴……小妹足舞……黄云加快节奏……小妹越舞越快，旋转，如飞……（此一段单人舞越舞越快，摄影机灵活地推拉移动。剪辑时用二三十个镜头，开始从十几英尺一个镜头，逐渐减短到五英尺、三英尺、两英尺、一英尺、半英尺到四格一个镜头）。

当客堂里载歌载舞的时候，在厨房里的残灯下，大木盆里还泡着未洗完的碗盏。一只小猫跑过来轻嗅，叫着："喵！……"

（拉远，渐隐）

六

（渐显，字幕） 几天之后。（渐隐）

（渐显） 上海外滩，一轮红日冉冉升起……（化）

黄莺在枝头轻啾……（化）

小妹在枕上被黄莺的歌唱唤醒，望见丽莲的枕上已空，知道她早已起来到厨房去了，就坐了起来，一一拉动小鸡、小鸭的笼门机关。过了一会儿，她见阳光照屋，天色不早，又猛拉通往老王头床头的铃。

老王头在楼下听到铃声，不肯起来，翻了一个身又睡了。

丽莲在厨房里切菜，口中轻轻哼着小曲。

小妹走出卧房，到隔室门外轻听……

黄云在自己的卧室里穿着衬衫……

小妹知道黄云已起身，转眼一想，丽莲一人在厨房里是不是在唱歌？想到几天前她和黄云商量过要偷听丽莲唱歌，于是她走到楼梯口用手拢耳细听。

丽莲果然在厨房里哼唱着。

小妹大喜，轻叩黄云的房门。黄云开门引小妹进去，小妹附耳低声指楼下说：

（字幕） "快不要做声！姐姐在厨房里唱歌哪！"

黄云惊喜。小妹拉了黄云的手，一齐轻步下楼，蹑足走过老王头床前，向厨房门走去。他们在门外伏门而听。

厨房内，丽莲一面加酱油到菜锅里，一面哼唱自编的曲子。

黄云和小妹在厨房门外窃听，黄云脸上本来的微笑渐渐转为惊异。

丽莲像枝头黄莺一样愈唱愈嘹亮婉转，这使得黄云不自觉地走进了厨房，连小妹拿手碰他也没有觉到。他好像是一个深入宝山的探矿家意外地发现了惊人的宝藏一样。小妹望着他脸上严肃的神色，也惊讶地跟着进了厨房。

丽莲站在灶前，揭开锅盖，一面用长勺搅汤，一面歌唱，丝毫没有觉察到身后走进来的两个人。

黄云惊喜地喊道：

（字幕） "丽莲！"

丽莲骤然听见黄云喊她，吓得她轻叫了一声，回头一望，羞怯地涨红了脸，赶紧背过身子，用长勺搅汤。

黄云惊喜地告诉丽莲：

（字幕） "丽莲！你的嗓子……美极啦！"

接着，黄云上前称赞丽莲的音色"圆润响亮"，是很少有的"天赋歌喉"。丽莲摇头笑道，她不过是信口乱哼罢了，说着，又要去忙她灶头的"正经事"。黄云严肃地止住她，说：

（字幕） "有了你的天赋……再加上训练……"

丽莲哑然失笑，叫黄云不要开玩笑，然后自己盛满了汤碗，端着走出厨房。黄云紧跟在她身后。

丽莲端汤入客堂,黄云紧跟在她身后继续说:

(**字幕**)"只有几个月功夫,还怕不把上海翻转过来吗?"

丽莲笑望着黄云。黄云急忙向刚刚在床上坐起来的老王头陈述自己的观点。老王头糊里糊涂,一时摸不着头脑,傻望着几个人发愣。

黄云走近丽莲,他的恳切和惊喜的神色,使丽莲感到他不是在开玩笑,而是认真的。他告诉丽莲:

(**字幕**)"我有一个朋友是剧院的经理……我新编的歌剧也快完工了……快点一齐来练习吧!"

小妹听明白了一切,高兴地拍手喊好。

老王头搔着头,好像还在梦中。

黄云终于得到了丽莲的同意,他兴奋地向他们三个人大谈歌剧、舞台、演出和他的一切计划……小小的客堂里一时充满了从来没有过的欢乐气氛……(**拉远,渐隐**)

七

(**渐显,字幕**)一个月以来,黄云变成了大忙人。(**渐隐**)

(**渐显**)黄云疾写歌剧曲谱……(**化**)

小妹疾舞,黄云拉琴,丽莲在旁拍手……(**化**)

黄云编写歌剧《万里寻兄》……(**化**)

丽莲练习唱歌。黄云拉琴指导……丽莲携吉他琴,唱《寻兄词》,自弹自唱,有时停下来问黄云,黄云细心地解释着……(**化**)

老王头在客堂用刨子刨木板,有时戴着老花眼镜拿起刨子来调整刨口……(**化**)

(**字幕**)每天晚上丽莲和小妹卖完了花,黄云照例护送她俩回家。

黄云和丽莲、小妹带着花篮、食品欢欢喜喜地回家……(**化**)

他们走过时装商店,丽莲看见橱窗里的银制模特儿,效仿其矫揉造作的姿态。大家都笑了。他们挽臂走着……(**化**)

黄云和丽莲姐妹笑语,走向沪西影院……(**渐隐**)

(**渐显,字幕**)有时,大家也自己放假出游。(**渐隐**)

(**渐显**)"新世界"中西游艺会大门。西藏路、南京路口过往的人们,可以望见游艺会墙内的大"神仙飞轮"、"飞机",听见游客们的欢笑嘈杂声……(**化**)

一列乘满了游客的彩色小电车飞驰而过……(**化**)

黄云和丽莲,小妹和老王头同坐在小电车内,在蜿蜒高低的轨道上飞驰……(**化**)

黄云、丽莲、小妹、老王头各骑电马在大转轮上飞驰。老王头死命地抓着马头,害怕了……(**化**)

叫游客们害怕的恐怕是转轮秋千——看起来是铁链悬挂着的一个一个的大椅子。老王头和小妹同坐一椅，黄云和丽莲同坐一椅。当管理员让客人坐好，关上了保护的链条之后，秋千开始转动起来。

黄云笑问丽莲：

(字幕)"丽莲，你害怕吗？"

丽莲闻言，微微望外，心里胆怯，但仍假装着不怕。不料秋千转动起来，丽莲却吓得用力握着黄云的臂。秋千越转越快，游客们也歪斜地越转越高，有如飞机侧冲……

老王头吓得喝了一口随身带的小锡壶的酒壮胆，之后，死命地闭上了眼睛。

丽莲侧目下看翻滚的地面，吓得也紧闭着双眼。

阿呆左手挽一女友，右手持木球瞄准，用力掷向游艺目标，一下打中了。一个无锡胖泥娃娃的奖品送到阿呆手中。女友见泥娃娃，低头作羞涩状；阿呆把泥娃娃顺手递给旁边站立着的老头子，一手拉了女友，向人丛中挤去。

老王头和小妹下了秋千，只觉得头晕眼花，两脚失灵。老王头用手敲了敲头，仍不见清醒，小妹扶着他左偏右倒地向前走着。

小妹两眼寻找丽莲，不料老王头立足不稳，一歪，倒向阿呆的女友身上。女友惊叫，用力推开老王头。老王头倒入阿呆怀中，阿呆也难以支持，两人一同倒坐地上。旁边的游客们哄笑起来。

黄云和丽莲下了秋千后急忙走近老王头身边，扶他们起来。

阿呆一眼望见了黄云，惊喜地叫道："啊，是你！"

丽莲和小妹扶起了老王头。阿呆跳起来握着黄云的手，兴奋万分。大家才知道黄云和阿呆原来是熟人。

黄云拉了阿呆到一旁轻声告诉他：

(字幕)"阿呆，你去给我找几百块钱来，我想和沪光大戏院接洽上演我的歌剧。"

阿呆闻言点头。黄云把自己的地址告诉了他，阿呆欣然应命。

黄云回到老王头身边，问他："现在好了没有？"一日之游已十分尽兴，他建议回家吃饭。大家谈笑着离开了游艺场。

阿呆欣慰地微笑着目送黄云离开。这真是一次意外的巧遇啊！……(渐隐)

八

(渐显，字幕)黄云的歌剧公演之夕。(化)

沪光大戏院门外的电灯彩饰和霓虹灯缀字：

　　丽莲女士主演歌剧

　《万里寻兄》(化)

戏院内人山人海。第二幕已完。台上绣幕垂悬。七十人的大乐队正奏着第三幕序曲。

台侧的牌子上挂着《万里寻兄》第三幕字样。

后台里工作人员忙着准备第三幕的开场，搬置布景，歌剧演员们检查各人的化装、服装、道具；老王头、小妹、丽莲、黄云正和剧场经理站着谈话。原来黄云等人自己也参加演出，每人都穿好帝俄时代的服装。

红光满面的经理，拍着穿了帝俄时代军官制服的黄云的肩，笑逐颜开地说：

（字幕）"黄先生！真太好了！第二幕尤其感动人！丽莲小姐唱丐女《寻兄词》，台下的人都流泪了。"

黄云和丽莲互望了一下，然后激动地望着后台周围的人群，微笑不语。

老王头穿了哥萨克的大袖子衣服和长筒皮靴，饰酒店胖跑堂。他正被一群饰演舞女的女孩子们包围着微笑。

舞台监督看着手表，催促众人准备第三幕出场。大家一阵忙乱。

前台绣幕在俄国民间音乐声中徐徐拉开。台上出现了一家哥萨克小酒店。店中间一盏大吊灯，右侧有柜台，台周围是六七张小酒桌。女掌柜坐在里面忙着倒酒。喝酒的不少是军官和沙皇的士兵。他们笑唱着和一些舞女、女跑堂的戏谑。胖子跑堂送酒甚忙。酒店后墙有窗口，可望见外边夜市的行人。

观众欣赏地望着台上的酒店和活跃的酒客们的异国情调。

黄云在后台和丽莲小声说了句什么之后，戴着军帽，出场。

台上，黄云扮演的是约二十六岁左右的年轻俄国军官。他垂头寡欢地进入酒店，三四个酒桌上的军官向他招呼，他被一位热情的军官拉到台左的一张小桌旁坐下。胖跑堂送来红酒，斟满给他。

年轻军官脱去军帽，卷曲的秀发半覆着带愁的前额。热情的军官问他："为什么总在发愁？"

年轻军官抬起深沉忧郁的双眼，回答说：

（字幕）"为什么发愁？……我一天寻不着我可怜的妹妹，我……"

年轻军官话未说完，头已低垂。

乐队奏起《万里寻兄》乐曲。

年轻军官在苍凉沉郁的俄国民间乐曲配奏下，慢慢唱着《寻兄词》[1]（叠印歌词在画面底部）：

　　寻兄词
　　从军伍，少小离家乡；
　　念双亲，重返空凄凉。
　　家成灰，亲墓生春草。
　　我的妹，流落他方！

---

[1]《寻兄词》（孙瑜词，孙成璧曲）是在1930年夏天，由阮玲玉和金焰在上海灌成唱片，上映时，由配乐师根据银幕上唱歌画面的出现，用扩音机播放出来。这是中国电影观众听到的第一支中国电影歌曲。——作者

年轻军官持酒杯悲怆地唱着。他的歌唱引起店中男女客人们的静默、同情。

乐师的小提琴奏出黄云根据俄国民歌谱出的曲调，婉转苍凉，感人肺腑……

在酒店里弥漫着别恨离愁的气氛，忽然小妹率领一群年轻活泼的舞女蜂拥而出，乐队改奏轻快的舞曲，她们在酒桌间像旋风似的飞舞起来。

乐队快奏舞曲……

酒客们把酒欢呼……

众女飞舞……

年轻军官持酒杯独坐，呆如石人。

饮客们击掌打拍子，笑饮酒浆。

众舞女散开队形，各从酒桌间拉起舞伴，翩翩起舞。

军官们的英姿和舞女们的倩影，活跃台上。

一个舞女拉了胖跑堂同舞，胖跑堂挥汗随舞。

小妹远远望着酒座间，见年轻军官持酒杯愁怅地坐着，便舞向他的酒桌前，请他同舞。

年轻军官抬头望小妹，沉郁的双眼，若有所思。他站了起来，伸出微颤的手，抬起小妹的下巴，注视着她。

年轻军官带着希望的神色，颤声问小妹：

（字幕）"你……你多大岁数了？"

小妹惊讶地望着年轻军官，然后，她张着两手比划着"十岁"；之后又伸出三个手指比着……

当年轻军官知道小妹只有十三岁时，眼里的希望之光熄灭了。

他微微摇头叹息说：

（字幕）"你……不是的！"

年轻军官颓然坐下……

丽莲在幕后窥望台上。

观众欣赏歌剧……（化）

《万里寻兄》第四幕字样……（化）

舞台绣幕拉开，现出酒店外布景。月色朦胧，雪花徐下。从台后大窗里可以望见年轻军官在窗内倚桌独坐。

在《寻兄词》凄凉乐曲的伴奏下，丽莲扮演的年轻军官的妹妹妮芳手弹着吉他上场。她瘦弱、眼神忧郁，破旧的头巾上粘着雪片，她怯懦地望着酒店大窗里歌舞欢饮的情景。她走到酒店门口，停了步，好像要进去卖唱。正在这时，酒店的门一下打开了，冲出来两个醉汉，上前调戏妮芳。妮芳惊避，在两醉汉笑着离开后，她也不敢再进酒店了。

妮芳望见酒店窗内的年轻军官，觉得是她早年失散的哥哥，但又不敢冒认。雪花徐下，妮芳弹唱起《寻兄词》第二段：

风凄凄，雪花又纷飞；
夜色冷，寒鸦觅巢回。
歌声声，我兄能听否？
莽天涯，无家可归。

妮芳唱毕，在吉他上弹奏音乐过门。
年轻军官听见妮芳的歌声，半信半疑，怔怔地离开酒桌，向酒店门口走去。
妮芳流着泪弹吉他。雪花飘落。
年轻军官走出了酒店，望着继续弹唱的妮芳：

兄嘉利，妹名妮芳，
十年前，同住玉藕塘；
妹孤零，家又破散，
寻我兄，流转他乡。

妮芳悲声声，泪如雨。
年轻军官也泪流满面，他伸出两臂悲喜交加地自后奔前，高喊道："妹妹！……我的妹妹！"
妮芳闻声回身，看见她分别十年，历经千山万水寻觅不见的哥哥，惊疑地如在梦中。
兄妹两人奔跑过来拥抱。丽莲颤声问：
(字幕)"你……你是哥哥？……"
年轻军官流着泪点头。妮芳喜极，瘫坐在雪地上，年轻军官半跪着扶着她。
观众深受感动，妇女们用手帕拭着泪水。
年轻军官和妮芳合唱《寻兄词》第四段：

雪花飞，梅花片片，
妹寻兄，千山万水间；
别十年，兄妹重相见，
喜泪流，共谢苍天。

年轻军官与妮芳合唱时，酒店内饮客们都出来共庆兄妹团圆。
雪花纷飞中，舞台绣幕徐徐拉闭，歌剧告终。
剧院内观众热烈鼓掌，声如雷震……
幕后，丽莲因演唱时真的流了泪，还在伤心，黄云笑着安慰她。在观众鼓掌声中，剧院经理请丽莲出台谢幕。

观众热烈鼓掌，要求丽莲再出台……

剧场经理催请丽莲，丽莲拉黄云同出，谢幕后回到后台。

观众热烈鼓掌……

经理叫全体演员谢幕。但演员们有的已经卸装，乱成一团。老王头也拿着跑堂围裙乱跑，脸颊上尽是口红。

绣幕徐徐拉开，众演员排列齐谢幕。丽莲看见老王头脸上的口红，告诉了他，吓得他以手乱抹，结果成了一张花脸。

观众鼓掌欢呼……

丽莲、黄云等向观众含笑鞠躬谢幕……（**拉远，渐隐**）

九

（**渐显，字幕**）奇怪的上海！一刹那间，能把一个人从天上打下来，……或者把他捧到天上去！……波浪式的上海！

（**叠印**）万掌齐鼓。（**画面与字样同化**）

一张合同，上面写着沪光大戏院与丽莲所订立的两年长期合同……（**化**）

万掌齐鼓……（**化**）

龙宫舞场衣帽间前，黄云含笑地代丽莲除去一件素雅大方的秋大衣，交给管存衣服的侍者，缓步入厅。

舞场内男女随着舞曲翩翩起舞。

男女客望见丽莲，惊喜地告诉舞伴说：

（**字幕**）"丽莲！"

女伴闻言，向丽莲望去，颇露羡慕之意。

黄云挽着丽莲入舞厅，含笑和左右招呼点头。

五位男舞客正包围一个艳装女人谈笑，一男人被挤出圈外，他回头望见丽莲走来，惊喜地轻声呼唤：

（**字幕**）"丽莲！"

另外四个男舞客闻声同时望去，每人都整领带、抚头发，艳装女人嫉妒地掉过头去。

丽莲挽黄云臂慢慢地走过，向众人含笑招呼。

一位瘦老者不认识丽莲，询问旁边的男宾。男宾惊其不识丽莲为谁，颇为蔑视地告诉了他，但瘦老者耳聋，手持小喇叭按在自己耳上，连问："是谁？"男宾不耐，向小喇叭大喊：

（**字幕**）"丽莲！"（**写大号字体**）

他的一声高喊，惊动了整个舞厅，众人停舞，纷纷趋向丽莲，与之寒暄，丽莲像花蕊似的被包围在圆圈的中心。（**从屋顶向下俯摄**）

瘦老者惊喜，急急从袋中拿出象牙小梳，把胡子乱梳起来；他正想举步前去，忽然胖太太伸臂过来，把他一手拉走了。

丽莲和黄云在人丛中向众男女笑语。

《蓝色多瑙河》圆舞曲奏起。

众人旋舞着……（渐隐）

（渐显）明媚的月光像微霜似的把法华镇的深夜、寂静的旧石桥镀上了幻梦般的银灰色。丽莲和黄云正在那里倚栏低语。两个年轻人似乎忘记秋凉和易逝的时间，深深地沉醉在歌剧的成功和相互的热恋里。

丽莲默默地听着黄云叙述。

（字幕）"丽莲！现在，我的底细你都知道了。我的心，你会不知道吗？"

黄云谈着、问着，可是丽莲总是默默地听着。黄云用手抬起她的头，才看见她的双眼里满含着泪水。她颤动地启唇欲语，忽又低下了头。黄云微惊，恳挚地问她："为什么这样？不高兴吗？"

丽莲抬头，低声说：

（字幕）"我……欢喜极哪！……可是，我害怕啊！……"

在丽莲的心里，她总觉得，遇见黄云，同他的相识、相爱，在歌剧上共同获得了奇迹般的胜利……这些都好像是幻梦。一个棚户区的穷女孩子是不敢做这种美丽的幻梦的。她告诉黄云：

（字幕）"我不过是一个卖花女……我不配……"

黄云立刻止住丽莲的话。她的这些想法，这些恐惧，对黄云说来，都是没有理由的。她比他所见过的任何女子都高贵几千倍！他恳切地向她陈述他对她的深厚的爱：

（字幕）"丽莲！记住，重要的是我们的爱——其他的障碍，算不了什么。"

丽莲久久地望着年轻热情的音乐家，深情地点着头，把带羞涩的脸偎藏在黄云的怀里。

远处，在小楼的格窗前，小妹和老王头倚窗眺望石桥上的两个人。小妹看见他们拥抱了，才放心地舒了一口气，并顺手拉着老王头离开窗口……（渐隐）

（渐显）早晨的一缕阳光，斜照着客堂里方桌上的用大碗开水烫着的小锡酒壶。老王头的手伸过来拿走了酒壶。

老王头把小酒壶就着嘴痛饮了一口（他是从来不用酒杯的），然后和小妹吃着桌上的丰富早餐。黄云一个人望望厨房中的丽莲，似乎有什么心事。

丽莲主唱的《万里寻兄》公演半个月之后，老王头的家里自然有了一番变化：新添了茶几、鲜花、沙发、摇椅、新床，墙壁粉刷一新，等等。老王头吃饭时坐着新椅，原来没有修好的三脚椅已放在屋角，静静地在等候不知道哪一天才能得到的"修理"了。

丽莲穿着家常布衫从厨房里捧出一盘清蒸鳜鱼来。她的手上戴着黄云昨晚求婚时所赠的一只戒指。

丽莲含笑把鱼放在桌上，故意在黄云身旁过路，用臂轻轻碰了他一下，悄声说：
（字幕）"快向爸爸说。"
丽莲以目示意，黄云恍然默应。丽莲望了老王头一眼，假作整理碗筷。
小妹窥见黄云、丽莲两人情形，也望了老王头一眼，假作没有注意的样子。
丽莲入座，以手抚下腭，并向对面的黄云伸出一个指头，指着上座的老王头。
黄云窘中点头，他鼓起勇气，将启齿，又见老王头正在喝酒，只好不开口。最后，他终于轻轻喊了一声："爸爸！"
老王头转头望黄云，黄云窘迫地说不出话。老王头把桌上的小酱油瓶递给他，问道："要这个吗？"黄云点头接过了酱油瓶。
丽莲本来含羞地低着头待黄云开口，见此情形，就急着向对面的黄云连连示意。
黄云涨红着脸，万分为难地鼓足了勇气又喊了一声："爸爸！"
老王头顺手拿了胡椒瓶给黄云。黄云欲说又止，后来，索兴不肯再说了。他想着，这真比上天入地还要难！真是活受罪！这都是丽莲出的好主意：向爸爸当面求婚。……好，让她自己去说吧！
黄云不肯自己说，连连向对面的丽莲暗示。丽莲无法，望望老王头，也难于启齿。最后，实在不得已，只好轻轻喊了一声："爸爸！"
老王头听见丽莲喊他，感到十分诧异，他望望迟迟不语的丽莲，又转望黄云。黄云正低着头在玩筷子。
丽莲在老王头和小妹的追问之下，羞指对座的黄云说：
（字幕）"爸爸……他……他说……"
丽莲指着黄云，说不下去了……
老王头转望丽莲，又望黄云，黄云却低头望着杯碗。
丽莲无奈，羞答答地说：
（字幕）"他说……他愿意……娶我。"
丽莲说完，和黄云一样，垂首及胸。
老王头和小妹两人望着低着头的一对恋人，都忍着笑。老王头先发出几声微咳，然后严肃地慢慢站了起来说：
（字幕）"哼！你们这件事……"
丽莲和黄云听见老王头的严肃语气，抬头又望见他严肃的神色，不觉怔住了。
老王头举起小锡酒壶喝了一口，忽然大笑说：
（字幕）"……孩子，自己的事又何必来问我呢？哈哈……"
老王头捧腹大笑，离开了餐桌，在客堂里走着。黄云欢喜地握着丽莲的手，同庆度过了一重难关。老王头无意中笑着坐在屋角的三脚椅里，不料跌坐于地。众人一齐惊笑起来。
老王头骂椅：
（字幕）"混帐椅子！等一会儿我非把它修好不可！"
小妹端着新椅跑过去笑着对老王头说："新椅子都买来了，旧椅子哪时才修？"老王头不服气，两人又争了起来。

丽莲握着黄云的手笑望着他们。

老王头和小妹笑吵个不停……（渐隐）

一〇

（渐显）上海《时报》刊登驰名上海的歌星丽莲小姐和黄云订婚的消息……（化）

《大陆报》英文版也刊登黄云和丽莲订婚的新闻，并登出他们订婚的照片……（化）

茶商黄钟放下遮着脸的《新闻报》，怒目望外，用力扔报纸于地，并一面喝骂。

黄云若无其事地坐在案头看着画报，他望了一下扔在脚前的《新闻报》，冷然问他的父亲：

（字幕）"爸爸找我回家，还有旁的事情没有？"

黄云是忍着怒慢慢说这话的。身后的阿呆却拉了一下黄云的臂，怕他又要和黄钟闹翻了。

姑太太和舅太太并坐在沙发上观察着黄云的语气，互望着。

黄云冷冷地靠在案前，黄钟咆哮如雷。姑太太和舅太太一起走到黄云前。姑太太对他说：

（字幕）"云侄，像丽莲这种贫贱卖花女，哪会有好的？"

黄云冷笑不答。

舅太太也对黄云说：

（字幕）"这种野草闲花，你千万不要去沾惹！"

舅太太和姑太太各向黄云进了她们的"忠告"之后，得意地互相望着。

黄云闻言，似有所悟，昂着头朗声说：

（字幕）"对了！野草闲花！但是她是出污泥而不染的一朵莲花！"

在为他所爱的女子作了以上的虔诚的辩护之后，黄云再次大踏步地走出了豪华的大厅。

姑太太和舅太太一齐愕然坐入沙发里。

黄钟皱着眉头，招呼仆人阿呆近前，叫他查询黄云的婚期和行动……（渐隐）

（渐显，字幕）丽莲结婚的一天。（渐隐）

（渐显）小妹嘴里含着四五只发叉，两手忙着工作，（镜头摇下）丽莲头上已经加上新嫁娘的轻纱。她手持小镜对梳妆台的大镜反照着，为即将来临的婚礼增添了眉间的春色。

丽莲妆毕站了起来，对着大穿衣镜左右顾盼着。老王头和小妹在旁大为赞美。

小妹灵机一动，告诉老王头和丽莲说：

（字幕）"爸爸，你先替云哥扮一扮新郎，和姐姐练习一下明天的婚礼。"

小妹说完，跑出了卧室，到隔室拿来了黄云新买来的大礼帽和白手套，还带来了一根精致的手杖。

小妹把漆黑闪光、半尺多高的大礼帽戴在老王头乱发蓬松的头上，因为头太大了，只好歪顶在头上；又强迫他拿着白手套和小手杖；她又顺手拿过一大把花来，让丽莲笑捧着，准备跟着音乐前进。

在法华镇的碎石小街上，阿呆领着黄钟、姑太太、舅太太向丽莲家门走来。远处马路边停着他们的一部汽车。

小妹在后面牵着纱，嘴里哼着婚礼进行曲。老王头和丽莲在卧室里徐徐前进，一面向左右幻想中的宾客们微笑着点着头。

门铃大响……

丽莲等人听见门铃响，走到小楼栏杆前。小妹用手拉动一绳，门栓被绳子拉开。

黄钟等五个陌生客人徐步进入客堂，皱着眉上下四望。

丽莲和小妹惊望楼下。老王头好奇地走下楼梯，手里仍拿着大礼帽。

老王头走到黄钟面前，黄钟冷冷地问：

（字幕）"哪一位是丽莲女士？"

黄钟明知故问。老王头转头望着小楼。

丽莲惊怔着。

老王头问黄钟是什么人？前来有什么事？

黄钟盛气凌人地说：

（字幕）"我就是黄云的父亲。听说他要同你们的什么丽莲女士结婚。这事真吗？"

老王头惊讶地望着楼上。

丽莲站在小楼栏杆前，用手按着剧烈跳动的心房。

老王头微微点头。黄钟冷笑地说他是"妄想"，姑太太、舅太太也上前斥骂他是"猪油蒙了心"，"真是笑话"！丽莲徐徐拔下发叉，取下头上的轻纱……

黄钟傲慢地从皮包里取出三小沓钞票，拿在手里玩弄着，冷笑着同老王头说：

（字幕）"算了吧！这三千块钱，算是赔偿你们的损失。"

黄钟拿出三沓钞票给老王头，老王头气怒不接。

丽莲气极，向楼下一声大喊："慢着！"

众人惊望小楼。

丽莲怒将轻纱丢在小楼栏杆上，疾步下楼。小妹在后跟随着。丽莲走近黄钟身边，蔑视地望了望他手里的钞票，含怒问道：

（字幕）"黄先生，你以为你的钱多，是不是？"

家财万贯的茶商黄钟望了望自己手里的钞票。

丽莲冷笑地问：

（字幕）"你……你想拿钱买你的儿子回去吗？"

黄钟怔怔地望着丽莲。他想着金钱能神通，这难道还有什么怀疑的？他自信地点了点头。

丽莲一声长笑，指着黄钟怒斥道：

（字幕）"你错了！错了！黄云现在是我的人！我是不会把他出卖的！"

丽莲咬紧牙齿，怒斥黄钟倚仗着财势欺人。她走过去打开客堂的大门，顿足指着黄钟等人，要他们出去。

姑太太双目一转，狡计顿生。她与黄钟耳语之后走到丽莲身旁温和地恳求她说：

（字幕）"丽莲小姐，请你只给我五分钟，我私下有几句很重要的话告诉你。"

姑太太语气恳挚，丽莲皱眉望着她想了一下之后，冷冷地点了一下头，想听听她究竟有什么话说。丽莲望了望小楼，向姑太太示意。

丽莲偕同姑太太向小楼走去。

当姑太太的目光偶然和老王头相遇时，她看见他一边把大礼帽放在桌上，一边傲慢地整理着白手套。两人谁都不想看谁，都蔑视地掉头向他处望去。

客堂里的人见丽莲和姑太太进入小楼卧室，关了房门。

姑太太在坐入沙发前，嫌它脏，用手拍去那并不存在的灰尘。

丽莲的卧房里，姑太太和丽莲闭门深谈。姑太太用其如簧之舌，狡谲地从丽莲对黄云的深爱出发，告诉她说：

（字幕）"你是爱他的。他的父亲和我们也都爱他。我们全应该为他的一生事业着想，叫他永远幸福！"

丽莲默默地听着。

姑太太继续说：

（字幕）"他是已经订过婚的，未婚妻是一位很温柔贤淑的女子。他要是娶了你，黄家家族的人一定会全体反对；娶了你，不单使他断绝了与家庭的关系，整个社会也会认为他是自甘堕落，把他排斥在外，永远毁了他的前途！……"

姑太太的危言耸听使丽莲惊心动魄。丽莲想着：黄云为了爱她，已经牺牲了那么多，今后如果再走上绝途，被排斥在整个社会之外，这多么可怕啊！万恶的社会的黑暗势力摧毁过多少"叛逆"的天才啊！黄云的音乐前途经得起这黑暗势力的残酷围攻吗？但是爱情呢？黄云的爱是真诚深挚的！可是事业呢？前途呢？未来的幸福呢？爱情难道就是一切吗？

丽莲颤栗地跳起来在小卧室里乱走着。她悲怆无主地好像要恳求上天告诉她怎么办似的。她的心已经是一团乱麻了。

狡黠的姑太太从玳瑁边眼镜里斜睨着这一个不知所措的丽莲，知道她的计谋已经得售，于是站起来加紧逼劝倚案颤栗的丽莲说：

（字幕）"你是爱他的，你要为他一生的幸福打算啊！"

丽莲走去靠在花架旁，心里激动地思索着：是啊，爱情虽然重要，可是爱不是一切。黄云是伟大的艺术家，他决不应该遭受摧残！他不应该只属于她自己，而是属于整个世界、整个人类的！

丽莲的眼里露出了坚定的神色。她望着姑太太这个可憎的中年贵妇，冷冷地说：

（字幕）"你赢了！你们带他回去吧！"

丽莲忽然快步走去开了房门，走到小楼栏杆前，向楼下客堂扬臂冷笑高喊：

（字幕）"大家听着！明天的喜酒，不消吃哪！"

楼下客堂里的黄钟、舅太太、老王头和小妹怔怔地望着楼上。

丽莲含泪倚门，望着楼下苦笑地说：

（字幕）"……你们真没口福啊！"

黄钟、舅太太他们大喜，而老王头和小妹却惊愕地站在那里。

姑太太得意地走到黄钟身边。黄钟把三沓钞票丢在桌上，准备离开。

丽莲在楼上愤怒地挥臂叫黄钟把钞票拿走。

老王头怒气冲冲地从桌上抓起钞票，塞回黄钟手中。小妹拿起了手杖驱赶他们。黄钟等狼狈地走出了客堂门。

"砰"的一声，老王头关上了门。小妹气狠狠地把手杖"叭"的一声扔在门上。

丽莲见黄钟等人离去，周身的力气已消耗尽，颓然地倚着小楼栏杆软坐在地上。

老王头和小妹奔上楼来，扶着丽莲。丽莲望望结婚的轻纱，再望望身边的两个亲人，苦笑着……（渐隐）

一一

（渐显）客堂的门闩着，外边有人敲动，小妹牵绳拉开了门闩。

客堂门骤然被推开，显出了黄云兴奋微红的脸。他手里拿了一大把鲜花，臂里还挟着两个大纸盒，笑容满面地向客堂里招呼。

客堂里，老王头和小妹各自无精打采地坐在椅子上，头低垂着。

黄云惊讶地走向前去，问老王头怎么了？老王头摇了摇头。黄云颇为奇怪，把纸盒放在桌上，拿着花，以目寻找丽莲，不见。他高喊："丽莲！"喊了三声没人答应。

黄云问小妹，小妹抬头望了他一眼，又把头垂了下去。

黄云非常惊异，扔花于桌，飞步上楼，用力敲丽莲卧室的门，但没有动静，他推门入内。

黄云见室内无人，床上乱丢着结婚用的轻纱和白缎礼服。黄云持衣揣测，感到情况有变，然后把衣服一扔，飞奔出室。

黄云飞步下楼，焦急地追问老王头，丽莲到底哪里去了？老王头愁容告黄云说：

（字幕）"她出去跳舞去了。"

"跳舞去了！"黄云摇头不信。想了一下之后，惊恐地望着大门，忽然开门飞奔而去。

小妹见黄云离去，走到老王头椅侧，骇然而沮丧地叫着："爸爸！……"老王头回首望着小妹，虽然他也是同样的心情，但他仍然安慰小妹说：

（字幕）"小妹，你姐姐比我们更明白，她知道怎么做是对的！"

小妹得到了安慰。像过去一样，当他们在人生旅途上遭遇到黑夜和迷雾的时候，他们可以信赖她——信赖她的聪明才智。丽莲总是对的。

（渐显）龙宫舞场内，男女在西装笔挺的爵士乐队的伴奏下飞舞着……（化）

丽莲持酒杯坐在小桌旁呆然不动，瘦老陪坐着。显然，他的胖太太今天没有光临。瘦老一面得意洋洋地拿着传声小喇叭和丽莲搭话，一面大口喝着威士忌酒。

两个男宾到丽莲桌前鞠躬请舞，丽莲笑而婉谢，两男宾躬身退去。丽莲厌恶地回头，瘦老举酒请饮，丽莲摇头说："喝够了。"瘦老只好怡然自得地独饮了。

众人狂舞……

龙宫舞场外，黄云跳出汽车。他听着从场里传出来的茶舞乐曲，心里感到震动疑惑。

众舞客狂舞……

丽莲呆坐着，忽然睁大了眼睛，望着外面。

黄云在酣舞的男女中间穿过，四下寻觅。

丽莲急忙以粉扑脸，起身回望，寻觅舞伴。一时附近的几个男舞客各弃女伴，齐趋丽莲身旁请舞。瘦老力弱，被众人挤在一边。丽莲笑告众男舞客，答应一一同舞。

在丽莲身边纷喧的舞客们引起黄云的注意。他看见丽莲在众男舞客间嬉笑着，并从一个男舞客的手里抢过香烟放在唇边吸着；她回头伸手笑抚瘦老的脸，之后和一男舞客跳舞而去。

黄云的心头好像蒙上了迷雾。他不敢相信自己的眼睛了，两只脚呆迟地向丽莲方向走去。

丽莲和男客对舞。黄云徐徐近前。丽莲看见黄云走来，停了舞，客气地给黄云介绍。黄云向男客们冷冷地点头，挽起丽莲的臂，叫她回家。

丽莲微睁着带醉的眼睛，好像不解黄云的话。她笑问黄云道：

（字幕）"回家？……在这里跳舞多好呀！"

丽莲又回头笑问舞伴："不是吗？"黄云冷冷地摇头。当丽莲转身又准备和男客起舞时，黄云又微按她的手臂。男客和丽莲同时转身望着神色异常的黄云。

黄云恳切地问丽莲：

（字幕）"丽莲，你……你忘了吗？明天……"

丽莲低下头不愿和黄云恳求的眼光相触。她笑着告诉黄云说：

（字幕）"明天？只要今天快乐，何必去管明天呢！"

丽莲说后，笑望着男舞伴征求同意，随着又和男舞伴舞向远处，丢下了黄云。黄云呆立了几秒钟后，忽然发狂似地冲向飞舞的男女丛中，追上丽莲，一把抓住了她的手腕。众人大惊，停舞围拢上来。

黄云铁青着脸命令丽莲道：

（字幕）"快给我回去！"

丽莲甩开黄云的手，怒斥黄云：

（字幕）"黄先生，你有什么权……干涉我的自由？"

整个龙宫舞场哄动了。乐队停止了演奏。全场的男女潮涌般地围拢上去。

黄云怔怔地望着丽莲，想着这一切，都是为了什么？丽莲变了！难道天下没有一个永不变的女子吗？一个是红极一时、彗星般闪耀的歌后……一个是被家里驱逐出来的"逆子"!……失掉了家产……啊!这一切难道是真的吗?

悲愤填胸的年轻音乐家指着丽莲冷笑地痛斥说:

(字幕)"舅母说的真对!野草闲花,哪有好的!"

深感痛楚的黄云,他望着面色苍白冷笑着的丽莲,再也骂不下去了,他颤震着身体,转身推开身边的人,离开了议论纷纷的舞厅。

丽莲以手按胸,摇摇欲倒,在舞伴中狂笑不止……(渐隐)

(渐显)黄家大铁门外,秋风吹拂着稀疏枯黄的法国梧桐。黄云疾步走来,淌着汗,悲怆地望了望他身后的道路。几个月以来,他获得了那么多的幸福和欢笑,但转瞬之间又全部失掉了!一切的幻想和美梦中也都像泡沫一样地破灭飞散了!

黄云望着漆黑色的大铁门,悲愤地喘息着,埋头一口气跑了进去……(渐隐)

一二

(渐显,字幕)上海——笑之城!……泪之城!……

(叠印)夜上海华灯初上,车水马龙,"神仙飞轮"的彩色灯泡,随轮飞转……(化)

剧场后台里,脸色暗淡的丽莲正向剧场经理和舞台监督恳求停演一夜。剧场经理连连摇头,脸上虽然浮现出同情的神色,但是却拒绝了她的请求。

(字幕)"丽莲小姐,你一人心里烦闷,但是戏不可以不演,世界不可以停着不转啊!"

上海就是这么一个奇怪的地方,绝对不容许任何愁惨的暗流去冲刷掉它表面上的虚假繁荣。多少人就得带着眼泪去为那些寻欢作乐的"高贵"们撑场面,不然,岂不有损这十里洋场、东亚"冒险家的乐园"的名声吗?

丽莲惘然地点首,拖着疲乏的步子走向化妆室去了。

黄云垂首,坐在卧室里苦笑着,手里捏着橡皮玩偶——它讽刺地吐着小舌头。阿呆在旁边等了好久才开口劝他说:

(字幕)"少爷,丽莲小姐……"

黄云抬头发怒地打断了阿呆的话。

(字幕)"什么丽莲小姐!……不要再提她的名字了!"

黄云含怒站起,把手里的橡皮玩偶用力扔在屋角,伸手取过小提琴,接着又把它放回原处,坐在床沿,以手扶头。

阿呆悔恨交并,悔恨他前次不该带黄钟等人到丽莲家。他望着苦闷的黄云,想要告诉他经过情形,但欲言又止……(渐隐)

(渐显)剧院里歌剧正在演出,观众云集。(化)

瘦老带了许多香蕉边看边吃着,旁边是他的珠翠满头的胖太太。(摇摄)邻座里坐着黄钟、姑太太、舅太太和顾玛琍。

舞台上是酒店内布景,男女饮客狂舞着……(化)

第三幕酒店外夜景,雪花飘落,丽莲扮演妮芳弹着吉他,唱《寻兄词》:

风凄凄,雪花又纷飞;
夜色冷,寒鸦觅巢回。
歌声声,我兄能听否?
莽天涯,无家可归!

丽莲弹着吉他悲凉地唱着,幻想中出现了旧时的情景:
(叠印渐显)黄云在街头抱丽莲返家。(化)
(叠印)丽莲在厨房中哼歌,黄云和小妹偷听。(化)
(叠印)黄云拉提琴,丽莲练习唱歌。(化)
(叠印)黄云与丽莲同乘"神仙飞轮",丽莲又笑又怕,匿首黄胸。(化)
(叠印)法华镇小石桥上,黄云向丽莲求婚。(化)
(叠印)黄云和丽莲穿着结婚礼服,在宾客中缓步前进。
(叠印)丽莲头上的结婚轻纱,如烟如雾,飘飘欲仙。(渐隐)
丽莲弹着吉他悲唱,身后酒店门内走出来一个代替黄云扮演的年轻俄国军官。
丽莲续唱……
年轻军官自丽莲身后张臂徐徐向前,悲声喊着:"妹妹!"
丽莲在雪花飘落中回首望着年轻军官。
年轻军官徐徐向前,变为(化)黄云扮演的军官,张臂徐徐向前,悲喊:"妹妹!"
丽莲有些神经错乱,悲喜交集地投入幻想中黄云的臂里,指着军官颤声问:
(字幕)"你……你是?……"
丽莲周身震颤地望着黄云。黄云的幻影逝去,丽莲伸手抚喉,狂嘶一声,昏倒于地。
扮演年轻军官的演员抱起丽莲惊望着呼救。
丽莲口喷鲜血,不省人事。
全场观众惊乱。黄钟、顾玛琍等人愕然互望。
剧场经理和后台工匠等急急拉闭绣幕,拥向丽莲。
全场观众正纷纷议论之时,剧场经理掀幕出台致歉,众喊道:
(字幕)"台下有医生吗?"
观众席间有位医生应声站起,剧场经理忙请他到后台去。
后台内,老王头和小妹扶着渐渐苏醒的丽莲,问她现在怎么样?丽莲指着喉部,不能言语。小妹为她拭净唇边的血迹。
剧场内,观众在经理的致歉之后缓缓而惋惜地退场。后台里,医生经过检查后,摇着头告诉经理和众人说:
(字幕)"她的声带破裂——以后再不能唱歌了。"
在场的人们都为她感到惋惜。老王头抱着丽莲,安慰她。丽莲望着四周围的友人,

惨白的脸上浮着苦涩的微笑……（渐隐）

一三

（渐显）黄云双手捧着蓬乱的头发，心灰意懒地呆坐在小床上。（拉远）一会儿，又站了起来，在卧室里乱走。

客厅里，黄钟、姑太太、舅太太、顾玛琍等人从歌剧院回来，阿呆和女仆人接过众人的大衣。

舅太太和人们叙说刚才的经过："真奇怪！好好的喉咙，竟会一下炸裂哪！"

"活该！这个卖花女该倒霉！"姑太太说。

顾玛琍埋怨说："倒霉的还是我们！花了钱，戏也没有看完！"

阿呆听见众人纷纷议论，知道是丽莲受伤的事，他急忙悄悄地溜出了大厅。

黄云，在卧室里闷坐着。阿呆从黄云身后的门走了进来，他看了看坐在床头的黄云，心里激动着。他知道黄云心头的殷忧苦痛，但他更明白，丽莲之所以和黄云决裂，并不像黄云所说的，是因为她成名之后，看不起一个失掉家产的穷音乐家，而是因为黄钟、姑太太等人到丽莲家所玩弄过的那一套诡计造成的。

阿呆鼓足勇气，微抚黄云肩，惴惴地告诉他说：

（字幕）"少爷……你冤枉丽莲小姐了！"

黄云听了，皱眉徐徐转望阿呆。阿呆这时把他前不久带领黄钟、姑太太等人到丽莲家诱逼丽莲的经过说了出来。黄云愈听愈震动，恍然惊悟丽莲"变心"的原因，不禁欢跃而起，狠拍阿呆双肩喊叫着：

（字幕）"阿呆！你为什么不早说？"

阿呆愧疚地低头，黄云在这种刚从黑暗的苦海里骤登天堂的心情下，哪里还肯责备他呢？

阿呆接着把刚刚在剧院里发生的事告诉了黄云：

（字幕）"刚才老爷他们看戏回来，说丽莲小姐的喉咙破裂了。"

黄云闻言，止笑惊问。阿呆指着自己的喉部喘急地重述了一句。黄云大惊，拔足飞奔出室。

黄云飞奔下楼，进入大厅，望着黄钟、姑太太几个曾经那样阴险地破坏他幸福的人冷笑高喊：

（字幕）"你们的计策真好啊……我走啦！"

黄钟、狡黠的姑太太、舅太太和委员小姐顾玛琍等人瞠目结舌。年轻的音乐家最后一次气恨恨地走出了茶商巨子富丽堂皇的大厅。

黄云飞冲出了黄家的大铁门……

黄云在马路上飞跑……

黄云飞跑着，两眼炯炯发光地在探望着……

敲着门的有轨电车驶来，黄云追了上去，跳上了车，向徐家汇方向驶去……

丽莲恹恹地静卧床上。床头放着黄云的小提琴。小妹喂她吃药，老王头倚着床架摇头叹息。

电车开到福开森路又向徐家汇转去时，黄云从车上一跃而下，拔足向海格路法华镇方向狂奔而去……（化）

丽莲卧室墙上的铜铃被长绳拉动乱摇。
老王头、小妹和丽莲望铃惊讶着。小妹去拉长绳。
客堂门大开，黄云飞奔进来，跑上了楼。
黄云气咻咻地跑到丽莲的卧室，站在门口望着床上的丽莲。
丽莲望着慢慢走过来的黄云，悲喜交集。老王头和小妹惊喜万分。
黄云走到床前，轻喊着：
（字幕）"丽莲！丽莲！"
黄云爱怜地半跪在床侧，轻抚丽莲的脸，过了一会儿他又骤然把头埋在丽莲的枕旁，悔恨自己误会和侮辱了丽莲……
老王头和小妹欣慰地望着两个年轻恋人。小妹向老王头触臂示意，两人溜出卧室。
丽莲伸手抚着黄云的头发，想要说话，黄云把耳朵靠近她听着。丽莲困难嘶哑地说：
（字幕）"云哥……我的声音没有了。"
黄云听见了，不让她多说话。他望了望床头的提琴安慰她：
（字幕）"丽莲，这算不了什么。以后就让我做你的声音吧！"
丽莲深情地望着年轻的音乐家，幸福地微笑着……这一对年轻卓越的艺人——其中的一个被摧毁了——在经历了多少欢笑和眼泪之后，终于勇敢地冲破了满天的乌云又结合在一起了，哪怕未来的生活旅途中还会有更多的困难在等待着他们！
上海——笑之城！……泪之城！……（拉远，渐隐）

桃花湖（前后集）

出品　明星影片公司，1930年
编剧　郑正秋
导演　郑正秋　蔡楚生
摄影　颜鹤鸣
演员　胡　蝶　郑小秋　王献斋　赵静霞　夏佩珍　黄君甫　蔡楚生

《桃花湖》（前后集）电影由郑正秋编剧。其电影本事无署名，原载《电影本事》第1集（上海印书馆，1931年4月）。

本　事[1]

前　集

杭垣革命巨子文莲石，从海外亡命归来，未几病亟，召律师治遗嘱。值柏将军来视疾，告以借没财产，均经政府发还，乃嘱以财产尽归其侄大本。惟大本出亡在外，生死未卜，如其已死，则由甥女伊雪黛承袭；因雪黛之父，亦效力革命而为莲石牺牲者。莲石有表侄赖乃德，谋得此项遗产，至是乃大失望。

尔时大本亡命俄国边地，侍其友人伊高德之病。伊高德者，雪黛之兄，二人新交，未知家世也。大本得律师函告继承遗产事，而高德亦于报端获悉其妹将得巨产，自知不起，以保护弱妹之责托诸大本。大本虑以实告，重伤其心，遂秘己事，慨然诺之。是夕有剧盗田六率其伙连生等入室，大本与抗，六将杀之。高德庇大本，遂为所戕。比警吏至，大本感亡友死事之惨，乃诡以死者为大本对，而易名高德，狼狈归国。

自大本噩耗传来，雪黛遂袭遗产。赖乃德谋产不遂，觊觎与雪黛结婚，以达其人财两得之计。然乃德使君有妇，计无所施，遂诈传死讯，以绝其妻。妻兄即田六，案发归来，不信乃德之死，决意赴沪寻访。乃德又令人伪劫雪黛，而己则驰至解围，以为市恩于雪黛地。不意车迟半响，适值伪高德之文大本归国抵此，遂为所援。雪黛感之，留之司桃花湖园事，初不知渠即园主人也。乃德鼓琴媚雪黛，且向之求婚。雪黛意不属，乃德怏怏而已。

大本居桃花湖，屡起幻想，然终不忍负其死友，乃竭力经营园事，并劝雪黛斥资，广招工人，以期惠及乡民。有大姑者，应召而往，大本颇善遇之。其父连生，即俄边劫案之逸犯，尝行窃园中，为大本所执，不知其为盗也。经大姑说情，遂纵之去，大

---

[1] 原为句读。

姑以是颇感大本。乡人李华，向大姑调情，大姑拒之。华知大姑钟情于大本，心益妒焉。

一日，大本诣雪黛，闲步他室，偶睹文氏三世遗像，不觉悲从中来，旋导雪黛巡视园地。雪黛取斧戏砍林木，误伤大本，大本秘之。其后大姑因采薪失足，大本施救，且送之至家。雪黛闻婢女窃议其事，心疑高德（即大本）或恋大姑，亲至大姑家察之。经其说明，始得释然。旋又闻园丁之女丽娣，称高德为英雄，询其状，尽得伐树被创事，芳心不禁为之大动。

已而大本设宴款园工，请雪黛主席。是日适柏将军家开宴，钗光鬓影，盛极一时。乃雪黛称疾不往，而竟盛服随工人之宴，盖其方寸中，有伪高德之大本在也。宴罢，大本送雪黛归，喜心翻倒，不觉忘形。雪黛责之，大本遽辞职赴沪。

田六至沪，觅得赖乃德，向之索诈，乃德佯书银券而遁。六复追至桃花湖，乃德大窘，杀之而沉其尸于湖。适大本亦于是时去职赴沪，于是连生诬指高德杀田六。虽大姑亦心疑之，恐其被逮，追踪而往。众益信高德与大姑偕亡，迫雪黛交出二人。雪黛力辩，众益汹汹。雪黛自愿赴沪侦查，乃德乘机请代一行，且重申求婚之请。雪黛曰："汝能侦得高德与大姑确已同居者，余当以身许汝也。"

后　　集

伪高德之文大本来沪觅屋，适与一黑衣女人同赁于虹口一皮鞋肆中。回首前尘，不禁凄然欲绝。某日，赴工厂工作，途遇一妇，伏道左求乞，怜而周之。比归又与妇值，固同居之黑衣女也。因疑而尾之，抵桥端，骤遇大姑，已经三日夜之风尘劳顿，而憔悴不堪矣。大本乃挈之返寓，寄宿于黑衣女人处。惟大姑经此奔波，抵寓即病。次日，大本偕之至医院求治，归途，忽为来沪侦查之赖乃德所见，蹑迹至门，摄影而去。大本与大姑，俱未觉也。然乃德摄影时，曾为黑衣女瞥见，乃德亦未觉也。乃德返杭，以影片示伊雪黛，谓高德与大姑，确演同居之爱。雪黛以息壤在彼，遂与订婚。

无何，有与大本同客俄边之少年，名胡亨理者，经柏将军之介，与雪黛相见，出示伊高德与文大本合摄之影。雪黛始恍然于高德之果为大本，决意只身至沪访之。

是时李华穷极无聊，因曾目击乃德杀田六事，向之要索巨款。乃德因与定计，令李赴沪捕高德，以绝大姑念，而酬李之夙愿。李首肯，乃德资助之，遂行。

雪黛至沪，访得大本，告以所闻。大本初不肯承，雪黛示以照片，始述其兄伊高德临终遗言，且请雪黛秘之，旋向雪黛乞婚。雪黛曰："迟矣，侬身已许乃德，且君既爱大姑，曷不即娶大姑？"大本闻之，愤然掉首去，雪黛亦怏怏归。

李华按址寻得皮鞋店，值大本他出，仅大姑在寓。李迫之同归，大姑窘极，黑衣女以智脱之。李久候不出，咆哮如雷，语侵肆主人，主人痛挟之，负重创焉。经大本送入医院，且代偿医金。李虽无赖，亦心感之。大本旋率大姑黑衣女返杭。

桃花湖沉尸发现，乡人大哗。雪黛返杭，宣布其家产应归大本，乃德阻之。会大本至，雪黛申前请，大本曰："余之来，非为家产，实为大姑。因余受谤，冀姑娘为余一往证明。俾众知余之去，为姑娘非为大姑。"言毕径出。大姑与赖妻偕归，连生痛责之，谓嫁则可，私识则不可。正喧嚷间，大本亦至，连生必欲大本妻大姑，大本允可而大姑忽持异议，谓被迫婚姻，宁死不从。连生大愤。旋雪黛乃德等至，声述之余，益成僵局。时李华创伤渐复，感于大本爱护之恩，幡然悔悟，恐大本重遭不白，乃向警局白其所见，率警迹至连生家，捕乃德。事出意外，众咸愕然。乃德初狡辩，云己实无妻，胡来妻兄。斯时黑衣女人忽挺身而出，其人非他，即赖妻也。于是乃德无词，大本前嫌尽释。雪黛不堪刺激，排众走出。纷乱中枪声砰然，乃德自杀。大姑以李华觉悟，怜其爱己之切，相与言归于好，而李华之大愿偿矣。

翌日，雪黛忽以失踪闻。大本侦之，知其遁迹乡村小学，任音乐教师，乃策马往访，劝之归家。雪黛不应，大本凄然而返。途次因神经错乱坠地受创，为势甚剧。雪黛来视，始渐平复。大本曰："卿来病去，卿去病且复来，余自此不放卿行矣。"雪黛曰："初欲成全大姑也，今彼已嫁李华，君欲余去，余亦不去矣。"大本大喜曰："信乎，然则卿永为余有，余永为卿有矣。"一时四目相注，若表示其无上欢爱，永永无尽焉。

义雁情鸳

出品　联华影业公司，1930年
监制　罗明佑
编导　王次龙
摄影　余省三
演员　王次龙　陈一棠　汤天绣　徐梓园　黄君甫　叶娟娟　洪警铃　韩兰根

《义雁情鸳》（一名《逃情的哥哥》）电影由王次龙编剧。其电影小说为黄漪磋所作，原载《影戏杂志》第1卷第10期（1930年10月31日）。其电影本事为张碧梧撰写，载《阿房宫大戏院说明书》。本篇选自前者。

电影小说

黄漪磋

阿拉伯古谚有言曰："男女之爱，消长圆缺，有如明月；而兄弟之爱则稳立如天上星，又有如圣人之立言，恒久而不变者也！"

一阵隆隆的炮声，盖着了一片厮杀的声浪；那些机关枪队和坦克炮车都在大肆活动；两方面对垒的健儿，正在酣战。

一刹那间，那场战争已到了肉搏接触的程度。

军中的参谋长宋良诚，原是个彬彬儒者出身。他虽善能运筹帷幄，可是，到了短兵接触的当儿，便不免慌了手脚。他当下被困着在三数个敌人的手里，虽然脑袋上受了创伤，还在拼命挣扎应敌，一点也不肯示弱。他正在危急万分，只见一位中校阶级的军官飞奔过来。他的枪法准确极了，他一面跑一面便把那些敌人一个一个都轻轻送了性命！那宋参谋长这才得安然脱险。

数小时后，在一间红十字医院里面，那位军官看着军医们把宋参谋长的伤口料理妥当，便嘱咐他静养，说着几句安慰的话儿，打算告退。

"团长少年英勇，救了我的性命，"宋良诚感激地握着那军官的手说，"我想把小女珮娜许配你做妻室……"

原来那军官姓臧名唤伯璜，是个中校阶级的团长，他当下听了宋参谋长的话，摸不着头，不禁吓得呆了半晌。

那宋良诚就是何等精明的一位老头儿，他把那臧伯璜的神色都看在眼里，便慢慢地逼紧一句道：

"……只恐高攀不上团长罢了！"

伯璜毕竟也是一位老成练达的人，他定了神，便不慌不忙地答道：

"救护参谋长，是伯璜应尽的职务，不敢因此便委屈了令爱……况且婚姻自由，这事情须得征求珮娜小姐的同意才好。"

宋良诚虽然答应了这要求，却还口口声声要臧伯璜承认他这一言为定。

"珮娜，喜鹊庭前噪，檀郎户外来，怪不得你今天出落得越发美丽了！"

那时候战争已息，和平重见，宋良诚的创口也平复了。他便安排着在家里设筵宴请臧伯璜，好让珮娜和他会晤。他是个儒雅风流的军人，所以见着他女儿打扮得齐齐整整，便笑呵呵地说出上面的几句话。

"爸爸，你不要挖苦我，我肯不肯还说不定哩！"珮娜半嗔半喜地答。

半句钟后，他们都喜孜孜地和臧团长一块儿吃饭。

咖啡已是喝过了，宋老头儿看看女儿和他那位心目中的乘龙快婿感情很好，只乐得心花怒放。可巧客厅里来了一位宪兵团团长胡亮拜望他，他便乘机退出，让她俩得便谈情。

珮娜的心里，充满着景慕伯璜为人英勇的情感，所以当他在饭后问她能否当真爱他时，她便含情默默地点了几点头。

他俩相约慢慢地择个吉日正式举行订婚的礼节。

过了几天，宋参谋长领着珮娜去拜望伯璜，只见他家里多了一位蓦生的青年，原来是伯璜的兄弟仲璜，刚刚从陆军大学里毕业回家。

仲璜在珮娜的眼里却不是个蓦生的人了。他俩虽然隔别了不少的年数，彼此却还认得是小时的同学。

"我听哥哥说，你快要和他订婚了……我们由同学做了叔嫂，那是多凑巧的事情啊！"

这是仲璜对珮娜表示的感想。自此以后，他们便愈觉得倍形亲热起来。

一日午后，正当伯璜上总司令部去打听他给弟弟所荐的差事已经下委没有，珮娜到他家里来了。仲璜很殷勤地招呼她……她不知不觉地被仲璜的年轻貌美底诱感吸引住了！她一刹那间好像有无限闲愁兜上心来一般，复经仲璜追问她有甚么心事，便迫得装着笑脸请仲璜开了话匣和她跳一回儿舞。

伯璜从总司令手上把他兄弟的委任状领了到手，便高高兴兴地跑回家来。他在进门的当儿，蓦地里看见窗上有一双拥抱着的人影，分明是珮娜和他的兄弟。

一阵疑云立刻盖着了他的脑袋，他本想冲进去看个究竟，想想不好，便转身向着屋旁的街衢走去。

他坐在街衢的一隅，费了一根雪茄烟的辰光，想出了无穷的恶境。那时天气已是昏黑了，他便懒洋洋地踱回家去。

他见了他的弟弟，便问道：

"有谁来过没有？"

"珮娜来过的，坐了一回就走了。"仲璜回答这话时，他好像看出他有点儿心虚的样子。

他把那委任状递给了仲璜，还告诉他过一两天总司令要亲自给他授职。

他心中闷闷不乐，退到了自己的私室去，只见他的傻马弁挤眉弄眼地迎着他说道："大爷，您不早点回来看——宋小姐和二爷多好耍子啊……"

伯璜听到这里，心里更是难过，可是，满天的疑氛却被他的马弁跟着一句话打消了。

"……他俩开着话匣这样抱着跳舞哩！"傻马弁一面说一面装着跳舞的样子在屋内团团地转。

在仲璜受职的那天晚上，他俩弟兄们约了珮娜和她的父亲到万花园里欢宴跳舞，庆祝盛典。

珮娜和仲璜的亲热形迹，不知不觉地竟惹得全场的人们侧目，尤其是那天适逢其会也在那儿跳舞消遣的宪兵团团长胡亮。

胡亮本来是最艳羡珮娜的，为了宋老头儿宣布要把她许配伯璜，心里早就很不高兴；迨后晓得珮娜和仲璜过从密切亲热异常，便在外面飞短流长地乱说他两人的闲话。

他当下看见仲璜和珮娜又并肩携手地溜了到花园外面去，量想一定会干出什么不端的举动，便设法怂恿伯璜去偷瞧他们。

伯璜虽已把从前的疑团抛到无何有之乡，但却禁不起胡亮说话间冷嘲热讽的口吻。他一面很庄严地对着胡亮替珮娜和仲璜回护，一面却静悄悄地溜到花园外面去窥探他两人的举动。

他不看犹可，一看便气得七窍生烟：原来他俩真个熨贴备至地——忽而愤懑，忽而抚慰——在那儿谈情哩！

其实，他俩正在互相警戒彼此勿过于放荡形骸——愤懑的是痛恨胡亮飞短流长，抚慰的是抚躬自问心地无他罢了。

然而，误会的根苗却由此而发生了！

珮娜宴罢回家，免不了心里有点儿难过：她委实对于仲璜有了爱恋的情感了！可是，她受着旧礼教底熏陶，觉得断没有把伯璜抛弃的道理。她清晨起来便对着两个照片发怔！

"照我看来，当然是弟弟好……他又年青，又漂亮……"珮娜的胖婢像是自作聪明般在她身旁笑着说。

她这话说的不要紧，却像一根锋利的箭矢一般钻进了珮娜的心坎里，只急得她捧着头顿着足对着那胖婢大骂起来。

仲璜回家也生出无穷底感想。他被爱神照顾了！他是个顶天立地的男儿，哪里肯甘冒不韪，对长兄干出了不义底勾当，而被儿女私情屈服了？他的心绪不宁极了。他在无聊的当儿，只顾抱着那西班牙式的六弦琴胡乱弹弹。

伯璜听着那琴音，简直觉得一声声都是钻进他心里去挑拨他的爱情底创瘢的。他的脑海里回旋着一幕一幕底珮娜与仲璜的桑濮痕迹！

他气忿忿地要去找仲璜算帐，猛抬头见着他亡父的遗容，顿忆起他老人家弥留时的嘱咐，教他务必加意爱护他的弟弟，纵有牺牲，亦当不惜。

同时他又看见沙发上放着仲璜脱下的军服，那块光芒灿烂的肩章照耀在他的眼前，好像告诉他仲璜的前程是异常光明的！

他的内心悲痛至极端的当儿，脑海里突然来了一阵底明亮。他就觉悟了。他便决意逃情，仗着灵犀慧剑去把那情根斩断，牺牲一己的幸福，成全弟弟的前程和好事！

数日之后，城中的游冶场合和下流舞场莫不有伯璜的足迹。那些宪兵们阻止他劝他遵守军律的，都被他逞强打跑了。这事情便由宪兵团团长胡亮告发到总司令部去。

于是伯璜的一生功业，尽付东流！

在伯璜革职的当儿，宋良诚和仲璜都替他向总司令面前代为缓颊，怎奈胡亮以宪兵团领袖的资格力主惩办，因此那总司令也爱莫能助。

仲璜本已不满于胡亮之对他和珮娜飞短流长，现在又见他对伯璜落井下石，更是恨之刺骨。

一天，恰巧胡亮骑马在他们的门前经过，仲璜便截住他和他算帐。不提防胡亮竟举起马鞭照脸鞭来！他于是逞着一时的盛怒，把胡亮殴至重伤。

那时伯璜正在屋内纳闷，蓦地里听见门前起了一阵恶斗的声浪；他跑出来一看，不禁吃了一惊。他远远地又看见一队巡行的宪兵已是闻声寻踪而来，眼见仲璜便要就逮。他人急智生，便飞奔到门前，一把抓着仲璜，把他摔到门内，脑袋触着在喷水池边上，昏了过去；自己装着是殴打胡亮的。等到宪兵们来时，他便俯首就捕。

仲璜苏苏时，知道哥哥被他们逮捕了去，便一口气跑到总司令部去自首，但是结果，他一点也不能令那总司令相信他所述的一席自首的话。

"我父亲和仲璜都在极力设法营救你……"

"那是没用的啊，珮娜！我们总司令军律严明，我是必死无疑的了。我死后有一张遗嘱给你和仲璜的，请你们依着行事吧。"

"伯璜，你何必作悲观的说话呢？你死不了的……纵有不测，我们一定替你报仇！"

在雷雨交加风云险恶的当儿，珮娜跑到监狱里去慰问伯璜，以上便是两人的谈话。

那时宋良诚在医院里守视胡亮的伤势，恳求医生们尽力救治他，以冀减轻伯璜的罪。

仲璜整天向着那总司令苦苦哀求，都得不着转圜的结果。迨后他操着最恳切的口吻哀恳道：

"古时有缇萦代父受罪的佳话……如今请大帅特别恩准，许我臧仲璜代兄受罪吧！"

这话却把那总司令的心弦打动了。他当下便答应只须胡亮没有生命危险，便把伯璜赦罪，给仲璜领去看管。

几分钟后，仲璜喜孜孜地跑去把那消息给他哥哥说知，因为医院里来了报告，说道胡亮可免生命危险了。

伯璜听了，不特不觉得欣幸，反而失望极了；他很惊讶地问道：

"我可以出狱了吗？我便一点没罪了吗？"

他乘着众人不提防，拼命地狂奔了出狱，跑到削壁千重的崖上，骨董一声跃了下去！

珮娜随着众人在后面狂追不及，吓得呆了。只见仲璜不管好歹，也要跃下崖里去，便和众人极力劝阻他。

光阴苒苒的过去，转瞬已两易寒暑。仲璜以战功递升，当下竟擢任做当地的省长了。同时他和珮娜结婚的消息，也在报纸上面传播起来。

原来伯璜入狱之初，早已在狱中书下遗嘱，声明他和珮娜并未正式订婚，嘱咐仲璜候他死后必须遵命和她结褵的。这事情仲璜和珮娜迁延了两载都不愿举行，但到底觉得若不遵办，反觉于心不安，所以才决定举行婚礼。

在结婚的那天晚上，一双新婚的夫妇很肃穆地对着臧伯璜的遗容鞠躬致祭，却想不到窗外来了一个叫化子在那儿偷瞧，一会儿露出惆怅前情的颜色，一会儿露出五中愉快的心情。原来臧伯璜还在人世哩！

倡门贤母

出品　明星影片公司，1930年

编剧　郑正秋

导演　程步高

摄影　周　克

置景　董天涯

副导　叶良德

演员　宣景琳　敏　玉　黄君甫　汤　杰　龚稼农　萧　英　谢云卿　夏佩珍　朱秀英　王吉亭　王梦石　赵静霞　王献斋　王意曼

《倡门贤母》电影由郑正秋编剧。其电影本事无署名，原载《电影本事》第1集（上海印书馆，1931年4月）。

本　　事[1]

酒徒韩福全，穷极无聊，欲鬻其女小凤，其妻李妙英誓死不从。福全为众强徒所绐，窃负小凤而逃，妙英自后追之，会警吏掩捕强徒，福全受创，妙英亦被诬下狱。身羁囹圄，辛苦工作，然无一日不悬悬于福全及小凤也。

已而妙英末减出狱，知福全已死，向育婴堂领回小凤。频年不见，顾长如许，此时心中，悲喜交集，惟茕茕母女，无以为生。辗转之间，投身一米肆为佣。肆主见其姿首不恶，乘间调戏。妙英大恚，携女出亡。偶于街头拾得遗箧，妙英虽穷，而拾金不昧，其人德之，赠以数金，遂经营小贩生活。然戋戋微利，仅足免夫冻馁而已。

小凤年事渐长，知识渐启，屡白其母，送之入学。妙英嘉孤女之有志，怜两手之拮据，方寸之中，叠经感触，不得已重至米肆，乞贷主人。旋为鸨儿所知，慨任小凤学费，于是此冰清玉洁之嫠妇，遂为女儿求学之故，而牺牲色相，堕入勾栏矣。

妙英天生丽质，体态宜人，一入平康，声誉鹊起，走马章台者，实繁有徒。惟对小凤，则讳莫如深，每值休沐，辄先期返家，谆谆教诲，俨若大家命妇态度，盖不欲以一身堕落之事，为小儿女所窥破也。虽于灯红酒绿之际，屡为狎客博徒所窘，然终不肯易其初衷，对人欢笑背人愁。妙英此际之隐痛，又岂急色儿所能喻哉！

小凤入校数年，学业猛进。同学或窃议其母，教师辄呵止之。一日返家，觅母不得，诘之女仆，疑窦顿生。翌日，遂设计侦察，尽得底蕴。而校中教师，亦以小凤娼门之女，有玷校风，突下开除学籍之令。小凤饱受教育，心气高傲，经此挫折，不谅

---

[1] 原为句读。

其母之为己牺牲，反怨其母之自甘堕落，遂轻离其母，悻悻出走，改易姓名，投一工厂，司书记之职。妙英骤闻其女失踪，十余年来，视之如命，一旦失却，顿发狂痫，沿途寻访，呼号不绝。至一河滨，竟一跃入水。虽经旁人援手，未占灭顶之凶，然卧病医院，如醉如痴，日夜喃喃，皆哀呼小凤声也。

新闻记者获此消息，纷纷披露于报端。工厂同人，见而议论。经理先生尤大不直小凤之所为，抨击之词，滔滔不绝。小凤在旁聆之，局蹐不安，于是留书告归，奔视其母。一时母女重逢，而倡门贤母之声，亦洋洋乎海上矣。